金融取引法実務大系

現代金融取引研究会 編

峯崎二郎 監修

発行 民事法研究会

はしがき

　金融取引の実務では、典型的な事項については、法令、約款および判例による解釈を通じてそれぞれにルール体系ができ上がっているものの、経済社会は日々変動しており、新たな金融商品・サービスが次々に生み出されているため、その時々の状況に応じて、柔軟に対応することが求められることもある。そのためには、基本的な知識を確実に身に付けたうえで、新たな法律問題に対応するための思考力を養うことが必要となる。

　「金融取引法」という名称の法律は存在しないが、本書において金融取引法とは、金融取引に関する法あるいは金融取引に適用される法のことを意味している。また、金融取引については、基本的に、銀行法等に基づいて行われる銀行の取引全般を中心に取り上げている。なお、信託、保険および証券取引についても、銀行が当事者として行うことがあるため、必要に応じて触れている。

　ちなみに、本書は、当初、法科大学院の金融法・金融取引法のテキストとして企画されたものであるが、執筆段階において、法曹をめざす者だけでなく、金融機関の法務部門の担当者や金融機関に入社した者、将来入社することを希望する者など、広く金融取引にかかわる者を読者として想定する実務書とすることとなったものである。本書によって、金融取引に関連する基本的な法律知識を押さえつつ、法的思考力を養うことで、実践的な対応力を身に付けていただければ幸いである。

　平成28年1月

峯　崎　二　郎

『金融取引法実務大系』

目 次

序　章　金融取引法

はじめに …………………………………………………………………… 1
Ⅰ　金融取引法の意義 …………………………………………………… 1
Ⅱ　金　融 ………………………………………………………………… 2
　1　金融の意義 ……………………………………………………… 2
　2　直接金融と間接金融 …………………………………………… 2
Ⅲ　金融機関 ……………………………………………………………… 4
　1　金融機関の意義 ………………………………………………… 4
　　〈図表〉　金融機関の定義規定 ………………………………… 4
　2　銀　行 …………………………………………………………… 5
　　(1)　普通銀行 …………………………………………………… 5
　　(2)　信託銀行 …………………………………………………… 6
　　(3)　株式会社日本政策投資銀行 ……………………………… 6
　　(4)　株式会社ゆうちょ銀行 …………………………………… 6
　3　株式会社商工組合中央金庫 …………………………………… 7
　4　信用金庫および信用金庫連合会 ……………………………… 7
　5　労働金庫および労働金庫連合会 ……………………………… 7
　6　信用協同組合および信用協同組合連合会 …………………… 8
　7　農林中央金庫 …………………………………………………… 9
　8　農業協同組合 …………………………………………………… 9
　9　漁業協同組合 …………………………………………………… 9
　10　水産加工業協同組合 ………………………………………… 10

IV 金融取引 …………………………………………………………………10
1 本書における金融取引 ……………………………………………10
2 金融取引の内容（銀行の業務）………………………………………11
(1) 銀行業 ………………………………………………………………11
(2) 業務の内容 …………………………………………………………12
(3) 固有業務 ……………………………………………………………12
(4) 付随業務 ……………………………………………………………12
(5) 他業証券業務等 ……………………………………………………13
(6) 法定他業 ……………………………………………………………14
V 金融取引法の内容 ………………………………………………………14
1 法　令 …………………………………………………………………14
(1) 銀行法 ………………………………………………………………14
(2) その他の法令 ………………………………………………………15
2 行政規則等 ……………………………………………………………16
(1) 行政先例 ……………………………………………………………16
(2) 監督指針と金融検査マニュアル …………………………………16
3 約　款 …………………………………………………………………17
(1) 約款の意義 …………………………………………………………17
(2) 銀行取引における約款 ……………………………………………17
(3) 解釈原則 ……………………………………………………………18
4 商慣習 …………………………………………………………………19
5 判　例 …………………………………………………………………20

第1章　コンプライアンス

I コンプライアンスとは ……………………………………………………21
1 コンプライアンスの意義 ……………………………………………21

目 次

  (1) 意　義 ……………………………………………………………21
  (2) コンプライアンスに関する代表的な法制度 …………………21
 2 金融機関のコンプライアンス ………………………………………22
  (1) 総　説 ……………………………………………………………22
  (2) 銀行法の規律 ……………………………………………………22
  (3) 金融検査マニュアル ……………………………………………23
Ⅱ 内部管理態勢 ………………………………………………………………23
 1 はじめに ………………………………………………………………23
 2 反社会的勢力への対応 ………………………………………………23
  (1) 総　説 ……………………………………………………………23
  (2) 意　義 ……………………………………………………………24
  (3) 具体的問題 ………………………………………………………24
 3 マネー・ローンダリング防止 ………………………………………26
  (1) 意　義 ……………………………………………………………26
  (2) 疑わしい取引の届出 ……………………………………………26
  (3) 取引時確認 ………………………………………………………27
 4 内部告発（公益通報者保護制度） …………………………………27
  (1) 意　義 ……………………………………………………………27
  (2) 公益通報者保護法による保護 …………………………………28
  (3) 裁判例 ……………………………………………………………28
  (4) 社内通報制度 ……………………………………………………28
 5 職員の不正行為の予防 ………………………………………………29
  (1) 労働関係──セクシュアル・ハラスメントの防止 …………29
  (2) 取引関係──インサイダー取引の防止 ………………………30
Ⅲ 守秘義務 ……………………………………………………………………33
 1 金融機関の守秘義務 …………………………………………………33
  (1) 総　説 ……………………………………………………………33
  (2) 守秘義務の具体的意義 …………………………………………33

(3)　金融機関の守秘義務の法的性質（発生根拠） ……………33
　　　(4)　守秘義務の対象および具体的内容 ……………………………34
　　2　個人情報保護法 ………………………………………………………39
　　　(1)　総　説 ……………………………………………………………39
　　　(2)　個人情報 …………………………………………………………39
　　　(3)　守秘義務との関係 ………………………………………………39
　　　(4)　個人情報保護法に関するその他の代表的規律 ………………40
Ⅳ　説明義務 …………………………………………………………………41
　　1　金融機関の説明義務 …………………………………………………41
　　　(1)　総　説 ……………………………………………………………41
　　　(2)　私法上の説明義務 ………………………………………………41
　　2　法令に基づく説明義務 ………………………………………………48
　　　(1)　私法上の説明義務 ………………………………………………48
　　　(2)　業法上の説明義務 ………………………………………………49
Ⅴ　独占禁止法 ………………………………………………………………49
　　1　総　説 …………………………………………………………………49
　　2　優越的地位の濫用 ……………………………………………………50
　　　(1)　意　義 ……………………………………………………………50
　　　(2)　規制の趣旨 ………………………………………………………51
　　　(3)　要　件 ……………………………………………………………51
　　　(4)　実務上の指針 ……………………………………………………55
　　3　抱き合わせ販売 ………………………………………………………55
Ⅵ　取締役の責任 ……………………………………………………………56
　　1　取締役の善管注意義務 ………………………………………………56
　　　(1)　総　説 ……………………………………………………………56
　　　(2)　業務執行の決定の場面 …………………………………………57
　　　(3)　業務執行の監視・監督の場面 …………………………………61
　　　(4)　内部統制システム構築の場面 …………………………………61

(5) 責任の限定 …………………………………………………………61
　2　株主代表訴訟 ……………………………………………………………62
　　(1) 総　説 ……………………………………………………………62
　　(2) 金融機関における株主代表訴訟 …………………………………62
Ⅶ　役職員の責任 …………………………………………………………………63
　1　民事責任 …………………………………………………………………63
　　(1) 責任の主体 …………………………………………………………63
　　(2) その他 ………………………………………………………………63
　2　刑事責任 …………………………………………………………………63
　　(1) 総　説 ………………………………………………………………63
　　(2) 不良貸付けと（特別）背任罪 ……………………………………64
　　(3) 浮貸し等 ……………………………………………………………66
　　(4) 融資による犯罪の幇助 ……………………………………………67
　　(5) 利益供与 ……………………………………………………………67

第2章　自然人との取引

Ⅰ　本人確認 ………………………………………………………………………69
　1　本人確認の意義 …………………………………………………………69
　　(1) 人の能力 ……………………………………………………………69
　　(2) 犯罪収益移転防止法 ………………………………………………71
　　(3) 架空名義 ……………………………………………………………72
　2　口座名義 …………………………………………………………………74
　　(1) 通称・商号・屋号 …………………………………………………74
　　(2) 連　名 ………………………………………………………………77
　3　代理人 ……………………………………………………………………80
　　(1) 代理制度 ……………………………………………………………80

(2)　代理の成立と銀行への届出 …………………………………… 82
　(3)　復代理 ………………………………………………………………… 82
　(4)　代理権の消滅 ………………………………………………………… 83
　(5)　無権代理と表見代理 ………………………………………………… 83
　(6)　署名の代理 …………………………………………………………… 85
II　制限行為能力者との取引 …………………………………………………… 88
　1　未成年者との取引 ………………………………………………………… 88
　(1)　未成年者と行為能力 ………………………………………………… 88
　(2)　法定代理人 …………………………………………………………… 90
　(3)　未成年者との単独取引 ……………………………………………… 91
　(4)　親権者の代理権の濫用 ……………………………………………… 91
　2　成年後見制度 ……………………………………………………………… 92
　(1)　成年後見制度の意義 ………………………………………………… 92
　(2)　「後見」の制度 ………………………………………………………… 93
　(3)　「保佐」の制度 ………………………………………………………… 95
　(4)　「補助」の制度 ………………………………………………………… 99
　(5)　任意後見制度 ………………………………………………………… 103

第3章　法人との取引

I　法人の種類 …………………………………………………………………… 107
　1　法人とは …………………………………………………………………… 107
　2　営利法人 …………………………………………………………………… 107
　(1)　営利法人とは ………………………………………………………… 107
　(2)　株式会社 ……………………………………………………………… 107
　(3)　持分会社 ……………………………………………………………… 108
　(4)　特例有限会社 ………………………………………………………… 108

(5)　その他の営利法人 …………………………………………109
　3　**非営利法人** ………………………………………………………110
　　(1)　公益法人制度の見直し ……………………………………110
　　(2)　非営利法人の種類 …………………………………………111
　4　**特別法による法人** ………………………………………………111
　　(1)　宗教法人 ……………………………………………………111
　　(2)　学校法人 ……………………………………………………111
　　(3)　医療法人 ……………………………………………………112
　　(4)　社会福祉法人 ………………………………………………112
　　(5)　NPO法人（特定非営利活動法人） ……………………112
　　(6)　協同組合 ……………………………………………………112
　5　**公法人** ……………………………………………………………113
　　(1)　地方公共団体 ………………………………………………113
　　(2)　独立行政法人 ………………………………………………113
　6　**法人格のない団体** ………………………………………………114
　　(1)　権利能力なき社団・財団 …………………………………114
　　(2)　民法上の組合 ………………………………………………114
　　(3)　商法上の匿名組合 …………………………………………114
Ⅱ　**営利法人との取引** …………………………………………………115
　1　**株式会社との取引** ………………………………………………115
　　(1)　はじめに ……………………………………………………115
　　(2)　代表権限 ……………………………………………………115
　　(3)　目的の範囲による取引制限 ………………………………118
　　(4)　利益相反取引規制 …………………………………………119
　　(5)　重要な業務執行の手続 ……………………………………121
　　(6)　休眠会社と取引を行う際の留意点 ………………………123
　　(7)　設立中の株式会社と取引を行う際の留意点 ……………124
　2　**持分会社との取引** ………………………………………………125

(1) 合名会社との取引 ……………………………………………125
　　(2) 合資会社との取引 ……………………………………………126
　　(3) 合同会社との取引 ……………………………………………127
　3　特例有限会社との取引 ……………………………………………127
　　(1) 代表権限の所在および確認方法 ……………………………127
　　(2) 目的の範囲による取引制限 …………………………………127
　　(3) 利益相反取引規制 ……………………………………………127
　　(4) 重要財産の処分、多額の借財 ………………………………128
　　(5) 特例有限会社から株式会社への移行 ………………………128
　4　外国会社との取引 …………………………………………………128
　　(1) 代表権限の所在およびその確認 ……………………………128
　　(2) 権利能力の制限 ………………………………………………129
　　(3) 外国会社の自己取引 …………………………………………129
　5　その他の営利法人との取引 ………………………………………129
　　(1) 相互会社との取引 ……………………………………………129
　　(2) 持株会社との取引 ……………………………………………130
　　(3) 清算法人との取引 ……………………………………………130
Ⅲ　非営利法人との取引 …………………………………………………131
　1　一般社団法人との取引 ……………………………………………131
　　(1) 代表権限の所在と確認 ………………………………………131
　　(2) 目的の範囲による取引制限 …………………………………132
　　(3) 利益相反取引規制 ……………………………………………132
　2　一般財団法人との取引 ……………………………………………133
　　(1) 代表権限の所在と確認 ………………………………………133
　　(2) 目的の範囲による取引制限および利益相反取引規制 ……133
　3　公益社団法人・公益財団法人との取引 …………………………133
　4　宗教法人との取引 …………………………………………………133
　　(1) 代表権限の所在とその確認 …………………………………133

(2)　目的の範囲による取引制限 …………………………………134
　　(3)　債務負担行為に関する制限 …………………………………134
　　(4)　利益相反行為 …………………………………………………134
　5　学校法人との取引 ……………………………………………………135
　　(1)　代表権限の所在と確認 ………………………………………135
　　(2)　目的の範囲による取引制限 …………………………………135
　　(3)　債務負担行為に関する制限 …………………………………135
　　(4)　利益相反取引規制 ……………………………………………136
　6　医療法人との取引 ……………………………………………………136
　　(1)　代表権限の所在と確認 ………………………………………136
　　(2)　目的の範囲による取引制限 …………………………………136
　　(3)　利益相反取引規制 ……………………………………………137
　7　社会福祉法人との取引 ………………………………………………137
　　(1)　代表権限の所在と確認 ………………………………………137
　　(2)　目的の範囲による取引制限 …………………………………137
　　(3)　利益相反取引規制 ……………………………………………138
　8　NPO法人との取引 …………………………………………………138
　　(1)　代表権限の所在および確認方法 ……………………………138
　　(2)　目的の範囲による取引制限 …………………………………138
　　(3)　利益相反取引規制 ……………………………………………138
　9　協同組合との取引 ……………………………………………………138
　　(1)　中小企業等協同組合 …………………………………………138
　　(2)　農業協同組合との取引 ………………………………………139
　　(3)　水産業協同組合との取引 ……………………………………140
　　(4)　消費生活協同組合との取引 …………………………………141
　10　公法人との取引 ………………………………………………………142
　　(1)　地方公共団体 …………………………………………………142
　　(2)　独立行政法人 …………………………………………………143

11	権利能力なき社団との取引 …………………………………144
(1)	権利能力なき社団であることの確認 …………………144
(2)	代表権限 …………………………………………………145
(3)	取引上の注意点 …………………………………………145
12	民法上の組合との取引 ………………………………………145
(1)	代表権限の所在とその確認 ……………………………145
(2)	目的の範囲と取引制限 …………………………………146
(3)	取引上の注意点 …………………………………………146
13	商法上の匿名組合との取引 …………………………………146

第4章　預金取引

Ⅰ　預金取引の基本 ……………………………………………………147
　1　預金契約の法的意義 ……………………………………………147
　　(1)　「預金」の定義 ……………………………………………147
　　(2)　実定法の規定と預金の意義 ………………………………147
　　(3)　預金契約の法的性格 ………………………………………148
　　(4)　消費寄託契約 ………………………………………………149
　　(5)　委任契約と預金取引上の地位の承継 ……………………150
　2　預金規定 …………………………………………………………151
　3　預金通帳・証書 …………………………………………………152
　4　情報提供義務 ……………………………………………………152
Ⅱ　預金の種類 …………………………………………………………153
　1　当座預金 …………………………………………………………153
　　(1)　当座勘定契約の法的性質 …………………………………154
　　(2)　当座勘定取引の開始と銀行の責任 ………………………155
　　(3)　当座預金の支払い …………………………………………156

(4)　当座勘定取引の解約 …………………………………………162
　　(5)　手形交換制度 ……………………………………………………163
　2　普通預金 ………………………………………………………………164
　3　貯蓄預金 ………………………………………………………………165
　4　定期預金 ………………………………………………………………165
　　(1)　定期預金の法的性格 ……………………………………………165
　　(2)　定期預金の中途解約 ……………………………………………166
　　(3)　定期預金の書換継続 ……………………………………………166
　　(4)　自動継続特約付きの定期預金 …………………………………167
　5　通知預金 ………………………………………………………………168
　6　納税準備預金 …………………………………………………………168
　7　別段預金（雑預金）……………………………………………………169
　8　譲渡性預金 ……………………………………………………………169
　9　外貨預金 ………………………………………………………………169
　10　デリバティブ組込型預金 ……………………………………………169
　11　定期積金 ………………………………………………………………170
　12　財形預金 ………………………………………………………………171
　13　総合口座 ………………………………………………………………172
　　(1)　総合口座の法的性格 ……………………………………………172
　　(2)　総合口座の貸越を伴う支払いと銀行の免責 …………………174
Ⅲ　預金の成立 ………………………………………………………………175
　1　成立の要件 ……………………………………………………………175
　2　成立時期 ………………………………………………………………176
　　(1)　窓口入金における預金成立時期 ………………………………176
　　(2)　集金による入金と預金成立時期 ………………………………177
　　(3)　ATMによる入金と預金成立時期 ………………………………178
　　(4)　受入証券類の預金成立時期 ……………………………………179
　　(5)　振込みと預金成立時期 …………………………………………180

(6) 振り込め詐欺による預金の成立 ………………………………181
　　　(7) インターネットバンキング等 …………………………………182
　Ⅳ　預金者の認定 ………………………………………………………182
　　1　認定基準 …………………………………………………………182
　　2　預金者の認定をめぐる裁判例 …………………………………183
　　　(1) 架空名義の預金 …………………………………………………183
　　　(2) 誤振込みによる預金 ……………………………………………183
　　　(3) 盗取金による預金の帰属 ………………………………………184
　　　(4) 弁護士の預り金 …………………………………………………185
　　　(5) 保険代理店名義の預金 …………………………………………186
　　　(6) マンション管理組合の預金 ……………………………………187
　　　(7) 公共工事前払金 …………………………………………………188
　　　(8) 旅行資金等の積立てを目的とする団体代表者名義預金 ………189
　　　(9) 連名預金 …………………………………………………………190
　Ⅴ　預金の払戻し ………………………………………………………191
　　1　預金の払戻しの方法と効果 ……………………………………191
　　2　無権利者への払戻しと免責 ……………………………………192
　　　(1) 免責の法的根拠 …………………………………………………192
　　　(2) 窓口における対面取引（盗難通帳による不正払戻し）………194
　　　(3) 盗難通帳事案についての裁判例の流れ ………………………195
　　　(4) 機械払取引等 ……………………………………………………196
　　3　近時の議論 ………………………………………………………198
　　　(1) 預金者保護法と全銀協自主ルール ……………………………198
　　　(2) 犯罪利用口座から被害者への支払い（振り込め詐欺救済法）……199
　Ⅵ　預金に関する諸問題 ………………………………………………201
　　1　預金の譲渡 ………………………………………………………201
　　　(1) 譲渡禁止特約と法的効力 ………………………………………201
　　　(2) 譲渡についての銀行の承諾 ……………………………………202

(3) 質入れ ……………………………………………………………203
　2　預金の相続 ……………………………………………………………203
　　(1) 序 ………………………………………………………………203
　　(2) 相続制度概要 …………………………………………………204
　　(3) 預金債権の相続 ………………………………………………204
　　(4) 預金者死亡の場合の銀行の取扱い …………………………205
　　(5) 被相続人との取引経過明細に関する相続人からの開示請求 ……212
　3　預金の差押え …………………………………………………………213
　　(1) 序 ………………………………………………………………213
　　(2) 要件・効果等 …………………………………………………214
　　(3) 預金に差押え等があった場合の取扱い ……………………215
　　(4) 差押えの競合 …………………………………………………220
　　(5) 差押預金の支払い ……………………………………………222
　4　預金の時効 ……………………………………………………………223
　　(1) 消滅時効と時効期間 …………………………………………223
　　(2) 時効の援用 ……………………………………………………223
　　(3) 時効の起算点 …………………………………………………224
　5　預金と法的整理 ………………………………………………………226
　　(1) 預金者の法的整理 ……………………………………………226
　　(2) 法的整理手続における留意点 ………………………………227

第5章　融資取引

Ⅰ　融資取引の意義・特徴等 ……………………………………………231
　1　融資取引の意義 ………………………………………………………231
　　(1) 行政法・業法上の観点 ………………………………………231
　　(2) 私法上の観点 …………………………………………………232

(3) 融資取引の諸原則 ……………………………………………232
　2 **融資取引の特徴** ……………………………………………………232
　　(1) 法的性質 ……………………………………………………232
　　(2) 融資契約の成立過程における法的問題 …………………233
　3 **説明義務** ……………………………………………………………237
　　(1) 私法上の説明義務 …………………………………………237
　　(2) 説明義務の内容 ……………………………………………238
　　(3) 業法上の説明義務との関係 ………………………………239
　4 **融資取引の当事者** …………………………………………………240
　　(1) 総　論 ………………………………………………………240
　　(2) 融資取引の当事者──金融機関 …………………………240
　　(3) 融資取引の相手方──取引先（借入人等）……………240
　5 **債務者の変動** ………………………………………………………243
　　(1) 個人（自然人）……………………………………………243
　　(2) 法　人 ………………………………………………………245
　6 **消滅時効** ……………………………………………………………247
　　(1) 時効期間 ……………………………………………………247
　　(2) 消滅時効期間の起算点 ……………………………………247
　7 **融資債権の譲渡等** …………………………………………………248
　　(1) 不良債権処理としての債権譲渡 …………………………248
　　(2) 証券化 ………………………………………………………249
　8 **融資判断に係る法的責任** …………………………………………249
II **銀行取引約定** …………………………………………………………250
　1 **銀行取引約定書の意義と変遷** ……………………………………250
　　(1) 銀行取引約定書の意義 ……………………………………250
　　(2) 銀行取引約定書の変遷 ……………………………………250
　　(3) 銀行取引約定書をめぐる状況 ……………………………252
　　(4) 銀行取引約定書の利用範囲 ………………………………252

目　次

　　2　銀行取引約定書の概要 ……………………………………253
　　　(1)　銀行取引約定書の機能 …………………………………253
　　　(2)　約定書締結方式 …………………………………………254
　　　(3)　適用範囲 …………………………………………………254
　　　(4)　手形取引 …………………………………………………256
　　　(5)　利息・損害金 ……………………………………………257
　　　(6)　担　保 ……………………………………………………259
　　　(7)　期限の利益喪失条項 ……………………………………263
　　　(8)　相殺関連条項 ……………………………………………267
　　　(9)　充当指定に関する規定 …………………………………270
　　　(10)　その他 ……………………………………………………270
　　3　コベナンツ …………………………………………………271
　　　(1)　コベナンツの意義 ………………………………………271
　　　(2)　具体的内容 ………………………………………………272
　　　(3)　違反の効果 ………………………………………………272
　　　(4)　問題点と限界 ……………………………………………273
Ⅲ　融資取引と利息等 ………………………………………………274
　　1　融資取引と利息 ……………………………………………274
　　　(1)　利息の意義 ………………………………………………274
　　　(2)　金融機関の行う融資の金利に関する変遷 ……………274
　　　(3)　利息に関する法的規制 …………………………………275
　　2　臨時金利調整法 ……………………………………………275
　　3　利息制限法 …………………………………………………276
　　　(1)　経　緯 ……………………………………………………276
　　　(2)　利息制限法の変遷 ………………………………………276
　　4　出資法 ………………………………………………………277
　　　(1)　高金利・高保証料の処罰 ………………………………278
　　　(2)　みなし規定 ………………………………………………278

(3) みなし利息 …………………………………………………………278
　5　貸金業法 ……………………………………………………………………278
　6　みなし利息 …………………………………………………………………279
Ⅳ　融資取引の種類と特色 …………………………………………………………281
　1　融資取引の種類 ……………………………………………………………281
　2　手形貸付け …………………………………………………………………281
　　(1) 法的性質 ………………………………………………………………281
　　(2) 手形貸付けの利点 ……………………………………………………283
　　(3) 手形の書替え …………………………………………………………283
　　(4) 手形貸付けの問題点 …………………………………………………284
　3　証書貸付け …………………………………………………………………286
　　(1) 法的性質 ………………………………………………………………286
　　(2) 証書貸付けの特徴 ……………………………………………………287
　　(3) 金銭消費貸借契約証書 ………………………………………………287
　4　当座貸越 ……………………………………………………………………288
　　(1) 意義と特徴 ……………………………………………………………288
　　(2) 一般当座貸越 …………………………………………………………288
　　(3) 借入専用の当座貸越 …………………………………………………291
　　(4) 総合口座・カードローン ……………………………………………292
　5　消費者ローン ………………………………………………………………292
　　(1) 消費者ローン取引の意義と特徴 ……………………………………292
　　(2) 消費者ローン契約および契約書の特徴と内容 ……………………293
　　(3) 消費者ローン契約にかかわる法規制 ………………………………294
Ⅴ　手形割引 …………………………………………………………………………294
　1　意義と特徴 …………………………………………………………………294
　　(1) 意　義 …………………………………………………………………294
　　(2) 法的性質 ………………………………………………………………296
　2　買戻請求権 …………………………………………………………………297

目　次

　　　(1)　法的性質①——銀行取引約定書制定以前 ················297
　　　(2)　法的性質②——現在の議論 ······························298
　　　(3)　買戻請求権にかかわる諸問題 ··························299
　　3　手形割引の実務 ··300
　　　(1)　実　行 ···300
　　　(2)　回　収 ···302
　　4　手形割引の将来 ··304
　　　(1)　手形取引の減少と新しい与信取引 ····················304
　　　(2)　債権譲渡、債権譲渡担保貸付け ·······················305
　　　(3)　一括決済方式 ··305
　　　(4)　電子記録債権の活用 ···································306
　Ⅵ　支払承諾 ···308
　　1　意義と特徴 ··308
　　　(1)　意　義 ···308
　　　(2)　種　類 ···308
　　　(3)　法律関係 ··309
　　2　支払承諾取引の実務 ······································309
　　3　支払承諾取引に係る契約 ·································310
　　　(1)　支払承諾取引約定書等 ································310
　　　(2)　保証書等 ··312
　　4　支払承諾取引の終了 ······································313
　　5　求償権をめぐる問題 ······································314
　　　(1)　事前求償権と事後求償権 ······························314
　　　(2)　取引先の法的整理と求償権 ···························314
　Ⅶ　新しい融資形態 ··315
　　1　シンジケートローン ······································315
　　　(1)　意　義 ···315
　　　(2)　取引の特徴 ···316

(3) 契約および契約条項の特徴 ……………………………………317
　　(4) シンジケートローンをめぐる諸問題 …………………………319
　2　コミットメントライン ……………………………………………321
　　(1) 意義と特徴 ………………………………………………………321
　　(2) 特定融資枠契約に関する法律 …………………………………321

第6章　担保・保証

Ⅰ　担保の基本 ……………………………………………………………323
　1　意義と特徴 …………………………………………………………323
　2　種　類 ………………………………………………………………324
　　(1) 担保の目的物の種類 ……………………………………………324
　　(2) 担保物件の種類 …………………………………………………325
　　(3) 担保権の種類 ……………………………………………………326
　3　銀行取引実務における担保契約の特色・留意点 ………………330
　　(1) 担保権設定契約証書 ……………………………………………330
　　(2) 被担保債権 ………………………………………………………330
　　(3) 第三者対抗要件の充足 …………………………………………330
　　(4) 担保契約時の留意点 ……………………………………………331
Ⅱ　預金担保 ………………………………………………………………333
　1　はじめに ……………………………………………………………333
　2　担保設定手続 ………………………………………………………333
　3　対抗要件と相殺 ……………………………………………………334
Ⅲ　有価証券担保 …………………………………………………………334
　1　有価証券担保とは …………………………………………………334
　2　有価証券電子化の影響 ……………………………………………335
　　(1) 有価証券電子化の経緯 …………………………………………335

(2)　振替制度と有価証券担保実務への影響 ……………………336
　3　有価証券担保の種類 …………………………………………336
　　(1)　手形担保 ……………………………………………………336
　　(2)　公社債担保 …………………………………………………337
　　(3)　株式担保 ……………………………………………………338
Ⅳ　債権・動産担保 …………………………………………………339
　1　意義と特徴 ……………………………………………………339
　　(1)　債権・動産担保の意義等 …………………………………339
　　(2)　債権・動産担保の特徴 ……………………………………340
　　(3)　代理受領・振込指定 ………………………………………341
　2　債権担保 ………………………………………………………342
　　(1)　債権担保の設定 ……………………………………………342
　　(2)　集合債権担保・将来債権担保 ……………………………343
　　(3)　対抗要件 ……………………………………………………343
　3　動産担保 ………………………………………………………344
　　(1)　動産担保の設定 ……………………………………………344
　　(2)　集合動産担保 ………………………………………………344
　　(3)　対抗要件 ……………………………………………………345
Ⅴ　不動産担保 ………………………………………………………346
　1　意義と特徴 ……………………………………………………346
　2　抵当権 …………………………………………………………346
　　(1)　設定契約・登記 ……………………………………………346
　　(2)　抵当権の効力の及ぶ範囲 …………………………………347
　　(3)　被担保債権の範囲 …………………………………………349
　　(4)　抵当権の処分 ………………………………………………349
　3　根抵当権 ………………………………………………………350
　　(1)　普通抵当権と根抵当権の異同 ……………………………350
　　(2)　根抵当権の内容 ……………………………………………351

VI 保証の基本 … 354
1 保証の意義と特徴 … 354
2 保証契約の締結 … 356
- (1) 本人確認と保証意思確認 … 356
- (2) 保証人に対する説明責任 … 356
- (3) 保証契約の締結 … 356
- (4) 経営者保証に関するガイドライン … 357

3 保証の種類等 … 357
- (1) 保証の種類 … 357
- (2) 連帯保証 … 358
- (3) 手形保証 … 359
- (4) 根保証 … 360

4 保証予約と経営指導念書 … 362
- (1) 保証予約 … 362
- (2) 経営指導念書 … 362

5 信用保証協会 … 363
- (1) 信用保証協会の業務 … 363
- (2) 信用保証協会保証の性質 … 363

VII 貸金等根保証 … 364
1 意 義 … 364
2 保証極度額 … 365
3 元本確定期日 … 365
- (1) 元本確定期日の設定 … 365
- (2) 元本確定期日の変更 … 365

4 元本確定事由 … 366
5 根保証人の解約権 … 367

第7章　債権の回収

- I　弁　済 ……………………………………………………………… 369
  - 1　本人による弁済 ………………………………………………… 370
  - 2　弁済の充当 ……………………………………………………… 371
  - 3　保証人等による弁済 …………………………………………… 372
  - 4　第三者弁済 ……………………………………………………… 375
- II　相　殺 ……………………………………………………………… 376
  - 1　意　義 …………………………………………………………… 376
  - 2　相殺の要件 ……………………………………………………… 377
  - 3　預金相殺に係る法的争点 ……………………………………… 379
  - 4　差押え等との関係 ……………………………………………… 382
- III　仮差押え・仮処分 ………………………………………………… 384
  - 1　はじめに ………………………………………………………… 384
  - 2　対象の特定 ……………………………………………………… 387
  - 3　管轄裁判所 ……………………………………………………… 389
  - 4　保全の必要性 …………………………………………………… 390
  - 5　担保の提供 ……………………………………………………… 392
  - 6　決　定 …………………………………………………………… 393
  - 7　執　行 …………………………………………………………… 393
  - 8　解放金 …………………………………………………………… 394
  - 9　起訴命令 ………………………………………………………… 395
- IV　訴訟・調停 ………………………………………………………… 396
  - 1　意義と特徴 ……………………………………………………… 396
  - 2　訴訟（訴訟の種類、文書提出命令） ………………………… 397
  - 3　調　停 …………………………………………………………… 403
  - 4　金融ADR ………………………………………………………… 406

Ⅴ 強制執行 …………………………………………………… 409
1 不動産 ……………………………………………………… 409
2 動　産 ……………………………………………………… 412
3 債　権 ……………………………………………………… 414
Ⅵ 担保権の実行 ………………………………………………… 415
1 不動産担保権の実行 ……………………………………… 415
2 その他の担保権の実行 …………………………………… 417
(1) 指名債権担保 ………………………………………… 417
(2) 動産・有価証券担保 ………………………………… 417
Ⅶ 法的整理手続 ………………………………………………… 418
1 法的整理手続の種類 ……………………………………… 418
2 破　産 ……………………………………………………… 419
3 会社更生 …………………………………………………… 422
4 民事再生 …………………………………………………… 425
5 特別清算 …………………………………………………… 429
6 相　殺 ……………………………………………………… 430
(1) 破産手続での相殺の取扱い ………………………… 431
(2) 民事再生手続での相殺の取扱い …………………… 433
(3) 会社更生手続での相殺の取扱い …………………… 434
(4) 特別清算手続での相殺の取扱い …………………… 434
7 否　認 ……………………………………………………… 434
Ⅷ 事業再生 ……………………………………………………… 438
1 事業再生 ADR ……………………………………………… 438
2 事業再生機関 ……………………………………………… 440
3 事業再生手法 ……………………………………………… 441

第8章　内国為替取引

Ⅰ　為替取引の意義と概要 …………………………………………443
 1　為替取引の意義 ……………………………………………443
 2　為替の種類——一般的分類 ………………………………444
  (1)　内国為替と外国為替 …………………………………444
  (2)　本支店為替と他行為替 ………………………………444
  (3)　送金為替（順為替）と取立為替（逆為替）…………445
  (4)　信金為替・しんくみ為替・系統為替 ………………445
 3　全国銀行内国為替制度における為替種類 ………………445
  (1)　送　金 …………………………………………………445
  (2)　振込み …………………………………………………445
  (3)　代金取立て ……………………………………………446
  (4)　雑為替 …………………………………………………446
Ⅱ　内国為替取引の当事者と法律関係 …………………………446
 1　為替取引の当事者 …………………………………………446
  (1)　依頼人 …………………………………………………447
  (2)　仕向銀行（代金取立てのときは委託銀行）…………447
  (3)　被仕向銀行（代金取立てのときは受託銀行）………447
  (4)　受取人（代金取立てのときは支払人）………………447
 2　当事者の法律関係 …………………………………………447
  (1)　依頼人と仕向銀行（委託銀行）の関係 ……………448
  (2)　仕向銀行（委託銀行）と被仕向銀行（受託銀行）の関係 ………448
  (3)　被仕向銀行（受託銀行）と受取人（支払人）の関係 …………448
 3　送　金 ………………………………………………………449
  (1)　普通送金の仕組み ……………………………………449
   〈図表〉　統一小切手用紙の規格・様式見本 ……………450

(2)　送金の法律関係 …………………………………………………451
　4　振込み ……………………………………………………………451
　　(1)　振込みの特徴と仕組み …………………………………………451
　　(2)　振込みの法律関係 ………………………………………………452
　　　　［参考］　振込規定ひな型 ………………………………………454
　　(3)　被仕向銀行の義務 ………………………………………………457
　　(4)　振込金の預金口座への入金 ……………………………………458
　5　誤振込み等 ………………………………………………………459
　　(1)　組戻し・取消し・訂正 …………………………………………459
　　(2)　誤振込み …………………………………………………………461
　6　代金取立て ………………………………………………………462
　　(1)　代金取立ての仕組み ……………………………………………462
　　(2)　代金取立ての取立方式 …………………………………………463
　　(3)　代金取立ての法律関係 …………………………………………464
　　(4)　委託銀行の義務 …………………………………………………465
　　(5)　受託銀行の義務 …………………………………………………465
Ⅲ　全国銀行内国為替制度の概要等 …………………………………465
　1　全国内国為替制度の概要 ………………………………………465
　　(1)　制度の運営 ………………………………………………………465
　　(2)　内国為替運営規約等 ……………………………………………466
　2　全銀システムの概要 ……………………………………………467
　　(1)　概　説 ……………………………………………………………467
　　(2)　全銀システムを利用した為替取引の仕組み …………………468
　3　為替決済 …………………………………………………………468
　　(1)　為替決済の仕組み ………………………………………………468
　　(2)　決済リスク ………………………………………………………469
　　(3)　仕向超過管理制度 ………………………………………………469

第9章　付随業務

I　銀行法上の付随業務 …………………………………………………………471
　1　銀行法 …………………………………………………………………………471
　　(1)　銀行法の規定 ……………………………………………………………471
　　(2)　銀行法10条2項各号の業務 ……………………………………………471
　　　〈図表1〉　銀行法上の業務範囲のイメージ ………………………………472
　　　〈図表2〉　資産流動化法に基づく資産流動化のイメージ ………………474
　　　〈図表3〉　私募の範囲 ………………………………………………………476
　2　監督指針 ………………………………………………………………………480
II　代理業務 ………………………………………………………………………480
　1　代理業務の種類 ………………………………………………………………480
　　(1)　銀行等の業務の代理・媒介（規則13条1号） ………………………481
　　(2)　農協等の信用事業の代理・媒介（規則13条2号） …………………481
　　(3)　資金移動業者が営む資金移動業の代理または媒介（規則13条
　　　　2号の2） …………………………………………………………………481
　　(4)　信託代理店業務（規則13条3号） ……………………………………481
　　(5)　投資顧問契約・投資一任契約の代理・媒介（規則13条3号） ……482
　　(6)　保険会社・外国保険会社等の資金の貸付けの代理または媒介 ……482
　　(7)　法律の定めるところにより予算について国会の議決を経なけ
　　　　ればならない法人で金融業を行うものの業務の代理または媒介
　　　　（規則13条5号） …………………………………………………………482
　　(8)　特別の法律により設立された法人で、特別の法律により銀行
　　　　に業務の一部を委託しうるものの資金の貸付けその他の金融に
　　　　関する業務の代理または媒介（規則13条6号） ………………………483
　2　代理貸付け ……………………………………………………………………483
III　金銭出納業務 …………………………………………………………………484

1 金銭出納業務の種類 …………………………………………484
  2 公金出納事務 ……………………………………………………485
  3 日本銀行代理店業務 ……………………………………………487
  4 株式払込事務 ……………………………………………………487
Ⅳ 保護預り業務 …………………………………………………………489
  1 保護預り業務の意義と種類 ……………………………………489
  2 貸金庫 ……………………………………………………………491
   (1) 貸金庫業務 …………………………………………………491
   (2) 貸金庫の法的性格と強制執行の可否 ……………………491
Ⅴ デリバティブ業務 ……………………………………………………493
  1 デリバティブ業務の意義と種類 ………………………………493
  2 金商法上のデリバティブ取引の分類 …………………………494
   (1) 取引の場所 …………………………………………………495
   (2) 取引の対象(参照する原資産・指標等) …………………495
   (3) 取引の種類 …………………………………………………496
   〈図表4〉 金融法上の代表的なデリバティブ取引 ……………500
  3 契約(ISDA) ……………………………………………………501
   〈図表5〉 銀行法の付随業務として取り扱うことができるデリバティブ取引 …………………………………………………502
  4 取引先の倒産 ……………………………………………………503
Ⅵ その他の付随業務 ……………………………………………………504
  1 監督指針 …………………………………………………………504
   (1) その他付随業務の例示 ……………………………………505
   (2) 例示された業務以外の「その他付随業務」の取扱い ……507
   (3) 事業用不動産の賃貸等についての取扱い ………………508
  2 ノーアクションレター制度 ……………………………………509
  3 その他 ……………………………………………………………511

第10章　証券・保険業務

Ⅰ　有価証券関連業務 ……………………………………………………513
　1　有価証券関連業務の意義 …………………………………………513
　　(1)　金融機関の証券業務の原則禁止（銀証分離）………………513
　　(2)　有価証券にかかわる銀行業務（例外的に許される業務）……514
　　(3)　登録金融機関 ……………………………………………………519
　　(4)　金商法（行為規制・弊害防止措置）の適用範囲 ……………520
　2　行為規制 ……………………………………………………………520
　　(1)　概　要 ……………………………………………………………520
　　(2)　顧客に対する誠実義務（金商法36条1項）……………………520
　　(3)　広告規制（金商法37条）………………………………………521
　　(4)　契約締結前の書面交付義務（金商法37条の3）………………522
　　(5)　契約成立時等の書面交付義務等（金商法37条の4）…………523
　　(6)　虚偽告知の禁止・断定的判断提供の禁止（金商法38条1号・
　　　　 2号）……………………………………………………………523
　　(7)　不招請勧誘・再勧誘の禁止等（金商法38条4号～6号）……524
　　(8)　損失補塡等の禁止（金商法39条）……………………………524
　　(9)　適合性の原則（金商法40条1号）……………………………525
　3　弊害防止措置 ………………………………………………………526
　　(1)　弊害防止措置の意義 ……………………………………………526
　　(2)　弊害防止措置の内容 ……………………………………………527
　　(3)　利益相反管理体制（金商法36条2項）………………………530
　4　特定投資家制度 ……………………………………………………531
　　(1)　特定投資家制度とは（金商法45条）…………………………531
　　(2)　特定投資家の種類 ………………………………………………531
　　(3)　4号特定投資家のアマ成り告知、承諾義務 …………………532

(4)　一般投資家のプロ成り ……………………………………………532
　　(5)　特定投資家に適用のある行為規制 ……………………………533
　5　外務員登録制度 ………………………………………………………533
　　(1)　外務員登録 ………………………………………………………533
　　(2)　外務員の種類 ……………………………………………………534
　　(3)　登録事務の委任 …………………………………………………534
　　(4)　外務員の権限と監督 ……………………………………………535
Ⅱ　銀行における保険業務 …………………………………………………535
　1　銀行による保険販売の解禁 …………………………………………535
　　〈図表1〉　銀行等が販売できる保険商品の範囲の変遷 ……………537
　2　保険募集をするにあたって必要な資格 ……………………………537
　　(1)　保険募集するのに必要な登録・届出 …………………………537
　　〈図表2〉　保険募集人・保険仲立人の登録・届出義務 ……………538
　　(2)　保険募集の定義 …………………………………………………539
　　(3)　保険募集人の権限等の明示 ……………………………………540
　3　銀行等による保険販売における弊害防止措置 ……………………540
　　(1)　弊害防止措置が必要とされる理由 ……………………………540
　　〈図表3〉　銀行等による保険販売のメリットとデメリット ………541
　　〈図表4〉　銀行窓販に係る弊害防止措置の全体像 …………………542
　　(2)　全商品共通の弊害防止措置 ……………………………………542
　　(3)　第3次解禁および最終解禁商品（平成17年12月以降解禁）の
　　　　うち一時払終身保険等を除いた商品に係る弊害防止措置 ……545
　　(4)　その他規制 ………………………………………………………548
　4　銀行等の特定関係者、銀行代理業者に対する規制 ………………548
　　(1)　銀行等の特定関係者に対する規制（「知りながら規制」）………548
　　(2)　銀行代理業者等に対する規制 …………………………………549
　5　保険募集規制 …………………………………………………………550
　　(1)　保険募集規制が必要な理由 ……………………………………550

29

(2)　保険募集における禁止行為 …………………………………550
　(3)　自己契約・特定契約規制 ……………………………………555
　　〈図表5〉　自己契約・特定契約規制 …………………………556
　(4)　意向確認書面 …………………………………………………556
6　金融商品取引法準用による行為規制（保険業法300条の2）………557
7　クーリング・オフ、特定早期解約 ………………………………558
8　保険募集に関する賠償責任 ………………………………………558
9　平成26年保険業法改正により追加されるルール …………………559
　(1)　改正の目的 ……………………………………………………559
　(2)　保険募集の基本的ルールの創設 ……………………………559
　(3)　保険募集人に対する規制の整備 ……………………………560
　(4)　紹介行為（募集関連行為）の規制化 ………………………561

第11章　信託業務

I　はじめに ………………………………………………………………563
　〈図表〉　信託の概念図 ……………………………………………563
1　信託の意義 …………………………………………………………563
2　信託の特徴 …………………………………………………………564
　(1)　信託財産 ………………………………………………………564
　(2)　信託財産の物上代位性 ………………………………………565
　(3)　信託財産の独立 ………………………………………………565
　(4)　受託者の権限 …………………………………………………565
　(5)　受託者の義務 …………………………………………………566
　(6)　信託事務によって生じる債務 ………………………………566
3　信託業 ………………………………………………………………566
II　銀行の営む信託業務 ………………………………………………569

1	金融機関の信託業務兼営	569
2	信託の引受け（信託契約の締結）に係る行為準則	569
(1)	禁止行為	569
(2)	適合性の原則	570
(3)	説明義務	570
(4)	信託契約締結時の書面交付義務	571
(5)	特定信託契約に関する金商法の準用	572
3	信託事務に係る行為準則	572
(1)	信託事務遂行上の義務	572
(2)	禁止行為	572
(3)	信託業務の一部の第三者への委託	573
4	報告義務	574
Ⅲ	信託受益権の「有価証券」性	574
1	金商法の適用	574
2	信託受益権の内容の説明	575
3	信託受益権の内容を記載した書面の交付	575
Ⅳ	併営業務	575
Ⅴ	信託契約代理業	576
1	意　義	576
2	業　務	576
3	信託契約代理業の行為準則等	577
Ⅵ	自己信託会社	578

第12章　証券化

Ⅰ	証券化の概要	579
1	証券化の定義	579

目次

- 2　証券化のプロセス ·················580
  - 〈図表1〉　証券化スキームのイメージ ·················581
- 3　証券化の目的 ·················584
- 4　証券化を支えるコンセプト ·················586
- II　資産保有 SPV の種類と選択 ·················588
  - 1　流動化型取引と運用型取引 ·················588
  - 2　資産保有 SPV の選択 ·················588
  - 3　資産保有 SPV の種類 ·················590
    - (1)　特定目的会社 ·················590
    - 〈図表2〉　特定目的会社のイメージ ·················591
    - (2)　合同会社 ·················594
    - (3)　特例有限会社 ·················595
  - 4　株式会社と合同会社 ·················597
    - 〈図表3〉　資産保有 SPV としての株式会社と合同会社との差異 ·················599
- III　倒産隔離 ·················600
  - 1　倒産隔離とは ·················600
  - 2　対象資産の倒産隔離 ·················601
    - (1)　真正売買性の確保 ·················602
    - (2)　否認リスクの排除 ·················603
    - (3)　コミングリング・リスクの回避 ·················604
  - 3　資産保有 SPV の倒産隔離 ·················605
    - (1)　必要性 ·················605
    - (2)　倒産予防措置 ·················606
    - (3)　倒産手続防止措置 ·················609
- IV　信用補完と流動性補完 ·················611
  - 1　信用補完 ·················611
  - 2　流動性補完 ·················613
    - 〈図表4〉　特定融資枠契約の相手方になることができる者（抜粋）·················613

Ⅴ 証券化に係る会計と税務のポイント ……………………614
1 会計のポイント ……………………………………………614
(1) オフバランス ………………………………………………614
〈図表5〉 特別目的会社を活用した不動産の流動化に係る譲渡人の会計処理のフローチャート ……………………616
(2) 連 結 ………………………………………………………618
〈図表6〉 親子関係の判定基準 ……………………………619
2 税務のポイント ……………………………………………622
(1) 法人課税と構成員課税 ……………………………………622
(2) 資産保有SPVと課税 ……………………………………623

Ⅵ 資産保有SPVと議決権 ……………………………………624
1 人的関係・資本関係の切断 ………………………………624
2 慈善信託 ……………………………………………………625
(1) 慈善信託の仕組み …………………………………………625
〈図表7〉 慈善信託を利用した倒産隔離 …………………625
(2) 慈善信託の問題点 …………………………………………626
3 特定出資信託 ………………………………………………628
〈図表8〉 特定出資信託を利用した倒産隔離 ……………629
4 一般社団法人の利用 ………………………………………630
(1) 有限責任中間法人の利用 …………………………………630
(2) 中間法人法の廃止 …………………………………………631
(3) 一般社団法人 ………………………………………………631
(4) 一般社団法人スキームの仕組み …………………………635
〈図表9〉 一般社団法人を利用した倒産隔離 ……………636
(5) 基金拠出者の倒産申立権 …………………………………637

Ⅶ 証券化の対象資産と資産保有SPV ……………………639
1 不動産 ………………………………………………………639
2 金銭債権 ……………………………………………………643

(1) 売掛債権等 ……………………………………………………………643
　　〈図表10〉 売掛債権流動化の例 ………………………………………644
　(2) リース債権等 …………………………………………………………645
　　〈図表11〉 リース債権流動化の例 ………………………………………645
　(3) 貸付債権等 ……………………………………………………………646
　　〈図表12〉 シンセティック CDO のストラクチャー例 ………………647
　(4) 信託の利用 ……………………………………………………………648
　　〈図表13〉 信託受益権の販売による資金調達の例 ……………………649
　　〈図表14〉 信託財産を引当てにした借入れによる資金調達 …………649
　(5) 海外 SPC にかかわる法的問題点 ……………………………………650
 3　知的財産権 ………………………………………………………………652
 4　動　産 ……………………………………………………………………654
Ⅷ　証券化と金商法 ……………………………………………………………656
 1　金商法上の有価証券 ……………………………………………………656
 2　金商法上の有価証券であることの意味 ………………………………657
 3　金融商品取引業 …………………………………………………………657
 4　取得勧誘等 ………………………………………………………………659
　(1) 資産保有 SPV が特定目的会社である場合 …………………………659
　(2) 資産保有 SPV が合同会社である場合 ………………………………659
　(3) 信託の受益権を取得させる場合 ………………………………………660
 5　自己運用 …………………………………………………………………660
　(1) 資産保有 SPV が特定目的会社である場合 …………………………660
　(2) 資産保有 SPV が合同会社である場合 ………………………………661
 6　投資一任・投資助言 ……………………………………………………662
 7　適格機関投資家等特例業務 ……………………………………………663

第13章　外国為替取引

I　外国為替の概念と仕組み …………………………………………665
 1　外国為替とは ………………………………………………………665
 2　外国為替相場 ………………………………………………………666
　〈図表1〉　対顧客相場の例 …………………………………………666
 3　資金決済方法 ………………………………………………………667
II　外国為替取引の主な関連法規、統一規則 …………………………667
 1　外国為替及び外国貿易法 …………………………………………667
 2　信用状統一規則 ……………………………………………………675
 3　取立統一規則 ………………………………………………………676
III　外国送金 ……………………………………………………………677
 1　外国送金の定義と仕組み …………………………………………677
　(1)　電信送金（Telegraphic Transfer; T/T）……………………677
　　〈図表2〉　電信送金の仕組み ……………………………………678
　(2)　普通送金（Mail Transfer; M/T）……………………………678
　(3)　送金小切手（Demand Draft; D/D または Remittance Check; R/C）…………………………………………………………………678
　　〈図表3〉　送金小切手の仕組み …………………………………679
　(4)　外国送金に伴う銀行間の資金決済方法 ……………………679
 2　送金小切手に関する問題 …………………………………………680
　(1)　支払委託の取消し ………………………………………………680
　(2)　裏書の偽造等 ……………………………………………………680
 3　外国送金に関する銀行の確認義務 ………………………………681
IV　貿易取引 ……………………………………………………………682
 1　輸出取引 ……………………………………………………………683
　(1)　信用状取引 ………………………………………………………683

〈図表4〉 信用状による輸出入取引の仕組み ……………………685
　(2) 信用状なしの輸出取引 ………………………………………688
　2 輸入取引 …………………………………………………………689
　(1) 輸入担保荷物引取保証状取引 ………………………………689
　〈図表5〉 輸入取引の仕組み ……………………………………690
　(2) 輸入担保荷物貸渡取引 ………………………………………690
　(3) 輸入ユーザンス取引 …………………………………………691
　(4) はね返り金融取引 ……………………………………………691
V 外貨預金、インパクトローン取引 ………………………………696
　1 外貨預金取引 ……………………………………………………696
　(1) 外貨預金取引の特徴 …………………………………………696
　(2) 外貨預金の種類、金利等 ……………………………………697
　(3) 外貨預金取引と関連法規等 …………………………………698
　2 インパクトローン取引 …………………………………………700
　(1) インパクトローンとは ………………………………………700
　(2) インパクトローンの貸付条件 ………………………………700
　(3) 為替変動リスク ………………………………………………701
　(4) ユーロ円インパクトローン …………………………………702
　(5) デリバティブ …………………………………………………702
　〈図表6〉 円・ドル取引オプションの事例 ……………………703
　〈図表7〉 通貨スワップと金利スワップ ………………………704
　〈図表8〉 金利スワップ取引の例 ………………………………705
VI むすび ……………………………………………………………709

監修者略歴 ……………………………………………………………711
執筆者一覧 ……………………………………………………………712

《凡 例》

[法令]

一般社団・財団法人法	一般社団法人及び一般財団法人に関する法律
会更法	会社更生法
外為法	外国為替及び外国貿易法
貸金業規制法	平成18年改正前の貸金業の規制等に関する法律
監査特例法	株式会社の監査等に関する商法の特例に関する法律（会社法施行により廃止）
金商法	金融商品取引法
金商法施行令	金融商品取引法施行令
金融円滑化法	中小企業者等に対する金融の円滑化を図るための臨時措置に関する法律
金融商品販売法	金融商品の販売等に関する法律
刑訴法	刑事訴訟法
兼営法	金融機関の信託業務の兼営等に関する法律
個人情報保護法	個人情報の保護に関する法律
資金決済法	資金決済に関する法律
資産流動化法	資産の流動化に関する法律
出資法	出資の受入れ、預り金及び金利等の取締りに関する法律
男女雇用機会均等法	雇用の分野における男女の均等な機会及び待遇の確保等に関する法律
担信法	担保付社債信託法
動産・債権譲渡特例法	動産及び債権の譲渡の対抗要件に関する民法の特例等に関する法律
投信法	投資信託及び投資法人に関する法律
独占禁止法	私的独占の禁止及び公正取引の確保に関する法律

凡 例

任意後見契約法	任意後見契約に関する法律
犯罪収益移転防止法	犯罪による収益の移転防止に関する法律
本人確認法	金融機関等による顧客等の本人確認等及び預金口座等の不正な利用の防止に関する法律（犯罪収益移転防止法の施行により廃止）
民再法	民事再生法
民事訴訟費用法	民事訴訟費用等に関する法律
民執法	民事執行法
民訴法	民事訴訟法
民保法	民事保全法
預金者保護法	偽造カード等及び盗難カード等を用いて行われる不正な機械式預貯金払戻し等からの預貯金者の保護等に関する法律

［金融庁監督指針］

主要行向け監督指針	主要行等向けの総合的な監督指針
中小・地域向け監督指針	中小・地域金融機関向けの総合的な監督指針
保険会社監督指針	保険会社向けの総合的な監督指針
金商業者監督指針	金融商品取引業者等向けの総合的な監督指針

［判例集等］

民集	最高裁判所民事判例集
集民	最高裁判所裁判集民事
判時	判例時報
判タ	判例タイムズ
金法	旬刊金融法務事情
法セ	法学セミナー

序　章　金融取引法

はじめに

　金融取引の実務では、典型的な事項については、法令、約款および判例による解釈を通じてそれぞれにルール体系ができ上がっている。これらのルール体系は、取引の安全性の観点から、安定的に運用されることによるメリットが大きいといえるが、一方で経済社会は日々動いており、その状況に応じて柔軟に対応していく必要性もまた小さくない。そして、この2つの要請を両立させるための効率的で有益な議論をするにあたっては、やはりこれらのルール体系に関する共通認識をもつことが重要である。他の法分野の法理論学習を踏まえつつ、金融取引の実務に関する法分野について本書において基本的な知識を得て、さらに思考・議論することで、現実の経済社会で次々と生起する新たな法律問題への実践対応力を身に付けていただければ幸いである。

I　金融取引法の意義

　「金融取引法」とはどういった法であろうか。「金融取引法」という名の法律は存在しないし、法律上の具体的な定義があるわけでもない。「金融取引法」とは、金融取引に関する法あるいは金融取引に適用される法のことを意味している。本書では、金融取引に関する実際の業務・事務を遂行するうえで、これらの法がどのようにかかわり適用されているのかを解説していく。

II 金融

1 金融の意義

本書の内容を理解するためには、金融取引についての知識が欠かせず、それにはまず、「金融」とは何かについて知っておくことが有益である。

「金融」とは、金銭の融通をすること、金銭を貸借し合うことをいう。広い意味では、個人や企業の資金調達・運用一般を指し、複数の当事者間で金銭の融通をする場合のみならず、自らの貯蓄や内部留保を取り崩して使用する場合を含む。前者は外部金融、後者は自己金融と呼ばれることもあるが、本書で取り扱う「金融取引」については、この分類はあまり重要ではない。

2 直接金融と間接金融

「金融」の分類には、ほかに資金融通の方法に着目した直接金融と間接金融の分類がある。こちらは、本書で取り扱う「金融取引」についての理解を深めることに資すると思われるので、少し詳しく説明する。

直接金融とは、資金供給者が資金需要者に対し直接に資金を融通するもので、直接というのは、直接に債権者と債務者との関係に立つという意味である。企業が株式や債券（社債）を発行して資金を調達する場合がこれにあたり、証券会社が介在するか否か、市場を通じて調達するか否かは、ここでいう「直接」の判断基準にはならない。株式や社債の購入者が、企業に対して直接に株主や社債権者としての権利を取得するということがポイントである。

これに対し、間接金融とは、資金供給者と資金需要者との間に第三者が介在し、その第三者が資金供給者および資金需要者に対してそれぞれ債務者および債権者の関係に立ち、資金供給者と資金需要者との間には債権債務関係が生じないような資金の融通方法をいう。たとえば、銀行が預金者から預金として受け入れた金銭が、銀行を介して企業等に融資される場合などがこれ

II 金融

に該当する。

　現在では、さらに市場型間接金融と呼ばれる分類が存在している。間接金融の例として、銀行が預金者から預金として受け入れた資金を、企業等に融資すると述べたが、この場合、融資金の返還を受けられないリスクは、基本的に預金者ではなく銀行が負うこととしているのが日本の金融システム（預金保険制度等）である。間接金融は、銀行等にリスクを集中させるリスク集中型といえる。金融資産の銀行等への集中度合いが比較的高い日本では、間接金融が金融全体に占める割合もまた同様に高いため、金融システムの安全性を考え、この間接金融の抱えるリスクの分散を図る方向へ進んできている。具体的には、銀行が融資によって保有している貸金債権を市場で売買すること、クレジット（カード）債権や割賦販売債権、不動産関連融資を資産担保証券の形で証券化し、市場を通じて流通させることなどである。銀行等が融資金の返還を受けられないリスクを全面的に負う状況を緩和する方法で、伝統的な間接金融と区別して、市場型間接金融と呼ばれている。

　なお、上記のほか、調達した資金の返還義務に着目した分類もあるので付言しておく。すなわち、企業が資金を調達する場合の自己資本と他人資本の分類である。自己資本とは、株式等の発行により出資金を募集して資金調達をする場合である。この場合は、企業が存続しているうちは、その資金を返還する必要がないことから、非常に安定した資金といえる。これに対し、他人資本は、借入れや、債券（社債）発行によって調達した資金で、一定の時期が来れば返還しなければならない。ただし、新株予約権付社債のように他人資本である社債と自己資本である株式の中間的な性質を有するものもある。社債権者が、資金の返還を求めるときは他人資本であるが、新株予約権を行使して株主となった時からは、発行企業の資金返還義務が消滅して自己資本となる。[1]

---

[1] これらの金融の分類に関する参考文献として、日野正晴『ベーシック金融法——規制と会計』2頁以下、秦光昭『金融取引法入門30講』1頁以下。

III 金融機関

1 金融機関の意義

　金融取引を理解するうえでは、金融取引において直接または間接的に当事者となる金融機関についても知っておく必要がある。金融機関という言葉はさまざまな意味に用いられ、広い意味では、直接金融であるか間接金融であるかを問わず、証券会社も含めて、およそ金融の媒介をする機関のすべてを指す。一方、法律上は、証券会社まで含めて金融機関と定義している例はあまり見かけない。また、金融機関の定義自体も必ずしも一様ではない。

　金融機関について具体的にイメージしやすいように、法令上どのような種類の金融機関が定義規定に列挙されているのか、いくつかを比較してみる。金融機関についての定義規定としては、たとえば、出資法3条（〈図表〉ア）、臨時金利調整法1条（〈図表〉イ）、兼営法施行令2条（〈図表〉ウ）がある。また、金商法には、金融商品取引業について定義している同法2条8項、金融機関に有価証券関連業や投資運用業を行うことを禁じている同法33条1項その他の条項において、「銀行、協同組織金融機関の優先出資に関する法律2条1項に規定する協同組織金融機関その他政令で定める金融機関」という表現があり、そこで言及されている法令上に金融機関の種類が列挙されている（〈図表〉エ）。

〈図表〉　金融機関の定義規定

金融機関の種類	ア	イ	ウ	エ
① 銀行	○	○	○	○
② 株式会社商工組合中央金庫		○	○	○
③ 信用金庫（同連合会）		○	○	○
④ 労働金庫（同連合会）		○	○	○

III 金融機関

⑤	信用協同組合（同連合会）	○	○	○	○
⑥	農林中央金庫	○	○		○
⑦	農業協同組合（同連合会）	○	○		○
⑧	漁業協同組合（同連合会）	○	○		○
⑨	水産加工業協同組合（同連合会）	○	○		○
⑩	信託会社	○	○		
⑪	保険会社	○	○		○
⑫	株式会社日本政策投資銀行	○	○		
⑬	無尽会社				○
⑭	証券金融会社				○
⑮	主としてコール資金の貸付けまたはその貸借の媒介を業として行う者のうち金融庁長官の指定するもの				○

　このように、その法令の目的とするところにより、金融機関の種類の範囲に多少の差異はあるものの、定義の重なり合う部分は多い。そこで、これらのうち、いずれの法令においても金融機関と定義されているものについて個別にみておくこととする。[2]

2　銀　行

　銀行については、後記Ⅳ2（金融取引の内容）、およびⅤ1(1)（銀行法）において詳述するが、ここでは、普通銀行、信託銀行、株式会社日本政策投資銀行、株式会社ゆうちょ銀行について、簡単に触れておく。

(1)　普通銀行

　日本の普通銀行は、明治初期の国立銀行あるいは私立銀行にその沿革を遡ることができるが、現在の普通銀行制度が確立したのは、昭和2年に制定さ

---

[2] 金融検査マニュアル（預金等受入金融機関に係る検査マニュアル）が対象とする「預金等受入金融機関」に株式会社商工組合中央金庫を加えたものとなる。

れ翌年施行された銀行法によってである。

　営業基盤の違いから、主として大都市を本拠として全国的または広域的営業基盤をもつ都市銀行と、地域的に限定した営業基盤をもつ地方銀行とに区別されることが一般的であったが、長期信用銀行から普通銀行への転換やインターネット専業銀行、流通業者を親会社とする銀行といった新たな形態の銀行の設立などにより、多様化している。

　　(2)　信託銀行

　信託銀行は、銀行業務と信託業務の両方を営んでいる銀行であり、信託銀行という商号をもつ銀行を指す。信託銀行は、その沿革的理由により、銀行法上の銀行が、兼営法によって、信託業務を兼営する形態をとっており、銀行に認められているすべての銀行業務を営むことができるほか、すべての信託業務を営むことができる。信託業務について、詳しくは第11章で解説する。

　　(3)　株式会社日本政策投資銀行

　株式会社日本政策投資銀行は、旧日本政策投資銀行の財産、権利および義務のほぼすべてを承継して平成20年10月に設立された。株式会社日本政策投資銀行法1条では、「その完全民営化の実現に向けて経営の自主性を確保しつつ、出資と融資を一体的に行う手法その他高度な金融上の手法を用いた業務を営むことにより日本政策投資銀行の長期の事業資金に係る投融資機能の根幹を維持し、もって長期の事業資金を必要とする者に対する資金供給の円滑化及び金融機能の高度化に寄与することを目的とする株式会社」とされている。

　　(4)　株式会社ゆうちょ銀行

　株式会社ゆうちょ銀行は、郵政民営化法に基づき、平成18年9月、準備会社である株式会社ゆうちょとして設立され、平成19年10月、日本郵政公社が、持株会社の日本郵政株式会社の下に、株式会社ゆうちょ銀行のほか、郵便局株式会社、郵便事業株式会社（日本郵便）、株式会社かんぽ生命保険の4つの事業会社に民営化・分社化された際に現商号に変更された。

　日本郵政公社の事業のうち、郵便貯金をはじめとする為替貯金業務などを

引き継いでおり、貯金、送金・決済、資産運用、外貨両替などの銀行業務について、全国のゆうちょ銀行店舗のほか郵便局（銀行代理業者）でもサービスを提供している。

3　株式会社商工組合中央金庫

　株式会社商工組合中央金庫は、株式会社商工組合中央金庫法により、預金または定期積金の受入れ、商工組合中央金庫の株主である中小企業等協同組合などとその構成員に対する資金の貸付けまたは手形の割引、為替取引その他の業務を営む（同法21条・6条1項）。

4　信用金庫および信用金庫連合会

　信用金庫とは、信用金庫法により、国民大衆のために金融の円滑を図り、その貯蓄の増強に資するため、内閣総理大臣の免許を受けて、預金または定期積金の受入れ、会員に対する資金の貸付け、会員のためにする手形の割引および為替取引その他の事業を営む者をいう（同法1条・4条・53条）。なお、信用金庫の会員は、その信用金庫の地区内において、①住所または居所を有する者、②事業所を有する者、③勤労に従事する者、および④事業所を有する者の役員、並びに⑤その信用金庫の役員のうち、定款で定めるものである。

　信用金庫連合会とは、その連合会の地区の一部を地区とする信用金庫のうち、定款で定めるものを会員とし、会員の預金の受入れ、会員に対する資金の貸付けおよび為替取引その他の事業を営む者をいう（信用金庫法10条2項・54条）。現在、信用金庫連合会は、「信金中央金庫」ただ1つのみ存在する。

5　労働金庫および労働金庫連合会

　労働金庫とは、労働組合、消費生活協同組合その他労働者の団体が協同して組織するもので、労働金庫法により、これらの団体の行う福利共済活動のために金融の円滑を図り、その健全な発達を促進するとともに労働者の経済的地位の向上に資することを目的として、内閣総理大臣および厚生労働大臣

の免許を受けて、会員の預金または定期積金の受入れ、会員に対する資金の貸付け、会員のためにする手形の割引および為替取引その他の事業を営む者をいう（同法1条・6条・58条）。なお、労働金庫の会員は、その労働金庫の地区内に事務所を有する労働組合等のうち、定款で定めるものである。ただし、定款に定めのある場合には、その労働金庫の地区内に住所を有する労働者およびその労働金庫の地区内にある事業場に使用される労働者は、その労働金庫の会員となることができる（同法11条）。

　労働金庫連合会とは、その連合会の地区の一部を地区とする労働金庫のうち、定款で定めるものを会員とし、会員の預金または定期積金の受入れ、会員に対する資金の貸付け、会員のためにする手形の割引および為替取引その他の事業を営む者をいい（労働金庫法11条3項・58条の2）、現在はただ1つしか存在しない。

6　信用協同組合および信用協同組合連合会

　信用協同組合とは、中小企業等協同組合法3条2号に規定されている信用協同組合をいい、中小規模の商業、工業、鉱業、運送業、サービス業その他の事業者、勤労者その他の者が相互扶助の精神に基づき協同して事業を行うために組織するもので、所定の認可を受けて設立され、組合員に対する資金の貸付け、組合員のためにする手形の割引、組合員の預金または定期積金の受入れその他の事業を営む者をいう（同法1条・9条の8・27条の2）。なお、信用協同組合の組合員は、組合の地区内において商業、工業、鉱業、運送業、サービス業その他の事業を行う者等のうち定款で定めるものである（同法8条4項・7条1項・2項、中小企業等協同組合法による信用協同組合及び信用協同組合連合会の事業に関する内閣府令1条）。

　信用協同組合連合会とは、その連合会の地区の全部または一部を地区とする組合（企業組合を除く）もしくは他の法律に基づいて設立された協同組合のうち、定款で定めるものを会員とし、会員の預金または定期積金の受入れ、会員に対する資金の貸付けおよび会員のためにする借入れその他の事業を営

む者をいう（中小企業等協同組合法8条5項・9条の9第1項、協同組合による金融事業に関する法律2条1項）。

ところで、信用協同組合は、その名称中に信用協同組合または信用組合の文字を用いなければならないが（中小企業等協同組合法6条1項2号）、現在はすべての信用協同組合が「信用組合」と称している。現在、信用協同組合連合会は、「全国信用協同組合連合会」ただ1つのみ存在する。

7　農林中央金庫

農林中央金庫は、農業協同組合、森林組合、漁業協同組合その他の農林水産業者の協同組織を基盤とする金融機関としてこれらの協同組織のために金融の円滑を図ることにより、農林水産業の発展に寄与し、国民経済の発展に資することを目的として、農林中央金庫法により、会員の預金の受入れ、会員に対する資金の貸付けまたは手形の割引および為替取引その他の業務を営む（同法54条）。農林中央金庫の会員は、農業協同組合等のうち、定款で定めるものである（同法8条）。

8　農業協同組合

農業協同組合とは、農業協同組合法により、所定の認可を受けて設立され、組合員のためにする農業（耕作、養畜または養蚕の業務（これに付随する業務を含む））の経営および技術の向上に関する指導、組合員の事業または生活に必要な資金の貸付けおよび組合員の貯金または定期積金の受入れその他の事業を営む農業者の協同組織である（同法1条・59条以下・10条）。

なお、農業協同組合の組合員資格を有する者は、農業者等のうち、定款で定めるものである（農業協同組合法12条1項・3条）。

9　漁業協同組合

漁業協同組合とは、水産業協同組合法により、所定の認可を受けて設立され、水産資源の管理および水産動植物の増殖、水産に関する経営および技術

の向上に関する指導、組合員の事業または生活に必要な資金の貸付けおよび組合員の貯金または定期積金の受入れその他の事業を営む漁民の協同組織をいう（同法1条・63条以下・11条）。

なお、漁業協同組合の組合員資格を有する者は、水産業協同組合法18条に定められている当該組合の地区内の漁民等である。

10 水産加工業協同組合

水産加工業協同組合とは、水産業協同組合法により、所定の認可を受けて設立され、組合員の事業または生活に必要な資金の貸付けおよび組合員の貯金または定期積金の受入れその他の事業を営む水産加工業者の協同組織である（同法1条・93条・96条・63条以下）。

なお、水産加工業協同組合の組合員資格を有する者は、当該組合の地区内の水産加工業者等のうち、定款で定めるものである（水産業協同組合法94条）。

Ⅳ 金融取引

1 本書における金融取引

「金融取引」は法令上明確に定義されておらず、その意義は必ずしも一義ではないが、本書においては、金融機関が行う取引行為を指すものとして取り扱う。前記Ⅲでみたように金融機関にはいろいろあり、それぞれの業種についておかれている法律（業法）によって、業務として行いうる取引行為が定められている。このような業法等に基づいて行われる金融機関の取引を金融取引として取り扱うということにする。

中でも、銀行取引は、金融取引のかなりの部分を占め特に法律上の問題に対する研究の集積度が高いことから、中心的な題材として取り扱われることが多く、本書においても、金融取引については基本的に銀行取引を中心として話を進めるが、銀行と類似の業務を行うことが認められている株式会社商

工組合中央金庫、信用金庫・同連合会、労働金庫・同連合会、信用協同組合、農林中央金庫、農業協同組合、漁業協同組合および水産加工業協同組合などの取引も、基本的な部分においては、大きく異ならないものとしてご理解いただきたい。なお、金融の主体としては、その他に政府系金融機関である日本政策金融公庫、貸金業者、ノンバンクや商社なども考えられるが、それぞれに特徴的な面があることから、これらすべてを含めて網羅的な記載をすることによって消化不良を来し、かえって金融取引法について必要な知識を得るという本来の目的を達せないことも懸念されるため、本書においては必要に応じて触れるという程度にとどめる。

ところで、銀行取引という場合、たとえば、商法には営業的商行為の1つとして、「両替その他の銀行取引」が規定されている(同法502条8号)。これは銀行が銀行法上業務として行いうる銀行取引とほぼ同義と考えられる。一方、実務上、「銀行取引約定書」という契約書が広く一般に用いられているが、ここでいう銀行取引は、その契約書上に列挙されているような融資等の与信取引を中心とした一定の範囲の取引を意味している。このように、厳密にいえば銀行取引は必ずしも一義ではないが、本書においては、銀行取引は、文脈上明確に異なるものとして説明されていない限り、銀行法等に基づいて行われる銀行の取引全般を指す。

なお、信託、保険および証券取引についても、銀行が当事者として行うことがあるため、本書においても必要に応じて触れていくこととする(第10章、第11章)。

2　金融取引の内容（銀行の業務）

(1)　銀行業

銀行が、銀行法上、行いうる業務について詳しくみていく。

銀行とは、銀行法により内閣総理大臣の免許を受けて銀行業を営む者をいうが、銀行業とは、①預金または定期積金の受入れと資金の貸付けまたは手形の割引とをあわせ行うか、②為替取引を行う営業とされている（銀行法2

11

条2項)。つまり、預金または定期積金の受入れのみを行っても、資金の貸付けや手形の割引を行わなければ銀行業にならない一方、為替取引のみを行っても銀行業に該当する。

また、預金または定期積金の受入れは受信業務、資金の貸付けまたは手形の割引は与信業務と呼ばれるが、この受信業務を行わず、与信業務のみを行うことは貸金業等であって、銀行業にはあたらず、銀行は与信業務を行っているが、貸金業法上の貸金業者にはあたらない（貸金業法2条1項2号）。

ただし、預金者を保護する必要性から、受信業務を行うと、与信業務を行わない場合でも銀行業とみなされて銀行法が適用される（銀行法3条）。

(2) **業務の内容**

銀行は、株式会社でなければならない（銀行法4条の2）。したがって、会社法の株式会社の規定の適用を受け、本来、定款に記載された目的の範囲内において、どのような業務も行うことができる。しかし、銀行法は、銀行の公共性に鑑み、銀行業は免許を受けた株式会社のみが営みうることとするとともに、銀行が銀行業以外の業務を営むことを原則として禁止している。これは、預金者保護の見地から、銀行がリスクの高い業務を行うことによって、その健全性を損なうことがないようにすることを目的とする。

銀行が営むことができる業務は、①固有業務（銀行法10条1項）、②付随業務（同条2項）、③他業証券業務等（同法11条）、④法定他業（同法12条）の4種類に大きく分類することができる。

(3) **固有業務**

銀行の固有業務とは、預金または定期積金等の受入れ、資金の貸付けまたは手形の割引、為替取引である（銀行法10条1項）。

これらの業務について、詳しくは第4章預金取引、第5章融資取引、第8章内国為替取引等で解説する。

(4) **付随業務**

これは、固有業務を営むうえで必要または有用な業務として、銀行に対して社会的に期待されている業務であり、時代とともに変化する。銀行法でも、

「次に掲げる業務その他の銀行業に付随する業務を営むことができる」として、業務を例示列挙しつつ、これに限定されないという規定の仕方になっている（同法10条2項）。したがって、経済取引の多様化に即して、付随業務の範囲・内容も変化していくことが想定されており、実際、付随業務の例示列挙の範囲も次第に拡大してきている。[3] 付随業務について、詳しくは第9章で解説する。

(5) 他業証券業務等

これは、銀行が、固有業務および付随業務のほか、固有業務の遂行を妨げない限度において行うことが認められている業務で、次のものをいう（銀行法11条）。

(ア) 投資助言業務

投資助言業務とは、当事者の一方が相手方に対して、有価証券の価値等または金融商品の価値等の分析に基づく投資判断に関して、口頭、文書その他の方法により助言を行うことを約し、相手方がそれに対し報酬を支払うことを約する契約（投資顧問契約）を締結し、当該契約に基づき助言を行う業務をいう（銀行法11条1号、金商法28条6項・3項1号・2条8項11号）。

(イ) 有価証券関連業務

銀行は、原則として有価証券関連業または投資運用業を行ってはならないが（金商法33条1項）、金商法33条2項に掲げる業務については、例外として行うことができる（銀行法11条2号）。詳しくは、第10章Ⅰで解説する。

(ウ) 信託関連業務

いわゆる信託宣言（自己信託（特定の者が一定の目的に従い自己の有する一定の財産の管理または処分およびその他の当該目的の達成のために必要な行為を自らすべき旨の意思表示を公正証書その他の書面または電磁的記録（電子的方式、磁気的方式その他人の知覚によっては認識することができない方式で作られる記録であって、電子計算機による情報処理の用に供されるものとして法務省令で定

3　秦・前掲書（注1）14頁。

めるもの）で当該目的、当該財産の特定に必要な事項その他の法務省令で定める事項を記載しまたは記録したものによってする方法でする信託））に係る事務に関する業務である（銀行法11条3号、信託法3条3号）。

　　(エ)　**地球温暖化対策関連業務**

　算定割当量を取得し、もしくは譲渡することを内容とする契約の締結またはその媒介、取次ぎもしくは代理を行う業務（銀行法10条2項の規定により営む業務を除く）である（銀行法11条4号、銀行法施行規則13条の2の5）。

　(6)　**法定他業**

　銀行は、国民経済上、大変重要な機能と役割を担っていることから、その経営の健全性を確保するため、銀行法10条の固有業務および付随業務、11条の他業証券業務等並びに担保付社債信託法その他の法律により営む業務のほか、他の業務を営むことができない（銀行法12条）。これは、他業の禁止と、他業であっても他の法律が認めれば例外的に兼営が認められることを明らかにしたものであるが、例外的に一定の手続の下で営むことが認められている業務として、同条にあげられている担保付社債信託業務（担保付社債信託法）のほか、信託業務（兼営法）、保険窓販業務（保険業法）などがある。

V　金融取引法の内容

1　法　令

　(1)　**銀行法**

　銀行法には、前述の業務範囲に係る規定（同法10条〜12条）のほかにも金融取引に直接関連する規定がある。主なものをあげると次のとおりである。

　　(ア)　**預金者等に対する情報の提供等**

　銀行は、預金等の受入れに関し、預金者等の保護に資するため、内閣府令（銀行法施行規則13条の3）で定めるところにより、預金等に係る契約の内容その他預金者等に参考となるべき情報の提供を行わなければならない。また、

内閣府令（同規則13条の4～13条の7）で定めるところにより、銀行の業務に係る重要な事項の顧客への説明、業務に関して取得した顧客に関する情報の適正な取扱い、業務を第三者に委託する場合における当該業務の的確な遂行その他の健全かつ適切な運営を確保するための措置を講じなければならない（銀行法12条の2）。

(イ) **大口信用供与規制**

銀行の同一人に対する信用の供与等の額は、政令で定める区分ごとに、銀行の自己資本の額に政令で定める率を乗じて得た額を超えてはならないこととされており（銀行法13条、同法施行令4条）、これを大口信用供与規制と呼んでいる。

(ウ) **銀行の業務に係る禁止行為**

銀行は、その業務に関し、①顧客に対し、虚偽のことを告げる行為、②顧客に対し、不確実な事項について断定的判断を提供し、または確実であると誤認させるおそれのあることを告げる行為、③顧客に対し、当該銀行または当該銀行の特定関係者その他当該銀行と内閣府令で定める密接な関係を有する者の営む業務に係る取引を行うことを条件として、信用を供与し、または信用の供与を約する行為（銀行が不当に取引を行うことを条件として、信用を供与し、または信用の供与を約する行為ではないものを除く）、④①～③のほか、顧客に対し、ⓐその営む業務の内容および方法に応じ、顧客の知識、経験、財産の状況および取引を行う目的を踏まえた重要な事項について告げず、または誤解させるおそれのあることを告げる行為、ⓑ不当に、自己の指定する事業者と取引を行うことを条件として、信用を供与し、または信用の供与を約する行為、ⓒ銀行としての取引上の優越的地位を不当に利用して、取引の条件または実施について不利益を与える行為、をしてはならない（銀行法13条の3、同法施行規則14条の11の2・14条の11の3）。

(2) **その他の法令**

銀行法以外にも、金融取引に適用される法令は、利息制限法、臨時金利調整法、出資法等の金利・金融行動等の規制に関する法令、預金保険制度に関

する法令、民事訴訟・民事執行および倒産手続関係を含む民事・商事に関連する法令、登記・供託・税に関連する法令、刑事に関連する法令、経済・労働関係法令など数多くある。

2 行政規則等

(1) 行政先例

　金融取引においては、行政庁の示した法令の解釈、すなわち行政先例も重要な機能をもつ。法令の解釈は裁判所が行うもので、行政庁の解釈に取引当事者を拘束する法的効力はないが、実際上は、法令を運用する行政庁が示した解釈に従わないと、業務の遂行に支障を来すため、金融取引に適用される事実上の法とも考えられる。

　金融取引に関連する行政先例の例としては、不動産登記、商業登記および戸籍の取扱いの詳細についての法務省による行政先例や税金の取扱いの詳細についての財務省の行政先例などがある。これらは、裁判所により違法と判断されたり、立法により新たな取扱いが規定されたりしない限り、事実上の効力を有する。

(2) 監督指針と金融検査マニュアル

　監督指針とは、金融庁により策定された「中小・地域金融機関向けの総合的な監督指針」、「主要行等向けの総合的な監督指針」、その他の業態等における監督指針をいう。これらは、金融監督事務の基本的な考え方、監督上の評価項目、事務処理上の留意点について、必要な情報を集約した行政部内の職員向けの手引書である。

　金融検査マニュアルとは、検査官が金融機関を検査する際に用いる手引書で、「預金等受入金融機関に係る検査マニュアル」や「金融持株会社に係る検査マニュアル」などがある。

　いずれもそれ自体に法的拘束力はないが、法令解釈に際し参考とされることがあり、実質的に法律判断の基準ともなるため、金融取引にあたっては留意しておく必要がある。

3 約　款

(1) 約款の意義

　金融取引に係る契約の大部分は、債権契約として契約自由の原則が働く分野である。したがって、金融取引の内容は、金融機関と取引先との間の契約によってその大部分が決まる。金融機関は、多数の取引先を相手に反復継続して大量の定型的な取引を行っており、同じ種類の取引は、金額・期間等の違いはあっても、事務処理が画一化されている。契約内容は当事者間で話し合って決めるべきものとはいえ、大量の定型的な取引を迅速確実に行う必要のある場合においては、その都度契約の内容を取り決めることは実際上不可能な場合がほとんどで、他の取引先との不公平の問題も招きかねず、一方、既存の法令だけでは実務対応ができない。そこで金融機関では、多くの場合、各種取引に共通に適用される契約内容を前もって定型化して準備しておき、取引先にその内容に従うことを承認してもらったうえで取引を行う。このような大量の定型的な取引に用いることを予定してあらかじめ作成された定型的契約条項の総体を「約款」といい、多くの金融取引についてはこのような約款が存在している。約款を用いた取引形態をとる場合は、取引先によって約款内容の変更を認めるという取扱いは原則としてせず、取引先としては、その約款による契約を締結するか否かの選択が存在するのみという場合が少なくない。

　約款は、それ自体法の適用を受けるものである一方、法規範を当事者間で具体化したもので、約款を用いた取引については、その約款が適用され、当事者間の権利・義務関係は、まずはその内容により定まるという意味で、当事者間における法ともいえる役割を果たしている。

(2) 銀行取引における約款

　銀行取引もやはり、一次的には約款による規律が支配しており、民商事法のみの法令解釈だけでは対応できない。たとえば、預金契約は消費寄託契約であるが、民法は666条に条文を1つおくのみで、この条文だけでは、実際

の預金取引には不十分である。銀行取引における約款は、預金取引では普通預金規定や当座勘定規定等の各種預金規定、カード規定、為替取引では振込規定、代金取立規定、融資取引では銀行取引約定書やローン契約書、付随業務では貸金庫規定、保護預り規定など、取引の種類別に多数存在する。また、広い意味では、手形交換所規則のような、銀行取引と密接な手形交換制度というインフラに関する規則も、約款と類似の機能を果たしているといえる。

銀行取引における約款の特色としては、主要な約款については、全国銀行協会で「ひな型」と称する標準約款、あるいは「試案」「参考例」と称する参考約款を作成し、各銀行はその内容を参考にして使用する約款を作成している点があげられる。「ひな型」も参考例にすぎず、各銀行がそれと異なる約款を作成することは可能であるが、実際にはこれらの参考例は専門的見地から検討して作成されているので、各銀行ではある程度そのまま使用しているケースが多い。

また、約款の方式には、差入方式、規定方式、双方署名方式などがある。差入方式は、一般には取引先を主語とする文章で作成され、取引先が署名し銀行に差し入れる形式で、融資等の与信取引で多く用いられている。これに対し、規定方式は、基本的に銀行を主語とする文章で作成され、取引開始にあたり銀行が取引先に示すが、双方とも署名はしない。見出しは「規定」が一般的だが、同じ規定方式でも、個々の証書の裏面や通帳の末尾などに印刷してある場合や、いくつかの規定を1つにまとめて記載した規定書を取引先に交付する場合がある。双方署名方式は、銀行取引約定書などで採用されている。

(3) 解釈原則

約款は大量の定型的な取引において役立ち、不可欠ともいえるものであっても、作成者側の権利を保護する傾向が出やすいため、判例は、合理的な理由なく作成者側に一方的に有利で、信義則に反する程度に相手方の利益を害する内容のものはその効力を否定または制限し、また個別の事案で適用を認めないという態度をとっている（制限解釈あるいは合理的解釈の原則（最判昭

和62・2・20民集41巻1号159頁、最判平成5・3・30民集47巻4号3262頁、最判平成15・2・28集民209号143頁等））。しかし、それでも不十分であるとして、事業者と消費者との間の取引において、事業者の作成する約款には何らかの法的規制をしようというのが世界の流れとなっている。これは消費者の場合、取引に関する情報の質・量、あるいは交渉力において事業者との間に構造的な格差があり不利となりがちなことから、実質的な対等、公平を実現するために立法の介入が必要という考え方に基づいている。日本にも消費者の利益を一方的に害する不当な契約に関して、その条項を無効とする消費者契約法がある。したがって、銀行でも特に消費者を相手方とする約款についてはこうしたことを十分踏まえて作成する必要があると認識されている。しかし、無効とはされない約款でも、契約の一方当事者のみが作成するという性格上、なお問題となる可能性があるため、約款の解釈にあたっては、一般に作成者不利の原則があるといわれている。すなわち、約款の条項の意味が不明瞭であるためにその解釈が一義的でない場合、約款を用いた契約においては実質的な交渉が期待できないこと、および当該契約条項は作成者側が相手方に提示したものであり、自ら作成した契約条項の意味不明瞭のリスクは作成者側が負うべきであることを理由に、作成者側に不利に解釈される（最判平成17・12・16集民218号1239頁）。なお、ここで作成者という場合には、自ら約款を作成した者に限らず、業界に共通の約款や市販のひな型を使用する者も含むとする考え方もある。

4 商慣習

　金融取引上の契約において特に定めのない事項であっても、広く行われている公序良俗に反しない慣習のうち、法律と同様な拘束力をもつと一般的に認められる程度に達したものは、法令の規定により認められたものまたは法令に規定されていない事項に関するものに限り、法律と同一の効力を有し、商慣習法として金融取引に適用される法となる（法の適用に関する通則法3条）。商慣習法は、金融取引の重要な法源の1つであり、商法やその特別法

には劣るが、民法に優先して適用される（商法1条2項）。

　また、商慣習法に至らない程度のものであっても、法令中の公序に関しない規定と異なる慣習については、取引当事者がそれに従う意思があると認められる場合、商慣習法よりも規範性が弱い事実たる慣習（民法92条）として、金融取引に適用される法となりうる。この商慣習法と事実たる慣習をあわせて、商慣習と呼ぶが、慣習法と事実たる慣習の区別自体が妥当でないと解する立場もあり、商慣習と商慣習法との区別は実際上明確でないことが多い。

　なお、各金融機関内部での実務上の慣行というものがあるが、このような内部的慣行は、金融取引の当事者を拘束する法的な効力は認められず、事実たる慣習とは異なる。

5　判　例

　金融取引で、判例が果たす役割は重要である。取引当事者に対して事実上の拘束力をもつに至った判例は判例法と呼ばれ、確立した判例は、新たな立法によって変更されない限りは、法源として成文法に代わる効力をもつこともある。特に、最高裁判所が個別の判決を通じて行った法律解釈、中でも公的な判例集に登載されたものが、判例法の中核を形成している。譲渡担保などは判例法が制定法を変更した事例であり、根抵当権などは判例法によって確立した後に立法化された制度である。

第1章　コンプライアンス

Ⅰ　コンプライアンスとは

1　コンプライアンスの意義

(1)　意　義

　コンプライアンスとは、法令をはじめ社内の諸規則さらには確立された社会規範に至るあらゆるルールを遵守することをいい、企業倫理の遂行に重要な役割を果たすものである。以下、企業一般におけるコンプライアンスに関する法制度を概観した後、金融機関特有のコンプライアンスについて説明する。

(2)　コンプライアンスに関する代表的な法制度

　企業一般におけるコンプライアンスに関する代表的な法制度として、会社法362条4項6号・5項、399条の13第1項1号ハ・2項、416条1項1号ホ・2項の内部統制システム構築義務があげられる。同条項によれば、大会社である取締役会設置会社、監査等委員会設置会社および指名委員会等設置会社は、取締役会において「取締役（筆者注・指名委員会等設置会社の場合は執行役）の職務の執行が法令及び定款に適合することを確保するための体制その他株式会社の業務並びに当該株式会社及びその子会社から成る企業集団の業務の適正を確保するために必要なものとして法務省令で定める体制の整備」の決定が義務づけられており、具体的には、情報管理体制、リスク管理体制、職務執行体制（効率性確保）、コンプライアンス体制、グループ会社管理体制等の整備があげられる（会社法施行規則100条等）。このように、内部統制シ

ステムの構築を義務づけることを通じて、企業は法令等遵守体制を整えることが求められているといえる。

コンプライアンス体制を構築し企業の健全性を維持するうえでは、内部統制システムの整備に加え、法令違反等企業の不祥事を内部的に見直していく必要がある。その1つの方法として、企業内部からの通報があげられ、近年では、食品の偽装表示等において行われる例が多い。

正当な内部通報は、企業の健全性に貢献し、ひいては当該企業の自浄作用を促す役割を果たすものといえ、保護に値するものである。他方で、企業の社会的信用の毀損につながりうるおそれから、当該通報者に対して人事上の不利益処分が下される場合が考えられなくはない。このような観点から、平成18年に公益通報者保護法が施行され、一定の条件の下で、内部通報者を保護することで企業の自浄作用が働くことが期待されている。

2 金融機関のコンプライアンス

(1) 総 説

金融機関においても、顧客の立場に立ち、健全かつ適切な業務運営を行うことが必要であり、そのために自らの業務運営を不断に見直し、改善していくためのコンプライアンス確立が求められる。特に銀行は、資金の流通・決済・信用機能など経済的に重要な役割を担っており、高い社会性・公共性を有しているため、私企業としての利益追求の前提として、コンプライアンスに特に注意を払う必要がある。また、主要行向け監督指針においても、法令等遵守として、「銀行の業務の公共性を十分に認識し、法令や業務上の諸規則等を厳格に遵守し、健全かつ適切な業務運営に努めることが顧客からの信頼を確立するためにも重要である」とされている。

(2) 銀行法の規律

銀行のコンプライアンスに関する法令上の規制としては、業務範囲規制（他業禁止規制）の遵守、大口信用供与規制の遵守、アームズ・レングス・ルールの遵守、株式取得制限（5％ルール等）の遵守など、基本的なものだけ

でもさまざまな基本的ルールがある。法令等遵守の観点から、これらルールを守り、適切な業務をすることが求められる。

(3) 金融検査マニュアル

金融検査マニュアルにおいても、「金融機関にとって法令等遵守態勢の整備・確立は、金融機関の業務の健全性及び適切性を確保するための最重要課題の一つであり、経営陣には、法令等遵守態勢の整備・確立のため、法令等遵守に係る基本方針を決定し、組織体制の整備を行う等、金融機関の業務の全般にわたる法令等遵守態勢の整備・確立を自ら率先して行う役割と責任がある」とされている。

II　内部管理態勢

1　はじめに

コンプライアンス確立の下、金融機関においても適切な内部管理態勢の確立が求められる。その一環として、近時においては、反社会的勢力との関係遮断、マネー・ローンダリング防止等が特に重要視されている。

2　反社会的勢力への対応

(1) 総　説

近年、暴力団その他の反社会的勢力が、活動形態において政治活動や企業活動を装うなどの不透明化が進み、その組織実態を隠蔽することで、金融取引の分野でも不正な資金獲得活動等が行われている。このような状況の下、かつての企業倫理の問題として位置づけていたことを改め、コンプライアンス確立の一環として、平成19年6月19日犯罪対策閣僚会議幹事会申合せとして、「企業が反社会的勢力による被害を防止するための指針」（以下、「政府指針」という）が策定されるに至っている。同指針によれば、反社会的勢力に資金提供を行わないことはコンプライアンスそのものであること、企業が反

社会的勢力との関係遮断をすることはCSRの観点からも企業防衛の観点からも必要かつ重要であることなどが示されている[1]。これに基づき、主要行向け監督指針をはじめ、金融犯罪防止の観点からも、金融機関に対する金融庁の監督指針が改められるに至っている。

(2) 意　義

政府指針や主要行向け監督指針においては、反社会的勢力についての明確な定義は示されていない。これらは一義的には各金融機関においてなされるべきものと考えられているが、政府指針によれば、暴力、威力と詐欺的手法を駆使して経済的利益を追求する集団または個人である「反社会的勢力」をとらえるに際しては、暴力団等の属性要件と暴力的な要求行為等の行為要件の双方に着目することが重要とされている。後述のように、政府指針によれば、反社会的勢力に対しては組織としての対応が求められることから、金融機関としては、どのような場合に反社会的勢力に該当するものなのか、諸規則等で明確にしておくことが求められる。

(3) 具体的問題

政府指針によれば、反社会的勢力の対応における基本原則として、①組織としての対応、②外部専門機関との連携、③取引を含めたいっさいの関係謝絶、④有事における民事と刑事の法的対応、⑤裏取引や資金提供の禁止が掲げられている。また、主要行向け監督指針では、経営管理（ガバナンス）および業務の適切性（法令等遵守）について、政府指針を踏まえた態勢整備が求められている。以下、金融取引の分野における具体的問題をあげ検討する。

㋐　民事介入暴力（企業対象暴力も含む）

民事介入暴力とは、暴力や組織の威力を背景に、民事上の不当な利益を得ようとするものであり、金融機関との関係でいえば、業務上の些細なミスを理由に不正融資を引き出そうとするものが考えられる。不当な要求に対しては応じてはならず、外部専門機関である警察や弁護士と連携を図り、法的手

---

[1] 銀行業務の公共性の観点から、特に銀行に対しては、一般の企業に比較して強く求められるものとも考えられる。

続も含めたうえで対応することが求められる。

　(イ)　**取引拒絶**

(A)　取引前の拒絶

　預金口座の開設にあたっては、現在は犯罪収益移転防止法により本人特定事項を含む一定事項について取引時確認義務が課されている。したがって、取引時確認の際に、申込者が反社会的勢力であることが判明した場合には、取引を拒絶する必要がある。契約締結前であれば契約自由の原則から拒絶が正当化されるし、これらは反社会的勢力との取引拒絶という点で現在の社会の方向性に合致することから銀行業務の適切性（銀行法1条）の点でも許容される。融資拒絶についても同様の観点から認められる。なお、融資約束後であっても、いまだ金銭消費貸借契約が成立していない段階では[2]、取引上是認するに足りる正当な事由があれば取引拒絶も許容されるものと考えられ、反社会的勢力であることが判明した場合には、取引拒絶によって対応する必要がある[3]。

(B)　取引後の拒絶

　預金口座開設後に取引の相手方が反社会的勢力であることが発覚した場合でも、普通預金規定にて暴力団排除条項が定められているため、それに基づいて対応することになる。

　(ウ)　**暴力団排除条項**

　現在、金融取引においては暴力団排除条項が定められているが、具体的な効果としては、預金契約であれば契約の解除、融資契約（たとえば銀行取引約定書）であれば期限の利益喪失等が考えられる。

---

[2]　現行民法においては、金銭消費貸借契約は要物契約であることから、金銭授受があってはじめて契約が成立するが、その前の段階においても金銭消費貸借の予約契約が成立する場合がある。予約契約が成立しない場合であっても、契約締結上の過失が問題となる。

[3]　なお、反社会的勢力であることを立証できるかどうかという問題があるが、これについては個別に検討する必要がある。

3 マネー・ローンダリング防止

(1) 意 義

マネー・ローンダリングとは、いわゆる資金洗浄行為を指すものであり、具体的には、麻薬取引や銃器等の売買取引等の犯罪行為によって得た不法な収益による資金を、複数の金融機関の口座を経由するなどの方法で頻繁に資金移動を行ったり、金融商品の購入・売却を繰り返し行うことによって、あたかも正当な取引で得た資金のような外観を有するようにする行為をいう。マネー・ローンダリングは、平成20年3月1日に施行された犯罪収益移転防止法により規制が図られており、その中では、疑わしい取引の届出や取引時確認が重要である。以下、それぞれについて説明する。

(2) 疑わしい取引の届出

㋐ 概 要

犯罪収益移転防止法においては、銀行等の金融機関（特定事業者）が金融に関する業務その他政令で定める業務（特定業務）において収受した財産が犯罪による収益である疑いがあり、または顧客が犯罪収益の隠匿等を行っている疑いがあると認められる場合には、その取引内容を主務大臣または都道府県知事に届け出ることが義務づけられている（同法8条1項）。これは、金融機関に対して裏に隠された犯罪の内容を解明することを求めているものではなく、文言どおり、疑念を抱く、すなわち、犯罪による収益の可能性を認識する程度に至れば、当該義務が発生するということである。

また、金融機関から届けられた情報は捜査機関に提供されるものであり、捜査の密行性という観点から、届出について取引の相手方やその関係者に漏らすことは禁止される（犯罪収益移転防止法8条2項）。

ところで、マネー・ローンダリングにおける多くの形態は、預金業務に関連するものが多いと思われるが、金融機関の場合に対象となる特定業務は金融に関する業務その他の政令で定める業務をいい、たとえば為替、両替、融資、証券、信託、貸金庫、保護預りなど、金融業務全般に及ぶ点に注意が必

要である。

　なお、具体的にどのような取引が届出対象となるのかについての判断は困難な面があるため、金融庁によって、「疑わしい取引の参考事例（預金取扱い金融機関）」が公表され、具体的類型についての判断基準が示されている。

　　(イ)　態勢整備

　マネー・ローンダリング防止は国際的に取り組まれている課題であり、特定事業者たる金融機関は、これを防止すべき態勢を整えることが求められている。

　金融検査マニュアルによれば、①疑わしい取引に関する内部規程類の策定、②疑わしい取引に関する態勢の整備、③疑わしい取引に関する指導・研修等が求められている。

　(3)　取引時確認

　取引時確認における本人特定事項の確認の具体的な取扱内容については第2章で説明することとし、ここでは、本人特定事項の確認手続に関する内部管理態勢について述べる。

　金融検査マニュアルによれば、①取引時確認に関する内部規程または業務細則の策定、②取引時確認に関する態勢の整備、③取引時確認に関する指導・研修等が求められている。このことから、金融機関は、担当責任者の選任や担当部署を設置し、実効性ある手続が実施されるよう態勢整備をすべきである。

4　内部告発（公益通報者保護制度）

　(1)　意　義

　従業員による内部告発行為は、法令等違反の早期是正および抑止という意味で、企業のコンプライアンスを高め、自浄作用を促し、ひいては公共の利益にもつながるという側面を有する。他方で、このことは同時に、当該企業の社会的名誉や信用等を毀損させるおそれを生ぜしめるものであるため、これにより従業員が労務上の不利益（解雇等）を被る可能性が生じやすいと考

えられる。

(2) **公益通報者保護法による保護**

このような利害状況を調整するため、平成18年から公益通報者保護法が施行されている。同法の趣旨は、上記に述べたとおり、公益に資する通報を行った労働者を保護することによって、企業のコンプライアンスを高め、市民社会の健全な発展を促すことにある（同法1条）。そしてこの趣旨の下、国民の生命、身体、財産などの保護にかかわる法令違反が生じ、または、まさに生じようとしている場合で一定の要件を満たす場合にその事実を労働者が労務提供先や行政機関等に通報したときは、当該通報を行ったことを理由とした解雇等は無効とされ、降格等の人事上の不利益取扱いは禁止される（同法2条・3条・5条）。

(3) **裁判例**

公益通報者保護法による保護は、他の法令等の適用を妨げるものではなく（同法6条）、同法による保護の対象とならない場合であっても、別途、次の裁判例により保護されるものと考えられる。

大阪地裁堺支判平成15・6・18労判855号22頁〔大阪いずみ市民生協事件〕は、「内部告発の内容の根幹的部分が真実ないし内部告発者にとって真実と信じるについて相当の理由があるか、内部告発の目的が公益性を有するか、内部告発の内容自体の当該組織体等にとっての重要性、内部告発の手段・方法の相当性等を総合的に考慮して、当該内部告発が正当と認められた場合には、当該組織体としては、内部告発者に対し、当該内部告発により、仮に名誉、信用等を毀損されたとしても、これを理由として懲戒解雇をすることは許されない」としている。このように、公益通報者保護法により保護されない場合であったとしても、本裁判例のように、労働者の保護の範囲は広がりをみせるものと考えられる。

(4) **社内通報制度**

社内通報制度とは、一般的には、職員が社内での法令等違反の事実を直接経営陣に対して報告する制度を指す。内部告発が社内において制度化された

ものであり、企業のコンプライアンス、自浄作用という意味から極めて有用と考えられる。本制度を設計するうえでは、内部告発一般と同様、労務面における通報者の保護が必要となるから、通報者の秘密保持および通報者に対して不利益が課されないことを保障する必要がある。

5 職員の不正行為の予防

(1) 労働関係——セクシュアル・ハラスメントの防止

(ア) 意義・法的位置づけ

セクシュアル・ハラスメントとは、相手方の意に反する不快な性的言動を意味するものである[4]。男女雇用機会均等法11条およびこれに基づき厚生労働大臣が定めた指針（平成18・10・11厚労告第615号）に示されているように、事業主には、セクシュアル・ハラスメントを防止するための雇用管理上必要な措置を講じる義務が課されている。同条に違反した場合には、厚生労働大臣ないし都道府県雇用均等室長から、指導、監督を受けたり、場合によっては企業名公表もありうる。このように、セクシュアル・ハラスメントの防止は、企業における内部管理態勢の1つにあげられているといえる。

一方、男女雇用機会均等法11条は直ちに私法上の権利義務に影響を与えるものではないと考えられており、セクシュアル・ハラスメントに対して特別の私法上の責任が予定されているわけではない。セクシュアル・ハラスメントがなされた場合、債務不履行（民法415条）や不法行為（同法709条）に基づく損害賠償や指揮命令の無効などの法的効果が考えられる。

なお、性的言動ではなくいじめや嫌がらせは、パワー・ハラスメントとしてセクシュアル・ハラスメントと同様に人事労務管理における内部管理態勢の1つに位置づけられる。基本的な考え方としては、セクシュアル・ハラスメントに関するものと同様と考えられる。

---

4 一般的には、性的要求を拒否したことなどを理由として雇用上不利益な決定を行う「対価型ハラスメント」と、性的な嫌がらせにより職場環境を悪化させる「環境型ハラスメント」に分けられるが、これら分類は法的に特別な意味をもつものではないとされる（水町勇一郎『労働法〔第3版〕』232頁）。

(イ) 企業の責任

(A) 総説

セクシュアル・ハラスメントに関する裁判例においては、加害者が不法行為責任を追及されることと並んで、企業が使用者責任（民法715条）を追及されるケースが多い。加えて、近時は、このような二次的責任とは別に、使用者が労働者に対して直接負っている職場環境配慮義務[5]に違反するものとして、直接の責任を負う場合があるとされている。

(B) 裁判例

職場環境配慮義務に関する裁判例を整理すると、①発生や再発防止措置をとらなかったケース、②加害者への責任追及をしないまま被害が拡大したケース、③個人的問題として処理したケースなどにおいて、義務違反が認められている傾向にある。代表的な裁判例としては、福岡地判平成4・4・16労判607号6頁〔福岡セクシュアル・ハラスメント事件〕や京都地判平成9・4・17労判716号49頁〔京都セクシュアル・ハラスメント事件〕があげられる。

(ウ) 実務上の指針

冒頭に示したとおり、セクシュアル・ハラスメントの防止は、企業の内部管理態勢の1つとして求められている。企業としては、前記裁判例や男女雇用機会均等法11条、厚生労働大臣の定めた指針等を参考に、職場環境配慮義務を履行する必要がある。企業には事前事後の双方の措置が求められており、事前の防止措置として、定期的な社員研修、社内施設等の管理等、事後の対応として、事実関係の調査、個人的問題として処理せず退職等の被害拡大を防止することなどが必要になると考えられる。

(2) 取引関係——インサイダー取引の防止

(ア) 意義

インサイダー取引規制はさまざまあるが、その代表的なものとしては会社

---

[5] 労働者の職場環境の利益に対応して使用者の働きやすい職場環境を保つように配慮する義務をいい、労働契約における付随義務ないしは不法行為における注意義務としてとらえられている。

の役員や従業員等の会社関係者（金商法166条1項に列挙されている者）であって、その職務等に関して、株式等有価証券の価格の変動要因となる上場会社等に関する重要事実（株式・新株予約権引受者の募集、株式分割、株式交換、合併等、同条2項に列挙された事由）を知った者が、それらの重要事実が公表される前に当該上場会社等の特定有価証券等に係る売買その他の有償の譲渡もしくは譲受け、合併もしくは分割による承継またはデリバティブ取引等（売買等）を行うことなどを禁止するものなどがあげられる（同条1項）。なお、平成25年の金融商品取引法改正にて、規制の範囲が拡大していることに留意する必要がある。

　金融機関は、融資業務の過程において融資先企業の重要事実（金商法166条2項）を知る機会が比較的多いといえる。この場合に、当該上場会社の特定有価証券等に係る売買等をすることが規制の対象となる。このため、金融機関にとってはインサイダー取引を防止することは重要な内部管理態勢の1つと位置づけられる。

　　(イ)　規制内容
　(A)　規制の対象となる者
　インサイダー取引規制の対象となる者は、金商法166条1項各号および3項に示された者である（公開買付けに関するインサイダー取引の場合については、同法167条1項各号および3項参照）。同法166条1項4号に、上場会社等と契約を締結している者（法人の場合には役員等）または契約締結の交渉をしている者も含まれるとあることから、上場会社等と融資契約を締結している金融機関の融資担当者が業務の過程で重要事実を知った場合もこれに含まれることになる。なお、公開買付けに関する事案ではあるが、「当該契約の締結もしくはその交渉または履行に関し」について、東京地判平成15・5・2判タ1139号311頁は、契約の締結・交渉・履行自体によって重要事実を知った場合はもちろん、これに密接に関連する行為によって知った場合も含むもの

6　松井秀樹『法務担当者のための証券取引法〔第2版〕』239頁。

としている。

(B) 規制の対象となる重要事実

インサイダー取引規制の対象となる重要事実とは、金商法166条2項各号に定められた事実を指す（公開買付けの場合における「公開買付け等の実施に関する事実または公開買付け等の中止に関する事実」については、同法167条2項を参照）。決定事実、発生事実、業績予想修正事実、その他重要事実（バスケット条項）に分けられる。

なお、決定事実について問題となるものとして「業務執行を決定する機関」の意義があるが、最判平成11・6・10刑集53巻5号415頁は、会社法所定の決定権限ある機関には限られず、「実質的に会社の意思決定と同視されるような意思決定を行うことのできる機関」であれば足りるとしている。

(C) 規制の対象となる行為

代表的なインサイダー取引規制である金商法166条1項の対象となる行為とは、重要事実が公表される前に、当該上場会社等の特定有価証券等に係る売買その他の有償の譲渡もしくは譲受け、合併もしくは分割による承継またはデリバティブ取引を行うことを指す（金商法166条1項柱書）。「公表」については、金商法166条4項、同法施行令30条等に具体的に定められている。

(ウ) 実務上の指針

既述のとおり、金融機関の職員が融資契約やアドバイザリー業務に従事する過程において、上場会社の重要事実を知る機会は比較的多い。金融機関としては、重要事実を取得した場合の管理方法や、一定の範囲で株式購入を制限するなどの管理態勢を整えることを通じて、インサイダー取引を防止することが求められている。

(エ) 平成25年金商法改正

なお、平成25年金商法改正により、インサイダー取引規制の一環として、内部情報を知りうる特別の立場にある会社関係者の情報伝達行為・取引推奨行為に対する規制が新たに導入されている。

III 守秘義務

1 金融機関の守秘義務

(1) 総　説

　金融機関は、顧客との間で取引を行うにあたって顧客に関するさまざまな情報を取得することがある（たとえば、融資取引においては顧客の信用情報を取得し、預金取引においては顧客の預金の取引履歴等の情報を取得することになる）。このような顧客に関する情報に関して、金融機関が私法上の守秘義務を負うことについて異論はないが、この私法上の守秘義務に関して明文の規定はないため、その具体的内容等につき、解釈上問題となる。

(2) 守秘義務の具体的意義

　判例によれば、金融機関の守秘義務とは、顧客との取引内容に関する情報や顧客との取引に関して得た顧客の信用にかかわる情報などの顧客情報につき、みだりに外部に漏らしてはならないというものである（最決平成19・12・11民集61巻9号3364頁）。金融機関が顧客情報を漏洩等するなど、この守秘義務に違反した場合には、債務不履行（民法415条）または不法行為（同法709条）として、顧客に対して損害賠償責任を負うことになる。なお、守秘義務とは別の問題ではあるが、この顧客情報が「個人情報」（個人情報保護法2条1項）に該当すれば、同法の規制対象となる。

(3) 金融機関の守秘義務の法的性質（発生根拠）

　このとおり、守秘義務の対象および内容については、一般的・抽象的には前掲・最決平成19・12・11によって確立されているものの、その外延は必ずしも明らかではない。これらを検討するための前提として、まず、守秘義務の法的性質（発生根拠）について検討する。

　前掲・最決平成19・12・11によれば、金融機関は「商慣習又は契約上、当該顧客との関係において守秘義務を負い、その顧客情報をみだりに外部に漏

らすことは許されない」とされている。判例の文言からすると、私法上の守秘義務の法的性質（発生根拠）は、金融取引における商慣習または金融取引上の契約に求められていると考えられる。

なお、この点に関する代表的な学説としては、契約説、商慣習説、信義則説等があり、前掲・最決平成19・12・11の補足意見もこの3つを並列している。金融取引の特徴に着目して考えた場合、金融機関に提供される顧客情報については、一定の場合を除き外部に開示されない、という信頼が前提にあるものと思われることからすれば、いずれの見解も成り立ちうるものと考えられる。もっとも、いずれの見解によっても、守秘義務の範囲や義務違反等を検討するにあたって大きな違いはないように思われる（たとえば、契約説においても、黙示の意思表示を通じた契約成立や付随義務を認めることで、これによる捕捉範囲は他の見解と同様に考えることができるように思える）。

このように、判例は、守秘義務の根拠を商慣習または契約に求めていることから、守秘義務の対象について次のとおり考えることができる。第1に、個別に守秘義務契約を締結していなかった場合には前掲・最決平成19・12・11の基準がそのままあてはまる。また、別途締結される守秘義務契約において一定の情報が守秘義務の対象となっていない場合であっても、商慣習として、前掲・最決平成19・12・11が述べるところの守秘義務の対象となる場合はありうる。第2に、守秘義務契約によって守秘義務の対象とされた情報については、金融機関は当該契約上の守秘義務を当然に負う（これは契約内容によるところであり、必ずしも前掲・最決平成19・12・11が述べるところの守秘義務とは同じではない）。

以下では、第1の場合における守秘義務の対象および具体的内容について検討する。

(4) **守秘義務の対象および具体的内容**

(ア) 総　説

前掲・最決平成19・12・11のとおり、守秘義務の内容は、金融機関が顧客情報をみだりに外部へ漏らしてはならないというものであることから、金融

機関が顧客情報を第三者に開示する正当理由がある場合には、守秘義務違反となるものではなく、また損害賠償責任を負うものでもない。正当理由については、情報開示につき顧客の同意がある場合、法令上の根拠に基づき開示が義務づけられる場合のほか、情報開示の必要性、合理性と開示により顧客に及ぼす影響等を具体的場面に即して総合的に考慮してその有無（守秘義務の免除）が判断されるものと考えられる[7]。その際の具体的な要素としては、情報開示の目的、開示する情報の内容、情報の開示先、情報の管理態勢等が考えられる[8]。

以下、よく問題となる場合について説明する。

(イ) 顧客情報が公開情報である場合

金融機関に対して守秘義務を課すことで守られる利益（保護法益）は、顧客情報が個人情報であればプライバシー等の人格権であり、企業情報であれば企業の経済的利益と考えられる[9]。第三者に開示される顧客情報が公開情報の場合には、開示によって上記保護法益が侵害されるものではないと考えられるから、そもそも守秘義務の対象には含まれないものと考えられる。

これに対し、同じようにプライバシー等の人格権保護の観点から定められている個人情報保護法においては、公開情報であることだけを理由として個人データ（同法2条4項）を第三者提供することが許容されているわけではない[10]。したがって、個人データの場合には、実務上、公開情報であるとしても、同法23条で認められる場合を除き開示することは許されないものとして対応する必要がある（なお、金融機関は法令、政令や規則に加え、「金融分野における個人情報の保護に関するガイドライン」等に沿って対応する必要がある）。

---

7 なお、伝統的には、顧客の同意がある場合、法令等に基づく場合、自らの権利利益を守るために必要がある場合については守秘義務が免除されるものと考えられてきた（内海順太「金融機関の守秘義務とは」金法1802号9頁）。もっとも、これ以外の場合に守秘義務が免除される場合はありうるだろうし、これらに該当したからといって無制限に守秘義務が免除されるものでもないと考えられる。

8 全国銀行協会「貸出債権市場における情報開示に関する研究会報告書」4頁以下。

9 全国銀行協会・前掲報告書（注8）4頁以下。

10 岡村久道『個人情報保護法〔新訂版〕』243頁。

(ウ) 情報開示につき顧客の同意がある場合

　金融機関の守秘義務は顧客に対して負う私法上の義務（債務）であることから、これによって保護される相手方が情報の第三者開示について同意する場合には、守秘義務を免れることになる。なお、ここでの同意は、法的には必ずしも明示的である必要はなく、黙示的な同意も含まれるものと考えられるが、黙示的な同意の有無については、情報の第三者開示が行われる個別の場面・スキームを踏まえて判断される。

　これに対し、金融機関が個人データを第三者に提供する場合には、原則として書面（電子的方式、磁気的方式、その他人の知覚によっては認識することのできない方式で作られる記録等を含む）によることとされている（「金融分野における個人情報の保護に関するガイドライン」4条）ことから、顧客が個人の場合には特に注意を要する。

(エ) 法令上の根拠に基づき開示が義務づけられる場合

　伝統的には、法令上の根拠に基づき開示が義務づけられる場合には守秘義務を免れるものと考えられてきたが、法令といってもその趣旨や強制力の有無、程度についてはさまざまであり、一律無制限に守秘義務を免れるわけではなく、個別に検討する必要がある。

(A) 公的機関からの照会等

　捜査機関による強制処分（刑事訴訟法197条1項ただし書等）のように、公的機関からの照会等に法令上強制力が認められている場合には、金融機関はこれに応じざるを得ないため、その反面、金融機関は顧客に対する守秘義務を免れるものと考えられる。このように、金融機関が公的機関から調査等照会を受けた場合に顧客に対する守秘義務を免れるか否かについては、当該調査等照会の法令上の強制力の有無が1つの基準になると考えられる。なお、捜査機関による任意処分（同条1項本文・2項）のように強制力がなく、また回答に法的な義務がない場合であっても、公益のための手続であることや場合によっては強制処分に切り替わることが考えられることからすると、基本的には顧客に対する守秘義務を免れるものと考えられる。

これに対し、法令上の強制力までは認められないような場合には、次のとおり考えられる。文書提出命令の場合には、一定の除外事由はあるものの文書提出義務が明文で規定されていること（民事訴訟法220条）に加え、提出命令に従わない場合には過料による制裁が規定されていること（同法225条1項）から、事実上の強制力があるものとして当該命令を受けた者としてはこれに応じざるを得ず、その反面、顧客に対する守秘義務を免れるものと考えられる。調査嘱託（民事訴訟法186条）については、大阪高判平成19・1・30金法1799号56頁によれば、調査嘱託に対する回答は法律上の公的義務であるとされているため、基本的には顧客に対する守秘義務を免れるものと考えられる。もっとも、強制処分や文書提出命令のような制裁規定が設けられていないことから、必ずしもこれらと同列に論じることはできないと考えられる。この点につき、調査嘱託に対する報告は公的義務であり、他方で金融機関は顧客に対して守秘義務を負っており、義務と義務が衝突する場面であることから、本質的には比較衡量によって決するべきものと考えられ、情報開示の必要性、合理性と、開示により顧客に及ぼす影響等を具体的場面に即して総合的に考慮して正当事由（守秘義務の免除）の有無を判断することになるものと考えられる。

　以上のように、公的機関からの照会等の場合、第1に、強制力がある場合には、その反面として金融機関は顧客に対する守秘義務を免れるものと考えられる。第2に、強制力がない場合には、法令で明文で制裁を予定しているならば、事実上の強制力があるものとして、金融機関は顧客に対する守秘義務を免れるものと考えられる。第3に、これら規定がない場合であっても、法令に基づく照会等に対する報告が公的義務とされる場合には、基本的には、金融機関は顧客に対する守秘義務を免れるものと考えられるが、本質的には比較衡量によって決するべきものと考えられ、具体的照会内容に即して、情報開示の必要性、合理性と、開示により顧客に及ぼす影響等を総合的に考慮して正当理由（守秘義務の免除）の有無を判断することになると考えられる。

　(B)　弁護士会照会

弁護士会照会(弁護士法23条の2)については、先例としてあげられる判例として、最判昭和56・4・14金法962号37頁がある。同判決は、弁護士会からの照会に応じて京都市が前科等を回答した点につき、前科等のすべてを回答することは公権力の違法な行使にあたるとしている。このことから、弁護士会照会であることだけでは顧客に対する守秘義務を免れることになるものではない。銀行との関係で具体的に問題となった前掲・大阪高判平成19・1・30では、弁護士会照会に対する回答は法律上の公的義務であるとされ、広島高裁岡山支判平成12・5・25判時1726号116頁では、「照会の相手方が銀行であり、照会事項が預金取引に関するものであっても、右照会制度の目的に即した必要性と合理性が認められる限り、相手方である銀行はその報告をすべきであり、また、当該報告したことについて不法行為の責めを負うことを免れるというべきである」としている。公的義務であることからすれば、基本的には、金融機関は顧客に対する守秘義務を免れるものとも考えられるが、調査嘱託の場合と同様、本質的には比較衡量によって決するべきものと考えられ、前掲・広島高裁岡山支判平成12・5・25のように、情報開示の必要性、合理性と、開示により顧客に及ぼす影響等を具体的場面に即して総合的に考慮して正当理由(守秘義務の免除)の有無を判断することになると考えられる。

なお、調査嘱託と弁護士会照会とでは、回答が中立的立場にある司法に開示されるのか当事者の一方が所属する団体に開示されるのかという点で性質上の違いがあるから、一般的・抽象的にはこれらを同列に論じるべきではなく、弁護士会照会に対する回答のほうが、守秘義務が免除されない可能性があるものと考えられる。

　　(オ)　**金融機関が自らの権利利益を守るために必要がある場合**

伝統的な考え方によれば、金融機関が自らの権利利益を守るために必要がある場合にも、顧客に対する守秘義務を免れるものと考えられてきたが、情報開示の必要性、合理性と、開示により顧客に及ぼす影響等を具体的場面に即して総合的に考慮して正当理由(守秘義務の免除)の有無を判断するべき

ものと考えられる。たとえば、金融機関の守るべき利益が法的保護に値するものであり、守秘義務の対象とされた顧客情報を開示しなければ当該利益が守られず、開示も必要最小限にするなどの方法をとる場合には、顧客に対する守秘義務を免れるものと考えられる。

2 個人情報保護法

(1) 総説

個人情報保護法は、高度情報通信社会の進展に伴い個人情報の利用が著しく拡大していることに鑑み、個人情報に対する基本方針を定め、個人情報取扱事業者の責務を定めることを通じて、プライバシー権等の人格権保護を中心とした個人の権利利益を保護するために、平成15年に成立したものである（同法1条）。

同法は、行政取締法規であるものの、プライバシー権等個人の権利利益の保護を目的として制定されたものであるから、守秘義務についても同法に準じた取扱いが実務上重要な指針にはなると考えられる。

(2) 個人情報

金融機関が取得した顧客情報が「個人情報」（個人情報保護法2条1項）に該当すれば、同法の適用対象になる。ここでの「個人情報」とは、生存する個人に関する情報であって、当該情報に含まれる氏名、生年月日その他の記述等により特定の個人を識別することができるもの（他の情報と容易に照合することができ、それにより特定の個人を識別することができることとなるものを含む）をいう。

(3) 守秘義務との関係

個人情報保護法の主たる目的はプライバシー権等個人の権利利益の保護にある。この観点から、個人データに関するものではあるが、原則としてあらかじめ本人の同意がない限り、一定の個人データを第三者に提供することは禁止されている（同法23条1項柱書）。これは、守秘義務を負っている顧客情報（個人顧客の情報）の第三者開示の場面とほぼ類似の状況といえる。個人

情報保護法は行政取締法規であり、守秘義務とは本来的には別次元の規律ではあるが、両者の保護法益がプライバシーという点で共通していることに鑑みれば、個人情報保護法を遵守していたことは守秘義務の免除を考えるうえで1つの指針となるものとも考えられ、事実上、守秘義務が免除されるケースは多いとは思われる。

(4) 個人情報保護法に関するその他の代表的規律

(ア) 利用目的に関する規制

個人情報取扱事業者（個人情報保護法2条3項）は、個人情報を取り扱うにあたっては、その利用目的をできる限り特定しなければならず（同法15条1項）、特定された利用目的を変更する場合には、変更前の利用目的と相当の関連性を有すると合理的に認められる範囲を超えてはならない（同条2項）。そして、原則としてあらかじめ本人の同意を得なければ、この特定された利用目的の達成に必要な範囲を超えて個人情報を取り扱うことは禁止される（同法16条1項）。この利用目的による取扱いの制限の趣旨は、不必要でみだりな取扱いを制限し、取扱いの透明性を確保することにある。

(イ) 第三者提供の原則禁止

前記のとおり、個人情報取扱事業者は、原則として、あらかじめ本人の同意を得なければ個人データを第三者に提供してはならない（個人情報保護法23条1項柱書）。当該趣旨は、個人データが当該個人の予期せぬところで利用され不測の損害が生じることを防止する点にある。なお、前記のとおり、金融機関が個人データを第三者に提供する場合には、原則として書面（電子的方式、磁気的方式、その他人の知覚によっては認識することのできない方式で作られる記録等を含む）によることとされている（「金融分野における個人情報の保護に関するガイドライン」4条）。

(ウ) 開示等の義務

個人情報取扱事業者は、本人から当該本人が識別される保有個人データ（個人情報保護法2条5項）の開示を求められたときは、原則として、本人に対して遅滞なく、当該保有個人データを開示しなければならない（同法25

条)。

　　　(エ)　その他

　以上の代表的な法規制のほか、「金融分野における個人情報保護に関するガイドライン」、「金融分野における個人情報保護に関するガイドラインの安全管理措置等についての実務指針」、「金融機関における個人情報保護に関するＱ＆Ａ」により、金融機関が個人情報を取り扱う場合の実務上の指針が示されている。たとえば、本籍地等のセンシティブ情報についてはその取得や利用等は原則として行わないこととされており(努力措置)、例外的に法令上に基づく場合等一定の場合には取得は認められる。

IV　説明義務

1　金融機関の説明義務

(1)　総　説

　金融取引における説明義務、情報提供義務(以下、「説明義務」という)とは、金融機関が顧客と取引をするにあたり、当該顧客に対し、一定の事項の説明、情報提供をすることを内容とする法的な義務をいう。説明義務自体は、金融取引に限らず契約一般に認められる法的義務であるが、金融取引においては、デリバティブ取引を代表とした金融商品の複雑化、元本保証のないハイリスクの金融商品の増加等の金融情勢の変化に伴い、以前にも増してその重要性が強調されている。

(2)　私法上の説明義務

　　　(ア)　根　拠

　本来、取引社会においては、自らの利益は自らで守ることが前提であり、各人は自ら情報を収集して不利益を被らないように対処する必要がある。これが契約法の基本原理——自己責任の原則——である。同法理からすれば、取引の一方に説明義務を課すことは契約法の基本原理に抵触する可能性があ

る。もっとも、最判平成23・4・22民集65巻3号1405頁は、契約の一方当事者が当該契約の締結に先立ち信義則上の説明義務がある場合を認めているし、金融取引との関係でいえば、たとえば変額保険における説明義務違反が問題となった事例において、最判平成8・10・28金法1469号49頁は、金融機関は顧客に対し、変額保険が高収益性を追求する危険性の高い運用をするものであり、顧客がその投資リスクを負い、自己責任の原則が働くことを説明すべき法的義務が信義則上要求されているとし、信義則上の説明義務を認めている。通説も、契約一般について、自己責任の原則を認めたうえで、しかし契約の準備交渉段階に入った場合には信義則の支配する緊密な関係に立つものとして、その具体化として説明義務が課されると考えている。より具体化すると、次の2つの類型に分類される。

第1に、取引における不当表示が問題となる場合においては、不当表示は相手方に誤った決定をさせる危険性が高く、他方で、自ら誤った表示をした以上はその限りで責任が生じることはやむを得ないと考えられる。この観点から、不当表示を行うことを防止する義務が認められるものと考えられる。第2に、一般的に専門家と非専門家との取引においては、情報格差（情報の非対称性）が認められるため、専門家が情報提供をしない場合には、非専門家は不利な契約を行う可能性が類型的に高く、契約自由が実質的に失われることになりかねない。契約自由を実質的に回復させるという観点から、専門家には非専門家に対して必要な情報を提供する義務が課されると考えられる。[11]

　(ｲ)　**説明義務違反がもたらす法的効果**

　説明義務に違反した場合の法的効果としては、不法行為に基づく損害賠償責任（民法709条）があげられる。[12]　その他、説明義務違反の直接的な法的効果

11　山本敬三『民法講義Ⅳ―1契約』52頁以下参照。
12　説明義務違反等の契約締結上の過失については、債務不履行の問題であるのか不法行為の問題であるのか争いがあったところ、前掲・最判平成23・4・22は、「契約の一方当事者が、当該契約の締結に先立ち、信義則上の説明義務に違反して、当該契約を締結するか否かに関する判断に影響を及ぼすべき情報を相手方に提供しなかった場合には、上記一方当事者は、相手方が当該契約を締結したことにより被った損害につき、不法行為による賠償責任を負うことがあるのは格別、当該契約上の債務の不履行による賠償責任を負うことはない」と判示している。

ではないものの、これを通じて、顧客が契約内容について要素の錯誤がある場合（同法95条）やこれが暴利行為と認められる場合（同法90条）、すなわち、他人の窮迫、軽率、無経験等を利用し、著しく過当な利益の獲得を目的とする行為の場合（大判昭和9・5・1民集13巻875頁）には契約は無効となるし、詐欺が認められる場合には当該契約は取消しの対象にもなる（同法96条）。また、その他関連法規に抵触する場合には、当該規制の対象にもなる。

　　(ウ)　説明義務の内容

　金融取引においては金融機関側に説明義務が課される。行政取締法規として銀行法や金商法等が、私法取引関係の規律として金融商品販売法や消費者契約法等が説明義務の具体的内容を定めているが、これらの法令が定める要件を満たしている場合でも、常に説明義務が果たされていると評価されるわけではない。そもそも説明義務（特に私法上の説明義務）は、前記のとおり、契約の準備交渉に入った場合に認められる信義則上の義務と位置づけられるから、理論的には、前記法令上定められている説明義務の内容よりも広がりをみせる場合もありうると考えられる。

　以下、裁判例で問題となった事例および従来から議論されている例をあげて説明する。

　(A)　融資契約における説明義務

　融資契約の性質は、法的には民法の典型契約の1つである金銭消費貸借契約（民法587条）であり、返還約束と金銭授受がその本質的要素とされるが、実際の融資契約の締結においては借入人にとっては弁済条件や金利が重要性を有する。そのため、金融機関は、弁済条件や金利等についても借入人に対して説明することとしていると思われる。この点につき、証書貸付けに代表されるように、通常、融資取引に関しては書面による明確化が行われるため、弁済条件や金利について顧客が誤解を招く可能性は基本的には低いと考えられるが、だからといって説明が全く不要というものではない点に留意する必要がある。他方で、証書貸付け同様伝統的な取引形態の1つである手形貸付けにおいては、金利が書面上に明確化されないため、公正取引委員会から指

摘も受けている。

(B) 金融商品取引契約に関する説明義務

　金融取引における説明義務において最も問題となるのが金融商品取引契約の場合である。金融商品の販売（金融商品販売法2条1項）に関しては、金融機関は、金融商品販売法3条1項各号に規定された事項（元本欠損を生ずるおそれ（リスク））、その要因やその取引の仕組み（スキーム）等について説明する義務が課される。そして、それは実質的なものである必要がある。金融商品販売法制定前の事例ではあるが、たとえば、前掲・最判平成8・10・28は、保険外務員による変額保険の募集時の説明につき、「変額保険の性質、変額保険の発売の経緯等に照らし、募集人は、変額保険募集に当たり、顧客に対し、変額保険に対する誤解から来る損害発生を防止するため、変額保険が定額保険とは著しく性格を異にし、高収益性を追求する危険性の高い運用をするものであり、かつ、保険契約者がその投資リスクを負い、自己責任の原則が働くことを説明すべき法的義務が信義則上要求されているものというべきであり、客観的にみて、この点を理解させるに十分な説明がなされていなければ、変額保険募集時に要請される説明義務を尽くしていないものというべきである」と述べたうえ、パンフレットに基づき変額保険の仕組みについて一編の説明をしたものの、運用実績が9％を下回ることがないことを強調した行為につき、説明全体の趣旨に照らせば、「運用実績が負になることは実際上起こりえない旨を述べたものというべきであって、変額保険のもつ投機性・危険性・保険契約者の自己責任の原則について正しい理解に導く説明でないことは明らか」であるとしている。本判決は、金融機関に当該変額保険に関するリスクについての説明義務違反を認めたものといえるが、判決文中、「正しい理解に導いていない」とあるように、金融機関の本件説明では、顧客の変額保険のリスクに対する理解不足を埋められていないことが、金融機関に説明義務違反を認めた根拠となっているとも考えられる。[13]金融商品の販売におけるリスク説明に関して参考となる。

　このように、金融商品の販売においては法律上一定の情報について説明義

務が明示的に定められているが、この説明は、顧客の知識、経験、財産の状況および当該金融商品の販売に係る契約を締結する目的に照らして、当該顧客に理解させるために必要な方法および程度によるものでなければならない（金融商品販売法3条2項）。金融商品販売法制定前の事例ではあるが、東京地判平成6・9・8判時1540号71頁は、会社勤務の経験のない専業主婦が証券会社からワラント（新株引受権）を勧められ購入した点につき、勧誘対象としての適格性に欠けており、証券会社は勧誘を避けるべきであったとの判断を前提に、「証券会社が、このような適格を有しない顧客に敢えてワラントのようなハイリスクな取引を勧誘する場合にあっては、単に当該取引の危険性に言及しその点についての理解を得るだけでは足りず、明確かつ詳細に最悪の場合にどのような事態になるかを説明し、その事態についての十分な理解をえさせた上、それを承知の上でなお取引するのかを確認すべき義務があるというべきである」と判断している。本判決においては、顧客によっては、単にリスクを説明するだけでは足りないとしているように、顧客ごとに、説明義務の内容が変わり、場合によっては、確認義務まで求められることを示したものと考えられる。

　以上のような説明義務を尽くしたかどうかの判断をするにあたっての解釈基準（広義の適合性原則（命令規範））とは別に、取引耐性を欠く者を市場から排除するための禁止規範として狭義の適合性原則（ある特定の利用者に関

13　なお、本判決においては、金融機関の勧誘行為について断定的判断の提供があったことも認められている（これも説明義務違反の一類型と考えられる）。現在においては、金融商品販売法4条において断定的判断の提供は禁止されており、これによって生じた損害については賠償義務を負うものとされている。

14　いわゆる広義の適合性原則（利用者の知識・経験・財産の状況、当該取引の目的に適合した形で勧誘・販売を行わなければならないとのルール）であり、説明義務を尽くしたかどうかを判断するための解釈基準となるものである（松尾直彦監修・池田和世『逐条解説新金融商品販売法』14頁）。なお、行政取締法規である金商法では、契約締結前交付書面等を交付するにあたって、一定の事項について、顧客の知識、経験、財産の状況および金融商品取引契約を締結する目的に照らして当該顧客に理解されるために必要な方法および程度になる説明を行うことなく金融商品取引契約を締結する行為が禁止されている（同法38条7号、金融商品取引業等に関する内閣府令117条1項1号）。これも広義の適合性を定めたものである。

してはいかに説明を尽くしても一定の商品の販売・勧誘をしてはならないとのルール）があり、金商法40条１号はこれを定めたものと考えられている。金商法は行政取締法規であり、これに違反した場合でも直ちに不法行為となる（民事的効果が生じる）わけではないと考えられるが、最判平成17・7・14民集59巻6号1323頁は、「顧客の意向と実情に反して、明らかに過大な危険を伴う取引を積極的に勧誘するなど、適合性の原則から著しく逸脱した証券取引の勧誘をしてこれを行わせたときは、当該行為は不法行為法上も違法となる」としている。

なお、金融商品取引契約に関する直近の判例として金利スワップ取引に関するものがある。当事者間の合意に基づき、同一通貨間で、一定の想定元本（計算上でのみ必要とされる元本をいう）、取引期間等を想定し、固定金利と変動金利を交換してその差額を決済するというプレーン・バニラ・金利スワップ取引（契約締結と同時に取引が始まるスポットスタート型と、契約締結から一定期間経過後に取引が始まる先スタート型がある）につき、最判平成25・3・7集民243号51頁は、一定の事実関係を前提とするものではあるが、「前記事実関係によれば、本件取引は、将来の金利変動の予測が当たるか否かのみによって結果の有利不利が左右されるものであって、その基本的な構造ないし原理自体は単純で、少なくとも企業経営者であれば、その理解は一般に困難なものではなく、当該企業に対して契約締結のリスクを負わせることに何ら問題のないものである。上告人は、被上告人に対し、本件取引の基本的な仕組みや、契約上設定された変動金利及び固定金利について説明するとともに、変動金利が一定の利率を上回らなければ、融資における金利の支払よりも多額の金利を支払うリスクがある旨を説明したのであり、基本的に説明義務を尽くしたものということができる」としている。あくまでも事例判断と考えられるが、金利スワップ取引において参考となるものである。

(C) 資金使途に関する説明義務

金融取引においては、金融機関が顧客に対し、事業にかかわる業者等を紹介するなどしたうえで、当該事業に必要資金を融資することがある。ところ

が、当該事業等が思うようにうまくいかず、融資金の弁済が困難になると、顧客から苦情を申し立てられ、融資契約の無効を主張されたり、損害賠償を請求されたりすることがある。

　この場合においても、金融機関にどの程度の説明義務が法的に課されるのかが問題となる。理論的には、金融機関は資金使途等については契約当事者としての立場にはないこと、融資契約と資金使途等に関する契約とは別個の法律関係であることからすれば、基本的には、金融機関は、資金使途等の契約に関する説明義務を負うものではないと考えられる。ただし、前記に示したとおり、契約の準備交渉段階に入った場合には、信義則の支配する緊密な関係に立つものとして、その具体化として説明義務が課されると考えられていることからすれば、場合によっては、資金使途等の契約に関しても、金融機関に信義則上説明義務が課される場合がありうるものと考えられる。この点については個別の具体的事実関係に即して検討すべきものであるが、次の2つの最高裁判例が参考となる。

　第1に、最判平成15・11・7金法1703号48頁は、金融機関が顧客に対して融資を受けて宅地を購入するように勧誘する際に、当該宅地が接道要件を具備していないことを説明しなかった点につき、金融機関が、接道要件が具備していないことを認識していながらこれを顧客に知らせなかったり、知らせることを怠ったりした事情や、金融機関が土地の売主や販売業者と業務提携をし、当該職員が当該土地の売主等の販売活動に深くかかわっており、当該土地の購入の勧誘もその一環であるなど、信義則上、金融機関の説明義務を肯定する根拠となりうるような特段の事情はうかがわれないと判示している。

　第2に、最判平成18・6・12金法1790号57頁は、銀行が紹介した建設会社が作成した規格に基づいて賃貸マンションを建設するに際し、建築資金は融資金のほか隣接地の売却により捻出する計画となっていたところ、隣接地を売却すると違法建築となり建設確認を受けられないものであったケースにつき、建設業者には建築基準法にかかわる問題があることを説明すべき義務があったことを前提に、銀行担当者は事業の提案、業者の紹介にとどまらず、

当該土地の売却により銀行に対する返済資金を捻出することを前提とする企画書をもとに投資プランを作成したうえ、これに基づき、建設業者とともにその内容を説明し、その際、当該土地の売却について銀行も取引先に働き掛けてでも確実に実現させる旨述べるなど特段の事情が認められる場合には、銀行にも、当該土地の売却可能性を調査しこれを顧客に対して説明すべき信義則上の義務を肯認する余地があるものと判示している[15]。

以上のように、資金使途等に関する金融機関の説明義務については、基本的には、金融機関は契約当事者としての立場ではない以上、当該契約に関する説明義務を負うものではないと考えられる。一方で、提案や紹介等を超えて資金使途等に関する契約について積極的・主導的に関与して当該契約の成立に携ったような場合には、当該契約に関して説明義務が課される可能性は否定できないことになる。

2　法令に基づく説明義務

(1)　私法上の説明義務

金融取引における説明義務に関する私法上の規律としては、民法（信義則）のほか、金融商品販売法や消費者契約法等がある。

(ア)　金融商品販売法の規律

金融商品販売法は、金融商品販売業者等が金融商品を販売する際に関する規律を定めるものである。具体的には、前記に示した金融商品の販売に関する一定事項の説明義務（同法3条1項）や、説明義務の解釈基準となる広義の適合性原則（同条2項）のほか、断定的判断の提供の禁止（同法4条）、同法3条の規定に違反して重要事項を説明しなかったときや同法4条違反の場合における損害賠償責任（同法5条）、損害額の推定（同法6条）が定められている。単純な融資取引は対象ではないが、融資取引に絡むデリバティブ取引やデリバティブ取引を内包する融資取引は対象となりうる。

---

[15] なお、本件は、差戻審である大阪高判平成19・9・27金判1283号42頁において、請求の一部が認められている。

(イ) 消費者契約法の規律

　消費者契約法は、事業者と消費者間の契約一般に対する規律であり、契約の無効や取消し等契約の効力等につき民法の特則を定めるものである。説明義務については、抽象的ではあるが、消費者契約の内容が明解かつ平易なものになるように配慮するとともに、勧誘に際しては、消費者の理解を深めるために、消費者の権利義務その他の消費者契約の内容についての必要な情報を提供するよう努めなければならない旨定めている（同法3条1項）。

(2) 業法上の説明義務

　説明義務に関する業法上の規律としては、銀行法や金商法等がある。

　銀行法は、銀行の預金等に関する参考情報を提供し、銀行の業務に係る重要な事項の説明等健全かつ適切な運営を確保するための措置を講ずることを求めている（同法12条の2、同法施行規則13条の7）。また、顧客に対する虚偽告知、断定的判断等の提供等の行為を禁止している（同法13条の3、同法施行規則14条の3）。なお、外国通貨で表示される預金等の契約といった一定の取引については金商法の規定の一部も準用されている（同法13条の4、同法施行規則14条の11の4）。主要行向け監督指針および中小・地域向け監督指針等においても、顧客や利用者保護のための情報提供として、情報提供、説明義務の問題が記載されている。

　金商法については前記に記載したほか、契約締結前交付書面の交付義務（同法37条の3第1項）、実質的説明義務（同法38条7号、金融商品取引業等に関する内閣府令117条1項1号）、契約締結時交付書面の交付義務（同法37条の4第1項）などがある。

V　独占禁止法

1　総説

　独占禁止法では、「私的独占」「不当な取引制限」「不公正な取引方法」が

禁止され、その他、企業結合や事業者団体に関する規制がおかれているが、金融機関においてよく問題となるのは、このうち「不当な取引制限」と「不公正な取引方法」である。

近時の金融機関の独占禁止法違反事例としては、銀行の金利スワップ販売について優越的地位の濫用が認められ、公正取引委員会によって排除措置命令が出されたものがあげられる（公正取引委員会平成17・12・26勧告審決）。優越的地位の濫用は、独占禁止法とは別に銀行法においても規制の対象とされているように（同法13条の3第4号、同法施行規則14条の11の3第3号）、個々の金融取引において特に注意しなければならない規制の1つと考えられる。そこで、本書では、金融取引と独占禁止法に関する問題として、以下、「不公正な取引方法」の一類型である「優越的地位の濫用」、および優越的地位の濫用には該当しないものの、なお不当と考えられる取引を捕捉する役割をも担っている「抱き合わせ販売」について説明する。

2　優越的地位の濫用

(1)　意　義

優越的地位の濫用とは、独占禁止法上の「不公正な取引方法」の一類型として違法とされている行為であり、自己の取引上の地位が相手方に優越していることを利用して、正常な商慣習に照らして不当に、独占禁止法2条9項5号イからハおよび6号ホ・一般指定13項に該当する行為をする場合をいう。金融取引においては、たとえば、銀行が融資先企業に対して要請に応じなければ融資等に関して通常の条件よりも不利な取扱いをする旨伝えたうえで金融商品の購入をさせる場合、銀行が取引先企業に対し融資するにあたって貸出金利が定期預金の金利よりも高いにもかかわらず融資金を定期預金として受け入れて担保権を設定させる場合、銀行が債権保全の観点から融資先企業の役員等の選任に干渉する場合などにおいて問題となる。

この優越的地位の濫用については、平成22年11月30日に公正取引委員会から「優越的地位の濫用に関する独占禁止法上の考え方」[16]（以下、「ガイドライ

ン」という）が公表され、実務上の重要な指針となっている。以下ではこれを中心に、これまで問題となった裁判例および審決例を含めて説明する。

　なお、平成21年独占禁止法改正により、同法2条9項5号のうち一定の条件を満たすものについては、公正取引委員会は課徴金の納付を命じなければならないものとされている（同法20条の6）。

(2) 規制の趣旨

　本ガイドラインによれば、優越的地位の濫用は、「取引の相手方の自由かつ自主的な判断による取引を阻害するとともに、当該取引の相手方はその競争者との関係において競争上不利となる一方で、行為者はその競争者との関係において競争上有利となるおそれがあ」り、このような行為は公正な競争を阻害するおそれがあることから、独占禁止法による規制の対象となっているとされている。

(3) 要　件

(ア) 総　説

　優越的地位の濫用の要件としては、以下の4つがあげられる。

① 「自己の取引上の地位が相手方に優越」していること（地位の優越性）
② ①を利用した「正常な商慣習に照らして不当」であること
③ 独占禁止法2条9項5号各事由または同項6号ホ・公正取引委員会の指定事由（一般指定13項）に該当する行為であること（濫用行為）
④ 公正な競争を阻害するおそれがあること（公正競争阻害性）

(イ) 要件①――「自己の取引上の地位が相手方に優越」していること

　本ガイドラインによれば、「取引の一方当事者（甲）が他方の当事者（乙）に対し、取引上の地位が優越しているというためには、市場支配的な地位又はそれに準ずる絶対的に優越した地位である必要はなく、取引の相手方との関係で相対的に優越した地位であれば足りると解される。甲が取引先である乙に対して優越した地位にあるとは、乙にとって甲との取引の継続が困難に

16　これまでも特定の業種を対象とした優越的地位の濫用に関するガイドラインは公表されてきたが、本ガイドラインは業種横断的なものとなっている。

なることが事業経営上大きな支障を来すため、甲が乙にとって著しく不利益な要請等を行っても、乙がこれを受け入れざるを得ないような場合である」[18]とされている。具体的には、①乙の甲に対する依存度、②甲の市場における地位、③乙にとっての取引先変更の可能性、④その他甲と取引することの必要性を示す具体的事実を総合的に考慮して判断されることになる。[19]

本ガイドラインが公表される以前ではあるものの、近時の事例では、東京地判平成18・8・2金法1795号60頁が、金融商品購入要請事案につき、顧客は取引銀行以外に「複数の金融機関を選択でき」、当該取引銀行への「依存度は高くなかった」ことを1つの理由としてあげ、結論として優越的地位の濫用を否定している。また、前掲・公正取引委員会平成17・12・26勧告審決が、金融商品購入要請事案につき、取引先企業は、主として当該取引「銀行からの借入れによって資金需要を充足している」こと、当該取引「銀行からの借入れについて、直ちに他の金融機関から借り換えることが困難である」ことなど、当該取引「銀行以外の金融機関からの融資等によって資金手当てをすることが困難」であることを1つの事情としてあげ、結論として優越的地位濫用を肯定している。このように、裁判例や審決例においても、取引依存度や資金調達における他の取引先（金融機関）の選択可能性が、地位の優越性を検討するうえでの判断基準となっているものと考えられる。[20]

なお、現実の取引においては、取引当事者間に事実上の地位に差が存在する場合は当然ありうるし、特に金融取引においては多くの場合において金銭の貸借関係が伴う以上、金融機関に事実上の地位の優越性があることは多い

---

17 すでに継続的な取引関係に入っている場合に限らず、新たに継続して取引しようとする場合も含む。

18 より具体的には、乙にとって不利益な要求であっても受け入れざるを得ないほど甲と取引することの重要性および必要性がある場合をいう。

19 あくまでも総合的に考慮して判断されることになるため、たとえばメガバンクの事業規模が大きいこと、金融市場における地位が高いことのみをもって、優越的地位が認められることになるものではない。もっとも、だからといって濫用行為が法的に正当化されるわけではない。独占禁止法による規制の対象外となったとしても、不法行為による損害賠償の対象となる場合はあるだろうし、銀行でいえば業務の適切性（銀行法1条）の観点から行政処分や行政指導の対象となることはありうる。

と思われる。そういう意味で、金融機関としては、地位の優越性が認められる場合が多いことを踏まえたうえでの対応が必要と考えられる。

  (ウ) 要件②――要件①を利用した「**正常な商慣習に照らして不当**」な行為であること

　本ガイドラインによれば、「正常な商慣習」とは、公正な競争秩序の維持・促進の立場から是認されるものをいい、個別の事例ごとに判断されることになる。注意しなければならない点として、現に存在する商慣習に合致したとしても直ちに当該行為が法的に正当化されるものではない、ということがあげられる。

  (エ) 要件③――濫用行為

　現実の取引関係において、一方当事者の地位が他方当事者の地位に優越していること自体はよくみられる現象であるが、これを利用して具体的な行為がなされること自体が違法というものではなく、違法とされるのは、あくまでもこれを不当に利用することによって対等な取引関係ではあり得ないような取引条件や不利益な行為等を強制する場合である。本ガイドラインでは、独占禁止法2条9項5号イからハまでの行為類型ごとに濫用行為に該当する基準がそれぞれ示されているが、金融取引上特に注意しなければならないものと考えられる購入・利用強制については、「取引上の地位が相手方に優越している事業者が、取引の相手方に対し、当該取引に係る商品又は役務以外の商品又は役務の購入を要請する場合であって、当該取引の相手方が、それが事業遂行上必要としない商品若しくは役務であり、又はその購入を希望していないときであったとしても、今後の取引に与える影響を懸念して当該要請を受け入れざるを得ない場合には、正常な商慣習に照らして不当に不利益

20　なお、本文にあげた裁判例・審決例では、文面上は、地位の優越性そのものを判断するものではなく、より直截的に、優越的地位の濫用に該当するか否かを判断しているようにみえる。もっとも、裁判例や審決例において、地位の優越性に関する部分と濫用行為に関する部分とが別々に事実認定されていることや、本件部分が行為そのものではなく、その背景にある状況に関する事項であることからすれば、取引依存度や他の取引先（金融機関）の選択可能性の部分については、地位の優越性の有無を判断するための要素と解釈することが妥当と考える。

を与えることとなり、優越的地位の濫用として問題となる」とされている。

　近時の事例では、前掲・公正取引委員会平成17・12・26勧告審決において、銀行が融資先事業者に対して金利スワップの購入を提案し、それに応じない場合に、融資担当者に管理職を帯同させて重ねて要請し、購入しなければ通常の融資条件よりも不利な取扱いをする旨示唆したものとの事実認定を経たうえで、銀行が「融資先事業者に金利スワップの購入を余儀なくさせる行為を行っていること」として、結論として優越的地位の濫用に該当するものとしている。[21・22]

　このように、個々の金融取引における具体的な強制性の有無・程度が濫用行為の有無を判断するうえで重要な基準になると考えられる。

　なお、濫用行為とされるための前提として、条文に示されているとおり、独占禁止法2条9項5号各事由または同項6号ホ・一般指定13項の行為に該当することが必要となる。

　(オ)　要件④——公正競争阻害性

　公正競争阻害性については、不公正な取引方法一般に共通する要件と考えられており、多数説によれば、取引の諾否および取引条件について自由かつ自主的に判断することによって取引が行われるという自由競争基盤を侵害することに、優越的地位の濫用における公正競争阻害性が見出されるとされる。もっとも、この要件については、事実上、濫用行為と重複するものと考えられている。

21　前掲（注18）にも記載したとおり、審決例では、文面上は、地位の優越性や濫用行為等について分けて判断せず、より直截的に、優越的地位の濫用に該当するか否かを判断しているようにみえる。もっとも、「融資先事業者に金利スワップの購入を余儀なくさせる行為を行っていること」の部分（およびそのための事実認定部分）については、背景にある状況というよりも行為に関する側面であることから、濫用行為の有無を判断するための要素と解釈することが妥当と考える。

22　本件商品はオーバーヘッジとなる金利スワップであり、その商品性からしても融資先企業が進んで購入するような商品ではなかったこと（取引の内容面）、融資の資金決済が迫る中での金利スワップ契約の締結であったこと（取引の手続面）などを踏まえて判断しているように、優越的地位の濫用に該当するか否か（濫用行為に該当するか否か）においては、取引の内容面および手続面の双方に着目して考えることになろう。

なお、本ガイドラインによれば、公正な競争を阻害するおそれがあると認められやすい場合につき、「問題となる不利益の程度、行為の広がり等を考慮して、個別の事案ごとに判断することになる。例えば、①行為者が多数の取引の相手方に対して組織的に不利益を与える場合、②特定の取引の相手方に対してしか不利益を与えていないときであっても、その不利益の程度が強い、又はその行為を放置すれば他に波及するおそれがある場合」とされている。

(4) 実務上の指針

以上を踏まえ、金融取引上の実務指針を示す。

第1に、取引の手続面について検討すると、金融取引においては、取引先企業と融資契約が存在することが多いと思われるから、融資先における新たな金融商品の購入等については、融資契約とは全くの別物であることを示すことが考えられる。これらは金融商品購入要請の事例に限らない。[23]

第2に、取引の内容面について検討すると、取引先企業の意向に反するような商品購入要請や人事干渉は当然避けるべきであり、金融商品購入についてはニーズ外のものは金商法上の適合性原則の観点からも法的に問題があるし、人事干渉についてもあくまで債権保全の観点からのモニタリングが目的であることから必要最低限の範囲にとどめることが求められる。裁判例においては、自主性を損なう場合には濫用行為に該当すると判断されており、それも参考になる。

3 抱き合わせ販売

抱き合わせ販売とは、従たる商品役務の供給もあわせて行うことを条件として主たる商品役務の供給を行う取引であり、これが不当に行われた場合に、独占禁止法上の不公正な取引方法の一類型として違法とされる（同法2条9項6号ハ、一般指定10項）。たとえば、保険募集業務を行っている銀行等が、

---

[23] ただし、両建ての事例に関しては、他に合理的な理由がありそれが法令上正当化されるような場合でなければ、そもそも取引の内容面から問題がある。

住宅ローンの利用を希望する顧客に対し、当該銀行等の窓口で、自行の火災保険への加入申込みを条件であると勧誘し、顧客がこれを受けた場合に、この販売が不当であれば違法となる。

不当性（公正競争阻害性）については、一般的には、抱き合わせる主たる商品に十分な経済力が認められ、従たる商品を押し付けることができる場合に認められると考えられる。

抱き合わせ販売規制は、地位の優越性がグレーであり優越的地位の濫用が認定されにくい事例において、なお経済力の濫用が認められるような場合を捕捉する役割を担っているものとも考えることができる。

金融機関においては、地位の優越性がなければ問題ないと考えるのではなく、経済力の濫用そのものを控えることが求められている。

VI　取締役の責任

1　取締役の善管注意義務

(1)　総　説

会社と取締役との関係は委任に関する規定に従うとされ（会社法330条）、その結果、取締役は、株式会社に対し、委任の本旨に従い、善良なる管理者の注意をもって委任された事務を行わなければならない（善管注意義務。民法644条）。具体的には、取締役の善管注意義務は、業務執行の決定の場面、業務執行の監視・監督の場面、および内部統制システム構築の各場面においてそれぞれ問題となる。取締役がこれら義務に違反した場合、当該取締役は、会社や第三者に対し、それによって生じた損害を賠償する義務を負う（会社法423条、429条）。

以下、金融機関の取締役——とりわけ銀行取締役——に求められている善管注意義務について検討する。[24]

(2) 業務執行の決定の場面

(ア) 一般事業会社の取締役に求められる善管注意義務

業務執行の決定の場面における取締役の善管注意義務違反の有無を考えるうえでは、これまで経営判断原則が働くと考えられてきた[25]（たとえば、東京地判平成16・9・28判時1886号111頁）。その具体的内容については必ずしも一致がみられなかったところ、最判平成22・7・15判時2091号90頁は、事例判断であり、経営判断原則という表現を特段用いられていないものの、「決定の過程、内容に著しく不合理な点がない限り、……善管注意義務に違反するものではない」と判示し、具体的事案について、決定に至る調査、検討の不十分さを認めた原判決を破棄し、取締役の責任を否定している[26]。ここでは、文面からすると、判断決定の過程面を内容面よりも厳格に審査するという考え方は採用せず、過程と内容の双方について、「著しく不合理な点」の有無という緩やかな基準を採用しているものと考えられる。なお、東京地判平成25・2・28金判1416号38頁において同様の判断基準が用いられている。

このように、業務執行の決定の場面においては、取締役には一定の裁量が認められていることになる。もっとも、取締役は職務を行うに際しては法令を遵守しなければならない（会社法355条）ことから、裁量が認められるとしても、それは法令の範囲内において裁量が認められるということであり、法令違反行為に対しては前記のような判例の準則が働く余地はない。法令違反行為（会社に法令違反をさせるような業務執行の決定）がなされれば、「任務を怠ったとき」（同法423条）に該当する。なお、最判平成12・7・7民集54巻6

---

[24] 取締役の責任という意味では、会社に対する責任のほかに第三者に対する責任（会社法429条）の問題がある。本書では、会社に対する責任について説明する。

[25] 経営判断原則とは、取締役の経営判断が会社に損害をもたらす結果を生じさせたとしても、当該判断がその誠実性・合理性をある程度確保する一定の要件の下に行われた場合には、裁判所がその当否につき事後的に介入し、注意義務違反として取締役の責任を直ちに問うべきではない、という法理として説明されている（吉原和志「取締役の経営判断と株主代表訴訟」小林秀之＝近藤光男編『株主代表訴訟大系〔新版〕』80頁）。

[26] 松山昇平「アパマンショップ最高裁判決の位置付け」金法1962号36頁。経営判断過程と経営判断内容の審査基準に差を設けるか否かにおいて見解の一致がみられないとされる。

号1767頁によれば、ここでいう「法令」には、取締役の受任者としての義務を定める規定のみならず、会社法その他の法令中の会社を名宛人とし、会社がその業務を行うに際して遵守すべき規定も含まれる。

(イ) **銀行の取締役に求められる善管注意義務**

(A) 一般的準則──裁量の幅を狭める議論

　一般事業会社の取締役における善管注意義務違反の有無を判断するうえでの準則については以上のとおりと考えられるが、銀行取締役の場合も同様に考えられるのかについては見解が分かれている。

　まず、企業が経営判断をするにあたっては、株主利益最大化の観点から一定の範囲でリスクある判断が求められるところ、経営判断への事後的な介入が経営のプロではない裁判所によって安易に行われるとすれば、このようなリスクをもたらす判断に対して萎縮効果をもたらし、株主利益最大化の方向性と矛盾しうる。このことから前記準則（経営判断原則）が妥当しているところである[27]。そして、このことは銀行取締役であっても同様であることから、前記準則は少なくとも一定程度において銀行取締役の場合にもあてはまるものと考えられる。最判平成21・11・9刑集63巻9号1117頁も、「銀行の取締役が負うべき注意義務については、……いわゆる経営判断の原則が適用される余地がある」としている。

　一方で、少なくとも融資業務に関しては、銀行取締役の裁量の幅は一般の事業会社取締役のそれに比べて狭いものと考えられる。具体的には、前掲・最判平成21・11・9が示すとおり、「銀行業が広く預金者から資金を集め、これを原資として企業等に融資することを本質とする免許事業であること、銀行の取締役は金融取引の専門家であり、その知識経験を活用して融資業務を行うことが期待されていること、万一銀行経営が破たんし、あるいは危機にひんした場合には預金者及び融資先を始めとして社会一般に広範かつ深刻な混乱を生じさせること等を考慮すれば、融資業務に際して要求される銀行

27　前記のとおり、具体的準則については見解が分かれているが、取締役に一定の裁量を与えているという点では共通している。

の取締役の注意義務の程度は一般の株式会社取締役の場合に比べ高い水準のものであると解され、所論がいう経営判断の原則が適用される余地はそれだけ限定的なものにとどまる」ということになる。[28]

(B) 判　例

銀行取締役の融資における善管注意義務を扱った判例として、最判平成20・1・28判時1997号148頁があげられる。同事件は、北海道拓殖銀行（以下、「拓銀」という）が積極的な企業育成路線（インキュベーター路線）を採用し、それに合致する企業としてカブトデコムを認識しメインバンクとなっていたところ、カブトデコムが資金調達を目的として行った第三者割当増資において、新株を引受け予定であった関連会社に対して当該新株を担保として引受代金を融資したものである（いわゆる第1融資と呼ばれるもの）。裁判では、この融資が銀行取締役の善管注意義務に違反するかどうかが争われたものであるが、控訴審判決（札幌高判平成17・3・25判タ1261号258頁）が善管注意義務に違反しないとしたのに対し、最高裁判所は、銀行が特定の企業の財務内容、事業内容および経営者の資質等を十分に把握したうえで、成長の可能性があると合理的に判断される可能性のある企業に対して、不動産等の確実な担保がなくとも積極的に融資を行って経営を金融面から支援することは必ずしも一律に不合理な判断として否定されるものではないとしたうえで、しかし本件融資に際しては、以前にカブトデコムの財務内容の不透明さなどが報告されていたことや、融資に伴うリスクを回避する方策が図られていた形跡がないことを理由に、融資判断に合理性があったとはいえないとし、善管注意義務違反を認めた。

(C) 判例の検討

適切な融資にあたっての判断基準（審査要件）の1つに安全性の原則があ[29]

---

[28] 本件は融資（銀行の固有業務）における銀行取締役の善管注意義務について判示されたものであり、銀行の固有業務そのものではない場合においても同様に考えられるのかについては別の考え方もありうる。他方、免許事業であり経済の血脈という性質に着目すれば、一般的な事業会社の取締役と比較して裁量の幅は狭いとされる可能性もある。

る。安全性の原則とは、貸出金が確実に回収されることをいう（小山嘉昭『詳解銀行法〔全訂版〕』134頁）が、前掲・最判平成20・1・28が指摘しているとおり、不動産等の担保がない状況で融資を行うとしても、そのことから直ちに当該融資が（著しく）不合理であると判断されるものではない。私法上、担保はあくまでも信用補完であり、債務者の財務内容等から判断し償還能力に問題がない限り、無担保であることをもって直ちに安全性の原則に反するものとはいえないからである（現実に無担保の融資は存在する）。しかし、償還能力に問題があるならば、担保等による信用補完を通じて債権回収を可能とするなどの対応が必要と考えられる。ただし、ここで注意すべきは、担保があれば安全性の原則に抵触しないというものではなく、融資先の信用力（償還能力）との関係で、債権回収を可能とする（信用補完）という意味での価値ある担保をとることが必要と考えられるということである。

本件では、融資にあたって担保を受け入れていたものの、安全性の原則の観点から問題があったものと考えられる。すなわち、本件では、関連会社に対する債権の回収はカブトデコムの業況に影響を受けるものであったことが想定され、一方で、担保であったカブトデコムの株式の価値もカブトデコムの業況に影響を受けるものであった。このため、債権回収の懸念と担保価値の下落がほぼ同時に起こりうるものであり、担保が信用補完という本来の役割を果たさないものであることが状況から明らかであったことを示すものであったと考えられる（担保としての本来的機能（信用補完機能）が低かったものと考えられ、実質的に無担保に近いものであったと考えられる）。前記のとおり、債務者の財務内容からして償還能力に問題がない限り、無担保融資の決定が一律に取締役の善管注意義務違反となるものではない。本件では、債権回収

---

29 銀行の経営そのものには健全性が求められる（たとえば銀行法1条）が、これを果たすためには、資産運用の安全性を確保しながら、資産の効率的運用により適正な収益を図り、内部留保を充実させ、自己資本を充実させる必要がある。これらを踏まえ、通常の銀行取締役が融資の判断に際して拠り所とすべき具体的な基準として、「公共性の原則」「安全性の原則」「収益性の原則」「成長性の原則」があるされる（中原利明「融資の基本原則」金法1846号6頁）。銀行取締役の融資における善管注意義務を考えるうえでは、これら融資原則にかなっているかを具体的に検討する必要がある。

の要となるカブトデコムの信用面につき不透明な点があったにもかかわらずこれを調査せずに前記のようなスキームを採用したという点で、貸出金が確実に回収されることに懸念があったにもかかわらず、それを適切な方法によって信用補完も行わず、結果として債権回収を不可能せしめたものとして、安全性の原則の観点から問題があったものと考えられる。

(3) 業務執行の監視・監督の場面

取締役会は取締役の職務の執行を監督する（会社法362条2項2号）ことから、個々の取締役は、代表取締役らによる業務執行一般について監督する職務を有するとされ、その対象は取締役会に上程された事項に限られない（最判昭和48・5・22民集27巻5号655頁）。

(4) 内部統制システム構築の場面

業務執行権限を有する取締役は、自らが指揮監督する下位の取締役や従業員による活動および法令遵守の有無を監督する義務を負うと考えられている。しかし、上場会社等の大規模会社においては、取締役が個々の従業員を指導監督することは困難であるし現実的ではないため、取締役は、監督業務の一態様として、内部統制システム構築義務を負うと考えられている（大阪地判平成12・9・20判時1721号3頁、最判平成21・7・9判時2055号147頁）。具体的には、①取締役が適切な内部統制システムを構築していたかどうか、②構築された内部統制システムの中で、取締役がそれを機能させるべく職務を行っていたか否かが問題とされることになる。前者に関しては、争いはあるものの、取締役には少なくとも一定の裁量が働くものと考えられる。後者に関しては、信頼の原則[30]が働くものと考えられている。たとえば、東京地判平成14・7・18判時1794号131頁では、信頼の原則が明示的に示されて取締役の善管注意義務違反が否定されている。

(5) 責任の限定

まず、取締役の責任は、総株主の同意があれば免除することができる（会

---

[30] 取締役が、その職務の一部を他の者に委ねることができ、その者の行為に特に疑いを差し挟むべき特段の事情がない限りは、信頼することができるという法理をいう。

社法424条)。総株主とされているのは、単独株主権に基づき株主代表訴訟を行うことができることとの整合性からくるものである。次いで、一部免除の方法として3つあり、株主総会決議による軽減(同法425条)、取締役会決議による軽減(同法426条)、責任限定契約による軽減(同法427条)がある。その他、訴訟になった場合には訴訟上の和解が考えられるし、上場会社においては、会社役員賠償責任保険が普及しており、実質的にはこれにより免除と同様の効果が得られる場合がある。

2 株主代表訴訟

(1) 総説

取締役が任務懈怠により会社に損害を生じさせた場合には、会社は取締役に対して損害賠償請求権を有する(会社法423条)。この取締役に対する責任追及は、本来は会社がなすべきものであり、訴えを提起する場合には監査役設置会社の場合には監査役が会社を代表する(同法386条1項)。しかし、実際には企業内における同僚意識などから会社が責任追及を怠ることがあり得、この場合に備え、会社法は、個々の株主に取締役の責任追及の訴えを提起することを認めている(単独株主権)。この訴訟を株主代表訴訟という(同法847条)。

(2) 金融機関における株主代表訴訟

銀行取締役に対しても、上記株主代表訴訟の制度はもちろん排除されないが、たとえば持株会社を設立し、銀行がその完全子会社となっている場合においては、子会社たる銀行の株主は親会社である持株会社のみであるから、株主代表訴訟といっても、従来は親会社が提起するかどうかの問題であった。この場合、親会社によって提訴が期待されない場合に、親会社の株主が提訴できないものと考えられてきたが、平成26年の会社法改正(公布の日から起算して1年6カ月を超えない範囲内において政令で定める日(平成27年5月1日)に施行)により、一定の要件の下で、子会社の役員等の責任を追及することができるようになった。

Ⅶ　役職員の責任

1　民事責任

(1)　責任の主体

　民事責任としては、主として債務不履行責任と不法行為責任が考えられる。金融機関の役職員の行為がさまざまな場面でこれら民事責任を生じさせる可能性があることは、これまでに記載したとおりである。もっとも、金融取引の契約締結主体はあくまでも金融機関であるから、債務不履行責任が問題となるとき、その責任の主体は基本的に金融機関である。金融機関の役職員が直接に責任を負う場合としては、たとえば浮貸しをするなどにより顧客に損害を生じさせたことにつき不法行為に基づく損害賠償責任を負う場合などが考えられる[31]（なお、この場合には、金融機関は使用者責任（民法715条）を負う可能性がある）。

(2)　その他

　その他、金融取引特有の問題ではないが、金融機関の役職員がセクシュアル・ハラスメントやパワー・ハラスメントをした場合には、不法行為に基づく損害賠償責任を直接負うことになる。

2　刑事責任

(1)　総　説

　金融機関の役職員が関与する形で行われる金融犯罪は、大きく、受信業務（預金業務）に関するものと与信業務（貸付業務）に関するものとに分けられる。また、多くの金融機関は株式会社の形態をとっているため、会社法の規律も及ぶ。このうち、受信業務に関してはマネー・ローンダリングへの関与

---

[31]　なお、取締役等役員等については、以下に説明するものとは別に会社法上直接責任を負う場合があるが、これは前記のとおりである。

等があげられ、与信業務においては不良貸付けにおける（特別）背任罪、浮貸し、預合い等があげられ、会社法上は利益供与が問題となる。なお、銀行法や金商法においても、一定の罰則規定が設けられている。

本書においては、金融取引において問題となりやすい背任罪、浮貸し、融資による犯罪への幇助、利益供与について説明する。

(2) 不良貸付けと（特別）背任罪

金融機関の役職員が犯しやすい犯罪として、融資に関連した背任罪（刑法247条）、特別背任罪（会社法960条）があげられる。具体的には、たとえば、回収に困難が予想されることを承知のうえで融資を行い、結果として貸付金を回収できないような場合などが考えられる（近時問題となったものとして、前掲・最判平成21・11・9がある）。

刑法247条によれば、「他人のためにその事務を処理する者」が、「自己若しくは第三者の利益を図りまたは本人に損害を加える目的」で、「その任務に背く行為」をし、「本人に財産上の損害を加えたとき」に5年以下の懲役または50万円以下の罰金に処せられる。特別背任罪（会社法960条）は、会社法上特別の身分を有する者（金融機関の場合は、取締役等のほか、本部の部長、支店長等、融資や投資等事項につき決定権限を有する者）が上記構成要件に該当する行為をした場合につき成立するものであり、10年以下の懲役もしくは1000万円以下の罰金に処せられ、または併科される。

任務違背の要件については、現在の多数説である背信説によれば、誠実な事務処理者としてなすべきものと法的に期待されるところに反する行為をいう。任務違背の有無は、一般的には、個々の事務内容、事務処理者の地位や権限、行為当時の状況等を勘案して判断されるものであるが、不正融資との関係でいえば、少なくとも内部の諸手続に従って対応していれば、本人たる金融機関との関係で、法的な期待に反した行為にはあたらないものと考えられるから、通常は当該構成要件を充足しないものと考えられる。もっとも、形式的には諸手続を遵守していても実質的に潜脱しているような場合は別と考えられる。

図利加害目的については、融資取引との関係で問題となる典型的な例としては、回収見込みのない不正融資を通じてリベートをもらうことなどがあげられる。この例においては、自らの利益を図ることを積極的な目的としているため、素直に図利目的を認めることができる。もっとも、最決昭和63・11・21刑集42巻9号1251頁は、図利加害目的について、上記典型例のような意欲ないし積極的認容までは不要と考えているし、本人たる金融機関の図利目的も含まれる（併存する）場合には、どのように考えるべきなのか、条文上は明らかではない。この点につき、最判平成10・11・25刑集52巻8号570頁は、銀行と親密な関係にあったクラブが遊休資産売却により経営危機を脱しようと考え、当該遊休資産の購入を考えていた者に対して、十分な担保がないにもかかわらず融資を実行した点につき、本件融資に際し、当該クラブが募集していたレジャークラブ会員権の預り保証金の償還資金を同クラブに確保させることにより、ひいては当該クラブと密接な関係にある銀行の利益を図るという動機があったとしても、同資金の確保のために銀行にとって極めて問題の大きい当該融資を実行しなければならない必要性、緊急性は認められないことに照らせば、銀行の利益を図るという動機は本件融資における決定的なものではなく、クラブや買付者の利益を図る目的であったものとしている。本決定は事例判決ではあるが、本人たる金融機関への図利目的があったとしても、それが決定的なものでなく、第三者に対する図利目的がある場合には、図利加害目的の要件を満たす可能性があることを示しているものと考えられる。そしてこれは、近時の有力説である、財産上の損害が生じる認識があったとしても、もっぱら本人の利益を図る動機であった場合には、図利加害目的に欠くと考える消極的動機説に親和的と考えられる。なお、前掲・最決昭和63・11・21が、顧客に対して過振りをしていた銀行支店長が、回収不能のおそれが生じた後にも、実態が本部に発覚し自己の面目が失墜することを防止するために、これを継続した事案につき、背任罪を肯定している。図利加害目的は犯罪の動機としても位置づけられるものであることからすれば、利益内容を財産上の利益に限定する必然性はなく、同決定が示すよ

うに、身分上の利益も含むものと考えられる。

　(3)　浮貸し等

　浮貸し等とは、金融機関の役職員が、その地位を利用して、自己または当該金融機関以外の第三者の利益を図るため、金銭の貸付け、金銭の貸借の媒介または債務の保証を行うことであり、出資法3条によって規制されているものである。これに違反した場合には、3年以下の懲役もしくは300万円以下の罰金に処され、または併科される（同法8条3項1号）。浮貸し禁止の趣旨は、最決平成11・7・6金法1562号91頁によれば、「そのような行為が、当該金融機関の信用を失墜させ、ひいては一般預金者大衆に不慮の損害を被らせるおそれがあるため、これを取り締まろうとする点にある」。

　本罪の構成要件は、「金融機関の役職員」が「その地位を利用」し、「自己または当該金融機関以外の第三者の利益を図るため」、「金銭の貸付け、金銭の貸借の媒介または債務の保証」をすることである。このうち解釈上特に問題となるのが、地位の利用と目的である。

　第1に、法務省参事官「『出資の受入れ、預り金及び金利等の取締りに関する法律』等の解説」刑事裁判資料101号872頁によれば、地位の利用とは、金融機関の役職員なるがゆえに特に便宜かつ有利な立場を利用し、当該金融機関の業務の遂行としてではなく、自己の行為として自己の計算においてすることと考えられている。最決平成11・7・16金法1562号91頁も、「業務の遂行としてではなく、自己の責任と計算において行うものであることを要する」とし、同様の見解に立っていると考えられる。具体的にみてみると、「金銭の貸付け」においては、当該金融機関から金銭の貸付けを受けようと申し込んできた者に対し、自己所有の金銭を貸し付けることなどが考えられる。「金銭の貸借の媒介」においては、金融機関の窓口に預金に来た者に有利な貸付先があるとして適当な借受先を紹介することが考えられる。「債務の保証」においては、金融機関の役職員の肩書を利用し、自己個人としての債務の保証であるにもかかわらず、あたかも当該金融機関の保証があったのと紛らわしい外形的行為をすることなどが考えられている。

第2に、目的については、自己の利益を図るためと第三者に利益を図るためとがある。前者は、行為者自身が利息、媒介手数料、保証料等を得る場合などであり、後者は、融資先に融資の利益を得させることなどである。利益については、財産上の利益に限定されるものではなく、株取引についてのインサイダー情報の提供を受けることや、他企業に有利な地位で受け入れられる、金融機関内での自己の地位の保全や向上を図るなど、背任罪と同様に身分上の利益も含むものと考えられる。

　なお、具体的事例につき、当該浮貸しが刑法上の業務上横領罪や背任罪に該当する場合には、本罪は適用されない（出資法8条4項）。

　(4)　融資による犯罪の幇助

　金融機関の業務の1つとして与信業務があげられるが、与信が犯罪行為の幇助となることも考えられる。

　金融機関の支店長による与信が犯罪として罰せられた事例として、大阪高判平成7・7・7判時1563号147頁があげられる。同事件は、金融機関の支店長が、個室付浴場に融資した行為が、売春防止法13条の定める、情を知ったうえでの売春に要する資金の提供に該当するとしたものである。本罪は、刑法62条でいうところの幇助犯としてではなく、特別法として処罰を可能とするものであるが、このような特別規定がないとしても、刑法62条の要件を満たす限り、与信行為が犯罪の幇助にあたるとして、当該与信に関与した者が処罰されることは考えうる。

　(5)　利益供与

　会社法上特別の身分を有する者（金融機関の場合は、取締役等のほか、本部の部長、支店長等、融資や投資等事項につき決定権限を有する者）が株主の権利の行使に関し、当該株式会社またはその子会社の計算において財産上の利益を供与した場合には、3年以下の懲役または300万円以下の罰金に処せられる（会社法970条1項）。本罪は、総会屋に対する利益供与の防止を主眼として制定されたものであるが、取締役等の会社役員が利益を供与する罪を基本としているように、立法趣旨は、会社資金が総会屋等に流出することを防止

することによって、会社運営の健全性を確保することにある。

「株主の権利の行使」とは、共益権の行使が多いものとは思われるが、別にこれに限定する必然性はなく、株主として行使できるすべてに及ぶと考えられるし、上記立法趣旨からすれば、不行使の場合も当然に含まれると考えられる。

「当該株式会社またはその子会社の計算において」とは、利益供与による出捐や損失が当該会社や子会社の損益に帰属することである。「計算」とあるように、名義の如何を問わないものである。

「利益の供与」とは、財産上の利益を授与することであり、単なる申込み等はここには含まれないと考えられる。金融取引との関係でいえば、保証や担保提供なども含まれると考えられる。

第2章　自然人との取引

I　本人確認

1　本人確認の意義

(1)　人の能力

　(ア)　人の能力の種類とその確認

　金融取引の相手方となるのは「人」であるが、法律上「人」には、個人（自然人）と法人がある。金融取引を行う場合には、一般的には権利能力、行為能力、意思能力があるうえで、具体的な取引を行う意思が必要である。権利能力とは権利を取得したり、義務を負ったりすることができ、権利・義務の主体となれる能力であり、行為能力とは契約等の法律行為を単独で有効に行える法的な能力、つまり自分だけで権利を取得したり、義務を負担したりできる能力である。また、意思能力とは具体的な取引の意味・内容を理解する能力である。権利能力は一般的に認められるものの、行為能力については制限がある場合もあり、またそうした制限がない場合でも、本人以外の者が本人のため代理人として法律行為等を行うことがあるため、実際の行為者と権利・義務の帰属者が異なることがある。

　個人との取引において、相手方が行為能力を有していることの確認は重要で、銀行取引の相手方には、行為能力および権利能力が備わっていなければならない。個人の場合、出生と同時に権利能力を取得し、死亡と同時にそれを失う。また行為能力は、制限行為能力者を除くすべての自然人に与えられる。現行法における制限行為能力者は、未成年者、成年被後見人、被保佐人、

被補助人で、相手方の善意悪意を問わず、本人が意思無能力者であればその法律行為は無効となり、制限行為能力者が単独でなした行為であれば取り消されることがある。取り消された行為は初めに遡って無効とされるが、制限行為能力者のなした行為については、それにより現に利益を受けている限度で返還の義務を負うものとされている（民法121条ただし書）。この「現に利益を受けている限度」とは、現存利益といわれ、浪費したときのように利益が現時点で残っていないときは返還義務を免れるということである。したがって、貸出の場合、相手方が制限行為能力者のために法律行為が取り消された場合、すでに融資された金銭については本人が現に利益を受けている範囲の限度で返還すればよいので、金融機関としては融資金額全額の返還を求めることが困難となる。

　　(イ)　**制限行為能力者等の確認方法**

　未成年者についての確認は住民票、印鑑証明書、運転免許証、パスポート等に記載された生年月日で行い、戸籍謄本により、婚姻の有無、親権者、未成年後見人または未成年後見監督人を確認する。成年被後見人、被保佐人、被補助人については平成12年4月1日からスタートした成年後見制度に基づく登記事項証明書（登記されていないことの証明を含む）で、制限行為能力者であること、成年後見人、保佐人、補助人等の住所・氏名、保佐人・補助人等の代理権、同意権の内容を確認する。また後見・保佐・補助開始の審判書および確定証明書による確認もできる。なお、登記事項証明書の交付請求は、制限行為能力者本人、成年後見人等、成年後見監督人等、配偶者、4親等内の親族などに限られている。ただし、仮に「登記されていないことの証明」の提示があったとしても、直接本人と面談して行為能力を確認するという原則は守るべきである。特に、リスク性商品の取引や与信取引の場合には慎重な確認が必要である。相手方が任意後見制度による任意後見契約を締結している場合にも、成年後見登記制度に基づく登記内容を登記事項証明書によって確認し、委任事務の中に借入れに関する事項が含まれているときには、任意後見人を代理人として取引をする必要がある。

(2) 犯罪収益移転防止法

　個人との取引の場合、テロ資金供与防止、マネー・ローンダリング防止の関係から、本人確認のうえで、本名で取引を行うのが原則である。平成13年9月の米国での「同時多発テロ」を契機にテロ資金対策が重要課題となり、平成13年10月30日に「テロリズムに対する資本供与の防止に関する国際条約」に日本も署名し、法律の整備を行うことになった。

　マネー・ローンダリングとは、資金洗浄、すなわち、麻薬取引等の犯罪行為により違法に収受した資金を金融機関の口座を経由させることで、資金移動を行い、正当な取引で得た資金のような概観を有し、その出所や真の所有者をわからなくする行為をいい、このような行為が放置されると正常な経済活動に悪影響を及ぼすおそれがある。

　この対策として、平成12年2月に「組織的な犯罪の処罰及び犯罪収益の規制等に関する法律」（組織的犯罪処罰法）が施行され、同法による疑わしい取引の届出が行われていた。従来、金融機関の本人確認は、平成2年6月の大蔵省通達により本人確認手続を行うことについて指導がなされ、平成4年7月には厳格な手続となり、さらに平成12年12月には銀行業界の自主ルールとして全銀協ガイドラインに従って、新規取引などの一定の場合に行われていたが、平成15年1月に「金融機関等による顧客等の本人確認等に関する法律」（本人確認法）が施行された。この法律は金融機関が顧客の本人確認および取引記録の保存等の顧客管理体制の整備を厳格に行うことで、テロ資金供与の防止やマネー・ローンダリング防止をすることを目的としている。その後、本人確認法と組織的犯罪処罰法の疑わしい取引の届出義務が「犯罪収益移転防止法」に改組され、平成20年3月から施行されていたが、平成23年4月に法改正され、平成25年4月1日から改正後の犯罪収益移転防止法が施行されている。改正後の同法では、金融機関を含む特定事業者と取引を行う者（顧客）は、氏名、住居、生年月日といった本人を特定する事項のほか、取引を行う目的、職業、事業内容などの確認事項について偽ってはならないとされている（犯罪収益移転防止法4条6項）。改正前の本人確認（本人特定事項

の確認)に、その他の確認事項が追加されたことから、一定の取引に際して行う確認を「取引時確認」、確認をした際に作成する記録を「確認記録」ということとしている。

(3) 架空名義

犯罪収益移転防止法により、金融機関には取引時確認義務があり、預金取引開始時には、本人特定事項(住所、氏名、生年月日)を確認しなければならない(同法4条)。したがって、実在しない氏名や名称での預金口座を開設することはできない(いわゆる「通称」の場合は除く。後記2(1)(ア)参照)。

以下、架空名義預金が発覚した場合の対応を解説する。

(ア) 預金者の確認

既存の口座について、架空名義預金であることが判明した場合には、慎重に預金者の認定および犯罪収益移転防止法の本人確認を行い、預金者の名義に変更させたうえで、その者と以後の取引を行わなければならない。

銀行は原則として、いったん本人確認を行えば、以後の取引にあたっては本人確認済みの顧客であることを確認すればよいが、顧客が本人特定事項を偽っていた、または取引相手が口座名義人になりすましている疑いが生じた場合は、取引にあたり、あらためて本人確認を行う必要がある(犯罪収益移転防止法4条、同法施行令12条1項)。

誰が真の預金者か確知できない状況となる一方で、単に通帳・届出印の所持人に支払っただけでは銀行は免責されないおそれがある。

(イ) 正当な権利者が確知できない場合

架空名義口座について、複数の者が権利者であると主張する場合、銀行としては証書(通帳)および届出印鑑の所持者、口座開設の経緯、従来の取引状況等から判断して処理すべきであるが、正当な権利者の判断が困難な場合には、当事者から提起される訴訟の結果を待って正当な権利者に支払うという方法をとらざるを得ないこともある。

(ウ) 強制執行を受けた場合

差押債権として、「AがB名義で預け入れている預金」と表示されていれ

ば有効であるが、架空名義の表示がないと、真実Bの預金があっても、差押命令なり転付命令は無効であるとする判例がある（名古屋高判昭和28・3・19高民集6巻2号68頁）。

　　(エ)　相続発生の場合

　架空名義預金の預入者が死亡し、相続人からその旨の申出があったときは、証書（通帳）を提示させて、預入時の預金者、預入期間、書換継続の状況などについてヒアリングのうえ、被相続人が正当な権利者であると判定できてから相続手続をとる必要がある。正当な権利者の判断が困難な場合は、訴訟の結果を待って、裁判所の判断により正当な権利者に支払う方法も考えられる。

　　(オ)　預金取引停止・口座解約

　架空名義預金であり、さらに犯罪等に利用されていることが判明した場合、預金者が認定できたか否かにかかわらず、預金取引規定において「公序良俗に反した利用がされた場合またはそのおそれがあると認められる場合は取引の停止や口座解約をすることができる」と定められていれば、その手続も検討する。ただし、預金残高がある場合の金員の返却は、正当な払戻権限のある者、つまり真の預金者に行う必要があるので、慎重に対応すべきである。

　　(カ)　架空名義での貸出取引

　架空名義の取引とは、取引当事者が自己を秘匿する目的で、架空名義を使用して行う取引のことである。架空名義での取引申込みは、申込人が何らかの脱法行為を目的とする場合も多く、事故があったときは貸出取引そのものが無効となるおそれがあり、また銀行が脱法行為に加担することにもなるので、このような取引に応じることはできない。

　貸出取引でも、取引申込人がその人本人であることの確認を行わなければならない。貸出契約が有効に成立するためには、取引申込人が実在し、本人に権利能力と意思能力があり、その行為自体が適法であることが必要である。また既存貸出しにつき、架空名義取引であることが判明した場合は、貸出実行時やその後の債権管理等に関する事実関係の調査・確認を至急に行い、直

ちに本人名義に変更するか、融資を回収する措置をとるべきである。なお、担保や保証がある場合は、その有効性についても疑義が生ずる可能性も大きくなるので、慎重に対応する必要がある。

2 口座名義

(1) 通称・商号・屋号

㋐ 通　称

　通称とは、世間一般に通用する呼称である。銀行が顧客から、顧客自身の公簿上の正式な名称でなく、通称によって取引をしたい旨の申出を受けることがある。通称による取引は、具体的には取引関係書類（約定書、担保差入証、手形等）の通称による署名の問題としてとらえられる。

　判例は、手形行為者が手形に記載する氏名または商号は、本人の呼称であることが知られている限り、通称でもよいとする。大判明治39・10・4民録12輯1203頁は、要旨「手形行為ヲ為スモノカ其手形ニ記載スル氏名又ハ商号ハ必ス公簿上ノモノニ限ルヘキ理由ナケレハ氏名若クハ商号ノ形体ヲ具フルモノニシテ本人ノ慣用ニヨリ知人又ハ隣佑間其称呼ナルコトヲ知了セル場合ニハ所謂通称ハ勿論雅号ト雖モ亦手形方式上ノ氏名若シクハ商号タルニ妨ナキモノトス」とし、最判昭和44・1・30判時548号96頁は、要旨「有限会社カネ一松尾自転車商会は、同社が取引上自己を表す名称として使用している有限会社松尾商会なる名称を用いて振り出した約束手形につき、振出人として支払いの責に任ずべきものである」としている。

　学説は、署名または記名に用いる氏名または商号は必ずしも公簿上のものに限らず、当事者の表示を明確にするものならば足りるとして通称による署名の有効性を認めている。厳格な方式を要求される手形ではあるが、その署名は行為者の同一性を確認するための方法であるから、署名者本人を特定するに足りるものであれば十分とされるのである。一般の取引においても、約定書類の署名は行為者の同一性を確認する手段であることに変わりはない。したがって、行為者本人を特定するに足りる名称であれば、公簿上の名称に

限らず、通称であっても差し支えないが、登記・登録手続が絡む場合は、スムーズに手続が進行しない懸念もあるので、抵当権設定などは、公簿上の名称で取引してもらうべきである。

　通称による取引は有効であるが、銀行としては、このような取引は公簿上の氏名による取引に比べて安全とはいえない。通称は、それを公証する形式的資料は皆無であって、本人の慣用によって知人、取引関係者に本人の名称として広く知られているという事実上のものであるから、通称と認めて取引を行うことは、印鑑登録証明の方法もなく、偽造等の不正行為の入り込む余地が多くなる。銀行は、犯罪収益移転防止法による本人確認を実施した氏名・名称での取引を行うことが原則であり、通称名での取引は避けるべきであるが、通称名が広く知られている等の合理的な理由があるときには、やむを得ず通称名での取引を行うこともできる。その場合でも、実際の氏名で犯罪収益移転防止法における本人確認を行うことが必要であり、確認記録には、通称名、および通称名での取引を行う理由も記載しなければならない。通称による取引にあたっては、その名称が真の意味の通称であるかどうかの確認を慎重に行い、本人の公簿上の名称による署名を併記し、またはその旨の念書を徴するなどして、本人の通称である旨の保証を得ることが必要である。本人が通称名で取引している場合にも、権利義務の主体は本人に帰属する。そのため、本人が、その「○○（通称）こと◇◇（本人）」を利用することを明らかにして、本人で取引する場合と同じような効果を生ずるようにしなければならない。

　(イ)　**商号による取引**

　商号とは、商人の営業上に自己を表示する名称のことである。商号は取引の相手方の信用を測る目安となる。長年使用することによって、商号そのものに価値が発生することもある。

　商号は、文字で表現され、かつ発音できる名称であればよいが、一定の制限は存在する。その制限とは、商号の登記は、その商号が他人のすでに登記した商号と同一であり、かつその営業所の所在場所が当該他人の商号の登記

に係る営業所の所在場所と同一であるときは、することができない（商業登記法27条）。したがって、住所が少しでも異なれば、すでに存在する会社と全く同一商号・同一事業目的の会社であっても設立・登記ができるようになったので、取引等における相手方会社の確認・特定には慎重な対応が必要である。

会社は、株式会社、合名会社、合資会社または合同会社の種類に従い、それぞれその商号中に株式会社、合名会社、合資会社または合同会社という文字を用いなければならない。会社は、その商号中に、他の種類の会社であると誤認されるおそれのある文字を用いてはならない（会社法6条）。そして、会社でない者は、その名称または商号中に、会社であると誤認されるおそれのある文字を用いてはならない（同法7条）。また、不正の目的をもって、他の会社であると誤認されるおそれのある名称または商号を使用してはならない（同法8条）。会社は必ず商号を登記しなければならない（同法49条・579条・911条3項・912条・913条）。個人は商号を登記する義務はないが、商号が登記されている場合は、商号登記簿に商号、営業の種類、営業所、商号使用者本人の氏名および住所が登記されるので（商業登記法28条）、商号を使用する個人につき登記事項証明書、登記簿謄本・抄本と印鑑登録証明書等を徴求し、確認のうえ取引する。

商号が登記されていない場合は、商号使用について公証するものがないので、個人としての一般的確認手続をとったうえで、その個人から商号を付した取引名義を届出させて、関連を明確にして取引を行う。住所と営業所とが別である場合は、営業所について訪問などにより実際に確かめる必要もあり、商号使用の実情について調べ、商号使用者個人の特定に支障のないよう注意する必要がある。

　　(ウ) **屋号による取引**

屋号での取引については、顧客が「屋号」を使用することを明らかにして取引をするものであり、金融機関としては、本人名で取引したのと同様の取扱いを行う必要がある。屋号と本人との関係を明確にするため、「○○（屋

号）こと○○（本名）」の名義で取り扱ったり、「屋号使用届」等の書類の提出を受けて口座を作成するなどの取扱いを行う必要がある。犯罪収益移転防止法では、「顧客等が自己の氏名及び名称と異なる名義を取引に用いるときは、当該名義並びに顧客等が自己の氏名及び名称と異なる名義を用いる理由」を「本人確認記録」に記録することが要求されている（同法施行規則17条1項21号）。これは資金トレースという観点から、口座等の名義が本名であるかどうかではなく、口座等の名義が本人確認記録上に残っている個人情報と顧客の実際の個人情報とが同一であることが重要と考えられたためである。

(2) 連　名

(ア) 連名預金

　預金は通常1人の名義でするのが普通であるが、複数名義ですることがある（遺産分割協議の成立まで、共同相続人でする連名預金など）。2人以上の者が連名で1つの預金口座を有することは、銀行に対して預金債権を当事者らが共有しているということである。

　民法は、多数当事者の債権債務関係は分割債権および分割債務につき、「別段の意思表示がないときは、各債権者又は各債務者は、それぞれ等しい割合で権利を有し、又は義務を負う」（同法427条）と規定している。預金債権については、当事者各人は単独でその持分を銀行に請求する権利がある。一方、不可分債権については、「債権の目的がその性質上又は当事者の意思表示によって不可分である場合において、数人の債権者があるときは、各債権者はすべての債権者のために履行を請求し、債務者はすべての債権者のために各債権者に対して履行をすることができる」（同法428条）とあり、当事者の1人が単独で全額の払戻しを請求してくるかもしれない。また、預金の資金出捐の原因関係から当然に預金は合有関係にあるとして、分割債権関係が認められない場合もある。連名の預金口座でありながら各自から単独で払戻請求を受けることは、紛争に巻き込まれるおそれもあるし、連名にした目的にも反することになる。銀行がその出捐者が誰かを特定することは難しい

し、出捐した金額の割合等については、全員の協力がなければ判定することは不可能であり、このような紛争の当事者となりかねない連名預金の受入れは極力回避するほうがよい。

　(イ)　口座開設の注意点

　口座開設の申出を受ける場合には、犯罪収益移転防止法の本人確認を各自につき行い、印鑑届は連名で各自のものを差し出させる。当事者間に協定書のようなものがあればこれを確認するとともに、念書を徴求する。主な内容としては、

① 預金払戻請求書には必ず全当事者が連署捺印し、全員の連名でなければ行えないこと（つまり、単独での払戻請求はできないこと）
② 全員の届出印が押捺してある限り、いずれか単独で証書（通帳）と請求書を提出した場合、銀行は払戻しに応じ、この払戻しに対し各自異議を申し立てないこと
③ どのような事情が起こっても各自およびその承継人は預金の分割請求その他単独による請求はしないこと
④ 銀行が連名預金を当事者の1人が全額につき処分権限あるものとみなして相殺その他の処理をしても、各自は何ら異議のないこと

等の趣旨を特約させ、その写しを当事者各自に渡しておく必要がある。

　①～③は、この場合の法律関係が普通の債権共有とは異なり、任意組合財産の「共有」（民法668条）のように、分割請求の不許（同法676条2項）、持分権処分の不対抗（同条1項）等の特色を有する、いわゆる「合有」である旨を預金者に明確に認識させるためである。もっとも判例は、容易にこの合有関係を認めない。

　(ウ)　連名預金の差押え・相殺・相続の場合

　連名預金当事者各自の債権者がこの預金上の持分を差し押さえた場合は、将来これら当事者間で分割が決まって分割債権となったときの各人の預金の上に差押えの効力が及ぶと考えられるが、差押え・転付の時点では預金を分割できないことの特約をもって対抗すべきである。連名預金を連名者間の組

合契約に基づく組合財産であって、各連名者は組合員として預金を合有するものであると解するときは、組合員の持分が組合契約により譲渡可能とされている場合でなければ差押えも不可能と考えられる。

　最判昭和62・12・17金法1189号27頁の事案では、A社とその店舗建物所有者B社との連名預金についてB社の債権者CがB社の預金持分として2分の1を差し押さえてきたケースにおいて、判決は、この預金はB社が建物を完成しA社がこれを賃借した場合の予約証拠金であるからA社・B社の合有であって、Cの差押えは無効であるとした。

　銀行が連名預金の当事者いずれかに債権を有し預金と相殺する場合は、前記(イ)の念書④の趣旨で相殺は可能としても、民法の規定により各自平等に持分を有するものとしてその範囲内で取り扱うのが妥当である。連名預金当事者間の持分の譲受けは銀行に対抗できないし、その相続人もこのような条件付預金を相続したものであるからやはり分割請求はできない。連名預金の担保権設定にあたっては、連名でその全額について担保差入れをさせる必要がある。

　　(エ)　連名による貸出取引

　2名以上の債務者に連名で貸し付ける場合、特別な意思表示がなければ各債務者は平等の割合での債務を負担することとなるので（民法427条）、各人に単独で貸し付けたのと同じく、各人の資力によっては全額の回収に支障を生ずることも考えられ不安である。そこで、連帯債務にしておけば（商行為による債務の場合には商法511条1項により当然連帯債務となる）、各人が独立して全額の債務を負担し、銀行は1人に対してのみ全額を請求することもできるし、全員に対して同時に全額を請求することも、また順次に全額または一部請求することもできるので（民法432条）、実質的に各人が相互に他の者の債務を保証したのと同様の関係になり、債権保全上有利になる。

　一方、欠点としては、

①　1人に対する時効の中断は請求の場合を除き他の債務者に効力が及ばない。

② 1人に対して債務を免除すればその負担部分について他の債務者も債務を免れる。
③ 債権を譲渡する場合は全員に対する通知、承諾により対抗要件を備える必要がある。
④ 貸付け後に1人に対し契約条件を変更しても他の債務者に影響がない。

などの問題があり、銀行は常に債務者全員を相手として交渉しなければならず、貸金管理上負担となる。これらの煩雑さを避ける趣旨で、取引状況によっては、1人を主債務者とし、他を連帯保証人として貸付けを行うのも1つの方法である。連帯債務の貸出取引にあたっては、約定書に全員連署捺印させる。各人の印鑑登録証明書の提出を求め、それぞれの借入意思を確認する。手形貸付けの場合は共同振出人として手形の振出人欄に連署させるが、この署名は手形本体に行わせるべきである（手形法25条1項）。

貸付金の交付に際しては、方法を指定させて、授受を明確にしたうえで実行する。なお、重畳的債務引受けがあった場合は、特別の事情がない限り、原債務者と債務の引受人との間に連帯債務関係が生ずる（最判昭和41・12・20民集20巻10号2139頁）。

3　代理人

(1)　代理制度

代理とは、代理人がその権限内において本人のために第三者に対し意思表示をし、または相手方から意思表示を受けることで、直接本人に当該意思表示による法律効果が発生するものである（民法99条）。本人から、本人の定める範囲内で本人に代わって自らの判断で法律行為を行う権限（代理権）を与えられた者を代理人という。なお、使者は代理人と異なり、自らの判断で法律行為をする権限を与えられておらず、本人から命じられたことを命じられたとおりにするだけの者である。意思決定は本人の下で完了し、使者はこれを相手に伝えるものである。

(ア)　代理の要件

代理の要件としては、第1は顕名されていることが必要である。つまり意思表示が、その効果は表意者以外の者（本人）に帰属することを明らかにして行わなければならない。第2に代理権があることが必要である。つまり代理人として行為をする者が、その事項について本人に代わって行為をする資格があることが必要となる。

(イ) 代理の種類

　代理には、法定代理と任意代理とがある。法定代理とは、本人が法律行為を行うための十分な意思能力を有しないため、本人に代わって財産上の行為を行う者が必要な場合に法律の規定に基づき、本人の意思によらず代理人をおくものである。任意代理とは、本人が多忙であるとか、高い能力を必要とする内容であるといった理由で、本人がその意思で、本人に代わって行為を行ってもらうことを選択し、代理人をおくものである。

　銀行取引は、本人との取引をするのが原則であるが、本人が代理人を選任し、取引をしたいという場合がある。銀行取引においては、本人の意思により委任を受ける任意代理が通常の「代理人による取引」であるが、未成年者・成年被後見人などの制限行為能力者に対し、法律により一定の条件を備えた者が代理人として定められる法定代理がある。いずれの場合にせよ、正当な代理人の行った取引の効果は、法律上すべて本人のものとなる。

(ウ) 代理権の範囲

　法定代理の場合は、法令等の規定に定められていることが多く、その解釈により範囲が明確となる。法令等に定めがない場合は、選任行為の際に代理権の範囲が定められる。

　任意代理の場合は、本人と代理人との委任契約により定められる。したがって、その契約の解釈により明確になる。しかし、解釈によっても明確にならない場合は民法103条の規定による。つまり、代理権の範囲が明確でない場合は、代理人の権限は保存行為（財産の現状を維持する行為）、利用行為（収益を図る行為）、改良行為（財産の価値を増加させる行為）に限定する。代理人が上記以外の行為を行うと無権代理行為となる。

(2) 代理の成立と銀行への届出

　任意代理は代理権授与に関する本人と代理人との間の契約（委任契約等）に基づいて成立するが、要式契約ではなく口頭での代理権授与も法律上は有効である。代理人は代理権の範囲内においてのみ代理行為をなすことができる。代理権のない者のなした行為および代理権を超えた行為は原則無効となるので、代理人が取引の相手方となる際は、代理権の有無や範囲を明確にして取引を行わなければならない。

　したがって、取引相手方に対して代理権の授与およびその範囲を明確にするため、本人により委任状が作成されることが一般的であり、銀行実務においては代理人による取引の申出があった際は、委任状（原則として本人の署名・捺印）に加え、継続取引の場合は顧客本人から代理人に関する届出を受け入れ、本人の意思および代理権の範囲を明確にしたうえで取引を行う。代理人に関する届出は、代理人の印鑑や住所が変更になった場合でも、必ず本人から届出を受ける。貸出取引先で、本人の意思確認が書類だけでは不十分であると考えられる場合は、電話や書状、訪問等による照会を行うべきである。担保提供行為や保証契約の締結等においては、本人の意思確認が特に重要であり、代理人を相手方にする際には慎重に行う必要がある。

(3) 復代理

　復代理とは、代理人がさらに代理人を選任し本人を代理させることである。こうして選任された本人の代理人を復代理人という。任意代理の場合、本人の許諾を得たときか、やむを得ない事情があるときに限り、代理人は自らの代わりに代理権を行使する復代理人を選任することができる（民法104条）。一方、法定代理の場合、法定代理人は自己の責任で復代理人を自由に選任することができる（同法106条）。復代理人は代理人から選任されるが、本人の代理人であって代理人の代理人ではない（復代理人は本人の名をもって代理行為を行う）。代理人が復代理人を選任しても代理人の自らの代理権は失われない。復代理人は代理人から与えられた権限内で、代理人と同一の権利義務を有する。復代理人の代理権は代理人の代理権を基礎としており、復代理人

の代理権の範囲は代理人の代理権の範囲にとどまる。

(4) 代理権の消滅

代理権は、本人が死亡したり、代理人が死亡または破産手続開始決定、あるいは代理人についての後見開始の審判を受けたりしたときには消滅する（民法111条1項1号・2号）。

任意代理の場合は、契約（委任契約等）が終了したときにも代理権は消滅する（民法111条2項。法定代理の場合には、代理権の消滅事由につき特段の規定が設けられている場合がある）。

未成年者の法定代理人の代理権は、本人が成年に達した時に当然に消滅する。成年者の法定代理人は、設置の原因となった事由がなくなっても当然には消滅せず、取消しの審判により消滅する。

法定代理人が、家庭裁判所の許可を得て辞任すること、または家庭裁判所によって親権あるいは管理権を喪失させられたり、後見人等を解任されたりすることにより、代理権が消滅する。任意代理の代理権は、委任契約等の代理権のもととなった契約の終了や解約により消滅する（民法111条2項）。委任契約は当事者がいつでも解約することができる（同法651条1項）ので、本人から代理人を解任する通知があれば、その後は当該代理人を相手方とすることはできない。解任された代理人が在任中に行った権限内の取引は有効であり、代理人の変更があった場合も同様である。

委任者にとって商行為である委任に基づく代理権は、本人死亡の場合でも消滅しない（商法506条）。復代理権は、復代理自体の消滅事由によるほか、基盤となる代理権の消滅により、消滅するとされている。

(5) 無権代理と表見代理

正当な代理権を有していない者が他人の代理として行った取引や代理人が行った代理権限を越える内容の取引については、無権代理であり、原則として本人が追認しない限り効力を生じない（民法113条）。

例外として、権限があると信ずるべき正当な理由がある場合と本人が無権代理を追認した場合に本人に法律効果が帰属する。権限があると信ずるべき

正当な理由とは次の3つである。

　　(ア)　**表見代理（授権表示による表見代理（民法109条））**

　自称代理人が代理権を有しない場合であっても、本人は、その者に代理権を与えた旨の表示を相手方にしていた場合には、その表示事項の無権代理行為について、効果の引受けを否定できない。成立要件としては、当該行為の以前に、本人が、相手方に対して当該行為を行う代理権を自称代理人に与えた旨の表示をしたことがあることと、本人が自己の名義を使用して取引することを他人に許したことである。

　　(イ)　**権限踰越による表見代理（民法110条）**

　ある事項につき本人を代理する資格をもつ者が、他の事項について代理した場合に、本人がその効果の引受けを拒めないことがある。つまり、この場合、相手方が代理人として行為をした者に代理権があると正当に信じていたときに成立する。成立要件としては、代理人として行為した者が当該法律行為以外の事項について代理権を有したことと、相手方が代理権の存在を信じ、そう信じることに正当な理由があることである。

　　(ウ)　**代理権消滅後の表見代理（民法112条）**

　代理に基づく法的主張がなされても、代理行為の時点で代理権がすでに消滅していた場合に、本人は効果の引受けを拒否できるが、代理の相手方が代理権の消滅を知らなかったときには、本人は、相手方に代理権の消滅を対抗できない。

　判例は、「（要旨）当座勘定取引のため小切手を振り出す代理権しかない者が、その代理権消滅後、代理人と称して約束手形を振り出した場合に、受取人が右代理権の消滅につき善意無過失で、右の者に手形振出の権限があると信じるにつき正当の理由を有するときは、本人は受取人に対し、振出人としての責任を免れない。無権代理人の振り出した約束手形につき、本人が民法110条および112条に基づき振出人としての責任を負うときは、受取人からその手形の裏書譲渡を受けた者に対しても、その者の善意悪意を問わず、振出人としての責任を免れない」（最判昭和35・12・27民集14巻14号3234頁・金判

529号88頁）と示しており、また「(要旨) 約束手形が代理人によりその権限を越えて振り出された場合、手形受取人がその権限あるものと信ずべき正当の理由を有しないときは、その後の手形所持人は、たといこのような正当理由を有していても、民法110条の適用を受けることができない」（最判昭和36・12・12民集15巻11号2756頁・金判529号109頁）と示している。

　無権代理であっても、必ずしも本人にとって不利であることはなく、また本人と無権代理人との関係や相手方との関係から、本人の側でも当該代理行為の結果を本人に帰属させたいとする場合は多い。本人は、理由を問わずに、無権代理行為を追認できる。追認は、本人が特定の無権代理行為を、代理権があったのと同じに扱うことの意思表示を一方的に行う単独行為である。また追認の意思表示は、無権代理人の相手方あるいは無権代理人のいずれに対してなされても有効である（最判昭和47・12・22金法675号33頁）。要式行為ではなく、また口頭でもその効力に差し支えはないが、実務では、本人から追認を行った事態が判明する書面を金融機関宛に提出してもらい、追認があったことを明確にしている。

　(6)　署名の代理

　銀行取引においては、契約の内容を説明し、契約の意思があることを確認したうえで、面前で契約者本人から契約書に自署・押印を受けることが原則である。もっとも、有効な代理が成立する限り、代理人の行った取引の効果は法律上すべて本人に帰属する。

　(ア)　顕名主義

　代理人が代理行為を行う場合には、相手方が法律効果の帰属先を誤認しないようにするため、代理人が正当な代理権を有し、かつ、その代理権の範囲内で、本人のためにすることを表示して意思表示をしなければならない（民法99条1項）。これが顕名主義である。もっとも、商行為の代理については、手形・小切手行為を除き、本人と代理人との間に代理関係が存在する限り、代理人が本人のためにすることを示さず、また相手方がこれを知らないときでも、本人に対してその効力を生ずる（商法504条）。表示方法としては、一

般に、「甲代理人乙」のように記載される。しかし、明示されなくても、すべての事情から判断してその趣旨が明らかにされておればよいというのが通説である。

　　(イ)　手形行為における署名の代理

　商法では顕名主義はとられていないが、手形行為については顕名主義がとられている（手形法8条、小切手法11条）。そこで、判例は、手形行為につき代理方式の一種として、代理人が自署または記名捺印することなく、直接に本人名義で手形行為をする、いわゆる署名の代理を認める（大判大正4・9・15民録21輯1465頁等）。また、代理人が代理権の範囲を越え、いわゆる署名代理の方法により振り出した約束手形について受取人においてこれを本人自ら振り出した手形であると信じ、かつ、そのように信ずるにつき正当な理由があったときは、本人は、民法110条の類推適用により、振出人としての責に任ずる（最判昭和39・9・15民集18巻7号1435頁）。

　署名の代理と類似する観念に記名捺印の代行がある。これは、本人の指図に従い、単に事実上の行為をするにとどまり、本人の機関として行動するものであるのに対して、署名の代理は本人から一定範囲の権限を与えられ、その範囲内で自ら裁量により手形行為を行うもので、判例は代理とするが、学説はこの場合でも代行者は一種の機関として行為しているものと考えるべきであるとする。すなわち、代理人が手形行為をする代理権を有する場合は、特に反対の事情がない限り、同時に本人の署名（記名捺印）を代行する権限を有するものと推定できるから、本人名義の署名は、本人の意思に基づく署名と考えられるものとし、あるいは代理人が一定の範囲の授権の下に本人の印章を保管して本人のために記名捺印する場合は、本人自身の行為とみるべきであると説いている。

　　(ウ)　一般取引の署名代理

　署名の代理は、手形行為については普通に行われており、判例も確立しているが、一般の取引においても、権限が与えられている場合には有効な代理の方法として認められている。

民法は、代理について本人のための法律行為であるということを明らかにすることを要求しているが、この点については、代理人が本人の名だけを示して行為した場合と、本人のためにすることを示して自己の名で行為した場合との間には差異はなく、したがって、代理人と本人とが異なる人間であることを示すことは代理の要件としては必要でない（長崎控判大正10・11・19新聞2877号15頁）。

親権者が未成年者のために未成年者の名だけを示して取引する行為も、正常な代理権者が代理してなしたものと推定すべきである（大判大正9・6・5民録26輯812頁）とし、顕名の手段として有効と解している。ただし、代理人が自分の名を示さず、日常取引で常に本人、たとえば妻の氏名だけを示して行為をしているような事情があるときは、本人の名を単なる符牒として用い、実際は代理人自身の行為であるという場合には代理の問題は生じない（大判大正10・7・13民録27輯1318頁）。

(エ) 表見代理の成立

本人が自分の名義を使用することを他人（代理人）に許容した場合には、外観上その者に代理権を与えた旨を表示した場合と実質上異ならないと解され、判例も、ある法律行為のため印顆を交付された者が、本人の名で権限外の行為をした場合にも表見代理の規定（民法109条・110条）の適用を認めている（大判昭和13・12・10判決全集5巻24号31頁）。したがって、相手方である銀行等が善意無過失である限り、表見代理の規定により保護される。

また民法109条の表見代理に類似したもので、会社法9条に定める名板貸しがある。これは、自己の名義および商号を貸した者は、自分を営業主として誤認して取引した者に対してその取引上の債務について連帯責任があるというものである。さらに、会社法354条には、表見取締役について、株式会社の代表者は法律上代表取締役であるが、単なる取締役に対して、社長、副社長、その他会社を代表する権限を有すると認むべき名称を付した場合、その者に代表権がなくとも、その取締役の行為に対して、会社は善意の第三者に責任を負うとされている。

II 制限行為能力者との取引

1 未成年者との取引

(1) 未成年者と行為能力

　未成年者とは、20歳未満の者をいい（民法4条）、制限行為能力者とされており、意思能力を有する未成年者でも法定代理人の同意を得ずに財産上の法律行為をした場合には、その行為は取り消すことができる（同法5条1項・2項）。

　法定代理人は通常は親権者であるが、親権者がいないときは、未成年後見人が選任される（民法838条1号）。未成年者の財産は、法定代理人が管理し、かつ、その財産に関する法律行為は法定代理人が未成年者を代理して行うこととなっている（同法824条）。ただし、法定代理人が目的を定めて未成年者に処分を許した財産をその目的の範囲内で処分する場合、また法定代理人が目的を定めないで未成年者に処分を許した財産を処分する場合は、未成年者がその随意で処分することができる（同法5条3項）。

　したがって、明らかに未成年者とわかっている者との取引開始の場合には、法定代理人である親権者または未成年後見人の同意書を徴求しなければならないので、実務上はなるべく法定代理人との取引が望ましい。

　普通預金取引に際しては、特段の事情のない限り、相手方が明らかに未成年とわかっている場合でも銀行取引に応じているが、これは、①銀行が債務者の側に立つので、取消しによって損害が生ずる危険性は少ない、②未成年者について、法定代理人が目的を定めて処分を許した財産は本人が自由に処分しうるので（民法5条3項）、小遣い、学費などをもって未成年者が預金取引を行うについて特に問題が生じない等の理由によるものである。

　法定代理人の同意がない未成年者の法律行為は、本人または法定代理人が取り消すことができ、取り消されると法律行為は無効となり、制限能力者は

現存利益の範囲内で償還する義務を負う（民法121条）。したがって、融資取引の場合、取り消されると銀行が不測の損害を被るおそれがあるので、原則として法定代理人と取引するか、あるいはその同意を得て未成年者と取引する。

　未成年者でも意思能力を有する限り、特定の場合には、例外として法定代理人の同意を得ずに単独で完全・有効な行為をすることができる。その主なものは、以下のとおりである。

① 　未成年者にとって利益となる行為、つまり単に権利を得たり義務を免れたりする行為（民法5条1項ただし書）

② 　法定代理人の許可した財産の処分行為（民法5条3項）　　目的を定めて処分を許される（指定された目的の範囲内で、自由に法律行為を行う）場合と、特に目的を定めることなく処分を許される（与えられた財産の範囲内で自由に法律行為をする）場合

③ 　法定代理人の許可を得た持分会社の無限責任社員たる資格に基づく行為（会社法584条）

④ 　未成年者が婚姻したときは成年に達したものとみなされる（民法753条）。婚姻が解消した場合にも、その効果は消滅しないと解されている。

⑤ 　法定代理人が許可した営業に関する行為（民法6条）　　未成年者が営業を行うときはその旨の登記をしなければならず（商法5条）、その場合の登記事項は、ⓐ未成年者の氏名、出生年月日および住所、ⓑ許可された営業の種類、ⓒ当該営業に係る営業所となっており（商業登記法35条1項）、これらⓐ～ⓒの登記申請は未成年者本人が行う（同法36条1項）が、その際には法定代理人の許可を得たことを証する書面を添付しなければならない（同法37条1項）。

　未成年者の営業に係る登記は、商業登記簿のうちの「未成年者登記簿」になされる。未成年者が行為能力を有するのは許された営業に関する行為についてであり、金融機関との取引が営業に関するものであることも確認する必要がある。同様に上記③についても、無限責任社員になることを許された場

合には、会社の商業登記簿謄本により確認できる。意思能力を有しない未成年者（幼児など）は、仮に同意を得ても自ら法律行為をすることはできず、法定代理人に代わって行為をしてもらうより仕方がない（大判大正4・12・13民録21輯2068頁）。

(2) 法定代理人

法定代理人は、第1次的に親権者である。成年に達しない子は父母の親権に服し、あるときは養親の親権に服する。親権者は、子の監督教育の権利義務を有し（民法820条）、子の財産管理権と財産に係る法律行為の代理権を有する（同法824条）。

親権は、父母の婚姻中は父母が共同して行使しなければならないが、父母の一方に親権を行使できない事由（行方不明や長期不在等の事実上の理由、または後見開始や親権喪失宣告等の法律的な理由）がある場合には、他方が単独で親権を行う（民法818条3項）。父母の一方の死亡、離婚、嫡出でない子の場合等、父母の一方が親権を行使することができない場合のみ単独親権とされている（民法819条）。父母の意見が一致しないにもかかわらず、一方が他方の意思を無視して勝手に単独または共同名義で親権を行使し、未成年の子を代理したり、同意を与えたりしても、その親権行使は無効とされるが、表見代理と同趣旨で、共同親権者の一方が共同名義で専断的にした代理または同意は相手方が善意である限り、過失があっても有効とされる（民法825条）。取引名義は「〇〇親権者父◇◇、母◆◆」となり、取引のときには両名の記名・捺印を徴求することとなる。

親権者がないか、親権者が管理権を有しないときは未成年後見人がこれにあたる（民法838条）。すなわち、未成年後見人は未成年者に代わって親権を行い（同法867条）、財産管理権、代理権を有する（同法859条）。管理権を有する最後の親権者は遺言で未成年後見人を指定できるが（同法839条）、未成年後見人となるべき者がないときは、家庭裁判所が利害関係人等の請求によって後見人を選任する（同法840条）。また、未成年後見人を指定できる者は遺言で、家庭裁判所は必要に応じて、未成年後見監督人を選任することがで

きる（同法848条・849条）。後見監督人がある場合に、民法13条1項各号に掲げる重要な行為について未成年後見人が代理または同意する場合は、後見監督人の同意も得なければならない（同法864条）。法定代理人は、未成年者が意思能力を有する場合は同意を与え、または未成年者に代わり未成年者の名で法律行為をし、未成年者が意思能力を有しない場合は未成年者に代わり、未成年者の名で法律行為をする（同法824条、前掲・大判大正4・12・13）。法定代理人の代理または同意は、親権者または後見人とその子の利益が相反する行為については制限され、親権者等はその子のために特別代理人の選任を家庭裁判所に請求しなければならないものとされるので（同法826条・860条）、注意を要する。

(3) 未成年者との単独取引

未成年者との単独取引はいつでも取り消される可能性があるが、未成年者が成年に達したとき、また成年に達する前でも、法定代理人に対して1カ月以上の期間内にその取り消しうべき取引を追認するか否かを確答すべき旨の催告を行うことができる。催告を受けた当事者は、その期間内に追認の諾否を確答しなければならず、確答がないときは追認したものとみなされる（民法20条）。

未成年者との単独取引に連帯保証人を徴求していても、主債務が取り消されたときは保証債務も消滅する。ただし、連帯保証人が主債務の取消原因を知っている場合は、独立に債務を負担したものと推定される（民法449条）。また、制限行為能力者の債務の保証人は、制限行為能力者の行為を取り消すことができない（大判昭和20・5・21民集24巻1号9頁）。

(4) 親権者の代理権の濫用

親権者が子を代理する権限を濫用して法律行為をした場合、その行為の相手方がその濫用の事実を知りまたは知り得たときは、民法93条ただし書の規定を類推適用して、その行為の効力は子に及ばないと解される（最判昭和42・4・20民集21巻3号697頁）。どのような場合が権利の濫用にあたるかについては、「親権者に子を代理する権限を授与した法の趣旨に著しく反すると

認められる特段の事情がある場合」とされ、子の利益を無視して自己または第三者の利益を図ることのみを目的としたようなケースがあげられる。ただし、これについては、親権者が子を代理して、子の所有不動産を第三者の債務の担保に供した事案において、その行為が子自身に経済的利益をもたらすものではないことをもって直ちに第三者の利益のみを図る親権者の権利の濫用とは判断できないとした判例がある（最判平成4・12・10民集46巻9号2727頁）。

2 成年後見制度

(1) 成年後見制度の意義

　成年者は、未成年者のための制度により保護を受けられないが、成年者にも知的能力が不十分であるために、保護を必要とする者がいて、そのような者を保護する制度が、成年後見制度である。従前の禁治産・準禁治産制度は精神的能力を備えない人々に対する配慮や、それらの人々の自己決定を尊重する姿勢が希薄であった。しかし、高齢化社会への対応、知的・精神的障害者の福祉の充実の観点から、従前の未成年者を除く制限行為能力者の保護の理念と、本人の自己決定を尊重し、障害者も家庭や地域で通常の生活を営める社会をつくるという理念（ノーマライゼーション）との調和を目的として、平成12年4月1日から、新しい成年後見制度がスタートした。

　新制度は、従前の禁治産・準禁治産制度に代わるものとしての「法定後見制度」および新設の「任意後見制度」からなっている。法定後見制度は、a.禁治産制度を改正した「後見」の制度、b.準禁治産者制度を改正した「保佐」の制度、c.新設の「補助」の制度の3種類で構成されている。法定後見制度は家庭裁判所が補助人・保佐人・成年後見人を選任するが、任意後見制度は本人があらかじめ任意後見契約により任意後見人を選任しておき、家庭裁判所によって任意後見監督人が選任されてからその効力が発生する。補助人・保佐人・成年後見人・任意後見監督人はいずれも、配偶者や4親等内の親族等の申立てによって選任される。後見、保佐、補助の制度並びに任意後

見制度の公示方法としては、後見登記等に関する法律に基づく成年後見登記制度が採用され、従前の禁治産・準禁治産に係る戸籍への記載は廃止された。

(2) 「後見」の制度

(ア) 成年被後見人

「後見」は「禁治産制度」に代わるものであり、その対象となる制限能力者は、「精神上の障害により事理を弁識する能力を欠く常況にある者」すなわち、精神上の障害により常に判断能力を欠く「常況」にある者で、意思能力さえなく、強度の精神障害者等である。家庭裁判所は、このような者について、本人、配偶者、4親等内の親族、未成年後見人、未成年後見監督人、保佐人、保佐監督人、補助人、補助監督人、検察官、任意後見人、任意後見監督人などの申立てにより、「後見開始の審判」をすることができる（民法7条）。後見開始の審判を受けた制限能力者は「成年被後見人」となり、法定代理人として「成年後見人」が選任される（同法8条）。成年被後見人自身が行った法律行為は、本人または成年後見人によって取り消すことができるが、日用品の購入その他日常生活に関する行為については、禁治産制度と異なり、取消権の対象から除外されている（同法9条）。自己決定の尊重の現れである。

成年後見人は成年被後見人の生活、療養看護および財産の管理に関する事務を行うにあたって、成年被後見人の意思を尊重し、かつ、その心身の状態および生活の状況に配慮すべきものとされ（民法858条）、成年被後見人の財産管理およびその財産に関する法律行為の代表権を有する（同法859条）。成年後見人の選任に際しては、被後見人の心身状態並びに生活や財産の状況、成年被後見人となる者の職業および経歴並びに被後見人との間の利害関係の有無などを勘案する必要があり（同法843条4項）、被後見人に対して訴訟をした者およびその配偶者並びに直系血族等は、成年後見人となることができない（同法847条）。家庭裁判所は、必要と認めるときは「成年後見監督人」を選任できるが（同法849条）、後見人の配偶者、直系血族および兄弟姉妹は、後見監督人となることができない（同法850条）。成年後見人は複数を選任す

ることもでき、また法人を後見人とすることもできる。

　　(イ)　成年後見人の権限

　成年後見人は、下記のとおり権限が与えられている。
① 　成年被後見人の財産に関する法律行為についての包括代理権（民法859条）
② 　成年被後見人の行為能力制限に反する行為の取消権（民法120条1項）および追認権（同法122条）

　　(ウ)　成年被後見人との取引における留意点

　成年被後見人は、認知症、知的障害者、精神障害等の常況にあり、判断能力や意思能力を欠く者なので、金融機関取引については、常に法定代理人である成年後見人を相手として行う必要がある。

　日常生活に関する行為は取消権の対象外とされているが、預金の払戻しや借財・保証・担保の提供等の取引はこれに該当せず、当然に取消権の対象となる。成年被後見人の行為が取り消されると、それは初めから無効な行為となるので、取り消されるまでの間はその取引が極めて不安定な状態におかれる。民法は、このような場合の取引の相手方への救済措置として、相手方に催告権を認めている。
① 　相手方は、成年被後見人が行為能力者になった後1カ月以上の期間内に当該取り消すことができる行為を追認するかどうかを確答すべき旨の催告を行うことができ、もし当該成年被後見人がその期間内に確答しないときは、その行為を追認したものとみなすことができる（民法20条1項）。
② 　成年被後見人が行為能力者とならない場合においては、法定代理人に対して①と同様の催告ができる（民法20条2項）

　成年被後見人と成年後見人との間の利益相反行為については、特別代理人の選任を家庭裁判所に請求するものとされるが（民法860条による同法826条の準用）、成年後見監督人がいる場合は、成年後見監督人が成年被後見人の利益を代表することとなる（同法851条4号）。成年後見監督人が選任されてい

る場合、成年後見人が成年被後見人に代わって営業もしくは借財、保証、不動産等重要な財産に関する権利の得喪を目的とする行為、訴訟等をするときは、成年後見監督人の同意が必要とされる（同法864条）。

なお、成年後見人が成年被後見人に代わって、その居住用の建物またはその敷地について、売却、賃貸、賃貸借の解除または抵当権の設定などの処分をするときは、家庭裁判所の許可を要するものとされている（民法859条の3）。取引先が成年後見人であるかどうかの確認は、後見登記等に関する法律に基づき登記された成年後見登記により、「登記事項証明書」の交付を受けることで確認できるが、交付請求のできる者は、本人、成年後見人、配偶者、4親等内の親族に限られているので、金融機関はそれらの者を通じて登記事項証明書を入手することとなる。登記されていなければ、登記がされていないことの証明書が発行される。

　　㈔　後見開始の審判の取消し

後見開始の審判は、本人の判断能力が保佐または補助の開始の要件に該当する程度以上にまで回復したときには、本人、配偶者、4親等内の親族、後見人、後見監督人、検察官らの請求に基づいて取り消され（民法10条）、保佐開始または補助開始の審判がなされた場合には、家庭裁判所が職権により後見の開始の審判を取り消す（民法19条2項。審判取消しの申立ては不要）。なお、後見開始の審判の取消しに遡及効はない。したがって、成年被後見人である間に行われた行為は、審判の取消しによって、その効力の影響は受けない。

　⑶　「保佐」の制度

　　㈜　被保佐人

「保佐」の制度は、平成12年4月にスタートした新しい成年後見制度の一部で、従前の準禁治産制度に代わるものである。保佐の対象となる制限行為能力者は、「精神上障害により事理を弁識する能力が著しく不十分な者」である。事理弁識能力が著しく不十分であるとは意思能力はあるが、財産管理に関する判断能力が平均より著しく低いことであり、後見を要する程度の者

は除かれる。家庭裁判所は、このような制限行為能力者について、本人、配偶者、4親等内の親族、後見人、後見監督人、補助人、補助監督人、検察官、任意後見人、任意後見監督人などの申立てにより、「保佐開始の審判」をすることができる（民法11条）。

準禁治産との主な相違点は、以下のとおりである。

① 浪費者は対象とされなくなったこと
② 保佐人に取消権が認められ、かつ、代理権の付与が可能となったこと

  ㈠ 保佐人とは

保佐開始の審判を受けた者は「被保佐人」となり、「保佐人」が選任される（民法12条）。

保佐人には、民法13条1項各号に掲げる被保佐人の行為（財産上の重要な行為）について同意権が付与されるが、日用品の購入その他日常生活に関する行為については、被保佐人の単独行為が認められる。

保佐人の同意を要する行為の主なものは、借財や保証、不動産等の重要財産の権利得喪に関する行為、訴訟、相続の承認・放棄、遺産分割、新築・改築・増築、長期賃貸借契約等である。それ以外の行為も、保佐人等の請求に基づき家庭裁判所が追加することができる（民法13条2項）。保佐人の同意権の対象行為であって被保佐人がその同意を得ないでなした行為については、本人または保佐人による取消権の行使が認められている（同条4項）。被保佐人の利益を害するおそれがないのに、保佐人が同意を与えようとしない場合、被保佐人を保護するため、家庭裁判所に「同意に代わる許可」を求めうることした（同条3項）。

保佐人は、保佐の事務を行うにあたり、被保佐人の意思を尊重し、かつ、その心身の状態および生活の状況に配慮しなければならないが（民法876条の5第1項）、後見人の場合のような財産管理権や包括的代理権は有しない。ただし、本人（被保佐人）、配偶者、4親等内の親族、保佐人、保佐監督人などの請求に基づき、家庭裁判所の審判により、被保佐人のために、特定の法律行為について代理権を付与することができる（同法876条の4第1項）。た

だし、本人以外の者の請求による場合には本人の同意を要する（同条2項）。保佐人の選任に際しては、保佐人となるべき者の職業および経歴並びに被保佐人との間の利害関係の有無などを勘案する必要があり、被保佐人に対して訴訟をした者およびその配偶者並びに直系血族等は、保佐人となることができない（同法876条の2による843条4項・847条の準用）。家庭裁判所は、必要と認めるときは「保佐監督人」を選任できる（同法876条の3第1項）が、保佐人の配偶者、直系血族および兄弟姉妹は保佐監督人となることができない。保佐人は複数を選任することができ、法人を保佐人とすることも可能である。

　(ウ)　保佐人の権限

　保佐人には、保佐開始の審判の効果として、民法13条1項の行為および13条2項の審判により指定された法律行為についての同意権、被保佐人が同意を得ずにした法律行為の取消権（民法120条1項）と追認権（同法122条）が付与される。

　またこのほかに、保佐開始の審判とは別個の特別の審判によって、特定の行為についての代理権を与えられることもある（民法876条の4）。付与される代理権の範囲に制限はなく、民法13条1項に定められている行為やそれ以外でもよい。なお、代理権付与の審判は随時請求することができるから、代理権の追加、取消しまたは範囲変更も可能である。

　民法13条1項に定められていない行為について保佐人に代理権が付与されても、被保佐人は、それによって行為能力の制限を受けるわけではない。

　(エ)　保佐開始の審判の取消し

　保佐開始の審判には、被保佐人の判断能力が改善した場合の審判取消しと（民法14条）、症状悪化の場合の審判取消しがある。前者は後見開始の審判の取消しと同様であるが、後者の場合は、民法7条に基づく後見開始の審判の請求がされるべきことになる。後見開始の審判があると、家庭裁判所が職権により保佐開始の審判を取り消す（同法19条1項）。

　(オ)　被保佐人との取引における留意事項

　被保佐人の法律行為については、民法13条1項各号に掲げるものについて

保佐人に同意権が付与されており、金融機関との融資取引や保証、担保提供などは、その対象行為となる。また、特定の法律行為については、保佐人に代理権が付されている場合もある。したがって、被保佐人との取引は保佐人の同意を得て行うことが必要であり、代理権付与の審判がなされている場合には保佐人を代理人として取引しなければならない。被保佐人が保佐人の同意権対象行為を同意なしで行った場合、その行為は本人または保佐人により取消しが可能である。取り消された法律行為は初めから無効となり、本人は現に利益を受けている範囲内で返還の義務を負う（民法121条）。したがって、金融機関との融資取引においても、金融機関が融資金の全額を回収することは困難であろう。

追認については、民法124条1項に、追認が「取消しの原因となっていた状況」が消滅してからなされることを要求しているため、被保佐人は、保佐開始の審判が取り消されない限り、単独では有効な追認はできない。また、保佐人の同意を得て、追認することもできない。

被保佐人自身がなした行為で取消しの対象となる取引の相手方は、被保佐人が行為能力者となった後1カ月以上の期間内に当該行為を追認するかどうか確答すべき旨を催告することができ、被保佐人がその期間内に確答しないときは当該行為は追認したものとみなすことができる（民法20条1項）。また、被保佐人が行為能力者とならない場合でも、保佐人に対して前記と同様の催告ができ、確答がなければ追認があったものとみなすことが可能である（同条2項）。さらに、相手方は被保佐人に対して1カ月以上の期間内に保佐人の同意を得て当該行為を追認するよう催告することができるが、その期間内に被保佐人が保佐人の同意を得た通知を発しないときは、当該行為を取り消したものとみなされる（同条4項）。ただし、被保佐人が相手方に対して自分が行為能力者であることを信じさせるために詐術を用いたときは、当該行為は取り消すことができない（同法21条）。

被保佐人と保佐人との利益相反行為については、保佐監督人が選任されている場合には保佐監督人が保佐人の権限を行使し、選任されていない場合に

は、本人、保佐人その他利害関係人の請求により臨時保佐人が選任され、保佐人の権限を行使する（民法876条の2）。また、保佐人が被保佐人に代わって、その居住用の不動産について、売却、賃貸、賃貸借の解除または抵当権の設定などの処分を行うときは、家庭裁判所の許可を要するものとされているので注意を要する（同法876条の5による859条の3の準用）。

取引先が被保佐人であるかどうかは、後見登記等に関する法律に基づき登記された成年後見登記により確認する。この登記内容は、登記事項証明書の交付を受けることにより把握できるが、金融機関等取引の相手方には交付請求権がないので、本人、保佐人、配偶者、4親等内の親族など交付請求のできる者を通じて当該証明書を入手することとなる。ただし、準禁治産制度の下で浪費者として準禁治産の宣告を受けた者などは、引き続き旧法が適用され成年後見登記の対象外なので、必要に応じて戸籍により確認する。

(4) 「補助」の制度

(ア) 被補助人

平成12年4月にスタートした新しい成年後見制度の一環として、「補助」の制度が新設された。補助の対象となる制限行為能力者は、「精神上の障害により事理を弁識する能力が不十分な者」、すなわち軽度な認知症、知的障害、精神障害等により判断能力が不十分な者であるが、後見や保佐を要する程度の者は除かれる。家庭裁判所は、このような制限行為能力者について、本人、配偶者、4親等内の親族、後見人、後見監督人、保佐人、保佐監督人、検察官、任意後見人、任意後見監督人などの請求に基づき、「補助開始の審判」をすることができる（民法15条1項）。ただし、本人以外の者の請求による場合には本人の同意が必要である（同条2項）。補助の対象者は、判断能力はまだそれなりにあるため、その意思を尊重するべきと考えられているためである。また、補助開始の審判は補助人に権限を与えるための別の審判（同意権付与の審判、代理権付与の審判）とともにしなければならない（同条3項）。

補助開始の審判があると、補助が開始し（民法876条の6）、補助開始の審

判を受けた者は「被補助人」となり、「補助人」が選任される（同法16条）。補助人の事務の監督をする補助監督人が選任されることもある（同法876条の8第1項）。補助開始の審判による効果は、補助の開始だけであり、補助人がどのような権限を有するのか、被補助人が行為能力の制限を受けるかどうかは決まらない。補助開始の審判と同時に被補助人のする特定の法律行為について補助人の同意を要することの審判（同法17条1項）と、被補助人のために特定の法律行為につき補助人に代理権を付与する旨の審判（同法876条の9第1項）が行われる。これらの審判についても、本人の同意が必要である（同法17条2項・876条の9第2項）。同意権の対象となる行為は、民法13条1項に定める行為の一部に限られる。同意権付与審判において補助人の同意が必要な行為とされた法律行為は、補助人の同意を得なければならない。被補助人が単独で行ったものについては、本人または補助人による取消権の行使が認められる（同法17条1項・4項）。それ以外の行為（補助人が代理権付与の審判により代理権を与えられた行為を含む）は、被補助人が単独で有効に行うことができる。

　補助人の同意を要する行為について、被補助人の利益を害するおそれがないのに、補助人が同意を与えないときは、家庭裁判所は、被補助人の請求に基づいて、同意に代わる許可を与えることができる（民法17条3項）。この許可があれば、被補助人は、補助人の同意がなくても有効に法律行為を行うことができる。補助人は複数の選任も可能であり、法人を補助人とすることもできるが、補助人となるべき者の職業および経歴並びに被補助人との利害関係の有無などを勘案する必要があり、被補助人に対して訴訟をした者およびその配偶者並びに直系血族等は、補助人となることができない（同法876条の7第2項）。

　(イ)　補助人の権限

　補助人の権限は、同意権付与の審判と代理権付与の審判によって定められ、以下の場合が考えられる。なお、審判を行うには、本人の請求または同意を要件とする（民法17条2項・876条の9）。

① 同意権付与の審判のみがなされた場合には、その審判によって付与された範囲の同意権と、その同意権を無視された場合の取消権および追認権を有する。
② 代理権付与の審判のみされた場合には、その審判によって付与された範囲の代理権を有する。
③ 両方の審判が行われた場合は、上記①と②を有する。

同意権付与の審判によって、補助人に、「特定の法律行為」について同意権が付与される（民法17条1項）。同意権を与える事項は審判で選択されるが、「特定の法律行為」とは、民法13条1項所定の行為の一部に限られ、その全部またはそれ以外であることはできない。なお、日用品の購入その他日常生活に関する行為は、民法13条1項に定める行為に含まれず、同意権付与の対象にならない。同意権付与の審判は随時請求することができるから、同意権の追加、取消し、または範囲変更も可能である。

代理権付与の審判によって、補助人に、「特定の法律行為」について代理権が付与される（民法876条の9第1項）。代理権を付与された補助人は、被補助人に代わって法律行為をできるようになる。これによっても、被補助人は行為能力を制限されない。したがって、補助人に代理権が付与された行為を被補助人がしても問題はなく、その行為を取り消すことはできない。補助人には請求において選択された「特定の法律行為」について代理権が付与される。この「特定の法律行為」には制約はなく、民法13条1項に定める行為以外にも、代理権を付与することができる。代理権の付与の審判も随時請求することができ、代理権の追加、取消し、または範囲変更も可能である。

(ウ) 補助開始の審判の取消し

補助開始の審判についても、取消しの審判がある。補助開始の審判は、本人等の請求により取り消されることがあり（民法18条1項）、また、後見や保佐への移行によって取り消される（同法19条1項・2項）。このほかに、同意権付与の審判と代理権付与の審判が全部取り消された場合は、家庭裁判所の職権により、補助開始の審判は取り消される（同法18条3項）。

㈏　**被補助人との取引における留意事項**

　被補助人の特定の法律行為については、補助人の同意権や代理権が付与されており、当該法律行為について、被補助人が補助人の同意を得ずに、または補助人を代理人とせずに行った場合には、本人または補助人による取消権の行使が認められている（民法17条4項・120条）。なお、補助人には追認権も認められている（同法124条3項）。補助人が不当に同意を拒む場合は、保佐の場合と同様に、家庭裁判所に同意に代わる許可を求めることができる（同法17条3項）。金融機関との融資取引や保証、担保の提供などは、通常、特定の法律行為として指定されている。したがって、被補助人との取引は補助人の同意を得て行い、代理権が付与されている行為については補助人を代理人として取引しなければならない。

　高齢者との長期の融資取引等においては、実務上、信頼できる者を代理人とすることも多いが、その場合、本人が意思能力を喪失した後も当該代理権を存続させることを本人が希望することがある。

　本人が行為能力のあるときに付与された代理権は本人の意思能力喪失後も有効であると解するのが通説であるが、その際には任意後見制度の利用を勧めるか、本人の認知症等の症状が軽度な場合には補助の制度を利用して補助人を選任してもらうことが望ましい。被補助人が単独でなした行為で取消権の対象となる取引に係る相手方には、当該行為の追認催告ができることについては、被保佐人の場合と同様である。

　被補助人と補助人との間の利益相反行為についても、被保佐人の場合と同様、補助監督人または臨時補助人が補助人の権限を行使する（民法876条の7第3項）。また、補助監督人が被補助人に代わって、その居住用の不動産について売却や担保提供等の処分を行うときは、家庭裁判所の許可が必要である（民法876条の8第2項・859条の3）。

　取引先が被補助人であるかどうか、補助人の同意を要する行為、補助人に代理権が付与されている場合の代理権の範囲等がどうなっているかについては、後見登記等に関する法律に基づき登記された成年後見登記により確認す

る。登記内容は登記事項証明書の交付を受けることで把握できるが、金融機関等取引の相手方には交付請求権がないので、本人、補助人、配偶者、4親等内の親族など交付請求のできる者を通じて、当該証明書を入手する。

(5) 任意後見制度

(ア) はじめに

　任意後見制度とは、本人が自己の判断能力が不十分になった場合に備えて、自己の生活に必要な法律行為を代わりに行うことを、あらかじめ他人に委ねておくことを認める制度である。この制度では、本人と将来任意後見人になる任意後見受任者が任意後見契約を締結する。任意後見契約とは、本人が判断能力を有している間に、精神上の障害により判断能力が不十分な状況になった場合の自己の生活、療養看護および財産の管理に関する事務の全部または一部について任意後見人に代理権を付与する契約であり、家庭裁判所によって任意後見監督人が選任された時点で契約の効力が発生する。任意後見契約は、公証人の作成する公正証書によらなければならず、公正証書が作成されると、公証人から登記所への嘱託により登記されることになる。任意後見は法定後見と異なり、代理権の範囲が個々のケースにより異なる可能性があるため、登記事項証明書によりその内容を確認する必要がある。

(イ) 任意後見制度の意義

　任意後見制度は、平成12年4月施行の任意後見契約に関する法律（任意後見契約法）に基づき新たに制定された仕組みであり、本人（委任者）に判断能力がある間に、受任者（任意後見受任者）との間で、「任意後見契約」を締結し、その後、本人が「事理を弁識する能力が不十分」になったときに、「任意後見契約」に基づき、任意後見受任者が、本人の代理人（任意後見人）となる制度であり、判断能力に不安を抱える高齢者等がかかわる法律行為を保護し安定化させる制度として、活用されている。この制度は、精神的障害により判断能力が不足することとなった場合に備えて、当事者が任意に後見に係る委任契約（任意後見契約）を締結し、任意後見委任者が、自分の生活、療養看護および財産の管理を任意後見受任者に委託しておき、現実にその必

要が生じた場合に、家庭裁判所が「任意後見監督人」を選任したうえで、任意後見受任者が「任意後見人」として活動するという仕組みである。

　(ウ)　任意後見制度の概要

　任意後見制度を利用するには、まず、本人（任意後見委任者）が、将来判断能力が不十分となった場合における自己の生活、療養看護、財産管理等の事務の全部または一部を委託し、その委託事務について代理権を付与する旨の「任意後見契約」を「任意後見受任者」との間で、公正証書により締結する。この契約には、家庭裁判所が「任意後見監督人」を選任した時から契約の効力を発生する旨の特約が必要である（任意後見契約法2条1号・3条）。

　家庭裁判所は以下の4つの要件が充足される場合に、任意後見監督人を選任しなければならない。

① 　本人、配偶者、4親等内の親族、任意後見受任者のいずれかによる選任の請求（任意後見契約法4条1項）

② 　本人以外の者による請求の場合には、本人の事前同意（任意後見契約法4条3項。ただし、本人が意思能力を喪失した状態で、同意を得ることが不可能である場合はこの限りでない）

③ 　任意後見契約が登記されていること（任意後見契約法4条1項）

④ 　精神上の障害により本人の事理弁識能力が不十分な状況にあること（任意後見契約法4条1項）

ただし、以下の場合には任意後見監督人は選任されない。

① 　本人が未成年であるとき（任意後見契約法4条1項1号）

② 　本人について法定後見（成年被後見人、被保佐人、被補助人）が開始し、その継続が本人の利益のために特に必要であるとき（任意後見契約法4条1項2号）

③ 　任意後見受任者に不適任な事由（未成年者、家庭裁判所で罷免された法定代理人・保佐人・補助人、破産者、行方不明者、本人に対して訴訟をした者およびその配偶者並びに直系血族、不正・著しい不行跡・その他任意後見人の任務に適しない事由）があるとき（任意後見契約法4条1項3号）

任意後見監督人を選任する場合において、本人が成年被後見人、被保佐人または被補助人であるときは、家庭裁判所は、当該本人に係る後見開始、保佐開始、または補助開始の審判を取り消さなければならない（任意後見契約法4条2項）。ただし、任意後見契約が登記されている場合であっても、裁判所は、本人の利益のために特に必要と認めるときに限り、後見・保佐・補助開始の審判をすることができ、任意後見監督人が選任された後であっても、本人が後見・保佐・補助開始の審判を受けたときは、任意後見契約は終了する（同法10条）。

　任意後見監督人が選任されると、任意後見受任者には「任意後見人」としての代理権の効力が発生する。任意後見人は、委託された事務を行うにあたっては、本人の意思を尊重し、かつ、その心身の状態および生活の状況に配慮しなければならない（任意後見契約法6条）。

　任意後見監督人は、任意後見人の事務を監督し、場合によっては、任意後見監督人自身が本人を代理することもある。また、不適任と認めるときは解任の申立てを行い、法定後見開始の必要性があるときは法定後見開始の申立てを行う（任意後見契約法7条・8条・10条）。なお、任意後見と法定後見が並存することはない仕組みとなっている。

　　(エ)　任意後見契約の内容の確認

　任意後見契約は、成年後見登記制度に基づき後見登記されているので、その登記事項証明書を入手することにより、当該契約の内容を確認することができる。ただし、本人の取引先である金融機関が直接、証明書の交付を請求することはできないので、本人（任意後見委任者）や配偶者、任意後見受任者等を通じて入手する。任意後見契約の登記内容は、任意後見委任者の氏名・住所・出生年月日等、任意後見受任者の氏名・住所並びに代理権の範囲、当該契約（公正証書で作成される）に係る公証人の氏名等であり、すでに任意後見が開始されていれば、家庭裁判所が選任した任意後見監督人の氏名等とともに、任意後見受任者が任意後見人として登記されている。

　任意後見契約それ自体は、任意後見委任者（本人）が将来の自分の生活、

療養看護および財産の管理をあらかじめ任意後見受任者に委託しておくもので、現実にその必要が生じ、裁判所から任意後見監督人が選任されない限りは、契約の効力は発生しない。したがって、任意後見受任者の代理権も発生せず、それまでの間は通常の一般的取引が行われることとなる。任意後見契約により任意後見人の代理権が効力を生じた後は、金融機関との借財等の取引行為が代理権に含まれていることを確認のうえ、任意後見人を代理人として取引することとなる。任意後見契約の終了、すなわち任意後見人の代理権の消滅は、登記をしなければ善意の第三者に対抗できないものとされており（任意後見契約法11条）、取引の相手方である金融機関としては、登記事項証明書により任意後見人の代理権を確認しておけば、当該取引から不測の損害を被る危険性はないと考えられる。

(オ) 任意後見契約の終了

任意後見契約は、委任の終了事由の発生（民法653条）、任意後見人の解任（任意後見契約法8条）、任意後見契約の解除（同法9条）、法定後見の開始（同法10条3項）によって終了する。

任意後見契約は、一種の委任契約である。委任契約は、委任者と受任者ともにいつでも解除できる（民法651条）。しかし、任意後見契約では、本人の保護も契約の目的であるため、解除については特別の規定がある。

① 任意後見監督人選任後（任意後見契約発効後）の契約解除には、正当な理由があり、かつ家庭裁判所の許可を得ることが必要である（任意後見契約法9条2項）。

② 任意後見監督人選任前（任意後見契約発効前）の契約解除は、公証人の認証を受けた書面でしなければならない（任意後見契約法9条1項）。

第3章　法人との取引

Ⅰ　法人の種類

1　法人とは

　法人とは、自然人以外で権利義務の主体となりうるものをいう。法人は、営利を目的とするか否かにより、営利法人と非営利法人に分類することができる。

2　営利法人

(1)　営利法人とは

　営利法人とは、営利を目的とする法人をいう。「営利を目的とする」というのは、事業によって得た経済的利益を社員（社団の構成員）に分配することをいい、具体的には剰余金または残余財産の分配を社員に認めることをいう（会社法105条2項参照）。営利法人の典型例としては株式会社、持分会社があげられる（もっとも、これら以外にも営利法人は存在する）。

(2)　株式会社

　株式会社においては、社員の地位が細分化された割合的な単位（株式）の形をとる点に特徴がある。また、社員（株主）は会社の債務に対する責任は負わず（間接有限責任）、会社の債務は会社財産をもって弁済されるにすぎない点も大きな特徴である。そのため、株式会社においては、会社財産の維持・保全が重要であり、この点に厳格な法規制が加えられている。株式会社は本店所在地において、設立の登記をすることによって成立する（会社法49

条)。

(3) 持分会社

(ア) 持分会社とは

持分会社とは会社法制定に際して使用されることとなった新たな概念で、合名会社、合資会社および合同会社の総称である（会社法575条）。

出資者（社員）が会社債権者に対して負う責任に応じて区別されており、すべての社員が無限責任社員である持分会社が合名会社、無限責任社員と有限責任社員とが混在するものが合資会社、有限責任社員のみからなるものが合同会社である（会社法576条2項ないし4項）。持分会社は本店所在地において設立の登記をすることによって成立する（同法579条）。

(イ) 持分会社の特徴

株式会社と比較し、持分会社には以下のような特徴がある。

① 株式会社においては、出資者である株主と業務執行を行う取締役が分離されているのに対して、持分会社では出資者たる社員が業務執行者となる（会社法590条）。株式会社は、そのほかにもさまざまな機関が置かれることが予定されているが、持分会社においては機関の分化は予定されていない。

② 持分会社においては、持分（社員が会社に対して有する地位）の譲渡には他の社員の承諾が必要とされているため（会社法585条1項）、持分が投資家によって頻繁に売買されることが考えにくい。

③ 投資家が投資を回収する方法として、株式会社では株式の譲渡が中心であるのに対して、持分会社の社員には退社して（会社法606条）持分の経済的な価値に相当する財産を会社から受け取る権利が認められている（同法611条）。

(4) 特例有限会社

特例有限会社とは、有限会社法に基づき設立された有限会社が、平成18年5月1日施行の会社法によって、会社法上の株式会社となって存続しているものである（会社法の施行に伴う関係法律の整備等に関する法律（以下、「会社

法整備法」という）2条）。したがって、会社法施行日以降に新たに有限会社が設立されることはない。商号に「有限会社」の文字が使用されるが（同法3条1項）、株式会社である。組織形態としては非取締役会設置会社と似ているが、かつての有限会社に特有の規律は会社法の特則として整備法に置かれ（同法2条〜44条）、会社法施行以後も有限会社法の規律の実質が維持されている。

(5) その他の営利法人

(ア) 外国会社

外国会社とは、外国の法令に準拠して設立された会社をいう（会社法2条2号）。外国会社が日本において継続的取引を行うためには、日本における代表者を定めなければならない（同法817条1項）。

なお、外国会社以外の外国法人（民法35条）は例が少ないが、外国の相互保険会社などがこれに該当する。

(イ) 相互会社

相互会社とは、保険業を行うことを目的として、保険業法に基づき設立された保険契約者をその社員とする社団をいい（保険業法2条5項）、主たる事務所の所在地において設立の登記をすることによって成立する（同法30条の13第1項）。

(ウ) 持株会社

持株会社については、かつては独占禁止法において定義がされていたが、現在ではかかる定義は廃止され、単に他社の株式を所有する会社を指す。現在においては、自ら事業を行いつつ、子会社等を統括する役割も果たす事業兼営持株会社のみならず、もっぱら子会社等の経営を統括する純粋持株会社も認められている。その会社形態は、通常は会社法上の株式会社であって、「持株会社」という独自の会社形態が認められているわけではない。

3　非営利法人

(1)　公益法人制度の見直し

　従来、民法は公益法人しか認めず、特別法として中間法人法が存在していた。主務官庁の許可によって成立し、税法上の優遇措置（法人税非課税）を受ける公益法人は、必ずしもそのすべてが公益の役割を果たしていない等の反省から、平成18年の下記①～③の法人法制定によって、民法33条以下が改正され、また中間法人法が廃止された。

① 　一般社団法人及び一般財団法人に関する法律（以下、「一般社団・財団法人法」という）

② 　公益社団法人及び公益財団法人の認定等に関する法律（以下、「公益法人認定法」という）

③ 　一般社団法人及び一般財団法人に関する法律及び公益社団法人及び公益財団法人の認定等に関する法律の施行に伴う関係法律の整備等に関する法律（以下、「一般社団・財団法人等整備法」という）

　改正前の民法に基づいて設立された社団法人・財団法人は一般社団・財団法人法の施行後も同法上の法人として存続するが（一般社団・財団法人等整備法40条）、施行日から5年以内に、公益社団法人・公益財団法人となるか、一般社団法人・一般財団法人となるかを選択しなければならないとされた（同法44条・45条）。

　廃止された中間法人法に基づいて設立された有限責任中間法人は、一般社団・財団法人法の施行日に当然に一般社団法人となる（一般社団・財団法人等整備法2条）ので一般社団法人の規律に従うこととなる。これに対し、無限責任中間法人は一般社団法人とその性質を異にするため、当然に一般社団法人となるのではなく、一般社団・財団法人法の施行日から1年以内に一般社団法人へ移行する手続をとる必要があり（一般社団・財団法人等整備法30条以下）、これを行わないと解散したものとみなされるとされた（同法37条）。

(2) 非営利法人の種類

(ア) 一般社団法人・一般財団法人

一般社団・財団法人法によって認められる法人であり、営利を目的としない社団と財団について、その行う事業の公益性の有無にかかわらず、準則主義（登記）により法人格を取得できるものである（一般社団・財団法人法22条・163条）。

(イ) 公益社団法人・公益財団法人

一般社団法人・一般財団法人のうち、行政庁が公益認定した法人を公益社団法人・公益財団法人という（公益法人認定法2条）。公益目的事業とは、学術、技芸、慈善その他の公益に関する事業であって、不特定かつ多数の者の利益の増進に寄与するものをいう（同条4号）。公益認定の基準は、公益法人認定法5条に詳細に定められている。公益法人になると、税制上の優遇措置等を受けられる反面、行政庁の監督が厳格になる（同法27条以下）。

4　特別法による法人

(1) 宗教法人

宗教法人とは、宗教法人法により設立された宗教団体をいう（宗教法人法4条）。宗教団体とは、宗教の教義を広め、儀式行事を行い、および信者を教化育成することを主たる目的とし、礼拝の施設を備える神社、寺院、教会、修道院等またはそれらを包括する教派、宗派、教団、教会、修道会、司教区等をいう（同法2条）。

設立にあたっては、規則（他の法人における定款や寄附行為にあたる）を作成し、所轄庁の認証を受け（宗教法人法12条）、2週間以内に主たる事務所の所在地に設立の登記をすることによって成立する（同法15条・52条）。

(2) 学校法人

学校法人は、私立学校法の規定により設立される法人で（私立学校法3条）、私立学校、専修学校等がその対象である。所轄庁の認可を受け、主たる事務所の所在地において設立の登記をすることにより成立する（同法30条・31

(3) 医療法人

　医療法人は、病院、医師もしくは歯科医師が常時勤務する診療所または介護老人保健施設を開設することを目的として、医療法の規定により設立された社団または財団であって（医療法39条）、都道府県知事の認可を受け、主たる事務所の所在地において設立の登記をすることにより成立する（同法44条・46条）。

(4) 社会福祉法人

　社会福祉法人とは、救護施設、更生施設、養護施設等の経営を行う事業等の社会福祉事業を行うことを目的として、社会福祉法の規定により設立される法人であって（社会福祉法22条）、定款について所轄庁の認可を受け、主たる事務所の所在地において設立の登記をすることにより成立する（同法31条・34条）。

(5) NPO法人（特定非営利活動法人）

　NPO法人（特定非営利活動法人）とは、特定非営利活動促進法に基づき、所轄庁から認証を受け（特定非営利活動促進法10条）、いわゆるボランティア活動等特定非営利活動を行うことを目的とする法人で、設立の登記をすることによって成立する（同法13条1項）。特定非営利活動としては、保健・医療・福祉の増進、社会教育推進、災害救援活動、消費者保護活動等、17の分野が限定列挙されている（同法2条別表）。

(6) 協同組合

(ア) 中小企業等協同組合

　中小企業等協同組合は、中小規模の商業、工業、鉱業、運送業、サービス業その他の事業を行う者、勤労者その他の者が相互扶助の精神に基づき協同して事業を行うための法人であり、行政庁の認可を得て、主たる事務所の所在地において設立の登記をすることによって成立する（中小企業等協同組合法1条・4条・27条の2・30条）。

(イ) 農業協同組合

　農業協同組合は、農業協同組合法に基づき設立される法人であって、行政庁の設立認可を受けて、主たる事務所の所在地において設立の登記をすることにより成立する（農業協同組合法5条・59条・60条・63条1項）。

(ウ) 水産業協同組合

　水産業協同組合は、水産業協同組合法に基づいて設立される法人で（水産業協同組合法5条）、漁業協同組合、漁業生産組合および漁業協同組合連合会、水産加工業協同組合、水産加工業協同組合連合会並びに共済水産業協同組合がある（同法2条）。

(エ) 消費生活協同組合

　消費生活協同組合は、一定の地域または職域の者が、物資の供給、協同施設の設置などを通じて生活の向上を期することを目的とする協同組合であり（消費生活協同組合法1条・2条・10条）、消費生活協同組合法に基づき設立される法人である（同法4条）。行政庁の設立認可を受けて（同法57条・58条）、主たる事務所の所在地において設立の登記をすることによって成立する（同法61条）。

5　公法人

(1)　地方公共団体

　地方公共団体には、都道府県市町村などの普通地方公共団体と、特別区（東京都の区）、地方公共団体の組合、財産区、地方開発事業団などの特別地方公共団体があり、地方自治法により大別されている。

(2)　独立行政法人

　独立行政法人とは、公共上の見地から確実に実施されることが必要な事務および事業であって、国が自ら主体となって直接に実施する必要のないもののうち、民間の主体に委ねた場合には必ずしも実施されないおそれのあるものまたは一の主体に独占して行わせることが必要であるものを効率的かつ効果的に行わせることを目的として、独立行政法人通則法および個別法に基づ

き設立された法人をいう（独立行政法人通則法2条1項・6条）。

独立行政法人は、主務大臣が独立行政法人の長と監事になるべき者を指名し、設立委員を命じて設立事務を行い、設立の登記をすることによって成立する（独立行政法人通則法14条・15条・17条）。

6 法人格のない団体

(1) 権利能力なき社団・財団

旧民法の下では、公益目的でも営利目的でもない法人については、特別法がない限り設立ができなかった。しかし、世の中においては同窓会のような親睦団体や学会など、事実上の社団または財団が存在する。これを権利能力なき社団・財団という。民法の改正および一般社団・財団法人法の制定により、一般社団法人・一般財団法人の設立が容易になったとはいえ、手続の煩雑さを嫌って法人化を避ける場合には、今後とも権利能力なき社団・財団が利用されると思われる。

(2) 民法上の組合

民法上の組合は、各当事者が出資して共同の事業を営むことを約することによって成立する団体である（民法667条1項）。比較的小規模で、その法的団体性は弱く、社団のように法人格を与えるに適した団体とはいえないことから、法制上も法人格は与えられていない。

(3) 商法上の匿名組合

匿名組合は、匿名組合員が営業者の営業のために出資を行い、営業者はその営業から生ずる利益を匿名組合員に分配することを約する契約によって成立する（商法535条）。匿名組合は、匿名組合員と営業者の共同企業形態をとっているが、外部に対しては、商人である営業者だけが権利義務の主体として現われ、匿名組合員は現れないところに特徴がある（同法536条4項）。匿名組合にも法人格はない。

II　営利法人との取引

1　株式会社との取引

(1)　はじめに

　株式会社の機関設計は、株主総会と取締役の設置以外は基本的に自由である。したがって、取引の開始時はもちろん、その後も取引先がいかなる機関設計を採用しているかについて調査する必要がある。いかなる機関設計を採用しているかによって、以下に述べるとおり、法規制の内容が異なることとなるからである。

　取締役会設置会社である旨、監査等委員会設置会社である旨および指名委員会等設置会社である旨は登記事項であり（会社法911条3項15号・22号・23号）、登記事項証明書の記載により確認が可能である。これらの記載がなければ非取締役会設置会社である。

(2)　代表権限

㋐　代表権限の所在とその確認

(A)　はじめに

　株式会社との取引はその会社を代表する権限のある者との間で行わなければならない。そうでないと、当該取引が無効となるおそれがあるからである。以下、非取締役会設置会社、取締役会設置会社、監査等委員会設置会社、指名委員会等設置会社に分けてそれぞれにおける代表権限の所在について記載する（いずれの会社に該当するかについては前記のとおり登記事項証明書を確認すればよい）。

(B)　非取締役会設置会社

　取締役会を設置しない非取締役会設置会社においては、取締役が各自株式会社を代表するが（会社法349条1項・2項）、定款、定款の定めに基づく取締役の互選または株主総会決議により取締役の中から代表取締役を定めた場合

には、代表取締役が会社を代表する（同条3項・4項）。したがって、まず登記事項証明書により代表取締役が定められているか否かを確認し（同法911条3項14号により代表取締役の氏名は登記事項とされている）、代表取締役がいる場合には代表取締役と取引をし、代表取締役がいない場合には、銀行に届出のある取締役と取引をすることとなる。

(C)　取締役会設置会社

取締役会設置会社は、取締役の中から代表取締役を選任しなければならず（会社法362条3項）、代表取締役が会社を代表する（同法349条4項）。代表取締役が複数いる場合には、それぞれが単独で代表権を有する。

前述のとおり、代表取締役の氏名は登記事項とされているので、登記事項証明書を確認したうえで代表取締役と取引を行えばよいことになる。

(D)　監査等委員会設置会社

監査等委員会設置会社は、取締役の中から代表取締役を選定しなければならず（会社法399条の13第3項）、代表取締役が会社を代表する（同法349条4項）。

前述のとおり、代表取締役の氏名は登記事項とされているので、登記事項証明書を確認したうえで代表取締役と取引を行えばよいということになる。

(E)　指名委員会等設置会社

委員会設置会社においては、代表執行役が会社を代表する（会社法420条3項・349条4項）。なお、取締役会は執行役の中から代表執行役を選定しなければならないが、執行役が1人の場合は、その者が代表執行役に選定されたものとみなされる（同法420条1項）。

代表執行役については登記事項とされているので（会社法911条3項23号ハ）、登記事項証明書を確認したうえで、代表執行役と取引を行えばよいということになる。

　(イ)　**表見代表取締役**

会社が、代表権のない取締役に社長、副社長その他会社の代表権を有すると認められる名称を付した場合には、会社がその取締役のした行為について

善意の第三者に対して責任を負う（会社法354条）。判例によると、取締役でない者（使用人など）に会社が代表取締役と認められる肩書を与えていた場合にも、同条項は類推適用される（最判昭和35・10・14民集14巻12号2499頁）。

　もっとも、銀行取引においては、取引の相手方に代表権があるかどうかは前記(ｱ)に記載した方法により確認をすべきであり、安易にこの規定に頼るべきではない。

　　(ｳ)　共同代表の廃止

　会社法施行前の商法では、代表者の権限の濫用を防止するため、複数の代表者が共同しなければ代表権を行使できない旨定めることができ、また共同代表は登記事項であった。会社法の施行により共同代表の制度は廃止され、登記事項から削除された（合名会社、合資会社においても同様である）。会社法施行後も会社内部で共同代表の制限を設けることはできるが、そのような内部的な制限は善意の第三者には対抗できない（会社法349条5項）。銀行実務では共同代表の申出は原則として受け付けないこととしている。

　もっとも、会社法施行前に共同代表の届出を受けている場合には、引き続き共同代表としての管理が必要である点に注意が必要である。なぜなら、銀行は過去に受け付けた共同代表届により取引先が共同代表の定めをしていることを知っているので、善意の第三者として保護されないからである。

　　(ｴ)　代表取締役の死亡

　代表取締役が死亡した場合には、後任の代表取締役の選任を待ち、後任の代表取締役と取引をすることになるが、後任の代表取締役がなかなか選任されない場合には、裁判所による仮代表取締役の選任（会社法351条2項）を求めて、その者と取引をすることが考えられる。また、緊急かつやむを得ない場合には、残りの取締役の中から臨時の代表取締役の選任を求め、その者と取引を行うこととなろう。その場合には、代表取締役選任後速やかに当該代表取締役から追認を受けるべきである。

　　(ｵ)　代表取締役の変更

　代表取締役の変更がありその登記がなされた場合、取引先は変更登記後に

なされた旧代表取締役名義での取引について責任を負わないこともある。したがって、変更登記の日付以後に旧代表取締役との取引があった場合には、早急に新代表取締役からの追認を得るようにする。代表取締役の変更があったことを知った場合には、取締役会等の議事録（写し）で確認し、直ちに変更届の提出を求めて、新代表取締役名義にて取引をする。

　㈎　支店等との取引
　(A)　支店長との取引

　株式会社における支配人は、代表取締役に代わって、営業に関するいっさいの裁判上および裁判外の行為をなす権限があり（会社法11条）、この選任は登記事項である。したがって、支配人登記のされている支店長と取引するときは委任状なくして支店長名義で取引をしてもよい。しかし、支配人登記がされていないときは、委任状なしに支店長名義で取引を行うのは避けるべき（取引が無効とされるおそれがある）である（表見支配人制度（同法13条）を頼るべきではない）。

　(B)　営業所、出張所、工場との取引

　営業所長、出張所長、工場長の権限の内容は企業により千差万別であるから、実務上は、登記事項証明書によりそれらの者が代表取締役または支配人たる資格を有する者であることが確認できる場合を除き、原則として代表取締役からの委任状を要求したうえで取引をすべきである。

(3)　目的の範囲による取引制限

　民法34条は、「法人は、法令の規定に従い、定款その他の基本約款で定められた目的の範囲内において、権利を有し、義務を負う」と規定する。同条は、株式会社を含むすべての法人の権利能力が定款所定の目的によって制限される趣旨を示すものと考えられ、目的の範囲外の行為は無効となると考えられている。

　もっとも、判例は、営利法人については、その目的の範囲を広く認めており、目的の範囲内には目的自体の行為のほか、目的の達成のために必要な事項が目的の範囲内に含まれるとしたうえで、かつ、会社の目的の達成のため

に必要か否かは行為の外形からみて客観的に判断すべきものであるとしている（最判昭和45・6・24民集24巻6号625頁）。かかる判例の下では、会社が自己の事業のために借入れおよび担保提供を行うことは通常目的の範囲内とされると思われ、会社に対する融資および融資先からの担保の受入れにあたっては当該融資が営利法人の目的の範囲内かどうかを考える必要はあまりない。

　他方、株式会社に保証人、物上保証人になってもらう場合は、その保証・担保提供が後に無効であるといわれないように、定款所定の目的の範囲に含まれるかにつき慎重に確認する必要がある。取引関係や資本関係のある債務者のために株式会社が保証・担保提供を行う場合には目的の範囲内であるといえるが、事業上の特別な関係もないような者の債務につき株式会社が保証・担保提供を行う場合（たとえば、個人的なつながりがあるにすぎない会社のための保証・担保提供や自社の取締役のための福利厚生の範囲を超えた保証・担保提供）には目的の範囲外とされるおそれがある。なお、会社の目的については登記事項であるから（会社法911条3項1号）、登記事項証明書により確認が可能である。

(4) 利益相反取引規制

(ア) 規制の概要

　株式会社において、取締役が自己または第三者のために会社と取引しようとするとき（直接取引）、または会社が取締役の債務を保証することその他取締役以外の者との間において会社と取締役との利益が相反する取引をしようとするとき（間接取引）は、株主総会（取締役会設置会社においては取締役会（会社法365条1項））において、当該取引について重要な事実を開示してその承認を得る必要がある（同法356条1項2号・3号）。さらに、取締役会設置会社においては、当該取引をした取締役（会社を代表した取締役を含み、間接取引の場合の利益を受ける取締役を含まない）は、当該取引後、遅滞なく当該取引についての重要な事実を取締役会に報告しなければならない（同法365条2項）。

　指名委員会等設置会社における執行役の利益相反行為については、取締役

会の承認が必要である（会社法419条2項）。

　銀行実務では、取締役の借入れのために会社が保証、担保提供する場合等、間接取引でこのような問題が生ずる。以下では、会社の保証を例に説明する。

　(イ)　利益相反行為に該当する例

利益相反行為に該当する例としては、以下のものがあげられる。

① 　甲会社の取締役個人の借入れについて甲会社が保証する行為　　かかる行為が利益相反行為に該当することは会社法356条1項3号からして明らかであり争いはない。ただし、債務者たる取締役が甲会社の株式を100％有している場合については、利益相反行為にはあたらないというべきである。なぜなら、この場合には、取締役と甲会社が実質的には同一といえ、互いに利害相反はないと考えられるからである。

② 　甲会社の代表取締役と乙会社の代表取締役が共通の場合で、その代表取締役が甲会社を代表して、乙会社の債務を保証する行為　　判例はかかる行為を利益相反行為に該当するものとしている（最判昭和45・4・23金法582号29頁）。なお、甲会社に他にも代表取締役がいる場合で、その代表取締役が甲会社を代表する場合については、裁判例はないものの、利益相反行為にあたるものと扱うべきである。甲会社の代表取締役らが通謀することにより甲会社に不利に、乙会社に有利に動く可能性があるからである。

③ 　乙会社の代表取締役が甲会社の平取締役であるとき、甲会社が乙会社の債務を保証する行為　　かかる行為について裁判例は存しない。乙会社の代表取締役が、甲会社の取締役として、甲会社の代表取締役に影響力を行使し、甲会社に不利な保証をさせることが考えられなくはないことからすると、利益相反行為にあたるとの考えも十分に成り立つ。したがって、実務上は保守的に利益相反行為として扱うべきである。

④ 　甲会社の代表取締役が乙会社の平取締役であるとき、甲会社が乙会社の債務を保証する行為　　かかる行為について裁判例は存しない。自らが取締役を務める乙会社の利益を図るために、甲会社に不利な保証をさ

せることが考えられなくはないことからすると、利益相反にあたるという考えも十分に成り立つ。したがって、実務上は保守的に利益相反行為として扱うべきであろう。

上記の②～④にあたる場合であっても、甲会社と乙会社の資本が100％同一のとき（たとえば、乙会社が甲会社の100％子会社のとき）には利益相反の問題は生じないと考えられる。なぜなら、この場合には、甲会社と乙会社が実質的には同一といえ、互いに利害相反はないと考えられるからである。

なお、甲会社の取締役と乙会社の取締役が共通であるというだけでは利益相反の問題は生じない。

(ウ) 承認のない利益相反行為の効力と実務対応

株主総会（取締役会）の承認なしに行われた取引の効力について、判例は、会社と取締役との間では無効であるが、会社は善意の第三者に対しては無効を主張することはできず、しかも悪意の挙証責任は会社にあるとする相対的無効説の立場をとっている（債務引受けの事案につき最判昭和43・12・25金法533号23頁、保証の事案につき最判昭和45・3・12金法581号25頁）。

したがって、銀行は、多くの場合、善意の相手方として保護されると思われるが、銀行に重過失があった場合には悪意と同視されるおそれがあるから、実務上は、株主総会または取締役会による承認決議の議事録の写しあるいは承認決議を得ている旨の確認の書面の提出を求めるべきである。

(5) 重要な業務執行の手続

(ア) 非取締役会設置会社

非取締役会設置会社においては、重要な業務執行に関する特別な規定はなく、通常の業務執行と同様に行うべきこととなる。取締役が1人である場合には、その者が単独で行うことができる。取締役が複数いる場合には、定款に別段の定めがある場合を除いて取締役の過半数をもって行うべきこととなる（会社法348条2項）ので、定款を確認し、特別な定めがない場合には取締役会の過半数による決議に基づくことを確認するべきである。

(イ) 取締役会設置会社

　取締役会設置会社がその重要な財産の処分をする場合、多額の借財をする場合は、取締役会の決議が必要であることに注意しなければならない（会社法362条4項1号・2号）。この場合、前者の財産の処分には物的担保や債権質の設定が含まれ、後者の借財には、保証、保証予約、ファイナンスリース契約、デリバティブ取引等も含まれる。

　「重要な財産の処分」「多額」については抽象的・相対的な概念であって、その会社の資本金・営業規模・資産・経営に与える影響等から個別・具体的に判断するほかない。前者については、重要な財産の処分にあたるか否かは、当該財産の価額、その会社の総資産に占める割合、保有目的、処分行為の態様および会社における従来の取扱い等の事情を総合的に考慮して判断すべきであるとしたうえで、帳簿価額では7800万円で会社の総資産の約1.6％に相当する株式の譲渡は、重要な財産の処分にあたるとした判例（最判平成6・1・20民集48巻1号1頁）がある。また、後者については、資本金100万円、年間売上高2200万円余りの有限会社にとって、出資金の額および営業規模からみて600万円の借財は多額であるとした判例（東京高判昭和62・7・20金法1182号44頁）や、資本金約128億円、総資産1936億円、負債約1328億円、経常利益年間約40億円の株式会社が、全額出資して設立された関連の株式会社において銀行取引約定を締結するに際し、限度額10億円として締結した保証予約は多額の借財にあたるとした判例がある（東京地判平成9・3・17金法1479号57頁）。

　この点、代表取締役が、取締役会の決議を経てすることを要する対外的な個々の取引行為について、かかる決議を経ないでした場合には、その取引行為は、相手方においてかかる決議を経ていないことを知りまたは知りうる場合には無効であるとするのが判例である（最判昭和40・9・22民集19巻6号1656頁）。よって、実務上は、上記判例を参考に、当該借入れや保証・担保設定等につき「重要な財産の処分」「多額」にあたるとされる可能性があるかを検討し、該当するおそれがある場合には無効を主張されることのないよ

う、取締役会による承認決議の議事録の写しあるいは承認決議を得ている旨の確認の書面の提出を求める等のチェックが必要である。

　(ウ)　**監査等委員会設置会社**

　監査等委員会設置会社が重要な業務（重要な財産の処分、多額の借財を含む）を執行する場合、取締役会の決議を経なければならないことに注意しなければならない（会社法399条の13第4項）。ただし、①取締役の過半数が社外取締役である場合（同条5項）、または②定款で定めた場合（同条6項）には、重要な業務執行の決定を取締役に委任することができる。

　(エ)　**指名委員会等設置会社**

　委員会設置会社においても、重要な業務執行に関する特別な規定はない。指名委員会等設置会社においては業務執行の決定は取締役会が行う（会社法416条1項1号）が、取締役会はその決定権限を執行役に委任することもできる（同条4項）。

　したがって、取締役会による承認決議の議事録の写しまたは承認決議を得ている旨の確認の書面の提出、あるいは当該行為の決定を執行役に委任する旨の取締役会の決議の議事録の写しまたは確認書の提出を求めるべきである。

(6)　**休眠会社と取引を行う際の留意点**

　休眠会社とは、株式会社で、当該会社に関してなされた最後の登記があった日から12年を経過したものをいう（会社法472条1項）。休眠会社については、法務大臣が事業を廃止していないことの届出をするように官報に公告をしたのに、その届出がされない場合には、2カ月の期間の満了の時に解散したものとみなされ（同条項）、登記官は職権で解散登記をなすことになる。ただし、この場合でも、解散したものとみなされた時から3年以内であれば、株主総会決議により会社を継続することができる（同法473条）。

　休眠会社との取引に際しては、最新の登記事項証明書を求めて、会社の休眠実態を十分把握する必要がある。

(7) 設立中の株式会社と取引を行う際の留意点
　(ア) 設立中の会社とは
　株式会社は設立の登記によって成立するが、設立の過程において、設立される会社の前身たる設立中の会社が存在するものと一般的には考えられており、発起人が会社設立のために取得し、負担した権利義務は実質的には設立中の会社に帰属しており、会社が成立すればそれらは成立後の会社に帰属すると考えられている（同一性説）。
　(イ) 成立後の会社に帰属する発起人の行為の範囲
　設立中の会社の発起人の行為についてどの範囲で成立後の会社に帰属するのかについては争いがある。
　この点、発起人による会社の設立を直接の目的とする行為（定款の作成、株式の引受け・払込みに関する行為、創立総会の招集などをいう）が成立後の会社に帰属することには争いがない。また、発起人による定款認証手数料・印紙税、払込取扱機関に支払う手数料・報酬、検査役の報酬、設立登記の登録免許税の出費についても成立後の会社に帰属すると考えられている（会社法28条4号括弧書、同法施行規則5条参照）。
　これに対し、設立事務を行うための事務所の貸借に関する費用や設立事務のための事務員の雇用に関する費用などの設立のために必要な費用（設立費用）については、定款にその総額（上限額）の記載が必要であり（会社法28条4号）、検査役の調査を受ける必要がある（同法33条）。そして、その効果が設立中の会社に帰属するか、あるいは発起人に帰属するかどうかをめぐっては争いのあるところである（判例は、設立費用につき、定款に記載された額の限度内において、発起人のした取引の効果は成立後の会社に帰属し、相手方は会社に対してのみ支払いを請求できる（発起人には請求できない）とする（大判昭和2・7・4民集6巻428頁）が、この判例を支持する学説はほとんどない）。
　開業準備行為（会社が成立後にすぐ事業を行えるように土地・建物等を取得する、原材料の仕入れや製品の販売ルートを確立しておくなどの行為）については定款に記載された財産引受けを除き（定款に記載されていない財産引受けは無

効であり（会社法28条柱書）、会社による追認も認められていない（最判昭和28・12・3民集 7 巻12号1299頁））、発起人がそれを行っても成立後の会社には帰属しない（最判昭和38・12・24民集17巻12号1744頁）。

なお、発起人が事業行為を行った場合に、成立後の会社にその効果が帰属しないことは争いがない。

(ウ) 取引上の注意点

上記のとおり、一定の範囲内であれば発起人との取引は、設立中の会社に帰属し、成立後の会社に継承される。したがって、この範囲であれば融資取引は可能である。

融資取引を行う際の注意点としては、①当該取引が前述した成立後の会社に帰属する発起人の行為の範囲に含まれるかどうかを検討すること、②発起人により定款が作成され、各発起人が株式を引き受けていることの確認（社団として設立中の会社が成立していることの確認）をすること、③取引の相手方は代表権を有する発起人とし、その権限の確認は発起人組合契約や定款により行うこと、④極力、発起人全員を連帯保証人とすることなどがあげられる。

なお、融資取引が前述した成立後の会社に帰属する発起人の行為の範囲に含まれるかどうかの判断は、現実的には困難であるので、設立中の会社ではなく、発起人代表個人との取引（他の発起人を連帯保証人にする）として処理することも考えられる。

2 持分会社との取引

(1) 合名会社との取引

(ア) 代表権限の所在とその確認

合名会社における社員は、原則として、各自会社を代表し、業務を執行する権限を有する（会社法590条・599条）が、定款または定款の定めによる社員の互選によって、特定の社員を代表社員とすることができる（これは登記により公示される（同法912条 6 号））。したがって、取引にあたっては、登記事項証明書・定款等によりこの点を確認しなければならない。確認の結果、

代表社員を定めていない場合には、銀行に届出のある業務執行社員と取引を行えばよい。

　(イ)　目的の範囲による取引制限

基本的な考え方は株式会社と変わらない。

　(ウ)　利益相反取引

業務執行社員が自己または第三者のために会社と取引しようとするとき、または会社が業務執行社員の債務を保証すること、その他社員でない者との間において会社と業務執行社員との利益が相反する取引をしようとするときは、定款に別段の定めのある場合を除き当該社員以外の社員の過半数の承認を受けなければならない（会社法595条）。したがって、合名会社の業務執行社員との取引が利益相反行為にあたるおそれがある場合については、上記の承認を証する旨の書面あるいは承認を得ている旨の確認の書面を受け入れるべきである。

　(エ)　社員の財産の追及

合名会社の社員は全員無限責任社員であり、会社債権者は、会社財産のみならず、社員の財産をも追及できる（会社法580条1項）。

(2)　**合資会社との取引**

　(ア)　代表権限の所在とその確認方法

合名会社と同様に代表社員を定めない限り、各業務執行社員に代表権限がある（会社法590条・599条）。したがって、登記事項証明書・定款等の確認の結果、代表社員を定めていない場合には、銀行に届出のある業務執行社員と取引を行えばよい。

　(イ)　目的の範囲による取引制限および利益相反取引規制

合名会社と同様である。

　(ウ)　社員の財産の追及

合資会社は、無限責任社員と有限責任社員で構成されている。有限責任社員が会社の債務について責任を負う範囲は出資の価額が限度となっている（会社法580条2項）。

(3) 合同会社との取引

(ア) 代表権限の所在とその確認

合名会社・合資会社と同様に代表社員を定めない限り、各業務執行社員に代表権限がある（会社法590条・599条）。したがって、登記事項証明書・定款等の確認の結果、代表社員を定めていない場合には、銀行に届出のある業務執行社員と取引を行えばよい。

(イ) 目的の範囲による取引制限および利益相反取引規制

合名会社および合資会社と同様である。

(ウ) 社員の財産の追及

合同会社の社員は全員有限責任社員であり、会社の債務について責任を負う範囲は出資の価格が限度となっている（会社法580条2項）。

3　特例有限会社との取引

(1) 代表権限の所在および確認方法

特例有限会社の取締役は原則として各自が業務執行権および代表権を有するが（会社法348条1項・349条1項）、代表取締役が定められると代表取締役のみが代表権を有する（同法349条1項ただし書）。取締役と代表取締役は登記事項である（会社法整備法43条1項、会社法911条3項13号・14号）。したがって、登記事項証明書により、代表取締役の選任の有無について確認する必要がある。代表取締役がいる場合には代表取締役と取引をし、代表取締役がいない場合には、銀行に届出のある取締役と取引をすることとなる。

(2) 目的の範囲による取引制限

会社の目的の範囲については、株式会社と同様に考えてよい。

(3) 利益相反取引規制

特例有限会社と取締役の利益相反行為については、原則として株主総会の承認を要する（会社法356条1項）。取締役会の設置は認められないので（会社法整備法17条1項）、会社法365条は適用されない。特例有限会社の取締役との取引が利益相反行為にあたるおそれがある場合については、特例有限会

社から株主総会の承認決議の議事録の写しまたは承認を得たことの確認の書面を徴収すべきである。なお、特例有限会社では、株主総会の決議要件は、「総株主の半数以上（これを上回る割合を定款で定めた場合にあっては、その割合以上）であって、当該株主の議決権の4分の3」となっている（会社法整備法14条3項）。

(4) 重要財産の処分、多額の借財

特例有限会社の場合には、非取締役会設置会社と同様に「重要財産の処分」「多額の借財」に関する定めはなく、通常の業務執行と同様に行うべきこととなる。取締役が1人である場合にはその者が単独で行うことができる。取締役が複数いる場合には、定款に別段の定めがある場合を除いて取締役の過半数をもって行うべきこととなる（会社法348条2項）ので、定款を確認し、特別な定めがない場合には取締役の過半数による承認に基づくことを確認すべきである。

(5) 特例有限会社から株式会社への移行

特例有限会社が、通常の株式会社へ移行する場合には、定款を変更してその商号を「株式会社」という文字を用いた商号に変更し（会社法整備法45条1項）、定款の変更決議から、本店所在地においては2週間以内、支店所在地においては3週間以内に、当該特例有限会社の解散の登記と商号変更後の株式会社の設立の登記をする。銀行実務的には、これは単なる「商号変更」にすぎないので、商号変更として受け付ければ足りる。

4 外国会社との取引

(1) 代表権限の所在およびその確認

外国会社を代表するのは登記された代表者である（会社法817条）。かかる代表者は、日本における支店の営業に関する代表権を有するので、登記事項証明書において確認したうえで、かかる代表者と取引を行えばよいこととなる（ただし、実務上は当該取引が外国における営業に関するものである場合は、本国における代表者の意思確認を行うのが妥当である）。

取引に印鑑を使用するときは、印鑑登録証明書の提出を求める。しかし、外国会社の日本における代表者が外国人である場合には、署名により登記等が可能であるので、必ずしも印鑑登録がなされない。この場合は、外国人登録法による外国人登録証明書（あるいは大公使館・領事館発行のサイン証明書）を提出してもらい、国籍、姓名、生年月日等を確認し、サイン照合を行い、代表者の同一性を確かめることとなる。

そのほか、銀行取引に関する準拠法、担保徴求の際の注意点等は、「外国人との取引」の場合の取扱いと同様に考えてよい。

(2) **権利能力の制限**

外国会社は、日本において成立する同種の法人と同一の権利能力を有する（民法35条2項）。もっとも、外国法人については、権利能力が一定の範囲で法令により制限されている（同条項ただし書）。具体的には、土地の権利取得につき政令による制限を付すことができるとする外国人土地法1条、日本に本店があり業務執行者全員が日本人でなければ日本国籍の船舶を所有できないとする船舶法1条、外国会社は日本国籍の航空機を保有できないとする航空法4条、外国会社は鉱業権・租鉱権を有し得ないとする鉱業法17条・87条等の権利享有制限があるほか、放送事業を禁止する電波法5条等の営業活動の制限がある。

対外的取引については外為法等、法令上の制限の有無にも注意を要する。

(3) **外国会社の自己取引**

外国会社の自己取引については、特別な規制はないが、民法108条の適用ありと考えて処理すればよいと思われる。

5　その他の営利法人との取引

(1) **相互会社との取引**

相互会社の意思決定機関は社員総会であるが、定款によりそれに代わる機関として社員総代会が置かれているのが一般的である（保険業法42条）。

このほか、会社の機関として取締役、取締役会、監査役があり、株式会社

の機関に関する規定の大部分が準用されている。したがって、会社の代表権に関する事項や、自己取引等については株式会社に準じて扱われるので、取引をする際の注意点も株式会社と同様に考えてよい。

なお、相互会社の社員は会社に対して保険料を限度とする有限責任を負うにとどまる（保険業法31条）。

(2) 持株会社との取引

会社法上、持株会社という独自の会社形態が認められたわけではないので、持株会社との取引にあたっては、持株会社がどの形態の会社にあたるのかを確認したうえで（株式会社であることが多い）、その会社形態との取引における通常の注意点を確認する必要がある。

融資先としては、多くの子会社の株式等の資産を有する場合には、通常は安全であるといえる。もっとも、持株会社の収入は子会社等に関する配当収入・金利収入等が主であるし、持株会社が子会社等の債務の保証や保証予約をしている場合もあるから、回収確保の面では、持株会社だけではなくその子会社にも注意すべきである。

(3) 清算法人との取引

会社が解散すると、解散が合併・破産手続の開始以外による場合を除いて、会社は清算を行わなければならない（会社法475条1号・644条1号）。清算をする株式会社（清算株式会社）および持分会社（清算持分会社）は、清算の目的の範囲内において清算が結了するまで権利能力を有する（同法476条・645条）。解散および清算結了については登記事項である（同法926条・929条）。したがって、清算法人（清算株式会社および清算持分会社）と取引をする場合、登記事項証明書により、当該法人の解散の登記がなされていることおよび清算結了の登記がなされていないことを確認すべきである。

清算株式会社には、株式会社の機関設計に関する会社法326条から328条の規定は適用されない（同法477条7項）。清算株式会社には1人以上の清算人を置かなければならず（同条1項）、清算の開始により取締役は清算人に就任し（同法478条1項1号）、明文の規定はないが、取締役はその地位を失う

と解されている。そのほかに定款で定める者や、総会決議で選任された者が清算人となる（同項2号・3号）。このルールによって清算人となるものがいない場合には、利害関係人の請求により、裁判所が清算人を選任する。

清算人は各自が清算株式会社を代表するが（会社法483条1項・2項）、代表清算人を定めたときには、代表清算人のみが株式会社を代表する（同条1項ただし書）。清算持分会社においても同様である（同法655条）。清算人ないし代表清算人の就任・解任については登記事項（同法928条1項ないし4項）なので、清算法人との取引の際には登記事項証明書によってその代表者を確認することとなる。

前述のとおり、清算法人の権利能力は目的の範囲によって制限されるので、清算法人との取引をする際には、当該取引が目的の範囲内であることを確認する必要がある。

清算人の利益相反行為については、株主総会の普通決議による承認（持分会社においては社員の過半数の承認）があればよいため（会社法482条4項・356条・651条2項・595条）、当該承認決議の議事録の写しあるいは承認を得た旨の確認の書面を受け入れることとなる。

III 非営利法人との取引

1 一般社団法人との取引

(1) 代表権限の所在と確認

理事会を設置している一般社団法人（以下、「理事会設置一般社団法人」という）では、代表理事の選任が必要であり（一般社団・財団法人法90条3項）、代表理事が法人を代表するので（同法77条4項）、代表理事と取引を行うこととなる。代表理事の氏名については登記事項（同法301条2項6号）なので、登記事項証明書を確認すればよい。

もっとも、多額の借財その他の重要な業務執行の決定は、理事会の決議事

項であり、代表理事に委任することはできないので（一般社団・財団法人法90条4項）、これに該当するおそれがある取引を行う際には理事会の議事録の写しあるいは理事会の決議を得た旨の確認書により決議がされていることを確認すべきである。

理事会を設置していない一般社団法人（以下、「非理事会設置一般社団法人」という）では、各理事が法人を代表するが、代表理事等代表者を定めたときは、その代表理事が法人を代表する（一般社団・財団法人法77条1項・2項・4項）。理事および代表理事の氏名は登記事項であるから（同法301条2項5号・6号）、登記事項証明書によって代表権のある理事を確認し、その理事と取引を行えばよい。

(2) 目的の範囲による取引制限

前述したとおり、法人の権利能力はその目的により制限されるが、営利法人においては「目的の範囲」について、非常に緩く解する傾向にある。これに対し、非営利法人については、法人の公益性や公的な性格から、「目的の範囲」について営利法人に比して厳格に解すべきものとされてきた。判例においても、税理士会の政治献金のための費用の徴収について目的の範囲外としたもの（最判平成8・3・19民集50巻3号615頁）やいわゆる員外貸付けに関して目的の範囲外として無効としたものがある（最判昭和41・4・26民集20巻4号849頁、最判昭和44・7・4民集23巻8号1347頁）。したがって、一般社団法人との取引をする場合には、当該取引が目的の範囲内か否かにつき、より一層慎重な検討が求められるといえる。

(3) 利益相反取引規制

理事が自己または第三者のために一般社団法人と取引をしようとするとき、あるいは一般社団法人が理事の債務を保証することその他理事以外の者との間において一般社団法人と当該理事との利益が相反する取引をしようとするときは、理事会設置一般社団法人においては理事会、非理事会設置一般社団法人にあっては社員総会に当該取引の重要な事実を開示して承認を受けなければならない（一般社団・財団法人法84条1項・92条）。

利益相反に該当するかどうかおよび違反した場合の取引の効力についての考え方は営利法人におけるものと同様である。実務上は、理事会または社員総会の承認のあることを確認するため、その議事録の写しあるいはこれに準ずる確認書を求めるべきである

2　一般財団法人との取引

(1)　代表権限の所在と確認

　一般財団法人における業務執行の決定および業務執行に関しては理事会設置一般社団法人と同様である（一般社団・財団法人法197条）。代表理事が法人を代表するので（同法77条4項）、代表理事と取引を行うこととなる。代表理事の氏名については登記事項（同法301条2項6号）なので、登記事項証明書を確認すればよい。

　もっとも、多額の借財その他の重要な業務執行の決定は、理事会の決議事項であり、代表理事に委任することはできないので（同法90条4項）、これに該当するおそれのある取引を行う際には理事会の議事録の写しあるいはこれに準ずる確認書を求めるべきである。

(2)　目的の範囲による取引制限および利益相反取引規制

　一般社団法人におけるのと同様である。

3　公益社団法人・公益財団法人との取引

　公益社団法人・公益財団法人は、それぞれ理事会設置一般社団法人・一般財団法人の一種であるから、これらとの取引に準じて扱うこととなる。ただし、公益性・公共性がより高いので、目的の範囲による権利能力の制限についてはより一層気をつけなければならない。

4　宗教法人との取引

(1)　代表権限の所在とその確認

　宗教法人には3人以上の責任役員を置き、そのうちの1人を代表役員とす

る（宗教法人法18条1項）。代表役員は宗教法人を代表し事務を総理する（同条3項）。代表役員は登記されるので（同法52条2項6号）、登記事項証明書で確認のうえ、代表役員と取引を行えばよい。

(2) **目的の範囲による取引制限**

宗教法人の目的の範囲は規則で定められるが、営利法人の場合に比べて狭く解釈される。本来の宗教活動のほか、公益事業やその目的に反しない限りにおいて公益事業以外の事業を行うことができるが、そこで生じた収益は当該宗教法人もしくは公益事業のために使用しなければならないという制限が課せられている（宗教法人法6条）。したがって、宗教法人との間で与信取引等を行う際には、規則の提出を求め、当該取引における資金使途が規則に定められた事業の目的の範囲内であることを確認する必要がある。

(3) **債務負担行為に関する制限**

宗教法人が、会計年度内に償還する一時借入れ以外の借入れや保証のほか不動産・宝物等を処分し、または担保差入れをする場合には、規則に別段の定めがない限り、責任役員定員の過半数の同意を要する（宗教法人法19条）。さらに融資実行の1カ月以上前に、信者その他利害関係人に対し、その要旨を公告する必要がある。これに反して行われた行為は原則として無効となる（同法23条・24条）。したがって、宗教法人との間で融資取引等を行う際は、責任役員会議事録の写し等により承認決議を確かめ、公告の事実を確認する資料を徴求すべきである。また、規則により、包括宗教団体の承認や同意が要求されているような場合には、承認書の写しや同意書を徴求する。

(4) **利益相反行為**

代表役員と宗教法人の利益が相反する事項については、代表役員は代表権を有しないため、規則の定めにより仮代表役員の選任を求め、同人と取引をする（宗教法人法21条）。この際には仮代表役員の選任を承認する資料を徴求すべきである。

5 学校法人との取引

(1) 代表権限の所在と確認

学校法人には5人以上の理事が置かれ、理事のうち1人は寄附行為の定めるところにより理事長になる（私立学校法35条）。理事長は学校を代表し、その業務を総理する（同法37条1項）。理事長を除く理事は、寄附行為の定めるところにより学校法人を代表する（同条2項）。代表権を有する者の氏名、住所、資格は登記される（組合等登記令2条2項4号）。したがって、学校法人との取引の際には、登記事項証明書により代表権のある者を確認し、その者と取引を行えばよいこととなる。

(2) 目的の範囲による取引制限

学校法人における「目的」の範囲は、基本的に一般社団法人のところで述べたことが参考になるが、学校を経営し教育事業を行う法人である点に注意する必要がある。

学校法人の目的は寄附行為に定められ、本来の教育事業のほか、私立学校の教育に支障のない限り収益事業を行うことができるが、そこから得る収益は私立学校の経営に充てる必要がある（私立学校法26条1項）。さらに、収益事業については寄附行為に記載され（同法30条1項9号）、融資取引の際には資金使途とされている収益事業が寄附行為に記載されたものであることを確認すべきである。なお、かかる収益事業の種類として投機的なもの、風俗営業等は禁じられている（平成12年文部省告示第40号）。

(3) 債務負担行為に関する制限

学校法人が借入れ（当該会計年度内の収入をもって償還する一時の借入金を除く）や重要な資産の処分（担保設定行為も含まれる）を行うには評議員会の意見を聞かねばならず、さらに寄附行為をもって評議員会の議決を要するものとすることができるが（私立学校法42条）、現実にはその種の定めがされていることが多い。したがって、融資取引にあたってはかかる議決を証する書面を受けることが必要である。

なお、判例は、学校法人の理事長が、借入れをするにつき評議員会の議決を要する旨および理事の3分の2以上の同意がなければならない旨の寄附行為所定の手続を履践しないでした金員借入れについては無効だが、善意の第三者には対抗できないとしている（最判昭和58・6・21金法1043号92頁）。

(4) 利益相反取引規制

理事（長）と学校法人の利益相反行為となる取引については、他に学校法人を代表する理事がいる場合はその理事と取引すればよいが、通常、理事長以外の理事は代表権を制限されているので、その際は所轄庁が選任した特別代理人を相手に行うこととなる（私立学校法40条の5）。

6　医療法人との取引

(1) 代表権限の所在と確認

医療法人には原則として3人以上の理事が置かれ（医療法46条の2第1項）、そのうち1人を理事長とし、理事長が医療法人を代表する（同法46条の4第1項）。代表権を有する者の氏名、住所、資格は登記される（組合等登記令2条2項4号）。

したがって、医療法人との取引の際には、登記事項証明書により、代表権のある理事長を確認し、その者と取引を行えばよいこととなる。

(2) 目的の範囲による取引制限

医療法人は、自主的にその運営基盤の強化を図るとともに、その提供する医療の質の向上およびその運営の透明性の確保を図り、その地域における医療の重要な担い手としての役割を積極的に果たすよう努めなければならないとされている（医療法40条の2）。医療法人のうち、法定の要件に該当するものとして都道府県知事の認定を受けた者は、病院・診療所などの業務に支障がない限り、定款または寄附行為の定めるところにより厚生労働大臣の定める収益業務を行うことができるが、その収益は病院・診療所等の経営に充てることを目的としなければならない（同法42条の2。この医療法人を社会医療法人という）。

医療法人の目的は本来の非営利性からして厳格に解釈されるので、融資取引の際には、その資金使途が目的に沿ったものであることの確認が必要である。

なお、債務負担行為に関する特別の制限条項はない。

(3) 利益相反取引規制

法人と理事との利益が相反する行為を理事が行う場合には、理事は法人の代理権を有しない。この場合、都道府県知事は、利害関係人の請求または職権で特別代理人を選任しなければならない（医療法46条の4第6項）。したがって、利益相反が生じるおそれがある場合には、かかる特別代理人を相手に取引を行うこととなる。

7　社会福祉法人との取引

(1) 代表権限の所在と確認

社会福祉法人には3人以上の理事が置かれ（社会福祉法36条）、各理事が社会福祉法人を代表するが、定款をもってその代表権を制限することは可能とされている（同法38条）。この制限は登記事項となっている（組合等登記令2条2項6号）ので、登記事項証明書により社会福祉法人を代表する理事を確認し、その者と取引を行えばよい。

また、定款で社会福祉法人の業務に関する重要事項を、評議員会の議決事項とすることができる（社会福祉法42条3項）ので、借入れや担保の提供を受ける場合には定款を確認し、必要であれば評議員会の議事録の写しを確認すべきである（借入れや保証や担保提供等は重要事項とされていることが多い）。さらに、通常、社会福祉法人の基本財産を処分したり担保提供したりする場合は、定款で所轄庁の承認が必要とされているので、その承認書の写しが必要である。

(2) 目的の範囲による取引制限

社会福祉法人は、その経営する社会福祉事業に支障のない限り、公益事業や収益事業を行うことができるが、収益事業の収益は社会福祉事業もしくは

公益事業の経営に充てる必要がある（社会福祉法26条）。

融資取引の際には資金使途が目的の範囲内にあることの確認が必要である。

(3) **利益相反取引規制**

社会福祉法人と理事との利益が相反する行為を理事が行う場合には、理事は社会福祉法人の代理権を有しない。この場合、所轄庁が選任した特別代理人を相手に取引をすることとなる（社会福祉法39条の4）。

8　NPO法人との取引

(1) **代表権限の所在および確認方法**

NPO法人には3人以上の理事が置かれ（特定非営利活動促進法15条）、各理事がNPO法人を代表するが、定款をもってその代表権を制限することは可能である（同法16条）。したがって、取引の相手方は理事とするが、定款によって代表権の制限の有無を確認し、制限がある場合には、それに応じた対応を行う。

(2) **目的の範囲による取引制限**

融資取引等が目的の範囲内かどうかについては、NPO法人が特定の非営利活動を行うことを目的として認められた法人であることから、慎重に検討することが必要である。

(3) **利益相反取引規制**

NPO法人と理事との利益が相反する行為を理事が行う場合には、理事はNPO法人の代理権を有しない。この場合、所轄庁が選任した特別代理人を相手に取引をすることとなる（特定非営利活動促進法17条の4）。

9　協同組合との取引

(1) **中小企業等協同組合**

㋐ **代表権限の所在およびその確認**

中小企業等協同組合には、3人以上の理事が置かれ、理事会も設置される（中小企業等協同組合法35条1項・2項・36条の5第1項）。理事会は、理事の中

から組合を代表する代表理事を選定しなければならない（同法36条の8第1項）。当該代表権に制限を加えても善意の第三者には対抗できない（同法36条の8第3項）。代表理事の氏名・住所は登記事項であるので（同法84条2項7号）、登記事項証明書で確認し、代表理事と取引を行えばよい。

　また、理事会によっては参事、会計主任を選任することが可能であり（中小企業等協同組合法44条1項）、参事は、組合の事業に関するいっさいの裁判上または裁判外の行為を行う権限を有する。会計主任の権限について法に定めがないが、会計事務の担当者である。預金取引については参事、会計主任と行ってもよいと思われる。

　　(イ)　目的の範囲による取引制限

　融資取引等が定款の目的の範囲内かどうかを慎重に検討する必要がある。実際には、組合員への貸与、組合員のためにする借入れおよび組合員の債務の保証等が、組合の行う事業として定款に記載されている例が多いので、この点の確認を行う必要がある。

　　(ウ)　利益相反取引規制

　理事は、自己または第三者のために組合と取引をしようとするとき、あるいは組合が理事の債務を保証することその他理事以外の者との間において組合と当該理事との利益が相反する取引をしようとするときは、理事会において、当該取引につき重要な事実を開示し、その承認を受けなければならない（中小企業等協同組合法38条）。

(2)　農業協同組合との取引

　　(ア)　代表権限の所在およびその確認

　農業協同組合には、理事が置かれ、理事会も設置される（農業協同組合法30条1項・2項・32条1項）。理事会は、理事の中から組合を代表する代表理事を選定しなければならない（同法35条の3第1項）。代表理事は、組合の業務に関するいっさいの裁判上または裁判外の行為をする権限を有し（同条2項）、かかる代表権に制限を加えても善意の第三者には対抗できない（同法35条の4第2項、会社法354条）。代表理事の氏名・住所は登記事項であるので

(同法74条2項5号)、登記事項証明書で確認し、代表理事と取引を行えばよい。

また、理事会によっては参事、会計主任を選任することが可能であり（農業協同組合法41条1項）、参事は、組合の事業に関するいっさいの裁判上または裁判外の行為を行う権限を有する（同条3項、会社法11条1項）。会計主任の権限について法に定めがないが、会計事務の担当者である。預金取引については参事、会計主任と行ってもよいと思われる。

(イ) **目的の範囲による取引制限**

農業協同組合は、その行う事業によって、その組合員および会員のために最大の奉仕をすることを目的とし、営利を目的としてその事業を行ってはならないとされている（農業協同組合法8条）。かかる規定に鑑み、農業協同組合との融資取引等が組合の目的の範囲内かどうかについては慎重に検討する必要がある。

(ウ) **利益相反取引規制**

理事は、理事会（経営管理委員がいる組合は経営管理委員会）の承認を得た場合に限り組合と契約ができる（農業協同組合法35条の2第2項）。中小企業協同組合法38条のように間接取引が含まれる旨明記されていないが、利益相反となる間接取引は含まれないと解する実質的な根拠は乏しく、間接取引も含まれるものとして考えるべきであろう。したがって、利益相反となるおそれのある間接取引を行う際には、理事会の承認決議がなされていることの確認をしてから取引を行うべきである。

(3) **水産業協同組合との取引**

(ア) **代表権限の所在とその確認**

水産業協同組合には、理事が置かれ、理事会も設置される（水産業協同組合法34条1項・36条1項）。理事会は、理事の中から組合を代表する代表理事を選定しなければならない（同法39条の3第1項）。代表理事は、組合の業務に関するいっさいの裁判上または裁判外の行為をする権限を有し（同条2項）、かかる代表権に制限を加えても善意の第三者には対抗できない（同法

39条の4第2項、会社法354条)。代表理事の氏名・住所は登記事項であるので (水産業協同組合法101条2項7号)、登記事項証明書で確認し、代表理事と取引を行えばよい。

また、理事会によっては参事、会計主任を選任することが可能であり(水産業協同組合法45条1項)、参事は、組合の事業に関するいっさいの裁判上または裁判外の行為を行う権限を有する(同条3項、会社法11条1項)。会計主任の権限について法に定めがないが、会計事務の担当者である。預金取引については参事、会計主任と行ってもよいと思われる。

(イ) 目的の範囲による取引制限

組合は、その行う事業によってその組合員または会員のために直接の奉仕をすることを目的とする(水産業協同組合法4条)。かかる規定に鑑み、水産業協同組合との融資取引等が組合の目的の範囲内かどうかについては慎重に検討する必要がある。

(ウ) 利益相反取引規制

理事は、理事会(経営管理委員がいる組合は経営管理委員会)の承認を得た場合に限り組合と契約ができる(水産業協同組合法39条の2第2項)。農業協同組合と同様に間接取引も含まれるものとして考えるべきであろう。

したがって、利益相反となる間接取引を行う際には、承認決議がなされていることの確認をしてから取引を行うべきである。

(4) 消費生活協同組合との取引

(ア) 代表権限の所在とその確認

消費生活協同組合には、理事と監事が設置され、理事会も設置される(消費生活協同組合法27条・30条の4第1項)。理事会は、理事の中から組合を代表する代表理事を選定しなければならない(同法30条の9第1項)。代表理事は、組合の業務に関するいっさいの裁判上または裁判外の行為をする権限を有し(同条2項)、かかる代表権に制限を加えても善意の第三者には対抗できない(同条3項)。代表理事の氏名・住所は登記事項であるので(消費生活協同組合法74条2項5号)、登記事項証明書で確認し、代表理事と取引を行え

141

(イ)　**目的の範囲による取引制限**

　組合は、その行う事業によって、その組合員および会員に最大の奉仕をすることを目的とし、営利を目的としてその事業を行ってはならない（消費生活協同組合法9条）。かかる規定に鑑み、消費生活協同組合との融資取引等が組合の目的の範囲内かどうかについては慎重に検討する必要がある。

　　　(ウ)　**利益相反取引規制**

　理事は、自己または第三者のために組合と取引をしようとするとき、あるいは組合が理事の債務を保証することその他理事以外の者との間において組合と当該理事との利益が相反する取引をしようとするときは、理事会において、当該取引につき重要な事実を開示し、その承認を受けなければならない（消費生活協同組合法31条の2）。

10　公法人との取引

(1)　地方公共団体

　　　(ア)　**預金取引**

　地方自治法170条1項・2項によれば、現金の出納および保管、小切手の振出等は会計管理者の権限とされているから、預金取引の相手方は会計管理者とすべきである。

　地方公共団体の預金口座名義については、地方公共団体は法人であり、権利義務の主体となるから、当該団体名義とするというのが総務省の考え方である（この場合、会計執行機関ないし預金取引権限者として会計管理者を記載することになろう）。

　　　(イ)　**融資取引**

　融資取引に係る契約の締結は、長の権限に属することと解されており（一時借入金については地方自治法235条の3第1項に明文がある）、契約書等は長またはその委任を受けた者が記名押印しなければならない（同法234条5項）。判例でも、約束手形の振出しは地方公共団体の長の権限に属するとされてい

る（最判昭和41・6・21民集20巻5号1078頁）。ただし、現金その他会計事務の執行は会計管理者に権限があるので、実際上は貸出金を会計管理者の管理する預金口座に入金することとなる。

地方公共団体の借入れには一時借入れと地方債とがある。会計年度内の歳入をもって償還するものを一時借入れといい（地方自治法235条の3第1項・3項）、会計年度をまたがる超過借入れを地方債という（地方自治法230条1項・地方財政法5条以下）。そのいずれも予算に含めて議会の議決がなされなければならない（地方自治法235条の3第2項・230条2項）。

したがって、一時借入れについては予算書、予算に関する説明書（資金使途の確認）、執行手続（計画）各写しの提出を受け、一時借入れの最高限度額内かつ予算内の支出に充てる資金であることを確認する。なお、地方債については協議制であり（地方財政法5条の3）、一定の地方公共団体に限り許可を要するものとなっている（同法5条の4）から、地方債については総務大臣または都道府県知事の許可の要否を確認のうえ、許可を要する場合には許可書、それ以外の場合は協議・同意書の写し等の提出を求める。

　(ウ)　保証取引

地方公共団体は、個人の債務の保証については特に法律上禁止されていないが、法人の債務については、原則として保証することはできない（法人に対する政府の財政援助の制限に関する法律3条）。これに対し、損失補償契約に関しては、行政解釈によれば地方公共団体の福祉に適合すれば差し支えないとされている（昭和25・11・4民甲第2929号法務省民事局長回答）。

(2)　独立行政法人

　(ア)　代表権限の所在とその確認

独立行政法人の長は独立行政法人を代表する（独立行政法人通則法19条1項）。代表者の氏名等は登記事項であり、他の役員に一定の範囲で代表権を与えたときはその範囲等も登記される（独立行政法人等登記令2条2項5号）から、登記事項証明書で代表者を確認し、その者と取引を行えばよい。

(イ) 利益相反取引規制

独立行政法人と法人の長その他の代表権を有する役員との利益相反事項については、監事が独立行政法人を代表する（独立行政法人通則法24条）。

(ウ) 取引上の注意点

主務大臣は独立行政法人に対して業務運営に関する中期目標を定めて指示し、独立行政法人はこれに基づき中期計画を作成し、主務大臣の認可を受けなければならない（独立行政法人通則法30条）。中期計画においては、短期借入金の限度額、重要な財産の譲渡、担保提供の計画等も定められる。独立行政法人は、原則として中期計画に定められた範囲内でしか短期借入れを行うことができず、その借入金は当該事業年度内に償還しなければならない（同法45条）。

また、その他にも以下のような厳格な制限があるので注意する必要がある。①長期借入れおよび債券の発行は、個別法において規定された場合に限り認められる（独立行政法人通則法45条5項）。②余裕金の運用は、公共債、預金等に限られる（同法47条）。③重要な財産の譲渡や担保提供には、中期計画に従ってなされる場合を除き、主務大臣の認可が必要（同法48条）である。

11 権利能力なき社団との取引

(1) 権利能力なき社団であることの確認

権利能力なき社団はその存在につき公示されないので、次の要件を充足しているかをまずは検討しなければならない。判例は、権利能力なき社団につき、①団体としての組織を備え、②多数決の原理が行われ、③構成員の変動にもかかわらず団体が存続し、④その組織において代表の方法、総会の運営、財産の管理等、団体としての重要な点が確定しているものは権利能力なき社団といえるとしている（最判昭和39・10・15民集18巻8号1671頁）。かかる要件の認定を誤り、単なる団体と取引した場合には、当該取引が無効となるおそれがあるので注意が必要である。

(2) 代表権限

　権利能力なき社団との取引はその代表者と行うこととなるから、規則による代表者の選任方法を確認し、総会または役員会の議事録の写し等により代表者を確認する必要がある。

(3) 取引上の注意点

(ア) 預金取引上の問題点

　社団の財産は社団員の総有に属する。すなわち、社団の財産と団員個人の財産とは区別され、社団員は総会その他の組織を通じて、その管理運用に参加するだけで、個々の財産につき持分をもたない。したがって、個々の社団員が預金の払戻しを請求することはできないことに注意する必要がある。

(イ) 融資取引上の問題点

　社団の負債もまた総有的であり、社団の総有財産だけが、その引当てとなり、各社団員は直接債権者に対しては責任をもたない（最判昭和48・10・9民集27巻9号1129頁）。そこで、実務上は有力者の連帯保証や物的担保の提供を求めるべきである。

(ウ) 担保取引上の注意点

　不動産の所有権は、権利能力なき社団名義では登記できず、代表者個人名義となるので注意を要する。担保取得する場合には、登記上の所有者である代表者から直接担保差入れを受けた形式（物上保証形式）をとっておかないと登記が受理されない。また、登記に必要な委任状、印鑑証明書等も、登記上の所有者である代表者のものを徴求しておく必要がある。

12　民法上の組合との取引

(1) 代表権限の所在とその確認

　業務の執行は組合員の過半数の決議で行うが、あらかじめ執行者を定め、その者が組合員を代表して取引を行うこともできる。（民法670条）。この場合委任関係を示す組合員全員の署名ある書面または総会の議事録等（印鑑証明書添付）による確認を要する。全員の署名をとることが困難なときは、主

たる組合員のみの個人保証等で済ませることもやむを得ない。

(2) 目的の範囲と取引制限

基本的な考え方は株式会社と変わらない。

(3) 取引上の注意点

組合の財産は組合員全員の共有であるので、担保として受け入れる場合は組合員全員の意思によらねばならない（民法668条）。そこで、組合の財産につき担保を設定する際には総会の議事録等により全員の意思に基づくものであることを確認し、全員との間で担保設定契約を締結する。

組合が業務執行者により銀行に負担した債務は、全組合員に帰属することとなるが、各組合員は、損益分配の割合に応じて個人的債務を負担するにすぎない。この損益分配の割合を当事者が定めなかったときは、その割合は各組合員の出資の価格に応じて定めることとなる（民法674条1項）。しかし、組合の債権者である銀行が、債権発生の当時組合員の損失分担の割合を知らないときは、各組合員に均分に債権行使ができる（同法675条）。いずれにしても、債権保全面で問題が生じやすいので業務執行者および有力組合員を連帯保証人とする必要がある。

13 商法上の匿名組合との取引

商法上の匿名組合においては、組合員の出資は営業者の財産に帰属し、外部に対しては営業者だけが営業をなし、営業者のみが第三者との間で権利義務を有することとなるから（商法536条4項）、取引は営業者の個人取引として扱えばよい。

第4章　預金取引

Ⅰ　預金取引の基本

1　預金契約の法的意義

(1)　「預金」の定義

「預金」という用語は、預金者が金銭を預け入れる行為、預金者と預入機関との間の預金契約、あるいは預金契約に基づいて成立した預金債権などさまざまな意味で用いられる。また預金契約の意味で用いる場合でも、当座預金、普通預金および納税準備預金では、口座開設目的の勘定設定契約と、これに基づく個々の預金の2つの意味を含んでいるが、ここでは、預金債権を成立させる合意として各種預金契約に共通する内容を考察する。

預金契約を定義すると、「金融取引を業として営む者（金融機関）に対する金銭消費寄託（同種同量のものの返還を約してする寄託、期限の定めがない場合にいつでも返還を請求できる点で消費貸借と異なる）」ということができる。したがって、第1に、金銭受入主体が金融取引を業として営む者であること、第2に、金銭を目的とすること、第3に、金銭を消費寄託として預け入れること、の3つが要件となる。なお、預金契約の対象は金銭であるが、現実の金銭を授受する必要はない。

(2)　実定法の規定と預金の意義

預金取引の歴史は古く、また現代においては日常的大衆的な取引類型であるにもかかわらず、実定私法上、預金契約に関する規定は少ない。商法上は銀行取引を営業的商行為と規定している（商法502条8号）ものの預金契約そ

のものに関する規定はなく、また民法上も（預金に適用されるべき）契約に関する一般規定しかないことから、預金取引に関する私法的関係の多くは約款および商慣習により決せられることとなる。

一方、公法上では、預金取引を営む主体を免許を受けた銀行等に限定し、営業の方法・態様等を制限する法令において預金に言及することは少なくないが、預金の定義規定はおかれていない。

銀行法では、銀行業務の内容を定めるにあたり、「預金の受入れ」を銀行業における受信業務の中心としている（銀行法2条2項）が、これにより免許が必要な営業範囲が確定し、銀行法の適用領域が決まる（同法4条）ことから、「預金の受入れ」は従来銀行等が行ってきた預金の受入れを意味するものと解される。

上記のとおり、実定法上預金の定義は明らかではないが、実務上は一般に金銭消費寄託たる性質を有するすべての受入金を指すものと解されている。預金者保護を目的とする預金保険法、業としての預り金を規制した出資法（正式名称は「出資の受入れ、預り金及び金利等の取締りに関する法律」）等においても、大衆からの金銭の受入れは広く預金と同様に扱われている。規制目的に応じて預金の意義は異なりうるが、私法上の概念としての預金に類する諸取引を網羅的に対象としており、預金の意義は統一的に把握されている。

(3) 預金契約の法的性格

預金の法的性質については、消費寄託にあたるというのが通説・判例である。

預金契約は、銀行が顧客から金銭を預かり、後日顧客から返還の請求を受けたときに、同額の金銭を返還することを内容とする契約である（実際には同額の元金に利息を加えて支払う）。このように、受け取った金銭そのものは消費しつつ、後日、それと同種・同等・同量の物を返還することを約する契約を、消費寄託契約（民法666条）という。

消費寄託契約は要物契約のため、顧客の「預けます」という意思表示と、銀行の「預かります」という意思表示の合致だけではなく、実際に寄託対象

物である金銭等の授受があって初めて成立する。

　預金契約が成立すると、顧客は銀行に対して預金の払戻しを請求する権利を取得する。この預金払戻請求権は、指名債権としての性質を有しているため、手形・小切手のような指図債権や、無記名債権と異なり、その権利を裏書や証券の交付によっては譲渡することができない。これを譲渡するには、民法467条に定める指名債権譲渡の手続をとることが必要となる。ただし、譲渡性預金（NCD）以外の預金については、通常、預金約款の中に譲渡禁止に係る特約条項が盛り込まれているため、銀行の承諾がなければ、譲受人は銀行に対して債権譲渡の効力を主張できないとされている。

(4) 消費寄託契約

　寄託とは、当事者の一方（受寄者）が相手方（寄託者）のためにある物を保管する契約であり（民法657条）、寄託者は、受寄者に対し、返還時期の有無にかかわらずいつでも目的物の返還を請求できる（同法662条）。また、受寄者が銀行のように商人である場合、無償で行うときでも善管注意義務を負う（商法593条）。

　消費寄託とは、受寄者が目的物の保管にとどまらず、消費することもできる寄託契約であり、消費貸借に類似することから、消費貸借（融資（金銭の貸付け）が代表例）の規定が準用される（民法666条1項）。したがって、受寄者は、寄託された物自体を返還せずに、同種・同等・同量の物を返還すれば足りるし（同法587条）、寄託者に利息を払うことも予定されている（同法590条1項）。目的物の返還時期を定めた場合、寄託者は、それまでの間、受寄者に目的物の返還を請求できない。ただし、返還時期の定めがない場合は、消費寄託では、消費貸借と異なり、いつでも目的物の返還を請求できる（同法666条2項）。

　なお、銀行は、付随業務として、手数料を得て有価証券、貴金属その他の保護預かりを行うことができるが（銀行法10条2項10号）、その法的性質は有償寄託である。

(5) 委任契約と預金取引上の地位の承継

「預金の法的性質は消費寄託」との判例・通説に対し、最判平成21・1・22民集63巻1号228頁・金法1864号27頁は、相続人の1人からの被相続人名義の普通預金および定期預金の取引経過の開示請求事案について、「預金契約は、預金者が金融機関に金銭の保管を委託し、金融機関は預金者に同種、同額の金銭を返還する義務を負うことを内容とするものであるから、消費寄託の性質を有するものである。しかし、預金契約に基づいて金融機関の処理すべき事務には、預金の返還だけでなく、振込入金の受入れ、各種料金の自動支払、利息の入金、定期預金の自動継続処理等、委任事務ないし準委任事務（以下「委任事務等」という。）の性質を有するものも多く含まれている」として、預金契約には委任契約も含まれる旨判示した。

そして、預金の取引経過の開示請求権の法的根拠については、従来より、（準）委任説、（契約上の）付随義務説、信義則説などが主張されていたが、「委任契約や準委任契約においては、受任者は委任者の求めに応じて委任事務等の処理の状況を報告すべき義務を負うが（民法645条、656条）、これは、委任者にとって、委任事務等の処理状況を正確に把握するとともに、受任者の事務処理の適切さについて判断するためには、受任者から適宜上記報告を受けることが必要不可欠であるためと解される。このことは預金契約において金融機関が処理すべき事務についても同様であり、預金口座の取引経過は、預金契約に基づく金融機関の事務処理を反映したものであるから、預金者にとって、その開示を受けることが、預金の増減とその原因等について正確に把握するとともに、金融機関の事務処理の適切さについて判断するために必要不可欠であるということができる。したがって、金融機関は、預金契約に基づき、預金者の求めに応じて預金口座の取引経過を開示すべき義務を負うと解するのが相当である」として、取引経過の開示請求権は委任契約に基づくものであることを明確にした。

さらに、「預金者が死亡した場合、その共同相続人の一人は、預金債権の一部を相続により取得するにとどまるが、これとは別に、共同相続人全員に

帰属する預金契約上の地位に基づき、被相続人名義の預金口座についてその取引経過の開示を求める権利を単独で行使することができる（同法264条、252条ただし書）というべきであり、他の共同相続人全員の同意がないことは上記権利行使を妨げる理由となるものではない」として、取引経過の開示請求権に係る預金契約上の地位は相続人に承継される、とした。

2　預金規定

預金契約は消費寄託であるが、民法の消費寄託に関する規定や商習慣だけでは、預金取引のすべてを規定することはできない。したがって、預金者と銀行との間で具体的かつ詳細に取引方法や取引条件等について定めておく必要がある。

一方、預金取引は銀行と不特定多数の預金者との間の取引であるから、個々の預金者との間でかつ取引を行うたびに契約を締結することは困難である。そのため、あらかじめ銀行が定型的かつ普遍的な契約内容を定めておき、預金者はその契約内容を承諾したうえで取引を申し込み、これに銀行が応じる形態で取引が行われている。

上記のような一方的かつ定型的な契約条項は、一般的に普通取引約款と呼ばれている。また、預金者は銀行があらかじめ定めた約款に従わなければ、事実上預金取引を行うことができないことになるが、このような形態の契約を附合契約という。

各種の預金約款の中には、「払戻請求書、諸届その他の書類に使用された印影または署名（あるいは署名・暗証）を、届出の印鑑または署名鑑（あるいは署名・暗証）と相当の注意をもって照合し、相違ないものと認めて取り扱ったうえは、それらの書類につき偽造、変造その他の事故があっても、そのために生じた損害については、当行は責任を負いません」という旨の特約（免責約款）がおかれている。免責約款は、銀行取引の中でも不特定多数の取引先を相手とするとともに、大量の事務量を伴う預金業務を、迅速かつ簡便に処理するために、注意すべき事務処理を印鑑照合という作業に定型化し

た点に存在意義が認められる。このような免責約款の効力は従来より認められてきている一方で、印鑑照合において銀行が尽くすべき注意義務を怠った場合は、免責約款は適用されず、また注意義務の程度を軽減するものではないとされている。

3 預金通帳・証書

銀行は、預金者が口座を開設すれば、預金者に対して預金通帳または預金証書を発行する。そして、預金者は、預金の払戻しを請求する際には、通帳や証書の提出を求められる。

これは、不特定多数の預金者を相手として取引を行う銀行にとっては、払戻しを請求する者が正当な権利者であるか否かを、個々の取引ごとに調査することが困難なためである。

そして、預金通帳または証書の法的性格は、預金契約の成立と預金債権の存在を証明する証拠証券であって、権利と証券が不可分一体となっている有価証券とは異なるものと解されている。

また、銀行は、預金の払戻しの際には、届出印の捺印された払戻請求書等とともに預金通帳または証書の提出を求めることにより、その持参者に善意・無過失で支払った場合には、たとえ持参者が真の預金者ではなかった場合でも、預金約款等によって免責を受けることができることから、免責証券としての性格ももっている。

4 情報提供義務

銀行には行政法上の情報提供義務があり、預金等の取引においては、「預金又は定期積金等の受入れに関し、預金者等の保護に資するため、内閣府令で定めるところにより、預金等に係る契約の内容その他預金者等に参考となるべき情報の提供を行わなければならない」(銀行法12条の2第1項)とされている。具体的には、金利や手数料のほか、名称（通称を含む）、対象顧客者の範囲、預入期間（自動継続扱いの有無を含む）、最低預入金額・預入単位等、

払戻方法、利息の設定方法・支払方法・計算方法等、預入期間の中途での解約時の取扱い（利息および手数料の計算方法を含む）などである（銀行法施行規則13条の3）。

さらに、監督官庁である金融庁が定めたガイドライン「主要行等向けの総合的な監督指針」においても、「業務の適切性等」に係る「利用者保護のための情報提供等」の「Ⅲ—3—3—2　預金・リスク商品等の販売・説明態勢」の中で、預金等に関する情報提供を行わなければならない旨、規定されている。

Ⅱ　預金の種類

預金の商品性については、金融自由化が行われる以前は大蔵省の通達などによりさまざまな規制があったが、現在では一部を除き、元本保証であることを前提に、原則として各銀行の自由に委ねられている。

このことから、顧客ニーズの多様化などに対応して、既存の預金商品の商品性の改良、新しい預金商品の開発、古い預金商品の廃止なども行われており、預金の商品性が多様化している。

預金取引を行う金融機関は、以下に掲げる各種の預金を取り扱っている。銀行法施行規則は、銀行等が作成すべき業務報告書の様式を定めるが、これらの預金類型ごとに、貸借対照表の負債の部に区分して記載することとなっている。

なお、金融統計上、預入期間の定めなく支払請求時に払い戻す要求払預金（当座預金、普通預金、貯蓄預金、通知預金、納税準備預金）は通貨類似の機能を果たすために通貨性預金と呼ばれている。

1　当座預金

支払委託契約に基づき手形・小切手の支払いに充てるべき資金の預入れのための預金である。金融機関の取引先に対する貸出しは通常当座預金への入

金の方法をとり、かつ、その資金使用は手形・小切手の振出しによるため、信用創造の機能を果たす。当座勘定契約を前提とする。

(1) **当座勘定契約の法的性質**

一般に、預金契約の法的性質は消費寄託契約（民法666条）と考えられている。これは、単純な寄託契約では受寄者は預かったものを消費することはできないが、預金取引においては、銀行は預かった資金を運用することができ、預かった金額と同じ金額の金銭を返還すれば足りるからである。

一方、当座取引では、銀行はただ金銭を預かるだけではなく、手形・小切手の支払委託を受け、その支払資金として資金を預かることも含まれるので、その法的性質は単純な消費寄託のみであると考えることはできない。

当座勘定契約の法的性質については諸説あるが、消費寄託契約と委任契約の混合契約と考えるのが多数説である。支払資金としての資金の預入れという消費寄託の要素と、手形・小切手の支払いに関する事務処理を委託するという委任契約（正確には準委任）の要素が併存していると考えられるからである。

このうち前者を当座預金契約と呼ぶ場合、個々の預入行為ではなく、当座預金に関する基本契約を指すと考えられているが、現実に金銭の預入れがなくても当座預金契約が成立することは、要物契約である消費寄託契約の性質に反することから、当座預金契約は消費寄託の予約を含むものと考えられる。また、個々の預入れごとに預金債権が成立するのではなく、預金残高全額について1個の預金債権が成立する点は普通預金と同様である。

そして、後者の委任契約に関しては、手形・小切手の支払いに係る銀行の義務は当座勘定契約の相手方である当座勘定取引先に対して負うものであり、手形・小切手の所持人に対する義務ではない。したがって、銀行が正当な理由なく手形・小切手の支払いを行わなかった場合、当座勘定取引先に対しては債務不履行に基づく損害賠償責任を負うが、手形・小切手の所持人に対して債務不履行責任が生じることはない。

(2) 当座勘定取引の開始と銀行の責任

　支払手段としての小切手は、現金支払いに比べて勘定する手間が省けて危険性も少ないうえ、小切手の受取人は、自己の預金口座に入金して資金回収したり、第三者に譲渡して債務を弁済したり、銀行窓口で現金化できるなど利点が多い。また、取引銀行を支払場所とする約束手形や為替手形が呈示期間内に支払呈示された場合、手形に瑕疵や事故届等のない限り、支払指図があったものとして銀行は支払いに応じる。

　一方、一般市場で流通している小切手・手形が不渡りとなると、経済社会が混乱するうえ、不渡手形等の所持人は損害を被ることになる。また、当座勘定取引先による不渡濫発や手形詐欺があると、小切手・手形を交付した銀行の責任が問われたり、銀行自体の信用失墜にもつながりかねない。さらに、現在の統一手形用紙制度の下では、銀行が交付した手形・小切手でなければ銀行は支払いを行わないため、手形・小切手用紙自体に価値が生じることとなり、統一手形用紙・統一小切手用紙の高価売却のみを目的として当座勘定取引を申し込む当座開設屋なる者も存在する。

　したがって、銀行が新たに当座勘定取引を開始する場合は、申込人の権利能力・行為能力だけでなく、信用力・資金力・不渡事故の有無等に関する厳格な調査と慎重な判断が極めて重要である。なお、この信用調査義務は以下の裁判例のとおり、基本的には道義的義務にとどまるものと考えられているが、当座開設屋や不正目的で当座勘定取引を利用しようとする者と共同して不法行為責任を負う可能性もある（民法719条）点には注意が必要である。

① 　銀行は当座勘定取引の開始にあたって、振出人の実在、信用を調査する義務はない（名古屋地判昭和48・2・15金法708号36頁）

② 　（銀行が当座開設屋に交付した手形用紙に基づく不渡事故が濫発した事案につき）当座開設時の調査が不十分であったため、銀行が営業、財産状態の不良な会社と取引を開始し、結果的に手形を取得した者が損害を受けても、一般的には被害者に対して銀行は損害賠償義務を負わない。しかし、銀行が依頼人を当座開設屋と知っていたり、または重過失によって

知らずに当座を開設して手形用紙を交付した結果、不当な利益を得るため手形用紙が売却され、これを使用して作成された手形が不渡りとなって手形の取得者に損害を与えた場合、銀行は損害の発生を予見できたのでその損害を賠償する責任がある（東京地判昭和49・8・8金法749号36頁）。
③　（本人に無断で銀行と当座勘定取引を行い、本人名義の手形・小切手を偽造した事案につき）代理権限の調査について銀行に過失があったとしても、当該過失と偽造手形・小切手の行方調査や回収等のため被った損害との間に相当因果関係はない（東京地判昭和54・11・29金法923号43頁）。
④　他人に自己名義の当座勘定口座の開設を許諾した者は、商法23条の規定の類推適用により、名板貸し責任を負わなければならない場合がある（最判昭和55・7・15金法943号40頁）。

(3) 当座預金の支払い

　手形・小切手が支払いのため呈示されたとき、銀行は取引先との支払委託（委任）契約に基づき当座預金口座から支払う。この支払いについては原則として手形法・小切手法が適用されるが、実務上問題がある規定も存在するため、当座勘定取引先との委任契約の内容を明確化するとともに、当座勘定取引の円滑化・合理化の観点から手形法・小切手法の内容を実質的に修正するために、銀行は当座勘定規定にさまざまな規定を定めている。したがって、当座預金の支払いに際しては、手形法・小切手法および当座勘定規定についての正確な理解が不可欠である。

㈦　線引小切手

　小切手法上、線引小切手という制度が設けられている。線引小切手とは、小切手の表面に2本の平行線を引いたものであり、平行線のみの一般線引と平行線の内側に特定の銀行名が記載された特定線引がある。一般線引の場合には支払銀行は自己の取引先または他の銀行に対してのみ、特定線引の場合には記載された銀行または記載銀行が自行のときは自己の取引先に対してのみ、小切手の支払いを行うことができる（小切手法37条・38条）。なお、「自己の取引先」とは一定期間継続して取引があり、かつ取引を通じて銀行に信

用や身元が判明している者を指すと解されている。線引制度の趣旨は、小切手の支払いを受けることができる者を銀行の取引先等に限定することによって、盗取された小切手に対する支払いを防止し、また盗取小切手が流通した後に善意者の手に渡った場合であっても、その善意者の取引銀行から裏書を逆にたどることにより盗取者の捜査を容易にする点にある。したがって、取引先以外の者から線引小切手が店頭呈示された場合、支払銀行は支払いを拒絶しなければならない。

　一方、銀行実務では、当座勘定規定に特約を設けることにより、線引小切手でも裏面に当座勘定取引先の届出印の押捺または届出の署名（いわゆる裏判）があれば、支払銀行は支払いに応じている。判例も、支払銀行と当座勘定取引先の間ではこのような特約も有効と認めている（最判昭和29・10・29金法56号26頁）。

　しかし、上記特約は支払銀行と当座勘定取引先との間でのみ有効であり、第三者には対抗できない。たとえば、線引小切手を小切手の受取人等の正当な権利者から盗取した者等に対して支払銀行が支払った場合には、たとえ支払銀行が盗取の事実を知らなかったことに過失がなかった場合であっても、小切手法の規定に従い、支払銀行は正当な権利者に対して小切手の額面金額を限度として損害賠償義務を負担する（小切手法38条5項）。このため、当座勘定規定では、銀行が線引小切手を取引先以外の者に支払ったことから振出人である当座勘定取引先に生じた損害について、銀行は負担を負わないこと、および銀行が第三者に対して損害を賠償した場合は当座勘定取引先に求償できることが定められている。つまり、当座勘定取引先が自ら裏判を押した以上、最終的には当座勘定取引先が損失を負担するよう特約されている。

　　(イ)　裏　書

　手形や記名式小切手の裏書について、支払銀行はその整否を調査する義務はあるが、裏書人の署名の真正さまで調査する義務はない（手形法40条3項・77条1項3号、小切手法35条）ことから、実務的には形式的な連続を確認すれば足りる。

裏書が抹消された手形・小切手が呈示された場合、抹消方法にかかわらず（抹消部分への押印も不要）、当初から記載がなかったものとして裏書の連続を判断する（手形法16条1項・77条1項1号、小切手法19条）。また、裏書のうち被裏書人のみ抹消されている場合、抹消権限の有無を問わず、白地式裏書となる（最判昭和61・7・18民集40巻5号977頁・金法1141号28頁）。

　　(ウ)　白地手形・小切手

手形要件・小切手要件が記載されていない手形・小切手は、手形法・小切手法上の手形・小切手とはいえないため（手形法1条・2条、小切手法1条・2条）、呈示の効力は生じない（最判昭和41・10・13民集20巻8号1632頁・金法460号6頁）。

当座勘定取引契約により銀行が支払委託を受けているのは完成した手形・小切手のため、要件が未完成な白地手形・小切手については当然に支払委託があるものと解することはできないことより（最判昭和46・6・10民集25巻4号492頁・金法618号50頁）、当座勘定規定では、手形要件・小切手要件を記載して完成された手形・小切手とするよう取引先に対し求めている。

一方、小切手や確定日払手形の振出日および受取人は、商取引上の意味が乏しく記載されずに呈示されることが多く、取引先にいちいち照会する事務負担が重いことから、これらの記載のないものが呈示されたときは、取引先への都度連絡なく支払うことができることに加え、この取扱いにより生じた損害につき銀行は負担を負わない旨の特約を、当座勘定規定においている。

　　(エ)　支払いの選択

数通の手形・小切手が呈示されても、その全部を支払うに足りる資金が当座勘定にない場合、どの手形・小切手を支払うのかが問題となるが、当座勘定規定上は、「同日に数通の手形・小切手等の支払いをする場合にその総額が当座勘定の支払資金を超えるときは、そのいずれを支払うかは支払銀行の任意とする」旨定められている。

上記規定がおかれていることにより、取引先から「指名決済」として優先して決済する手形・小切手の指示があった場合でも、銀行は取引先の指示に

拘束されることはなく、諸般の事情を考慮して合理的な選択を任意に行うことができる（大阪地判昭和62・7・16金法1211号40頁）。

しかし、銀行は取引先に対して善管注意義務を負っていることから、合理的に考えて取引先の利益につながるような方法を選択する必要があるため、指名決済の依頼があった場合は極力それに従うのが適当とされている。

　(オ)　過振り

銀行は、当座勘定の支払資金が不足する場合、手形・小切手等を支払う義務を負わない。しかし、支払資金不足が一時的でありかつ少額である場合でもいっさい支払わない取扱いとすることは、取引先の信用問題や商取引および手形・小切手流通の円滑化の観点から、常に妥当な結果につながるとは言い切れない。このため、当座勘定規定において、銀行は「過振り」として裁量により支払資金を超えて支払うことができる旨規定している。

過振りを行った後、銀行から請求があり次第取引先は不足金の支払義務を負い、銀行は取引先から受け入れた資金を当座勘定に入金するか、または振り込まれた資金を不足金に充当するなどにより回収する。取引先が銀行の請求に従わず不足金を支払わない場合は、銀行が取引先に対して負担する預金債務などと、その期限の如何にかかわらず差引計算を行って過振り不足金を回収することもできる。なお、取引先から当座勘定に受け入れたり振り込まれたりした証券類がある場合は、不足金の担保となる旨当座勘定規定において特約されている。

　(カ)　一部支払い

手形法・小切手法上は、手形・小切手の一部のみを支払うことができる（手形法39条2項・3項・77条1項3号、小切手法34条2項・3項）。

しかし銀行は、当座勘定規定に一部支払いをしない旨の特約を定めている。その理由は、①1枚の手形・小切手を何回にも分けて支払いを行うことは事務負担となるうえ、間違いが生じやすいこと、②交換事務手続上、一部支払いをする適当な方法がないことなどである。手形・小切手の一部支払いを認めないことより、手形・小切手の金額が当座勘定の支払可能資金を超える場

合は、過振りを認めない限り全額について支払拒絶することになる。

　(キ)　手形の店頭払い

　手形・小切手の呈示には、店頭呈示と交換呈示があり、交換呈示にも支払いのための呈示としての効力が認められている（手形法38条2項・77条1項3号、小切手法31条）。

　しかし、実務上は、手形については店頭払いの取扱いには消極的であり、所持人に対して交換呈示を求めている。その理由は、①所持人が支払場所まで出向いて店頭呈示する場合には、事故手形であるなど特別の事情を伴うことが多いこと、②（小切手と異なり）手形には事故防止のための線引制度がないこと、③小切手は一覧払いの証券だが確定日払いの手形は異なることがあげられる。

　(ク)　先日付小切手

　小切手法上、記載された振出日より前に小切手が支払いのため呈示された場合、呈示日に支払うべきとされている（小切手法28条2項）。したがって、先日付小切手が振出日より前に呈示されたときは、支払銀行は支払うことができる。当座勘定規定の付属規定ともいえる小切手用法も、先日付の小切手でも呈示を受ければ支払う旨確認している。ただし、実務上は、振出人の資金繰りに影響を与える可能性があることから、先日付小切手が日付前に呈示された場合は、振出人に連絡してから処理するよう運用されている。

　(ケ)　偽造手形・小切手の支払いと免責約款

　巧妙に印影が偽造された手形・小切手を銀行が支払ってしまった場合について、当座勘定規定には、「手形、小切手に使用された印影（署名）を、届出の印鑑（署名鑑）と相当の注意をもって照合し相違ないとして取り扱ったうえは、偽造等の事故により生じた損害について銀行は責任を負わない」旨、免責約款が定められている。

　印鑑照合における銀行の注意義務に関して、判例（前掲・最判昭和46・6・10）は、「銀行が当座勘定取引契約によって委託されたところに従い、取引先の振り出した手形の支払事務を行なうにあたっては、委任の本旨に従い善

良な管理者の注意をもってこれを処理する義務を負うことは明らかである。したがって、銀行が自店を支払場所とする手形について、真実取引先の振り出した手形であるかどうかを確認するため、届出印鑑の印影と当該手形上の印影とを照合するにあたっては、特段の事情のないかぎり、折り重ねによる照合や拡大鏡等による照合をするまでの必要はなく、前記のような肉眼によるいわゆる平面照合の方法をもってすれば足りるにしても、金融機関としての銀行の照合事務担当者に対して社会通念上一般に期待されている業務上相当の注意をもって慎重に事を行なうことを要し、かかる事務に習熟している銀行員が右のごとき相当の注意を払って熟視するならば肉眼をもつても発見しうるような印影の相違が看過されたときは、銀行側に過失の責任があるものというべく、偽造手形の支払による不利益を取引先に帰せしめることは許されないものといわなければならない」として、銀行の過失責任の基準を示した。

そして、「当座勘定取引契約に、『手形小切手の印影が、届出の印鑑と符合すると認めて支払をなした上は、これによって生ずる損害につき銀行は一切その責に任じない』旨のいわゆる免責約款が存する場合においても異なるところはなく、かかる免責約款は、銀行において必要な注意義務を尽くして照合にあたるべきことを前提とするものであって、右の注意義務を尽くさなかったため銀行側に過失があるとされるときは、当該約款を援用することは許されない趣旨と解すべきである」として、当座勘定規定における免責約款の援用にあたっては注意義務の履行が前提であることも示した。

当座勘定取引契約の締結や取引印の届出の際には、実印が使用されることが通常である。したがって、届出印鑑ではなく実印で振り出された手形・小切手が呈示された場合でも、銀行は実印との印鑑照合を行うことが可能である。しかし、判例（最判昭和58・4・7民集37巻3号219頁・金法1028号59頁）は、当座勘定取引における取引印は押捺されておらず、代わりに実印が冒用・押捺された偽造手形・小切手を支払った銀行の責任について、銀行は、「当座勘定取引用として届け出た取引印が押捺された手形、小切手について、当座

預金から支払いをすることの委託を受けるとともに、偽造に係る手形、小切手についてはその支払いをしてはならないとの債務を負担」していることから、「債務不履行にあたり、しかもこの支払いに際して当座勘定取引先に対して特に支払委託の意思を照会していない以上、この債務不履行について過失のあることを免れ得ない」としている。したがって、銀行実務としては、たとえ実印との印鑑照合が可能であっても、必ず取引先に支払いの意思を確認しなくてはならない。

(4) 当座勘定取引の解約

当座勘定取引の解約については、取引先と銀行との合意による場合と、銀行で一方的に解約する場合がある。

前者の場合、残りの小切手用紙を回収し、未決済小切手の呈示を待って（あるいは同額を決済充当のために別途保留して）解約する。

後者の場合、取引先あるいは銀行のいずれか一方の都合でいつでも解約できる旨の当座勘定規定上の条項に基づき解約権を行使するが、解約の意思表示が必要なため通常は内容証明郵便で通知する。解約の効果は、この通知が取引先に到達したときに発生すると解されているため、解約通知が到達する前に解約した後、呈示された小切手を「取引なし」等の理由で不渡りにすると、問題が生ずる懸念があるため注意が必要である

取引先が手形交換所の取引停止処分を受けた場合、手形交換所の交換規則により直ちに当座勘定取引を解約しなければならない。このような場合、取引先が行方不明であることが多いため、当座勘定規定では、「手形交換所の取引停止処分を受けたために、当行が解約する場合には、到達のいかんにかかわらず、その通知を発信した時に解約されたものとします」として、発信時に解約の効力が生ずる旨の定めがある。

なお、取引先は未使用手形・小切手用紙の返却義務を負う旨の規定がある一方、銀行は未使用手形・小切手用紙を回収しなかった場合でも第三者の受けた損害を賠償する責任はないとされている（最判昭和59・9・21金法1076号28頁）。

(5) 手形交換制度

　手形交換制度とは、銀行が受け入れた他行払いの手形・小切手などの証券を、銀行相互間において決済するための簡易な集団的決済方法であり、加盟銀行が他行払いの手形・小切手などを手形交換所へ持参し、それを他行へ交付し、同時に他行からは自行払いの手形・小切手などの交付を受け、取立ておよび支払いの決済を済ませる仕組みである。

　その効果としては、①手形・小切手等の取立て・支払いが簡易かつ安全に行われること、②手形交換の決済は、取立手形と支払手形との差額を決済銀行にある加盟銀行の口座間の振替えで行うことから、各支店における現金準備は少なくて済むので、資金の節約につながること、③手形・小切手の決済の円滑化によって信用取引を助長することなどがあげられる。

　手形交換所は、全国の主要都市に設立されており、おのおの加盟銀行の手形・小切手等の交換決済および不渡りとなった手形・小切手に関する取引停止処分制度を実施している。

　手形・小切手の取引においては、その支払いおよび取立てのほとんどが金融機関に委任して行われており、また、金融機関相互間における手形・小切手の取立ておよび支払いは、その大部分が手形交換によって行われている。

　手形交換所は、通常、全国各地の銀行協会の事業として運営されており、手形交換所の事業についての各種の取決めは、それぞれの手形交換所規則として定められている。手形交換所規則には、手形交換などの事業の実施に必要な手続、効力、加盟金融機関の権利、義務などが定められており、その制定方法、適用範囲、効力などからみて、一種の交換契約または自治規則といえる。

　法律上も、加盟銀行が手形交換所において手形・小切手を呈示することについて、支払いのための呈示としての効力を認める（手形法38条・77条、小切手法31条）など、手形交換の円滑な運営を図ることを目的とした手形交換制度に関する規定がおかれている。

　手形交換制度の中でも重要なものとしては、取引停止処分制度がある。こ

れは、手形・小切手を不渡りにした者（小切手・約束手形の振出人、為替手形の引受人。以下、「振出人等」という）に対して、交換所加盟銀行が当座取引および貸出しを停止し、不良取引者が手形・小切手取引に参加することを排除する私的な制裁措置であり、わが国独特の制度である。

取引停止処分の内容は、取引停止処分日から起算して2年間、当座勘定および貸出しの取引をすることはできない、というものであり、当座勘定取引の停止により手形・小切手の振出し（引受け）はできなくなる。処分の効力は、当該交換所に参加しているすべての加盟銀行に及ぶ。

取引停止処分は加盟銀行から手形交換所に提出される不渡届に基づいて行われるが、不渡届に対する異議申立てを行うことにより処分を猶予する制度もある。

2　普通預金

普通預金は、預金者はいつでも支払いを請求でき、金融機関は請求に応じて直ちに払戻しをしなければならない。当座預金と異なり、手形・小切手の決済に用いることはできないが、口座振替や為替入金等の出納目的にも利用され、また利息が付くこともあり貯蓄目的にも利用される。預入れまたは引出しのたびに、残高について1個の預金契約が成立すると構成されている。

普通預金契約の法的性格は、一般に、返還の時期の定めのない消費寄託契約（民法666条）と考えられている。また、普通預金契約は一般に継続的取引契約と解されている。すなわち、最初の預入れによって預金者の口座が開設され、それ以降この口座への預入れと払戻しが反復されるが、たとえ預金残高の全額が払い戻された場合でも、預金契約が解約されない限り取引は終了しない。そして、普通預金は定期預金等と異なり、個々の預入れごとに各別の預金債権が成立するのではなく、常に、預け入れられた後の残高金額についての1個の預金債権が成立すると考えるのが一般的である。このため、払戻しの際、いつ預け入れられた金銭を払戻資金に充当すべきかというような問題は生じない。なお、最近では金銭の預入れなしに普通預金口座を開設す

ることも行われているが、消費寄託契約は一般に要物契約と解されているので、このような場合は消費寄託契約の予約と解することができる。

3　貯蓄預金

　貯蓄預金は、残高が基準額を超えると普通預金より高い利率を適用する預金である。商品性は概ね普通預金と同じであるが、公共料金等の口座振替、給料・年金・配当金・公社債元利金等の受取りには利用できない。個人のみが口座開設できる。平成4年の一斉発売開始以降、基準額の設定等において金融機関ごとに特色がみられる商品である。

4　定期預金

　満期日が到来するまで預金者は支払請求できない代わりに、比較的高い金利が付き、貯蓄の目的で利用される。期限の利益は金融機関にあるが、預金者からの解約の申出には普通預金の利息を付して支払う（中途解約）のが一般的である。定期預金の一種として、一定期間経過後に預金者が指定した日に期限が到来する期日指定型定期預金、定期的に一定額ずつ積立てをし据置期間経過後に期限到来する積立定期預金、満期到来時に事前申出がない限り自動的に同一条件の契約として継続させる特約を付した自動継続定期預金などがある。

(1)　定期預金の法的性格

　定期預金は普通預金とは異なり、個々の預入れごとに預金契約が成立し、預金債権も預入れごとに独立して存在すると解されている。定期預金通帳に合計残高が記載されていても、それは集計額にすぎない。また、定期預金の満期日の定め方については、民法が定める期間の計算方法（民法143条）にはよらず、月計算を基礎として預入日の応答日を満期日とするという方法を採用している。なお、応答日がないときは（応答日が31日だが該当月が4月のときなど）、該当月の末日を満期日とし、応答日が休日のときでも変更はない。

　近時は、定期預金に通貨オプションなどの各種デリバティブ取引を組み合

わせるなど、多様化する顧客ニーズに対応すべくさまざまな商品が開発されている。これらの商品の法的性格は、消費寄託契約を基本契約として、デリバティブ契約など関連取引に係る契約が追加されたものと解することができる。

(2) **定期預金の中途解約**

預金者から満期日前に中途解約の申出があっても、銀行には応諾する義務はない。しかし、実務上は、顧客の利便性を考慮し、普通預金と同じ利率の金利を付すなどにより期限前解約に応じることが多い。

定期預金の中途解約手続にあたっては、通常の解約の手続のほかに、定期預金証書裏面や払戻請求書に記名押印に加えて住所の記入を求めたうえ、それを届出の印鑑票の記載と照合するなど、慎重な取扱いを行う。

その理由は、銀行が期限前解約をして真の預金者でない者に預金を支払ってしまった事案において、最判昭和54・9・25金法912号34頁は、民法478条を適用して準占有者に対する弁済として払戻しを有効と認めつつも、期限前解約の場合は満期日における解約よりも（準占有者に対する弁済として認められるための）銀行の注意義務が加重されると判示しているからである。

(3) **定期預金の書換継続**

定期預金の書換継続とは、満期日の到来した定期預金を引き続き定期預金として預入れすることをいう。書換継続の種類には元加書換え、同額書換え、減額書換えがある。定期預金に自動書換継続する旨の特約が付加されているときは、銀行はその特約に従って、別途顧客から依頼を受けることなく、満期日に定期預金を書き換える手続を行う。

そして、質権設定されている定期預金が書換継続された場合、書換継続後の定期預金に質権の効力が当然に及ぶかという問題について、最判昭和40・10・7民集19巻7号1705頁・金法426号24頁は、書換えにあたり、預金名義人、口数、期間を改め、しかもその際、預金者がその預金証書を持ち帰ったという特殊事情が加わった事案において、あらためて質権設定の手続をとらなくても、その質権の効力は書換継続後の定期預金に及ぶとしている。なお、

銀行は通常、定期預金の質権設定契約において、書換継続後の預金にも質権の効力が及ぶ旨の特約をしている。

(4) 自動継続特約付きの定期預金

自動継続定期預金については、最判平成13・3・16金法1613号74頁において、「自動継続定期預金における自動継続特約は、預金者から満期日における払戻請求がされない限り、当事者の何らの行為を要せずに、満期日において払い戻すべき元金又は元利金について、前回と同一の預入期間、定期預金として継続させることを内容とするものであり、預入期間に関する合意として、当初の定期預金契約の一部を構成するものである。したがって、自動継続定期預金について仮差押えの執行がされても、同特約に基づく自動継続の効果が妨げられることはない」として、自動継続特約は預金契約の一部であり、(仮)差押えは自動継続の中止理由にならない旨判示された。

なお、最判平成21・1・22民集63巻1号228頁・金法1864号27頁では、定期預金の自動継続処理は、委任事務ないし準委任事務の例としてあげられている。

また、自動継続定期預金の消滅時効については、最判平成19・6・7金法1818号75頁において、「消滅時効は、権利を行使することができる時から進行する（民法166条1項）が、自動継続定期預金契約は、自動継続特約の効力が維持されている間は、満期日が経過すると新たな満期日が弁済期となるということを繰り返すため、預金者は、満期日から満期日までの間は任意に預金払戻請求権を行使することができない。したがって、初回満期日が到来しても、預金払戻請求権の行使については法律上の障害があるというべきである。もっとも、自動継続特約によれば、自動継続定期預金契約を締結した預金者は、満期日（継続をしたときはその満期日）より前に継続停止の申出をすることによって、当該満期日より後の満期日に係る弁済期の定めを一方的に排除し、預金の払戻しを請求することができる。しかし、自動継続定期預金契約は、預金契約の当事者双方が、満期日が自動的に更新されることに意義を認めて締結するものであることは、その内容に照らして明らかであり、預

金者が継続停止の申出をするか否かは、預金契約上、預金者の自由にゆだねられた行為というべきである。したがって、預金者が初回満期日前にこのような行為をして初回満期日に預金の払戻しを請求することを前提に、消滅時効に関し、初回満期日から預金払戻請求権を行使することができると解することは、預金者に対し契約上その自由にゆだねられた行為を事実上行うよう要求するに等しいものであり、自動継続定期預金契約の趣旨に反するというべきである。そうすると、初回満期日前の継続停止の申出が可能であるからといって、預金払戻請求権の消滅時効が初回満期日から進行すると解することはできない。以上によれば、自動継続定期預金契約における預金払戻請求権の消滅時効は、自動継続の取扱いがされることのなくなった満期日が到来した時から進行するものと解するのが相当である」として、自動継続の取扱いがされることのなくなった満期日が到来した時から進行するとされた。

5　通知預金

通知預金は、一定の据置期間経過後は請求により払戻しを受けられる預金である。据置期間を7日間とし、請求の2日後に返還するものが一般的である。預金者にとっては余裕資金の預入れに便利であり、金融機関にとっては据置期間は短いが返還請求に対する資金準備期間がある点で有利なため、利率は普通預金よりも高く、短期の資金運用手段として用いられる。

6　納税準備預金

納税準備預金は、納税に充てる資金の貯蓄のための預金であって、貯蓄の増強および徴税促進の目的で、昭和24年より取扱いが開始されているものである。災害時等の例外を除き、納税目的以外での払戻しは不可である。納税勧奨により、普通預金や通知預金よりも高利率で利子は非課税であるが、納税以外で払い戻す場合は普通預金と同利率かつ課税対象とされる。

7　別段預金（雑預金）

　別段預金（雑預金）とは、預金取引に基づく預金ではなく、金融機関の事務都合により勘定処理上与えられた呼称である。金融機関振出しの自己宛小切手（預手）の支払資金等が含まれる。内容が雑多のため雑預金とも呼ばれるが、弁済または担保のための受入金のような仮受金の性質を有する。

8　譲渡性預金

　譲渡性預金は、指名債権譲渡の方法により預金債権を譲渡できるものとし、主として法人の有する大口の余裕資金の吸収を目的として、昭和54年5月に開始されたものである。預金証書は単なる証拠証券にすぎないが、承諾の裏書により債権譲渡の対抗要件が充足される。利率には金利規制が及ばない。流通市場の健全性確保の観点から、期限前解約や発行銀行による買取償却は認められておらず、また自己が発行した譲渡性預金の売買は債権債務が同一人に帰属すること（混同）となり契約関係が消滅するため認められていない。

9　外貨預金

　外貨預金は、居住者に認められた外貨建預金であって、為替管理の自由化の一環として昭和53年から開始されたものである。預金受入れは外国為替公認銀行に限られる。預金取引の類型として、当座、普通、通知、定期のいずれの種類も可であり、利率には金利規制が及ばない。法的性質は国内円預金と同じく消費寄託契約と解されている。

　なお、円資金を原資として外貨預金を作成し、払戻し時に円資金として受け取る場合は、取引先に為替リスクが発生するが、為替予約の締結等の手段により回避または軽減される。

10　デリバティブ組込型預金

　デリバティブ組込型預金（デリバティブ内包型預金ともいう）とは、デリバ

ティブ取引と預金が一体となった商品であり、デリバティブ取引契約と預金契約から構成される。

　デリバティブ（derivative）の意味は「派生的」または「副次的」であるが、一般的には「金融派生商品」または「派生商品」と呼ばれる。これは伝統的な金融取引・商品である預金や貸付け、株式や債券の売買、外国為替等からの派生取引・商品とされているからである。代表的取引として先物やオプション、スワップがあげられる。先物取引は、将来における売買（価格や数量等）をあらかじめ約束する取引であり、オプション取引は、あらかじめ約束した日または期間に契約した相場や価格（権利行使価格、ストライクプライス）で取引する権利を売買する取引である。またスワップ取引は、タイプの異なる金利や通貨を交換する取引である。

　金融商品取引法（以下、「金商法」という）制定に従って新設された銀行法13条の4、52条の45の2等、および銀行法施行規則14条の11の4では、デリバティブ組込型預金をリスクのある預金として「特定預金等」と呼び、広告規制や契約締結前書面交付等の金商法規制を準用して、同法と同等の販売・勧誘ルールが適用される。

　また、金融庁の金融検査マニュアル「顧客保護等管理態勢の確認検査用チェックリスト」Ⅲ．2．(2)では、デリバティブ組込型預金に関して、「取引内容やリスクについて、顧客の知識・経験に対応して図面や例示等を用いて平易に説明し、書面を交付して説明しているか」、「中途解約時に生じる解約精算金等の計算方法や試算額を説明しているか」、「デリバティブ取引を併せてみれば元本割れの可能性のある預金商品に関しては、元本保証のないこと等の詳細な説明を行う態勢が整備されているか」として、マニュアルに従って適切かつ十分な説明を行う態勢が求められている。

11　定期積金

　定期積金は、6カ月から5年までの一定期間、毎月掛金を払い込み、満期日に掛金に給付補てん金（利息）を加えた給付金が支払われるものである。

預入れごとに独立した契約が成立する積立（定期）預金とは異なり、契約時に必ず月々の掛込額と満期の給付額・掛込期間が定められ、初回から最後の掛込みまで一律の固定利回りとなる。訪問集金を前提とした預金類似の金融商品であり、信用金庫や信用組合等の主力商品となっている。

　定期積金の法的性格については、民法における典型契約のいずれにも該当しない無名契約であると解されている。そして、定期積金契約は、要物契約である預金契約（消費寄託契約）とは異なり、契約成立のためには金銭の交付は必要ではなく、当事者の合意があれば足りるので、諾成契約と考えられる。また、約定どおり掛金が払い込まれることによって、初めて金融機関は一定の金銭を給付する義務を負担することから、有償契約と解される。なお、掛金の払込みは満期日に給付金を受ける権利取得のための条件であって、定期積金者は掛金の払込義務を負担しないのに対し、金融機関は条件を満たされれば給付義務を負担するため、定期積金契約は預金契約と異なり片務契約であると解されている。

12　財形預金

　財形預金は、勤労者の財産づくりを促進し、生活の安定を図ることを目的として制定された勤労者財産形成促進法（以下、「財形法」という）に基づく預金である。財形貯蓄契約は勤労者と金融機関間で締結されるが、事前の手続として、事業主が財形貯蓄制度を導入し、労使間で賃金控除（天引き）の協定が締結され、事業主が金融機関に対して事務処理に関する取扱依頼書を提出するなどの事項が完了して、初めて勤労者と金融機関との間の貯蓄契約締結が可能となる。

　財形預金には、積み立てた預金の払出目的（資金使途）に制限のない一般財形、老後の資産づくりを目的とした財形年金、住宅取得を目的とした財形住宅の3種類があり、おのおの財形法で契約要件が定められている。たとえば、①財形年金・財形住宅は1人1契約であること、②財形年金、財形住宅の契約締結時の年齢は55歳未満であること、③事業主が賃金控除および払込

代行を行うこと、などがあげられる。財形年金・財形住宅については利子に対する非課税措置が講じられているが、非課税限度額が財形年金・財形住宅あわせて元利金550万円までである点に注意が必要である。

また、一般財形は3年以上の期間にわたって定期的に預入れするとともに、預入れ後1年間は払戻しできず、一方財形年金・財形住宅は5年以上の期間にわたって定期的に預入れするとともに、目的外の払出しを行った場合は最長5年間にわたり遡って非課税扱いで受け取った利子に対して追徴課税が適用される。

13　総合口座

総合口座取引は、普通預金、定期預金、国債等の保護預り兼振替決済、定期預金並びに国債等に対する担保権設定、当座貸越などの各種取引から構成されている。

基本取引は普通預金であるから、総合口座の開設には普通預金口座の開設が必須条件となるが、口座開設時に定期預金と国債等の保護預り兼振替決済口座取引を同時に行う必要はなく、いずれか一方の取引でもよい。また、総合口座は前記の各取引を特約で組み合わせ、まとめて1つの取引単位として利用するものであるから、特約が解約されればおのおの独立した取引となる。

ただし、当座貸越は、貸出し・返済がすべて普通預金を通じて行われ、独立しては取引ができないため、総合口座取引が解約されると同時に自動的に取引は終了する。

(1) 総合口座の法的性格

総合口座は、普通預金を基礎として、これに定期預金、国債等の保護預りと、これらを担保とする当座貸越を組み合わせたものであり、銀行と取引先との間には、消費寄託契約、（国債等の）寄託契約、根質権設定契約、当座貸越契約および委任契約の各契約が成立しているものと考えられる。

(ア) 消費寄託契約

普通預金および定期預金の法的性質は、消費寄託契約と解されている。

㈃　（国債等の）寄託契約

　国債等の保護預りは、銀行が取引先の依頼を受けてそれらを保管することを内容とする契約のため、法的性質は寄託契約（民法657条）と解されている。

　㈅　根質権設定契約

　総合口座に預入れされる定期預金には、223万円を限度として（担保掛目9割を乗じると貸越極度額の上限200万円になる金額）、当座貸越を担保する根質権が設定される。国債等の場合、長期利付国債・中期利付国債・地方債・政府保証債では250万円を限度として、割引国債では335万円を限度として、担保権が設定される。

　指名債権である預金に質権設定する場合、質権の要物性から債権証書の交付が質権の効力要件となる（民法363条）。通常の定期預金担保貸付けの場合、銀行は預金者より債権証書である預金証書または通帳の交付を受けて質権を設定するが、総合口座の定期預金の場合は、預金証書の発行後直ちに回収するのは煩雑なため、当初より証書または通帳は発行せず通帳上に担保定期預金明細を記帳し交付することにより、担保差入れの意思表示があったものとして取り扱っている。

　また、質権設定の第三者対抗要件として銀行の承諾書に確定日付を付する必要があるが（民法364条1項・467条2項）、実際には行っていない。これは、第三者には貸越金との相殺で対抗できること、また差押え等があった場合には極度額から差押対象額分が減額されるうえ、それに伴い極度額から超過した貸越部分は弁済期が到来するとともに預金者にも相殺で対抗できるからである。

　国債等に係る担保権については、その法的性格が質権か譲渡担保かについて総合口座取引規定では明確にしていないが、保護預りの対象となる国債等はすべて無記名であり民法上動産とされるため（民法86条3項）、証券現物の引渡しを受けることにより第三者対抗要件を具備している（同法178条・342条・344条）。なお振替決済口座取引の場合には、振替口座への記録を要することとなる。

173

(エ) 当座貸越契約

　総合口座の取引先が、普通預金残高を超えて払戻請求をした場合、または取引先から支払委託を受けた公共料金等の自動引落しをするうえで普通預金残高が不足する場合、銀行は極度額の範囲内で当座貸越を行うことにより、上記払戻請求や自動引落しに応じる。この取扱いの法的性質については、消費貸借の予約とする説と、諾成的消費貸借契約とする説があるが、公共料金等の自動引落しに係る予約完結の意思表示があったとは認め難いため、諾成的消費貸借契約と解される。

　また、債務不履行等に伴う貸越金との清算方法については、定期預金との清算は相殺あるいは払戻充当による一方、担保国債等との清算は、取引先の有する権利（共有持分権あるいは寄託物返還請求権）が金銭債権でないため、任意処分または代物弁済と考えられる。

(オ) 委任契約

　普通預金残高を超えた払戻請求や自動引落しの場合の貸越金は、自動的に普通預金に入金される一方、貸越金残高がある場合の普通預金への入金は、自動的に貸越金の返済に充当されるが、こうした自動振替の特約は一種の委任契約と解される。

(2) **総合口座の貸越を伴う支払いと銀行の免責**

　総合口座の貸越を伴う支払いについては、手続的には普通預金の払戻し（消費寄託かつ期限の利益なし）と同じでありながら、実質的には貸付け（消費貸借）あるいは定期預金の期限前解約（消費寄託かつ期限の利益あり）と評価しうる行為であるため、真の取引先とは異なる者に総合口座の貸越を伴う支払いを行った場合、銀行がどの程度の注意義務を果たせば免責されるのかが問題とされてきた。

　この点に関しては、銀行が権限を有すると称する者からの普通預金の払戻請求に応じて貸越しをした後、この貸金債権を定期預金と相殺した事案において、普通預金の払戻しの方法により貸越をするにつき銀行として尽くすべき相当の注意を用いたときは、民法478条の類推適用により相殺の効力をも

って真実の預金者に対抗できるとした判例がある（最判昭和63・10・13金法1205号87頁）。しかし、民法478条を類推適用することに対して批判的な説もあり、また銀行の注意義務の程度についてもさまざまな説に分かれている。

III 預金の成立

1 成立の要件

預金契約は、一般的に金銭の消費寄託契約（民法666条）と解されているため、要物契約として、預金の成立には銀行と預金者との間の合意だけでなく、金銭あるいはそれと同等の価値が銀行に交付されることが必要となる。これは、民法666条1項（消費寄託）が準用する消費貸借に関する規定において、「当事者の一方が種類、品質及び数量の同じ物をもって返還をすることを約して相手方から金銭その他の物を受け取ることによって、その効力を生ずる」（同法587条）と規定されているためである。

そして、預金成立時期に関しては、いつ銀行が預金として受け取ったかということ、つまりただ受け取るだけでなく、預金者が預金とする趣旨で金銭を交付し、銀行が預金として受け入れる趣旨で受領したのか、ということが問題になる。

この点に関して、最判昭和58・1・25金法1034号41頁は、現金による店頭入金の場合、金融機関を代理して預金を受け入れる権限のある者が、預金とする意思でお客様から金員を受領確認したときが預金成立時期であり、いったん金融機関の担当者が金員を受け入れた後、出納係が算当確認したときではないという判断を下した。

上記事件は、相互銀行の支店長が、金融ブローカーの斡旋で導入預金を受け入れることになり、支店の応接室で金融ブローカーと預金者が立ち会い、定期預金作成のための1億円と引き換えに支店長が所定の定期預金証書を交付し、その後同様に1億円を預け入れたものである。満期を迎えて払戻しを

行う際、銀行側は出納係が算当確認した6500万円のみ預金契約が成立したものとして、残りの1億3500万円の払戻しに応じなかった。

1審の大阪地判昭和56・3・5金判634号18頁、控訴審の大阪高判昭和57・1・28判例集未登載はともに、金融機関を代理して預金を受け入れる権限を有する者が、預金とする趣旨で顧客から金員を受領した時点で預金契約は成立すると判示して預金者の払戻請求を認め、上告審においても出納係が算当確認をして初めて預金になるわけではないとして上告棄却となった。

2　成立時期

(1)　窓口入金における預金成立時期

窓口入金の場合の預金成立時期に関して争われたものとして、窓口一寸事件が有名である。

事案は、預金者が銀行の窓口で現金を差し出して預金の申込みをしたところ、銀行の窓口職員は預金者の申出を認識してうなずいて応諾の意思表示をしたものの、現金には手を触れずペンをとって他の仕事を続けている間に、2人連れの者が来て1人が預金者の足を踏み注意をそらせ、他の1人がカウンター上の現金を盗取して逃げ去ったというものである。

大阪控判大正12・3・5は、単に窓口内に差し出されただけでまだ銀行員が金員点検等相当の手続を終了しない前にあっては、預金として消費寄託の成立しないのはもちろんであるが、いやしくも預金の申出をして窓口内に金員を差し出し、銀行員がこれを認識して首肯応諾した以上は、その差し出した現金について暗黙の意思表示により一種の寄託関係が成立し、銀行に保管義務が発生するとした。

ところが、大判大正12・11・20新聞2226号4頁は、原審判決のいう一種の寄託契約とは何を意味するのか漫然としてこれを感知できず、あるいは消費寄託ではない単純寄託の意味であろうが、消費寄託を申し出た預金者に単純寄託をなす意思表示があったことを認めた理由はどこにあるか、また消費寄託たると単純寄託たるとを問わず目的物件の引渡しがなければ成立しないの

に、原審ではいかなる見解の下に引渡しがあったと認めたのかわからないとして破棄差し戻した。

しかし、学説は原審判決を支持する。そして、銀行員が金銭を計算し終わった時点で預金は成立するが、金銭が交付されてから計算するまでは単純寄託が成立するとする（田中誠二『新版銀行取引法』75頁、我妻榮編『銀行取引判例百選』48頁〔河本一郎〕、契約法大系刊行委員会編『契約法大系Ⅴ』38頁〔中馬義直〕、加藤一郎ほか編『銀行取引法講座(上)』119頁〔小橋一郎〕等）。

したがって本事案のようなケースでは、預金契約は成立しないが、預金の申出者と銀行との間に単純寄託が成立し、その結果、銀行が保管義務違反を問われることも考えられる。

(2) 集金による入金と預金成立時期

取引先より集金を行った行員が入金代り金を紛失した場合、その入金代り金の紛失の危険負担を銀行・取引先のいずれが負うのか。この点に関しては、行員が入金代り金を受領した時点で預金が成立するのか（東京高判昭和46・12・7金法648号24頁）、それとも銀行内部において所定の計算手続を終了した時点で預金が成立するのか（大阪高判昭和37・12・18金法332号18頁）によって異なってくるため、預金の成立時期が問題となる。

(ア) 銀行実務と裁判例

預金契約の成立時期については、①行員が取引先から金銭を授受して算当し、入金帳・取次票などへ記帳し取引先に手渡した時点に成立するという考え方と、②行員が上記手続を終了して自店に持ち帰り、所定の収納事務を終了した時点で成立するという考え方がある。

実務的には、行員が集金帰途中に入金代り金を落失した場合、集金時または持ち帰り時のいずれの時期に預金契約が成立したとしても、銀行は契約不履行責任や使用者責任を免れることはできず大差がないこともあり、行員が金銭を受け取り算当し確認した時点で成立するとの考え方が一般的である。

この問題に関する裁判例としては、銀行の職員が預金として預かる趣旨で現金を受け取った場合でも、所定の預金受入手続が完了しない間は、単に金

銭の所有権が銀行に移っただけで、まだ預金契約は成立しておらず、銀行に現金を持ち帰って所定の内部手続が完了したときに預金契約が成立するという立場をとるもの（東京地判昭和34・4・20金法208号2頁、大阪高判昭和37・12・18金法332号18頁・金法338号4頁など）と、預金受入手続が適正に行われたかどうかは銀行内部の事務手続にすぎず、預金契約の成否とは無関係であるので、預金契約の締結権限のある者が預金とする趣旨で現金を受け取った場合は、受領の時点で預金契約が成立するという立場をとるもの（東京地判昭和45・5・30金法592号35頁、東京地判昭和46・6・19金判280号12頁）がある。

  (イ)　**行員に故意・過失がある場合**

　一方、集金を行った行員において故意・過失がある場合（たとえば、集金を行った行員が入金代り金を着服した場合、あるいは行員が不注意で現金を紛失してしまった場合）、銀行は預金者に対し、使用者責任（民法715条）を免れることはできないとされている（最判昭和37・5・18金法315号9頁）。

　使用者責任については、責任成立の要件である「事業の執行について」が判例によって拡大され、被用者の職務執行行為そのものから発生した損害のみならず、被用者の行為の外形から観察してあたかも被用者の職務の範囲内の行為に属するものとみられる場合をも包含するとされている。使用者責任は、不法行為責任の一種であるため、預金者側に過失がある場合には過失相殺が問題になりうるが、行員の集金行為につき預金者側の過失は通常考えられず、預金者は銀行に対し、行員が受領した入金代り金全額を損害として請求できる場合が多いと考えられる。

　したがって、行員に故意・過失がある場合、実質的には預金の成立時期が問題となることは少ないものと考えられる。

　(3)　**ATMによる入金と預金成立時期**

　ATM（Automatic Tellers Machine／現金自動預入・支払機）による入金の場合も、窓口入金の場合と同様に考えられる。ATMの事務処理上、銀行が預入れの事実を認識するのは、預金者が確認ボタンを押し、残高が更新されるときである。具体的には、預金者はATMの預入れボタンを押すことに

より預金の申込手続を開始し、ATMの現金投入ボックスに現金を投入することにより現金の引渡し（占有移転）を行い、現金を機械が計数し終わった後、画面等に数量表示された預入金額を顧客が確認して確認ボタンを押下することにより預入れの申込みをし、これによりコンピュータがデータを更新した時に預金契約が成立すると解される。

したがって、確認ボタンを押下する以前の過程では、預金者は自由に預入行為を取り消すことができるため、預金は未成立となる。

ATMが預金の一部を返却する場合には、返却された金額については預金契約は成立せず、かつ単純寄託も成立していないと解される。これは窓口で預金者に一部現金を返却した場合と同じである。したがって、この現金を第三者が盗取した場合、銀行は責任を負担しないと解される。

また、ATMの故障等により預金者が投入した現金が正確に計算されず、現金がATMの投入ボックス内にとどまっているような場合、銀行のコンピュータはまだ残高データを更新していないことから預金契約は未成立と解されるが、現金の占有は銀行に移転したままであるから銀行は受寄者としての責任を負担すると解される。

(4) 受入証券類の預金成立時期

(ア) 当店券入金の場合

当店券入金の場合の預金成立時期については、銀行が当店券の取立てを終了した時点で成立する説（東京高判昭和62・3・23金法1163号28頁。以下、「停止条件説」という）と、入金人に対し不渡通知がなされることを解除条件として入金時点で直ちに成立する説（大阪高判昭和42・1・30金法468号28頁。以下、「解除条件説」という）の2説に分かれるが、学説上は、停止条件説が通説である。

したがって、当店券入金の場合は銀行が当店券の取立てを終了した時点、すなわち、その決済を確認した時点で預金契約が成立するものと解される。

実務上も、自店の当座勘定取引先が振り出した手形・小切手を第三者が持参して預金の預入れをした場合、交換呈示する必要がないので、担当者が預

け入れされた当該証券類が決済されたことを確認し、預金者に連絡（通帳に記入）した時点で預金契約が成立したものとして取り扱われている。

　(イ)　**他店券入金の場合**

　他店券入金の場合の預金成立時期については、銀行が他店券の取立てを終了した時点で成立する説（取立委任説。最判昭和46・7・1金法622号27頁）と、不渡返還を解除条件として入金の時点で直ちに成立する説（譲渡説。東京地判昭和27・10・30金法22号14頁、東京地判昭和33・2・19判タ82号51頁）の2説に分かれるが、取立委任説が通説および多数判例である。

　したがって、他店券入金の場合も当店券入金の場合と同様に、銀行が他店券の取立てを終了した時点で預金契約が成立するものと解される。

　(5)　**振込みと預金成立時期**

　振込手続中における預金成立時期についてはさまざまな考え方があるが、被仕向銀行が受取人の口座に入金記帳した時点とするのが通説である。

　振込契約の法的性格については、判例・通説とも、振込依頼人が仕向銀行に対して、被仕向銀行にある受取人名義の預金口座に振込金を入金することを内容とした事務を委託する委任契約とされている。したがって、振込依頼人・仕向銀行間、仕向銀行・被仕向銀行間のおのおのに上記事務に関する委任関係が生じる一方、被仕向銀行が受取人の口座に入金記帳した時点で上記委任関係は終了することになる。また、被仕向銀行と受取人間の預金契約においても、各種預金規定上で、振込入金については口座への入金記帳後に支払資金となる旨定められていることより、入金記帳時点に預金が成立すると考えられる。

　振込みによる預金の成立時点は、振込手続中に受取人の口座に差押えがなされたり、仕向銀行から組戻しの依頼を受けた場合等に問題となる。預金の成立時点を受取人の口座への入金記帳時点と考えると、入金記帳後に受取人の口座へ差押えがあった場合には、受取人の預金として取り扱い、入金記帳後に仕向銀行から組戻しの依頼を受けた場合には、受取人の承諾を得てから取り扱う。

ところで、振込依頼人が振込先口座を間違えて指定し、仕向銀行・被仕向銀行がこれに従って処理した場合、間違えた振込先口座における入金記帳により預金が成立するが、受取人と振込依頼人との間で正当な原因関係まで要するかが問題となる。

　上記につき、最高裁判所は、振込依頼人から受取人の銀行の普通預金口座に振込みがあったときには、振込依頼人と受取人との間に振込みの原因となる法律関係が存在するか否かにかかわらず、受取人と銀行との間に振込金額相当に普通預金契約が成立し、受取人が銀行に対してその金額相当の普通預金債権を取得するものと解するのが相当であると判示した（最判平成8・4・26民集50巻5号1267頁・金法1455号66頁）。

　なお、振込みには文書扱いと電信扱いがあり、文書扱いは、振込入金伝票が被仕向店へ送付（センター集中処理もある）され、為替係の処理、預金口座への入金手続、入金通知、普通預金通帳への記帳といった順序で処理される一方、電信扱いは、自動的に被仕向店の受取人口座へ入金処理される手続となっているが、いずれの場合も預金契約が成立するのは入金記帳した時点、かつ証券類については、決済確認時点となることに変わりはない。

(6) 振り込め詐欺による預金の成立

　振り込め詐欺の被害者による振込みの場合も、振込みが振込依頼人の真意に基づかない点は誤振込みと同じであることより、振込代り金が振込先口座に入金された時点で、預金として成立すると考えられる。

　ただし、預金債権の帰属については裁判所の判断は分かれており、東京地判平成17・3・29金法1760号40頁は口座名義人を預金者として認定する一方、東京地判平成17・3・30金法1741号41頁は、振り込め詐欺加害者を預金者と認定している。

　上記より、振り込め詐欺による振込入金により、口座名義人または振り込め詐欺加害者を預金者として預金が成立する一方、口座名義人や振り込め詐欺加害者に対する不当利得返還請求権を被保全債権とする債権者代位権（民法423条）に基づき、振り込め詐欺被害者による振込先口座の預金債権の払

戻請求も認められた（東京地判平成17・3・29金法1760号40頁など）。

なお、平成20年6月から施行された振り込め詐欺救済法（正式名称「犯罪利用預金口座等に係る資金による被害回復分配金の支払等に関する法律」）により、振り込め詐欺、ヤミ金融など振込みを利用した犯罪行為において振込先となった預金口座については、金融機関が取引停止措置を行い、預金保険機構が60日以上の期間を定めた公告を行ったうえで、当該預金口座の預金債権を消滅させ、消滅した預金債権相当額を原資として金融機関が被害者に分配するための制度が創設された。

(7) インターネットバンキング等

コンピュータや携帯電話端末等を利用した、電話回線やインターネット経由による銀行取引方法は近年急速に進歩しつつある。しかし、この方法により預金取引を行った場合、顧客側では取引操作を完了していても、通信障害等の理由で銀行側のホストコンピュータでは未処理となる事態が生じる可能性がある。

したがって、上記のような取引の利用規定においては、銀行側のホストコンピュータ上で当該取引の処理を終了した時点で預金債権が成立する旨の条項を設けることが一般的となっている。

IV　預金者の認定

1　認定基準

預金者の認定については、客観説・主観説・折衷説の3つに大別される。客観説は、自己の出捐により自己の預金とする意思で、銀行に対し自己または使用人・代理人を通じて預金契約をした者が預金者であるとし、主観説は、預入行為者が他人のために預金する旨を明らかにしていない限り預入行為者が預金者であるとし、折衷説は、原則は客観説としつつ、預入行為者が自己が預金者であると表示したときは預入行為者が預金者であるとしている。

判例は客観説の立場に立ち、最判昭和32・12・19民集11巻13号2278頁・金判529号166頁は、出捐者から現金の交付を受けて無記名定期預金の預入れを委任された者が預入れ時に自分の姓を刻んだ印章を届出印としたが、預入者が出捐者の金員を横領して自己の預金としたのではなく出捐者が預金者であると認定した。その後の判例もこの客観説の立場であった（最判昭和48・3・27民集27巻2号376頁・金法681号26頁など）。記名式定期預金の場合も同様であり、最判昭和52・8・9民集31巻4号742頁・金法836号30頁では、出捐者が自己の預金とする目的で信用組合職員に現金を交付し、職員名義の定期預金の預入れを一任したが、証書と届出印は出捐者が保管していた場合につき、出捐者を預金者とした。

　判例は、通常は出捐者が証書・通帳・届出印の所持等により預金債権を現実に支配していることに加え、出捐者保護の観点から客観説を採用したものと考えられる。一方、債権の準占有者に対する弁済（民法478条）は相殺時にも準用されるうえ、免責約款により証書・通帳・届出印に過失がなければ有効な払戻しができることより、銀行にも格別の不利益はないはずと考えられてきた。

　これに対し実務家は反対の立場をとってきていたが、近時は従来と異なる見解に立つと評される判例もみられるようになってきている。

2　預金者の認定をめぐる裁判例

(1)　架空名義の預金

　架空名義の預金も実在の場合と同様であり、最判昭和57・3・30金法992号40頁では、出捐者から定期預金預入れを依頼された者が、預かった現金をいったん自己の口座に預入れした後、架空名義の定期預金作成と同時に自己の預金である旨の念書を差し入れ、自己が経営する会社の債務のため同預金に根質権を設定したという事案で、出捐者を預金者と認定すべきだとした。

(2)　誤振込みによる預金

　振込依頼人と受取人との間に振込みの原因となる法律関係が存在しない場

合（いわゆる誤振込み）の預金の帰属については、最判平成8・4・26民集50巻5号1267頁・金法1455号6頁において、「振込依頼人から受取人の銀行の普通預金口座に振込みがあったときは、振込依頼人と受取人との間に振込みの原因となる法律関係が存在するか否かにかかわらず、受取人と銀行との間に振込金額相当の普通預金契約が成立し、受取人が銀行に対して右金額相当の普通預金債権を取得する」として、受取人に預金が帰属する旨判示された。

なお、受取人が誤振込みによる預金の払戻しを請求することについては、最判平成20・10・10民集62巻9号2361頁・金法1857号51頁において、「受取人の普通預金口座への振込みを依頼した振込依頼人と受取人との間に振込みの原因となる法律関係が存在しない場合において、受取人が当該振込みに係る預金の払戻しを請求することについては、払戻しを受けることが当該振込みに係る金員を不正に取得するための行為であって、詐欺罪等の犯行の一環を成す場合であるなど、これを認めることが著しく正義に反するような特段の事情があるときは、権利の濫用に当たるとしても、受取人が振込依頼人に対して不当利得返還義務を負担しているというだけでは、権利の濫用に当たるということはできないものというべきである」とされた。

(3) 盗取金による預金の帰属

盗取された現金が犯人名義の預金として預け入れられた場合、その預金は犯人に帰属するのか、あるいは依然として被害者に帰属しているのか、については青森地判昭和32・11・28下民集8巻11号2211頁が参考となる。

事案の概要は、A銀行が現金の輸送中にこれをBに盗取され、Bはこの現金をY_1銀行、Y_2銀行、Y_3銀行等に預金したものであるが、この現金輸送にあたってはX保険会社がA銀行と保険契約を結んでいたので、Xは保険金を支払い、A銀行に代位した（商法662条）。そして、XはY_1らに対し、本件預金となった現金は盗品として民法193条により返還を求めるとともに、盗品による預金は不法原因給付（民法708条）であり、Bは預金の返還を請求できないからY_1らは不当利得をした、と主張した。

上記判決は、「通貨は、その流通手段としての特殊性に鑑み、通貨として

流通に置かれる限りその占有の移転は常に所有権の移転を伴うものと解すべきであり、……通貨については本来民法192条乃至194条の適用はない」としたうえで、「預金契約に基く給付が不法の原因のための給付であるというためには預金者たる○○が贓金（筆者注：盗取金）を預入れたとの一事を以てしては足らず、相手方銀行の側に於てもそれが贓金であることを諒知しながら受領した場合……でなければならない」旨判示してXの請求を棄却した。

　これにより、盗取金による預金であっても、銀行が事情に通じていない限り、（被害者ではなく）預金者である犯人に預金債権は帰属するものとされた。

(4)　弁護士の預り金

　弁護士が依頼人から受領した預り金を原資とする、弁護士名義の預金債権の帰属については、従来より争いがあった。

　この点について決着をつけたのが最判平成15・6・12民集57巻6号563頁・金法1685号59頁であるが、弁護士が法人の債務整理事務のために自己名義の普通預金口座を開設し、預金通帳および届出印を管理し入出金を行っていたところ、国が当該法人に対する消費税の滞納のため、当該預金を差し押さえたという事案において、債務整理事務の委任を受けた弁護士が、委任事務処理のため委任者から受領した金銭を預け入れるために弁護士名義で普通預金口座を開設し、これに上記金銭を預け入れ、その後も預金通帳および届出印を管理して、預金の出し入れを行っていた場合には、当該口座に係る預金債権は弁護士に帰属すると判示した。

　上記判決では、「債務整理事務の委任を受けた弁護士が委任者から債務整理事務の費用に充てるためにあらかじめ交付を受けた金銭は、民法上は同法649条の規定する前払費用に当たるものと解される。そして、前払費用は、交付の時に、委任者の支配を離れ、受任者がその責任と判断に基づいて支配管理し委任契約の趣旨に従って用いるものとして、受任者に帰属するものとなると解すべきである」としたうえで、このようにして取得した財産を委任の趣旨に従って自己の他の財産と区別して管理する方途として、自己の名義で開設し管理していた口座に関する預金債権は、その後に入金されたものを

含めて、弁護士に帰属すると認めるのが相当であるとされた。

これは、主として預金の原資が誰に帰属するかを判断基準としており、従来の客観説の延長における判断と思われるが、原審（福岡高裁宮崎支判平成13・7・13）では、受任した事件の終了まで依頼人に帰属するとの認識が示されている。

また補足意見において、信託法の規定する信託契約や、委任と信託の混合契約と解する余地が指摘されているように、債権が弁護士に帰属するとしても、弁護士の固有財産ではないという考え方もとりうるため、今後この判決の射程範囲が問題となってくることも考えられる。

(5) **保険代理店名義の預金**

保険代理店名義の保険料専用口座による保険料管理は、「保険募集の取締に関する法律（旧募取法）」の規定に基づくものである、旧募取法が廃止された後も、平成8年の大蔵省通達や、金融庁の事務ガイドラインおよび監督指針によりその規定が継承され、一般的な保険料管理方法として運用されてきている。

ところが、その預金債権の帰属に関しては従来より争いがあり、下級審においても、保険会社に帰属する考え方（東京地判昭和63・3・29金法1220号30頁や札幌高判平成11・7・15金判1167号9頁等）と、保険代理店に帰属する考え方（千葉地判平成8・3・26金法1456号44頁等）とに判断が分かれていた。

この争いに決着をつけたのが最判平成15・2・21民集57巻2号95頁・金法1677号57頁であり、「代理店Bが、保険契約者から収受した保険料のみを管理するため、金融機関に『A損害保険代理店B』名義の普通預金口座を開設したが、AがBに対して普通預金契約締結の代理権を授与しておらず、Bが同口座の通帳・届出印を保管し、Bのみが同口座からの払戻事務を行っていたという事実関係の下においては、同口座の預金債権は、Bに帰属する」旨判示し、最高裁判所として一定の判断を示した。

上記最高裁判決は一種の事例判決であり、①預金契約を締結したのが代理店である、②保険会社が代理店に普通預金契約締結の代理権を付与していた

形跡がない、③本件口座の通帳および届出印を保管し、入金および払戻しを行っていたのが代理店のみである、④代理店が受領した保険料が入金されており、預金原資は保険料と利息のみである、という事実認定の下では、預金債権が代理店に帰属するとの判断がされたにすぎない。

しかし、損害保険代理店の口座については上記取扱いがほとんどであることから、預金や貸出し等の銀行実務においても、代理店に対する債権を自働債権とする相殺や、代理店の預金に対する差押え等への対応につき判断基準となるものと考える。

(6) マンション管理組合の預金

(ア) 管理組合名義の預金口座

管理組合名義の預金の帰属については、当該組合の法的性格により異なり、下記の3通りが考えられる。

最初に、管理組合において、組合員総会等の集会による決議のうえで、「〇〇管理組合法人」などとして法人化され登記されている場合は、法人格を有することから（建物の区分所有等に関する法律47条）、預金債権は管理組合法人に帰属することになる。

次に、法人格のない管理組合であっても、権利能力なき社団としての性格を有するときは、預金債権は構成員たる区分所有者に総有的に帰属する。ただし、権利能力なき社団として認められるためには、団体としての組織を備え、多数決の原理が行われ、構成員の変更にもかかわらず団体そのものが存続するとともに、代表の方法、総会の運営、財産の管理、その他団体としての主要な点が確立されていることが必要である。なお、一般的なマンション管理組合の場合、権利能力なき社団となっているケースが多いと思われる。

最後に、法人格のない管理組合で権利能力なき社団にもあたらない場合であるが、預金債権は構成員たる区分所有者に合有的に帰属することになる。

(イ) 管理会社名義の預金

マンション管理組合における管理費・修繕積立金の出納事務の方式については、マンションの管理の適正化の推進に関する法律施行規則87条により、

管理組合名義の口座で行うことが原則とされている。ただし、一定の条件（管理費等の保証契約を締結していること、管理費等を収納してから1カ月以内に経費以外の金額を管理組合名義の口座に移し変えるなど）を満たす場合には、管理会社または集金代行会社名義の口座で行う収納代行方式も認められている。

この収納代行方式による管理費・修繕積立金を原資とした管理会社名義の普通預金や定期預金について、東京高判平成12・12・14金法1621号33頁は、①当該預金口座には他のマンションの管理費などや、管理会社固有の資金が入金されることはいっさいなかったこと、②管理会社は、自己の決算書上に当該預金を記載したり、預り金として負債の記載をしたりすることを、公認会計士の指摘を受けてやめていること、③管理会社は、他の預金につき管理組合名義への変更を求められた場合には、管理組合の財産であるとの考えに基づいてこれに応じていること、といった事実関係を前提として、当該預金の預金者は管理組合であると判示した。なお、この判決は、最高裁判所の上告不受理決定が確定したことより、最高裁判所の実体的判断は示されなかった。

(7) 公共工事前払金

公共工事の前払金保証制度とは、国または地方公共団体が公共工事を発注する際に、請負人に対して支払われる前払金について、登録を受けた保証事業会社が、請負人から保証料を受け取って保証する制度である。この前払金は、請負人が工事資金を調達できなかったために公共工事の遂行に支障が生じるのを防ぐことを目的として支払われるものであり、保証事業会社の保証を付すことが前払金支払いの要件となっている。

前払金は、請負人名義の前払金専用預金口座に入金されるとともに、通常の預金とは異なり、その資金使途により払戻しの方法および手続が定められている。前払金専用口座の払戻しに際しては、請負人が当該口座のある金融機関に依頼書と適正な資金使途に関する証明書類を提出し、当該金融機関がそれらを確認のうえ支払うこととされている。

この前払金専用口座の預金の帰属については、最判平成14・1・17民集56

巻1号20頁・金法1645号51頁において、「本件前払金が本件預金口座に振り込まれた時点で、愛知県とA建設会社との間で、愛知県を委託者、A建設会社を受託者、本件前払金を信託財産とし、これを当該工事の必要経費の支払に充てることを目的とした信託契約が成立したと解するのが相当であ」るとして、「信託の受益者は委託者である愛知県であるというべきである」と判示されている（同旨の裁判所として、名古屋高裁金沢支判平成21・7・22金法1892号45頁）。

したがって、特段の事情のない限り、前払金専用口座の預金については、国または地方公共団体を委託者兼受益者、請負人を受託者とする信託財産として取り扱われている。

(8) 旅行資金等の積立てを目的とする団体代表者名義預金

友人数名（$X_1 \sim X_4$）の旅行資金の積立てを目的とする（A会代表者X_1）名義の預金について、信託契約の存在を認定し、解決を図った裁判例（東京地判平成24・6・15判時2166号73頁・金判1406号47頁）がある。

上記判決では、まず、A会は権利能力なき社団でもなく（「構成員の変更にかかわらず団体が構成員から独立した実体（社団）として存続するものとは到底認められない」）、民法上の組合にも該当しない（「個人の活動を超えた組合としての『共同の事業』の実体があるとは言い難いし、本件口座に入金された積立金も、組合財産として各個人の一般財産から区別されて扱われるべき実質を備えたものとはいえない」）ため、当該預金はX_1の預金とされた。

そして、「本件口座は、X_1のその余の一般財産とは分別して管理されている上、X_2ら各人の信託財産たる金銭について、各別に計算を明らかにすることができる状態で管理されていることが認められる」として、「信託財産としての分別管理の実質は備えているものといってよい（旧信託法28条ただし書、新信託法34条1項2号ロ）」との判断により、$X_2 \sim X_4$の各人を委託者兼受益者、X_1を受託者とする信託契約が締結されており、預金債権のうち4分の3は信託財産であるとされた。

(9) 連名預金

連名預金とは、銀行が複数の預金者との間で1個の契約により成立させた預金である。この預金債権の帰属については、学説上、債権・債務が共同的に帰属する多数当事者の債権関係として下記4つの形態があるが、民法427条以下は共有的形態の債権関係を規定したものであり、総有的または合有的形態まで規定したものではない、とするのが通説である（我妻榮『新訂債権総論』374頁以下、於保不二雄『債権総論〔新版〕』205頁以下、奥田昌道『債権総論(下)』329頁以下、林良平ほか『債権総論』343頁以下等）。

まず、預金契約は1個でも、預金は当然に平等の割合で各預金名義人に分割帰属する分割債権（民法427条）の形態であるが、連名預金は名義人間または銀行との特約により、各自単独による払戻しや処分が禁止されている場合が多いため、数は少ない。

次に、連名預金者間で預金を分割しない旨の特約を締結した不可分債権（民法428条）の形態の場合は（不可分特約は銀行との間でも必要）、名義人は単独で全額の払戻請求ができ、銀行も名義人の1人に全額を払い戻せば免責される。

さらに、民法上の組合が組合員の連名で預金したような合有形態の場合、各組合員は預金債権上の持分の処分に制限を受け、分割請求もできない（民法676条）。東京高判昭和27・2・29高民集5巻4号150頁でも、「物権的持分の自由なる処分を許さゞるところに、組合財産が合有たることの特質が存する」と判示している。

最後に、権利能力なき社団が数人の役員連名で預金したような総有形態の場合、預金は社団に帰属し、名義人は持分を有しない。

連名預金に係る判例としては、複数の当事者が共同目的下で預け入れた連名預金につき、預入当事者に合有的に帰属するものであり民法427条以下の規定の適用はなく、各当事者は単独で処分できないとされた事例（最判昭和62・12・17金法1189号27頁）がある。

V　預金の払戻し

1　預金の払戻しの方法と効果

　預金約款に規定されているとおり、預金は、窓口による対面取引の場合は預金者が預金通帳（または証書。以下同じ）と届出印が押捺された払戻請求書を提出することにより払戻し（弁済）[1]がなされる[2]。また、ATM（現金自動預払機）（およびCD（現金自動支払機）。以下同じ）による機械払取引の場合は銀行が貸与した真正なキャッシュカードと届出暗証番号の入力等により、テレフォンバンキングやインターネットバンキングの場合はIDとパスワード[3]の入力等により払戻しがなされる。

　銀行は多くの者と預金取引を行っており、短時間に多数の払戻処理を行う必要がある。そこで、窓口での対面取引による払戻しの場合は預金通帳と届出印章を、ATMでの機械払いによる払戻しの場合はキャッシュカードと届出暗証番号を、テレフォンバンキングやインターネットバンキングの場合はIDとパスワードをもって、これらの物や情報は通常、預金者が相当の注意を払って保管しているものであり、みだりに他者に渡るとは考えられないということを前提に、これらを所持・保有する者は原則として払戻権限のある者として取り扱うシステムをとっている。

　債務の本旨に従った有効な払戻しがなされると、弁済の効果として預金（預金債務）は消滅する。

---

[1]　なお、約款に基づき、届出の署名、暗証番号（窓口でのカード取引）により払い戻される場合もある。
[2]　債務の弁済は、持参債務が原則であるが（民法484条）、預金債務の弁済（払戻し）は従来から特約（約款）により取立債務とされている。
[3]　パスワードは複数の場合もあり、また、乱数表が用いられる場合も多い。

2　無権利者への払戻しと免責

　正当な払戻受領権限を有しない者（以下、「無権利者」という）に対してなされた払戻しは、本来、弁済としての効力を有しないはずである。しかし、預金者の認定について主観説または客観説いずれをとる場合でも、預金者を誤認した銀行を保護する必要が生じる場面が考えられるが、特に従来判例が採用してきたとされる客観説をとった場合、銀行にとって正当な払戻受領権限が誰にあるかの判断は容易ではない。

　そこで、多くの顧客を相手としてなされる銀行の預金業務に支障を来さないようにするためにも、注意義務を尽くしながらも結果的に無権利者に払戻しを行った銀行を一定の範囲で免責することが必要になる。

(1)　免責の法的根拠

　預金の払戻しに係る銀行の免責の法的根拠としては、まず約款による免責がある。一般に預金約款には、銀行が払戻請求書、諸届その他の書類に使用された印影を届出の印鑑と相当の注意をもって照合し、相違ないものと認めて取り扱えば、偽造・変造その他の事故があってもそのために生じた損害については、銀行が免責されるという旨の規定がおかれている。[4] そして、印鑑照合の方法と銀行が尽くすべき注意義務の程度について、判例は「特段の事情のないかぎり、折り重ねによる照合や拡大鏡等による照合をするまでの必要はなく、前記のような肉眼によるいわゆる平面照合の方法をもつてすれば足りるにしても、金融機関としての銀行の照合事務担当者に対して社会通念上一般に期待されている業務上相当の注意をもつて慎重に事を行なうことを要し、かかる事務に習熟している銀行員が右のごとき相当の注意を払つて熟視するならば肉眼をもつても発見しうるような印影の相違が看過されたときは、銀行側に過失の責任がある」（最判昭和46・6・10民集25巻4号492頁）としている。

---

[4] ATMによる機械払取引の場合や、テレフォンバンキング、インターネットバンキングについても同様の免責約款がおかれていることが通常である。

銀行の免責の法的根拠としては、次に、債権の準占有者に対する弁済（民法478条）に基づく免責がある。民法478条は、債権の準占有者に対する弁済は、弁済者が善意かつ無過失であるときは有効であるとしている。預金の払戻しについて同条が適用されるには、払戻請求者が預金債権の準占有者であるとされることが必要になるが、判例・通説ともに預金通帳や届出印鑑等が紛失・盗難・偽造であったとしてもそれを所持し、払戻しを請求する者が預金の準占有者であるとされてきた[5]（払戻請求者が代理人や使者と称する場合であっても同様である[6]。なお、キャッシュカードによる機械払取引やインターネットバンキングについても同条が適用されると考えられる）。

　銀行が免責される根拠を免責約款に求めるのか、それとも民法478条に求めるのかは、これを厳格に解する説もあるが、必ずしも厳格に解する必要はないものと考えられる。免責約款は印鑑照合のみによる免責を定めるが、民法478条の免責との整合性が要求され、文言どおり単に印鑑照合のみによって免責が認められるわけではなく、民法478条によるのと同様に、払戻しに際しての払戻請求者の受領権限の確認につき、印鑑照合以外の点においても一定の注意義務が課せられていると解されてきている[7]。つまり、免責約款については、それが民法478条を排除もしくはその要件を軽減するものではなく、民法478条適用の一場面としてとらえ、同条の解釈として一般に要求されている注意義務を尽くした場合に初めて銀行は免責されると解すべきであり[8]、窓口払戻しにおいては、印鑑照合は無権利者に対して払戻しをした場合の、免責の条件の1つと考えられる[9]。

---

[5] 最判昭和37・8・21民集16巻9号1809頁。
[6] 代理人と称する者を含めたのは、弁済者が民法109条等の表見代理規定によって救済されない場合（例：委任状が偽造であった場合）にも善意無過失を要件として弁済者を保護しようとの趣旨からである（加藤一郎ほか編『銀行取引法講座(上)』248頁〔奥田昌道〕）。
[7] 前田重行「総論（特集・預金法務の最前線）」銀法645号6頁参照。
[8] 加藤ほか編・前掲書（注6）249頁〔奥田〕。
[9] 印鑑照合についてのみ相当の注意を尽くせば常に免責されるものと解するのは妥当ではなく、銀行が免責されるためには、印鑑照合を前提に、払戻しの全体につき注意義務を尽くすことを要する（免責約款は銀行の注意義務を軽減するものではない）ものと解すべきである（同旨・前掲・最判昭和46・6・10）。

(2) 窓口における対面取引（盗難通帳による不正払戻し）

　銀行が無権利者に対して払戻しをした場合、銀行としては注意義務を尽くしていれば、すなわち払戻請求者が無権利者であることにつき善意・無過失であれば免責される。この点、銀行の窓口担当者の注意義務について現在でも用いられている規範を示したのが、前述の昭和46年の最高裁判例である。つまり、まず印鑑の平面照合により過失の有無を判断し、印鑑照合に過失が認められない場合に、それ以上の払戻権限確認義務の有無、および当該義務を生じさせる「特段の事情」についての有無を検討することになる。そして、この「特段の事情」があるときとは、「銀行が無権限者であることを知っていたり、また他の具体的事情によって払戻請求者が無権限であることを疑うべき相当の理由があるのに、その無権限に気づかずに払戻に応じたとき」（神戸地判昭和47・9・26判時681号17頁）をいい、払戻請求者が無権限であることを疑うべき具体的事情としては、①預金名義人と払戻請求者の性別・年齢の相違、②払戻金額、③届出印を何度も間違える、④住所や氏名、電話番号の誤記、⑤挙動不審な態度、⑥定期預金である場合には期限前解約の理由と金額の不自然性、等々があげられよう（もちろんこれらに限られるものではなく、これらに代表される種々の事情を総合的に判断することになる）。[10]

　なお、定期預金の中途解約の場合には、普通預金の払戻しに比べ、注意義務が加重されるとする裁判例は多い。[11] これは、満期日前の定期預金については銀行に支払義務がなく、期限の利益を放棄して中途解約に応じるか否かは銀行の判断に委ねられていることや、万一盗難に遭っても期日未到来の定期預金は満期日まで支払われることはないだろうという預金者の期待が（法的）保護に値するという理由からである。もっとも、大口定期預金の期限前解約という事実は「特段の事情」に該当せず、預金の種類による注意義務の

10　なお、定期預金の期日前解約に民法478条が適用されるのかどうかについて、判例は定期預金契約の締結の際に、期日前解約の場合における弁済の具体的内容があらかじめ当事者間の合意により確定されているときは、同条が適用されるとしている（最判昭和41・10・4民集20巻8号1565頁）。

11　東京高判平成16・1・28金法1704号59頁、静岡地判平成7・12・15判時1583号116頁等。

異同を否定する裁判例もある。[12][13]

(3) **盗難通帳事案についての裁判例の流れ**

平成12年頃までの盗難通帳による不正払戻事案の裁判例においては、主として印鑑照合の妥当性に焦点があてられ、平面照合による印影照合の結果に問題がなければ、余程の特殊な事情がない限り「特段の事情」が認定されることはなく、免責約款や民法478条により銀行が免責されることが多かった。

しかし、平成10年前後を境に、いわゆるピッキング盗の多発に伴い盗難通帳による不正払戻事案の件数が増え、また同時期に一般に流通しているパソコンやスキャナの性能が著しく向上したことにより、副印鑑をもとに、かなり精巧な偽造印影が作られるようになったため、肉眼による平面照合では真正印影と判別できないような事案が出てきた。[14]そのような事情を背景に、平成12年頃以後は、単に印鑑照合の妥当性の判断を行うのみならず、広く銀行の過失を認定する裁判例が増えた。また、真正印による払戻しであっても金融機関の過失を認め免責を否定した事案も散見される。[15]近時(ただし、後述の全銀協自主ルールによる補填の開始以前)では、裁判所から敗訴の心証開[16]

---

[12] なお、総合口座貸越についても、民法478条の類推適用による免責を認めるのが判例であるが(最判昭和63・10・13金法1205号87頁)、その際の注意義務の程度について、普通預金の払戻しと同程度でよいのかは必ずしも明らかではない。利用形態に鑑みると普通預金の払戻しと同程度であるとする裁判例(東京高判昭和60・7・19金法1098号47頁)もあるが、定期預金を担保とする貸越であることに着目すると定期預金に準じて取り扱われるべきとの考え方もありうるように思われる。

[13] 東京高判平成16・1・27金判1193号19頁。

[14] 旧来、銀行では印鑑票は口座開設店で保管されていたが、預金者の利便性に鑑み、全店払いを可能にするため通帳にも印鑑を表示する副印鑑制度がとられていた。平成12年頃は銀行がこの副印鑑制度を廃止しオンラインシステムによる照合に乗り換えようとしていた過渡期であったが、時を同じくしてピッキング盗による盗難通帳事件が多発し、副印鑑制度が偽造印作成に悪用された。偽造印作成に悪用されたことを理由に副印鑑制度が廃止されたわけではない。

[15] 前掲(注11)・東京高判平成16・1・28等。

[16] 東京地判平成15・2・28金判1178号53頁、大阪高判平成14・3・26金判1147号23頁、東京地判平成12・6・15金法1601号48頁等。なお、盗難通帳事案の近時の裁判例を概括したものとして菅野胞治「盗難通帳による預金不正払戻しと金融機関の責任をめぐる裁判例(特集・預金法務の最前線)」銀法645号23頁がある。

示を受けた銀行が、敗訴判決を避けるべく、敗訴的和解を行っている事案も相当程度あるのではないかと思われる。

こうした中、各金融機関では盗難通帳による不正払戻事件の防止のため、内部規定を順次強化し、一定の類型の取引については、印鑑照合に加え、本人確認を実施する対応をとっている（なお、預金払戻しの際の本人確認は、これをあまりに厳格に実施した場合、真の預金者が預金の払戻しを受けられず旧来の預金約款によれば預金払戻しの債務不履行となるおそれがあり、また当初は窓口で預金者の理解が得られずトラブルになることも少なくなかった。その後、かかる取扱いは徐々に社会に受け入れられ、後述する全銀協の自主ルール制定に伴う預金規定の改定の際には、「預金の払戻において本人確認書類の提示等を求める場合があり、銀行が必要と認める場合には本人確認ができるまで払戻を行わない旨」が預金規定に明記されることとなった）。

ちなみに、盗難通帳による不正払戻事案は、平成14年頃に急増したが、平成15年以降は沈静化し、減少傾向となった。これに代わって、平成16年以降、盗難・偽造カードによる被害が急増した。なお、近時はインターネットバンキングによる不払払戻しが問題になっており、セキュリティ確保のため種々の対策がとられている。

(4) 機械払取引等

キャッシュカードを用いて銀行の（あるいは提携する他の金融機関等の）ATMから支払いを受けるシステムは、通帳と印鑑による窓口での対面取引システムに代わるものとして、現代社会に定着した預金払戻システムといえよう。盗難カードを用いた無権利者によるATMでの払戻しに関し、最高裁判例は「銀行の設置した現金自動支払機を利用して預金者以外の者が預金の払戻しを受けたとしても、銀行が預金者に交付していた真正なキャッシュ

17　本人確認を実施する基準については、取引支店や金額その他の条件により、各金融機関が独自に定めている。

18　窓口における本人確認の徹底や副印鑑制度の廃止の副次的効果（（注14）参照）があったものと思われる。

カードが使用され、正しい暗証番号が入力されていた場合には、銀行による暗証番号の管理が不十分であったなど特段の事情がない限り、銀行は、現金自動支払機によりキャッシュカードと暗証番号を確認して預金の払戻しをした場合には責任を負わない旨の免責約款により免責される」（最判平成5・7・19判時1489号111頁）とした。同判決は、銀行が当時採用していた機械払システムが免責約款の効力を否定しなければならないほど安全性を欠くものとはいえないとし、銀行の過失の有無につき、システム全体の安全性を判断している。そして、平成15年に最高裁判所は、機械払取引についても民法478条が適用され、「債権の準占有者に対する弁済が民法478条により有効とされるのは弁済者が善意かつ無過失の場合に限られるところ、債権の準占有者に対する機械払の方法による預金の払戻しにつき銀行が無過失であるというためには、払戻しの際に機械が正しく作動したことだけでなく、銀行において、預金者による暗証番号等の管理に遺漏がないようにさせるため当該機械払の方法により預金の払戻しが受けられる旨を預金者に明示すること等を含め、機械払システムの設置管理の全体について、可能な限度で無権限者による払戻しを排除し得るよう注意義務を尽くしていたことを要する」と判示し、約款に規定しないまま通帳による機械払システムを採用していた銀行に過失を認めた（最判平成15・4・8民集57巻4号337頁）。

その後、キャッシュカードの磁気情報を読み取り（スキミング）、カードを偽造・複製するという事件が社会問題になり、それを契機に、後述する預金者保護法が制定されるに至った。

もっとも、預金者保護法の施行後も、上記の平成5年の機械払システムに関する最高裁判例の枠組みは変わっていないものと考えられる[19]。また、この枠組みを踏襲し、預金者以外の者がインターネットバンキングを利用して不

---

[19] 預金者保護法施行後、同法の補填対象にならなかった盗難カード事案につき、銀行が機械払システム全体を無権限者による払戻しを排除できるように組み立て、運営するように注意義務を尽くしている場合には、無権限者が真正な盗難キャッシュカードを用いて届出の暗証番号を入力し、預金の払戻しを受けたときであっても、銀行はキャッシュカード規定の免責規定により免責されるとした裁判例がある（東京高判平成20・3・27金法1836号54頁）。

正にした振込送金行為について、銀行の約款による免責の主張を認めた裁判例もある[20]。

3 近時の議論

(1) 預金者保護法と全銀協自主ルール

　平成17年1月にゴルフ場を舞台に行われたスキミング事件の犯人グループが逮捕されたことによりその手口の詳細が明らかになった偽造カードの問題は、連日マスコミ報道を賑わし、銀行預金に対する安全性、信頼性をも揺るがしかねない大きな社会問題となった。この問題を契機に、議員立法の形で「偽造カード等及び盗難カード等を用いて行われる不正な機械式預貯金払戻し等からの預貯金者の保護等に関する法律」（いわゆる預金者保護法）が民法の特例として平成18年2月10日に施行され、個人の預金者が偽造・盗難カードによる不正払戻しの被害に遭った場合、原則として銀行がその損害を補填することとされた[21]（なお、補填の対象とならない不正払戻しに関しては、従前どおり、約款並びに民法478条による銀行の免責の可否が検討されることとなる[22]。特に、補填制度を悪用したなりすましが疑われる事案については、新たな犯罪の温床とならないよう、注意が必要である）。

　これに伴い、カード規定の改定が行われ、あわせて、キャッシュカードによる不正払戻しを防止すべく（預金者保護法9条1項・2項参照）、暗証番号の

---

[20] 大阪地判平成19・4・12金法1807号42頁、東京高判平成18・7・13金法1785号45頁。

[21] 偽造カード被害の場合、預金者に故意あるいは重大な過失があることを銀行が証明した場合を除き、払戻しそのものが無効とされており、被害補償される。また、盗難カード被害の場合、盗難に気づいた場合の速やかな通知、銀行の調査に対する十分な説明、警察への被害届の提出を前提に、原則として通知があった日から30日前の日以降になされた払出しについて被害補償される。なお、預金者に過失があることを銀行が証明した場合の被害補償額は4分の3となり、重過失がある場合は補償の対象外となる（他にも盗取から通知までの期間による制限等がある）。

[22] 預金者保護法の補填要件に該当しない場合でも、銀行側に明らかな過失がありそのことを銀行側で自認するのであれば、請求に応じることになるであろうし、銀行側に特段の過失がない一方、預金者に重過失・過失があると考えられ、請求に応じられないと考えられる場合には、あくまで請求を拒絶し、提訴を待って裁判手続の中で争うことになろう。

セキュリティ強化（暗証番号変更の利便性の確保、ATM画面の覗き見防止措置等）、キャッシュカードのIC化（従来の磁気ストライプ式キャッシュカードより偽造がされにくい）、生体認証（掌や指先の静脈による認証等）による本人確認、利用限度額の引下げ、異常な取引のモニタリング等が行われている（全銀協「偽造キャッシュカード対策に関する申し合わせ」（平成17年1月25日）参照）。

そして、預金者保護法附則3条および附帯決議を踏まえ、全国銀行協会より自主ルールとして「『預金等の不正な払戻しへの対応』について」（平成20年2月19日）との申合せが公表され、個人の預金者が盗難通帳・インターネットバンキングにより預金の不正払戻しの被害に遭った場合、銀行が無過失の場合でも、預金者保護法に基づく偽造・盗難カード被害補償の対応に準じ、被害補償が実施されることとなった。[23] また、これに伴い預金規定も改定された（なお、補填の対象とならない不正払戻しに関しては、偽造・盗難カードによる不正払戻しと同様、従前どおり約款並びに民法478条による銀行の免責の可否が検討されることとなる。また、なりすましが疑われる事案についても注意が必要であることも同様である）。その後、インターネットバンキングの不正払戻しについては、個人の預金者のみならず法人の預金者にも被害が拡大していることから、被害補償に関する考え方について申合せが行われるに至っている（全銀協「法人向けインターネット・バンキングにおける預金等の不正な払戻しに関する補償の考え方」（平成26年7月17日））。

(2) 犯罪利用口座から被害者への支払い（振り込め詐欺救済法）

預金口座を用いた決済制度は金銭の受渡しに便利な制度であり、それゆえ、従来から犯罪行為等の不正目的のために悪用されることがあった。昨今にお

---

[23] 盗難通帳の場合、通帳の盗難に気づいた場合の速やかな通知、銀行の調査に対する十分な説明、警察への被害届の提出を前提に、原則として通知があった日から30日前の日以降になされた払出しについて被害補償される。なお、預金者に過失があることを銀行が証明した場合の被害補償額は4分の3となり、重過失がある場合は補償の対象外となる（他にも盗取から通知までの期間による制限等がある）。インターネットバンキングの場合、速やかな通知や銀行への説明等の要件は同様であるが、過失がある場合は個別対応としている。

いてはいわゆる振り込め詐欺や架空請求詐欺、還付金詐欺等にみられるように、預金口座を受け皿とする犯罪行為が多発しており、大きな社会問題となっている。平成16年12月に本人確認法が改正され、口座の不正開設や不正譲渡が処罰の対象となったが、その後も口座の不正利用は後を絶たない。

　これらの犯罪に口座が悪用された場合、被害者（または送金の場合は仕向銀行）からの情報や捜査機関からの要請により、銀行は、口座の入出金を停止し、あるいは口座の強制解約手続をとるが、その後、口座に残っていた資金をどのように処理すべきかが問題となっていた。振込依頼人から受取人の銀行の預金口座に振込みがあったときは、両者の間に振込みの原因となる法律関係が存在するか否かにかかわらず、受取人と銀行との間に振込金額相当の預金契約が成立するというのが確立した判例の立場であり、この理屈からすれば、銀行が被害者からの払戻請求に、任意に応じることは困難である。1つの救済方法として、振込先口座の預金者に対する不当利得返還請求権を被保全権利として、預金者の銀行に対する預金返還請求権を代位行使するという債権者代位の法律構成をとり、被害者から銀行に対する請求を認容する裁判例もあった（ただし、債権者代位の構成をとった場合、被害者が複数存在するときには、被害者の一部が訴訟を提起して勝訴が確定すると、その者が全額の満足を得、他の被害者が全く救済されないことになりかねないという課題も残っていた）。

　そこで、振り込め詐欺等の犯罪により、金融機関の口座に送金され、引き出されずに残っている資金を被害者に返還する手続とルールを定めた「犯罪

24　本人確認法はその後、平成20年3月1日に施行された「犯罪による収益の移転防止に関する法律」（犯罪収益移転防止法）に引き継がれた。

25　一般に、普通預金約款には、法令や公序良俗に反する行為に口座が使用され、またはそのおそれがある場合は預金取引を停止し、強制解約を行う旨の規定がおかれている。

26　最判平成8・4・26民集50巻5号1267頁・金法1456号50頁。

27　東京地判平成17・3・29金法1760号40頁、東京地判平成17・3・30判時1895号44頁、東京地判平成19・10・5金法1826号56頁。

28　金法1741号41頁以下参照。

29　被害を補償する法律ではないので注意が必要である。また、口座名義人や被害者が同法によらず法的権利行使をすれば、同法の失権手続からはずれることとなる。

利用預金口座等に係る資金による被害回復分配金の支払等に関する法律」（いわゆる「振り込め詐欺救済法」）が平成20年6月21日に施行され、被害者への返還手続が開始されている。[30]

VI　預金に関する諸問題

1　預金の譲渡

(1)　譲渡禁止特約と法的効力

預金は、預金者の銀行に対する指名債権であり、指名債権は本来ならば譲渡可能であるが（民法466条1項本文）、当事者の意思表示により譲渡を禁止することができる（同条2項）。

預金については、自由に譲渡を認めると、

① 譲渡意思の確認や譲受人の確認、つまり預金者が誰であるかの確認が困難となり、事務処理が安全・確実に行われなくなるおそれがあること

② 銀行が預金者に対して反対債権をもっている場合は、相殺による債権の回収に支障を来すおそれがあること

などから、譲渡性預金を除く預金については、預金規定に「この預金および通帳（証書）は、譲渡または質入れすることはできません」との特約（譲渡・質入禁止特約）[31]がおかれ、譲渡が禁止されていることが通常である。[32]

かかる特約が銀行と預金者との間で有効であることはいうまでもないが、預金者が特約に違反して第三者に預金を譲渡した場合の効果をどう考えるべ

30　銀行からの届出に基づき、毎月2回、返還対象の犯罪利用口座が預金保険機構のホームページに公告され、口座名義人を失権させるために失権公告期間（60日以上）、被害者の返還申請を促す分配公告期間（30日以上）を経たうえで被害者に支払われる（被害者複数の場合は被害金額に応じて按分される）。

31　譲渡ができない債権は当然に質入れもできないと解されているが、預金規定においては確認的意味で、質入れも禁止する表現としている。

32　普通預金規定（ひな型）9、当座勘定規定（ひな型）22条等。

きであろうか。民法466条2項ただし書は特約の存在について善意の第三者には対抗できないとしているところ、譲受人の善意・悪意をどのように判断すべきかが問題となる。この点、判例（最判昭和48・7・19民集27巻7号823頁）は、「重大な過失は悪意と同様に取り扱うべきものであるから、譲渡禁止の特約の存在を知らずに債権を譲り受けた場合であっても、これにつき譲受人に重大な過失があるときは、悪意の譲受人と同様、譲渡によってその債権を取得しえない」とし、譲渡禁止特約については「ひろく知られているところであって、このことは少なくとも銀行取引につき経験のある者にとっては周知の事柄に属する」としている。したがって、預金債権について銀行に債権譲渡通知があったとしても、例外的な場合を除き、基本的に銀行は譲受人に対して特約を対抗でき、譲受人からの支払いを拒むことができると考えられる。また、逆に譲受人としては、善意の立証はまず困難であると考えられる。[33]

(2) 譲渡についての銀行の承諾

もっとも、上記の特約は銀行の都合で設けられたものであるから、預金者から正当な理由に基づく申出があり、銀行にとってもこれに応じることで特段支障のない場合は、譲渡を認めることで差し支えない。この場合、特約を解除することになるが、特約の解除は、債務者である銀行の一方的意思表示（承諾）で足り、必ずしも預金契約当事者双方の合意解除による必要はない。しかも、債務者である銀行の承諾は譲渡禁止特約の解除の意味のほか、指名債権譲渡の対抗要件としての承諾（民法467条・468条）を兼ねて行いうる（最判昭和28・5・29民集7巻5号608頁）。また、譲渡禁止特約付指名債権を悪意で譲り受けても、後に債務者が承諾すれば債権譲渡は譲渡の時に遡って有効となり、しかも債権譲渡の時にした確定日付のある譲渡通知はそのまま有効で、承諾の時に再び確定日付は必要ではなく、承諾後に生じた第三者にも債権譲渡を対抗できるとするのが判例である（最判昭和52・3・17民集31巻2

33　堀内仁ほか『新銀行実務総合講座(1)』467頁〔川田悦男〕参照。

号308頁)[34]。なお、銀行として譲渡の承諾が可能である場合でも、実務的には、普通預金・貯蓄預金・満期到来済みの定期預金などの場合は譲渡によらずいったん解約して新名義で預金を作成する処理がとられていることも多いようである。また、当座預金の場合は、手形・小切手の支払委託契約を伴い、銀行と取引先相互の信頼関係に基づくものであることから、そもそも譲渡不可能なものであると考えられる。

(3) **質入れ**

預金が担保として差し入れられる場合、担保の形式としては、預金に質権を設定する債権質が利用されることが通常である。もっとも、預金には、上記のとおり譲渡・質入禁止特約がおかれていることが一般的であり、預金の質入れに関する質入禁止特約の法的効力および銀行の承諾については、前記(1)および(2)の預金の譲渡に関する議論と同様である。

銀行が自行の債権保全のために自行預金に対する質権の設定を受けるには、第三債務者である銀行自らが質入禁止特約を解除し質権設定について承諾すればよいので、担保設定者から預金通帳と質権設定契約書を受け入れるだけでこれを行うことができる。なお、貸出の債務者本人から自行預金を担保にとる場合、質権実行の手続をとらなくとも相殺により債権回収が可能であることから、実務では質権設定契約書には確定日付がとられないことが多い[35]。

2 預金の相続

(1) **序**

預金者が個人である場合、預金者の死亡は避けて通れない事象である。預金者が死亡した場合、預金も当然ながら相続の対象になる。

預金の相続の場面では、相続人間のトラブルや、銀行に対する不満が発生しやすい。銀行にとっては相続人間のトラブルに巻き込まれて二重払いのリ

---

34 以上につき、畑中龍太郎ほか監修『銀行窓口の法務対策4500講Ⅰ』1148頁。
35 本人設定の場合は、原則として相殺による一方、第三者設定の場合は、質権実行によるので確定日付がとられる。

スクを負うことを回避するためにも、預金の相続に関し、正確な理解が必要になる。

(2) 相続制度概要

預金者が死亡した場合、その預金を含む財産につき相続が開始され（民法882条）、相続人は被相続人の財産に属したいっさいの権利義務（ただし、一身専属的なものを除く）を承継する（同法896条）。法定相続人には血族相続人と配偶相続人とがあり、その範囲と順位は民法886条以下で定められている。[36] 相続人が複数いる場合（共同相続という）、相続開始の時から遺産分割が行われるまでは、相続財産は共同相続人の共有となり（同法898条）、各相続人はその相続分に応じて被相続人の権利義務を承継する（同法899条）。各相続人の相続分は、まず第1に遺言による指定で決まり（指定相続分）、指定がない場合には、民法の定めるところによって決まる（法定相続分）。

相続発生により共有になった遺産は、最終的には遺産の分割によって処理される。遺産の分割には、遺言による指定分割のほか、共同相続人全員の合意による協議分割（民法907条1項）と、家庭裁判所による分割（調停分割・審判分割（同条2項））がある。遺産分割の効力は、第三者の権利を害さない限り、相続開始の時点に遡り（同法909条）、遺産分割がなされると相続財産はその分割に従って各相続人の単独財産になる。

(3) 預金債権の相続

共同相続においては、前述のとおり、相続が開始されてから遺産分割がなされるまでの相続財産は共同相続人の共有に属すると規定されているが（民法898条）、相続財産が債権であるときに、この「共有」がどのような意味をもつかについては、学説は共有説と合有説に意見が分かれている。

---

36 配偶者は常に相続人となり、他に相続人があるときは、その者と同順位で相続する（民法890条）。子は第1順位の相続人で（同法887条）、子が数人あれば、共同相続人になる。第1順位の相続人がいないときは、直系尊属が第2順位の相続人になる（同法889条）。直系尊属中の親等が近い者（両親）がまず相続人となり、親等の同じ者が数人あるときは共同相続人となる。第1順位と第2順位の相続人がいないときは、兄弟姉妹が第3順位の相続人となり（同条）、数人あるときは共同相続人となる。

まず、共有説とは、民法898条の共有は民法第2編「物権」の共有と同じ性質のものであるとし、各相続人は、相続財産についてその相続割合に応じて持分を有し、その持分については自由に処分できるという説である。

　これに対し、合有説とは、民法898条の共有は民法第2編「物権」の共有とは異なり、遺産分割までの一時的な共同所有であり、各相続人が相続分に応じて有する持分は、あくまで潜在的な持分にすぎず、遺産分割まで持分の処分は制限されるという説である。

　学説では合有説も有力であるが、判例はほぼ一貫して共有説をとっている。また、相続預金は金銭を目的とする可分債権であり、相続開始とともに当然に各相続人の相続分に応じて分割承継される（分割承継説）というのが確立した判例の立場である（最判昭和29・4・8民集8巻4号819頁、最判昭和30・5・31民集9巻6号793頁）。[37]

　ただし、預金も相続人全員の合意があれば、遺産分割の対象として差し支えないとされており、実務上も、遺言による分割がない場合は遺産分割協議をするのが一般的で（もっとも、遺言による分割指定があったとしても、これと異なる分割協議も可能である）、預金についても遺産分割により承継が確定するとの取扱いがなされている。

　もちろん、遺産分割協議が成立して、法定相続人すべての同意の下で払戻請求に及べば、この払戻しを拒否する銀行はない。問題なのは、後記のとおり、遺産分割前に一部の相続人から自己の法定相続分の払戻請求があった場合の取扱いである。

(4)　預金者死亡の場合の銀行の取扱い

　㋐　初期対応

　銀行が預金者の死亡の事実を知った場合、預金に係る善管注意義務の観点から、直ちに入出金停止等の措置がとられ、以降の預金の払戻し（名義変更を含む。以下同じ）については、所定の相続手続に則り、預金を承継した相

---

[37] 他に最判平成16・4・20金判1205号55頁、東京高判平成7・12・21金法1445号60頁等。

続人もしくは遺言執行者（以下、両者をあわせて「相続人等」という）を相手方として行われることになる。もっとも、銀行は多くの者と預金取引を行っており、預金者の動静を逐一知ることは事実上不可能である。仮に預金者の死亡後に、家族等から通帳（証書）と届出印、あるいはキャッシュカードによる払戻しがあった場合でも、銀行が預金者死亡の事実を知らず、かつ知らないことに過失がなければ、その払戻しは債権の準占有者に対する弁済（民法478条）として有効であり、銀行は免責される。[38]

(イ) 相続手続の受付

銀行は相続人等から銀行所定の死亡届の提出を受け、また被相続人の戸籍（除籍）謄本で被相続人の死亡の事実および法定相続人を確認する。預金者死亡の事実、相続人の範囲等の確認、相続人等の本人確認を実施した後、相続人等の請求により、相続預金の払戻しの手続が行われる。銀行実務では従来より、銀行が相続人間のトラブルに巻き込まれ、二重払いのリスクを負うことのないよう、原則として相続人等の全員の了解を得たうえで預金を払い戻す取扱いがされている。

(ウ) 遺言のない場合の手続

(A) 遺産分割前の手続

遺産分割前に共同相続人から預金の払戻請求を受けることは実務上数多く起こりうる。遺産分割前であっても、金銭債権は当然に相続分に従って分割承継されるとするのが判例であるが、実務上は、後日の紛議を極力避けるために、遺産分割前は共同相続人全員の署名捺印を徴求して預金を払い戻すという取扱いが一般的である。

ただし、次のような場合には一部の相続人からの請求に基づき、相続預金の払戻しがなされることもある。

(a) 葬儀費用等の一部前払請求

---

38 たとえば、有名人の死亡の場合や、テレビ・新聞等により死亡の事実が広く報道された場合等、預金者の死亡が公知の事実である場合には、預金者死亡の事実の不知につき、銀行は過失があるとされよう。

まず、相続人の一部が遠隔地にいるなどにより相続手続を行うのに時間がかかる場合に、他の相続人から、葬儀費用等[39]に充当するために預金の一部の払戻しを請求された場合である。このような場合には、事情を聴取し、やむを得ないと認められる場合には、なるべく多くの共同相続人の署名捺印を求め、かつ葬儀費用等を証明する請求書（または領収書）の提出を受けたうえで、申出相続人の法定相続分を上限に、申出相続人の信用力等を勘案した妥当な金額の払戻しを行うとの取扱いがなされている。

(b) 一部の相続人からの法定相続分の払戻請求

次に、一部の相続人が、相続人全員の署名捺印が得られない等の理由で、自己の法定相続分についての払戻請求をしてきた場合である。判例は一貫して共有説・分割承継説をとっており、各相続人単独による自己の相続分の払戻請求を認めている。仮に銀行が申出どおり法定相続分の支払いに応じた後、払戻しを受けた相続人が無権限（権利を超えて払戻しがなされた場合も含む）であったことが判明した場合、当該相続人が無権限であることについて銀行が善意無過失であれば、その払戻しは債権の準占有者に対する弁済（民法478条）として有効であり、免責されよう。

しかし、理屈はそうであっても、銀行が善意無過失という微妙な判断となる救済規定に保護を求めるのは一種の賭けともいえなくもない。また相続預金という事案の性質上、金額が少なくない場合もあり、さらには遺産分割前の相続分の払戻請求はそもそも相続人間で遺産分割につき紛議が生じているなどの事情があることも多く、後日トラブルに巻き込まれる可能性がある等の理由で銀行ではこれまで慎重な対応がとられてきた（なお、銀行が行った払戻しが債権の準占有者に対する弁済として認められなかった場合には、払戻受領者に対して不当利得返還請求を行うことになろう[40]。ただし、そうなると多大な手間がかかるであろうし、実際に回収ができるかどうかは別問題である）。

そこで従来の実務としては、あくまで支払いを拒絶し、相続人からの提訴

---

39 被相続人が生前に受けた医療費等も含む。
40 最判平成17・7・11金判1221号7頁。

を待って、応訴の労と遅延損害金を負担してまで、判決に従って支払いを実施することも多かった。[41] しかし、近時においては、共有説・当然分割説に基づく裁判例の集積や、低金利下における遅延損害金の支払負担、さらには敗訴判決に従って支払うことを前提に相続人に弁護士費用・訴訟費用を負担させてまで提訴の労をとらせることのそもそもの是非といった問題もあり、法定相続分の払戻請求があった場合については、遺言がないことや遺産分割協議が成立していないこと等に関し一定の確認手続を行ったうえで支払いに応じるケースも増えてきている。[42]

ただし、一定の確認手続を行うといっても、その確認の方法や程度もさることながら、確認の結果、どの程度のことが判明すれば支払いを拒絶するのかという判断は悩ましい問題である。この点、裁判例は、遺言の有無の確認方法について、「預金者の相続人から預金の払戻を請求した場合、銀行側としては当該預金の払戻を請求した相続人が正当な相続人であることを確認するほか、特段の事情のない限り預金者である被相続人の遺言の有無については、払戻の請求をした相続人に対して一応確かめれば足り、それ以上特別の調査をする義務はなく、これをしないでも払戻について過失があるということはできないと解すべきである」（東京高判昭和43・5・28下民集19巻5・6号332頁）としている。また、法定相続分の払戻請求があった場合の銀行の対処の方法として以下のように判示した裁判例（東京地判平成8・2・23金法1445号60頁）もある。「遺産をめぐっての争いは世上しばしば起こりうるものである。そして、遺言の存否、相続人の範囲、遺産分割の合意の有無等をめぐって争いがあるにもかかわらず、共同相続人の一人が預金債権につき法定相続分の払戻しを求めてきた場合に、銀行その他の金融機関が安易にその要求に応じると、債権の準占有者に対する弁済者の保護（民法478条）、遺産

---

41 応訴した場合、通常銀行は他の共同相続人全員に対し訴訟告知を行い、訴訟参加を促す。他の相続人が訴訟参加をしてきた場合、相続人間で協議が調えば、協議相続人全員参加の下、訴訟上の和解が成立することもある。逆に相続人間で協議が調わない場合は判決となる。
42 佐伯聡「相続預金の払戻し（特集・預金法務の最前線）」銀法645号23頁参照。

分割の遡及効の第三者への制限（民法909条）等の規定により、銀行が二重弁済を強いられることはあまりないものの、金融機関が相続人間の紛争に巻き込まれ、応訴の労を取る必要等が生じることがありうる。このような事態を避けるため、共同相続人の１人が預金債権につき法定相続分の払戻しを求めてきた場合に、一応、遺言がないかどうか、相続人の範囲に争いがないかどうか、遺産分割の協議が調っていないかどうか等の資料の提出を払戻請求者に求めることは、預金払戻しの実務の運用として、不当とはいえない。前記の銀行実務の取扱いは、その限度で理由があるものといえる。しかし、預金の払戻請求をした共同相続人の１人が、一定の根拠を示して、相続人の範囲、遺言がないこと、遺産分割の協議が調っていない事情等について説明をしたときは、金融機関としてはその者の相続分についての預金の払戻請求に応ずべきものである。その場合に、共同相続人全員の合意又は遺産分割協議書がなければ払戻請求に全く応じないとするのは、相続に関する法律関係を正解しない行きすぎた運用というべきである。相続人の一部が所在不明であったり、外国に居住し、容易に連絡が取れないこともありうるのであり、そのような場合にも、右のような厳格な運用をすれば、預金の払戻請求者である相続人の権利を害するところが余りに大きいものといわなければならない。原告が弁護士を代理人として選任し、その代理人が調査の結果に基づき遺言が存しないこと等について一応の説明をしている本件においては、金融機関がその法定相続分に基づく預金の払戻請求を拒むことは、正当とはいえない」。

　結局は個別判断によるしかないが（もっとも、取扱いが恣意的にならないようにある程度の目線・基準が必要であることはもちろんである）、たとえば一定の根拠をもって別途遺言の存在がうかがわれるような場合には、銀行には二重払いを避けるため、払戻請求を拒む正当な理由があるといえるのではないか。払戻請求をしてきた相続人に遺言の有無を確認しなければ銀行に常に過

---

[43] 一方、特に明確な根拠もなく、ただ単に紛議が生じている可能性があるというだけで支払いを拒絶することは妥当ではないと思われる。

失があるとされるのかどうかは別としても、銀行実務としては最低限遺言の有無を口頭により確かめ、記録に留めるという対応が妥当であろう。口頭での確認に加えて、他の共同相続人に対し、請求を行ってきた相続人に相続分を払い戻すことに関し異議があるかを書面にて照会し、そのうえで一定期間内に異議が出なければ払い戻す（異議が出た場合でも、異議の内容次第では払い戻す）といった対応をしている銀行もある。

(B) 遺産分割後の手続

遺産分割が行われた場合、銀行は分割方法に応じて、遺産分割協議書（協議分割）、調停調書（謄本）（調停分割）、審判書（謄本）（審判分割）のいずれかの書類の提出を受け、預金の相続人を確認する[44]。そして、当該預金を相続する者に対し払戻しを行う。ただし、協議分割の場合では、真に協議が調っているかの確認のため、実務上、極力他の法定相続人全員の同意を得るものとしている銀行が多い。

(エ) 遺言のある場合の手続

相続人から遺言を提示されたときは、まず、その方式を確認する。遺言は法定相続人の相続分に重大な影響を与えることから、民法では厳格な要式行為となっており、法定の方式によらない遺言は無効である（民法960条）。公正証書遺言以外の場合には、家庭裁判所の検認（遺言書検認調書）[45]があるか否かを確認する必要がある（同法1004条）。自筆証書遺言の場合、遺言者が日付を含め内容の全部を自分で書いたうえで、署名・捺印があること等が必要である。

方式を確認した後、次に内容確認を行う。代表的な確認事項としては以下のものがあげられる。

---

44 被相続人の事業に労務を提供したり、療養看護にあたるなどによって被相続人の財産の維持、増加に特別の寄与をした相続人がいる場合には、寄与分制度が認められているが（民法904条の2）、これは本来相続人間の協議分割または調停・審判の場で行われる。したがって、本制度にかかわらず、銀行としては相続人全員の参加する分割協議書、家庭裁判所の調停・審判をもとに取り扱うことになる。

45 検認は遺言の偽造・変造等を防止するためのものであって、遺言の内容の有効性を保証するものではないので注意を要する。

① 遺言執行者の指定の有無
② 遺贈の有無とその内容（包括遺贈か、特定遺贈か、受遺者は誰か）
③ 遺産分割方法の指定の有無

　遺言執行者の指定がない場合、遺言書の内容で当該預金を相続すると指定された者が払戻しの相手方となる。包括遺贈の場合は、包括受遺者および相続人全員の了解の下に払戻しを行う。特定遺贈の場合は、特定受遺者に対して払戻しが行われるが、実務上、極力他の法定相続人全員の同意を得るものとしている銀行が多い。

　遺言執行者の指定がある場合、原則として遺言執行者を相手方として払戻手続を行う。なお、特定の財産を特定の相続人に「相続させる」旨の遺言がある場合は、特定相続人に払い戻すことも可能であるが、実務としては遺言執行者にも相続手続に加わってもらうのが一般的である。

　遺留分を侵害する遺言がある場合、民法964条ただし書は「遺留分に関する規定に違反することができない」としているだけで、かかる遺言の効力が問題となる。この点、通説はかかる遺言を当然に無効とするのではなく、遺留分を侵害する限度で遺留分減殺請求ができるだけであり、遺言としては遺留分を侵害している分を含めて有効としている。ただし、遺留分減殺請求権

46　特定の財産を特定の相続人に「相続させる」旨の遺言については、判例は、特段の事情のない限り、当該遺産を当該相続人に単独相続させる旨の遺産分割方法の指定がなされたものと解すべきであり、何ら行為を要せずして被相続人死亡の時に直ちに当該遺産が当該相続人に相続により承継されるものと解すべきである（最判平成3・4・19民集45巻4号477頁）としている。
47　特に、法定相続人以外の第三者が受遺者になっている場合は、遺言の効力をめぐって紛議となる場合が少なくないので、注意が必要である。
48　検認手続を経た遺言書であっても、後から作られた遺言書があったり、偽造されたものであるとか、受遺者が欠格事由に該当する等、遺言書やその遺贈が有効とならない場合があるからである。
49　遺言が相続財産のうち特定の財産のみに関する場合（民法1014条）は注意が必要である。
50　（注46）参照。なお、遺産に属する預金等を共同相続人の一部に包括的に取得させ、遺言執行者を指定する内容の自筆証書遺言が主張された場合には、遺言執行の余地がなく、遺言執行者に預金等の払戻し等に関する権限がないとされた裁判例もある（東京高判平成15・4・23金法1681号35頁）。
51　遺留分権利者は被相続人の直系卑属、直系尊属および配偶者であり、兄弟姉妹は遺留分権利者ではない（民法1028条）。

の行使は必ずしも裁判上の請求による必要はないことから、実務としては、遺留分権利者が遺留分減殺請求権の行使をしている可能性が相当程度あると考えられる場合は、行使の有無を確認のうえ、遺留分相当額を留保して払戻しに応じる等の対応が考えられる。

(5) 被相続人との取引経過明細に関する相続人からの開示請求

　一部の相続人（ないしその代理人）から被相続人との取引経過明細に関し、銀行に開示請求を行われることが間々ある。かかる場合、相続人の一部が被相続人から生前に贈与を受けていることや、被相続人死亡直後に預金の引き出しを行っているのではないかとの調査が目的である等、開示請求の背景として相続人間に相続財産をめぐるトラブル生じていることが少なくない。開示請求を行った相続人としては、一部の相続人が預金通帳を独占している場合等には、遺産分割協議をしようにも、前提となる預金の額を知ることができず、銀行から開示を受けなければ、遺産分割が前に進まないことになる。

　このような請求が認められるか否かに関しては、下級審において判断が分かれており、最高裁判所の判断が注目されていたが、平成21年になって、「預金者の共同相続人の１人は、被相続人名義の預金口座の取引経過の開示を求める権利を単独で行使することができる」と初めて明確な判断が示された[53]。もっとも、同判例は開示請求の態様、開示を求める対象ないし範囲等によっては預金口座の取引経過の開示請求が権利濫用にあたり許されない場合があるとしている。被相続人の取引履歴の開示を求める目的や態様が、銀行に過度の負担を強いるものであったり、被相続人や他の共同相続人の名誉毀損を目的とするためのものである場合、開示を求める対象が相続預金以外のものに及ぶ場合等は、権利濫用にあたり、銀行は開示を拒絶できるものと考えられる。

　銀行がかかる請求を受けた場合、遺言のないこと、遺産分割協議前であることを確認のうえ、開示を必要とする理由や開示の範囲の説明を求め、特段

52　最判昭和41・7・14民集20巻6号1183頁。
53　最判平成21・1・22民集63巻1号228頁・金法1864号27頁。

の事情のない限り、他の相続人の同意を求めることなしに可能な限り開示に応じるとの取扱いは、相続人の相続財産調査権（民法915条2項）や、金融の仲介者として銀行に要請される中立性・公共性を考えれば、妥当な結論であるといえよう。

3　預金の差押え

(1)　序

　貸付金や売掛金のような債権を有する者が債務者から通常の方法ではその返済や支払いを受けられない場合、裁判所に申立てを行い、強制的に債務者の一般財産（担保権の設定されていない財産）を処分して、債権の満足を図ることができる。これを強制執行といい、処分の対象となる債務者の財産の種類によって不動産執行、動産執行、債権執行等がある。これらは、それぞれ執行の形態が異なるが、預金取引上、特に関係の深いのは、債権執行つまり、預金債権に対する強制執行（差押命令・転付命令）である。

　そして、強制執行をするためには後述のとおり、債務名義が必要であるが、債務名義を得るためには相応の時間を要するので、その間に債務者が財産を他に譲渡するおそれがある。そこで、強制執行を保全するため、仮差押えの制度が設けられている。

　また、国や地方公共団体等が租税公課等の債権の満足を強制的に実現する方法も一種の強制執行であり、民事上の強制執行と区別するため、一般に滞納処分による差押えと呼ばれている（以下においては、預金に対する差押命令、転付命令、仮差押命令、滞納処分による差押えを、総称して預金の支払禁止の効力をもつ「差押え等」という）。

---

[54]　なお、従来より、そもそも開示請求者以外の相続人らから守秘義務違反を問われるかが問題とされていたが、被相続人はすでに死亡しておりプライバシー権の主体とはならず、また、預金口座の取引履歴の性質等に鑑みれば、開示請求者以外の相続人らも共同相続人である開示請求者との関係において被相続人の預金口座の取引履歴の開示を拒む正当な利益は有しないと考えられることから、特段の事情のない限り、銀行が開示に応じたとしても守秘義務違反を問われることはないと思われる。

(2) 要件・効果等

㋐ 差押え

差押えは民事執行怯に基づく強制執行手続であり、預金の差押えは、預金者（差押債務者）に対する債権者（差押債権者）が、債務名義に基づいて執行裁判所に申し立て、執行裁判所が差押命令を発することによってなされる（民執法143条・144条・145条、民事執行規則133条）。債務名義とは、一定の私法上の給付請求権の存在および範囲を表示し、法律によって執行力を付与された公正の文書をいうが、その代表的なものは、裁判所の確定判決である。差押命令が第三債務者である銀行に送達された時に差押えの効力が発生し、それ以降銀行はその預金を預金者に支払ってはならないし、預金者は、その預金の処分（払戻し・譲渡・質入れ等）を禁止される（民執法145条1項・4項）。そして差押債権者は、預金者に命令が送達された日から1週間を経過したときは、執行の取下げ・取消しあるいは執行停止命令のない限り、その債権を取り立てることができる（同法155条1項）。

転付命令は、差し押さえた金銭債権本来の支払いに代えて、券面額（差押債権目録に記載されている金額）で無条件に差押債権者に移転（強制譲渡を意味する）させる裁判所の命令をいい（民執法159条1項）、差押命令を得た債権者は同時あるいは後に裁判所に申し立てることにより転付命令を得ることができる。転付命令が発せられると、差押債権は転付債権者に移転し、転付債務者（預金者）は移転した預金額相当の債務を弁済したものとみなされる。

㋑ 仮差押え

仮差押えは民事保全法に基づく保全手続で、将来の強制執行を予定して預金者（債務者）の財産をあらかじめ保全しておくため、債権者が裁判所に仮差押えの申立てをし、裁判所が仮差押命令を発することによってなされる（民事保全法13条・20条）。ただし、仮差押命令には支払差止めの効力（同法50条）はあるが、あくまで保全が目的であるため、差押命令のように、差し押さえられた債権（預金）を取り立てる権限は与えられない。

(ウ) 滞納処分による差押え

　滞納処分による差押えは各種の租税公課を滞納した者に対して、税務署等の徴収官署が行う強制換価手続の1つで、国税の場合は国税徴収法に基づいてなされる。民事執行法上の差押えは、裁判所の命令によって発せられるが、滞納処分による差押えは、債権者である国や地方公共団体の徴収職員によって直接行われる行政処分である。滞納処分による差押えは、まず徴収職員が作成した債権差押通知書を第三債務者に送達する方法でなされ（国税徴収法62条1項）、その効力は、債権差押通知書が、銀行に送達されたときに生じる。そして滞納処分による差押えは、転付命令のような移転的効力はないが、徴収職員には差押債権を即時取り立てる権限が与えられている（同法67条1項）。

　なお、国税以外にも、地方税や他の公租公課、社会保険料等、国税徴収法の例によってなされるものもある。[55]

(3) 預金に差押え等があった場合の取扱い

　預金等に差押え等の送達があった場合の具体的な取扱いは以下のとおりである。

(ア) 送達日時の記録

　まず、銀行の支店に差押えの送達があった場合[56]、その受理日・時刻を正確に記録しておく必要がある。差押えの効力は、上記のとおり、第三債務者である銀行に送達された時に生じるとされており[57]、差押えが競合するような場合には、この受理時刻が先後の基準となるからである。

　なお、後記(イ)の差押預金の特定の問題とも絡むが、銀行名・住所等が不正確であっても命令書全般から判断して自店の預金が差し押さえられたと考え

55　地方税法をはじめとする公租公課の徴収に関する法令のいくつかに準用されている。
56　なお、郵便局を通じて特別送達の形でなされることが多い。
57　第三債務者（銀行）に送達されなければ、たとえ債務者（預金者）に送達されても差押えの効力は生じない。先に債務者に送達すると差し押さえるべき預金が処分されるおそれがあるため、裁判所によっては、第三債務者（銀行）に送達の手続をした数日後に債務者に送達するという取扱いも行われている。

215

られる場合には、実務上は有効な差押えとして取り扱い、預金の支払いを停止する。また、差押えは預金の存在する支店に送達されることが通常であるが、場合によっては本店や他支店に送達されることもある（含む「支店順位方式[58]」[59]）ことから、この場合にも預金債権が特定できる程度に表示されていれば差押命令は有効であるとされるので注意が必要である。

(イ) 差押預金の特定

次に、命令書の内容点検を行い、差押預金を特定する必要がある。金銭の支払いを目的とする債権に対する強制執行を申し立てる場合には、申立書に、強制執行の目的とする財産の表示として、「差し押さえるべき債権の種類及び額その他の債権を特定するに足りる事項」を明らかにしなければならない（民事執行規則133条2項）とされているが、その趣旨は、執行裁判所がその債権の被差押適格の有無を判断できるようにすることのほか、申立てに基づいて発せられた差押命令の送達を受けた第三債務者および債務者において、いかなる債権が差し押さえられたのか、どの債権につき処分禁止および弁済禁止の効力が生じたのかを認識することができるようにすることにある。そこで差押債権は、申立書に記載された債権の表示から、他の債権と混同することなく差押債権との同一性を識別することが可能である程度に特定されることを要する。判例は、「債権差押命令の送達を受けた第三債務者において、直ちにとはいえないまでも、差押えの効力が上記送達の時点で生ずることにそぐわない事態とならない程度に速やかに、かつ、確実に差し押さえられた債権を識別することができるものでなければならない」とする（最決平成

---

[58] 受送達者が複数の営業所または事務所を有するときは、そのいずれに送達してもよいが、そもそも送達があったといいうるためには、受送達者に対し送達書類の内容を了知させまたは了知する機会を与えたことを要し、そして送達行為の完了の有無は、外形的、客観的に判断すべきであるとされている（最判昭和54・1・30金法895号44頁）。

[59] 預金に係る債権差押命令申立てにおいては、従来、取扱店舗を特定したうえで差押債権を特定することが一般的であったが、3店舗を列挙する程度であれば、差押債権の特定の要請を満たしているとの裁判例がある（東京高決平成8・9・25金法1479号54頁）。なお、いわゆる「全店一括順位づけ方式」や「預金額最大店舗方式」は近時、最高裁判所にて差押債権の特定を欠くものとして不適法とされた（最決平成23・9・20民集65巻6号2710頁・金法1934号68頁、最決平成25・1・17金法1966号110頁）。

23・9・20民集65巻6号2710頁・金法1934号68頁)。

具体的には、命令書には債務者(預金者)の住所・氏名・預金の種類、金額等が記載されているので、命令書の記載内容と実際の預金の名義・明細が一致していることを確認する。

預金が特定されているか否かの判断は極めて難しい問題であるが、単なる誤記を理由に差押命令が更正決定によって遡って訂正される場合もあり、すぐに無効と取り扱うことはリスクがある。また、オンラインシステムの充実により、銀行が過大な負担を伴わずに識別できるようになったという実態もあり、最近の学説・判例の傾向はできるだけ有効と解する方向にある。[60]

(A) 名 義

まず、命令書に記載された債務者の住所・氏名が、銀行に届けられている預金者の住所・氏名と一致していることを確認する。ただし、住所・氏名が相違している場合においても、銀行が命令書に記載された預金者を命令書の記載からほぼ推定できるときは、差押え等は一応有効として取り扱うのが実務である。また、命令書において「甲こと乙」というように、預金者の本名(債務者氏名)とその通称等(預金者名義)とが同一人を指すことが表示されている場合で、銀行としても預金者が債務者であるとの推定ができるときは有効な差押えとして処理される。[61] なお、相続預金につき、相続人の1人の債権者から相続人の持分について差押えがあった場合には、形式的に命令書に不備がなければ有効とみなして取り扱う。

(B) 預金の種類・金額

名義が一致していることが確認できれば、次に「差押債権目録」の表示と預金の明細が一致しているかを確認する。預金科目・金額・預入日・満期日等を総合的に考慮のうえ、差し押さえるべき預金か否かを判断する。そもそも預金債権の差押申立てに際して、一般の差押債権者には差押預金の種類・

---

60 ただし、前掲(注59)のとおり、「全店一括順位づけ方式」や「預金額最大店舗方式」については、差押債権の特定を欠き不適法とするのが最高裁判所の立場である。
61 通称等の預金に対して差押えが行われる事例は滞納処分による差押えが多い。

金額等の詳細について事前に調べることが困難であるため、特定可能な内容で網羅的に表示せざるを得ず、差押命令の多くは、いわゆる順序指定の方法[62]により差押預金の特定が行われるようになっている。具体的には次のような記載方法（東京地方裁判所ではこのように指導している模様である）をとっている例が多い。

「金100万円。ただし、債務者が第三債務者に対して有する定期預金、通知預金、普通預金、当座預金のうち、この記載の順序で、かつ同種の預金については口座番号の若いものから、順次請求金額に満つるまで」。

このような記載方法がとられた場合、差押債権目録の表示のとおりに差押預金を判定していくことが必要であり、銀行がこれを任意に選択決定できる法令上の根拠はないとされている。なお、「当座預金・普通預金……」のように単に預金種類のみ表示してあり、順序の指定がなく、しかも、数種の預金がある場合には、預金は特定されていないとも考えられるが（もっとも、差押債権の総額が差押預金の総額を上回る場合には、債務者の有する預金債権全額について差押えの効力が及ぶと考えられている）、一応支払停止の措置をとり、当事者間で解決させるのが無難である。単に「預金債権」と表示されている場合も同様である。

　　(C)　特定に疑義がある場合

程度問題はあるが、特定に疑義がある場合には、一応、預金の支払いを停止し、差押えの更正ないしやり直しがあるか、または、当事者の話合いで円満に解決するまでは、差押債権者・預金者（債務者）のいずれにも支払わないことを原則にすべきである。もっとも、どのように特定を欠くかを銀行が差押債権者に知らせることは、守秘義務上問題があるので慎重な取扱いが求められる。たとえば、債務者名・住所と預金者名・住所が厳密には一致していない場合には、「当事者目録上の債務者の表示と当行宛届出の預金者の表

---

[62] 銀行に問い合わせても、通常、守秘義務を理由に応じることは期待できない。なお、租税公課の徴収職員は帳簿等を調査する権限を有しており、滞納処分による差押えに先立っていわゆる税務調査が行われることが多い。

示に不一致の点があり、両者の同一性が確認できない（確認できれば支払う）」等の陳述を行う。

(ウ) 支払停止の措置

差押預金が特定されれば、差押債権額の範囲内で預金の支払いを直ちに停止する必要がある。差押えの効力は、前記のとおり、第三債務者である銀行に送達されたときに生じるとされているが、特に全店払いやカード払戻しが可能な預金に差押えがなされた場合や、他支店に送達がなされた場合については迅速さが求められ、支払停止措置を怠っている間に、預金者に対して払戻しが行われた場合、差押債権者には対抗できない（つまり、銀行は二重払いを余儀なくされることになる）。支払停止の措置は、通常、オンラインシステムで行われている。

なお、差押えの効力は、差押命令の送達後に発生する利息にも及ぶ。

(エ) 陳述書の作成

(A) 陳述書とは

差押債権者は、銀行等の第三債務者の帳簿を調査せず差押命令を申し立て、また差押命令は第三債務者を審尋せずに発令される（民執法147条）ことから、その命令が第三債務者に到達してもはたしてその目的の債権が存在するかどうか不明であり、また存在したとしてもすでに他の債権者が差し押さえていたり、銀行が反対債権を有していて相殺する場合があるかもしれないので、差押債権者は自分が差し押さえた債権がどのような状態にあるか（すなわち債権の存否、存在するとしたらどのような状態で存在するのか、また他の債権者から当該債権について差押命令等があるかどうか等）を知るため、執行裁判所に申し立て、第三債務者に対して差押債権の状態について陳述を求めることができる。この申立てに基づいて執行裁判所から第三債務者に送達されるのが、陳述の催告書である。

陳述の催告書が送達された場合、第三債務者である銀行は送達後2週間以内に陳述書を作成して裁判所に回答しなければならない（民執法147条、民事執行規則135条）。また、陳述する義務を怠ったり、陳述期間経過後に陳述し

たため、差押債権者に損害が生じた場合には、第三債務者にその損害を賠償する義務が生じる（民執法147条2項）ので注意が必要である。

(B) 陳述を催告すべき事項等

陳述を求められる事項は、通常は以下のとおりである。

① 差押えに係る債権の存否並びにその債権が存在するときは、その種類および額
② 弁済の意思の有無および弁済する範囲または弁済しない理由
③ 当該債権について差押債権者に優先する権利を有する者があるときは、その者の表示並びにその権利の種類および優先する範囲
④ 当該債権に対する他の債権者の差押えまたは仮差押えの執行の有無並びにこれらの執行がされているときは、当該差押命令または仮差押命令の事件の表示、債権者の表示および送達の年月日並びにこれらの執行がされた範囲

なお、陳述の催告がない場合、陳述義務はないが、たとえば、以下の事情を知らせておくことがトラブル防止の観点から得策と判断される場合には、任意で陳述しておくことも考える必要がある。

① 譲渡、相殺等により被差押債権が存在しない場合
② 預金の特定を欠くまたは疑義がある場合
③ 差押えが競合する場合
④ 反対債権により相殺予定である場合

(4) 差押えの競合

すでに差押えを受けている預金者の預金債権に対し、他の債権者から重ねて差押えが行われることを差押えの競合という（なお、1つの預金に一部差押えが複数あった場合、差押預金額を合計しても預金残高の範囲内であれば、差押えの競合にはならない）。

差押えが競合した場合は、必ずしも先のほうが優先するわけではなく、原

---

63 陳述をしないということだけではなく、虚偽または不完全な陳述をした場合も含まれるので注意が必要である。

則的には各差押えは平等の立場にあるほか、民事上の差押えと滞納処分による差押えという異種の差押えの競合もあるなど、複雑な法律関係が生じる。

民事上の差押えが競合した場合、配当要求[64]の効力が発生する。そして、差押債権者は転付命令を得ることができず、たとえ得てもそれは無効となる[65]。第三債務者である銀行はいずれの差押債権者にも支払えず供託しなければならない（義務供託（民執法156条2項））[66]。

民事上の差押えと滞納処分による差押えとの競合は、「滞納処分と強制執行等との手続の調整に関する法律」（滞調法）により調整が図られている。

差押えが競合した場合の各態様別の処理方法については、概ね以下のとおりである。

① 先行：仮差押命令、後行：仮差押命令
   供託することができる（権利供託）。
② 先行：仮差押命令、後行：差押命令
   供託しなければならない（義務供託）。
③ 先行：差押命令、後行：仮差押命令
   供託しなければならない（義務供託）。
④ 先行：差押命令、後行：差押命令
   供託しなければならない（義務供託）。
⑤ 先行：仮差押命令、後行：滞納処分

---

64 配当要求とは、すでになされた先行の差押手続に他の債権者が参加して配当を求めることをいう。

65 なお、差押債権者が転付命令を得てそれが確定すると、強制執行手続は終了し、転付命令が銀行に送達された時に遡って差押債権者の預金になったものとみなされるので、差押預金が払い戻されていなくても、従前の預金者の債権者がこの預金を差し押さえることはできない。

66 供託とは、金銭・有価証券その他の物品を供託所に供託し、供託所を通じてこれを特定の第三者に受け取らせることにより一定の目的を達する制度である。供託には、弁済供託と執行供託があり、差押えで関係するのは主として執行供託である。執行供託とは、強制執行において第三債務者に執行の目的物（たとえば預金）を供託所（法務局）に供託させ、執行の目的物の管理と執行当事者（債権者等）への交付を供託所によって行わせる制度であり、①供託することができるとする権利供託と、②供託しなければならないとする義務供託の2種類がある。供託が行われた場合、第三債務者は責任を免れ、以降は執行裁判所が、供託金を各債権者の債権額に按分して配当する。

滞納処分の取立権が優先する。供託することもできる（権利供託）。
⑥ 先行：滞納処分、後行：仮差押命令
　滞納処分の取立権が優先する。供託することもできる（権利供託）。
⑦ 先行：差押命令、後行：滞納処分
　供託しなければならない（義務供託）
⑧ 先行：滞納処分、後行：差押命令
　滞納処分の取立権が優先する。供託することもできる（権利供託）。
⑨ 先行：滞納処分、後行：滞納処分
　先行する滞納処分の取立権が優先する。

(5) **差押預金の支払い**

満期日前（弁済期未到来）の預金を除き、差押命令・転付命令や滞納処分による差押えにより預金が債権者に支払われる場合、以下のように取り扱われる。

　(ア) **差押命令の場合**

差押命令に基づく取立権が生じていること（預金者への送達後1週間経過することにより生じる）、差押命令の取下げや取消しあるいは執行停止決定の通知がきていないこと、差押えの競合がないことが確認されれば、債権者の本人確認のうえ、支払いがなされる。

　(イ) **転付命令の場合**

転付命令が確定していること（預金者への送達後1週間以内に、執行抗告がなされず、または執行抗告がなされたが却下・棄却・取下げ等によって終了した場合に確定する）、差押えの競合がないことが確認されれば、債権者の本人確認のうえ、支払いがなされる。

　(ウ) **滞納処分による差押えの場合**

滞納処分による差押えでは、差押通知の第三債務者への送達と同時に取立権が生じるため、徴収職員の権限を確認のうえ、支払いがなされる。

4 預金の時効

(1) 消滅時効と時効期間

　預金も債権である以上、消滅時効（民法166条以下）の制度が適用されるというのが判例・通説である。[67] 民事上の債権の時効期間は10年（同法167条）であるが、株式会社である銀行は商人（銀行法4条の2、商法4条）であり、預金者（債権者）が商人でなくとも、預金債権は商事債権としてその時効期間は5年であると解されている（商法502条8号・522条）。[68]

(2) 時効の援用

　もっとも、預金について、消滅時効の制度が適用されるとしても、時効を援用することが妥当か否かはまた別の問題である。銀行実務においては、預金者に対する配慮ないし取引上の信用維持の観点から、時効期間が経過した場合でも、預金者から払戻請求があれば、原則として時効を援用することなく払戻しに応じており、特別の事情がない限り、預金債権の払戻請求に対し単に時効期間が経過したというのみで消滅時効を援用してその払戻しを拒否することはしないとの取扱いがされている。ここで、銀行が例外的に時効を援用する場合とは、預金者（あるいはその相続人）から払戻請求があるものの、元帳で預金残高の存在が確認できずすでに払戻済みとは考えられるが、帳票や関係書類の保存期間の経過等の理由により払戻済みである事実を銀行が立証できないといったような場合である。かかる場合においては、銀行としてやむを得ず時効を援用し預金の払戻しを拒絶したとしても、信義則違反あるいは権利濫用とされることはないとされている（裁判例として、大阪高判平成6・7・7金法1418号64頁、東京地判平成12・1・27金判1100号41頁。なお、消滅時効の援用を信義則違反として否定した裁判例（東京高判昭和58・2・28金判

---

[67] 大判昭和10・2・19民集14巻2号137頁。
[68] 一方で、非営利法人である信用金庫・信用組合は、営業として預金取引を行っておらず、預金者が商人でない場合には預金債権は商事債権とはならないことから、その場合、時効期間は民法の原則どおり10年となる。

677号32頁）があるが、この事案は預金を横領した行員とその身元保証人に対して損害賠償請求訴訟を提起して勝訴しながら、預金者の預金払戻請求を時効消滅を理由に拒絶したという極めて異例なケースである）。

なお、全国銀行協会の定める事務取扱手続では、長期間（10年間）異動のないいわゆる睡眠預金について、一定の要件に該当するものを利益金処理する旨が定められており[69]、各金融機関は基本的にはこれに沿った対応をとっている[70]。税務上このような処理が求められているのは、前記のとおり民商法上は預金債権についても債権の消滅時効制度が適用されることから、異動なく10年経過した預金についていったん会計上は銀行の債務としてはクリアして、適正な法人課税が行われるようにするためと考えられる。ただし、これはあくまで税務上必要な会計処理として行うものであるから、利益金として処理した預金について預金者から払戻請求があった場合、前述のとおり、原則としてこれに応じているのが実務である。

(3) **時効の起算点**

消滅時効は、権利を行使することができる時から進行する（民法166条1項）。主要な預金の種類ごとの時効期間の起算点は具体的には以下のとおりである。

(ア) **普通預金**

期限の定めのない債権については、債権者がいつでも請求することができることから、債権の成立から消滅時効が進行する。普通預金はいつでも払戻しが可能（要求払預金）であることから、当初の預入日から時効が進行し、そしてその後の取引があるたびに債務の承認がなされたと考えて、最後の取引日（入出金日）が時効の起算点になるというのが、判例・通説である。なお、判例・通説は、普通預金の利息の入金（元本への組入れ）については[71]、

---

[69] 「睡眠預金に係る預金者に対する通知および利益金処理等の取扱いの改正について」（平成3年9月6日付け全事第29号、同通業第21号）。

[70] 期間が10年とされているのは、銀行の預金の時効期間は5年である一方、前記（注68）のとおり、非営利法人である信用金庫・組合の預金は預金者が商人ではない場合、時効期間は10年であり、そのことから一律10年とされているものと思われる。

これを預金者に通知しなければ、銀行が預金元帳に記入するだけでは、時効の中断の事由である承認にはならないとしている。

(イ) 当座預金

当座預金の時効の起算点については、手形・小切手の支払委託契約を含むことから、当座勘定契約が終了した日を時効の起算点とする判例はあるが[72]、普通預金と同様に最後の受払いの時とする学説も有力である。

(ウ) 通知預金

通知預金は、払戻しが制限されている据置期間を経過した日より預金者は払戻しを受けることができることから、消滅時効は据置期間を経過した日より進行すると考えられる。

(エ) 定期預金（特に自動継続定期預金）

預入期間に定めのある定期預金の消滅時効は、預金者が払戻しを受けることが可能になる満期日より進行することについては異論のないところである。

問題は自動継続定期預金である。自動継続定期預金とは、満期日までに預金者から継続停止の申出がない限り、前回と同一期間の定期預金が作成されるという特約が付された定期預金をいうが[73]、実務においては、定期預金が作成される際はかかる特約が付されることが広く行われていることから、注目されるところであった。

この自動継続定期預金の起算点については、従来より①預金者が継続停止を申し出てから最初に到来する満期日を起算点と解する説と、②初回の満期日を起算点と解する説とが対立しており、下級審の裁判例も分かれていたが、最判平成19・4・24民集61巻3号1073頁は「消滅時効は、権利を行使することができる時から進行する（民法166条1項）が、自動継続定期預金契約は、自動継続特約の効力が維持されている間は、満期日が経過すると新たな満期

---

71 大判大正5・10・13民録22輯1886頁。
72 大判昭和10・2・19民集14巻137頁。
73 なお、満期日までに継続停止を申し出れば、申し出てから最初に到来する満期日以降は期流れとなる。

日が弁済期となるということを繰り返すため、預金者は、解約の申入れをしても、満期日から満期日までの間は任意に預金払戻請求権を行使することができない。したがって、初回満期日が到来しても、預金払戻請求権の行使については法律上の障害があるというべきである。もっとも、自動継続特約によれば、自動継続定期預金契約を締結した預金者は、満期日（継続をしたときはその満期日）より前に継続停止の申出をすることによって、当該満期日より後の満期日に係る弁済期の定めを一方的に排除し、預金の払戻しを請求することができる。しかし、自動継続定期預金契約は、預金契約の当事者双方が、満期日が自動的に更新されることに意義を認めて締結するものであることは、その内容に照らして明らかであり、預金者が継続停止の申出をするか否かは、預金契約上、預金者の自由にゆだねられた行為というべきである。したがって、預金者が初回満期日前にこのような行為をして初回満期日に預金の払戻しを請求することを前提に、消滅時効に関し、初回満期日から預金払戻請求権を行使することができると解することは、預金者に対し契約上その自由にゆだねられた行為を事実上行うよう要求するに等しいものであり、自動継続定期預金契約の趣旨に反するというべきである。そうすると、初回満期日前の継続停止の申出が可能であるからといって、預金払戻請求権の消滅時効が初回満期日から進行すると解することはできない。以上によれば、自動継続定期預金契約における預金払戻請求権の消滅時効は、預金者による解約の申入れがされたことなどにより、それ以降自動継続の取扱いがされることのなくなった満期日が到来した時から進行するものと解するのが相当である」と判示し、①の説をとることが明らかになった。

5　預金と法的整理

(1)　預金者の法的整理

　法人・個人が通常の支払手続では全債務の弁済ができなくなったとき、またはそのおそれがあるときに、裁判所の監督の下に行う債権債務の整理手続のことを法的整理という。

法的整理には、再建を目的とする民事再生と会社更生、清算を目的とする破産と特別清算の各手続がある。預金者が法的整理に入った場合、銀行にとっては、預金者名義人と異なる者を預金取引の相手方としなければならないことがあり、また各法的整理手続によって異なるので注意が必要である。

(2) 法的整理手続における留意点

法的整理手続は一般に、①裁判所に対する手続開始の申立て、②保全処分（必要に応じて）、③手続開始決定、と進んでいくが、この過程における預金取引上の留意点は、以下のとおりである。

(ｱ) 手続開始の申立て

申立てがなされただけでは、預金者の行為能力には特段変更はない。ただし、(ｲ)の保全処分には注意が必要である。

(ｲ) 保全処分

手続開始の申立てがなされると、開始決定までの間に財産を散逸させないよう、裁判所から保全処分の命令が出されることが少なくない（通常は申立てと同時または直後）。保全処分の命令は、直接銀行へ送達されてくることもあるが、一般的には、申立人（預金者）へ送達されることが多いので、銀行としては、預金者から命令書の写しを受け入れ、保全処分の内容をよく確認することが重要である。

もっとも、一般的な「弁済禁止の保全処分」は申立人（預金者）が第三者へ債務弁済することを禁止したものであって、申立人（預金者）が自分の預金を払い戻すことは制約していない。ただし、後述のとおり、保全管理人や監督人による管理の保全処分が同時に出されることも多く、その場合、預金の管理権限は預金名義人以外に帰属することになるので注意が必要である。

(ｳ) 手続開始決定

申立内容の審尋・調査などが終了し、申立てが妥当であった場合は、裁判所は手続の開始を決定する。

(A) 民事再生

民事再生手続においては、再生債務者は、業務遂行権や財産の管理処分権

を失わないことが原則であるため（民再法38条）、民事再生手続開始の決定があっても、銀行としては引き続き従来の預金名義人と取引を行うことになる。ただし、裁判所により保全管理人（または管財人）が選任された場合は、再生債務者の業務遂行権、財産の管理処分権が保全管理人（または管財人）に専属することになるため（同法81条・66条）、保全管理人（または管財人）を相手方にして取引を行うことが必要になる。また、裁判所の監督命令により監督委員が選任された場合は、裁判所が指定した行為について監督委員の同意が必要となるため（同法54条）、裁判所が指定した行為に財産の管理処分（預金の払戻し等の取扱い）に関する事項がないかどうかを監督命令の決定書等で確認することが必要になる。

(B)　会社更生

会社更生手続開始決定があると、会社の事業経営権や財産管理処分権は、すべて管財人に専属するので（会更法47条1項・72条1項）、以降は管財人を相手方にして預金取引を行うことが必要になる。なお、民事再生と同様、開始決定までに保全管理人や監督委員が選任される場合がある。

(C)　破　産

破産手続開始決定があると、破産者の財産は破産財団となり、その管理処分権は、すべて破産管財人に専属するので（破産法34条1項・78条1項）、以降は破産管財人を相手方にして預金取引を行うことが必要になる。なお、開始決定までの間、債務者（預金者）の財産に関し、処分禁止の仮処分その他の必要な保全処分の命令（同法28条）が出されることも少なくないので、銀行は直ちに支払停止の処理を行うことが必要になる。

(D)　特別清算

特別清算が開始されても、そのために特別の機関が設けられるわけではなく、通常清算における清算人がそのまま特別清算における清算人となる（会社法523条）。預金取引については、すでに清算に入った段階で代表清算人を相手方として取引されているであろうから（同法483条）、特別清算が開始されてもあらためて名義を変更する必要はないが、特別清算における保全処分

は、申立て後でも、開始決定があってからでも、いつでも可能であり（同法540条）、内容をよく調査のうえ対応する必要がある。

第5章　融資取引

Ⅰ　融資取引の意義・特徴等

1　融資取引の意義

(1)　行政法・業法上の観点

　銀行は、固有業務として資金の貸付けまたは手形の割引を（銀行法10条1項2号）、また付随業務として、債務の保証を行うことができる（同条2項1号）。

　銀行法上、銀行は、預金または定期積金の受入れと資金の貸付けまたは手形の割引とをあわせ行う必要がある（同法2条2項1号）が、預金等の受入れは預金者から信用を得て資金を預かるものであることから、受信取引というのに対し、融資取引は、銀行が取引先に信用を与えるものであることから、与信取引（授信取引ということもある）と呼んでいる。

　与信取引には、金銭消費貸借としての融資取引のほか、手形割引、支払承諾取引などが含まれるほか、外国為替取引、デリバティブ取引、保証取引なども取引先に信用を供与する機能を有する取引であるから与信取引である。本章では、与信取引全般ないし最も主要な与信取引として、原則として「融資取引」の語を用いる。

　銀行法上融資取引に直接関連する規定としては、業務範囲に関する上記10

---

[1]　金融機関には、多様な業態があり（銀行（普通銀行、信託銀行）、信用金庫、信用協同組合等）、業態ごとに根拠法（銀行法、信用金庫法、中小企業等協同組合法等）があるが、ここでは、銀行および銀行法をもって代表させる。

条のほか、いわゆる大口信用供与規制（同法13条）がある。そのほか、融資取引に限られるものではないが、個別取引にもかかわる行為規制として、同法12条の2（第2項）（情報提供）、13条の3（特に3号）（禁止行為）等をあげることができる。[2]

そのほか、デリバティブ取引に関しては金融商品取引法が重要である。また、融資取引ではしばしば独占禁止法上の問題点が指摘される。[3]

(2) 私法上の観点

融資取引は、基本的に民法の典型契約たる消費貸借契約であるが、与信取引にはさまざまな契約が含まれる。詳細は、後記Ⅳ以下で扱う。また、利息制限法はⅢで扱う。

(3) 融資取引の諸原則

銀行の経営は、信用を維持し、預金者等の保護を確保するとともに金融の円滑を図るようにしなければならない（銀行法1条1項参照）。この2つの重要な目的をバランスよく両立するために、従来から融資取引においては、安全性の原則、収益性の原則、成長性の原則、公共性の原則、流動性の原則という原則を遵守することが重要であるとされてきた。[4]社会経済状況の変化や金融自由化の進展等により、銀行を取り巻く環境は大きく変化してきたが、これらの基本的原則、視点の重要性は何ら変わるところがない。

2　融資取引の特徴

(1) 法的性質

広義の融資取引のうち融資契約は、基本的には利付金銭消費貸借契約（民

2　これらの委任を受けた銀行法施行規則13条の7・14条の11の3等参照。法令ではないが、いわゆる監督指針においては融資にかかわる情報提供に関する留意事項について詳細な記載がある（主要行向け監督指針Ⅲ―3―3―1等）。

3　個々の融資取引に関しては、不公正な取引方法（独占禁止法19条）、特に優越的地位の濫用（同法2条9項5号・6号）が問題とされる。公正取引委員会「金融機関と企業との取引慣行に関する調査報告書」（平成18年6月）、「平成23年フォローアップ調査報告書」（平成23年6月）参照。

4　石井眞司ほか「法人貸出」寿円秀夫編『新銀行実務講座(2)』2頁等。

法587条）であり、したがって、要物、有償、片務の契約である。

　このうち、要物契約性については古くから議論があった。金銭消費貸借契約は、返還約束と返還時期の合意、金銭の交付によって成立する。金融実務では、金銭の交付は、通常取引先の預金口座への入金という形で行われる。通常の融資は、現在も要物契約性を前提として構成されている。これに対して、民法上消費貸借の予約の概念が認められ（同法589条）、また、要物性緩和の議論とも関連して、諾成的消費貸借契約の概念が従来から認められている。近時は、シンジケートローン等において諾成的消費貸借契約として構成されるものも増加し、また、いわゆるコミットメントラインは、特定融資枠契約に関する法律において、借主に消費貸借契約の予約完結権を付与する契約として構成されている（後記Ⅶ参照）。

　(2)　融資契約の成立過程における法的問題

　融資取引は、概ね、融資の申込み、条件の交渉、融資実行、融資債権の管理、その回収という過程を経て終了する。このうち、債権の管理・回収にかかわる問題については、第7章で扱い、ここでは融資実行までの過程、融資契約の成立過程における法的問題について述べる。

　㋐　融資契約の成立過程

　融資契約が成立するまでには、金融機関と取引先（あるいは借入申込人）との間で、資金需要の申出および需要に応えるための相談、提案、交渉、検討等がなされ、その後正式の申込みがなされ、金融機関内において、融資の可否、条件等を検討する、いわゆる審査手続がなされ（その間も、審査の状況に応じて金融機関と取引先との間で並行して交渉が行われることも多い）、融資

5　取引上金銭と同一視できる場合であれば金銭消費貸借契約は成立する（大判大正11・10・25民集1巻621頁）。借主が第三者に債務を弁済するために当該第三者へ金銭交付することでも成立する（大判昭和9・6・30民集13巻1197頁）。

6　要件事実については、たとえば、古財英明「消費貸借・準消費貸借」伊藤滋夫編『民事要件事実講座3（民法Ⅰ）』284頁以下参照。

7　我妻榮『債権各論中巻一』354頁。最判昭和48・3・16金法683号25頁は、諾成的消費貸借契約の有効性を前提にしたものとされる。鈴木禄弥＝竹内昭夫編『金融取引法大系(4)（貸出）』91頁〔太田知行〕等参照。

の可否が決定され、取引先に回答される。融資を行うとの回答の場合でも、金額、返済方法、金利、担保・保証等の条件はもちろん、一定の資料（取引先の内容、業績、財務等に関する資料、当該融資の資金使途にかかる資料等）の提出といった諸条件の履行を前提にしている。その条件をめぐり、さらに交渉が行われることもある。そのような多様な条件を含めて双方が合意に達し、担保条件等の前提諸条件が履行され、金銭消費貸借契約書が作成され、（通常の融資の場合には）金銭が交付されて初めて融資契約が成立する。金銭消費貸借契約書のほかにも、当該金融機関との融資取引が初めてであれば銀行取引約定書、担保権設定が条件であれば担保権設定契約書が作成・締結される。最近では、これらに加えて各種の特約書（金利に関する特約やいわゆるコベナンツ（後記Ⅱ3参照））が作成されることも多い。

(イ)　契約締結過程における法的問題

融資契約は、前記のような複雑な過程を経て成立する。そこで、この過程において問題になるのが、融資契約がいつ成立したか、成立していないとしても何らかの法的権利義務関係が生ずるかということである。融資約束、融資予約あるいは「契約締結上の過失」として論じられてきた問題の1つである。

通常の融資契約は、前述のとおり、要物契約であるから、金銭の交付があって初めて成立する。諾成的金銭消費貸借契約においては、意思表示の合致、あるいは申込みに対する承諾があったときに成立することになるが、通常は金銭消費貸借契約証書が締結されたときということになろう。したがって、要物契約としての金銭消費貸借契約はもちろん、非要式行為の諾成的金銭消費貸借契約としても、口頭のやりとりだけで融資契約自体が成立していると評価される可能性は低いと考えられる[8]。

実務上問題になるのは、金融機関の担当者等が、口頭で「融資ができる」

8　口頭のやりとりだけで、金銭消費貸借契約書や融資証明書の授受がなされていなかった事案で、消費貸借契約の成立を否定したものとして、東京高判平成元・4・13金法1236号29頁、東京高判平成11・10・20金判1080号9頁。

旨の発言をしたり、融資を行うことを前提としているようにも受け取られる発言や行動を行ったりした場合である。金融機関においては、融資取引の決裁権限者は明確に定められており、支店担当者はもちろん支店長等であっても決裁権限を有しないことも多く、担当者等が口頭で融資契約を成立させることはあり得ない。しかし一方で、従来からの取引関係や当該融資申込みに関する交渉状況等において、取引先が、融資がなされるものと期待し、あるいはそれを前提とした取引行為を行うことも想像に難くない。

そこで、融資契約自体ではなくとも、いわゆる融資予約契約等の何らかの契約成立による契約責任や不法行為等の法的責任が認められないかが問題となる。

しかし、融資予約契約といってもその内容は不明確であり、何らかの義務を明示した書面があれば格別、口頭のやりとりのみで、何らかの契約の成立を認定し、そこから具体的な契約責任を生じさせることは困難であると考えられる。これに対して、一般に契約締結上の過失として論じられている法的責任については、判例上も契約準備段階における信義則上の注意義務違反として、損害賠償義務を認めていると解されることからすれば、融資契約締結過程においても、金融機関に注意義務違反があれば損害賠償責任が生ずる可能性がある[11]。

なお、融資に関して金融機関側からの書面として、融資取引実務においては、「融資証明書」[12]が発行されることがある。融資証明書においては、融資実行の条件や融資しない場合の条件を明記するのが通常であるが、その処理

---

9 多くの金融機関において、金額、担保その他の条件等によって、支店長、本部審査セクションの長、役員等と、決裁権限が決められている。

10 最判昭和59・9・18判時1137号51頁。なお、最判昭和58・4・19判時1082号47頁。

11 近時の参考事例として、東京高判平成24・9・27金判1404号42頁、鳥取地判平成25・2・14金判1417号40頁（いずれも消極）。

12 融資証明書は、一般に取引先が、融資の資金使途に係る第三者との取引を行う際に当該第三者に対して必要資金を準備していることを示すために融資を申し込んでいる金融機関に発行を依頼するものである。前提条件等が明示されるものの金融機関にとってはリスクがあるので、発行は限定的である。

をめぐって紛争を生ずることもある[13]。

(ウ) 資金使途

金融機関の行う融資において、融資金の使途、すなわち融資金が何に使われるかは重要である。これは、銀行をはじめ金融機関の有する公共性からも当然であるが、私法上も重要な意味を有する。

金融機関が融資を行う際には、資金使途を確認する[14]。資金使途の確認は、金融機関の行う融資としての妥当性（前記1(3)参照）の検討のほか、債権回収可能性を検討するうえでも最も基本的な事項である。一般の金銭消費貸借契約において、資金使途は契約（法律上）の要素とはなっていない。しかし、金融機関の行う融資契約においては、取引先が申し出た資金使途を前提として審査手続がなされ、金銭消費貸借契約書上も明記されるのが通常である[15]。したがって、取引先が資金使途を偽って融資を受けた場合には、少なくとも動機の錯誤と構成しうるし[16]、詐欺にも該当しうる。錯誤または詐欺取消しにより融資契約が無効となれば、交付された金員は、不当利得となる。また、（無効とならない場合でも）取引約定違反として期限の利益喪失事由にもなりうると解される。

最近は、休眠会社等実態のない法人を悪用し、資金使途に関する取引契約書等を偽造して融資金を詐取するような悪質な事例も増加している。このような場合には、刑事上詐欺罪（刑法246条）等を構成しうることはいうまでもない。

なお、資金使途と金融機関の説明義務については次項で述べる。

---

13 事例判決であるが、融資証明書に関する裁判例として、東京高判平成6・2・1金法1390号32頁）がある。
14 消費者向けローンでは、いわゆる「フリーローン」として資金使途を特定しないものもある。しかし、その場合でも使途は非事業資金に限られており、また当然不法目的に利用することはできない。したがって、全く資金使途の限定のない融資はないといってよい。
15 記載される資金使途は、個別具体的なものから、「運転資金」「設備資金」といった抽象的な記載までさまざまではある。
16 申出の資金使途が真実であることを前提に融資を行うことは当然借入人に表示されているといえる。

3 説明義務

　近時、説明義務、特に金融機関の説明義務についての議論が盛んである。金融機関の説明義務には、銀行法等の業法上金融機関を名宛として定められている説明義務と私法上の説明義務があるが、ここでは主に私法上の説明義務について概観する。

　融資取引に関する説明義務は、当初、外貨建融資（インパクトローン）の為替相場変動リスクの説明で問題となり、その後、バブル経済の崩壊とも相まって、融資金によって購入する不動産、投資商品、変額保険等、融資金の使途に関する説明義務の議論へと拡大した。

(1) 私法上の説明義務

(ア) 私法上の説明義務の根拠と効果

　私法上の説明義務の根拠については、信義則、契約上の付随的義務、相手方保護義務等さまざまに論じられている。金融機関については、特に取引先との情報格差という点が問題とされる。大きな人的、物的資源を有する金融機関と、とりわけ消費者や中小企業とは、近代私法の原則の前提である対等な私人の関係にはないということである。基本的には信義則を出発点として、具体的事情に応じて検討すべきであり、事情によっては、契約上の付随的義務の存在を肯定できる場合もあろう。

　説明義務違反の効果は、錯誤の問題を生ずることもあるが、基本的には不法行為あるいは債務不履行による損害賠償責任の発生である。債務不履行というためには、前提として何らかの債務、契約上の義務が存在しなければならない。

(イ) 金融商品販売法・消費者契約法

　金融商品販売法は、民法の特則として、金融商品販売業者の説明義務（同法3条）とその義務違反の効果として損害賠償責任（同法5条・6条）を定める。融資取引自体については適用はないが、デリバティブ取引が組み合わされている場合については、適用がある。

消費者契約法も、消費者契約一般について民法の特則として、不実告知や断定的判断の提供のあった場合の取消し等（同法 4 条）を規定するが、説明義務に連続する問題である。

(2) 説明義務の内容

(ア) 融資契約に関する説明義務

融資契約自体については、弁済条件や金利について説明すべきであるが、説明義務というよりも、契約条件の明確化といったほうが妥当であろう。たとえば、古典的な融資形態である手形貸付けについては金利等の条件が書面上明確ではないなどの問題点が公正取引委員会から指摘されている。また、住宅ローン契約についても、近時、金利設定や変動方法が多様化していることから、それらの点について十分な説明が求められている（後記Ⅳ 2・5 参照）。保証・担保設定契約については、特に事業、経営に直接かかわらない第三者の根保証・根担保設定契約が問題とされ、特に根保証契約については、民法改正に至ったものであり、説明義務の点でも重要である（第 6 章Ⅶ参照）。

古典的な融資取引では、借入人の経営、生活状況等の変化により弁済ができなくなるリスクはあっても、融資契約自体から生ずるリスクは、変動金利融資における金利の変動ぐらいであった。しかし、外貨取引自由化により外貨建融資（インパクトローン）が普及し融資取引にも為替相場変動リスクの問題が生じた。さらにその後、スワップ、オプション等のデリバティブ取引の発展により、融資取引でもデリバティブ取引等と組み合わされた融資商品が増加するに伴って、訴訟で争われる事例も増加した。[17]

---

[17] 裁判例として、大阪地判昭和62・1・29金法1149号44頁、東京地判平成 4・6・26金法1333号43頁、仙台高判平成 9・2・28金法1481号57頁、東京高判平成 9・5・28金法1499号32頁、東京地判平成 9・10・31金法1515号49頁、東京地判平成10・7・17判時1666号76頁、東京地判平成11・5・31判タ1017号173頁、東京地判平成15・5・27金法1683号63頁、広島高判平成18・10・19（裁判所ホームページ）、東京地判平成24・7・23金判1414号45頁、東京地判平成24・9・11判時2170号62頁、東京地判平成25・2・22金判1420号40頁、最判平成25・3・7判タ1389号95頁、最判平成25・3・26判タ1389号99頁、東京高判平成26・3・20金判1448号24頁等がある。

(イ) 融資金の使途にかかわる説明義務

　借入人は、融資金を事業の運営資金として利用し、あるいは設備や住宅等として不動産を購入したり、投資を行ったりする。金融機関は、そのような融資金の使途に関して、商品や業者等を紹介あるいは提案することがある。では、結果として、事業や投資が失敗して借入人に損害が生じたとき、融資した金融機関には法的責任が生ずるか。

　融資契約と資金使途等に係る契約は別個独立の契約であり、当然のことながら一義的には後者の契約の当事者である業者の説明義務の問題であって、当事者ではない金融機関（職員）には原則として説明義務はないというべきである。しかし、金融機関が、紹介、提案を超えて、資金使途等に係る契約の成立について、積極的・主導的に関与した場合には、例外的に関与した金融機関にも信義則上説明義務が生ずることがあり、その義務を履行していないときには、損害賠償等の法的責任が生ずることがありうる。

　金融機関にいかなる説明義務が生じ、いかなる場合にその義務違反となるかは、個別具体的事情に即して検討されなければならない。最高裁判所での判断が示された事案として、最判平成15・11・7判時1845号58頁と最判平成18・6・12判時1941号94頁がある。前者は、金融機関の説明義務を否定し、後者は、金融機関に信義則上の説明義務を肯認する余地を認めた。[18]事例判決であるが、限界の微妙さを示している。

(3) 業法上の説明義務との関係

　金融機関に対しては、銀行法等において、銀行業務に係る重要な事項の説明等健全かつ適切な運用を確保する措置を講ずることが求められている（銀行法12条の２、同法施行規則13条の７）。金融庁の監督指針等においては、さらに詳細な記載がある（第１章Ⅳ参照）。しかし、銀行法およびその下位法令は、金融機関を名宛とする行政法規であり、また、監督指針はその名のとおり、監督行政上の指針であり、金融機関と借入人との私法上の関係を直接規

---

[18] 差戻審判決で損害賠償請求の一部が認容されている（大阪高判平成19・9・27金判1283号42頁）。

4　融資取引の当事者

(1) 総　論

融資取引の一方当事者（貸付人）は、銀行その他の金融機関である。他方当事者（借入人等）は、顧客・取引先である。もっとも、保証人や物上保証人は、貸付金融機関と当該保証契約や担保設定契約以外の取引関係があるとは限らない。

(2) 融資取引の当事者──金融機関

貸付人としての融資取引の当事者には、当然各種の貸金業者が含まれるが、本書では、銀行を中心とする預貯金受入金融機関を対象とする。[19]

融資取引の当事者としての金融機関について留意すべき点は、第1に、商人性の問題である。商人性の有無により、商事時効（商法522条）、商事法定利率（同法514条）、商事留置権（同法521条）等に関する商法の規定の適用の有無が変わる。銀行は、株式会社であるから当然商人であるが、信用金庫や信用協同組合は商人ではないとするのが判例である。[20]

第2に、銀行等の金融機関には貸金業法の適用はない。銀行等は、「貸付けを業として行うにつき他の法律に特別の規定のある者」に該当し貸金業法の適用除外となる（貸金業法2条1項2号）。銀行法等それぞれの業態ごとに根拠となる法令による規制がなされ、また監督官庁による監督等が行われるからである。

(3) 融資取引の相手方──取引先（借入人等）

㋐ 法　人

法人取引先の典型は、いうまでもなく株式会社である。その他、一般社団

19　なお、「金融機関」の法律上の定義は必ずしも一定ではなく、各法律の趣旨、目的に従って、各法律で定められたり、下位法令に委任されたりする。
20　信用金庫につき最判昭和63・10・18民集42巻8号575頁、信用組合につき最判昭和48・10・5判時726号92頁、最判平成18・6・23判時1943号146頁。

法人及び一般財団法人に関する法律（一般社団・財団法人法）に基づく法人、宗教法人、学校法人、医療法人、独立行政法人等さまざまな種類の法人が融資取引の当事者となる。それぞれの法人にかかわる問題については、第3章をご参照いただきたいが、共通する問題として、法人の権利能力ないし目的の範囲について触れておく。[21]

周知のとおり、営利法人である株式会社についての権利能力ないし目的は、非常に広く考えられている[22]ので、銀行等の融資取引ではまず問題になることはない。これに対して、株式会社以外の法人では、融資取引を行うにあたってまず検討しなければならない問題である。これについては、従来の民法に基づいて設立された法人についてなされてきた議論がベースとなる。しかし、各種の根拠法に基づく法人についてはそれぞれ根拠法の規定や趣旨に従って個別に検討されなければならないし、一般社団・財団法人法の施行により、同法に基づく法人についても、公益目的に限られていた従来の民法（平成18年法律第50号による改正前の民法34条）上の法人と異なり、さまざまな種類・目的を有する法人が存在することとなったことから、それぞれの法人について当該融資取引が当該法人の権利能力や目的に照らして問題がないかを検討することが必要である。

　(イ)　個人（自然人）

個人は、融資取引の一方当事者として重要な存在である。かつて、昭和40年代までの高度経済成長期には、大手銀行を中心に企業金融が重要な地位を占めていたが、その後の安定成長、バブル経済崩壊を経てから現在まで、金融、社会経済状況の変化に伴って、個人との融資取引は金融機関の経営にとって非常に重要となっている。

個人は、民法上は自然人としての法人格を有するが、融資取引においては、

21　貸付人側、すなわち金融機関側の「目的」の問題としては、農業協同組合等の組合組織金融機関におけるいわゆる員外貸付けの問題がある（農業協同組合につき最判昭和33・9・18民集12巻13号2027頁、最判昭和41・4・26民集20巻4号849頁、労働金庫につき最判昭和44・7・4民集23巻8号1347頁等）。

22　最判昭和45・6・24民集24巻6号625頁。

事業者と非事業者あるいは消費者という区別が重要である。各種の事業を営む場合、法人を設立して事業を営むだけでなく、小規模な事業においては、法人を設立することなく、個人のまま事業を営む場合（「個人事業者（事業主）」という）も少なくない。この場合には、融資取引はこの事業者個人との取引となる。これに対して、いわゆる給与所得者は、消費者として融資取引の当事者となる。もちろん、個人事業者であっても、事業に関係のない資金を借り入れる場合には、消費者ということになる。すなわち、個人との融資取引において、融資金の使途が事業にかかわるものである場合（「事業性資金」ということがある）には、融資取引の相手方は事業者としての個人となり、事業を営んでいるか否かにかかわらず、融資金の使途が事業ではなく消費生活にかかわるもの（「非事業性資金」ということがある）である場合には、消費者としての個人となる。

　この点、消費者契約法において「消費者」とは「個人（事業として又は事業のために契約の当事者となる場合におけるものを除く。）をいう」とされ（同法2条1項）、「事業者」とは、「法人その他の団体及び事業として又は事業のために契約の当事者となる場合における個人」とされている（同条2項）。融資取引の相手方としての個人事業者は、「事業のために契約の当事者になる場合における個人」ということになる。実務における「事業者」「消費者」の用語が必ずしも消費者契約法の定義と一致しているわけではないが、融資取引の相手方が消費者契約法にいう「消費者」に該当すれば、融資契約も消費者契約法の適用を受けることになるから、この区別は重要である。

　融資取引の種類との関係でみると、事業者との融資取引は、概ね法人との取引と変わるところがないが、消費者との融資取引は、消費者ローンと呼ばれることが多い。もっとも、消費者ローンという語に私法上明確な定義があるわけではなく、商品の分類に近く、実際には、証書貸付けや当座貸越であり、手形貸付けの形式で行われることもある（後記Ⅳ参照）。

　個人に対する融資取引においては、意思能力や行為能力の問題も重要であるが、これについては第2章を参照されたい。

(ウ) 法人格のない団体

　融資取引の相手方としては、法人格を有する自然人（個人）、法人のほかに、法人格を有しない各種団体が考えられる。法人格のない団体の中にも、いわゆる「権利能力なき社団・財団」とそれに至らない団体とが考えられる。法人格のない団体との取引は、預金取引においても問題点が多いが、基本的には預金（債権）の帰属の問題（銀行の立場からいえば、最終的には誰を預金者と扱えば免責されるか）である。これに対して、融資取引では、融資取引の相手方が誰であるか、借入債務の帰属の問題は、誰に対して請求できるか、誰の財産が責任財産となるかという問題（債権回収可能性）になるので、銀行にとってはより重要な問題となる。そこで、融資取引においては、預金取引に比してより厳格に検討することになる。そのため、法人格のない団体に融資するときは、それらの団体の代表者や主たる構成員個人の連帯保証を求めたり、あるいは代表者や主たる構成員個人を相手方（借入人）として取引を行ったりすることが多い。

　個々の団体についての問題は第3章を参照されたい。

(エ) 反社会的勢力との取引拒絶

　法人格の問題ではないが、暴力団等いわゆる反社会的勢力との取引をいかに断絶、拒絶するかが、最近の社会全体の大きな課題となっており、公共性を有する金融機関においては特に重要視されている。このため、金融機関は、本人確認や融資金使途、目的等の確認を厳格化しているほか、銀行取引約定書や融資契約書等においていわゆる暴力団排除条項を挿入する等（後記Ⅱ2(10)参照）の対策を講じている。

5　債務者の変動

(1) 個人（自然人）

(ア) 相　続

　個人債務者の変動としては、相続の開始すなわち死亡、（債務者自体の変動ではないが）成年後見開始、意思能力の喪失などが考えられるが、ここでは、

相続が開始した場合を検討する。

　個人取引先は、自然人である以上、死亡、相続開始という問題を避けて通ることができない。しかし債務者について相続が開始した場合、親族間の問題と法律上、事務手続上の問題とが絡み合って処理に時間を要することが少なくない。

　　(A) 原　則

　借入債務は金銭債務であり、可分債務である金銭債務は、借入債務者が死亡すると、法律上当然に法定相続分に従って分割承継されるというのが判例[23]である。したがって、借入債務も相続開始により原則として法律上当然に各相続人に法定相続分に従って分割承継される。各相続人間の承継債務自体には何の関連も生じないし（連帯関係等が生ずることはない）、各相続人がどのように積極財産を相続するかによっても影響はない。遺言によって、これと異なる承継方法を指定しても、相続債権者である銀行には主張し得ない[24]。遺産分割の効力は相続開始時に遡及するが第三者の権利を害することはできない（民法909条）。また、遺産分割協議は詐害行為取消権の対象ともなりうる[25]。

　　(B) 実務上の取扱い

　上記のとおり、法律上借入債務は原則として法定相続分に従って、複数の借入債務として分割承継されることになるが、実務上は、相続人が複数の場合、相続人らの意向と金融機関の与信・事務管理等の事情を勘案して相続人のうちの１人が他の相続人が承継した債務を引き受ける（債務引受け）ことにより、相続開始前と同様１本の借入債務とすることが多い。債務引受けには、重畳（併存）的債務引受けと免責的債務引受けがあり、債権管理上一長一短があり[26]、金融機関によって、あるいは事案によって使い分けられている。

---

[23] 可分債務につき大決昭和５・12・４民集９巻1118頁、連帯債務につき最判昭和34・６・19民集13巻６号757頁、可分債権につき最判昭和29・４・８民集８巻４号819頁。

[24] 最判平成21・３・24民集63巻３号427頁（直接的には、相続人の１人に財産全部を相続させるとの遺言がなされた場合の遺留分侵害額の算定方法が問題となった事案である）。

[25] 最判平成11・６・11民集53巻５号898頁。

(ｲ)　法人成り

　個人として事業を行っていた者が、法人を設立して法人組織で事業を行うようにすることを一般に「法人成り」と称している。個人事業者が発起人となって株式会社を設立して、事業を譲り受け、自らが（代表）取締役となって事業を継続する形式が一般的である。この場合、借入れの事業に関する借入債務については、新設会社が債務引受けしたうえ、新たな借入れによって返済する等の取扱いがなされる。

(2)　法　人

　法人債務者の変動としては、組織変更、合併、会社分割、事業譲渡、解散等があるが、解散は法的整理手続の箇所（第7章）で扱い、また、組織変更（組織変更および持分会社の種類の変更）は法人格に変動がなく債権債務の帰属関係に直接影響を及ぼさないので、ここでは、合併、会社分割、事業譲渡について簡単に触れておく。

　(ｱ)　合　併

　合併により消滅会社の権利義務関係は包括的に存続会社等（吸収合併存続会社、新設合併設立会社）に承継される（会社法750条等）から、融資関係債務、担保、保証等も原則としてそのまま存続会社等に承継されることになる。ただし、根抵当権については民法に規定がある（同法398条の9）ほか、根担保、根保証の場合には、それぞれに留意が必要である。

　合併手続においては、債権者保護手続として、債権者は異議を申述することができる（会社法789条・799条）。所定の期間内に異議を述べれば、弁済、担保提供等を行わなければならないが、債権者を害するおそれがないときは不要である。債権者を害しないと判断した場合を含め弁済、担保提供等を行わない場合、債権者の対抗手段としては、合併無効の訴えの提起（同法828

26　一般的には、債務者複数となる重畳的債務引受けのほうが債権保全に資するものとされるが、重畳的債務引受けの原債務者と引受人間には連帯債務関係が生ずるとされる（最判昭和41・12・20民集20巻10号2139頁）ため、通常の連帯債務とすると債務者の1人に生じた事由の絶対効の問題があり、債権管理上支障を生ずるおそれがある。

条）があるが、債権者にとっては負担が大きい。実際上そこまでして争うことは困難な場合が多く、あまり現実的な対抗手段と思われない。

　(イ)　**会社分割**

　会社分割においては、分割会社の権利義務は、分割契約、分割計画書の定めに従って吸収分割承継会社等に承継される（会社法759条等）。すなわち、権利義務の帰趨は、分割契約等によって決まってしまうため、金融機関等の債権者への影響は合併より大きい。合併と同様に債権者保護手続があるが限定的であり[27]、債務者側の対応に不服があっても、必ずしも有効な対抗手段とはいえない。

　会社分割における権利義務の承継は包括承継の一種ではあるが、合併とは異なり、担保権等の権利の主張には原則として対抗要件を具備する必要がある。根抵当権については民法に規定がある（民法398条の10）。

　(ウ)　**事業譲渡**

　事業譲渡（会社法467条以下）は、取引行為であって、権利義務関係の変動は特定承継である。譲渡される事業に係る債務も当然には事業譲受会社に移転しない。

　(エ)　**組織再編と債権管理**

　金融機関は、組織再編の合理性、分割・譲渡会社、存続・承継・譲受会社の信用力、担保・保証等、融資取引への影響を総合的に考慮して、与信取引方針を決め、取引先との交渉や必要な手続を行うこととなる。

　会社分割や事業譲渡が、債務免脱目的で行われることも少なくない。収益を生む事業を別会社（いわゆる第二会社）に譲渡し、債務と不採算部門は譲渡会社に残すのである。こうなると、債権回収は困難となる。こうした場合の金融機関側の対抗手段としては、詐害行為取消権の行使（民法424条）、譲受会社の商号続用責任等追及（会社法22条・33条）、法人格否認の法理に基づく譲受会社への請求、譲渡会社の役員等の責任追及（同法429条）等が考えら

27　分割会社の債権者は原則として異議を述べることができない（会社法789条1項2号・810条1項2号）。

れる（詳細は第7章参照）。[28]

6　消滅時効

(1)　時効期間

(ア)　商事時効と民事時効

　融資取引（手形貸付け、証書貸付け等金銭消費貸借契約）に係る債権の消滅時効は、通常の債権として民事債権であれば10年（民法167条1項）、商事債権であれば、5年となる（商法522条）。銀行は商人であるから、常に商事債権となるが、信用金庫や信用組合は商人ではないことに留意が必要である。[29]

(イ)　融資取引に関連する債権

　手形貸付けにおける（借入人に対する）手形上の債権の時効期間は、手形法所定の3年（手形法70条1項・77条）である。割引手形の割引依頼人に対する遡求権の時効は1年（手形法70条2項・77条）であるが、買戻請求権は（商事債権の場合）5年である。

(2)　消滅時効期間の起算点

　消滅時効の起算点は、権利を行使することができる時である（民法166条1項）。

(ア)　証書貸付け・手形貸付け等一般の金銭消費貸借契約に基づく債権

　当初定められた弁済期（証書貸付けであれば各分割弁済期日および最終弁済期日、手形貸付けであれば通常手形満期日等）または法律もしくは銀行取引約定等の約定に定められた期限の利益喪失条項により期限の利益を喪失した時である。いわゆる当然喪失では当然喪失事由発生時、請求喪失では、期限の利益を喪失させる意思表示が債務者に到達した時となる。[31]

28　会社分割と詐害行為取消権につき、最判平成24・10・12民集66巻10号3311頁、商号続用につき、最判平成20・6・10判時2014号150頁。詐害的会社分割対策については、平成26年会社法改正により立法的手当てがなされることとなった（会社法759条4項以下）。
29　前掲（注20）参照。
30　手形上の債権が時効消滅しても、消費貸借契約上の債権は消滅しない。
31　最判昭和42・6・23民集21巻6号1492頁。

(イ)　当座貸越契約に基づく債権

　一般の当座貸越契約に基づく債権の起算点は、当座貸越契約において弁済義務が生ずるのは、契約終了（期間満了、解約等）または期限の利益の喪失（即時支払義務発生）時であるから、反対説もあるが、このときが起算点となると解される[32]。

　なお、借入専用の当座貸越については、各契約における弁済期の定めによる。

　(ウ)　求償権

　(事後) 求償権の消滅時効の起算点は、免責行為時である[33]。

7　融資債権の譲渡等

　かつての金融機関は、国内融資取引においては、最終的に全額が弁済されるか、私的整理等における債権放棄あるいは時効や法的整理手続により債権が消滅するまで融資債権を持ち続けることがいわば常識であった[34]。しかし、いわゆるバブル経済崩壊後の不良債権の早期処理やBIS規制に対応した自己資本比率の向上、資産収益率の向上が金融機関の重大な経営課題となる中、従来から国際金融取引で行われていたいわゆるオフバランス化の手法として融資債権の譲渡等が一般化するに至っている。

(1)　不良債権処理としての債権譲渡

　不良債権の早期かつ抜本的・最終的処理が求められる中、金融機関が従来の方法で債権回収を行い、税務会計上の要件を満たして初めて償却（オフバランス）を行うということでは到底早期処理ができないことから、不良化した債権[36]を時価[37]で投資家等[38]に売却することが行われた。

---

[32]　契約終了につき、大判大正7・12・23民録24輯2396頁、近時の裁判例として、東京地判平成10・5・18金判1055号51頁、同平成17・4・27金判1228号45頁。

[33]　最判昭和60・2・12民集39巻1号89頁。

[34]　回収不能債権については、一定条件の下、貸借対照表から償却処理されるが、税務会計上の処理である。

[35]　国際決済銀行（BIS）の定める金融機関の自己資本比率等に関する国際的基準である。

[36]　不良債権であるから、当然債権の券面額より低廉な価額となる。

[37]　特に多数の不良債権をまとめて売却することを「バルクセール」と呼ぶ。

(2) 証券化

当初は不良債権の早期処理を目的とする債権譲渡が多かったが、その後、不良債権に限らず、いわゆる正常債権も対象とする債権譲渡等によるオフバランス化が行われるようになった。債権の証券化・流動化と呼ばれる。これらの動きは債権譲渡法制にも影響を与えるものと思われる。もっとも、過度の証券化等が、金融や経済に悪影響をもたらすことがあることも忘れてはならない。

これらの債権譲渡には多様な手法・スキームがあるが、代表的なものは以下のとおりである。

① 信託を利用したスキーム　金融機関が融資債権を信託銀行に信託譲渡し、これに対して発行される信託受益権を小口に分割するなどして投資家に売却するものである。

② SPCを利用したスキーム　特別（特定）目的会社（SPC）を設立し、そのSPCが社債等の発行により投資家から購入資金を調達して信託受益権等を買い取るものである。

③ ローンパーティシペーション　融資債権を有する金融機関が、投資家に対し融資債権から生ずる収益を受け取る権利（参加権）を売却するものである。ただし、この場合の債権者は、原金融機関のままである。

8　融資判断に係る法的責任

融資にかかわる法的規制は多数あるが、融資判断に係る法的責任として、刑事責任としては、特別背任罪（会社法960条）が典型であるが、違法配当罪（同法963条5項2号）や金融商品取引法上の罪（たとえば虚偽有価証券報告書提出罪（金商法197条））等に問擬されることもある。また、民事責任としては、取締役の会社（金融機関）に対する善管注意義務違反等による責任があり、これは株主の責任追及等の訴え（株主代表訴訟。会社法847条）によって

38　こうした中で、平成10年、債権管理回収業に関する特別措置法（いわゆるサービサー法）が制定され、弁護士法の特例としての債権管理回収業（サービサー）に関する法整備が行われた。

責任が問われることも多い。[39]

II　銀行取引約定

1　銀行取引約定書の意義と変遷

(1)　銀行取引約定書の意義

銀行取引約定書は、銀行と取引先との間の与信取引に関する基本約定書である。[40]銀行取引約定書は、銀行が約定内容を作成し、取引先は基本的にそれを受け入れるか否かの選択しかできないという意味でいわゆる約款の一種である。

(2)　銀行取引約定書の変遷[41]

銀行取引約定書は、昭和37年8月に、それまで各銀行がそれぞれ使用していた諸種の約定書をまとめて与信取引全般に適用される標準的約定書として、全国銀行協会連合会（現、一般社団法人全国銀行協会。以下、「全銀協」という）によって「全銀協ひな型」として制定された。制定の背景は、一方では、各銀行が各種取引に用いていた約定書類が、銀行に一方的に有利ではないかとの批判を受けて全銀協が約定書類の検討を開始することとなったこと、他方、銀行側からは、昭和32年に相殺に関する国と銀行との訴訟の第1審で銀行が敗訴したことなどから、従来の約定書では、銀行の利益の確保が十分図られ[42]ないのではないかとの問題意識が生じたことにある。その後、判例・学説の

---

[39] 近時の事例として、刑事では、最判平成20・7・18刑集62巻7号2101頁〔長銀事件〕、最決平成21・11・9判タ1317号142頁〔拓銀事件〕、最決平成21・12・7金法1891号43頁〔日債銀事件〕、民事では、最判平成20・1・28金法1838号48頁・55頁・判タ1262号63頁〔拓銀事件〕、最判平成21・11・27金法1891号52頁〔四国銀行事件〕をあげておく。

[40] 金融機関の種類により、信用金庫取引約定書、信用組合取引約定書等となるが、内容は概ね共通するので、本書では「銀行取引約定書」をもって代表させる。

[41] 全国銀行協会連合会法規小委員会編『新銀行取引約定書ひな型の解説』3頁以下、田中誠二『新版銀行取引法〔四全訂版〕』339頁以下、堀内仁「戦後金融法務の歴史とその証言――一法律家からみた銀行取引の変遷―」金法1000号175頁等参照。

進展やさまざまな議論を受けて、昭和52年4月にこれを改訂した[43][44]。

しかし、その後、特に平成年代に入り、金融の自由化、国際化、証券化等の金融取引をめぐる環境の変化に対応し、金融機関間の有効かつ適正な競争を促進することによって金融制度の効率化等を図ること、そのために金融機関等は経営上の創意工夫を発揮し、より多様で良質な金融サービスを利用者に提供することを目的とした金融制度改革（いわゆる金融ビッグバン）が進展した。こうした環境下、公正取引委員会からは、銀行取引約定書について、すべての銀行が全銀協のひな型を採用していることが、銀行間の横並びを助長するおそれがあるとの指摘がなされた。そこで、全銀協は、平成12年4月、「各銀行の自己責任に基づく創意工夫の発揮」と「顧客のより自由な選択を可能」とすべく、銀行取引約定書のひな型を廃止した[45]。

これによって、各銀行は、従来の銀行取引約定書ひな型を基本としつつも独自の銀行取引約定書を制定し、使用するようになってきている。具体的には、銀行と取引先が対等の立場で契約するという趣旨を明確にするために、形式面においては、従来のいわゆる差入形式（取引先のみが約定書に署名して銀行に差し入れ、原本は銀行が保管し、取引先はその写しを保有する方式）から、双方署名方式（取引先と銀行の双方が署名し、原本2通をそれぞれが保管する方式）に改めたり、実質面においても、双方署名方式への変更に伴い対等の立場にあることを明確にした表現とするとともに、よりわかりやすい平易な表現を用いたりするなど、それぞれの銀行において工夫がなされている[46・47]。

42　京都地判昭和32・12・11下民集8巻12号2302頁。国が滞納処分により預金を差し押さえ、預金の取立請求を行ったのに対し、銀行が割引手形の買戻請求権との相殺による預金の消滅を主張したという事案であり、手形割引の法的性質や買戻請求権が争点となった。もっとも、控訴審では銀行が勝訴している（大阪高判昭和37・2・28高民集15巻5号309頁）。
43　「特集・銀行取引約定書の再検討」金法671号4頁以下等参照。
44　主な改訂点は取引先からの相殺の規定の新設や期限の利益喪失規定の修正であった。
45　「〈資料〉銀行取引約定書約定書ひな型の廃止と留意事項について（全銀協平成12・4・18全業会第18号）」金法1578号84頁、加藤史夫＝阿部耕一「『銀行取引約定書ひな型』の廃止と留意事項の制定」金法1579号6頁。
46　主要行向け監督指針Ⅲ―3―3―1―2(4)「銀行取引約定書ひな型の廃止への対応」参照。

(3) 銀行取引約定書をめぐる状況

平成10年の銀行法改正において、銀行の顧客に対する重要事項の説明義務等を含む業務の健全適切な運営を確保する措置の構築義務が定められた（銀行法12条の2）。また、私法上、平成13年4月施行の消費者契約法において、消費者契約の内容の明確・平易化の配慮が求められ（同法2条1項）、いわゆる不当条項規制（同法8条・10条）が設けられた。

新しい銀行取引約定書についても、実質的に取引先には交渉によりその内容を修正する余地がないという約款一般に共通して議論されている点に加え、銀行の融資者としての優位な立場に基づいた銀行に有利な内容であるとする批判が引き続きある。しかし、実際に個々の約定について、交渉によりその内容を修正確定したうえで取引を行うということは、一部の大企業でない限り、非常に困難であり、借入人・銀行双方にとって負担が大きく、定型的な約定書を用いることは、取引先と銀行双方にとって有益なものである。また、その内容についても、定型的な約定書が用いられることにより、各規定の解釈や問題点について広く議論がなされ、内容の適切性が担保され、さらに予測可能性も高まるという側面も否定できない。実際、ひな型制定時から今日に至るまでのさまざまな議論を踏まえて改訂がなされ、また、判例や学説により、その内容と限界が明確にされてきている。したがって、形式面のみからの批判は必ずしも合理的なものではないと思われるが、他方、最近の社会経済、金融状況を踏まえ、個々の規定の内容について、今後もさらに議論が深められなければならない。

(4) 銀行取引約定書の利用範囲

銀行取引約定書は、与信取引の基本約定書であり、取引先が法人であるか個人であるかを問わず与信取引一般に広く利用されるが、基本的には反復継

---

47 複数の銀行の約定書を紹介、比較検討したものとして、「〈資料〉銀行取引約定書新旧対照表」銀法582号16頁、地方銀行等の動向を調査・分析したものとして、村山洋介「銀行取引約定書ひな型廃止後の銀行取引約定書改訂動向(1)（2・完）」鹿児島大学法学論集41巻1号107頁・41巻2号87頁。

続的かつ多種の取引の行われることが予定される事業資金に係る与信取引に利用され、いわゆる消費者ローン（住宅ローン、小口無担保ローン、カードローン）等の非事業資金を融資する場合には利用されない。これらの消費者向け融資取引においては、基本的に反復継続的な取引ではないので、それぞれの契約書（住宅ローン契約書、カードローン契約書等）において、当該取引に関係する限りで、銀行取引約定書に類する内容が規定されている。

シンジケートローンなど一部の新しい形態の融資においては、当該取引に限り銀行取引約定書を適用しないものとすることがある。

2　銀行取引約定書の概要

ここでは、旧銀行取引約定書ひな型（以下、「旧ひな型」という）および各銀行が定めている銀行取引約定書に概ね共通すると思われる主要な規定について概説する。[48]

(1)　銀行取引約定書の機能

銀行取引約定書は、第1に、与信取引の基本約定書である。この点、「銀行取引」という名称からは、与信取引のみならず、預金、為替等の銀行取引全般に関する約定のようにもみられ、それについては批判もある。[49]しかし、古くからの慣用で「銀行取引約定書」と題されて、今日まで踏襲されている。預金取引や為替取引等与信取引以外の取引については、各種預金規定や振込規定等がある。

第2に、銀行取引約定書は、手形にかかわる与信取引、具体的には手形貸付けと手形割引に関する基本約定書である。与信取引のうち、証書貸付け等については金銭消費貸借契約証書等の個別の契約書が別途締結され、詳細が定められるのに対して、手形貸付けでは、約束手形が差し入れられ、また、手形割引では割引対象手形が授受されることになるが、それ以上の個別契約

48　銀行取引約定書に関する学術的概説として、鈴木祿彌編『新版注釈民法(17)』286頁以下がある。

49　松本恒雄「銀行取引約定書の名称・適用範囲・機能」銀法586号33頁等。

書は通常締結されず(例外として、たとえば信用保証協会保証付手形割引契約書がある)、銀行取引約定書の規定によることとなる。

(2) 約定書締結方式

旧ひな型は、名宛人を銀行とし、取引先のみが署名して銀行に差し入れる形式のいわゆる差入書方式であった。銀行のみが約定書の原本を所持し、取引先には写しが交付されるのみであることには批判があり、旧ひな型廃止後の新銀行取引約定書では、銀行と取引先双方が署名し、原本2通をおのおのが所持する、いわゆる双方署名方式を採用するものが増えている。確かに、双方署名方式のほうが対等感があり、差入書形式では写しが確実に交付されなければならないが、問題は形式ではなく内容である。[50]旧ひな型では、基本的に取引先の義務と銀行の権利を定めるものであったため、[51]差入書形式でも感覚的な問題を除けば特段問題はない。しかし、銀行取引約定において、取引先の権利あるいは銀行の義務を定めるのであれば、双方署名方式にするのが自然であろう。

(3) 適用範囲

旧ひな型1条1項は、銀行取引約定書の適用される取引を定める。具体的には、手形貸付け、手形割引、証書貸付け、当座貸越、支払承諾(保証委託取引等)、外国為替その他いっさいの取引に関して生じた債務の履行が対象となるものとしている。ここで具体的に列挙された取引は、例示列挙であるから、例示されていない与信取引に関して生じた債務も含まれる。また、取引の直接の効力として生ずる債務に限らず、債務不履行による損害賠償債務等も含まれる。[52]しかし、与信取引以外の取引によって生じた債務や取引とは関係のない不法行為(たとえば交通事故)によって生じた債務は含まれない。

---

[50] 金融庁監督指針では、「銀行取引約定書は、双方署名方式を採用するか、又はその写しを交付すること」を求めている(主要行向け監督指針Ⅲ―3―3―1―2(2)④イ)。

[51] 後述するいわゆる「逆相殺」の規定は取引先の権利を定めるものともいえるが、実質的には元々相殺することができることを確認的に規定したものであり、創設的に権利を付与したものではない。

[52] 鈴木編・前掲書(注48)296頁〔中馬義直〕。

銀行業務の範囲の拡大や新しい与信取引の出現により、例示されていない「その他いっさいの取引」に含まれるべき取引が増加している。しかも、旧ひな型の廃止や各銀行の業務範囲が異なりうることから、各金融機関の約定書により、その適用範囲は必ずしも同一とは限らない可能性がある。そこで、全銀協の「銀行取引約定書に関する留意事項」でも、適用範囲の明確化を求め[53]、実際、新しい銀行取引約定書では、デリバティブ取引、保証取引、電子記録債権貸付・割引などを追加例示しているものがみられる。[54]

　保証取引については、含まれないとする見解もあり議論があった。[55]これに関連して、根抵当権の被担保債権の範囲における「銀行取引」の意義をめぐり[56]、具体的に問題となった。[57]すなわち、銀行が設定を受ける根抵当権では被担保債権は「銀行取引　手形債権　小切手債権」とされるところ、根抵当債務者が銀行に保証債務を負担している場合、その保証債務が根抵当権の被担保債権となるかという問題である。「信用金庫取引」が問題になった事案であるが、最高裁判所は、原審が信用金庫取引とは信用金庫取引約定書に規定する取引をいうものと解したのに対し、信用金庫取引約定によって決まるものではなく、一般に法定された信用金庫の業務に関する取引を意味し、信用金庫の業務に関連してなされたものと認められる限り、すべて根抵当権により担保され、信用金庫の根抵当債務者に対する保証債権は、信用金庫法に規定する付随業務に該当し、「信用金庫取引による債権」に含まれるものとした。[58]銀行取引においても、保証取引は銀行法に規定する付随業務に該当するのでこれと同様に考えることができる。したがって、銀行取引約定の適用さ

53　前掲（注45）参照。
54　「留意事項」では「よりいっそう明確化することが望ましい」、「適用範囲にある取引の例示として明記するなどの工夫をすることが考えられる」としている。
55　鈴木編・前掲書（注48）296頁〔中馬〕。
56　「銀行取引」は、私法上は、商法502条8号に営業的商行為としてあげられている程度である。
57　最高裁判決までの議論については、大西武士『現代金融取引法』364頁等参照。
58　最判平成5・1・19民集47巻1号41頁。なお、最判平成19・7・5金法1833号59頁は、信用保証協会を債権者、被担保債権の範囲を保証委託取引により生ずる債権として設定された根抵当権の被担保債権には保証協会の根抵当債務者に対する保証債権は含まれないとする。

255

れる取引と根抵当権の被担保債権の銀行取引とは必ずしも一致しないことになる。根抵当権の被担保債権での議論を踏まえて、新しい銀行取引約定書では、保証取引も明示するものが多くなっている。

旧ひな型1条2項では、取引先が振り出し、裏書、引き受け、参加引受けまたは保証した手形を銀行が第三者との取引によって取得した場合も、銀行取引約定が適用されるものとしている。これは、銀行が、取引先が振出し等の手形行為をした手形を第三者から手形割引によって取得した場合（これを「回り手形」と称している）についても、この約定書が適用されるということである。なお、ここでいう手形は真正な手形を前提とし、偽造手形については含まれないとするのが判例である[59]。

(4) 手形取引

手形を利用した与信取引（手形貸付け・手形割引）に関する規定が旧ひな型では2条、6条および8条である。これらは、銀行取引約定書の手形取引に関する基本約定部分である。

(ア) 手形債権と貸付債権

旧ひな型2条は、手形貸付けの方法による貸付けの場合に、手形債権と原因債権である貸金債権のいずれをも行使することができることを確認的に規定したものである。手形債権を行使する場合には、手形訴訟を利用できるというメリットはあるものの、手形の受戻しの問題が生ずるので、貸金債権を行使することが一般的であると思われる。

(イ) 割引手形の買戻請求権

旧ひな型6条は、手形割引取引に関する規定である。手形割引の法的性質については売買か消費貸借かの議論があったが、銀行取引約定書はそれらの議論を踏まえ、売買契約であることを前提に、割引手形の割引依頼人である取引先や割引手形の主債務者に一定の信用悪化等の事由が生じた場合に買戻請求権が生じることを規定したものである。詳細は、手形割引の項（後記

---

[59] 最判昭和62・7・17民集41巻5号1359頁。

Ⅴ）を参照されたい。

(ｳ)　手形の呈示・交付

旧ひな型8条は、手形取引にかかる手形の呈示・交付等についての特約である。

手形債権を行使する場合には、手形の受戻証券性から、手形金の支払いを受けるときは、手形の交付返却と同時履行であるのが原則である。また、手形外の債権（貸金債権・買戻請求権）を行使する場合でも、（広義の）同時履行の抗弁権が付着した債権をもっては相殺できないという問題がある[60]。しかし、実務上同時返却を行うことは困難であることから、呈示・交付の免除を規定するものである。すなわち、手形上の債権によらないで、相殺を行う場合には、手形の返還を要しないものとし、手形上の債権で相殺を行う（または相殺される）場合でも、返却場所を銀行とし、取引先が所在不明の場合など一定の場合に限り、手形の呈示・交付を免除している。これらの特約については、異論もあるが、有効と解されている。

相殺後もなお取引先が弁済期の到来した債務を負担し、銀行の所持する手形に取引先以外の債務者がある場合、銀行はその手形を留め置き、取立て等により債務の弁済に充当することができる。この特約についても、取引先に二重弁済の危険を与えるものではなく、残債務の弁済を図るにすぎないものとして有効と解されている[61]。

(5)　利息・損害金

旧ひな型3条は、利息および遅延損害金について定める。すなわち、「利息、割引料、保証料、手数料、これらの戻しについての割合および支払の時期、方法の約定は、金融情勢の変化その他相当の事由がある場合には、一般に行なわれる程度のものに変更されることに同意します」とされている。この条項の「変更されることに同意します」の意義については、銀行の利率変

---

[60]　大判昭和13・3・1民集17巻318頁。
[61]　大阪高判昭和37・2・28高民集15巻5号309頁、東京地判昭和46・10・13判時655号81頁参照。鈴木編・前掲書（注48）395頁〔中馬〕。

更請求に対して取引先が同意の意思表示をする義務を負うのか（請求権説）、銀行が単独の意思表示による形成権的な利率変更権を有するものか（形成権説）、「金融情勢の変化その他相当の事由がある場合」とはどのような場合をいうのかといった解釈上の議論、そもそも「相当の事由がある場合」との限定はあるものの、銀行のみが変更権を有することは不公平であるといった議論がなされてきた。[62]

　こうした議論を踏まえて、各銀行の新しい銀行取引約定書では、利率等の変更等については、銀行と取引先の合意したところによることを明記し、あるいは銀行は利率の変更を請求することができることを定め、あわせて、取引先からも変更請求ができるものと定めているものが増えている。[63] この場合、相手方からの利率変更請求に対して、双方とも同意義務を負うものではないと考えられる。

　金融自由化の進展に伴い、融資金利等をめぐる環境は、ひな型制定時とは大きく変化している。かつては（昭和50年代まで）、公定歩合を中心とする金利体系の下、利率は当初貸付け時に決められるが、その変更について具体的に定めることはなく、この銀行取引約定書の規定しか拠り所がなかった。しかし、昭和60年代以降、金利体系が市場金利の変動に影響され、その変動が激しくなってきたこと、市場からの調達金利等に一定の利率（スプレッド）を上乗せした利率を融資利率とする市場金利連動型の利率決定方式が増加してきたことなど、融資等の金利をめぐる情勢は様変わりした。そこで、現在は、融資実行時に基準金利、スプレッド利率、変動基準等を約定し、以降基準金利の変動幅にあわせて自動的に融資利率等も変更する方法が主流になってきている。[64] このような利率の約定方法は当然有効と解され、実務上は基準[65]

---

[62] 鈴木編・前掲書（注48）303頁〔中馬〕、小野秀誠「利息変更条項」銀法583号69頁等参照。
[63] 裁判例には、旧ひな型3条の利率変更請求権を形成権と解したうえで、条理上債務者にも変更請求権が与えられる場合があるとしたものがある（東京地判平5・8・26判タ861号250頁）。
[64] 基準金利には、短期プライムレートや長期プライムレート、LIBORやTIBOR、あるいは金融情報会社が市場金利として呈示している利率等さまざまなものがある。
[65] このことを確認的に明記している約定書もある。

金利や具体的変動方法をいかに明確に定めるかが重要となっている。もっとも、上乗せ利率（スプレッド）を変更する場合には、従来と同様の問題を生ずる。

なお、利率については、公正取引委員会より、「借り手企業に対し、その責めに帰すべき正当な事由がないのに、要請に応じなければ今後の融資等に関し不利な取扱いをする旨を示唆すること等によって、契約に定めた変動幅を超えて金利の引上げを受け入れさせること」は、独占禁止法上問題となるとの指摘がなされている。[66]

損害金利率は、旧ひな型には具体的には定められておらず14％あるいは14.6％としている金融機関が多い。利息制限法では、損害金利率は賠償額の予定の制限として、上限利率（同法1条）の1.46倍と定められていたが、平成18年改正法（平成18年法律第115号）施行後は、営業的金銭消費貸借の特則として、一律20％が上限となった（同法7条）。[67]

(6) 担　保

旧ひな型4条は、①債権保全上相当の事由が生じたときは、増担保の差入れや保証人の追加を請求することができること、②取引先が銀行に差し入れ、または将来差し入れる担保は、全債務の共通担保となること、③担保は法定の手続によらず、一般に適当と認められる方法により銀行が取立てまたは処分して債務の弁済に充当できること、④債務不履行の場合、銀行の占有している取引先の動産、手形、その他の有価証券についても、担保と同様に取り扱うことができることを定める。このうち、②の共通担保条項については、全銀協の留意事項において、現在の実務のあり方からすれば、必要性は失われていると考えられることから、削除を含め見直すことが望ましいものとされ、多くの金融機関の約定書から削除されているため、以下では、①③④に

---

[66] 公正取引委員会「金融機関と企業との取引慣行に関する調査報告書」（平成18年6月）19頁。
[67] 消費者契約法9条2号では、年14.6％を超える部分を無効とする。また、割賦販売法（平成20年法律第74号による改正後のもの）では、たとえば割賦販売業者は、賦払金の延滞の場合、損害賠償予定または違約金の定めがあっても遅延損害金は法定利率による額が上限となる（同法6条）。

(ア) 増担保条項

　旧ひな型4条1項はいわゆる増担保条項である。民法上、債務者が担保を供する義務を負う場合において担保を供しないときには、債務者は期限の利益を喪失するものとされている（同法137条3号）。この条項の意義については、増担保の特約がある場合か、または少なくとも、担保設定契約中に常に一定額までの十分な担保を供しておく旨の特約が含まれていることが必要と解されている[68]。そこで銀行取引約定書では、債権保全上相当の事由が生じたときに、銀行は増担保を請求することができるものとしたのである。

(A) 増担保請求権の意義・効力

　この増担保条項ないし増担保請求権については、まず、その具体的効力について議論がある。金融機関の増担保請求権の行使により、具体的な担保権（たとえば特定の不動産を目的とする根抵当権）を成立させる効力があるのか、すなわち増担保請求権は一種の形成権であるかが問題となる。この点については、この約定のみに基づいて金融機関が一方的に担保権の種類、目的物、内容等を指定して増担保請求権を行使することによって、具体的担保権が成立すると解することは困難とする見解が有力であると思われる。裁判例では、「本件約定のような、具体的な増担保等の対象となる物件、設定すべき担保の種類、内容等設定される増担保等を特定する事項が何ら定められていない状況で、本件約定をもって、債権者が増担保等の対象となる物件、担保の種類、内容を特定して一方的に増担保等の設定を請求する意思表示をするのみで、その請求が不相当でない限り、そのとおりの内容の増担保等が設定される形成権を債権者に与えたものと解することはできない」としたものがある[69]。

　ここでの増担保請求権が、形成権的な具体的な担保権を成立させる権利ではないとして、次に取引先には、特定の担保権を設定する義務（応諾義務）

68　我妻榮『新訂担保物権法』387頁。

が発生するか（請求権的権利であるか）が問題となるが、これについても、銀行取引約定書上は担保権の内容や目的物が定められていない以上、消極に解されるものと思われる。

これに対して、取引先が債権保全上の相当の事由があるにもかかわらず増担保に応じない場合には、本約定に違反するものとして、期限の利益喪失事由に該当しうると考えられ、このような意味での権利性（債権的効力）を有するものと解される[70]。もっとも、このような解釈については、増担保請求権の要件の問題と絡んで批判も強い[71]。

増担保条項・増担保請求権に対する批判の反面として、金融機関と取引先の対等性を重視し、金融機関の増担保請求権を認めるのであれば取引先からの減担保請求権も認めなければならないとの主張もなされている。

(B) 増担保請求権の発生要件

増担保請求権の発生要件は、「債権保全を必要とする相当の事由が生じたとき」とされている。これは、昭和37年制定の銀行取引約定書において、「債権保全のため必要と認められるとき」となっており、銀行の主観的判断により発生するような印象があって批判が強かったため、昭和52年改正の際に「相当の事由が生じたとき」と修正されたものである。したがって、保全の必要性は、当然銀行の主観的判断ではなく、客観的に認められるものでなければならない。しかし、客観的に債権保全を必要とする相当の事由が存在しなければならないといっても、なおその文言の抽象性ゆえ、増担保請求権

---

[69] 東京高判平成19・1・30判夕861号250頁・金判1260号11頁。片山直也「判批」金法1844号29頁。もっとも、この判決では、傍論であるが「所定の要件が具備した場合に、その段階での債務者の財産状況、当初の契約の被担保債権の残存状況に応じ、債権者が増担保等の設定を求める物件、担保権の種類、被担保債権の内容等必要な事項を具体的に特定して、担保権設定応諾の意思表示を請求することが可能であり、その請求の認容判決が確定することを条件とする担保権設定登記手続（請求権保全の仮登記が先行しておれば、その仮登記に基づく本登記手続）を請求することもできると解する余地がある」とも述べている。

[70] このことは、詐害行為取消権や否認権の成否との関係でも問題となる。もっとも、否認権については対抗要件否認の問題にもなる。

[71] 消費者との融資契約において銀行取引約定書が適用されるときは、消費者契約法10条に抵触するとの意見もある（後藤巻則「ひな型廃止と消費者契約法」銀法583号12頁）。

の意義・効力の問題とも相まってなお議論がある。全銀協の留意事項でも「増担保請求の条項をおく場合には、できるだけ要件を明確にすることが望ましい」とされている。

(C) 増担保条項と実務

実務上は、あらかじめ一定の場合に担保設定を求めることを条件として融資を行う場合には、念書や特約書等において、設定すべき担保権の内容（目的物・種類・金額等）を少なくとも一定程度特定してその旨の約束を書面で行っている。そのような例としては、建物建築資金の融資において、当該建物が完成次第担保権を設定することを約する場合がある[72]。また、一種のコベナンツ・特約として、財務上等における一定の条件を満たさない場合に担保を差し入れることを約束することがある[73]。

(イ) 担保任意処分条項

旧ひな型4条3項は、担保について法定の手続によらず、金融機関が一般に適当と認められる方法、時期、価格等により取立てまたは処分のうえ、法定の順序にかかわらず、債務の弁済に充当できるものとしている。担保任意処分条項は、コスト、時間のかかる法定の手続に代えて、任意処分により簡易迅速な回収を行うことを目的としている。この条項については、任意処分の対象となる「担保」に約定担保権のほか、法定担保権も含まれるかが問題となっている。この点、判例は、破産手続における銀行が有する手形上の商事留置権の処遇が争点となった事案において、銀行が、法定の手続（民執法195条）によらず、手形交換制度を通じて手形の取立てを行うことによって[74]

---

72 「追加担保差入念書」等と称されるが、建物の完成を条件とする停止条件付（根）抵当権設定契約ないし（根）抵当権設定予約契約と解される。

73 このような場合の設定を求める担保権の内容の特定の程度はさまざまあり、停止条件付担保権設定契約ないし設定予約と考えられるものから、銀行取引約定書の増担保条項に近いものまであるものと思われる。特定の程度によって、具体的効力も異なることになろう。なお、前掲（注69）・東京高判平成19・1・30参照。

74 最判平成10・7・14民集52巻5号1261頁。その後、民事再生手続との関係について争いがあったが、結論として本条項による取立金の弁済充当が認められるに至っている（最判平成23・12・15民集65巻9号3511頁）。

弁済を受けることについては合理性があり、その限りで本条項が商事留置権について適用されることを認めている。この判示からすると、法定担保権一般についての適用可否を問題とするのではなく、個々の担保権とその具体的任意処分の方法によって個別判断されるべきものと考えられる。

　(ウ)　占有物の留置処分条項

　旧ひな型4条4項は、取引先が債務不履行となった場合に、金融機関が占有する動産、手形その他の有価証券について、金融機関が任意に処分できるとするもので、商事留置権に準ずる効果を意図するものである。株式会社である銀行等は商人であるから、商法521条によりその要件を充足すれば商事留置権が生ずるが、信用金庫や信用組合については商人性が否定されているので、この条項により商事留置権類似の効果を生じさせることができることになる。

　判例はこの条項の趣旨について、取引先がその債務を履行しない場合に、金融機関の占有する取引先の動産、手形その他の有価証券を取立てまたは処分する権限および取立てまたは処分によって取得した金員を取引先の債務の弁済に充当する権限を授与したにとどまり、取引先の債務不履行を停止条件とする譲渡担保権、質権等の担保権を設定する趣旨の定めではないとしている。

　(7)　期限の利益喪失条項

　旧ひな型5条は、いわゆる期限の利益喪失条項であり、債権保全上銀行取引約定書において最も重要な条項といってもよい。取引先が経営破綻した場合、金融機関は当然貸付債権を最大限回収しなければならない。そのための法的手段を行使するためには、取引先の期限の利益を喪失させる必要がある。相殺においても、担保権の実行においても貸付債権の弁済期が到来している

75　新しい銀行取引約定書では、有価証券のペーパーレス化の進展に伴い、振替株式や電子記録債権等を記載しているものが増えている。
76　前掲（注20）参照。
77　前掲（注20）・最判昭和63・10・18。

ことが要件である。民法137条は、3つの期限の利益喪失事由を定めるが、これだけでは、債権の保全、回収に不十分であるから、約定により期限の利益喪失事由（以下、「失期事由」ということがある）を付加しているのである。期限の利益喪失条項のうち、1項は、いわゆる当然喪失事由を、2項は請求喪失事由を定めている。本稿では、期限の利益喪失事由のうち主要なものについてみていく。

(ア) 当然喪失事由

(A) 支払停止と法的倒産手続

支払停止とは、判例によれば、債務者が資力欠乏のため債務の支払いをすることができないと考えて、その旨を明示的または黙示的に外部に表示する行為をいうものとされている。支払停止の概念は、当然喪失事由であるとともに法的整理手続においては、否認や相殺制限の時期を画するものであり、実務上その判断は困難な場合も少なくない。[78] 新破産法で「支払不能」の概念が否認等の基準に広く採用されたことから、支払停止を支払不能に置き換えるべきかが問題となったが、支払不能は外部からでは判断困難なことから、「支払停止」のままにしている金融機関が多いようである。[79] 法的手続との関係では、民法は破産手続開始のみが喪失事由であるが、銀行取引約定書では、破産手続開始、民事再生手続開始、会社更生手続開始もしくは特別清算開始の申立てが失期事由とされることが多い。[80] その他、制度の新設、変更に備え、「類似の法的整理手続」等を加えている例もある。開始決定ではなく、申立て段階で失期させることについては、特に債権者申立ての場合に債務者に酷であるとの批判もあるが、実務上は自己破産等債務者ないし債務者の役員等による申立てが大部分であり、自己申立てがあれば多くの場合早晩開始決定がなされることを踏まえると、申立てを失期事由とすることには合理性があ

---

78 最判昭和60・2・14判時1149号159頁。

79 三上徹「期限の利益喪失条項と喪失事由」塩崎勤ほか編『新・裁判実務大系㉙ 銀行関係訴訟〔補訂版〕』160頁等参照。

80 中原利明「新破産法と銀行取引約定書」金法1718号4頁。

る。

(B)　手形交換所の取引停止処分

　取引停止処分自体は、取引先の倒産を意味するものではなく、参加金融機関によって構成される私的団体である手形交換所が、不良手形の流通を阻止し信用秩序を維持するために特定の振出人の振り出す手形等の取引を停止するという参加金融機関相互の申合せである[81]。しかし、手形交換所の取引停止処分を受けると実質的に手形取引が困難となり、事実上倒産との評価が定着しているといえる[82]。

(C)　取引先または保証人の預金その他の銀行に対する債権について、差押え等の命令が発送されたとき

　取引先の預金債権等に差押えがなされるということは、信用状態の悪化を推認させる事象であり、債権保全の必要性が高い状況であるということができるが、本条項は、いわゆる差押えと相殺の問題に関連して特に重要な意味を有する。旧ひな型7条の相殺（差引計算）条項とあわせて相殺予約条項とも呼ばれる。差押えと相殺の問題に関していわゆる制限説、特に差押えの効力が生ずる（民執法145条3項）前に自働債権の弁済期が到来していることを要するとの説をとると[83]、差押えの効力発生によって期限の利益を喪失するとしたのでは、相殺権を行使できないため、差押えの効力が発生する前の差押命令が「発送」された時点で期限の利益を喪失することが重要であった。しかし、現在の判例理論であるいわゆる無制限説によれば[84]、差押え前に自働債権が発生していればよいから（民法511条）、無制限説が維持される限りはこの時間差の問題の重要性は薄れてはいる。もっとも、実際に相殺を行うには、相殺適状すなわち双方の債務（特に自働債権）の弁済期が到来していなけれ

---

[81]　手形交換所規則の性質については大阪地判昭和37・9・14金法325号6頁、取引停止処分については、（憲法違反との主張について）東京高判昭和27・12・4下民集3巻12号717頁、（独禁法違反との主張について）東京高判昭和58・11・17金判663号35頁参照。

[82]　電子記録債権を利用した「でんさいネット」制度が全銀協により創設された（平成25年2月業務開始）が、そこでは手形と同様の取引停止処分制度が設けられている。

[83]　最判昭和32・7・19民集11巻7号1297頁。

[84]　最判昭和45・6・24民集24巻6号587頁。

ばならない（民法505条）から、この条項は引き続き重要である。

旧ひな型で保証人の預金等への差押え等を当然失期事由としていることには批判も強かった。主債務者の信用に問題がなければ保証人に信用悪化事由が生じても直ちに債権回収に向かう必要はないからである。しかし、主債務者と保証人が経済的に一体である場合等には、保証人の信用悪化が主債務者の信用と密接に関連することも事実である。そこで、現在の約定書では、金融機関により、保証人預金等への差押えと主債務者の信用悪化の関連性が低い場合には期限の利益を再付与することを明記したり、請求喪失事由にしたりする例がみられる。

(イ) 請求喪失事由

(A) 取引先の銀行に対する債務の履行遅滞

取引先が銀行に対して負担する債務の一部でも履行遅滞したときは、遅滞した債務のみならず全部の債務について、請求により期限の利益を喪失させることができるとするものであり、クロスデフォルト条項とも呼ばれる。一部の履行遅滞で全債務の期限の利益を失うことは取引先にとっては重大な不利益を伴うため、その行使は慎重でなければならないが、債権回収においては重要な条項である。[85]

(B) 取引約定違反

銀行取引約定上の担保提供義務違反（旧ひな型4条1項）、届出義務違反（同11条）、報告義務違反（同12条）等のほか、銀行取引約定以外の種々の約定（特約、コベナンツ）違反も対象となりうる。

(C) その他債権保全を必要とする相当の事由

いわばバスケット条項であり、その適用場面は広い。当然客観的に保全の必要性がなければならないが、包括的・抽象的であるため、保全の必要性の存否をめぐり紛争となることが多いことも事実である。金融機関は、客観的証拠となりうる事情、資料に基づいて判断することが肝要である。

---

[85] 最判平成18・4・18金判1242号10頁は、この（クロスデフォルト）条項に基づく期限の利益の当否が争点となった事案につき、権利濫用とした原審を破棄し期限の利益の喪失を認めた。

(8) 相殺関連条項

(ア) 旧ひな型7条

(A) 相殺規定の意義と効力

　旧ひな型7条および7条の2は、相殺についての規定である[86]。相殺に関する論点として、法定相殺の認められる範囲の問題と相殺予約の対外的効力[87]（差押債権者、債権の譲受人等の第三者に対する効力）の問題がある。民法上の相殺は、双方の債務が弁済期にあることを要する（民法505条）ところ、受働債権は期限の利益を自ら放棄するとして（同法136条2項）、自働債権の期限が到来していない場合は期限の利益を喪失させる必要がある。そこで、期限の利益喪失条項（および手形割引に関する買戻条項）と本条項をあわせて一般に相殺予約と称される。ただし、相殺予約といっても、停止条件付相殺契約を意味するものではなく、相殺権を行使するには意思表示が必要である。

　判例は[88]、法定相殺の認められる範囲についてはいわゆる無制限説をとり、期限の利益喪失条項等のいわゆる相殺予約の対外的効力も認めている。この判例は、すでに40年以上を経過し、実務に定着しているものの依然批判的意見も根強いところである。

(B) 払戻充当

　旧ひな型7条2項は、相殺と同様の効果を、銀行が取引先に代わって預金を払い戻し、債務の弁済に充当する方法によって行うことを定めるものである。取引先に代わって預金の払戻しを行う形式である以上、詐害行為取消権、否認権の対象となりうるため、その可能性がある状況の場合には用いられない。

86　旧ひな型では、法定相殺、相殺予約および払戻弁済（払戻充当ともいう。銀行が取引先に代わって預金を払い戻し、債務の弁済に充当する方法）の3つの総称として「差引計算」という語を用いているが、新しい約定書では、端的に「相殺（及び払戻充当）」の語を用いている銀行が多い。

87　相殺予約の意義については、潮見佳男『債権総論II〔第2版〕』304頁、森田修『債権回収法講義〔第2版〕』126頁等参照。

88　前掲（注84）・最判昭和45・6・24。

(C) 計算基準日

 旧ひな型7条3項は、相殺に伴う利息等の計算基準日（時）の特約を定め決済の簡易化を図ったものである。民法によれば、相殺の効力は相殺適状時に遡及する（民法506条2項）が、実際上相殺の事務処理を行うのは相殺の意思表示を行う時点であり、相殺適状時（期限の利益喪失時）が必ずしも明確でない場合もあることや外国為替相場等遡及計算することが適当でない場合など、実務上の意味が大きい。

　(イ)　旧ひな型7条の2

　(A)　取引先からの相殺

 取引先からの相殺に関する規定である。相殺は銀行側から行うことが多いため「逆相殺」と称されることもあるが、本来相殺はいずれからもなしうることは当然である。当初（昭和37年）制定された銀行取引約定書では銀行からの相殺の規定しかなく、取引先からの相殺ができないかのような誤解もあったため、昭和52年の改訂の際に定められたものである。取引先から行う相殺については、以下のような点に留意が必要となる。相殺充当の問題は、後記(9)を参照されたい。

　(B)　取引先の受働債権に係る問題

 取引先の受働債権すなわち借入債務等については、自ら期限の利益を放棄することができるのが原則であるが、債権者の利益を害することはできない（民法136条2項）。一般に確定期限のある利付貸金債権等については、債権者にも利息を得るという利益があり、期限までの利息を付したうえでなければ、期限の利益を放棄して相殺を行うことはできない。旧ひな型7条の2第1項では、この点を緩和して期限未到来でも相殺できるものとしている。ただし、期限前弁済について手数料等の定めがある場合はその定めによるものとし（旧ひな型7条の2第5項）、外貨建借入債務について弁済期にあること等が

89　最判平成2・7・20金法1270号26頁。
90　取引先の権利を確認するものであるが、実質的には金融機関の利益を確保する規定であるといった批判も強い。中舎寛樹「逆相殺」銀法583号44頁等参照。

前提とされている（同条3項）。外貨建借入れについては、為替相場変動によるリスクがあること（そのため期限前弁済ができない旨約している）によるが、現在の融資取引では、市場金利をベースとした融資や、金利スワップ等デリバティブ取引等を内包する融資などのため、期限前弁済を禁止し、やむを得ず期限前弁済が許容される場合でも清算金等の支払いを要する取引が増加している。したがって、取引先が自ら期限の利益を放棄して相殺するといっても、相殺ができない場合や清算金支払義務が生ずることがある点に注意を要する（新しい約定書では、このような場合に相殺できない旨明記している例もみられる）。

(C) 取引先の自働債権に係る問題

取引先の自働債権となる預金債権等のうち、普通預金債権はいわゆる要求払預金であって金融機関には期限の利益はない。これに対して、定期預金債権は確定期限付債権であって金融機関に期限の利益があるから、弁済期（満期日）が到来するまで相殺はできない。[91] 定期預金の期限前解約については議論もあるが預金の章に譲る。

金融機関側の信用不安発生時の相殺については、銀行取引約定書上には規定がないが、預金規定に預金保険法に定める保険事故発生時の取引先（預金者）からの相殺の規定がある。[92]

(D) その他

取引先からの相殺において、金融機関が注意を要するのは、取引先の預金債権を転付により取得した債権者からの相殺である。転付債権者が金融機関に対して借入債務を負担する場合、その債務を受働債権として相殺することが考えられる。判例によれば、金融機関は差押え前に取得した貸金債権等であれば相殺をもって転付債権者にも対抗できるが、双方が相殺権を行使した場合、先に意思表示を行った者の相殺が有効となる。[93] この場合、本来預金債

---

[91] 名古屋地判昭和55・3・31判時985号106頁、東京地判平成10・12・24金法1567号102頁、東京地判平成20・6・27金法1861号59頁。
[92] 全銀協「普通預金規定（ひな形）」参照。

269

務との相殺により回収できるはずであった原預金者に対する債権の回収ができないことになる。

(9) 充当指定に関する規定

(ア) 弁済および銀行からする相殺の場合（旧ひな型9条）

民法の原則によれば、弁済充当指定権はまず弁済者が有し、弁済者が充当しないときは弁済受領者が指定できるが弁済者は異議を述べることができる。そして双方が充当の指定を行わないときは法定充当の規定によることとなる（民法488条以下）。相殺の場合もこれに準ずる（同法512条）。

しかし、弁済者の充当指定によるときは、担保や保証の有無等により各債権の回収可能性が異なる場合には、金融機関に不利益となることがあるため、充当指定権を金融機関に付与したものである。

(イ) 取引先からの相殺の場合（旧ひな型9条の2）

取引先からの相殺の場合には、取引先が対象となる自働債権と受働債権を指定して相殺の意思表示を行う以上、取引先がまず相殺充当指定権を有するが、債権保全上支障を生ずるおそれがあるときは、金融機関が異議を述べ、充当指定ができるものとしている。

(ウ) 新しい約定書

充当指定権の特約、特に取引先からの相殺の場合の充当指定に対する異議・指定変更権については批判の多いところでもあり、新しい約定書では基本的には旧ひな型の内容を維持しつつも、明確化を行っている（弁済の場合にも相殺と同様に取引先に一次的充当指定権を有するものとしている例もある）。

なお、法定充当では、順次、費用、利息および元本に充当することとされているが、金融機関実務では元本から充当していくことが多いと思われる。[94]

(10) その他

銀行取引約定書には、上記のほか、弁済および相殺の充当関係、危険負担、

93　最判昭和54・7・10民集33巻5号533頁。
94　ただし、不動産競売における配当の充当は法定充当によるとするのが判例（最判昭和62・12・18民集41巻8号1592頁、最判平成9・1・20民集51巻1号1頁）である。

免責、届出事項の変更、報告・調査義務、合意管轄、準拠法などが定められている。

最近の問題として、いわゆる反社会的勢力との取引根絶が社会的に強く要請されていることから、銀行の取引から暴力団等を排除するための条項（いわゆる暴排条項）が導入されている。[95]

3　コベナンツ

銀行取引約定書には、与信取引の権利義務関係に直接かかわる事項のほかに、財産、経営、業況に関する報告義務等（旧ひな型12条）も定めている。最近これに類する事項を取引先と金融機関の間で特約として締結する例が増えている。これらは、コベナンツとも呼ばれる。通常は、個別の融資取引等に関して締結され、基本約定である銀行取引約定の特約ではないが、融資取引全般にかかわるものであり、銀行取引約定の内容を個別取引について補完、明確化するものもあるので、便宜上ここで触れておく。

(1)　コベナンツの意義

コベナンツ（誓約、covenants）とは、一般に債務者が債権者に対し、融資期間中に一定行為をなすことあるいはしないことの誓約をいうが、要するに金融機関が取引先に対し融資を行う際に締結する融資契約に付随する「合意」事項であり、融資形態や担保・保証ではなく、融資取引に際して取引先が遵守すべき約束（特約）である。したがって、コベナンツないしこれと同種の規定は、新しいものではなく、社債発行に際しての財務制限条項や担保提供制限条項等がこれに該当し、また、前述のとおり銀行取引約定書の報告・調査義務もコベナンツの一種といえる。

コベナンツは、アメリカの契約書において用いられていたものを、当初はプロジェクトファイナンス、ストラクチャードファイナンス、シンジケートローンあるいは社債等の契約において導入されてきたものである。コベナ

---

[95]　岩永典之＝小田大輔「『銀行取引約定書に盛り込む場合の暴力団排除条項の参考例』の解説」金法1856号8頁等参照。

ンツが融資取引一般において注目されるに至ったのは、バブル経済期の過度に担保（特に不動産）に依存した融資への反省から、担保中心主義からの脱却、事業が生み出すキャッシュフローの重視が叫ばれ、そのためのモニタリング機能を確保する手法として有用と考えられたことによる。[96]

(2) 具体的内容

コベナンツとは上記のようなものであるから、多様なものがあるが、代表的なものをあげておく。

(ア) 財務制限条項

財務制限条項は、財務に関する事項、数値等についての約束を行うものである。たとえば、純資産額維持条項（毎事業年度末における貸借対照表上の純資産額を一定額、一定率以上に維持する等）、利益維持条項（一定期間（事業年度）以上連続して経常損失を計上しない等）、配当制限条項（配当額を一定範囲内に収める等）、キャッシュフローカバレッジ条項（キャッシュフローの状況をチェックするためのキャッシュフローにかかわる指標数値の維持等）などがある。

(イ) 担保提供制限条項

担保提供制限条項は、取引先の資産を債権者の承諾なく他の特定の債権者に担保提供することを禁止するものである（ネガティブプレッジ、negative pledge）。または、禁止しない代わりに、同等の条件で（いわゆるパリパス）担保提供することとするものもある。

(ウ) モニタリング条項

モニタリング条項は、取引先の業績、財務状況をより詳細あるいは適時に把握することができるように銀行取引約定書に定める以上の資料（種類、頻度等）の提出を約するものである。

(3) 違反の効果

コベナンツに違反した場合は、まず、作為であれば履行を、不作為であれば違反事実の除去を求めるべきであるが、違反状況が解消されない場合の効

---

[96] 金融庁「リレーションシップバンキングの機能強化に関するアクションプログラム」（平成15年3月）参照。

果をあらかじめ定めておくべきである。違反の効果としては、期限の利益喪失、担保権の設定、金利の引上げ、返済条件の変更等が考えられる。

(4) 問題点と限界

(ア) 内容の合理性

コベナンツの内容は、その設定目的・趣旨に照らし合理的なものでなければならない。コベナンツには多様な内容のものがあり、一律には論じられないが、銀行取引約定書その他の約定の補完、明確化に資するものもある反面、取引先にとって当初から実現が困難であるもの等、過度に厳格な条件は、その効力が否定されたり、縮小解釈されたりすることが考えられる。優越的地位の濫用等独占禁止法上の問題も生じよう。

また、違反の効果も、コベナンツの内容に照らして合理的なものでなければならない。たとえば、それだけでは信用状況の重大な悪化や債権保全に大きな支障を生ずるものではないのに期限の利益を喪失させるものとすることや軽微な違反に対して当然に重大な効果を生じさせるような内容は問題がある。また、法的にどのような意味をもたせるのか（直接の権利変動や請求権を発生させるものとするのか否か）、極力明確に定めるべきである。

(イ) 債権保全手段としての限界

当然内容にもよるが、コベナンツは、担保や保証ではないから、直接的に債権の保全回収に資するものではない。一般的には、期限の利益を喪失させる効果をもたらすにとどまる。もし、違反の効果として、担保権設定を求める必要があるのであれば、停止条件付担保権設定契約ないし担保権設定予約契約を締結しておく必要があろう（この場合でも対抗要件の問題があることはいうまでもない）。

III　融資取引と利息等

1　融資取引と利息

(1)　利息の意義

　利息とは古典的には、元本債権の所得として、その額と存続期間とに比例して支払われる金銭その他の代替物であるとされている。判例においても、たとえば「元本利用の対価」としたものがある。融資取引においても、利息の概念は、利息制限法や出資法の適用（特に「みなし利息」など）を考えるにあたって重要となる。もっとも、利息の法律的概念は必ずしも明瞭ではなく、また利息の通則的要件を拾い上げることは実益がなく、個別の規定の適用にあたって、そこに定められる利息の観念を明らかにする必要があるともされている。

(2)　金融機関の行う融資の金利に関する変遷

　融資金利については、昭和30年から全銀協（当時は全国銀行協会連合会）の申合せがなされ、その後「貸出自主規制金利」として確立していたが、独占禁止法上問題であるとの指摘もあり、昭和50年4月には廃止された。これに代わり、従来の自主規制金利を踏襲する形で全銀協の会長銀行が公定歩合の変更に際して、当該銀行の融資金利を決定して発表し、他の金融機関がこれに追随するというリーディング方式がとられてきた。しかし、これも、昭和56年3月の公定歩合引下げ後は行われなくなった。その後、平成元年1月以降、都市銀行を中心に、各金融機関が、調達コストと市場金利等金融環境を勘案して独自に決定する「新短期プライムレート」が用いられるようになった。

　返済期間1年以上の長期貸出については、長期プライムレートが基準として用いられてきた。しかし、都市銀行はじめ多くの普通銀行では、上記

97　我妻榮『新訂債権總論』42頁。
98　最判昭和33・6・6民集12巻9号1373頁。

(新)短期プライムレートを基準として長期貸出の基準金利を設定することが多くなっている。長期プライムレートは、かつては長期信用銀行等の発行する5年物利付金融債の表面利率に一定の利率を上乗せする形で定められていたが、現在は市場金利を基準に定められている。

現在では、金融機関が市場から資金調達する利率に一定のスプレッド(利幅)を上乗せして取引先との融資の利率を決定する市場金利ベースの融資が増加している。また、これに金利スワップ取引等のデリバティブ取引が組み合わされることも少なくない。

このように、金融自由化の進展や金融再編、金融市場の発展、グローバル化等により、融資に適用される金利の種類、基準は大きく変化、多様化している。

(3) **利息に関する法的規制**

利息に関する法律としては、私法上の規制として利息制限法、刑事法上の規制として出資法、行政法的規制として、臨時金利調整法、貸金業法がある。

2 臨時金利調整法

臨時金利調整法は、戦後の金利高騰を抑制するために、昭和22年に制定された法律である。内閣総理大臣および財務大臣は、銀行、信託会社、保険会社、信用金庫、信用組合等の金融機関(臨時金利調整法1条1項)が行う預金または貯金等の利率と貸付けの利率、手形の割引率、当座貸越の利率等の最高限度を日本銀行政策委員会に定めさせることができ(同法2条)、最高限度が定められたときは、最高限度を超えて、契約し、支払い、または受領してはならない(同法5条)。

金利自由化の進展により、この法律による規制の意義は大きく変化しているが、現在でもなお、同法2条に基づく告示(昭和23年1月10日大蔵省告示第4号)「金融機関の金利の最高限度に関する件」により、金融機関の貸付けの利率、手形の割引率および当座貸越の利率の最高限度は、年15.0%とされている。利息制限法と異なり、手形の割引率も規制対象である一方、返済期限1年以上または1件の金額100万円以下の貸付けおよび手形の割引、外国

通貨建ての貸出しについては適用されない。

3 利息制限法

(1) 経　緯

　融資金利に関する私法上の規律は、民法上は、利息を生ずべき債権について別段の意思表示がないときは、その利率は、年5分とすると定める（民法404条）のみであり、商人間の金銭消費貸借においては、貸主は法定利息年6分を請求することができる（商法513条・514条）とされている。いずれも任意規定であり、上限金利の定めはない。

　しかし、経済的に弱い立場におかれていることが多い借主に対して、貸主が過大な利息を要求することに対する規制を行う必要性は、早くから認識され、明治10年には、(旧)利息制限法が制定された。現行利息制限法は昭和29年に制定されたものであるが、その後数次の改正を経て、平成18年12月（平成18年法律第115号）の改正（以下、「平成18年改正」という）により現在の内容となっている。

(2) 利息制限法の変遷

(ア) 平成18年改正前

(A) 上限金利

　金銭を目的とする消費貸借における利息の上限金利は、昭和29年の制定時から、元本10万円未満の場合20％、元本10万円以上100万円未満の場合18％、100万円以上15％となっており、これを超える利率による利息の契約は、その超過部分につき無効となる。この上限金利は平成18年改正後も不変である。

(B) 制限超過利息の任意支払い

　上限金利を超える利息契約を無効とする一方、従来の利息制限法では、債務者が超過部分を任意に支払った場合には、その返還を請求することはできないとされていた（平成18年改正前1条2項・4条2項）ため、その解釈をめぐり議論がなされてきた。判例は、まず、制限超過部分の元本充当を肯定し、次いで制限超過利息・損害金を任意に支払った債務者は、制限超過部分を元

本に充当すると計算上元本が完済になった場合には、債務が存在しないのにその弁済として支払われたものとして、不当利得返還請求を認め、さらに制限超過利息・損害金を元本と同時に支払った場合にも不当利得返還請求を認めるに至った。これら一連の判決により、判例は制限超過利息・利息の任意支払いに係る条項を事実上空文化していたものの、法文自体は、平成18年改正まで残っていた。

　(イ)　平成18年改正後の利息制限法の概要
　　(A)　上限金利と制限超過利息の任意支払い
　上限金利自体に変更はないが、事実上空文化していた制限超過利息・損害金の任意弁済の規定（旧利息制限法1条2項・4条2項）は削除された。
　　(B)　営業的金銭消費貸借
　債権者が業として行う金銭を目的とする消費貸借を営業的金銭消費貸借とし（利息制限法5条1号）、新たに営業的金銭消費貸借に関する特則を設けた（同法第2章）。具体的には、複数の貸付けがある場合の利息額計算の特則（同法5条）、みなし利息の特則（同法6条）、賠償額予定の特則（同法7条）、および営業的金銭消費貸借上の債務を主たる債務とする業として行う保証に係る保証料に関する特則（同法8条・9条）である。賠償額の予定に関しては、原則は上限金利の1.46倍（21.9～29.2％。同法4条1項）であるが、営業的金銭消費貸借では一律20％が上限となる（同法7条1項）。

4　出資法

　出資の受入れ、預り金及び金利等の取締りに関する法律（出資法）は、その名称のとおり、出資、預り金および高金利等を刑事的に規制する法律であり、利息との関係では高金利を刑罰をもって取り締まる点が重要である。出資法も、利息制限法と同様昭和29年に制定された法律であるが、その後数次

99　最判昭和39・11・18民集18巻9号1868頁。
100　最判昭和43・11・13民集22巻12号2526頁。
101　最判昭和44・11・25民集23巻11号2137頁。

の改正を経て、利息制限法、貸金業法とともに平成18年改正により現在の内容に改正されている。

出資法における利息に関する主な規定は以下のとおりである。

(1) **高金利・高保証料の処罰**

年109.5％を超える利息の契約をし、受領しまたは支払いを要求したときは、懲役もしくは罰金（またはその併科）が科されるが、特に業として金銭の貸付けを行う場合には、年20％を超える場合が処罰され、109.5％を超える場合には加重される（出資法5条）。保証料名目での潜脱を防止するため、保証料も合算される（同法5条の2・5条の3）。潜脱行為に関して罰則が定められ（同法8条）、また両罰規定がある（同法9条）。

(2) **みなし規定**

手形の割引、売渡担保その他これに類する方法による金銭の交付または授受についても、金銭の貸付けとみなされ、出資法が適用される（出資法7条）。

(3) **みなし利息**

利息、保証料が制限利率を超過するかどうかの計算において、「貸付けに関し受ける金銭」は利息とみなされる（出資法5条の4第4項）。みなし利息の規定は、利息制限法にもあるが、従来は出資法の文言とやや差異があったところ、平成18年改正で差異が実質的に解消された。みなし利息に関する金融機関の融資取引上の問題点については、後記6を参照されたい。

5 貸金業法

貸金業および貸金業者に係る行政的規制法（いわゆる「業法」）として、貸金業法（平成18年改正前までは「貸金業の規制等に関する法律」。以下、改正の前後にかかわらず、「貸金業法」という）がある。貸金業とは、金銭の貸付けまたは金銭の貸借の媒介で業として行うものをいう（貸金業法2条1項柱書）が、銀行、信用金庫等他の法律（銀行法、信用金庫法等）に特別の規定のある者が行うものは除かれる（同項2号）。したがって、本項で対象とする融

資取引に適用されるものではないが、前記のとおり、多重債務問題等に絡んで、利息制限法や出資法とその変遷に関連して密接な関連を有するので、簡単に触れておく。

　平成18年改正前の貸金業法では、改正前利息制限法の1条2項の適用に関して、上限金利を超える金利を定める契約は無効であるが、貸金業者は、貸金業者との金銭消費貸借契約に基づき債務者が利息制限法の上限金利と改正前出資法の刑罰の対象となる金利との間の金利（利率）による利息・損害金について、貸金業法所定の手続を履践して任意の弁済を受けたときは、有効な弁済とみなす制度が存在した（「みなし弁済」制度。平成18年改正前貸金業法43条）。しかし、この制度は、いわゆるグレーゾーン金利問題として批判も強かった。

　最高裁判所は、平成15年以降の判決で制限超過利息や「みなし弁済」規定の解釈、適用の問題について極めて厳格な態度をとり[102]、期限の利益喪失特約等の不利益を避けるために支払義務があるものとの誤解を生じさせ、事実上の強制によることが常態であるとの認識の下、誤解を生じない特段の事情がない限り弁済の任意性が否定されるとの判断を示し[103]、平成18年改正前貸金業法43条に基づくみなし弁済が有効なものと認められる余地はほとんどなくなったものと評価されていた。

　みなし弁済の制度は、平成18年改正において、これらの最高裁判決を受ける形で利息制限法1条2項とともに廃止され、利息制限法の定める上限金利を超える利息の契約締結の禁止が明記された（貸金業法12条の8）。

6　みなし利息

　利息制限法においては、「金銭を目的とする消費貸借に関し債権者の受ける元本以外の金銭は、礼金、割引金、手数料、調査料その他いかなる名義をもってするかを問わず、利息とみなす」とする「みなし利息」の規定を設け

102　最判平成15・7・18民集57巻7号895頁、最判平成16・2・20民集58巻2号475頁等。
103　最判平成18・1・13民集60巻1号1頁、最判平成18・1・19判時1926号23頁等。

ている（同法3条）。平成18年改正では、営業的金銭消費貸借に関してはその特則が設けられ（同法6条）、さらに詳細が利息制限法施行令に委任されている。出資法においてもほぼ同様に「貸付けに関し受ける金銭」は、「いかなる名義をもってするかを問わず、利息とみなす」との規定が設けられている（同法5条の4第4項・5項）。その趣旨が、利息制限の潜脱の防止にあることは明らかであり、潜脱行為を防止するためにはこの規定が厳格に解されなければならないことはいうまでもない。ところで、金融機関の行う取引では、さまざまな種類の手数料があるが、融資取引に何らかの関連をもって授受される手数料もある。これらの手数料が、すべてみなし利息となるとすると、場合によっては利息と手数料等を合算した金額が制限利息を超過することも考えられる（たとえば、少額、短期間の融資の場合）。制限利息を超過してしまうと、殊に出資法では罰則の対象となってしまうことになる。

　具体的には、まず「コミットメントライン」取引（後記Ⅶ参照）に関して金融機関が受領する手数料（「コミットメントフィー」）が、みなし利息に該当するかが議論となった。これについては、その適用除外を明確にするため、特定融資枠契約に関する法律が制定され、立法的に問題の解決が図られた。[104] しかし、近時、特に新しいファイナンス形態においては、コミットメントフィーに限らず、多様な手数料が存在する。[105] たとえば、シンジケート・ローン取引における各種手数料等がある。解釈論的には、「消費貸借に関し」および「受ける」（利息制限法3条・6条）、「貸付けに関し」（出資法5条の4）および「受ける」の意義、該当性の問題になろうが、これらの手数料がすべてみなし利息に該当する可能性（その結果制限利息を超過してしまうリスク）があるとなると、新しいファイナンス形態の発展を阻害しかねない。実質・実態に即した議論が望まれる。[106]

104　金融法務研究会「金融取引における『利息』の概念についての研究」金融法務研究会報告書(6)2頁、掛斐潔ほか「コミットメントライン契約に関する新法の紹介」金法1545号13頁等参照。
105　従来からの融資形態、たとえばカードローン取引におけるATM手数料等も政令で適用除外金額が少額に抑えられていることから問題となる。

Ⅳ　融資取引の種類と特色

1　融資取引の種類

　金融機関の行う広義の融資取引（与信取引）には、各種の取引があるが、その代表的なものとして、手形貸付け、証書貸付け、当座貸越、手形割引および支払承諾をあげることができる。このうち、前三者は金銭消費貸借契約であるが、後述するように手形割引は売買、支払承諾は保証委託取引である。日銀の経済統計によれば、昭和30年には、手形貸付けと手形割引が主流であったが、近時においては、証書貸付けが主であり、手形割引のシェアは大幅に減少している。さらに異なる分類であるが、新しい融資形態として、シンジケートローンやコミットメントラインがあげられる。Ⅳでは、このうち、手形貸付け、証書貸付け、当座貸越および消費者ローンについて述べる。

2　手形貸付け

(1)　法的性質

　手形貸付けとは、借入人が、金融機関を受取人として、約束手形を振り出し、金融機関は、これと引換えに金員を借入人に交付するという方法で行われる金銭消費貸借契約である。この場合、約束手形が借用書の代替として、金銭消費貸借契約の返済約束の証拠となり、手形金額が借入額、満期日が弁済期となる。金員の交付は、通常借入人が融資金融機関に有する預金口座への入金という形で行われる。

　手形貸付けにおいては、融資金融機関は金銭消費貸借契約に基づく貸金債

106　金融法委員会「論点整理：シンジケートローン取引におけるアレンジメント/エージェントフィーと利息制限法及び出資法」（平成21年6月22日）、濱田広道「各種のフィーと利息制限法・出資法の『みなし利息』との関係」金法1888号6頁、川西拓人「金融機関における各種手数料等の『みなし利息』該当性とその管理」同1901号88頁等参照。

権（貸金返還請求権）を有すると同時に、これを原因債権とする手形の受取人として手形債権も有することになる。一般の手形取引と同様、原因債権と手形債権のいずれの債権を行使することもできる。銀行取引約定書においては「甲（借入人）が乙（金融機関）より手形によって貸付を受けた場合には、乙は手形または貸金債権のいずれによっても請求することができます」との規定を定めていることが多いが、このことを確認的に規定したものである。[107]

手形上に記載された満期日が手形債権の弁済期であるとともに金銭消費貸借契約の弁済期となり、弁済期に一括弁済することが原則である。弁済期に一括弁済が困難なときは、金融機関との交渉により、手形金額の全部または一部の書替えにより実質的な期限の延長や借入れの形態の変更（リファイナンス）による弁済条件の変更等を行うことになる。金融機関との交渉が奏功せず、弁済原資が確保できないまま弁済期を徒過すれば、債務不履行（延滞）ということになる。

なお、手形貸付けにおいても、一括弁済よりも分割弁済のほうが望ましい場合がある。手形面上分割弁済の記載はできない（手形法33条2項・77条1項2号）ので、手形外で金銭消費貸借契約の特約として、約定分割弁済の合意を行うこともある。

手形貸付けは、その特徴から、通常貸付期間1年以内の短期貸付けに利用される。具体的期間は、借入金の使途・必要性や借入人の信用等により、数日から1年までさまざまである。かつては、手形の満期日までの利息を前取りすることが通常であり、経常的な運転資金としての手形貸付けは、手形期間を3カ月程度として、3カ月ごとに借入人の業績や信用状況の変化等を確認したうえで、書替継続する（あるいはしない）ということが多かった。

しかし、コンピューターシステム等の発展とも相まって、利息の分割徴収や約定分割弁済も行われるようになったため、借入人の信用状況により、手形期間はさまざまになっている。

107　判例（最判昭和23・10・14民集2巻11号376頁）は、「債権者は両債権（筆者注：貸金債権と手形債権）の中いずれを先に任意に選択行使するも差支えない」としている。

かつて手形期間が3カ月程度とされることが多かったことに関して、融資期間は1年間とするが手形期間は、借入人の信用状況の確認や、利息計算期間の関係から3カ月とするといったようなことがあったようである。この場合、「融資期間」と「手形期間」の関係が問題となる。借入人からすると、手形期間は利息支払期間であり、融資は1年間継続されるものと期待する（手形債権の請求に対しては金銭消費貸借契約上の弁済期を人的抗弁として主張する）。このような場合に、銀行は手形の書替継続等を拒否することができるかという問題があり、このことが手形貸付けの問題点（不明確性）の1つでもあった。しかし、このような取扱いは現在では考えられず、あくまで手形期日が金銭消費貸借契約上の債務の弁済期である。銀行はこのことを明確に説明するべきであり、借入人に誤解を与えるような曖昧な説明は不適切である。仮に、このような取扱いをするのであれば、借入人と銀行の間の書面で明確にする必要がある。

(2) 手形貸付けの利点

手形貸付けの利点として、①銀行と取引先双方にとって簡便であること、②取引先にとって印紙代が証書貸付けより安いこと、③銀行にとって、手形訴訟（民訴法350条以下）が利用できること、④手形による弁済の方法があること、⑤手形を銀行自身の資金調達の担保に供することができることなどがあげられる。

(3) 手形の書替え

手形の書替えについては、手形法上その法的性質、特に更改か代物弁済かが問題とされてきた。[108] そこから、書替前後の手形債権の同一性が問題となり、同一性が否定されると書替え前の手形債権の担保や保証の効力が書替え後の

108　現在の通説は代物弁済とされる（弥永真生『リーガルマインド手形法・小切手法〔第2版補訂2版〕』267頁）。更改については、民法513条2項後段において「債務ノ履行ニ代ヘテ為替手形ヲ発行スル」場合が更改とされていたが、新債務の成立により旧債務が消滅する更改契約と手形行為の無因性が相容れない等の批判があったことから、平成16年改正により同条項は削除された（吉田徹＝筒井健夫編著『改正民法「保証制度・現代語化」の解説』110頁、池田真朗編『新しい民法』83頁）。

手形債権に及ぶかということが問題となる。この点、判例には手形の書換えは旧手形を現実に回収して新手形を発行する等特別の事情のない限り、単に旧手形の支払いを延長するためになされたものと解すべきであるとするものがある。実務では、この判例の反対解釈から、旧手形を返却した場合には債権の同一性が失われることが懸念されるとして、債権の同一性が問題となりうる場面では、保守的に手形書替えを行っても旧手形を取引先に返却すべきではないとされることが多い。

しかし、少なくとも手形貸付けにおける手形書替えについては、旧手形を返却するか否かによって債権の同一性が左右されると解することは妥当でないと考える。その理由は、第1に、手形貸付けにおける手形書換えの趣旨は、もっぱら金銭消費貸借契約の期限（弁済期）の猶予、延長であるといってよい。すなわち、当事者の意思解釈からすれば、書替前後の債権は同一であるというべきである。第2に、手形書替えとそれに伴う手形返却によってその原因債権である手形貸付債権の帰趨が左右されることは妥当ではない。第3に、手形書替えによって債権の同一性に疑義が生じ、担保や保証が及ばなくなる懸念があるとなると、金融機関が手形書替えを躊躇することとなり、取引先にとっても不利益となるといったことがあげられる。複数の下級審裁判例においては、旧手形を取引先に返却した場合であっても、手形書替えは更改ではなく、支払延期とみるべきであるとされている。

(4) **手形貸付けの問題点**

手形貸付けは、上記のような利便性があることから、従来短期融資の主流

---

109 具体的には、抵当権や確定済根抵当権、個別債務保証、あるいは差押えと相殺の問題における差押えと債権取得の先後関係といった点で争いとなる。

110 最判昭和29・11・18民集8巻11号2052頁。また、最判昭和31・4・27民集10巻4号459頁は、旧手形を回収しないとの合意の下、手形の書替えがなされた場合においては、新旧両手形上の債権は存続するものとする。さらに、最判昭和54・10・18判時946号105頁は、旧手形が返還されることなく書き替えられた場合は、原則として単に旧手形債務の支払いを延期するためになされたものとする。

111 仙台高裁秋田支判平成4・10・5判タ805号136頁、東京地判平成8・9・24金法1474号37頁、東京地判平成10・2・17金判1056号29頁。

となっていた。しかし、その利便性の裏返しとして次のような問題点が指摘されている。[112]

　第1に、手形貸付けにおいては、手形が金銭消費貸借契約証書の代用となるが、手形面上に記載できる事項は限られていることから、融資の条件が書面により明確になっていないということである。確かに、融資利率や利息の支払方法は記載できないし、弁済期や弁済方法は満期日に一括して全額弁済する方法しか記載できない。それゆえ、利率の決定基準や変更方法が明確ではない、弁済方法や期限の延期について何らかの約束があってもいわゆる「口約束」にとどまり、特に時間の経過や経済状況の変化に従って金融機関と取引先の認識に齟齬が生ずるといった問題が発生することがあった。そこで、金融庁の監督指針においても「取引の形態から貸付契約の都度の契約書面の作成が馴染まない手形割引、手形貸付については、契約条件の書面化等、契約面の整備を適切に行うことにより顧客が契約内容をいつでも確認できるようになっている」ことが求められている。[113]しかし、この点は、監督指針にもあるように、手形外で利率や利息の支払方法、分割の弁済方法等を書面で定めることによって解決ができる。金融機関が手形上の権利を行使することはあまりないが、手形外の合意については、借入人は手形債権の請求に対しては人的抗弁となる。現にこうした特約を書面で約定することが多くなっている。融資条件の書面による明確化は、将来の紛争防止のため、借入人、金融機関双方にとってメリットのあることである。

　第2に、弁済期の問題である。かつては、前述のように融資期間と手形期間が異なるというようなこともあったようであるが、現在ではそのようなことは考えられず、手形の満期日は手形貸付債権の弁済期である。しかし、手形貸付けは、取引先企業が、経常的に必要となる資金として、手形書替えを繰り返すことにより実質的に長期間継続して融資がなされている場合がある。

112　公正取引委員会「金融機関と企業との取引慣行に関する調査報告書」(平成13年7月、同18年6月)。
113　主要行向け監督指針Ⅲ―3―3―1―2(2)④ハ。

このような場合に取引先は、手形の満期日が到来しても手形書替えにより融資を継続してもらえるとの期待を有しているとことが考えられる。この場合、手形の満期日＝手形貸付債権の弁済期が到来したことをもって、金融機関は融資の弁済を求めることができるか、換言すれば、取引先の期待は法的に保護されるべきか、あるいは金融機関は手形の書替継続に応ずる義務があるか、ないとしても弁済を求めることが権利濫用等になりうるかという問題がある。

　この問題については、いわゆる継続的契約一般においてなされている議論が参考になる。[114] 長期間手形書替えが継続的になされてきた場合に、金融機関が手形書替えに応じられない場合には、一定期間前にその旨の予告を行う必要があると考えられる。「予告」の必要性、「一定期間」の長さの妥当性は、金融機関側の債権保全の必要性その他の書替継続に応じられない事由の内容・程度と取引先側における継続期待の程度・事情や他の手段による資金手当てを行うに必要とされる時間その他の事情とを総合的、相関的に考慮して判断されるべきである。

3　証書貸付け

(1) 法的性質

　証書貸付けとは、金銭消費貸借契約証書を作成して行う貸付方法であり、その法的性質は、金銭の消費貸借契約（民法587条）である。

　金融機関の融資では、従来から手形貸付け、手形割引と並んで主要な融資形態であり、また、基本的かつ現在では最も重要な融資方法ということができる。契約証書を作成して行う融資形態であるから、広義では、住宅ローン等の消費者ローン、シンジケート形式でのタームローン等も含まれるが、金融機関実務では、このうち単独の金融機関が行う事業性資金の融資を指すことが多い。

---

[114] 中田裕康『継続的取引の研究』3頁、275頁等参照。

(2) 証書貸付けの特徴

証書貸付けは、金銭消費貸借契約証書を作成するので、融資金額はもちろん、融資期間、弁済方法（分割弁済の方法）および弁済期、利率、利息の支払方法等が契約証書に記載される。手形貸付けと比較すると、融資の条件を書面で明確にできる点、金融機関・取引先双方にとって利点といえる。印紙代は手形貸付けより高いが、手形貸付けが手形書替えにより繰り返される場合には、かえって割安ともなる。

(3) 金銭消費貸借契約証書

㋐ 契約証書の方式

借入人のみが署名または記名押印して契約証書を金融機関に提出する差入書方式、借入人と銀行の双方が署名または記名押印して契約証書を作成する双方署名方式とがある。後者の方式も増えているが、実務上は前者がなお圧倒的に多いと思われる。その理由は、従来からの慣行ということもあるが、金銭消費貸借契約が原則として要物契約かつ片務契約であること、すなわち基本的に契約証書には借入人の貸金返還義務に関する事項が定められるものであること、さらに通常銀行取引約定書が引用され、詳細については銀行取引約定書の規定に従うことが定められ、金銭消費貸借契約証書には弁済条件のほかは定型的な規定のみであることが多いこと等により、あえて双方署名方式を用いる理由がないことによるものと思われる。差入書方式の場合には、原本は金融機関が保管し、借入人には写しが交付される。[115]

これに対して、シンジケート方式の融資やコミットメントを含む金銭消費貸借契約等では、貸付人の貸付義務その他の借入人の返還義務以外の双務契約的規定も多く規定されるため、双方署名形式が用いられることが多い。

㋑ 金銭消費貸借契約証書の内容

基本的な証書貸付けで用いられる金銭消費貸借契約証書には、借入れの要項として、借入金額、弁済期および弁済の方法、利率、融資金の使途等が記

---

[115] 取引先には、契約証書の写しが交付されるほか、利率や返済条件（分割返済期日や分割返済額）等が記載された返済予定（明細）表が後日郵送等の方法により交付される。

載されるほか、銀行取引約定の適用、弁済元利金の預金口座からの自動引落し、公正証書の作成、手形の併用、保証に関する事項等が記載される。頁数にして数頁のものが多いが、近時は適用利率決定方法の多様化等に伴い規定事項が増加し、金銭消費貸借契約証書とは別に特約書等を締結する例も増えている。

これに対して、シンジケート方式の融資やコミットメントを含む金銭消費貸借契約等では、貸付人の貸付義務や貸付人間の規律、借入人の付随的義務等について詳細な規定が設けられ、契約証書も数十頁に及ぶことがある（後記Ⅶ参照）。

4　当座貸越

(1)　意義と特徴

当座貸越契約（借入人の側からみて「当座借越契約」ということもある）とは、古典的には金融機関と当座勘定取引契約を締結している取引先の当座勘定に対して、当座預金残高を超えて手形・小切手の支払呈示がなされた場合にあらかじめ一定額を限度として金融機関が決済資金を立て替えて手形・小切手の決済をすることを約するものである。現在では、当座勘定は、手形・小切手の決済に限らず、口座自動振替契約に基づく各種の支払いに利用されているので、当座貸越はこれらの決済資金にも利用される。

近時は、当座勘定取引とは関係のない当座貸越契約、すなわち借入専用の当座貸越契約、カードローン契約などが増加しており、また個人向け預金商品であるいわゆる総合口座の貸越部分も一種の当座貸越契約である。

ここでは、まず、当座勘定取引に付随して契約される古典的な当座貸越契約（以下、「一般当座貸越」という）について述べ、その他の当座貸越契約については、一般当座貸越との相違する点を中心に触れておく。

(2)　一般当座貸越

(ア)　法的性質

一般当座貸越の法的性質については、従来、①委任契約説、②消費貸借予

約説、③停止条件付消費貸借契約説、などがあった。委任契約説は、当座勘定取引先が金融機関に対して、自己が振り出した手形・小切手の支払いを委任するという点をとらえるものである。この説によれば、金融機関が取引先に行う手形・小切手決済資金の立替えは、金銭消費貸借契約ではなく、委任契約に基づく委任事務費用の償還請求権（民法650条）ということになる。消費貸借予約説や停止条件付消費貸借契約説は、約定した極度額まで当座預金残高を超えて手形・小切手が呈示されたときは、金融機関が融資を行うという消費貸借の予約、または約定した極度額まで当座預金残高を超えて手形・小切手が呈示されたことを停止条件として消費貸借契約が成立するとするものである。この説によれば、金融機関が取引先に手形・小切手決済資金を立て替えて支払う場合には、金銭消費貸借契約が成立することになる。

　当座勘定取引（当座預金契約）の法的性質論とも関係するが、金融機関からみれば与信取引の一種であり、取引先からみれば借入れの一形態であり、後述の一般当座貸越以外の当座貸越契約もあわせて考えれば、金銭消費貸借契約と考えるのが自然のように思われる。もっとも、具体的権利義務関係は当座貸越契約書により規定されるので、法的性質を論ずる実益はあまりない。

　　(イ)　特　徴

　一般当座貸越は、当座預金の残高を超えて手形・小切手の支払いや各種口座振替契約に基づく支払いが発生すると、約定した極度額の範囲内で自動的に当座預金の残高がマイナスになることによって貸越が生ずる。その後当座預金に入金がなされると、自動的に返済に当てられ貸越残高（マイナス預金残高）が減少し、貸越残高を超えると当座預金となる。

　このように当座貸越は契約が存続している間は、約定された極度額の範囲内で貸越と弁済が繰り返されるので、貸越の都度貸越債権が成立するのではなく、貸越債権は１個であり、時点により貸越金額（債権額）が変動しているものとみることができる。普通預金や当座預金等の流動性預金について「残高債権」といわれることの裏返しである。

　当座貸越は、取引先にとっては当座預金残高の不足による手形・小切手の

不渡りを防ぎ、入金になれば自動的に弁済がなされるという利便性の高い融資形態であるが、金融機関からみると、いつ貸越が発生するかわからないという点で、金融機関の与信管理や資金管理上の問題があり、定期預金のような確実な担保を求めたり、通常の貸付金利より高めの金利が設定されたりすることが多かった。しかし、最近は、金融の多様化や金融市場の環境変化により状況は異なってきている。

 (ウ) **当座貸越契約の内容**

 当座貸越契約の具体的内容を一般的な当座貸越契約書に従って概観する。

 (A) 貸越極度額

 取引先が利用できる貸越残高の上限である。ここでの極度額の意味は債権極度額である。なお、あわせて銀行の「裁量により極度額をこえて手形、小切手の支払をすることができ」、銀行から「請求あり次第直ちに極度額をこえる金額を支払」う旨定めている。これは、いわゆる「過振り」といわれるものであるが、法的には事務管理と解されている。もっとも「過振り」の規定は当座勘定規定にも定められている（当座勘定規定ひな型11条）。

 (B) 取引期限

 取引期限は特に定められない場合もあるが、6カ月、1年といった期間が設けられ、あわせて当事者のいずれかから更新しない旨の申出または通知がない限り、同期間自動更新するとの規定になっている場合も多い。

 金融機関の側から更新しない旨の通知をして取引を期限に終了させる場合（取引期限の定めのない場合は解約通知をして取引を終了させる場合）、当座貸越契約も継続的契約であることから、手形貸付けにおける手形書替えの拒絶と同様の問題が生ずる。予告期間の定めがなくとも、個別具体的事情に応じた事前の予告が必要であろう。

 (C) 即時支払義務

 一般当座貸越債権には弁済期の定めがなく、当座貸越契約が解約されるかまたは取引期限が（更新されることなく）到来することにより貸越契約が終了しない限り、弁済義務は生じない。そこで、当座貸越契約書には、即時支

払義務（期限の利益喪失）条項が定められる。内容は、銀行取引約定書の期限の利益喪失条項に準じたものである。

　(D)　減額・中止・解約

　当座貸越契約では、金融機関は極度額までの貸越義務を負うことから、取引先の信用状態悪化などの事情が生じた場合に金融機関が貸越義務を免れるために、極度額の減額、新規貸越の中止、そして強制解約の規定が設けられている。

　従来多くの金融機関で用いられてきた貸越契約書では、この減額、中止および解約の要件は「金融情勢の変化、債権保全その他の相当の事由があるとき」とされ、銀行取引約定書の期限の利益喪失条項よりも抽象的な内容となっている。これは、この条項の趣旨が、一義的には金融機関側が融資義務を免れることを目的とするものであって、既存の借入債務の期限の利益喪失ではないことによるものであると考えられるが、結果として貸越債務の全部または一部について即時支払義務が生じることに留意が必要である。

　(3)　借入専用の当座貸越

　借入専用の当座貸越は、手形・小切手取引等当座勘定取引の利用の減少、手形貸付けに係る金融機関・取引先双方の事務コストの削減ニーズ等を背景に平成年代に入る頃から普及してきた融資形態である。

　借入専用当座貸越は、各金融機関がそれぞれ開発してきたものであるため、その内容は一様ではないが、概ね共通する特徴、特に一般当座貸越との相違点としては、当座勘定取引の存在を前提とせず、「当座預金残高を超えて手形・小切手の支払呈示がなされた場合にあらかじめ一定額を限度として金融機関が決済資金を立て替えて手形・小切手の決済をする」という内容を含まないことがあげられる。したがって、法的性質としては、極度額の範囲内で一定の条件下で、都度取引先からの借入れの申出に基づき融資を行うことを約する契約である。融資は申出ごとに行われ、それぞれ1個の貸付債権となり、いわゆる残高債権ではない。弁済期限や弁済方法も、一般当座貸越のように、期限の定めがなく、預金の入金により自動的に弁済がなされるのと異

なり、個々の債権ごとに期限が定められたり、分割弁済が定められたりする（金融機関により異なる）。

(4) 総合口座・カードローン

普通預金と定期預金を組み合わせ、定期預金を担保に一定の範囲で自動的に借入れのできるいわゆる総合口座の借入機能は、定期預金を担保とする当座貸越として構成されている。

極度額の範囲内で繰り返し融資を受けることのできるいわゆるカードローンも、当座貸越として構成されているものが多い。もっとも、具体的内容は、普通預金と組み合わされたもの、借入専用のものなどさまざまである。

5 消費者ローン

(1) 消費者ローン取引の意義と特徴

消費者ローンとは、一般に給与所得者等の個人に対して金融機関が行う信用供与[116]をいう。その典型は、住宅ローンであるが、現在は、さまざまな種類の消費者ローン商品が存在している[117]。給与所得者でも、保有不動産の有効活用として行うアパート経営等のために必要な建物建築資金等の融資は事業性融資とされる。

消費者ローン取引の特徴としては、①事業性融資と異なり、融資金が収益を生じないもの（自宅購入等）に向けられること、②したがって返済原資は、事業からの収益ではなく給与所得等であること、③消費者は一般に事業者、特に法人に比して、融資取引に関して知識、経験あるいは情報が少ないこと、そして、そのことから、④消費者契約法をはじめ、法律上、行政上保護が図られ、または図られるべきものであることをあげることができる。

---

116 消費者契約法では、消費者とは、「個人（事業として又は事業のために契約の当事者となる場合におけるものを除く。）をいう」とされている（同法2条1項）。
117 ほかに物品販売業者等が行う信用供与（販売信用）がある。

(2) 消費者ローン契約および契約書の特徴と内容

(ア) 消費者ローン契約および契約書の特徴

消費者ローン契約では、（カードローンを除き）継続的融資取引や手形取引は通常は予定されないので、銀行取引約定やこれに類する基本約定を締結しない。銀行取引約定書の必要部分は金銭消費貸借契約証書に規定される。

消費者ローン契約は、金融機関側からすると、事業者向け融資に比して、取引の定型性、画一性が求められる。他方、借入人の側からしても、契約書内容の詳細について個別に交渉をすることは実際上困難である。したがって、消費者ローン契約書はより約款性が強くなるが、その分、契約内容の合理性、明確性、わかりやすさが求められる。

近時、ローン商品が多様化しており、特に金利に関してその傾向が著しい。住宅ローンに関していえば、変動金利型、固定金利型、一定期間金利固定型、固定・変動乗り換え型などさまざまな種類がある。これに応じて、契約書の適用金利に関する規定（基準金利、変動ルール、金利変更に伴う返済方法の変更等）も複雑になっている感が否めず、契約書内容のより丁寧な説明が求められる。[118]

消費者ローン契約書については、消費者保護の観点から、用語やその解釈の統一化を図るべく、昭和61年に全銀協が消費者ローン契約書の参考例を制定した。しかし、その後もさらなる消費者保護の要請を受けて、平成11年に改定が行われている。

(イ) 消費者ローン契約と保証

消費者ローン取引に関する特徴として、保証形態をあげることができる。すなわち、消費者ローンに関する信用補完として、融資金融機関が保証をとる際には、借入人の親族等ではなく、専門の保証会社等の法人（以下、「保証会社」という）を保証人とすることが多い。借入人は保証会社等と保証委託契約を締結し、物的担保が必要なときは、保証会社宛てに差し入れ（求償権

---

[118] 主要行向け監督指針Ⅲ—3—3—1—2(2)①ロ参照。

の担保)、人的担保が必要なときは保証会社に対する保証人(求償権の保証)を立てる。保証会社には、金融機関の系列の専門保証会社、独立系の専門の保証会社、信販会社等が指定されることが多いが、特定の商品に係るいわゆる提携ローン等では当該商品の販売業者、社員(従業員)向けローンでは雇用主である会社がなることもある。このため、消費者ローン契約においては、保証会社との保証委託契約の内容も重要となる。なお、保証会社に対する求償債務について個人が保証人となる場合であって、その保証が根保証である場合(極度額までの借入れのできるローン等)は、貸金等根保証契約の規律を受けることになる(民法465条の5)。

(3) 消費者ローン契約にかかわる法規制

消費者ローン契約にかかわる法的規制としては、利息制限法等融資一般にかかわる法律のほか、消費者契約法が重要である。契約書・契約条項の問題としては、消費者契約法8条(事業者の責任減免の制限)、9条(損害賠償の予定・違約金の制限)、10条(不当条項規制)等の規定がある。

また、物品販売業者等との提携ローンの一部については、割賦販売法の適用対象となる場合がある。[119]

V 手形割引

1 意義と特徴

(1) 意 義

(ア) 意義と機能

手形割引とは、取引先である割引依頼人が、商取引その他の取引によって取得した満期日の到来していない手形を金融機関に裏書譲渡し、金融機関より手形金を受領する一方、金融機関に割引料を支払うことによって、金融を

---

[119] 中崎隆「提携ローンの取扱いに関する留意点」金法1882号6頁等。具体的には、抗弁権の接続(割賦販売法35条の3の19)、損害賠償の制限(35条の3の18)等が問題になる。

得る形態の与信取引である。割引料は、手形金額、利率、割引日から満期日までの日数によって計算される。金融機関は、手形の満期日に交換呈示し、振出人が手形を決済することにより、その資金を回収することになる。その経済的機能は手形の現金化であり、投資資本の早期回収による再投資の機会を得るものということもでき、手形債権の価値を現在価値に割り引いて現金を受け取るものである。[120] 金融機関において割り引く手形には、商業手形、荷付為替手形、銀行引受手形があるが、このうち大部分を占めるのが商業手形の割引である。荷付為替手形は、外国貿易における輸出取引において利用される。

金融機関からみた特徴としては、割引依頼人と振出人双方の信用を考慮して与信判断ができるということがあげられる。たとえば割引依頼人の信用に不安があっても、手形振出人の信用が高ければ手形割引取引を行うという判断ができる。[121]

手形割引は後述するように、手形取引の減少に伴ってその利用が著しく減少している。しかし、手形割引取引に関してこれまで判例、学説および実務において積み重ねられてきた議論は、新しい融資取引形態、たとえば電子記録債権の譲渡（割引）取引における法的問題を検討するに際してもなお意義を有するものと思われる。

(イ) 商業手形

商業手形とは、商取引に基づきその代金決済手段として振り出される手形をいう。これに対して、商取引の決済手段ではなく金融を付ける目的で振り出される手形を金融手形あるいは、特に金融実務では融通手形と呼んでいる。商業手形は、商取引という実態のある取引であるため、決済される可能性が高いのに比して、融通手形は、資金繰りの厳しい業者同士で行われることが多いため、遅かれ早かれ資金融通に限界が生じ、不渡り、破綻に陥ることが

---

[120] 西原寛一『金融法（法律学全集）』131頁。
[121] 理屈としては裏書人の信用も加味できることになるが、実務上は裏書人の信用まで考慮することは少ないと思われる。

多い。このため、金融機関の手形割引は商業手形の割引に限り、融通手形の割引を避けるべきものとされている。

　(ウ)　荷付為替手形

　荷付為替手形（荷為替手形ともいう）とは、船荷証券または貨物引換証を担保として割引を受ける為替手形をいう。[122] 現在では、輸出金融取引に用いられる。すなわち、外国為替業務を行う金融機関が、本邦の輸出者から、輸出荷物を化体した船荷証券その他の船積書類を担保として輸出者が振り出す為替手形を買い取るものである。買取銀行と輸出者との関係については、外国向為替手形取引約定書に定められるが、基本的には通常の手形割引に準じた定めがなされている。

(2)　法的性質

　手形割引の法的性質については、かつては大きく消費貸借説と売買説が対立していた。消費貸借説は、手形割引も手形貸付けや証書貸付けと同じく金融を目的とするものであり、その実質、特に割引を行う金融機関の意思からみれば、消費貸借であり、手形はその消費貸借契約上の債務の担保であるとするものである。これに対して、売買説は、取引を素直にみれば、特に手形割引により手形を裏書譲渡すれば原則として返還義務はないと考える割引依頼人の意思を考えれば、有価証券である手形の売買にほかならないとするものである。両説による具体的結論の差異、すなわち議論の実益は、①期限の利益喪失約款の適用の可否および相殺の可否（消費貸借説によると金融機関は原因債権として消費貸借契約上の債権を有し、これには期限の利益喪失約款の適用があり、また同債権を自働債権とする相殺もできることになるのに対し、売買説によると金融機関は、売買契約上の瑕疵担保責任（民法569条）や手形法上の満期前遡求（手形法43条・77条1項4号）をなしうるにとどまること）、②利息制限法の適用の肯否等にあると考えられた。

　国と銀行との間の訴訟事件で裁判所は、手形の法的性質を売買契約と判断[123]

122　田中誠二『新版銀行取引法〔四全訂版〕』222頁。
123　前掲（注42）参照。

した。この事件が端緒の1つとなって全銀協により銀行取引約定書ひな型が作成されたことは前述のとおりであるが、銀行取引約定書では、売買説を前提として手形の買戻請求権の規定が整備された。また、判例においても、手形割引は原則として手形の売買であることを前提にしているものと考えられる。[124] したがって、現在においては、少なくとも金融機関の行う通常の手形割引は売買契約であることに争いはなくなっている。

なお、出資法では、手形割引も金銭の貸付けまたは金銭の貸借とみなされる（同法7条）。また、貸金業法においても、手形の割引、売渡担保その他これに類する方法によってする金銭の交付または当該方法によってする金銭の授受を総称して「貸付け」と定義し（貸金業法2条1項柱書）、利息制限法の規律を課している（同法12条の8）。

2 買戻請求権

(1) 法的性質①——銀行取引約定書制定以前

割引手形の買戻請求権は、古くから存在していたが、事実上の慣行として行われており、銀行と取引先の間における約定書には必ずしも規定されておらず、また規定されていても明確なものではなかった。[125] このことが、手形割引の法的性質に係る議論にも影響していた。たとえば、手形割引が売買契約であれば、銀行が預金債権等を有していても、事前遡求権の要件を満たしていなければ、相殺に供すべき自働債権が存在せず相殺ができないことになる。この点、消費貸借契約説は、手形割引の原因債権として消費貸借契約上の債権の存在を主張し、買戻請求権の根拠としようとする意図があったものといえる。

---

[124] 最判昭和48・4・12金法686号30頁は、手形割引は手形の売買であるとして利息制限法の適用を否定した原審判決を是認したものである。なお、最判昭和40・11・2金法440号11頁は、信用組合の手形割引を実質は消費貸借であると認定した原審判決を是認しているが、事例判決であろう。なお、臨時金利調整法に基づく告示では、手形割引率の最高限度を年15.0%と定めている。

[125] 西原・前掲書（注120）145頁。

しかし、前述のとおり国と銀行の訴訟事件の1審判決において銀行が敗訴したことから、銀行は買戻請求権についても約定で明確化する必要性を認識し、銀行取引約定書に定められることになったのである。

なお、国と銀行の訴訟事件の控訴審判決[126]は、手形割引の法的性質が売買であることを前提に、買戻請求権が「銀行の権利保全の一方法として、約定と慣行の相互影響の間に形成せられ、銀行と取引先との間に事実たる慣習として広く行われている」と認定した。そして最高裁判所においても、銀行取引約定書に買戻請求権が明確に規定される以前においても、事実たる慣習として買戻請求権が存在したことを認めている[127]。

(2) 法的性質②——現在の議論

銀行取引約定書では、手形割引の法的性質が売買契約であることを前提に、各金融機関の用いていた約定や慣習を整理、合理化、明確化し、銀行取引約定書に明文化された[128]。

銀行取引約定書旧ひな型6条は、手形の割引を行った場合において、①割引依頼人に銀行取引約定書の期限の利益喪失条項のいわゆる当然喪失事由が生じた場合は全部の手形について、手形の主債務者が期日に支払わなかったときもしくは当然喪失事由が生じたときはその主債務者の手形について、当然に手形の買戻請求権が発生し、②それ以外の場合でも割引手形について債権保全を相当とする事由が生じた場合には、銀行の請求により買戻請求権が発生するものとしている。したがって、買戻請求権が具体的に生ずるのは、概ね期限の利益喪失事由が発生する場合と同じであるが、手形割引取引の特徴を反映して手形の主債務者の手形債務不履行や信用悪化が付加されている。

この結果、買戻請求権の法的性質は、①が手形の停止条件付売買契約、②が手形の再売買の予約と解されている。もっとも、買戻請求権の具体的内容

---

[126] 前掲（注42）・大阪高判昭和37・2・28。
[127] 最判昭和40・11・2民集19巻8号1927頁。最判昭和46・6・29金法622号25頁、最判昭和51・11・25民集30巻10号939頁。
[128] 前掲（注127）・最判昭和51・11・25参照。

は、銀行取引約定によって定められるところによって決まるものであるから、約定から離れて買戻請求権の法的性質を抽象的に論ずることの実益はなくなっており、約定の合理的解釈によりその意味を検討することが重要である。[129]

(3) 買戻請求権にかかわる諸問題

(ｱ) 買戻請求権の発生

　銀行取引約定書旧ひな型6条1項は、支払いの停止や法的整理手続開始の申立てがあったときや割引依頼人の預金に差押えがあったときなどには、当然に買戻債務を負担し弁済すべきものとしている（すなわち、一定の事由の発生により当然に買戻請求権が発生し、同時に弁済期が到来する）。これにより、預金債務との相殺適状が生じる。このようないわゆる「相殺予約」の規定の差押債権者等の第三者に対する効力については、期限の利益喪失条項と同様に議論があるが[130]、判例は、原則として有効であるとしている[131]。

　この条項により、買戻請求権は、銀行取引約定書旧ひな型6条1項所定の事由が生じたときには即時に、同条2項所定の事由が生じたときには請求により、買戻請求権が発生することになる。この点、発生時期の問題は、差押えや法的整理手続における相殺制限条項（破産法72条、民再法93条の2、会更法49条の2、会社法518条）との関係で問題となる。まず、差押えとの関係でみると、差押命令の通知が発送されたときに買戻請求権が発生する一方、差押えの効力は第三債務者である銀行に送達された時に生ずる（民執法145条4項）ので、差押えにより支払いの差止めを受けた後に取得した債権に該当せず、相殺をもって差押債権者に対抗できる（民法511条）ことになる[132]。これに対して法的整理手続における相殺制限条項との関係では、たとえば破産手続においては、破産手続開始決定後のみならず、支払不能、支払停止および破産手続開始の申立てがあった後にそれを知って取得した債権を自働債権とし

129　吉原省三「手形割引における買戻請求権と事実たる慣習」金法1433号66頁。
130　鈴木編・前掲書（注48）348頁〔中馬〕等。
131　最判昭和45・6・18民集24巻6号527頁、最判昭和48・5・25金法690号36頁、前掲（注127）・昭和51・11・25。
132　前掲（注127）・最判昭和51・11・25。

て相殺することが禁止されていること（破産法72条1項）から、買戻請求権の発生時期を形式的にとらえると微妙な問題となる。

しかし、買戻請求権は、買戻条項所定の事由が生じたときに全く新たに発生する請求権ではなく、手形割引（手形売買契約）を行ったときに少なくとも潜在的には発生しており、所定の事由が発生したときに現実化する権利と考えられる。したがって、法的整理手続の相殺制限との関係では、少なくとも、手形割引契約（手形売買契約）が支払不能、支払停止、破産手続開始の申立てについて債務者（銀行）が悪意となった時より前に生じた原因（破産法72条2項2号等）となり、これに基づいて取得した債権として相殺が認められる。[133] 実質的理由は、このような銀行の相殺期待は合理的なものとして保護されるべきものであるからである。

(イ) 買戻請求権の消滅

買戻請求権の消滅時効に関しては、消滅時効期間が問題となる。手形の買戻請求権は、手形上の遡求権ではなく、手形外の特約に基づく手形外の請求権であるから、手形の遡求権の消滅時効（手形法70条・77条1項8号）ではなく、一般の債権消滅時効が適用される。[134]

3　手形割引の実務

(1) 実　行

(ア) 手形割引の申込み

手形割引取引を行うにあたっては、銀行取引約定書を締結する（すでに締結している場合は当然重ねて締結することはない）。手形割引約定書といったものは一般的には存在せず、銀行取引約定書が手形割引の基本約定を含んでいるからである。

133　前掲（注127）・最判昭和40・11・2、伊藤眞『破産法・民事再生法〔第3版〕』493頁。

134　東京地判平成4・4・22金法1349号54頁、東京高判平成15・1・27金法1675号63頁。時効期間は、商事債権か民事債権かによって5年または10年となるが、銀行の場合は商事債権として5年である（商法522条）。前掲（注42）・京都地判昭和32・12・11は、買戻請求権を手形上の遡求権と判断していた。

実際に手形割引の実行を希望するときは、契約書を締結することはないが、割引依頼人は事前に対象となる手形の明細等を記入した手形割引の申込書を提出することが通常である。銀行は、これにより、割引依頼人の信用調査に加えて、割引希望手形の振出人の信用調査や手形の成因の調査を行う。振出人の調査は、さまざまな資料を基に検討するが、いわゆる手形の信用照会制度[135]もその一手段である。手形の成因調査は、融通手形等（前述）の不適切な成因による手形が含まれていないかを検討するものである。

(イ)　手形の受領

　手形（振出人）の信用調査等により割引可能な銘柄と判断した手形について手形現物を受領し、今度は手形の形式要件や裏書の連続性の確認を行う。割引によって、銀行は手形の裏書譲渡を受け、自身が手形債権者となり、一義的には手形が決済されることにより与信が回収されるわけであるから、手形が適法なものであり、適法な呈示によりスムーズに決済されることが重要である。この点、単に手形の取立委任を受ける場合とは異なる[136]。実務上、振出日欄、受取人欄、被裏書人欄は白地の場合も多い。割引依頼人に記載してもらうか、白地補充権をもって銀行で補充する必要がある。

(ウ)　手形割引契約の成立

　以上の調査、確認をもって割引可能と判断した手形について、銀行は手形割引の承諾を通知する。手形割引の法的性質を売買契約と解する限り諾成契約であるから、これによって手形割引契約が成立することになる。以上が、手形割引の原則的流れであるが、実務上、特に経常的に割引取引を行っている場合には、これらがほとんど同時に行われる場合も多く、割引を希望する手形の全部または一部について割引できない場合には、資金を必要とする時期が迫っている場合など紛争になることもある。銀行としては承諾すれば割

---

[135]　個人に関する信用照会は、個人情報保護の観点から、個人情報保護法施行時に廃止されている。
[136]　取立ての場合には、当座勘定規定により、手形要件の未充足等について免責規定があり、また、手形交換所規則では一部の形式要件不備については不渡返還しないこととなっているが、このことと呈示が適法であることとは別である。

引義務を生ずることに留意する必要がある。

　割引取引に極度額を設けて（ほかに手形銘柄（振出人）を限定し条件を付したりする場合もある）、その範囲であれば、前記の調査等の全部または一部を省略あるいは簡略化している場合がある。これは取引先、銀行の双方の事務の合理化や迅速な処理に資するものであるが、通常は、極度額の範囲内や所定条件内であれば割引を行うという契約を行っているものではなく、銀行の稟議事務上の取扱いにすぎない場合が多い。ただし、取引先に極度額その他の条件が明示的にはもちろん黙示的にでも示されているときは、取引先に期待権が生ずる場合もありうるし、場合によっては黙示に契約が成立していると認定される可能性もあるため注意を要する。一定の範囲・条件で割引を行う契約を締結するのであれば、書面による契約により条件を明確にすべきであろう。

　　　(エ)　手形割引の実行

　手形割引の実行は、通常、手形の譲渡裏書を受け、合意した割引日に割引依頼人の預金口座に手形金額を入金する。割引料は、手形ごとに計算して、数日後別途預金口座から自動引落しの方法で徴収する。[137]

　(2)　回　収

　　(ア)　通常の回収

　割引した手形、すなわち裏書譲渡を受けた手形は、手形満期日に手形交換制度により支払銀行に交換呈示し、振出人に決済されれば手形割引取引は終了する。しかし、振出人が決済資金の不足その他の事由で決済しなかった場合には、割引依頼人に対して買戻請求権を行使するか、振出人等の手形債務者に請求することになる。

　　(イ)　手形が決済されない場合の回収

　　(A)　買戻請求

---

[137] 手形割引代り金は、割引時に手形金額から割引料を差し引いて（天引きして）入金するというイメージがあるが、銀行実務では、計算事務の問題もあり、割引依頼人に対する信用の下、後日別途徴収している。

割引手形が不渡りになった場合には、一義的には取引先である割引依頼人に対し、銀行取引約定に基づき買戻請求権を行使することになる。買戻請求権は、既述のとおり、割引手形が不渡りになったときのほか、割引依頼人や手形の主債務者の信用悪化等一定の事由が生じたときに当然または請求により、手形の全部または一部について具体的に発生する。

裏書人である割引依頼人に対しては、手形上の遡求権も生ずるが、遡求権には制約があるため、買戻請求権を行使して債権回収を図るのが通常である（たとえば、相殺の自働債権、訴訟上の請求、民事執行・保全手続上の請求・被保全債権、法的整理手続上の届出債権など）。

(B) 振出人等への請求

割引依頼人に資力がなく、買戻請求権の行使による回収が見込めない場合には、約束手形の振出人等の手形の主債務者（実際上約束手形が多いので、以下、「振出人」とする）への請求を検討することになる。振出人の資金不足で手形が不渡りになった場合等振出人が無資力の場合には当然回収は望めないが、割引依頼人が経営破綻した場合、振出人に資力があっても、契約不履行等を理由に取りあえず支払いを拒絶する場合がある。この場合、振出人と割引依頼人等との間で何らかの支払拒絶事由があるとしても、銀行との関係では基本的には人的抗弁として切断される（手形法17条）から、銀行は振出人に手形債務の支払請求を行い、任意に支払いがなされなければ、手形訴訟（民訴法350条以下）を提起することになる。振出人は、特段の事情がない限り敗訴を免れないため、判決にまで至らないケースも多い。

債務名義を取得した場合、振出人の一般財産への執行を検討することになるが、手形取引に特有のものとして、不渡異議申立預託金がある。

手形振出人が、契約不履行を理由に手形の支払いを拒絶するときは、不渡処分を免れるためには、支払金融機関を通じて手形交換所に異議を申し立て、支払金融機関は振出人の資力を証明するために、手形交換所に対して手形金額と同額の金員を提供しなければならない（東京手形交換所規則66条参照。これを「異議申立提供金」という）。支払金融機関は、異議申立提供金の原資と

して手形振出人から同額の金員の預託を受ける。これが（不渡）異議申立預託金である。したがって、不渡りについて異議申立てを行った場合、手形振出人は支払金融機関に対し異議申立預託金返還請求権（その弁済期は不渡事故解消等により異議申立提供金が手形交換所から支払金融機関に返還される時である）[138]を有していることになる。そこで、割引手形を所持する銀行としては、異議申立預託金返還請求権を差し押さえることが考えられる。もっとも、これに対しては、支払金融機関が手形振出人に対して反対債権を有するときは、支払金融機関が異議申立預託金返還請求権を受働債権として相殺される可能性を考えなければならない。[139]しかし、相殺した場合には、最終的に手形振出人が不渡処分を受けることになる。そこで支払金融機関は、手形振出人が不渡処分を受けることが相当ではないと考える場合には相殺を行わない。この場合には、差押債権者である割引銀行は、差押債権の支払いを受けることができることになる。

4 手形割引の将来

(1) 手形取引の減少と新しい与信取引

手形割引は、かつては、手形貸付けに次いで与信取引（特に短期与信取引において）の主要形態であった。しかし、近年は、事務合理化、コンピューターシステムの発展等によるいわゆるペーパーレス化の進展により、手形取引は急速に減少し、それにつれて手形割引の割合も大幅に減少している。[140]

手形割引に代わって、従来から存在する証書貸付けや当座貸越に加え、新しい与信取引形態や貸出商品が増加している。ここでは、手形割引に関係の深いものを概観しておく。

---

138 交換所規則67条。最判昭和45・8・20金法591号20頁。
139 支払金融機関による異議申立預託金債権の相殺を否定すべきとする見解もあるが、判例は相殺を有効としている（最判昭和45・6・18民集24巻6号527頁、最判昭和55・5・12金法931号31頁）。
140 具体的には、手形の発行・保管管理コスト、盗難・偽造等のリスク、印紙代の削減等があげられる。

(2) 債権譲渡、債権譲渡担保貸付け

　手形割引に代わる融資形態として、まず、手形割引すなわち、手形債権の売買に経済的機能において類似するものとして、通常の売掛金債権等の金銭債権（以下、単に「債権」という）の買取りが考えられる。債権の買取りは、通常ファクタリング取引と呼ばれる。ファクタリング取引は付随業務として銀行も可能であるが（銀行法10条2項5号）、過去の経緯から、銀行はファクタリング子会社を設立し、現在もファクタリング子会社を中心に取引が行われている。

　債権の譲渡は、周知のとおり、手形と異なり、譲渡の場面においては裏書譲渡のような簡便な譲渡方法がなく、回収の場面においては手形交換制度や手形訴訟の制度に代わる制度が存在しなかったため、手形に比して利便性が劣後していたが、近年、動産及び債権の譲渡の対抗要件に関する民法の特例等に関する法律（動産・債権譲渡特例法）が制定され、債権譲渡登記が整備され、普及しつつある。

　また、債権譲渡ではなく債権を担保として、貸付けを行うことも手形割引と同じ経済的機能を有する。手形における手形交換決済のような簡易な回収手段のない一般金銭債権については、金融機関としては、債権の売買よりも担保として債権を譲り受け、取引先には通常の貸出債権を有するほうが、従来の与信形態との親和性があるといえる。

　債権譲渡・債権譲渡担保貸付けは、動産・債権譲渡特例法による債権譲渡登記の整備や将来債権譲渡に関する判例の進展により、今後増加しいていく[141]ことが期待されている。

(3) 一括決済方式

　企業間の手形取引の代替制度として、一括決済方式と呼ばれる形態がある。支払企業が手形を用いずに支払いを行うには、支払期日に振込みによって支払う方法が考えられるが、これでは下請企業等の納入企業は、売掛債権は有

141　最判平成11・1・29民集53巻1号151頁、同平成13・11・22民集55巻6号1056頁等。

しても手形割引のように支払期日前に現実に資金を手にすることはできない。そこで、複数の納入企業の有する特定の支払企業に対する売掛債権を金融機関に対して一括して譲渡し、納入企業が支払期日前に資金を要する場合は金融機関が資金を提供するという方法が考案され、一般に一括決済方式と呼ばれる。これには、一括支払システム、ファクタリング方式、および信託方式等がある。このうち、手形割引の直接の代替制度として、当初考案されたものが一括支払システムと呼ばれる融資形態である。これは、金融機関が納入企業の有する支払企業に対する代金債権を担保として譲渡を受け、融資（借入専用の当座貸越形式による）を行うものである。

ところが、債権譲渡担保においては、譲渡担保権者に物的納税責任があることから、それを回避するために代物弁済条項を設けたところ国税徴収法との関係で無効とされた[143]。このため、一括決済方式は、現在は、債権売買（ファクタリング方式）や信託的譲渡（信託方式）によるものが利用されている。なお、一括決済方式には、その後、金融機関が納入企業から債権を譲り受けるのではなく、支払企業の債務を併存的に引き受けるという仕組みによって同様の機能を実現する併存的債務引受方式も考案されている。

(4) 電子記録債権の活用

平成19年6月、金銭債権を利用した事業者の資金調達の円滑化を図ることを目的とする電子記録債権法が制定され、同20年12月から施行されている。電子記録債権とは、その発生または譲渡について、電子債権記録機関が記録原簿に記録事項を記録すること（電子記録）によって行うことを要件とする金銭債権をいい（電子記録債権法2条1項・3条）、指名債権、手形債権とは異なる種類の債権である。

手形と同様に発生原因となった法律関係とは別個、独立した債権であり、

---

[142] 国税徴収法24条。手形割引にも同じ問題が生じうるが、割引手形では、この規定が当分の間適用されないものとされている（同法附則5条4項）。

[143] 最判平成15・12・15民集57巻11号2292頁。なお、将来債権譲渡担保と譲渡担保権者の物的納税責任に関しては、最判平成19・2・15民集61巻1号243頁参照。

発生原因となった法律関係の有効性に影響を受けない。電子記録債権は、電子債権記録機関(電子記録債権法2条2項・51条)が作成する記録原簿に記録をしなければ発生または譲渡の効力が生じない債権である(同法9条・15条・17条)。従来の手形の代替機能も有するが[144]、それだけにはとどまらない種々の特徴を有する新たな種類の債権であって、利用が拡大しつつある。電子記録債権を利用した融資取引として、電子記録債権割引・電子記録債権貸付等手形(手形割引・手形貸付け)代替機能としての活用、一括決済方式への活用、あるいはシンジケートローンへの活用等が考えられ、普及し始めている[145]。ここでは、手形割引との関連で、電子記録債権割引について簡単に触れておく。

㋐ でんさいネット

電子記録債権を利用した制度のうち、従来の手形的利用を企図した仕組みが、全銀協が設立した株式会社全銀電子債権ネットワークを電子債権記録機関とする、通称「でんさいネット」である[146]。この制度は、従来の手形交換制度を中心とする手形割引の代替制度として、手形の不渡処分、取引停止処分に相当する支払不能処分制度、取引停止処分制度を含めた制度として構築されている。

㋑ 電子記録債権割引(でんさい割引)

電子記録債権を支払期日前に金融機関に譲渡することにより、支払期日までの利息に相当する金額を債権額面金額から差し引いた資金の提供を受ける、手形割引に相当する与信取引を電子記録債権割引という。電子記録債権割引も各種の制度設計が考えられるが、このうちでんさいネットを利用するものをでんさい割引と称している。手形割引に比較してのメリットとしては、ペ

---

144 この点で、手形の電子化ともいわれるが、このような言い方が正確ではないことにつき、池田真朗=太田穣編著『解説電子記録債権法』6頁。
145 電子記録債権は、各電子債権記録機関による多様な制度設計が可能であることから、本文で述べる全銀協が設立した株式会社全銀電子債権ネットワークのほか大手銀行がそれぞれ電子債権記録機関を設立し、独自に運営している。
146 株式会社全銀電子債権ネットワーク「『でんさい』のすべて」等参照。

ーパーレスであることのほか、債権額を分割し必要な金額のみ割引を依頼することが可能である点があげられる。

従来の手形割引では、割引依頼人は手形を割引金融機関に裏書譲渡するのに対し、でんさい割引では、金融機関を譲受人とする譲渡記録（電子記録債権法17条）をすることとなる。電子記録債権法では、譲渡人は当然には手形裏書人の担保責任に相当する責任を負わないため、割引依頼人には原則として電子記録保証（同法31条以下）を求める。支払いをした割引依頼人（電子記録保証人）には、手形の遡求権に相当するものとして特別求償権（同法35条）がある。

既述のとおり、手形割引では、手形上の遡求権を補完するため、銀行取引約定書において割引手形の買戻請求権を定めているが、最近の銀行取引約定書では、電子記録債権割引についての買戻請求権も定められている。

VI 支払承諾

1 意義と特徴

(1) 意 義

支払承諾とは、金融機関が取引先からの依頼に基づき、業務として取引先の各種金銭債務の保証・手形引受け・手形保証を行うものである。金融機関は、金銭の貸付けを行う代わりに、いわば信用を貸し付けるものであって、与信取引の一種として、銀行法上は付随業務として認められている（銀行法10条2項）。

(2) 種 類

支払承諾取引には、借入債務保証、保証債務の保証（いわゆる裏保証）、継続的取引等における買掛金債務等の保証、各種取引の前受金返還債務、税金等の延納・後納保証等の保証等があるほか、民事執行法の買受保証（同法66条、民事執行規則40条）、民事執行法や民事保全法による損害担保保証の制度

（民執法15条、民事執行規則10条、民保法4条、民事保全規則2条等）も支払承諾取引の一種である。したがって、支払承諾取引による保証は、民法上の債務保証のほか損害担保（契約）も含まれる。

　また、日本政策金融公庫等政策金融機関の代理貸付けを行う際に、貸付金の一部について債務保証を行うことがあり、これは代理貸付債務保証と呼ばれる。さらに、外国為替取引における信用状の発行も支払承諾取引の一種である。

(3) 法律関係

　支払承諾取引の基本的法律関係は、取引先と金融機関の間の保証委託契約、取引先と取引先の債権者との契約（取引先の債権者に対して負担する債務が被保証債務となる）、取引先の債権者と金融機関の間の保証契約から成り立つ。したがって、取引先と金融機関との関係は、（準）委任契約である。これに対して、民事執行法等による損害担保保証に係る支払保証委託契約は、第三者のためにする契約（民法537条）と解されている。[147]

　以下では、一般の債務保証を行う場合の支払承諾取引を念頭にみていく。

2 支払承諾取引の実務

　支払承諾は、資金を交付する代わりに保証債務を負担することが与信の実行にあたる。支払承諾取引のプロセスは債務保証を例にすると概ね以下のようなものである。

① 銀行取引約定書のほか支払承諾取引約定書を締結する。
② 支払承諾依頼書、個別の被保証取引・被保証債務の確認資料、保証債務の内容を確認する。
③ 取引先と合意した保証料を徴収し、金融機関が記名押印した保証書を取引先またはその債権者（保証先）に交付する。これにより保証先と金

---

[147] 最高裁判所事務総局民事局監修『条解民事執行規則〔第3版〕』41頁等、髙部眞規子「支払保証委託（ボンド）の法律関係」藤林益三ほか編『判例・先例金融取引法〔新訂版〕』140頁等参照。

融機関との間で保証契約が成立し、与信が発生する。
④　取引先の債権者に対する被保証債務の消滅、保証履行請求期限の経過等による保証債務の消滅により、支払承諾取引は終了する。
⑤　これに対して、取引先の債務不履行等により、取引先の債権者から保証履行請求を受けると、金融機関は保証を履行することになる。
⑥　保証を履行した金融機関は、主債務者である取引先に求償権を取得し、その回収を図る。

3　支払承諾取引に係る契約

(1)　支払承諾取引約定書等

銀行取引約定は、支払承諾取引も適用対象であるが、貸付けや手形割引とは異なる取引であるので、銀行取引約定書に加えて、支払承諾取引の基本約定書である支払承諾約定書を締結する。支払承諾約定書には概ね次のような事項が定められている。

(ｱ)　基本的事項

支払承諾約定書は基本約定書であるから、それだけで具体的な保証委託契約が成立するわけではない。具体的な取引は、取引先が金融機関に個別取引に関する支払承諾依頼書を提出する。支払承諾の方法は、保証書の発行、手形引受けその他の債務保証の方法によって行われる。支払承諾の実行、すなわち金融機関の第三者に対する保証債務の負担に対して、取引先は保証料支払義務を負担する。取引先は、当然に被保証債務（原債務、主債務）の主債務者であり、弁済期に本旨弁済を行う義務があることを確認的に定める。

(ｲ)　通知に関する事項

民法463条は、連帯債務者間において通知なくして弁済等を行った場合の規律を定めた同法443条を準用している。これにより保証人が事前事後の通知を懈怠したときは、その限度で主債務者に対する求償権は制限される。一方、主債務者が事後の通知を懈怠したときは、保証人の弁済等を有効とみなし、求償権を行使することができるが、民法463条2項が準用する同法443条

1項は、求償権が行使された場合の対抗事由を定めるものであって、主債務者が求償権を行使することはあり得ないため同項が準用される余地はなく、したがって主債務者には事前通知義務はないものとされている。[148] しかし、これらの民法の規律のみによるときには、保証人である金融機関の二重弁済等のリスクが小さくない。そこで、支払承諾約定書においては、民法の通知義務の規律を確認するとともに、主債務者である取引先について、弁済等の事後通知義務に加えて、保証債務に影響を及ぼす事由の発生についての通知義務を付加し、通知義務の懈怠に対しては即時求償債務履行義務を定める一方、金融機関については、保証履行時の取引先の状態を考慮すると通知事務負担は小さくないことから事前通知義務を免除している。

(ウ) 求償権

求償権に関しては、事前求償権に関する規定が重要である。民法460条は、委託を受けた保証人については、破産手続開始の決定を受け、かつ、債権者が破産財団に配当加入しない場合など一定の場合に保証人の事前求償権を認めているが、限定的であり、金融機関の債権保全としては十分ではない。そこで、支払承諾約定書においては、銀行取引約定書における期限の利益喪失事由と同様の事由が生じたときには、当然にまたは請求により、事前求償権が発生するものとし、支払承諾取引に係る与信についても、他の融資取引等と同レベルの債権保全が図られるようにしている。また、主債務者は、民法461条により、事前求償権の行使に関し、担保の供与等により償還義務を免れることができるが、支払承諾約定書においては、これらの民法461条の抗弁権の主張をしないことを定めている。かかる抗弁事由が付着していると相殺権の行使が制限され、[149] あるいは求償債務のために担保権が設定されていると、事前求償権の行使ができないことになるからである。[150][151]

---

148 我妻・前掲書（注97）491頁、川井健『民法概論3（債権総論）〔第2版補訂版〕』223頁等。
149 大判昭和5・10・24民録9巻1049頁。
150 大判昭和15・8・23判決全集7輯29号9頁。

(エ) 中止・解約

債権保全上相当な事由が発生したときは、金融機関がこの約定による取引を中止し、または解約することができ、金融機関から中止・解約の通知を受けた取引先は、直ちに被保証債務の弁済等の措置をとるべき義務があることを定めている。

(2) 保証書等

支払承諾取引において、具体的に保証書の発行等の保証行為を行うには、前述のとおり、取引先から具体的保証内容を記載した支払承諾依頼書の提出を受ける。保証内容とは、保証先（被保証債務の債権者）、金額、被保証債務の発生原因・範囲、保証期間・保証履行請求期限等である。支払承諾取引における保証にも、特定債務の保証と根保証がある。根保証の場合には特に①「保証期間」、②「保証債務履行請求期限」および③「保証極度（限度）額」が重要である。

「保証期間」は、被保証債務の範囲を画するものであるが、①始期・終期を定めるもの、終期のみを定めるものがあり、②基準の定め方として、保証期間内に「発生する債務」、「発生しかつ弁済期の到来する債務」、「弁済期の到来する債務」等があり、これらの組合せにより決められる。

金融機関の発行する保証書には、通常「保証債務履行請求期限」が記載される。「保証期間」の意味は、前記のとおり被保証債務の範囲を画するものであって、保証期間の終期が経過したからといって、保証債務が消滅するものではなく、主債務たる被保証債務が弁済その他の事由や消滅時効期間の経過によって消滅するまで続くことになる。しかし、これでは、金融機関としては、いったん保証すれば長期間偶発債務を抱えることになり、与信管理・債権保全上問題がある。そこで、保証債務履行請求期限を設け、期限内に保

---

151 このような規定の有効性については、大阪高判昭和37・2・28高民集5巻309頁・金法302号3頁、篠田省三「預金債権の差押と、銀行に対する求償債務につき預金者が連帯保証したことによる銀行の債権を自働債権とし右預金債権を受働債権とする相殺の優劣」金法1083号18頁参照。

証履行請求がなければ保証責任を免れることとし、それに応じて与信管理を行っている。

　従来、民法には根保証の規定がなかったため、根保証における責任限度額を示す用語としては、「保証金額」「保証限度額」「保証極度額」などが使われ、それが、いわゆる債権極度額なのか元本極度額なのか、主債務に付帯する債務を含むか否か等必ずしも明確ではないものもある。貸金等根保証契約制度導入により民法上保証にも「極度額」の用語が使われることとなった。支払承諾取引における保証の多くは貸金等根保証ではないが[152]、貸金等根保証契約にあわせ、原則として「極度額」の語を用い、これと異なる意味で金額範囲を定める場合は、明示すべきであろう。

　支払承諾の依頼を受けた金融機関は、取引先の信用その他の条件と上記のような保証内容、保証条件を検討して、支払承諾取引を行うかどうかの与信判断を行うこととなる。

4　支払承諾取引の終了

　支払承諾取引は、取引先の債権者に対する被保証債務（主債務）の弁済や時効による消滅、保証債務の免除や保証履行請求期限の経過等による保証債務の消滅により、終了する。

　保証債務が消滅したときは、保証書や手形を回収するが、保証先がこれらを紛失しているとき等は、保証先から債務が消滅したことの確認書の提出を受ける。もっとも、手形の場合、現実に手形を回収できないと手形の所持人から手形債権の行使を受ける危険がある。

　取引先の債務不履行等により、取引先の債権者から保証履行請求を受けると、金融機関は保証を履行することになる。ここで金融機関には資金負担が生ずる。保証を履行した金融機関は、主債務者である取引先に求償権を取得し、保証先（債権者）に代位し、被保証債権や担保・保証等を取得する（民

---

[152] 通常の支払承諾取引による根保証の被保証債務に、貸金等債務が含まれ、その求償権の保証人が個人であるときは、貸金等根保証契約の規律の適用を受けることになる（民法465条の5）。

法500条・501条)。場合によっては保証履行前に事前求償権を行使し、その保全・回収を図る。

5　求償権をめぐる問題

(1)　事前求償権と事後求償権

　金融機関が保証債務を履行すると求償権（事後求償権）を取得するが、一定の場合には民法および支払承諾約定に基づき事前求償権を取得する。この事後求償権と事前求償権の関係については、別個の権利であって法的性質も異なるとするのが判例であり[153]、実際に求償権を行使する場合には注意を要する。

(2)　取引先の法的整理と求償権

　支払承諾の取引先（すなわち、保証の主債務者）に破産手続開始等法的整理手続（以下、破産手続を念頭に述べる）が開始し、金融機関が支払承諾取引に基づく保証について債権者に対して保証債務を履行した場合、金融機関は取引先に対する求償権について破産債権として債権届出を行うこととなる。一方、金融機関は保証債務履行により被保証債権（以下、「原債権」という）を代位により取得し（民法500条）、求償権の範囲内において債権の効力および担保として原債権者が有していたいっさいの権利を行使することができる（同法501条柱書）。ところで原債権には、種々の債権があり、一般の破産債権となる債権だけではなく、財団債権（破産法148条）等の優先権を有する債権も存在する（たとえば、租税債権や双方未履行契約を管財人が解除した場合の原状回復請求権等）。この場合、財団債権たる原債権を代位により取得した金融機関は、当該債権に係る債権を財団債権として破産債権に先立って弁済を受ける（同法151条）ことができるかが問題となる。この点、下級審の判断は分かれ[154]、学説でも議論があったが[155]、最高裁判所は財団債権を取得した者は、求償権が破産債権にすぎない場合であっても、破産手続によらないで財団債権

153　最判昭和60・2・12民集39巻1号89頁。

を行使できるとした。[156]

Ⅶ 新しい融資形態

前記ⅣからⅥまでにおいては、従来からの主要な種類の融資（与信）取引を取り上げた。近年は、社会経済や金融自由化の進展に伴って融資も多様な形態によって行われるようになっている。ここでは、そのうち、これまでとはやや異なる分類であるが、シンジケートローンとコミットメントラインを取り上げる。

1 シンジケートローン

(1) 意 義

シンジケートローンとは、複数の金融機関が、個々に借入人の融資条件の交渉を行い、融資契約を締結するのではなく、協調融資団（シンジケート団）を組成し、同一の融資条件で1つの融資契約書を締結して信用供与を行う形態の融資をいう。シンジケートローンとは、このような形態に着目した分類、呼称であり、融資の種類としては、証書貸付けや当座貸越（金銭消費貸借契約）あるいは保証（支払承諾）等がある。後述のコミットメントラインがシンジケート方式で契約されることも少なくない。[157]

---

[154] 破産手続における租税債権につき、東京高判平成17・6・30金法1747号84頁（消極）、給料債権につき、大阪地判平成21・3・12金法1897号83頁（積極）、大阪高判平成21・10・16金法1897号75頁（消極）、民事再生手続における解除による返還請求権につき、大阪地判平成21・9・4金法1881号57頁（消極）、大阪高判平成22・5・21金法1899号92頁（積極）。

[155] 伊藤眞『破産法・民事再生法〔第3版〕』298頁・488頁、同「財団債権（共益債権）の地位再考——代金弁済に基づく財団債権性（共益債権性）の承認可能性」金法1897号12頁、竹下守夫編集代表『大コンメンタール破産法』592頁〔上原敏夫〕、高橋眞「自己の権利に基づいて求償することができる範囲（民法501条柱書）と民事再生手続」金法1885号10頁、高木多喜男「民事再生手続中における共益債権への弁済と再生債権である求償権の関係」金法1890号20頁、山本和彦「労働債権の立替払いと財団債権」判タ1314号5頁。

[156] 最判平成23・11・22民集65巻8号3165頁。民事再生手続における共益債権についても同旨の判示をしている（最判平成23・11・24民集65巻8号3213頁）。

[157] 金融実務用語としては、単発の期限付融資をタームローンと称する。

協調融資自体は従来から行われていたが、かつての協調融資は、いわゆるメインバンク制の下、メインバンク（主力銀行）が中心となって取りまとめられるものであった。これに対して、シンジケートローンは、融資を希望する取引先が、アレンジャーを通じて融資条件等を提示して、参加金融機関を募集し、条件が合致すれば融資を行うものである。本邦においては、近時、金融機関における信用リスクの適切な管理という点から注目され、増加している。従来は、大企業等の大型案件が中心であったが、最近は、中小企業宛て融資でも行われている。

シンジケートローンには多様な種類があり、網羅的に取り上げることはできないが、主要な特徴を述べる。

(2) 取引の特徴

(ア) 取引関係者

シンジケートローンでは、借入人である取引先のほかに、貸付人としての参加金融機関、シンジケートローンの取りまとめ役となるアレンジャー、エージェント等が存在する。

(A) アレンジャー

借入希望者からの指名により、融資条件等を調整し、貸付人となる参加金融機関の招聘活動を行う。融資条件・契約条項の詳細の調整、契約書の作成等、契約書の調印まで、案件の組成全体にかかわる。アレンジャーは、メインバンク等の金融機関が就任し、自らも貸付人として参加することが多いが、必須ではない。大型案件では、コ・アレンジャー（co-arranger）が指名されることもある。

(B) エージェント

エージェントは、貸付人の代理人として、契約調印後、融資金の授受、融資金の弁済、担保管理、債権保全、借入人に関する情報の連絡等期中の債権管理全般の事務を行う。シンジケートローンが担保付きで行われる場合、担[158]

---

[158] 新信託法では、担保権信託が明文で認められた（同法3条・55条）ことから、シンジケートローンでの利用が注目されている。

保管者をセキュリティエージェントと呼ぶが、一般のエージェントが兼任する場合が多い。

　(C)　参加金融機関

アレンジャーからの招聘に応じて、融資を行う金融機関、すなわち貸付人である。

　(イ)　取引フロー

シンジケートローンの取引の流れは、概ね以下のとおりである。

① 借入希望者と金融機関（アレンジャー候補）との間で融資条件交渉が行われる。
② 借入希望者からのアレンジャーへのマンデート（シンジケートローンを組成する権限）が付与される。アレンジャーはマンデートを付与されることによって、正式に金融機関の招聘活動に入る。
③ アレンジャーは、借入人と協働して、参加を呼びかける金融機関に提示するシンジケートローンの融資や組成に関する条件その他の情報を記載した資料（「インフォメーションメモランダム」という）を作成、提示して金融機関の招聘を行う。招聘を受けた金融機関は、インフォメーションメモランダム等を参考に参加の意思を決定する。
④ アレンジャーは、参加を表明した金融機関との間で、融資条件の詳細を詰め、契約書を作成する。
⑤ 契約書の内容が固まれば、借入人、貸付人（参加金融機関）、エージェントが契約書に調印する。

(3)　契約および契約条項の特徴

　(ア)　契約の特徴

シンジケートローンにおいても、融資は各参加金融機関、すなわち各貸付人と借入人との間でそれぞれ別個独立のものとして構成されている[159]（たとえば参加金融機関が連帯債権者となるわけではない）。

---

[159] この点で、いわゆるローンパーティシペーションと異なる。

他方、各融資の条件、各貸付人の権利は、基本的に平等ないし割合的平等であり、かつ、統一的に行使される必要がある。

　(イ)　契約条項の特徴

貸付人が複数であり、統一的意思決定・行動・権利行使をすべき要請や、解釈に疑義を生じないようにする必要性、さらに銀行取引約定の適用が排除されることも多いことなどから、従来の伝統的証書貸付け等の契約書に比して、非常に詳細なものとなることが多い。もっとも、現在では、日本ローン債権市場協会（Japan Syndication and Loan‐trading Association、略称「JSLA」）が推奨契約書を公表しており[160]、それらが実際に行われている契約書の標準的な内容となっている。そこで、以下、JSLAの「タームローン契約書（JSLA平成25年度版）等を参考にシンジケートローンに特有の契約条項を概観する。

　(A)　多数貸付人の意思結集方法

シンジケートローンでは、貸付人全員の権利義務に重大な影響を及ぼす事象が発生した場合には、全貸付人が情報を共有し、統一的行動をとる必要がある。たとえば、期限の利益を喪失させることの可否、契約条件の変更等である。このような場合に全貸付人の意思を確認し、統一的意思を決定する方法をあらかじめ定めておく必要がある。

　(B)　プロラタシェアリング

シンジケートローンにおいては、弁済や回収は当初定めたシェア等によって公平になされなければならないところ、一部貸付人が、約定外の弁済を受けたり回収を行ったりした場合の分配等の調整規定を設ける。

　(C)　借入人の表明保証・確約

最近は通常の相対の融資取引においても表明保証・確約条項が設けられることも少なくないが、特にシンジケートローンにおいては多数貸付人が関係するから、事前に前提事実や条件を明確にし、情報を共有することが重要で

160　JSLAのウェブサイト〈http://www.jsla.org/〉参照。

ある。

　(D)　エージェント

　シンジケートローンにおいては、融資の実行から回収まで、エージェントが貸付人側の中心となって行動する。そのため、エージェントの義務と責任の範囲を明確にすることが重要となる。

　(E)　銀行取引約定の適用排除

　現在、銀行取引約定書は全銀協ひな型の廃止により各金融機関が独自に定めており、内容は同じではない。また、参加貸付人には保険会社等の他業態も含まれ、当然銀行取引約定書はない。そして、多数貸付人の利害が関係することから、契約内容は銀行取引約定書等より具体的かつ詳細に定めておく必要がある。そこで、シンジケートローンでは一般に銀行取引約定の適用を排除し、これに代わる詳細な規定を設けることになる。もっとも、参加者が少数の場合等には、銀行取引約定書の適用を排除しない場合もある。

(4)　シンジケートローンをめぐる諸問題

　シンジケートローンの増加に伴い、法的論点も浮かび上がる。ここでは、2つの問題に触れておく。

　(ア)　アレンジャー、エージェント等の責任

　シンジケートローンにおいては、シンジケートローンへの参加や融資の実行等は各参加人の自己責任とされている一方で、その組成においてはアレンジャーが、融資実行から回収に至るまでの管理においてはエージェントが重要な役割を果たす。そして、アレンジャー、エージェントは、主力銀行等の貸付人の1人または複数が兼ねる場合が多いため、貸付人の立場との利益相反的関係も生ずる。それゆえ、契約書等においてその義務や責任範囲が詳細に定められるのであるが、それでもやはり実際には、微妙なケースも生ずる。今後、シンジケートローン契約の増加に伴ってこの問題が顕在化してくる可能性があり、議論が必要であろう。

　(イ)　手数料

　シンジケートローンにおいては、従来の融資のように借入人の申出に応じ

て融資をすればよいのではなく、複数の金融機関を集めてシンジケートローンを組成し、融資実行後も複数貸付人の事務管理等を行う必要があることなどから、アレンジャーに対して支払われるアレンジメントフィーやエージェントに支払われるエージェントフィーをはじめとする各種手数料が設定されることがある。それらの手数料と利息制限法、出資法のみなし利息との関係が問題となる。[163]

　手数料については当初コミットメントラインで問題となり、立法的解決が図られたことは後述のとおりであるが、シンジケートローン等における手数料等については、立法的解決には至っていない。融資自体に対するものとは異なる合理的な業務に対する対価はみなし利息には該当しないというべきであるが、一般的に該当性を否定すると脱法的行為が行われるおそれを生ずることも否定できない。合理的な手数料と脱法的な手数料を具体的、明確に区別するのは困難な問題である。この問題については、前記Ⅲ6および同所脚注参考文献等を参照されたい。

161　こうした問題への対処として、JSLA は、平成15年に「ローン・シンジケーション取引における行為規範」、平成19年に「ローン・シンジケーション取引に係る取引参加者の実務指針について」をそれぞれ公表している。アレンジャー、エージェントの責任について詳細に論じたものとして、清原健＝三橋友紀子「シンジケート・ローンにおけるアレンジャーおよびエージェントの地位と責務」金法1708号7頁、森下哲朗「シンジケート・ローンにおけるアレンジャー、エージェントの責任」上智法学論集51巻2号1頁等。

162　実際にアレンジャーとしての銀行の責任が問われた事案として、最判平成24・11・27判時2175号15頁がある。この事案では、アレンジャー銀行は、その担当者が入手した借入人の決算書の不適切性にかかわる情報を提供すべき注意義務があり、これに違反したとして不法行為責任が認められた。アレンジャーの責任を否定したものとしては、東京地判平成25・11・26金判1433号51頁等がある。

163　プロジェクトファイナンス、ストラクチャードファイナンス等と呼ばれるファイナンス手法においても、単に借入人の申出に応じて融資すればよいのではなく、オーダーメイドで融資のみならず、固有の担保、事後管理等の仕組みを構築する必要があるため、それらに見合う手数料が設定される。

2 コミットメントライン

(1) 意義と特徴

コミットメントライン契約とは、一般に、あらかじめ約定した期間、極度額、融資条件等の範囲内であれば、取引先がいつでも融資を受けることができる枠（クレジットライン）を設定し、金融機関は融資の申出に応じて融資を行うことを約し（コミット）、取引先はこれに対して手数料（コミットメントフィー）を支払うことを約する契約であるということができる。コミットメントライン契約一般について法律上の定義はないが、特定融資枠契約に関する法律2条では、同法にいう「特定融資枠契約」を「一定の期間及び融資の極度額の限度内において、当事者の一方の意思表示により当事者間において当事者の一方を借主として金銭を目的とする消費貸借を成立させることができる権利を相手方が当事者の一方に付与し、当事者の一方がこれに対して手数料を支払うことを約する契約」と定義されている。[164]

このようにコミットメントライン契約は、融資契約そのものではなく、融資枠内で融資契約を成立させる権利を設定する契約であり、個々の融資自体は、別途の意思表示により個別に金銭消費貸借契約が成立することになる（従来の当座貸越や証書貸付け等の形式が利用されることも多い）。法所定の特定融資枠契約では、当事者の一方である借主のみが有する予約完結権行使により金銭消費貸借契約が成立することになる（民法559条・556条）。

コミットメントライン契約は、取引先側の単なる資金需要のみならず財務政策上のニーズと金融機関側の手数料収入、財務政策等のメリットが合致して急速に契約数、契約金額（極度額）が増加している。

(2) 特定融資枠契約に関する法律

コミットメントライン契約については、金融機関が受け取る手数料（コミットメントフィー）[165]について、利息制限法、出資法のみなし利息該当性が問

---

[164] 正確には、そのうち借主が契約締結時に特定融資枠契約に関する法律2条1項各号に掲げる者である契約である。

題となっていた。手数料率自体は低くても、実際に借り入れる金額が少額の場合には、本来の利息と合算して上限金利を超過する可能性があるからである。融資をコミットする対価として手数料を受領すること自体は合理的であるにもかかわらず、みなし利息該当性、上限金利超過リスクのためにコミットメントライン契約の普及が妨げられることは妥当ではないことから、平成11年3月、特定融資枠契約に関する法律の制定により立法的に解決が図られた。同法は、同法2条所定の契約（特定融資枠契約）に係る手数料については、利息制限法、出資法のみなし利息に関する規定は適用しないものとしている。これは、みなし利息該当性に関する疑義を払拭してコミットメントラインの普及による企業の資金調達の機動性を図る（特定融資枠契約に関する法律1条）と同時に、対象を一定の規模を有する企業等に限定することにより[166]、弱い立場の借主について、利息制限法、出資法の潜脱行為が行われないように調和を図ったものである[167]。もっとも、特定融資枠契約に関する法律が適用にならない借入人との関係では、なおこの問題が残っており、合理的な整理が必要である。

---

165 コミットメントフィーには、融資枠の極度額から現実の融資実行額を控除した未利用部分の金額に約定の料率を乗じて算出するもの（狭義のコミットメントフィー）と現実の融資実行額にかかわらず極度額全体に料率を乗じて算出するもの（ファシリティフィー）があるとされる。

166 対象となる会社等は、法律制定時より拡大されている（特定融資枠契約に関する法律2条1項1号ないし6号）。

167 揖斐ほか・前掲論文（注104）13頁等参照。

第6章　担保・保証

I　担保の基本

1　意義と特徴

　銀行が取引先に対して融資を行う場合、取引先の信用力（資産・収益・業界環境等）や、融資金の資金使途、返済原資等を確認し審査する。審査の結果、返済の見込みが不確実であれば、そもそも融資を行わないのが通常である。しかし、返済確実だと考えて融資をしても、取引先の業況の変化や不慮の事故等により、取引先が任意に債務の弁済を行うことができない事態が生ずることがある。このような場合には、銀行は取引先に対する債権を強制的に回収する手段をとることができる。貸出金を強制的に回収する手段には、貸金返還請求訴訟を提起し勝訴判決を得る等の方法により債務名義を得たうえで強制執行をする方法、および裁判所に対して破産手続開始の申立てを行う等の法的整理手続による方法がある。

　このように、債務者が任意に債務の履行を行わない場合には、強制的に回収する手段が債権者に保障されているが、一般に債務者が債務の履行を任意に行わない場合というのは、債務者の財産状態が悪化し、債務者の一般財産のみでは債務の総額を弁済することが不可能である場合がほとんどである。この場合、銀行はその債務者に対する債権の総額を回収することができない事態が生ずることとなる。たとえば、強制的に回収する手段として破産手続開始の申立てを選んだ場合には、銀行は破産債権者として他の破産債権者とともに、原則として破産財団からその債権額に応じた按分額の配当を受ける

ことができるにとどまる。また強制執行を選んだ場合でも、強制執行の目的となった債務者の一般財産に対して、通常他の債権者も強制執行を行うため、目的物の処分価額が債権の合計額に満たない場合にはやはり按分配当となり、銀行は債権の総額の回収をできない。すなわち、債権には、他の債権者よりも優先するという優先的効力や、自らの債権のみを主張して他の債権者を排斥する排他的効力は認められず、また債務者の財産にしか強制執行できない（債権の相対性）という点で、回収の面からみればそれほど強い権利ではない。

したがって、銀行としては、強制的に回収する手段が債権者に保障されているとはいえ、これのみに依存するのは危険であるといえる。そのため、融資に際してより確実に債権の回収を図る手段を講じておくことが必要となる。この手段の1つとなるのが担保である。

担保は、人的担保と物的担保に分けられる。前者の主たるものは保証であり、債務者以外の第三者（保証人）に債務を負担させることにより、債務者の一般財産に加えて、保証人の一般財産をも債権の引当てとすることを目的とするものであり、債権者と保証人間の契約により成立する。これに対して、後者は債務者または第三者（物上保証人）の財産を直接的に債権の担保に充てる方法であり、民法その他の法律に規定されている担保物権（典型担保）のほか、権利取得型担保等（非典型担保）がある。保証については、本章Ⅵ、Ⅶで詳述することとし、Ⅰでは以下物的担保について述べる。

2 種　類

(1) 担保の目的物の種類

法律上は、譲渡が可能で交換価値のある財産は、どのようなものでも担保の目的物とすることができるが、金融実務上、担保として望ましいと考えられるのは、次のような諸条件を満たすものである。

① 担保価値の評価がしやすいこと
② 担保価値が安定していること
③ 担保取得後の管理がしやすいこと

④　担保処分が容易なこと

　もっとも、常にこのような条件を満たす担保があるとは限らないから、実際にはこのような条件も考慮したうえで、できるだけ適当なものを担保として受け入れることになる。

(2)　担保物件の種類

　担保権には、後述のとおり質権や抵当権等があるが、それらの目的となりうる担保物件の例を以下列挙する。

(ア)　不動産

　不動産は、土地、建物ともに一般に担保として最もよく利用される。その中で、工場の土地、建物を目的とする抵当権の効力については、工場抵当法に特別の定めがなされている。

　このほか、立木ニ関スル法律による登記立木（樹木の集団）や、特別法による各種財団（工場財団・鉱業財団・漁業財団・観光施設財団等の不動産財団、鉄道財団・軌道財団等の物財団）は、1個の不動産あるいは物とみなされ、立木抵当や財団抵当の目的物となる。

(イ)　動　産

　動産も担保の目的物となるが、その利用は不動産ほど多いとはいえない。動産は、単体で担保とする場合のほか、多数の動産を1個の集合物として担保とする場合もある（在庫商品の譲渡担保等）。また、船舶、航空機、自動車等、登記・登録の制度のある動産については、特別法により動産抵当の目的とすることができる。

　その他、船荷証券、倉荷証券、荷物引換証等の有価証券に表章される動産は、有価証券の取得を通じて担保とすることができる。

(ウ)　有価証券

　株式、手形、公債、社債等の有価証券も、よく担保として利用される。なお、本章Ⅲで概説する有価証券電子化の影響について、留意が必要である。

(エ)　指名債権

　有価証券化されていない一般の債権（指名債権）で、金銭の支払いを内容

とするものも、担保として利用される。預金債権がその典型であるが、記名式信託受益権、損害保険金、入居保証金、工事請負代金、売掛金等の債権も、利用されることがある。

　　(オ)　その他

以上のほか、地上権、鉱業権、採石権、工業所有権、著作権、ゴルフ会員権等特殊な権利も担保として利用されることがあるが、例としては多くない。

　(3)　**担保権の種類**

　　(ア)　約定担保権と法定担保権

担保に関する最も基本的な法律は民法だが、民法は担保権として、留置権、先取特権、質権、抵当権の4種類を定めている。

このうち留置権と先取特権は、一定の債権について法律上当然に成立が認められるもので、法定担保権といわれる。これに対し質権と抵当権は、当事者の契約によって成立するもので、約定担保権といわれる。

留置権と質権は、目的物を留置する効力（留置的効力）を有するが、先取特権と抵当権はそれを有しない。民法は、法定担保権のうち留置的効力を有するものを留置権、ないものを先取特権とし、約定担保権のうち留置的効力のあるものを質権、ないものを抵当権とし、これらはいずれも他人の物を担保目的の範囲内で直接に支配する物権（制限物権）として規定されている。

しかし、実務では、担保目的でありながら、目的物の所有権そのものを取得しようとする所有権取得型の担保権もある。譲渡担保権や仮登記担保権がそれで、これらも契約によって成立するものであるから、約定担保権の1つと考えることができる。

なお、実務では、事実上の担保と称して、債権の優先回収に事実上利用しているものもある。占有物の取立て・処分権の特約や、代理受領、振込指定等の方法だが、これらは前述のような正式の担保権とは異なり第三者対抗要件を欠くものの、実務上相応の利用価値をもつ。

　　(イ)　約定担保権の種類

　(A)　質　権

質権は、目的物を占有し、かつ目的物から優先弁済を受けることができる約定担保権で（民法342条）、譲渡可能なものであれば、原則としてどのようなものにでも設定できる（同法343条・362条1項）。ただし、財団抵当や動産抵当の設定できるものなど、特別法により質権設定が禁じられているものもある。

　質権の基本的特徴は、目的物の占有を設定者から剝奪し、質権者に移すことである。そのため、民法は、質権設定を当事者の合意のみでなく、原則として目的物の引渡しも要する要物契約とし（民法344条）、設定者による目的物の代理占有を禁止し（同法345条）、また質権者は目的物を留置できるとしている（同法347条）。もっとも、無形の債権を目的とする債権質等では、目的物の留置といってもほとんど意味がないため、民法は証券的債権以外の債権を質権の目的とするときには、債権の証書があるときでも、証書の交付を質権設定の効力発生要件とはしないこととしている（同法363条）。

　質権を第三者に対抗するための要件は、その目的物の譲渡の場合の第三者対抗要件とほぼ同じで、たとえば不動産では登記（民法361条）、指名債権では第三債務者への確定日付ある通知または承諾（同法364条）とされているが（なお、法人の設定する債権質については、動産・債権譲渡特例法14条1項により、債権譲渡登記ファイルに質権設定登記を行って第三債務者以外の第三者に対する対抗要件を具備するという方法もある）、動産では目的物の継続占有（民法352条）とされている。

(B)　抵当権

　抵当権は、目的物の占有を移さないで、目的物から優先弁済を受ける権利のみ認められる約定担保権である（民法369条）。抵当権は、債権者と目的物の所有者の合意のみで成立し、質権のように目的物の引渡しは要しない。したがって、債権者にとっては担保物を保管する必要がなく、また設定者にとっても引き続き担保提供した目的物の使用・収益ができるという点で、有利性がある。

　しかし、担保物が設定者の手元にとどめられるということは、外見上、抵

当権の存在が第三者には明らかではないから、それを公示する制度が必要となる。したがって、抵当権は登記・登録によって公示できるものについてのみ成立が認められ、それによって公示することが第三者対抗要件とされている。

　民法は、不動産のほか、地上権、永小作権にも抵当権が設定できるとしているが（民法369条）、前述のように財団抵当や動産抵当等、特別法により抵当権の設定が認められているものもある。

　なお、抵当権には、特定債務を担保する普通抵当権（民法369条）のほか、一定範囲に属する不特定債権を担保する根抵当権（同法398条の２）があるが、これは被担保債権の範囲ないし性質による区別であって、抵当権に特有のものではない。したがって、他の約定担保権でも根質権、根譲渡担保権等の根担保権を設定することは、当然許容される。

(C)　譲渡担保権

　譲渡担保は、債権担保のために目的物を債権者に譲渡し、弁済があった場合にそれを返還するという形式の担保権で、当事者の合意によって成立する。

　第三者対抗要件は、目的物の本来の譲渡の場合の第三者対抗要件と同様であるが、動産の譲渡担保の場合は質権と異なり、占有改定により、設定者に目的物の代理占有をさせてもよいと解されている。なお、法人がする動産の譲渡については、動産・債権譲渡特例法により、登記によって対抗要件を備えることができる。

　譲渡担保権は、民法に明文のある担保権ではないが、判例が古くからこれを認め、今日では、理論構成についてはともかく、その担保権としての効力自体を否定する考え方はみられない。

(D)　仮登記担保権

　仮登記担保権は、金銭債権担保の目的でなされた代物弁済の予約、停止条件付代物弁済契約、その他の契約による所有権の移転等につき、あらかじめ仮登記や仮登録をしておく形の担保権である。抵当権の単なる仮登記等のことではない。

(ウ) 法定担保権の種類

　法定担保権には、前述のとおり留置権と先取特権がある。

　先取特権（民法306条以下）は、一定の債権を保護するため、債務者の総財産あるいは特定の財産のうえに特別の優先弁済権を認めるもので、占有を伴わない点では抵当権に類似している（同法341条参照）。

　留置権には、民事留置権（民法295条）と商事留置権（商法31条・521条・557条、会社法20条等）があるが、金融取引で特に重要なのは、商事留置権のうちの商人間の留置権（商法521条）である。

　民事留置権は、他人の物の占有者がその物に関して生じた弁済期にある債権を有するとき、その物を留置できる権利である。これに対し商事留置権（商人間の留置権）は、商人間の商行為によって生じた債権が弁済期にあるとき、債務者との商行為によって占有を取得した債務者の物または有価証券を留置できる権利である。すなわち、商人間の留置権には、債務者の所有物であることおよび商行為によって占有を取得したものであることという制限があるが、債権と留置物との間に牽連関係を要せず、その及ぶ範囲が民事留置権より一般に広い。

　民事・商事留置権は、債務の弁済を受けるまで目的物を留置できるが、留置物の取立て・処分権はなく、また、競売権はあるが（民執法195条）、優先弁済権はないと解されている。しかし、商事留置権については、債務者破産の場合、特別の先取特権とみなされて優先弁済権が付与され、別除権として保護を受けるほか（ただし、留置物に他の特別先取特権があるときはそれに劣後する。破産法66条）、会社更生の場合は、更生担保権として保護される（会更法2条10項）。

　銀行実務では、債務者が債務不履行に陥った場合、銀行の占有する債務者の動産・手形その他の有価証券は、銀行において取立て・処分し、債権の弁済に充当できる旨、銀行取引約定書等で特約しているのが通常である。これは、目的物に商事留置権が成立するか否かにかかわらず適用されるものだが、それが成立しない場合には事実上の担保的機能が認められ、また成立する場

合には留置物に関する任意処分特約の意味を有するものと解される。

なお、商事留置手形の債務者の破産手続開始決定後の留置的効力について判例は、①手形の商事留置権は、債務者の破産手続開始決定後も留置権能を有し、破産管財人の返還請求を拒むことができる、②債務者の破産手続開始決定後、銀行は留置権能と優先弁済権が認められる商事留置手形を、銀行取引約定書4条4項の特約に基づき手形交換で取り立て、破産者に対する債権の弁済に充当することができるとしている（最判平成10・7・14民集52巻5号1261頁）。

3　銀行取引実務における担保契約の特色・留意点

(1) 担保権設定契約証書

担保権設定契約は、一般に要式行為ではないから、法律上は必ずしも契約書の作成を要するものではないが、銀行取引実務では契約書を作成するのが原則である。これは、担保権設定契約の成立と特約事項を明確化するためである。

なお、要物契約とされる質権設定等では、このほかに目的物の引渡しも受け、手形等裏書を要するものについて裏書も受けることとなる。

(2) 被担保債権

銀行取引では、約定担保権でも事実上の担保権でも、被担保債権を特定しない根担保とすることが極めて多く、実際そのほうが一度設定した担保権を繰り返し利用できるという利点がある。

なお、根抵当権については、民法で極度額の定めを要することとなっているが（民法398条の2第1項）、他の根担保権の場合は、その定めは必ずしも必要ではない（担保物の価額が事実上の限度となる）。

(3) 第三者対抗要件の充足

約定担保権では、成立要件のほか、第三者対抗要件がある。これは、担保権と担保物の種類によって、登記・登録、目的物の占有、第三債務者への確定日付ある通知・承諾等さまざまなものがあるが、いずれにしても、これを

完全に充足しなければ、担保物の価値を十分に把握したことにならない。

実務では、種々の事情から設定契約のみを行っておいて対抗要件具備を留保するケースがあるが、そのような場合に設定者が支払停止等に陥ると、その後で対抗要件充足行為をしても詐害行為とされたり、否認の対象とされることもあり（破産法164条）、また知らない間に目的物が処分あるいは差押えされてしまう危険もあることは、十分認識する必要がある。

(4) 担保契約時の留意点

(ア) 一般的注意事項

担保権設定契約は、債権者と目的物の権利者を当事者とするものであり、契約にあたっては、権利者本人の確認、権限の確認、意思の確認等が必要となる。これを怠ると、担保権設定が無効とされたり、無効とされないまでもその効力をめぐって紛争が生じるおそれがある。本人の実印や印鑑証明書があるからといって、それだけで正当な権限ある者と取引したとみなされるわけではない。

(イ) 個人を相手方とする場合

個人を相手として担保権設定契約をする場合は、未成年者、成年被後見人、被保佐人、民法17条1項の審判を受けた被補助人でないかを一応確認し、制限能力者であるときは法定代理人（未成年者・成年被後見人の場合は、親権者・後見人）に代理させ（民法824条・859条）、あるいは保佐人・補助人（被保佐人・被補助人の場合）の同意を得る（同法13条・17条）等の対応が必要となる。

なお、これらの制限能力者が法定代理人や保佐人・補助人のために担保提供をする場合のように、利益相反行為に該当するときは、家庭裁判所に特別代理人（未成年者・成年被後見人の場合）や臨時保佐人・臨時補助人（被保佐人・被補助人の場合）を選任してもらい（ただし、後見監督人がある場合は同人と契約し、保佐監督人・補助監督人がある場合は同人と契約するかその同意を得る）、利益が相反する法定代理人や保佐人・補助人を除外して契約しなければならない（民法826条・851条4号・860条・876条の2・876条の3・876条の

7・876条の8）。

(ウ) 法人を相手方とする場合

　法人を相手として担保権設定契約をする場合には、権限や意思の確認は代表者について行うが、法人が担保権設定契約をすることについて、法令、定款、寄附行為等に制限があることもあるので、注意が必要となる。

　たとえば、宗教法人が不動産または財産目録に掲げる宝物を担保提供するには、規則で定める手続（定めがない場合は責任役員の過半数で決める）を経るほか、その行為の少なくとも1カ月前に、信者その他の利害関係人に対しその要旨を示して、その旨を公告しなければならず、境内建物もしくは境内地である不動産または財産目録に掲げる宝物について、この制限に違反する担保提供がなされた場合には、原則としてそれは無効とされる（宗教法人法24条）。

　その他、このような制限が直接明文にない場合でも、公益法人では、担保提供がその法人の事業遂行上何ら必要な行為と認められないときは、定款や寄附行為に定める法人の目的の範囲外の行為として無効とされる懸念もある。

　これに対し、営利法人である会社は、担保提供が法人の目的の範囲外として無効とされることはまずないと考えられる。しかし、株式会社が重要な財産の処分をするには取締役会の決議を要し、これに違反する行為については相対的無効と解されている（最判昭和40・9・22民集19巻6号1656頁）。なお、株式会社と取締役の利益が相反する担保提供については、取締役会の承認を要するとされ、この制限に反した場合も相対的無効と解されている（最判昭和43・12・25民集22巻13号3511頁）。相対的無効とは、その行為自体は無効であるが、相手方が取締役会の承認がないことにつき悪意（重過失も含むと一般に解されている）であることを会社側が主張・立証したときに限り、相手方にその無効を主張しうるというものである。したがって、銀行としてはその承認を証する書面を受入れしておく必要は必ずしもないが、利益相反行為に該当することが明白な担保権設定の場合には、その承認を証する書面を署名者全員の印鑑証明書付きで添付しないと、担保権設定登記を受けられない。

II 預金担保

1 はじめに

　預金債権は、指名債権（証券的債権以外の一般の債権で、債権者が特定されている債権）の1つであり、譲渡（譲渡担保）・質入れなどによって担保の目的とすることができる。これには、担保権設定者が担保権者に対して有する預金債権を担保とする場合（自行預金担保）と、第三者に対して有する預金債権を担保とする場合（他行預金担保）とがあるが、実務ではそのほとんどが自行預金担保であるので、以下、自行預金担保について述べる。

2 担保設定手続

　預金担保は、実務でも極めてよく利用されているが、担保権者が自己に対する債権を担保権の目的とするという点で、指名債権担保の中では異例のものである。判例・通説は、このような自己に対する債権も、客観的価値を有する以上、当然に担保取得可能としている。一方、これを譲渡担保の目的とすると、債権・債務の混同により預金が消滅する（民法520条）という見解もあるため、実務では質権で担保取得しているのが通常である。

　自行預金に質権設定を受ける場合には、預金者から預金担保差入証に届出印（あるいは届出署名）により記名・捺印（署名）を受けるとともに、預金証書・通帳の差入れも受ける（民法363条）。そして実務上、預金者には担保品預り証を発行する。

　預金担保には、債務者本人提供の場合と、第三者提供（物上保証）の場合があるが、後者の場合、物上保証人は預金元利金を限度として債務者と連帯して保証債務を負担する旨、預金担保差入証で特約されているのが通常である。これは、物上保証人の担保預金に差押え等があった場合でも、保証債権による相殺をもって対抗できるようにするためである。

なお、総合口座の定期預金については、以上とは異なり、総合口座取引規定の中にその取引による貸越金の担保とする旨の約定があり、預入れがあれば所定の順序で自動的に質権設定がなされることになっている。

3 対抗要件と相殺

一般の指名債権質では、それを第三債務者その他の第三者に対抗するためには、まず第三債務者への通知・承諾が必要であり、第三債務者以外の第三者に対抗するためには、さらにその通知・承諾に確定日付も要するものとされている（民法364条・467条1項・2項。なお、法人の設定する債権質については、動産・債権譲渡特例法14条1項も参照）。

しかし、質権者自身が第三債務者である自行預金質の場合は、質権設定契約があれば当然、第三債務者の承諾はあるものといえるから、別に通知・承諾は不要であり、確定日付も、この場合は預金担保差入証にあれば足りると解される。

ところで、今日の銀行実務では、この確定日付の取得はほとんどの場合省略している。これは、自行預金に差押え（仮差押え、差押え・転付命令、滞納処分による差押え等を含む）があっても、それ以前に取得した反対債権による相殺は、民法511条の反対解釈により、すべて差押債権者に対抗できるという現在の判例理論（最判昭和45・6・24民集24巻6号587頁）からすれば、質権をもって第三者に対抗する実益はあまりないと考えられるからである。物上保証人預金の場合でも、担保提供者に連帯保証債務を負担させて相殺ができるようにしていることは前述のとおりである。

III 有価証券担保

1 有価証券担保とは

有価証券は、財産権を表章する証券であって、その財産権の発生、行使あ

るいは移転が証券をもってなされるものと説明される。証券に表章される財産権には、金銭債権（手形・小切手、公社債等）、株式会社の社員たる地位（株式）、物品の引渡請求権（船荷証券、貨物引換証等）、その他さまざまなものがある。

いわゆる有価証券電子化、社債、株式等の振替に関する法律に基づく振替制度の導入により、現在では、上場株式のすべて（日銀出資証券を除く）と振替制度開始時期以降に発行された新発債のすべてが振替制度で取り扱われており、証券は発行されていない。振替制度で取り扱われる有価証券については、譲渡や担保権の設定等の権利の移転、行使は、証券の交付ではなく、「振替」により行われる。

本節では、以下、振替制度の適用による有価証券電子化の概要、影響について概説したうえ、実務で利用の多い手形、公社債、株式の担保取得について述べる。

2　有価証券電子化の影響

(1)　有価証券電子化の経緯

わが国では、証券市場を国際的に魅力あるものとするとの目的で、そのインフラである証券決済制度の安全性や効率性に対する信頼性を高めるために、「証券決済制度改革」と呼ばれる一連の改革が行われてきた。その内容は、CP、社債券、株券等の有価証券の種類にかかわらず、共通のルールの下で証券決済が行われるような統一的な証券決済法制を構築し、券面（有価証券）を必要とせずペーパーレスで権利移転が行えるようにし、新規発行、譲渡等の迅速化を図り、決済リスクを削減すること等であった。

この目的の下で、平成14年4月のCPの電子化を皮切りに、平成15年1月に国債が、平成18年1月に地方債、社債が、平成19年1月に投資信託が電子化された。そして、平成21年1月に株式が電子化されたものである。すなわちこのとき、上場会社はすべて一斉に株券不発行会社となり、かつ株券電子化、つまり振替制度の利用会社となった。同時に、発行済株券はすべて無効

となった。

(2) 振替制度と有価証券担保実務への影響

振替制度とは、有価証券の譲渡や担保設定等の権利移転を、有価証券の現実の引渡しによってではなく、振替口座簿上の記録（振替）によって行う制度である（社債、株式等の振替に関する法律。以下、本節において「振替法」という）。

振替制度は、振替機関と呼ばれる株式会社証券保管振替機構を頂点として、振替機関または口座管理機関に、口座管理機関が口座を開設するという形で構成される。加入者口座に記録がなされた振替社債等については、当該加入者が適法に権利を有するものとみなされ（振替法76条、143条等）、記録により権利推定効が働くこととなる。また、振替社債等を譲渡するときには、譲渡人たる加入者が口座管理機関に対して「譲受人である加入者の口座への振替申請」を行うことによって譲渡し、譲受人の口座に増加記録がなされなければ譲渡の効力は生じない（同法73条、140条等）。また、質権の設定についても、振替により質権者の振替口座簿の質権欄に増加記録がなされることによって担保権が成立することとなる（同法74条、141条等）。

現在では、上場株式のすべて（日銀出資証券を除く）と振替制度開始時期以降に発行された新発債のすべてが振替制度で取り扱われており、証券は発行されていない。証券が残存しているのは、これ以前に発行された既発債のみであり、公社債、株式担保取得においては、上記内容に対応した方法をとらなければならない。

3 有価証券担保の種類

(1) 手形担保

手形は、金銭債権を表章する有価証券だが、銀行で担保とするのは、商取引に基づいて振り出された手形（商業手形）であることから、商業手形担保とも呼ばれる。手形は、一般の貸付けの担保として利用することも可能だが、銀行実務で商業手形担保貸付けといえば、一般に商業手形担保を受け入れた

手形貸付けを意味する。この方法は、手形債権を流動化するに等しいものであり、経済的には手形割引と大きく異なるわけではないが、小口かつ多数の手形や信用不十分の手形等、割引に不適であると判断されるものについては担保を取得し、貸付けを行うことも多い。

　手形の担保取得方法としては、質権設定（裏書に「質入のため」等の記載をする）も可能だが、銀行実務では通常、譲渡担保（通常の譲渡裏書をする）の方法をとる。これは、質権では手形を他に譲渡したり、再担保として利用することができない（手形法19条1項ただし書、77条1項1号参照）という不便さがある一方、譲渡担保では、国税滞納処分の差押えに対しても、差押え前に担保取得したものである限り、すべて国税に優先する（国税徴収法附則5条4項）という利点があるからである。

　なお、商業手形担保貸付けでは、担保手形は期日に取り立て、その取立金をいったん別段預金等にプールして適宜貸付けの返済に充当するという処理がなされる（担保権は取立金にも及んでいる）。債務者が別途弁済をして手形を受け戻すことは、不渡りの場合等を除いて原則としてない。

(2) 公社債担保

　公社債は、発行者別に公債（国債、地方債）、社債（事業債、金融債）に分類され、また債券に債権者の氏名が記載されているかどうかで記名債と無記名債、債券（証券）が発行されているかどうかで振替債、現物債、登録債に分類される。

　振替債とは、振替法に基づき、有価証券の権利内容を振替口座簿の記録により定める振替制度の対象になる国債、地方債、社債等をいう。前述のとおり、振替制度開始時期以降に発行された新発債のすべてが振替債となっている。現物債は、「債券」という券面（紙）が発行されるもの、登録債は、所定の登録機関（日銀、銀行等）に登録され、債券が発行されないものをいうが、これらの形で残っているものは、基本的に振替制度開始より前に発行されたものに限られる。

　振替債の場合、担保権の設定は、合意と振替による担保権者口座の増加記

録により効力を生じ、かつ、その記録が第三者対抗要件となる（振替法74条、73条）。担保取得方法としては、譲渡担保と質権設定の2つがあるが、譲渡担保については担保権者口座における保有欄への記載または記録を、質権については質権欄への記載または記録を受ける必要がある。

国債が無記名現物債の場合、法律上動産とみなされ（民法86条3項）、担保権の設定は、合意と債券の引渡しによって効力を生じ（同法344条）、対抗要件は、譲渡担保では債券の引渡し（同法178条）、質権では債券の継続占有となる（同法352条）。登録国債の場合は、債券が発行されないから、譲渡担保は名義変更の登録、質権は質権設定の登録が必要となる（国債ニ関スル法律3条、国債規則37条）。

現物社債の場合、法律上動産とみなされ（民法86条3項）、担保権の設定は合意と債券の引渡しによって効力を生じる（会社法692条、687条）。質権の対抗要件は、債券の継続占有である（同法693条2項）。また、債券を占有していれば、譲渡担保権を適法に有するものと推定される（同法689条1項）。ただし、記名現物社債の場合は、社債原簿に取得者の氏名等を記載・記録しなければ発行会社に対抗できない（同法688条1項・2項）。登録社債の場合には、担保権の設定は合意によって成立するが、第三者対抗要件は、無記名登録社債では登録機関（旧社債等登録法2条、同法施行令1条参照）に備え付けられた登録簿への登録、記名登録社債では社債原簿へのその旨の記載または記録となる。

(3) 株式担保

会社法では、株券を発行するときには定款にその旨定めることができるとされ、株券不発行が原則とされている（会社法214条）。そして前述のとおり、上場会社はすべて株券不発行会社であり、その株式は振替制度で取り扱われる（振替株式）。

振替株式に対する担保権設定は、振替債の場合と同様に、合意と振替による担保権者口座の増加記録により効力を生じ、かつ、その記録が第三者対抗要件となる（振替法141条、140条）。担保取得方法としては、譲渡担保と質権

設定の2つがあるが、譲渡担保については担保権者口座における保有欄への記載または記録を、質権については質権欄への記載または記録を受ける必要がある。

　非上場会社では、株券不発行会社と株券発行会社とに分かれる。株券不発行会社の株式への担保権の設定は、担保権者と担保権設定者との合意により効力を生じ、その担保権者の氏名または名称および住所の株主名簿への記載・記録が第三者対抗要件となる（会社法147条1項、130条1項）。株券発行会社の株式への担保権設定は、担保権者と担保権設定者との合意と株券の交付によって効力を生じる。

　なお、株式担保は、その設定の態様により、略式担保と登録担保の2種類に分けられる。質権設定の合意と株券の交付のみの質入れを略式質といい（会社法146条2項）、第三者対抗要件は株券の継続占有である（同法147条2項）。一方、質権設定の合意と株券の交付に加え、質権者の氏名および住所を株主名簿に記載・記録する質入れを登録質という（同条1項）。これらと同様に略式譲渡担保（同法128条1項）、登録譲渡担保の区別がある。

　実務では、一般的には登録担保が利用されるのは稀で、略式担保として取り扱っている場合が通常とされる。振替株式を利用した株式担保では、略式質、登録質のいずれも利用可能となっており、質権の場合は原則略式質だが、質権者自らを株主として発行会社に通知するよう申し出た場合には、登録株式質として株主名簿に記載される。また、譲渡担保の場合は、株主名簿に担保権者が株主として記録されるのが原則である。

Ⅳ　債権・動産担保

1　意義と特徴

(1)　債権・動産担保の意義等

　法律上、譲渡が可能で交換価値のある財産は、どのようなものでも担保の

目的物とすることができる。しかし、金融実務上は一定の条件を満たすものを担保としているわけであるが、中でも従来からよく利用されてきたのは、土地・建物をはじめとする不動産や、預金、有価証券等であった。これは、その担保価値の評価の容易性や、第三者対抗要件の具備のしやすさ（登記による公示等）、あるいは差押えに対する相殺による対抗に関する判例理論等の存在によるものであると考えられる。また、指名債権について、たとえば入居保証金・敷金返還請求権や、火災保険金請求権等の特定の債権は担保として利用することも少なくなかったし、事実上の担保として、代理受領・振込指定（詳細後述）を利用することもあったが、不特定の売買代金・売掛金債権や賃料債権、商品、原材料等の動産については、担保として利用することは多くなかった。

　一方、バブル経済期の銀行による、不動産担保価値に偏った融資への反省や、債権の流動化に対する要請、動産・債権譲渡特例法の施行による対抗要件具備の容易化等により、担保目的物の多様化が図られ、預金債権以外の指名債権（たとえば売買代金・売掛金債権、賃料債権）や、その内容物が刻々と変化する在庫商品等集合動産に対する担保も利用されることが多くなってきたところである。

　なお、Ⅳでは以下特記のない限り、債権担保とは預金債権以外を目的物とする、指名債権担保として記述する。

　(2)　**債権・動産担保の特徴**

　　(ｱ)　**債権担保**

　指名債権は、債権者を特定することのできる債権であり、たとえば売買代金・売掛金債権、賃料債権、貸金債権、入居保証金・敷金返還請求権、診療報酬債権、給料債権、年金受給権、生命保険金請求権、損害保険金請求権、リース債権等が考えられる。譲渡禁止の特約がある債権や、年金受給権等のように法律で担保取得が禁じられている債権以外は、担保とすることが可能である。

　担保設定方法としては、質権設定、譲渡担保権設定が考えられ、その第三

者対抗要件はいずれも確定日付ある証書による譲渡人から第三債務者への通知、または第三債務者からの承諾である（民法364条・467条）。なお、法人がする債権の譲渡については、民法の定める方法によるほか、登記により対抗要件を具備することが可能である（動産・債権譲渡特例法4条）。

　　(イ)　動産担保

民法上、土地とその定着物以外の物はすべて動産とされるが、動産の中でも、登録を受けた自動車（自動車抵当法）、建設機械（建設機械抵当法）、航空機（航空機抵当法）等はそれぞれ特別法により抵当権の目的とされ、登記・登録が抵当権設定の対抗要件とされているが、これ以外の動産、たとえば商品、原材料、機械器具等について担保取得する場合には、質権設定、譲渡担保権設定によることとなる。

なお、債権担保と同様、法人がする動産の譲渡については、民法の定める方法（引渡し）によるほか、登記により対抗要件を具備することが可能である（動産・債権譲渡特例法3条）。

(3)　代理受領・振込指定

指名債権について譲渡・質入禁止の特約があり、しかも譲渡・質入れについて第三債務者の承諾が得られない場合には、正式な担保取得はできないため、事実上の担保として以下のような取扱いをすることがある。

　　(ア)　代理受領

代理受領は、債務者が第三債務者に対して有する金銭債権につき、債権者が代理人として受領する旨の委任を受け、期日にその取立てをして貸付債権の弁済に充当するという事実上の担保契約である。

代理受領では、事前に第三債務者に代金取立ての委任を受けている旨伝え、承諾を得ておくことが必要となるが、この際、担保目的であることも明示し、債務者や他の第三者に直接支払うことのないよう了解を得る。第三債務者が代理受領を承諾しても、債権自体が代理受領権者に移転するわけではないが、第三債務者が担保目的の代理受領であることを知って承諾に反する支払いをした場合には、代理受領権者に対して不法行為による損害賠償責任を負うと

解されている（最判昭和44・3・4民集23巻3号561頁）。もっとも、第三債務者の相殺権は当然に放棄したものとみなされるのではなく、また、代理受領権は第三者に対抗できる正式の担保権ではないから、目的債権が差押え等を受けた場合には、代理受領権を主張できない。

　(ｲ)　振込指定

　振込指定は、債務者が第三債務者に対して有する金銭債権の支払方法を債権者の本支店にある債務者の預金口座への振込みに限定し、その振込金を貸付金と相殺する事実上の担保契約である。

　振込指定は、債権者が積極的に取立権を行使するものではないが、担保目的であることを明示のうえ、対象債権の履行方法を限定することについて第三債務者の承諾を得て、その結果負担した債務（預金債務）を貸付金と相殺して回収を図るという構造は、代理受領と酷似している。特に、債務者の預金口座宛ではなく、銀行の特別の口座宛に直接振込みをさせる場合（振込方式の代理受領）は、代理受領といっても振込指定とほぼ差異はない。

2　債権担保

(1)　債権担保の設定

　債権担保は、質権設定、譲渡担保、代理受領、振込指定のいずれの方法でも可能である。債権について譲渡・質入禁止の特約があり、かつ譲渡・質入れについて第三債務者の承諾が得られない場合には、正式な担保取得ができないため、代理受領、振込指定等の事実上の担保によらなければならないこととなる。代理受領、振込指定については前述のとおりである。ここでは、指名債権の正式な担保取得について述べる。

　債権担保の設定手続は、銀行・担保提供者間の担保設定契約によって効力を生じ、確定日付ある証書による第三債務者に対する通知もしくは第三債務者による承諾、または登記によって第三者対抗要件を具備する。実務においては、担保設定意思を明らかにするため、担保差入証を受け入れる。

　担保差入証においては、まず対象債権を特定することが必要となる。対象

債権の金額を明記し、金額不明の場合には他の何らかの方法で債権を特定する。将来の債権であっても、その法律関係を特定することができ、債権の発生について蓋然性がある場合には、譲渡・質入れは可能であり、また電気・ガス等の供給契約のように、一定または不定の期間、定められた種類の物を一定の代金または一定の標準に従って定められる代金で供給する、いわゆる継続的供給契約も1個の売買契約であって予約ではないから、この継続的供給契約によって発生する将来の債権も譲渡・質入れできる。

(2) 集合債権担保・将来債権担保

担保目的の債権の残高が変動する、いわゆる集合債権担保や、将来の債権を担保とすることについては、近時判例が進歩を続け、基準を示している。最判平成11・1・29民集53巻1号151頁は、集合債権について「その発生原因や譲渡に係る額等をもって特定される必要がある」との基準を示し、将来債権についても「期間の始期と終期を明確にするなどして」債権が特定されるべきであるとしており、対象を特定することにより担保権は有効に成立するものと解される。また、当初具備された対抗要件の効力は、その後に具体的に発生する将来債権についても及ぶ（最判平成13・11・22民集55巻6号1056頁）とされている。

(3) 対抗要件

(ア) 対抗要件具備の方法

第三者に対する対抗要件の具備の手続は、確定日付ある証書による第三債務者に対する通知もしくは第三債務者による承諾、または債権譲渡の登記である。将来債権であっても、質権・譲渡担保の目的となること、当初具備した対抗要件は将来債権に対しても及ぶと解されることは前述のとおりである。

(イ) 債権譲渡登記制度

「債権譲渡の対抗要件に関する民法の特例等に関する法律」（平成10年6月12日法律第104号）の成立に伴い、指名債権譲渡の登記制度が導入され平成10年10月1日に施行された（なお、同法は平成16年に改正され、動産の譲渡の対抗要件についても登記による特例を認める「動産及び債権の譲渡の対抗要件に関

する民法の特例等に関する法律」として平成17年10月1日に施行された)。

債権譲渡登記制度は、法人がする金銭債権の譲渡等につき民法の特例として、民法の定める対抗要件具備方法に加えて、登記による対抗要件具備を可能とする制度である。法人が債権を譲渡した場合において、当該債権の譲渡につき債権譲渡登記ファイルに譲渡の登記がされたときは、当該債権の債務者以外の第三者については、民法467条の規定による確定日付ある証書による通知があったものとみなされ、この場合、当該登記の日をもって確定日付とする(動産・債権譲渡特例法4条1項。同法14条により債権質にも準用)。

3 動産担保

(1) 動産担保の設定

動産を担保取得する方法には、質権設定と譲渡担保がある。質権設定は質物を債権者に対して引き渡さなければならず(民法344条)、質権設定者による質物の代理占有が禁じられているため(同法345条)、質物を債務者の手元において利用させながら担保とすることはできない。よって、動産担保では譲渡担保を利用することが通常である。

譲渡担保は、担保の目的で物件の所有権を債権者に譲渡するものであり、債権が弁済されれば所有権を債務者(設定者)に返戻し、弁済がないときは債権者の手でこれを処分して回収にあてるものである。質権とは異なり、債権者に現実に引き渡す必要はないため、通常の所有権移転の方法をとる。

譲渡担保権設定契約を締結して占有改定(民法183条)による引渡しを受ければ、債務者の手元に目的物をおいて利用させながら、担保とすることが可能となる(動産抵当を実現できる)。

(2) 集合動産担保

債務者の所有する在庫商品等を一括して担保にとる、いわゆる集合動産担保に関しては、最判昭和54・2・15民集33巻1号51頁が、「構成部分の変動する集合動産についても、その種類、所在場所及び量的範囲を指定するなどなんらかの方法で目的物の範囲が特定される場合には、一個の集合物として譲

渡担保の目的となりうるものと解するのが相当である」とし、最判昭和62・11・10民集41巻8号1559頁は、構成部分の変動する集合動産を目的とする集合物譲渡担保権設定契約において、目的動産の種類および量的範囲が普通棒鋼、異形棒鋼等いっさいの在庫商品と、その所在場所が譲渡担保権設定者の倉庫内および同敷地・ヤード内と指定されているときは、目的物の範囲が特定されているものというべきであると具体的な特定の範囲を指摘して譲渡担保権の効力を認めている。

(3) 対抗要件

㋐ 対抗要件具備の方法

動産の譲渡担保は、動産の所有権移転行為であるから、対抗要件は引渡し（民法178条）であり、通常は占有改定（同法183条）の方法が利用される。

占有改定による引渡しによって、銀行は所有権の取得を第三者に対抗することができることとなるが、第三者がこれを債務者の所有物であると善意無過失で信じて譲渡を受ければ、即時取得（民法192条）によりその所有権を取得する。したがって、銀行としては、担保物件に銀行の所有物である旨の表示をして、即時取得を防ぐ方法を講じておく必要がある。

㋑ 動産譲渡登記制度

平成16年11月25日に「債権譲渡の対抗要件に関する民法の特例等に関する法律」が改正され、「動産及び債権の譲渡の対抗要件に関する民法の特例等に関する法律」が平成17年10月1日に施行された。この法律により、新たに動産譲渡登記制度が導入され、登記をすることで第三者対抗要件を具備することが可能となった。

動産譲渡登記制度は、法人が動産を譲渡した場合に、当該動産の譲渡につき動産譲渡登記ファイルに譲渡の登記がされたときは、当該動産について、民法178条の引渡しがあったものとみなされる（動産・債権譲渡特例法3条1項）。

V 不動産担保

1 意義と特徴

不動産は、土地・建物ともに一般に最もよく利用される担保物件である。不動産の上に設定することのできる担保権には、約定担保物権としては、抵当権（根抵当権を含む）、質権がある。また、権利取得型担保としては、譲渡担保や仮登記担保がある。不動産担保は実務上、ほとんどが抵当権（根抵当権）で行われている。

2 抵当権

(1) 設定契約・登記

(ア) 抵当権の意義

抵当権は、目的物の占有を移さないで、目的物から優先弁済を受ける権利のみが認められる約定担保権である（民法369条）。抵当権は、債権者と目的物の所有者の合意のみで成立し、質権のように目的物の引渡しは要しない。したがって、債権者にとっては担保物を保管する必要がなく、また設定者にとっても引き続き担保提供した目的物の使用・収益ができるという点で、有利性がある。

(イ) 設定契約

抵当権設定契約は、前述のとおり、債権者（抵当権者）と債務者または第三者（抵当権設定者）との合意のみにより成立する契約である。したがって、目的物の引渡しは効力発生要件にはならない。

(ウ) 被担保債権

1つの債権の一部のみを被担保債権とすることも可能（一部抵当）であり、また債権者が1人であれば、1人ないし数人の債務者に対する数個の債権を被担保債権として、1個の抵当権を設定することも可能である。ただし、抵

当権は特定の債権を担保するものであるから、被担保債権が存在しない場合には、抵当権を設定しても無効となる。

　将来の債権、条件付きの債権についても、債権発生の基礎となる具体的法律関係が存在する限り、抵当権を設定することができると解されている。保証人が将来取得する求償権を担保するための抵当権も、判例によって認められている。

　　㈐　第三者対抗要件

　抵当権は、登記をしなければ第三者に対抗することはできない（民法177条）。同一目的物に設定された複数の抵当権相互間の優劣は、登記の先後による（同法373条）。目的物の競売による換価代金は、まず第1順位の抵当権者の被担保債権に充当すべく配当され、残余があれば第2順位以降の抵当権者に配当されることとなる。

　登記の内容としては、必要的記載事項としては抵当権者、登記原因、被担保債権額、債務者の表示、合意が存するときに限った記載事項としては、利息に関する合意内容、債務不履行時の損害賠償に関する合意内容、債権に付随する条件の内容、民法370条ただし書（抵当権の効力の及ぶ範囲）に関する合意内容がある。

　(2)　抵当権の効力の及ぶ範囲

　抵当権の効力は、抵当地の上に存在する建物を別として、目的不動産に「付加して一体となっている物」（付加物）にも及ぶ。

　付加物には不動産の付合物（民法242条）も含むとされるが、不動産の従物（同法87条1項）も含むか否かについて、判例は否定的に解している。もっとも判例は、付合物の範囲をやや広めに解し、また抵当権設定当時の従物については主物の抵当権の効力が及ぶと解している（同条2項）。

　実務上注意すべきなのは、不動産の従たる権利、中でも借地上建物に設定された抵当権の、借地権に対する効力である。判例・通説とも、借地上建物の抵当権の効力は借地権にも及び、建物抵当権の登記があれば、そのことは第三者にも対抗できると解している。実務上、借地上建物を担保取得する場

347

合、対抗力ある借地権の価格を建物価格に加えて評価しているのは、この理由による。

　また、抵当権には先取特権の物上代位の準用がある（民法372条・304条）。これは、抵当権の効力を抵当不動産の価値代表物（売却・賃貸・滅失・毀損等によって設定者が受けるべき金銭等）まで拡張するものである。ただし、抵当権者は価値代表物の払渡し・引渡し前にこれを差し押さえる必要がある。判例によれば、抵当権者は抵当権実行中でも抵当不動産の賃料債権に物上代位でき（最判平成元・10・27民集43巻9号1070頁）、また、物上代位の目的となる将来発生すべき賃料債権が第三者に包括的に譲渡され第三者対抗要件が具備されたとしても、その前に登記した抵当権者はなお目的債権を差し押さえて物上代位権を行使することができるとされている（最判平成10・1・30民集52巻1号1頁）。

　ただし、物上代位するためには、抵当権者自ら差押えをなすことを要し（民法304条ただし書）、これに民事執行法の配当要求は含まれない（最判平成13・10・25民集55巻6号975頁）。また、物上代位による差押えの前に第三者が目的債権につき転付命令を得て第三債務者に送達されたときは、転付命令の効力は妨げられず、物上代位はなし得なくなる（最判平成14・3・12民集56巻3号555頁）。さらに、抵当不動産に転借人がいるケースでは、抵当権者は、賃借人を所有者と同視できるような場合は別として、賃借人が取得する転貸賃料債権については、原則として物上代位権を行使できないとされている（最判平成12・4・14民集54巻4号1552頁）。なお、抵当不動産の賃借人が賃貸人に敷金・入居保証金・貸金等の反対債権を有する場合、抵当権の物上代位による賃料差押えと賃借人の賃料相殺権の優劣について、最判平成13・3・13民集55巻2号363頁は、抵当権の効力が賃料債権に及ぶことは抵当権設定登記によって公示されていることを理由に、抵当権者が物上代位権を行使して賃料差押えをした後は、抵当不動産の賃借人は抵当権設定登記後に賃貸人に対して取得した債権を自働債権とする賃料債権との相殺をもって、抵当権者に対抗することはできない（賃借人・賃貸人間で差押え後に発生する賃料に

つき相殺予約をしていた場合でも同様）とした。ただし、敷金が授受された賃貸借契約の賃料債権につき抵当権者が物上代位権を行使してこれを差し押さえた場合、当該賃貸借契約が終了し目的物が明け渡されたときは、賃料債権は、敷金の充当によりその限度で当然消滅するとされ（最判平成14・3・28民集56巻3号689頁）、物上代位は優先できない結果となる。

(3) 被担保債権の範囲

優先弁済を受ける範囲は、設定契約において被担保債権とされた債権、つまり約定された被担保債権と利息・遅延損害金である。また、抵当権設定後に目的物に利害関係をもつ第三者（後順位抵当権者等）を保護し、目的物の剰余価値を把握するため、抵当権者が優先弁済を主張できる利息・遅延損害金は、最後の2年分の範囲に限られている（民法375条）。なお、この民法375条は、あくまでも後順位抵当権者等の保護が趣旨であることから、抵当権設定者および抵当不動産の第三取得者との関係においては、適用されないと解されている。つまり、抵当権設定者等は被担保債権の全額（元本およびすべての利息・損害金）を弁済しない限りは、抵当権は消滅しない。

(4) 抵当権の処分

抵当権も、目的物の交換価値を把握しているという点で1つの財産権であるから、これを処分することが認められる。民法は、以下の種類の抵当権の処分を認めている。

㈦ 転抵当（民法376条1項前段）

転抵当とは、抵当権者が、その抵当権をもって他の債権の担保とすることをいう。対抗要件は、抵当債務者、保証人、抵当権設定者、およびそれらの承継人に対しては、民法467条の規定に従った通知・承諾である（民法377条1項）。なお、転抵当権設定の通知・承諾があると、抵当債務者は転抵当権者の承諾を得ずに原抵当権者に弁済をしても、それを転抵当権者に対抗することはできなくなる（民法377条2項）。

(イ)　抵当権の譲渡・放棄および抵当権の順位の譲渡・放棄（民法376条1項後段）

　抵当権の譲渡・放棄および抵当権の順位の譲渡・放棄は、すでに抵当権を有する債権者が債務者の資金調達を助けて、新たな融資者に対して有利な条件を与えるため、自らがもっている抵当権の優先弁済の利益を、その新しい融資者に譲渡するような意味をもつ。抵当権の譲渡や放棄をする処分者と受益者との間の合意のみで行うことができ、他の債務者や他の抵当権者にはいっさい影響を与えない相対的なものであると解されている。

　一般債権者に対して行うのが「抵当権の」譲渡・放棄、後順位抵当権者に対して行うのが「抵当権の順位の」譲渡・放棄である。また、効果として、自らよりも相手方受益者のほうが優先する結果になる場合を譲渡、自らと相手方受益者が同順位になり、被担保債権額に応じて按分的に満足を受ける場合が放棄、となる。

　(ウ)　抵当権の順位の変更（民法374条）

　これは、複数の抵当権者が全員の合意によって、その順位を入れ替えることをいう。たとえば、A・B・Cという抵当権者が、1番抵当、2番抵当、3番抵当をもっていた場合に、その順位をB・C・A等というように入れ替えることをいう。

3　根抵当権

(1)　普通抵当権と根抵当権の異同

　普通抵当権と根抵当権では、実務では後者の利用が圧倒的に多い。最初に、普通抵当権と根抵当権との異同について簡単に説明する。

　現在の民法によれば、根抵当権は、設定契約で定める一定範囲に属する不特定の債権を極度額の限度で担保する抵当権とされている（民法398条の2）。つまり、根抵当権も抵当権の一種であり、特に明文のある場合を除き、一般の抵当権（普通抵当権）と同様の扱いを受ける。

　根抵当権が普通抵当権と基本的に異なるのは、上記の定義にも示されてい

るように、不特定の債権を担保するという点である。普通抵当権はある特定の債権を担保するものであるから、その債権が成立しなければ抵当権も成立せず、その債権が譲渡等により移転すればそれに随伴し、またその債権が消滅すれば抵当権も消滅する（抵当権の付従性）。これに対し根抵当権は、特定の債権のみを担保するものではないので、ある特定の債権の成立や移転・消滅に直接影響を受けない（民法398条の7・398条の8参照。付従性の否定）。

しかし、根抵当権も債権担保を目的とするものである以上、最後には被担保債権を特定する必要がある。そのため民法は、将来それを特定するに足りる客観的基準として、あらかじめ一定の被担保債権の範囲を定めておくことを要求し、また、根抵当権に元本の確定という概念を導入して、確定事由が生じたときには、根抵当権はその時点でその範囲内に属する債権のみを担保する特定債務担保に転化するものとし（民法398条の3）、同時に付従性も生じるものとした。

また、根抵当権があらかじめ定める極度額の限度で優先弁済権を有するとされているのは、根抵当権が不特定債務担保であるため、別途優先限度額を定めておくことにより、設定者や後順位担保権者等の利益を保護することが必要だからである。

以上をまとめると、確定前の根抵当権は、被担保債権を繰り返し発生させることができ、反復・継続する与信取引に利用できるという、普通抵当権とは著しく異なる特徴を有することになる。一方で確定後の根抵当権は、付従性を有するという点で、普通抵当権に酷似したものとなるが、この場合でも、優先弁済を受ける範囲は極度額を限度とするという点で、残存元本と最後の2年分の利息・損害金の合計額を上限とする普通抵当権（民法375条）とは異なるため、確定によって根抵当権が普通抵当権と全く同じものに転化するわけではない。

(2) 根抵当権の内容

㋐ 被担保債権の範囲

根抵当権は、前述のとおり、一定範囲に属する不特定の債権を担保するも

のであるから、設定契約でその範囲を定めておく必要がある。かつては、債務者が根抵当権者に負担するあらゆる債務を担保とする包括根抵当も存在したが、今日ではそれは認められない。

被担保債権の範囲の定め方として、民法は、①特定の継続的取引契約（たとえば「○年○月○日当座貸越契約」）、②一定の種類の取引（たとえば「銀行取引」「手形貸付取引」）、のほか、③特定の原因に基づき債務者との間に継続して生じる債権、④手形上・小切手上の請求権、の4つの方法を認めている（民法398条の2第2項・3項）。

銀行実務では、②の「銀行取引」による債権と、④の手形上・小切手上の債権の2つを被担保債権の範囲として定めている例が一般であり、これ以外の定め方をしているケースは少ない。これは、この定め方で実務上必要とされる範囲をほぼすべてカバーでき、また、あえてそれより狭くする必要もないからであると考えられる。

銀行取引による債権とは、客観的に銀行取引とされる与信取引等により取得した債権ということで、銀行取引約定書の差入れを受けたうえ、それに基づいて取得した債権という意味ではない。また、手形上・小切手上の債権を加えているのは、債務者が振出し・引受け等をした手形・小切手を銀行が第三者を通じて取得した場合（回り手形・小切手）、それは債務者との間の銀行取引により取得した債権には該当しないが、それも担保させようとするためである。ただし、回り手形・小切手債権については、債務者が支払停止等に陥った後、根抵当権者がいわゆる駆け込み割引等により被担保債権を不当に増加させる懸念もあるため、債務者の支払停止や法的整理あるいは抵当不動産の競売申立て等があった後に取得したものについては、原則として被担保債権から排除されることとなっている（民法398条の3第2項）。

なお、根抵当権者が銀行の場合、債務者との間の保証契約により取得した保証債権が、銀行取引による債権にあたるか否かについては、あたるとする最高裁判例がある（最判平成5・1・19民集47巻1号41頁。この事案は信用金庫取引に関するものであるが、銀行取引でも同様と解される）。

(イ) 極度額

根抵当権では、必ず極度額の定めが必要で、これを限度として、確定後の被担保債権の元本および利息・損害金の全部につき、優先弁済を受けることができる（民法398条の3第1項）。普通抵当権では、特定債権の残存元本および最後の2年分の利息・損害金に優先弁済権が制限されるが、根抵当権では制限はない。一方で、元本確定後において、確定元本債権が極度額を下回っているときは、設定者は、極度額を元本と2年分の利息・損害金の合計額まで減額するよう請求をすることができる（同法398条の21）。

また逆に、確定後の被担保債権総額が極度額を上回っているときは、物上保証人たる設定者や抵当不動産の第三取得者（債務者や保証人、停止条件付第三取得者を除く）は、極度金額を債権者に支払いまたは供託して根抵当権の消滅請求をすることができる（民法398条の22）。

(ウ) 元本の確定

根抵当権は、元本の確定によって特定債務担保に転化し、その債務に付従するものとなる一方で、その後に生じる元本（およびそれに付帯する債権）は全く担保されなくなる。また、根抵当権について当事者がなしうることも、確定前後で大幅な違いがある。

民法が規定する根抵当権の確定事由は以下のとおりである。

① 確定期日の到来（民法398条の6）
② 債務者・根抵当権者の相続開始（ただし、6カ月以内に相続人の合意の登記をした場合を除く。民法398条の8）
③ 債務者・根抵当権者の合併・会社分割を理由として設定者から確定請求があった場合（民法398条の9・398条の10）
④ 設定者から、設定後3年経過を理由とする確定請求があった場合（民法398条の19）
⑤ 根抵当権者が、抵当不動産の競売もしくは担保不動産収益執行または物上代位による差押えの申立てをし（ただし、競売開始もしくは担保不動産収益執行手続開始または差押えがあった場合に限る）、あるいは滞納処分

による差押えをした場合（民法398条の20第1項1号・2号）

⑥　根抵当権者が、第三者の申立てによる抵当不動産の競売開始、滞納処分による差押えを知った時から2週間を経過した場合（民法398条の20第1項3号）

⑦　債務者・設定者の破産手続開始決定（民法398条の20第1項4号）

　以上のうち、①の確定期日は、銀行実務では定めないのが通常である。②の合意の登記は、債務者または根抵当権者が死亡した場合に、根抵当権者またはその相続人と設定者（抵当不動産の所有者）との合意により、相続人の中から新たな債務者または根抵当権者を指定して登記するものであり、単なる債務者や根抵当権者の変更登記とは異なる。また、合意の登記をするときは、その前提として債務者または根抵当権者についての相続開始の登記も必要である。合意の登記が相続開始後6カ月以内になされたときは、根抵当権は確定せず、その根抵当権は相続開始前の債権とともに、相続開始後の指定債務者あるいは指定債権者との間で生じる債権も担保する。

　なお、債務者の共同相続の場合、合意による指定債務者たる相続人が他の相続人の相続に係る債務について免責的引受けをする例が多いが、合意の登記のうえ当該相続人に相続債務返済のための新規貸付けを行う場合と異なり、合意の登記のうえ免責的債務引受けをさせる場合には、引受債務は根抵当権の担保する範囲からはずれてしまうから（民法398条の7第2項）、それを再度担保させるには、さらに被担保債権の範囲の変更として、引受けした相続債務を追加登記しなければならないから留意が必要である。

Ⅵ　保証の基本

1　保証の意義と特徴

　保証とは、他人がその債務を履行しない場合に、その債務を他人に代わって履行するという合意をすることである（民法446条1項）。この保証は、人

的担保の典型例であるが、物的担保と並んで債権確保のために重要な機能を果たしている。そもそも担保というものは、金銭債務の履行を確実にするためのものであるが、本来、債権は債務者に対してのみしか主張し得ないところを（債権の相対性）、債務者以外の者に対しても請求できるようにしようとするものである。

本来の債務者以外の債務者を設定し、その保証債務者のすべての財産に対しても強制執行していくことができるとすれば、担保される被担保債権の履行がより確実となる。

これまでみてきた物的担保は、優先弁済的効力にその本質があるということができるが、保証債務の場合は、そのような優先弁済的効力がない代わりに、保証人のすべての財産を債権の引当てとすることができる。つまり、質権や抵当権が特定財産の価値をあてにした担保であるのに対して、保証債務は保証人の一般財産を担保にとることで主たる債務を担保することになる。

物的担保と比較すると、保証人の一般財産の程度によってその担保としての機能は変わってしまうことになるから不安定・不確実ではあるが、その設定が容易（特定の物との結びつきがないため、物の管理等が生じない）であるため、実務では非常に重要な役割を果たす。

保証人は、債務者が債務を弁済しない場合に弁済する義務を負うものであるが、この場合、債権者が主債務者に督促もせず保証人に請求してきたときは、保証人は、まず主債務者に請求をするように抗弁することができ（催告の抗弁。民法452条）、主債務者に請求をした後でも、主債務者に資力あることを証明したときは、まず主債務者の財産に対して強制執行をするよう抗弁することができる（検索の抗弁。同法453条）。実務では、このような対抗手段をとられたのでは、迅速な債権回収を図ることができないから、通常両抗弁権のない連帯保証の形で保証契約を締結している（同法454条参照）。

2　保証契約の締結

(1) 本人確認と保証意思確認

　保証契約は、保証人と債権者との契約であり、債務者と債権者の契約ではない。したがって、保証人から保証を受け入れるにあたっては、直接契約の相手方である保証人について本人確認と保証意思確認を行うことが重要となる。

(2) 保証人に対する説明責任

　保証契約を締結するに際しては、保証の意味や保証人の責任について十分に説明することが必要である。金融庁は、「主要行等向けの総合的な監督指針」の中で、保証契約締結時の説明についての着眼点として以下のような内容を規定している。

　「個人保証契約については、保証債務を負担するという意思を形成するだけでなく、その保証債務が実行されることによって自らが責任を負担することを受容する意思を形成するに足る説明を行うこととしているか」。

　「連帯保証契約については、補充性や分別の利益がないことなど、通常の保証契約とは異なる性質を有することを、相手方の知識、経験等に応じて説明することとしているか」。

　これら内容の説明に加え、この監督指針では、顧客から説明を求められた場合に契約締結の客観的合理的理由の説明を行う態勢が整備されているか、についても、監督にあたる着眼点としており、これらの説明を十分に行うことが求められている。

(3) 保証契約の締結

　保証契約は書面でしなければ効力を生じない（民法446条2項）。銀行取引においては、銀行であらかじめ印刷した保証書の所定欄または金銭消費貸借契約証書等の保証人欄に、保証人の署名捺印（あるいは記名押印）を求めることで、書面による保証契約を締結している。

　なお、保証契約はあくまで債権者と保証人との契約であるが、銀行が受入

れする保証書には主債務者の署名捺印も受け入れている。これは、保証が主債務者の委託によるものであることを主債務者に認識させるとともに、保証契約による特約事項も認識させることで主債務者の責任の自覚を促し、また保証人に対しては、誰の債務を保証したかを認識させるとともに、委託に基づく保証人として求償権が最も有利な扱いを受けられるようにしているものである。

(4) **経営者保証に関するガイドライン**

平成25年12月5日、一般社団法人全国銀行協会と日本商工会議所を事務局とする「経営者保証に関するガイドライン研究会」から、「経営者保証に関するガイドライン」が公表された。これは、中小企業の経営者等による個人保証（経営者保証）に関する中小企業、経営者および金融機関による対応についての自主的かつ自律的な準則として示されたものである。

本ガイドラインは、保証契約時等の対応として、①中小企業が経営者保証を提供することなく資金調達を希望する場合に必要な経営状況とそれを踏まえた債権者の対応、②やむを得ず保証契約を締結する際の保証の必要性等の説明や適切な保証金額の設定に関する債権者の努力義務、③事業承継時における既存の保証契約の見直し等について規定し、また、保証債務の整理の際の対応として、①経営者の経営責任のあり方、②保証人の手元に残す資産の範囲についての考え方、③保証債務の一部履行後に残った保証債務の取扱いに関する考え方について規定している。銀行は、本ガイドラインを遵守した取組みが求められているところであり、留意する必要がある。

3　保証の種類等

(1) **保証の種類**

保証には、「普通保証と連帯保証」、「民法上の保証と手形法上の保証」、「特定債務に対する保証と根保証」等の区別がある。なお、個人（法人以外であって、民法上の組合、権利能力なき社団も含む）が貸金債務（手形割引も含む）を主たる債務とする根保証契約を締結する場合には、「貸金等根保証契

約」として民法上の制約がある。

(2) 連帯保証

民法は、普通保証を基本形態とし、連帯保証はそれに連帯の特約を加えた特殊形態として規定している。しかし、債権者からすれば、連帯保証のほうがはるかに有利であるため、金融機関の受入れする保証は、(後述する手形保証は別として) ほとんどすべて連帯の特約を明示している。もっとも商法上は、主債務者の商行為によって生じた債務を保証するとき、または保証行為自体が商行為のときは、特約の有無にかかわらず連帯保証となるとしているから (商法511条2項)、これらに該当する場合には、連帯の特約は念のためのものにすぎない。

連帯保証は、次のような点では普通保証と共通の性質を有している。主債務が債務不履行とならなければ履行の責任を負わず、主債務が不成立あるいは弁済等により不存在となれば責任を免除され、また主債務者に対する履行請求その他の時効中断事由は保証人に対してもその効力が及ぶ (保証債務の付従性)。保証人の主債務者に対する求償権についても、両者の間に差異はない。

一方、連帯保証は、以下の点で普通保証とは異なる。

① 連帯保証人は、催告・検索の抗弁権がない (民法454条)。

② 連帯保証人が複数いても、分別の利益は認められない (大判大正8・11・13民録25輯26巻2005頁)。

③ 連帯保証人について生じた事由の主債務者に対する効力については、連帯債務の規定の準用がある (民法458条)。

①の催告の抗弁権は、債権者が保証人に請求した場合、まず主債務者に催告するよう要求できる保証人の権利である (民法452条)。また検索の抗弁権は、債権者が保証人に請求した場合、保証人が主債務者の弁済資力とその執行容易性を証明すれば、まず主債務者の財産に強制執行するよう要求できる権利である (同法453条)。これらの抗弁権は、普通保証人には認められるが、連帯保証人には認められず、主債務者が期限の利益を喪失すれば、債権者は

直ちに連帯保証人に対して請求してよいこととなる。

②の保証人の分別の利益とは、保証人が複数いる場合に（共同保証）、各保証人は債権者に対し頭割りで分割された額についてのみ保証債務を負担するという利益であるが（民法456条）、連帯保証人にはこの利益は認められず、債権者に対する関係では各自全額の履行責任を負うこととなる。

③の連帯債務の規定の準用については、実際上、準用の意味があるのは、連帯保証人に対する請求が主債務の消滅時効の中断事由となるという規定（民法458条・434条）のみであると解されており、また、主債務者との関係では連帯保証人には負担部分がないため、連帯債務の負担部分を前提とする規定（同法436条2項・437条・439条）の準用はないと解されている。なお、連帯保証人の債務承認は、主債務の消滅時効の中断事由とはならない（同法440条参照）。

(3) 手形保証

(ア) 手形保証の性質

手形保証人は、被保証人たる手形債務者と同一の責任を負う（手形法32条1項・77条3項）。これは合同責任といわれるものであるが（同法47条1項・77条1項4号）、連帯保証と共通する部分もある。すなわち、催告・検索の抗弁権や分別の利益がないと解されている。また、被保証債務が弁済、相殺、免除、時効等により消滅したときは手形保証債務も消滅するが、これは保証債務の付従性によるものである。

しかし、手形保証は、以下の点で連帯保証と異なる。

① 連帯保証は債権者と保証人との契約によって成立するが、手形保証は保証人の単独行為である（手形法31条・77条3項）。

② 連帯保証人は被保証債務が有効に成立しなければ責任を負わないが、手形保証人は被保証債務が、方式の瑕疵（手形要件を欠く等）を除き、いかなる理由で無効であっても責任を負う（手形法32条2項・77条3項）。

③ 手形保証の被保証債務の時効の中断の効力は保証人には及ばず、また保証債務の時効の中断の効力も被保証人に及ばない（手形法71条・77条

1項8号)。

④　手形保証では、強制執行のための債務名義取得を迅速にするため、手形訴訟を利用することができる（民訴法350条）。

この中で、実務上最も意味が大きいと考えられるのは、④の手形訴訟を利用できるという点である。すなわち、手形訴訟では被告の反訴が禁じられるため（民訴法351条）、争点を手形保証債権の有無のみに絞ることが可能であり、また証拠調べは書証に限り、第三者の証人尋問はできないという証拠制限があるが（同法352条）、これは被告の訴訟引き延ばし行為の防止に役立つものである。さらに、原告勝訴判決には必ず職権で仮執行宣言が付されるため（同法259条2項）、これにより手形所持人は、判決確定を待たずして直ちに差押命令等の強制執行に着手できることとなる（民執法22条2号）。

もっとも、連帯保証では保証人に対して被保証元本のほか、約定の利息・損害金も請求できる一方、手形訴訟では手形金額と年6％の割合による法定利息のみ請求できることとなるから（民訴法350条参照）、すべての点で手形訴訟のほうが有利であるというわけではない。

　(イ)　手形保証の方式

手形保証は要式行為であるから、手形法の定める方式で行わなければならない。しかし、その方式は簡単であり、通常の手形貸付けで手形債権に保証を受ける場合には、手形の表面に「保証人○○」と署名（記名捺印でも可）を受ければよい（手形法31条・77条3項）。また、被保証人の表示は、それがなければ振出人のための保証とみなされるから（同法31条4項・77条3項）、約束手形を用いる通常の手形貸付けの場合には、表示がなくてもかまわない。

(4)　根保証

　(ア)　根保証と特定債務保証

根保証は、一定の継続的取引関係のある当事者間において発生する現在および将来のいっさいの債務を保証するものである。これは、「○年○月○日付金銭消費貸借契約に基づき債務者が負担する債務金○○円及びそれに付帯する一切の債務」のように主債務が特定されている特定債務保証に対する概

念である。

　根保証については、民法上、保証人が個人であって主たる債務が貸金等債務である場合に、「貸金等根保証契約」として特則が置かれている。また、根保証と前述の連帯保証とは矛盾するものではないから、実務では、根保証についても連帯保証の特約を明示している。

　(イ)　**根保証の種類**

　根保証は、包括根保証と限定根保証に分類され、限定根保証はさらに、極度付根保証、期限付根保証、取引別根保証に分類することができる。また限定根保証は、極度・期限付根保証のように組み合わせることも可能である。包括根保証は、銀行取引等により発生する現在および将来のいっさいの債務を、金額・期間ともに限度を設けず保証するものである。従来、銀行取引では包括根保証が多くみられたが、保証人に過剰な負担を強いるものであるとして、「貸金等根保証契約」の定めが新設された（民法465条の2以下参照）。

　極度付根保証は、保証人が履行すべき金額に極度（限度額）を設けた根保証である。この極度の定め方には、債権極度と元本極度とがありうる。債権極度とは、元本、利息・損害金のいっさいを含めた限度額であり、この極度付根保証人は、いかなる場合もこの金額を超過して弁済する責任を負わない（最判昭和62・7・9金法1171号32頁）。これに対し元本極度とは、元本のみの限度額であり、この極度付根保証人は、極度内にある元本と、それに付帯する利息・損害金を加えた額を弁済する責任があり、結果としてその合計額が極度額を超えることもありうる。極度付根保証の極度がこのいずれか明示されていない場合は、原則として債権極度と解されるから、元本極度としたい場合には、その旨明示する必要がある（なお、貸金等根保証契約の場合は、債権極度として極度額を定めなければならない）。

　期限付根保証は、主債務の範囲を期間的に限定した根保証である。たとえば、主債務を「〇年〇月〇日までの取引によって生じた一切の債務」として定める方法がある。

　取引別根保証は、銀行取引等よりは狭い、ある一定範囲の取引において生

じる債務を保証するものである。具体的には、信用状取引約定書や当座勘定貸越約定書等の継続的な取引約定書に基づく債務およびその取引の範囲内において生じるいっさいの債務について、根保証人としての責任を負担するものである。

4 保証予約と経営指導念書

(1) 保証予約

保証予約とは、将来において保証契約の成立を約束する契約のことである。①予約完結権行使型保証予約、②停止条件付保証契約および③保証契約締結義務型保証予約の3種類が実務上考えられる。①は債権者による予約完結権の行使により自動的に保証契約が成立するとするもの、②は保証先の財政状態が悪化した場合等のある一定の事実の発生により自動的に保証契約が成立するとするもの、③は債権者から保証契約締結請求を受けた場合に保証予約人が契約締結義務を負うこととなる保証契約である。

保証予約で最も問題となるのは、保証予約人の預金が（仮）差押えを受けた場合、その後に保証債務を発生させる形となる①および③の場合である。この場合、民法511条により相殺が禁じられることとなるから、実務においては、差押命令の発せられたことを停止条件とする②で行うことが望ましい。

(2) 経営指導念書

経営指導念書とは、子会社等が金融機関から借入れをするに際して、親会社が経営指導を約束する趣旨で金融機関に差し入れるものである。しかし、その内容についてはさまざまな種類があり、単に道義的な責任について記載しただけのものから、保証であることを明示するものまで千差万別である。判例上、経営指導念書に基づく法的責任はいずれも否定されており、実務上は保証類似の効力はない（事実上の効果を期待しうるにとどまる）と考えておいたほうがよい。

5 信用保証協会

(1) 信用保証協会の業務

信用保証協会(以下、5において、単に「協会」という)は、信用保証協会法に基づき、中小企業者等に対する金融の円滑化を図ることを目的とし、中小企業者等が金融機関から貸付け等を受けるについて、その債務を保証することを主たる業務として設立された法人である(信用保証協会法1条・20条)。現在、各都道府県と横浜市、川崎市、名古屋市および岐阜市に51の協会が設立されている。

協会が保証を行う場合、金融機関との間で保証取引についての基本事項を規定した約定書を締結し、個別の保証については、主債務者から「信用保証委託契約書」を受け入れたうえ、金融機関に信用保証書を交付することによって保証契約が成立することとなっている。なお、これら約定書、保証委託契約書等は、全国信用保証協会連合会の定める約定書例等に準拠しているため、全国ほぼ共通である。

(2) 信用保証協会保証の性質

判例は、協会の保証について、通常の保証と何ら異なるものではなく、要件および効力については特約のない限り、民法の適用を受けるとしている(札幌高裁函館支判昭和37・6・12高民集15巻4号289頁)。

上記の判例の解釈からすると、協会の保証する主債務について、他にも保証人がいる場合、その保証人と協会とは、民法上の共同保証人の関係に立つこととなり、その間に何の特約もなければ、保証人相互間に頭割りの求償権関係が成立することとなる(民法465条)。その結果、その保証人が頭割りの負担部分金額を超えて保証債務の履行をした場合、その超過分については協会が求償権の行使を受けてしまうこととなる。また、逆に協会が保証債務を履行した場合には、負担部分を超える金額は求償できない。

そこで協会では、主債務について他にも保証人を付ける場合には、必ず信用保証委託契約書に連署させることにより、保証人相互間の求償権について

は信用保証協会の負担部分をゼロとし、協会が保証履行をして債権者に代位した場合は、主債務者に対するほか、保証人に対しても全額の求償ができる旨の特約をしている。

また、協会と金融機関との間の約定書では通常、協会の承諾なく協会保証付きの貸出金を既存の貸出金の回収に充当してはならない旨規定しており（これを一般に旧債振替禁止条項と呼ぶ）、貸主がこれに違反した場合には、協会はその限度で保証免責となる。旧債振替禁止条項違反の貸出しについては、原則としてその違反の限度で協会の保証債務自体が消滅し、協会はその部分について保証履行による求償権を借主・保証人に対して行使できないと解されている（最判平成9・10・31民集51巻9号4004頁）。すなわち、違反した金融機関が自ら回収しなければならないこととなる。

VII 貸金等根保証

1 意 義

金融機関が中小企業者に対して融資を行うに際しては、経営者やその親族、知人の保証を受け入れるにあたり、極度額や元本確定期日を定めない包括根保証が従来利用されてきた。しかし、保証契約が個人的恩義等により無償で行われることが一般であること、主たる債務に不履行が生じない限りその責任が顕在化しないこともあって、その契約内容について十分な理解をしないままに、安易に保証契約を締結してしまう事例が少なくなかった。したがって、保証債務の履行請求を受けて初めてその責任の重大さを認識する等、保証人にとって過酷な結果をもたらすことも多く、中でも包括根保証については、保証人が過大な負担を負うことになるとの指摘があったところである（もっとも、銀行取引では従来より経営者以外の第三者から包括根保証を受け入れることは少なく、保証債務の過酷な取立てを行っていたのは、悪質な一部金融業者であったものと考えられる）。

このような状況下、中小企業を取り巻く経済情勢の悪化もあり、保証人に対する過剰な保証責任追及に批判が高まり、包括根保証について法的な規制の必要性を訴える主張が有力となった。そこで、保証制度全般の見直しに関する検討が進められた結果、個人の包括根保証に制限を加える民法改正が行われ、平成17年4月1日より「貸金等根保証契約」（後述）の制度が施行されることとなったものである。

2　保証極度額

保証人が個人（法人以外。民法上の組合や権利能力なき社団も含む）で、主たる債務に貸金債務（手形割引による買戻債務も含む）が含まれる根保証契約（以下、「貸金等根保証契約」という）については、極度額を定めなければその効力を生じない（民法465条の2第2項）。この極度額は、いわゆる債権極度でなければならず、「主たる債務の元本、主たる債務に関する利息、違約金、損害賠償その他その債務に従たるすべてのもの及びその保証債務について約定された違約金又は損害賠償の額について、その全部に係る極度額」として定めなければならない（同条1項）。なお、この極度額についても当然、書面によらなければ効力を生じない（同条3項・446条2項）。

3　元本確定期日

(1)　元本確定期日の設定

貸金等根保証契約の元本確定期日については、根保証契約締結の日から5年以内でなければならないとされている（民法465条の3第1項）。また、元本確定期日が定められていない場合には、その期日は根保証契約締結の日から3年を経過する日となる（同条2項）。なお、5年を経過する日よりも後の日を元本確定期日として定めた場合にも、3年を経過する日が元本確定期日となる。

(2)　元本確定期日の変更

貸金等根保証契約において、元本確定期日を変更する場合には、変更後の

元本確定期日がその変更をした日から5年を経過する日より後の日となる場合には、その元本確定期日の変更は効力を生じない（民法465条の3第3項）。この点、変更契約自体が無効となる点に注意が必要である。ただし、元本確定期日の前2カ月以内に元本確定期日を変更する場合においては、変更後の元本確定期日が変更前の元本確定期日から5年以内の日となる場合は有効である。

4　元本確定事由

貸金等根保証契約における主たる債務の元本は、元本確定期日の到来をもって確定するが、それ以外にも、民法上以下の場合には貸金等根保証契約における主たる債務の元本は確定するとされている（民法465条の4）。

① 債権者が、主たる債務者または保証人の財産について、金銭の支払いを目的とする債権についての強制執行または担保権の実行を申し立てたとき。ただし、強制執行または担保権実行の手続の開始があったときに限る。　ここでいう債権者とは、貸金等根保証契約の債権者に限られ、他の債権者は含まれない。したがって、金融機関の貸出債権を保全する貸金等根保証契約である場合、金融機関自身が強制執行または担保権の実行を申し立て、その開始があった場合に専ら問題となる。ただし、通常金融機関が自ら強制執行等の手段をとるときには、すでに主たる債務の期限の利益を喪失させているのが一般であるから、この理由による元本確定後に新規貸出しや手形の書替えを行うことは、まず考えられない。

② 主たる債務者または保証人が破産手続開始の決定を受けたとき　根抵当権に関する民法398条の20第1項4号と同様の趣旨であり、法的整理手続であっても、破産手続以外の民事再生等の再建型手続の場合には、本条項の適用はないものと解される。根抵当権に関する元本確定事由では、破産手続開始決定があった場合でも、事後的にその効力が消滅しなかった場合には、元本が確定しなかったものとみなすとしているが（同条2項）、根保証にはこのような規定はない。

③　主たる債務者または保証人が死亡したとき　保証契約は、基本的には人的な信頼関係を基礎として締結されるものであり、債務者や保証人が死亡した場合には元本を確定させ、保証人の死亡後に行われた融資については保証人の相続人は保証債務を負わないことを明示したものである。なお、根抵当権においては、設定者の死亡は元本確定事由となっていない（民法398条の8）。

5　根保証人の解約権

　前述のとおり、包括根保証はその負担の大きさから、保証人の利益が不当に害されることにもなりかねないから、判例は従来より包括根保証に関してさまざまな制約を設けてきた。このうち、保証契約締結時には予測できなかった著しい事情変更が生じた場合の保証人の保証解約権については、貸金等根保証契約導入後の現在でも、引き続き認められるものと解される。

　判例には、融資先の資産状態が急速に悪化したというような保証契約当時予測不可能だった事情が発生した場合や、保証契約後すでに相当な期間を経過し保証の目的を達成したと解される場合には、保証人は直ちに、もしくは相当な期間をおいて、保証契約を解約できるとしたもの（最判昭和39・12・18民集18巻10号2179頁）、会社に対して融資をし、その役員の個人保証を根保証で受け入れた場合には、特約をしない限り、その役員の辞任により将来に向かって一方的に保証契約を解約できるとしたもの（大判昭和16・5・23民集20巻637頁）等がある。

第7章　債権の回収

I　弁　済

　金融取引における債権関係は、預金取引においては預金者が債権者であり銀行が債務者となり、貸金取引においては銀行が債権者となり借入人が債務者となる。そのいずれの債権も金銭債権であることから、その債務の履行は各契約に基づき給付を受けた金員に対し、いずれも約定の利息を付して債権者に交付することになる。この債務履行としての金員の交付が金融取引における弁済の基本的な態様となる。預金契約および貸金契約のいずれもその約定により弁済の基本的な条件が定められており、たとえば普通預金であれば預金者が取引印鑑と通帳を店頭に持参して所定の手続をもって支払いを要求した場合、当該預金残高の範囲内で当該預金から要求された金員を預金者に交付するとされている。なお、現在は当該預金口座につき銀行からキャッシュカードの発行を受け、そのカードを利用できるATMで当該預金の払戻しを受けるケースが払戻取引の大半を占めるが、預金契約における債務履行、すなわち弁済としての法的な意味は異ならない。

　銀行と顧客との間の貸金契約は金銭消費貸借契約として成立し、その契約の要物契約としての法的な性格から、債務者は銀行からその資金の受領をもって当該契約の効力が生じることになる（民法587条）。この成立要件から、

---

[1] ただし、消費貸借の要物性の要件は、解釈上は緩和した形で考えられるのが判例・通説である。当事者の合意のみで諾成的消費貸借契約の成立を認めており、この場合、貸主は契約締結と同時に目的物（金員）を引き渡す義務を負うことになる。また、金銭消費貸借契約であっても、金銭そのものの交付がその成立に必須ではなく、たとえば約束手形の交付をもってしても、その要物性を満たすとするのが判例である。

金銭消費貸借契約は債務者のみが交付を受けた金員および約定された利息の返還および支払義務を負う契約となり、その契約の法的な性質は片務契約としての性格となる。

本稿においては、金融取引のうち、銀行等の金融機関を債権者とする貸金取引を対象として論を進める。

1　本人による弁済

銀行等を債権者とした貸金取引では、通常債務者との間で金銭消費貸借契約書を締結し、債権金額、約定する利率、弁済方法、期限の利益喪失条件等を確定する。[2]このうち、弁済方法については、弁済期日において一括して弁済する方法や最終弁済期までを月数で割り、毎月の指定日に月割りされた元本を弁済する方法等がある。あわせて、債権者と債務者間で合意した利率および利払期間に対応した利息を支払うことになる。

こうした元本弁済や利息支払いは、銀行の貸金においては、債務者が当該銀行に預金口座を開設し、その預金口座から約定に基づき月次もしくは合意に基づく弁済期に自動的に預金口座から払い戻したうえで弁済に充当する約定が金銭消費貸借契約の約定として締結される。したがって、貸金債務の弁済は、銀行取引においては、弁済用に指定された預金口座に元本弁済もしくは利息支払いに足る資金を弁済もしくは支払当日までに入金し、弁済に足る預金残高を維持しておけば、債務の本旨に従って現実に弁済の提供がなされたものと解することになる（民法493条）。この場合、金銭消費貸借において弁済方法の定めがなされていることから、債権者が当該預金口座から所要の額を払い戻し、弁済へ充当することを債務者が通知する必要はないものと考えられる。また、債務者はこの弁済資金の入金および残高の維持をもって、

---

[2] 反復継続的に短期の貸金取引が生じる場合、手形貸付けの形態をもって行い金銭消費貸借契約書は締結しない場合がある。この場合においては、手形法に定める要件をもって金銭消費貸借契約の要素である金額や弁済期日を確定することになる。通常、手形貸付けによる貸金については、別途金利に関する特約書を締結することになる（ただし、諾成のみで金利決定をする場合もある）。

債務の弁済の提供を行ったものとして、債務不履行により生じるいっさいの責任を免れることになる（同法492条）。

当該貸金は、弁済期日の到来により債務者本人の弁済用に指定された預金口座から口座振替の形で弁済される。民法上の定めにおいては、債務者は、月割り等の約定弁済すなわち一部弁済の場合、その都度受取証書の交付を、完済となった場合、金銭消費貸借証書、手形等の債権証書の返還を請求できるものとされている（民法487条）[3]。

2 弁済の充当

弁済金が貸金の全額に足りない場合、または貸金が数個あって全部に充当できないときに、どの部分に充当するかの問題が生じる。弁済の充当について、民法は詳細な規定を設けており（民法488条ないし491条）、債務者の指定により自由に定めることもできるとされているものの（同法488条1項）、債権者と債務者間の特約により事前に定めることも可能であり、銀行取引約定書等では銀行に任意に充当する権利があると定めている。したがって、銀行に担保付債権と無担保債権があるとき、弁済の給付があれば無担保債権にまず充当することになろう。この場合、充当の指定の意思表示は弁済の充当が生じる都度、債務者に対して行うことが必要となる（同条3項）。この意思表示を行うことにより弁済の充当内容を当事者間で確定させておかない場合、後日充当の指定がないものとして法定充当（同法489条）の順序によるべきであるとの異議を債務者が主張して争ってくる余地が生じる。なお、この充当の意思表示に係る定めは、債務者本人の弁済に限らず、後述する第三者弁済

---

[3] 金融実務においては、当該債務の弁済予定表や弁済用預金通帳の記載内容により債務者はどのような弁済がなされたか容易に認識できることから、債務者から要請があれば受取証書等を交付するという対応である。

[4] たとえば、期限到来済みの2本の無担保債権があり、双方の貸出利率に著しい相違がある場合、銀行は時効管理観点で2本に均等に弁済充当をしても、その内容を債務者に対して意思表示していない場合、債務者は金利が高い債務へ全額を充当し、他方の債権については時効消滅を主張する余地が生じる等のケースが想定できる。

の場合や相殺の場合にも適用される点に留意を要する。

3　保証人等による弁済

　貸金債権は金銭債権であり、その債務の性質上この弁済は債務者本人に限らず第三者が行うことも現実には可能である（民法474条1項）。ただし、この理屈をもって債務者とは無関係な人間が勝手に債権者に弁済を行うことは、債務者が想定しない債権債務関係が生じる懸念もあり、法も①当事者が反対の意思表示をした場合（同条1項ただし書）、②利害関係を有しない第三者が債務者の意思に反して弁済をする場合（同条2項）、その第三者は弁済できないと定めている。翻って、民法474条2項の反対解釈として、「利害関係を有する第三者」は債務者の意思に反しても弁済することが可能ということになる。すなわち、利害関係を有する第三者は、債務者に代わり法定代位により弁済を履行できる者とされる。この利害関係を有する第三者の範囲については、ⓐ弁済しなければ債権者から執行を受ける者、およびⓑ弁済をしなければ債務者に対する自己の権利が価値を失う地位にある者に分かれ、ⓐについては、保証人、連帯債務者、不可分債務者、物上保証人、および担保目的物の第三取得者が、ⓑについては、後順位担保権者がこれにあたる[5]。結果として、債権者はこれらの者から任意の債務弁済の申出があった場合、債務者の意思に関係なくその弁済を受けることになる。

　通常の貸金取引であれば、債務者本人が当該貸金の弁済を行うことになるが、債務者の資産状況の悪化等により約定された弁済を履行できなくなった場合、銀行は当該貸金の回収の保全として事前に保証契約を締結した保証人に請求することになる。いうまでもなく、保証人は債務者の金銭消費貸借契約の約定どおりの履行がない場合、銀行と別に締結した保証契約に基づき銀行に対して保証義務の履行として履行されない債務の弁済を行うことになる。銀行との保証契約は債務者との連帯保証契約として締結されることが通常で

---

[5] 鈴木禄弥・竹内昭夫編『金融取引法大系（第6巻）』98頁〔谷啓輔〕。

あり、保証人は催告の抗弁権（民法452条）および検索の抗弁権（同法453条）を有しないことになる。

　銀行の貸金契約における保証人は、債務者と何らかの利害関係等を有する個人（たとえば、中小企業における当該法人とその代表者、もしくは住宅ローンにおける債務者と対象住宅を共有する配偶者等）が想起されるが、金融取引において保証人として重要な役割を果たしているのは、これら個人保証に加えて、個人ローンにおける信用保証会社および事業用融資における信用保証協会がある。これらは、債務者の委託に基づき保証料を支払うことや必要となる担保を設定すること等を条件として、債務者の債務につき銀行に対して保証するものである。いずれにおいても、債務者が貸金債務の不履行となり、銀行において当該債務者との間で締結されている銀行取引約定書や金銭消費貸借契約書における約定弁済に係る期限の利益を喪失し、これにより残債務について一括して弁済を要請されるに至った場合、その債務につき債務者に代わり銀行に対して保証債務の履行として当該債務を弁済し、当該債務者に対して、求償権をもってその保証債務の履行として代位弁済した資金の回収を図っていくことになる。保証については、第6章VIを参照いただきたい。

　保証人や物上保証人が債務者に代わって弁済すると、その債務者に対して、弁済のために出捐した金員の償還を請求できる。これを求償権という。また、上記保証人等による弁済によって、弁済の対象となった債権が、求償権の範囲で債権者から保証人等に移転し、同時にこの債権に付従した抵当権等の担保権もこの債権に随伴して保証人等に移転する。こうした債権者の権利が保証人に移転する事象を「弁済による代位」といい、こうした代位による法的効果が生じる債務者本人以外の弁済を「代位弁済」という。

　弁済による代位には「法定代位」と「任意代位」とがある。前者の法定代位は、弁済をするについて正当の利益を有する者（前述における@および⑥に該当する者）が弁済した場合を指し、弁済により当然に債権者に代位する（民法500条）。後者の「任意代位」は、弁済をするについて正当の利益を有しない者（上記法定代位対象者以外の者）が弁済した場合で、弁済と同時に債

権者の承諾を得て債権者に代位することになる（同法499条）。

　物上保証人や抵当不動産の第三取得者から弁済を受けた場合には、これらの弁済者が法定代位権者であることから、債権者である銀行はこの代位に協力する義務を負うことになる（民法503条）。まず、債権の全部の弁済を受けたときは、代位者に対して代位弁済証書（代位弁済を受けた旨を記載した証書）を作成して交付し、債権証書および債権者が占有する担保物を交付することを要し（同条1項）、不動産担保については、債権者の変更等その代位の付記登記に協力する義務が生じる。また、債権の一部の弁済を受けたときは、一部代位弁済証書の交付のほか、自己の占有下にある担保物を代位者に監督させ（ただし、債権者が引き続き占有する準共有の態様となる。同条2項）、不動産担保については一部代位の付記登記に協力する義務が生じる。また、保証人など法定代位権者がいる場合、債権者である銀行はこれらの者のために担保を保存する義務があり、仮に債務者所有の不動産に設定された抵当権を放棄した場合等、故意や過失によって担保を喪失したり、その価値を減らした場合、その限度で法定代位権者はその責任を免れる（同法504条）。すなわち、その担保価値の棄損部分につき、弁済義務を免れることになる。

　実務においては、保証債務は債務者本人の履行不能等を契機としてその履行を求めるものであり、債務者が通常に債務を履行している限り、その債務の担保条件等は債務者と銀行の間で交渉し変更等を行う場合が多い。そこで、銀行の担保や保証契約においては、あらかじめこの担保保存義務の免除の特約を締結し、銀行に信義則違反や権利濫用等の特別の事情がない限り、担保保存義務違反等の抗弁を保証人からなされることにより、想定していた保証履行等を受けられない事態を免れるようにしている。当然のことではあるが、当該保証人等を当事者としていない担保や保証の解除においては、当該保証人等の法定代位権者の同意を得ることが後日の紛争を回避する最善の策ではある。

4　第三者弁済

　前述のとおり、物上保証人や抵当不動産の第三取得者のように、弁済につき法律上の利害関係を有する第三者は、債務者の意思にかかわりなく弁済できる。しかし、債務者の親族や友人のように法律上の利害関係を有しない第三者は、債務者の意思に反して弁済しても法律上その弁済は無効となる（民法474条2項）。しかし、現実には全く債務者に関係のない文字どおりの第三者が債務者に代わって弁済をすることはあり得ず、第三者弁済を行おうとする者は、債務者もしくは債務者の資産につき何らかの利害関係を有する場合がほとんどである。こうした事情を前提とした場合、そうした第三者の弁済が、債務者の意思に反することは現実には少ないと思われ、万一債務者の意思に反して弁済を行った場合において当該弁済が無効となっても、銀行としては当該第三者からの弁済金をその第三者に返還するとともに、債務者に対する債権を復活させればよいので、実務上は厳密な法理上の問題になることはないと考えられる。なお、仮に弁済した第三者が弁済金の返還を銀行に請求する場合、その第三者が債務者の意思に反した弁済であることを立証する責任を負うとされる。いずれにしても、第三者弁済を銀行が許容した場合、当該第三者は債務者本人に対して債権を代位行使していくことになるが、債務者の承諾がない場合、当該弁済は無効となることから弁済自体が不成立となり、そもそもの代位もできないことになる。

6　この場合、第三者弁済が10年前に行われていた場合、その弁済金を弁済した第三者に返還し債務者本人に対する債務を復活させる場合、抵当権等の維持等弁済時の条件が充足しているかに加え、債務者本人から当該債務の時効援用のないように債務承認を得ることが後日の紛争を回避するためには必要となろう。ただし、債務承認がなくとも債務者本人の債務への復活を求める以上、その要請時において債務承認をしているものと解されることになると考える。

II 相殺

1 意義

相殺とは、2人が互いに同種の目的を有する債務を負担する場合において、双方の債務が弁済期にあるときは、各債務者は、その対当額について相殺によってその債務を免れることができるとする（民法505条）簡易な債務の弁済方法であり、その実行は当事者の一方から相手方に対する意思表示で行う（同法506条1項）。この相殺の意思表示があった場合、相殺の効力は双方の債務が相殺に適するようになった（相殺適状）時に遡ってその効力が生じるとされる（同条2項）。

銀行取引においては、銀行の負担する債務は預金返還債務となり、債務者が負担する債務は貸金返還債務となる。これらの債務はいずれも金銭債務であり、このほか双方の債務ともに弁済期にあること等の相殺の要件が充足されれば、銀行は貸金債権を預金債務との相殺により預金債務を消滅させるとともに対当額において貸金の回収をした効果を得ることができる。現在の金融実務においては、銀行は自身が負担する預金債務については、銀行自身がその払戻しや残高管理をすることが可能であり、かつ、万一の場合銀行からの意思表示のみで相殺できることもあり、最も簡便かつ確実に貸金回収への充当を期待できる担保的側面が強く認識されている。貸金の回収という観点においても、相殺は各種の倒産法手続において、時期等の制約を負う部分はあるものの正当な権利として定められている（破産法67条、民再法92条、会更法48条）。殊に、倒産手続においては、当事者間の債権債務関係を輻輳させず簡便に整理することが必要であり、かつ、相互に相殺への期待を保護する趣旨からもこのような定めの用意がなされたものと考えられる。

2 相殺の要件

　相殺は、法定相殺、合意相殺および約定相殺の3つの概念で整理される。このうち、法定相殺は民法505条以下の定めに基づく相殺を指し、約定相殺はこの法定相殺の要件につき、当事者間の合意に基づく約定（法定相殺の民法上の定めを本則とした場合、その要件を変更するための特則の位置づけとなろう）を付加することでその要件を変更し、その変更された要件をもとにされる相殺を指す。合意相殺は、こうした法定要件や合意約定に拘束されず、単に債権者と債務者間の合意をもって行う相殺を指す。銀行実務では、法定要件もしくは約定要件を前提としない顧客との口頭諾成的な合意のみで相殺を行うことは、債権管理上も爾後の相殺の効力を法的に担保する必要があることから行わないことが原則となる。

　法定相殺の要件は前述のとおりとなるが、銀行が相殺する場合、その対象債権は、自働債権は証書貸付金等の貸金債権となり、受働債権は普通預金、定期預金等の預金債権（銀行からみると預金債務）となり、両債権につき弁済期が到来している状態にあること、すなわち相殺適状にあることが要件となる。受働債権である預金債権には定期預金のように自働債権の弁済期限と必ずしも一致しない弁済期が設定されている場合が多い。しかし、前述した相殺の担保的な効力が、銀行自身の預金債務に係る期限の利益を維持するために相殺不能とされるのは不合理であり、そもそも期限の利益は債務者の利益のために定めたものと推定され、相手方の利益を害さない限り放棄することも可能とされることから（民法136条）、自働債権の弁済期は到来していなければならないが、受働債権は弁済期が未到来であっても期限の利益を放棄して相殺適状にすることができる。

　銀行実務では銀行取引約定書において、自働債権である貸金債権等について一定の事由が生じたときは、債務者が有する期限の利益を喪失し、また割引手形についても買戻義務が生ずることを定め、相殺適状の前提条件となる自働債権に係る弁済期到来の状況が発生する条件を個別に明記している。す

なわち、債務者において、①破産手続開始、民事再生手続開始、会社更生手続開始、会社整理開始もしくは特別清算手続開始の申立てがあったとき、②手形交換所の取引停止処分を受けたとき、③前記①および②のほか、債務者が債務整理に関して裁判所の関与する手続を申し立てたとき、あるいは自ら営業の廃止を表明したとき等、支払いを停止したと認められる事実が発生したとき、④債務者または保証人の預金その他の銀行に対する債権に対し差押えの命令、通知が発送されたとき、などには、債務者への通知や催告を銀行がしなくとも当然に債務者は弁済に係る期限の利益を失うとされる（これを当然の期限の利益喪失条項という）。また、債務者において、ⅰ債務の履行を一部または全部を遅滞したとき、ⅱ担保の目的物に対して差押えまたは競売手続の開始があったとき、ⅲ債務者が銀行との取引約定に違反し、その違反が銀行の債権保全を必要とする相当の事由に該当すると認められるとき、その他債権保全を必要とする相当の事由が生じたとき、ⅳ保証人が当然の期限の利益喪失事由もしくは前記ⅰから次項ⅴまでの各号に該当したとき、ⅴ前記ⅰからⅳほか銀行の債権保全を必要とする相当の事由が生じたときには、銀行の請求によって債務者は弁済に係る期限の利益を失うとされる（これを請求による期限の利益喪失条項という）。割引手形の買戻義務が生ずる期限の利益喪失の要件も上記と同様となる。

　相殺の前提として、債務者が上記当然の期限の利益喪失条項に該当する場合は別として、請求による期限の利益喪失条項に該当する場合、銀行は債務者に対しその請求を通知する必要がある。仮に債務者がその通知を拒絶したり、届出所在地から移転していた等の場合、通知が届かないことを理由として期限の利益の喪失請求ができない余地が残る。そのため、銀行取引約定書の請求による期限の利益喪失条項において、このような通知が物理的にできない場合は、通知または送付した書面が通常到達するべきときに期限の利益が喪失されるものと定められている。この期限の利益の喪失が完了することにより、自働債権である貸金債権は期限の利益のない弁済期を迎えた債権となり、同時に貸金債権と預金債権を相殺適状とすることが可能となる。相殺

は、相手方に相殺の意思表示をすることが必要である。後日、この意思表示の有無や相殺の効力が無駄に争われることを回避するため、金融実務上は、相殺通知は、その事実を明確にするために配達証明付内容証明郵便で行うことが通例となっている。

3　預金相殺に係る法的争点

銀行の貸金の債務者において事業運営の見通しが立たない等、その貸金の回収に危険が生じた場合、銀行は債務者と貸金契約とあわせて締結した銀行取引約定書における期限の利益喪失条項の1つである「債権保全を必要とする相応の事由が生じたとき」に該当するかを見極めることになる。この条項に該当すると判断した場合、銀行は債務者に対する期限の利益を請求により喪失させ、預金債権と貸金債権との相殺を行うことになる。

この相殺手続は、理屈上は単純な流れではあるが、現実にはそうそう単純に進められない。債務者の期限の利益を喪失させ債務の一括弁済を求めることは、銀行の債権者としての最も強力な権利行使であり、銀行の社会的な役割からその行使は抑制的かつ最終的な位置づけとならざるを得ず、少なくとも単純な機械作業としての判断の上に行使することはできない。また、そのトリガーとなる「債権保全を必要とする相応の事由が生じたとき」の判断も、債務者のおかれている事情は種々相違しており、これも表面的な事情のみで判断することは難しく、債務者の事業規模、事業内容や銀行との取引内容等の総体を基礎として、本当に債権の回収が危機的な状況にあるのかの該当性を判断しなくてはならない。この該当性の判断が客観的にみてあまりに不条理であれば、銀行は債権者としての権利を濫用したものとされ、当該期限の利益喪失自体が無効とされる余地もある。したがって、銀行が「債権保全を必要とする相応の事由が生じたとき」の適用を判断し、その適用により期限の利益を喪失させ回収行為に至るには、相応の判断および手続の時間がどうしても必要となる。

前述のとおり、銀行は債務者の預金債権に対し自らの貸金との相殺を期待

し、いわゆる担保的な位置づけで債務者の預金をみている。特に、債務者の業況等の悪化時においては、何かあればその預金と貸金の相殺を想定して対応していかざるを得ない。一方、債務者においては、通常約定にある弁済を継続している限り自らの債務の期限の利益は当然にあるものとして、貸金残額と預金は相殺適状にはなく、いつでも預金は払戻しを受けられると考えることになる。債務者の業況悪化時には、このような銀行と債務者と相容れない見方を前提として双方で権利主張をすることになる。債権者である銀行は、債務者の期限の利益を喪失させない限り、債務者の預金の払戻しにつき相殺を前提として制約を加えることはできない一方で、期限の利益を喪失させるには相応の判断時間も要することから、この判断の間に債務者が預金を払い戻してしまった場合、期待していた相殺も不能となってしまう。

　そこで、債務者に期限の利益喪失事由にあたる事象が生じた場合、銀行はその事象の内容につき債務者に説明を求め、その事象の回復可能性や貸金回収の可能性につき判断を始めるとともに、あわせて受働債権にある債務者の預金債権の払戻しを停止する措置をとり、債権保全が必要と判断した場合には即時に相殺を可能とする対応をとることもある。この場合の問題点は、債務者に対する貸金につき期限の利益はまだ喪失しておらず、貸金と預金が相殺適状にないにもかかわらず、銀行の債務である預金の支払いを停止する（預金を拘束する）点にある。現実には債務者に期限の利益を喪失する事象が生じた場合、そのほとんどにおいてその後に営業を継続することは客観的には難しい状況にあり、銀行もさほど時間を経過せずに期限の利益の喪失による一括弁済を求めることになり、債務者もその名義の預金は相殺されるという理解になる。ただ、事業は生き物であり、拘束された預金を銀行外の支払いに回せば当面事業は継続できるという場合も例外的に想定される。こうした事情において、銀行による債務者の期限の利益喪失前に行われる預金の拘束につき、その法的な妥当性は大きな争点となる。

　この点については、期限の利益喪失に係る銀行と債務者の交渉および債務者の財務状況につき事実認定を慎重に行ったうえで、「この時点（筆者注：

期限の利益喪失事由に該当する事情が発生した時点）においては請求喪失事由に該当することを告げるとともに本件払戻拒絶措置を取るに止め、その後、同年2月1日到達の本件通知書の送付に至ったものであるところ、このような被控訴人（筆者注：銀行）の対応は、預金債権を上回る貸付金債務を負う控訴人（筆者注：債務者）に対し、被控訴人からの相殺による債権債務の決済の余地を残しつつ、具体的な事業計画等の提示や追加担保の提供等の請求喪失事由を解消する措置を取るための猶予期間を与えたものということができる」とし、「被控訴人による期限の利益喪失の請求、相殺等の措置に至る経緯に照らせば、本件払戻拒絶措置は、上記期間内において銀行が取った合理的な措置であるということができ、これを目して違法なものということはでき」ないと結論づけている高裁裁判例が1つの軸となろう[7]。

一方、銀行は預金契約の債務者であり、明確な相殺適状にない状況において、預金者である（貸金契約の）債務者との約定もしくは合意なく預金の払戻しを拒絶する（預金を拘束する）ことは、債務不履行を構成し、場合によっては金銭債務の不履行にとどまらず、不法行為を構成するとする主張もある[8]。

確かに、相殺を前提として預金拘束をする場合、顧客との約定にそのような定めはなく、預金者と合意形成が難しい場合、銀行の預金相殺という担保的な効力への期待のみが優先されることには問題があろう。また、債務者において期限の利益喪失事由が発生した場合、その後債務者が自助努力で立ち直る可能性も確認できない状況において、銀行から即座に期限の利益を喪失して相殺により預金から貸金を回収することが常に妥当とはいえない。したがって、高裁裁判例にあるとおり、債務者に期限の利益喪失事由が発生した場合、発生した事実が期限の利益喪失条項に該当することを明確にしたうえで、その解消の可否等の判断を行う猶予を残し、不可能であれば正式に期限

---

[7] 東京高判平成21・4・23金法1875号76頁。
[8] 伊藤眞「危機時期における預金拘束の適法性―近時の下級審裁判例を素材として―」金法1835号10頁。

の利益を喪失して相殺するということが現実的な解決策とならざるを得ず、銀行実務上は高裁裁判例から読み取れる手順を運用上しっかりと履践していくほかないものと思われる。なお、期限の利益を喪失させ相殺適状になった以上、いたずらに相殺時期が遅れることは貸金債権につき不要な遅延損害金の加算という債務者の不利益になる余地もあることから、速やかに相殺することが肝要となる。

4　差押え等との関係

前述した期限の利益喪失条項（割引手形買戻条項を含む）は銀行取引約定書等の約定であり、銀行と債務者の間の銀行取引上の契約内容として機能することになる[9]。ここで、預金に対して差押えがあった場合に、差押え（仮差押えを含む）をした債権者に対しても、この期限の利益喪失条項をもって銀行の相殺権が優先するか否かという問題が生じる。いうまでもなく、銀行は各預金に対していつ誰から差押えがあるかは当然にわからず、差押えがあった時点で銀行の自働債権である貸金等の債権の弁済期が未到来であれば、差押えがなされた預金に対して相殺を主張して預金と相殺することに制約が生じることになる。

この点については、銀行取引約定書の期限の利益喪失の約定において、「債務者または債務者の保証人の預金その他の銀行に対する債権について仮差押、保全差押または差押の命令、通知が発送されたとき」には、債務者は銀行に対するいっさいの貸金等の債務について当然に期限の利益を喪失すると定めている。「当然に」喪失する約定であるから、この場合、銀行は債務者に対して期限の利益を喪失したことに係る通知等を行う義務は負わない。結果として、差押えの通知が「発送された」段階で、債務者は銀行に対する期限の利益を喪失することになり、差押えの効力発生時である「差押命令が

---

[9] 銀行取引約定書は債務者の義務を定める色合いが濃いものの、銀行の権利行使はその約定を逸脱してはできないという観点では、反射的に銀行の権利行使上の制約を定めているとも考えられる。

第三債務者に送達された時」（民執法145条4項）には通常当該預金名義人の負担する債務については、期限の利益は喪失された状況にあり、銀行は貸金と預金の相殺を主張し、実質的に当該差押えは空振りになることになる。

　このように銀行と債務者との間の契約をもって、常に差押えが相殺適状の後に送達され、預金残高が貸金を下回る場合には常に差押えの配当に預かれないという、いわば銀行と債務者間の契約をもって銀行外の債権者に優先して相殺権の主張が可能となる点につき、最高裁判所は、債務者の預金に対して差押命令が発送されたときは、債務者は当然に期限の利益を失う旨を記した期限の利益喪失条項は、貸金等の債権が差押え後に取得されたものでない限り（民法511条）、差押債権者に対しても有効であるとし（最大判昭和45・6・24民集24巻6号587頁）、また、差押債権者が被差押債権（筆者注：差押対象の預金債権）につき転付命令を得た場合であっても同様とした（最判昭和48・5・25金法690号36頁）。また、割引手形買戻条項についても貸金等の場合と同様の判断となっている（最判昭和51・11・25民集30巻10号939頁）。

　結果として預金に対して差押えがあった場合、銀行は、定期預金等の受働債権については期限の利益を放棄し（民法136条2項）、自働債権については差押え後に実行した貸金等の債権を除いた債権を対象として相殺処理が可能となる。

　なお、差押額を控除しても預金残額が貸金債権を大幅に超える場合等においては、差押えにより期限の利益を喪失させることは銀行の権限濫用とされる懸念がある。ただし、差押えを受けるという事態は債務者において何らかの債務不履行が発生していると推察できる事情であり、銀行取引約定書上は、預金に対する差押え等がなされた場合、銀行の承認する担保や保証人の提供がなされ、従前どおりの期限の利益を認容できる場合には、書面をもって債務者に通知することにより、従前条件が維持されるとする例外的な取扱いがとられることもある。

III 仮差押え・仮処分

1 はじめに

　貸金等の債権を有する者が、債務者にまだ弁済資力があるにもかかわらず契約の約定等通常予定される方法での債務弁済を督促しても受けられない場合、債権者といえども債務者の意思に反して債権者自らが債務者の保有資産を任意に処分して回収に充当する自力救済が禁止される以上、事実上契約に基づく債権回収は手詰まりとなる。次に、当該債権に係る担保権を債権者が有していればその担保権を実行してその対価を弁済に充当することになるが、担保権を有さない場合もしくは担保処分を実行しても残債務があり、なお債務者に資力が残りながらその資力からの任意弁済を行わない場合、債権者は裁判所へ申立てのうえ、法令の定めに従い強制的に債務者の財産を処分してその債権の回収を図ることになる（民執法1条以下）。この手続を強制執行という。

　この強制執行はその対象資産の相違により、主に不動産については強制競売（民執法43条以下）、動産については動産執行（同法122条以下）、債権については債権執行（同法143条以下）に大別される[10]。これらの強制執行は対象資産によりその方法は異なるが差押えをもって開始されることになる。この強制執行を行うためには、債権（給付請求権）の存在とその範囲を証明する公正の文書で法律が執行力を認めた債務名義が必要となる。債務名義は民事執行法22条に列挙され、①確定判決（同条1号）、②仮執行の宣言を付した判決（同条2号）、③抗告によらなければ不服を申し立てることができない裁判（同条3号）、④仮執行の宣言を付した損害賠償命令（同条3号の2）、⑤仮執行宣言を付した支払督促（同条4号）、⑥金銭等の給付を目的とする請求

10　このほか、船舶に対する強制執行（民執法112条以下）があるが、銀行実務上はあまり汎用的ではない。

について公証人が作成した公正証書で、債務者が直ちに強制執行に服する旨の陳述が記載されているもの（同条5号）などがこれにあたる。こうした債務名義の正本に基づき、債権者が債務者所有の財産について裁判所に強制執行の申立てをすると、裁判所は、申立てが適法であれば不動産や動産については差押え、およびこれに基づく換価処分としての売却手続、債権については差押命令、転付命令の送達の手続を行うことになる。

しかし、債権者がこのような債務名義を取得するには、債務者に対する請求について裁判手続により判決を得たうえでその判決が確定することを要する等、日時や労力を要する。その手続等の間に債務者は、差押えの対象となる財産を第三者に譲渡したり、預金であればその残額の払戻しを受け、その資金の所在をわからないようにするなどの行為により、強制執行の対象となる資産を債権者が把握できないようにするおそれがある。差押えにはその対象物の特定は必須であり、その対象物の所在等がわからなければそもそも差押えは不能となる。このような債務者の背信的な行為を事前に差し止めるために債務者の特定財産の処分や移転を禁止して、強制執行を適正に実施できるようにするため、仮差押えや仮処分による民事保全の手続が民事保全法に定められている。

この民事保全は仮差押えと仮処分に大別され、仮差押命令は、金銭の支払いを目的とする債権について、強制執行をすることができなくなるおそれがあるとき、または強制執行をするのに著しい困難を生ずるおそれがあるときに発することができ、この金銭の支払いを目的とする債権が条件付きまたは期限付きである場合においても、これを発することができるとされる（民保法20条）。また、仮差押命令は、特定の物について発しなければならないとされるが、動産の仮差押命令は、目的物を特定しないで発することができるとされる（同法21条）。

仮処分には「係争物に関する仮処分」と「仮の地位を定める仮処分」の2種がある。係争物に関する仮処分は、債務者に対し特定物についての給付請求権を有する債権者が、その目的物の現在の物理的（たとえば動産の占有態

様等）または法律的状態（たとえば所有権の帰属等）が変わることにより将来の権利実行が不可能または著しく困難になるおそれがある場合に、目的物の現状を維持するために必要な暫定措置をする手続である（民保法23条1項）。

　この係争物に関する仮処分において、特定の物についての引渡しや明渡しもしくは登記を求める権利に係る場合、被保全権利は、特定物の給付請求権になる。特定物給付請求権の場合、その目的物の性質や請求権の内容に応じて多様な方法による保全が必要となる。そのため、裁判所は、仮処分命令という形式で、債務者に一定の行為を命じもしくは禁止し、または保管人に目的物を保管させ、その他必要な処分をすることができることとされている。

　仮の地位を定める仮処分は、債権者と債務者との間の権利関係について争いがあるため、現在債権者に著しい損害または急迫の危険が生じるおそれがある場合に、これを避けるのに必要な暫定措置をする手続である（民保法23条2項）。前述した仮差押えおよび係争物に関する仮処分はいずれも、ある権利の将来における実行ないし強制執行を保全するものであるのに対し、仮の地位を定める仮処分は、債権者の現在の利益を保全する目的の仮処分である。その債権者の利益は債務者に対する権利ないし権利関係に基づくものであり、これも被保全権利ととらえられる。この争いがある権利関係について債権者に生ずる著しい損害または急迫の危険を避けるためこれを必要とするときに、裁判所は当該仮処分命令を発することができるとされる。このため、当該仮処分命令の内容は係争されている権利関係を基礎とした債権者の権利の性質や保護の必要性等に応じ多様な方法をとりうるものとされている。また、仮処分においても対象とされる債権が条件付きまたは期限付きである場合においても、これを発することができるとされる。この「仮の地位を定める」仮処分命令は、その方法の多様性から、仮の処分ではあるが、債務者の利益を侵害する危険性は相対的に高いと考えられることから、この命令を発するには、原則口頭弁論もしくは債務者が立ち会うことができる審尋の期日を経ることが必要とされる（同条4項。ただし、その期日を経ることで処分申立ての目的を達せられなくなる事情があれば、審尋等を経なくてもよいとされる）。

仮処分の方法は、係争物に関する場合と仮の地位を定める場合との相違はなく、裁判所が、仮処分命令の申立ての目的を達するため、債務者に対し一定の行為を命じ、もしくは禁止し、もしくは給付を命じ、または保管人に目的物を保管させる処分その他の必要な処分をすることができると定められている（民保法24条）。

2 対象の特定

仮差押命令は、特定の物について発しなければならない。ただし、動産の仮差押命令は、目的物を特定しないで発することができるとされる（民保法21条）。民事保全法の施行前の判例では、仮差押命令は執行の目的財産を特定掲記することは必要ではなく、執行の目的財産の指示、その財産が債務者の所有に属するか否かという事項は執行手続上の問題であるとしていた（最判昭和32・1・31民集11巻1号188頁）。しかし、命令と執行は表裏一体の関係にありこれを分けて考える実益は乏しく、目的財産が特定されていなければ債務者が被る不利益の範囲も不明確となり、超過仮差押えも命令の解釈により可能となる懸念が生じる。こうした背景から仮差押命令発令においては目的物の特定を原則とし、申立ての段階で動産以外の目的物においてその特定がない場合、申立ての要件未充足として不受理もしくは却下されることになる（民事保全規則19条）。

なお、仮差押えの目的物の申立書への記載内容は、その対象物ごとに民事保全規則に定められている（民事保全規則19条2項・20条）。

ここで、銀行が債権者として回収方法の1つとして用いる一方、預金債務者として第三債務者の立場に立つ場合も多い預金に対する仮差押命令もしくは差押命令における対象債権の特定の程度について、近時の判例を踏まえ若干触れておく。まず、預金債権を差し押さえる（仮差押えの場合も同様のため以下、差押えとのみ記す）場合、差押債権の特定（民事執行規則133条2項）として、取引店舗の特定を要するか、またどの程度の特定で足りるのかについては判例も分かれるところではあるが、預金債権を差し押さえる際の差押債

権の特定の程度は、差押債権の表示を合理的に解釈した結果に基づき、第三債務者である銀行において格別の負担を伴わずに調査することによって、差押えの効力が及ぶ預金債権を他の預金債権と誤認混同することなく認識しうる程度に表示されていることが必要と解されている。少なくとも、全国に散在する支店を対象として銀行本店に対して差押えが可能とされた場合、支店ごとに管理される預金のすべてを差押命令送達時に把握したうえで、支払停止等の措置をとることができず、一部預金債権者への支払いが生じてしまった場合、銀行に二重払いのリスクが生じるという結論は不合理といわざるを得ない。こうした文脈において、東京地方裁判所民事執行センターでは、預金債権を差し押さえる場合、取引店舗を特定する必要があり、全本支店ないし複数店舗を列挙して順序を付したような申立ては、その店舗の多少を問わず差押債権の特定を認めないとする取扱いとしているようである。この点については、各地の裁判所によりその運用にばらつきがある様子であるが、[11]あまりに網羅的な取引店舗に係る債権差押えであれば、対象債権が特定されていないとして陳述書を返す等の対応を検討する余地も生じるものと考える（東京地方裁判所民事執行センター「債権差押命令において預金債権を差し押さえる場合の取扱店舗の特定」金法1767号26頁）。

　また、近時預金口座は特定しているものの、差押命令送達時の普通預金債権のほか、差押命令送達時から3営業日以内に当該口座に係る普通預金債権となる部分をも差押債権とした命令につき差押債権の特定を欠くとした決定が出された（東京高決平成20・11・7金法1865号50頁）。本決定は、第三債務者である銀行の当該債権差押えに対する管理負担が過大となることを主因として債権の特定がなされていないとしたものである。確かに、短期間とはいえその入金を網羅的に差押対象とする命令が許容された場合、銀行の管理負担は重く、とても実務上耐えられるものではなく、本決定は極めて妥当と考え

11　東京高決平成5・4・16高民集46巻1号27頁、東京高決平成8・9・25判時1585号32頁、東京高決平成14・9・12判時1808号77頁、東京高決平成17・9・7判時1908号137頁、東京高決平成17・10・5金法1765号55頁。

られる。また、期間を設けて預金債権差押えが可能であるとすれば、債権債務の多くが銀行口座を介して決済される現状に鑑み、本来債務者の取引先を第三債務者としてなされるべき差押え等も安易に銀行を第三債務者とする差押命令で対応できてしまうことになり、銀行実務に対する影響も甚大であると考えられる。ただし、この日数の幅をもたせた銀行預金に対する差押命令における債権の特定性の判断については、裁判所により分かれている状況にある。債権の特定性の問題は、複数支店を指定した場合の特定性が従来の主たる論点であったが、今後対象債権成立に係る時間幅の許容の有無も本決定を契機として議論の余地が生じたと思われる。

3　管轄裁判所

　仮差押えもしくは仮処分を目的とする保全命令事件についての裁判管轄は、民事保全法6条および同法11条および12条に定められる。まず、保全命令事件は、本案の管轄裁判所または仮に差し押さえるべき物もしくは係争物の所在地を管轄する地方裁判所が管轄する（民保法12条1項）。この管轄がどの裁判所にあるかを判断する時点であるが、これは民事保全法7条により民事訴訟法の準用がなされ、これにより、裁判所の管轄は訴えの提起の時を標準として定めることになる（民訴法15条）。

　上記「本案の管轄裁判所」について、民事保全法施行前の判例においては、本案が現に係属している1審または控訴裁判所もしくは上告裁判所に係属しているときは、当該訴訟の係属した第1審裁判所をいうとされていたが（大判昭和15・8・28民集19巻1509頁）、民事保全法では「本案の管轄裁判所は、第1審裁判所とする。ただし、本案が控訴審に係属するときは、控訴裁判所とする」とされ、本案が控訴された場合管轄裁判所は本案に準じることとされた（同法12条3項）。すなわち、現に被保全債権につき民事訴訟法上に基づく訴訟、いわゆる本案が係属している場合には、原則としてその訴訟の係属する第1審裁判所となるが、本案が控訴審に係属しているときは、当該控訴裁判所が管轄裁判所となる。本案訴訟が係属していない場合、将来本案訴訟を

提起するときの普通裁判籍（民訴法4条）または特別裁判籍（同法5条ないし7条）もしくは管轄合意（同法11条）に基づき管轄裁判所が定まることになる。本案訴訟終結後の場合、本案訴訟がかつて係属した第1審の裁判所になる。

また、仮に差し押さえるべき物もしくは係争物の所在地を管轄する地方裁判所については、仮に差し押さえるべき物または係争物が「債権」であるときは、その債権は、その債権の債務者（以下、「第三債務者」という）の普通裁判籍の所在地にあるものとされ（民保法12条4項本文）、船舶または動産の引渡しを目的とする債権および物上の担保権により担保される債権は、その物の所在地にあるものとされ（同項ただし書）、仮に差し押さえるべき物または係争物が不動産、船舶、動産および債権以外の財産権（以下、「その他の財産権」という。たとえば、組合や社団の構成員持分権、電話加入権、ゴルフ会員権等）で第三債務者またはこれに準ずる者があるものである場合（次項に規定する場合を除く）も第三債務者の普通裁判籍の所在地にあるものとされる（同条5項）。また、仮に差し押さえるべき物または係争物がその他の財産権で権利の移転について登記または登録を要するものであるときは、その財産権は、その登記または登録の地にあるものとされる（同条6項）。

4　保全の必要性

前述のとおり、仮差押命令は、金銭の支払いを目的とする債権について、強制執行をすることができなくなるおそれがあるとき、または強制執行をするのに著しい困難を生ずるおそれがあるときに発することができるとされる（民保法20条1項）。この「強制執行をすることができなくなるおそれがあるとき、又は強制執行をするのに著しい困難を生ずるおそれがあるとき」が、仮差押えの必要性とされる。この判断は個々の事案の事情にあわせて判断されることになる。仮差押発令は、被保全権利と仮差押えの必要性の2つを疎明して判断されることになる。申し立てた債権者は、金銭消費貸借契約書や弁済の履歴等を用いて被保全債権の金額等の内容、および当該債務者の弁済

交渉内容や、資産状況や所在不明等の債務者の現況をもって仮差押えの必要性につき書面を作成して説明することになる。仮差押えにおいては、その目的物の特定が必要であるが、仮差押えの必要性は債務者の責任財産全体を対象として判断されることになる。

また、債務者に2つの不動産があり、債権者の評価において片方の不動産では債権の満額の回収が望めないとして当該2つの不動産に対して仮差押えを申し立てた場合でも、裁判所が認める当該不動産の評価において片方の不動産の評価価値で債権の満足が得られると判断された場合、1つの不動産については仮差押えが発令されない場合もある。なお、抵当権等の担保権は、[12] 担保権者が当該担保対象物から優先して弁済を受けるものであり、当該目的物に先に担保権が設定されている場合、仮差押えにおける目的物の評価はこれらの設定された担保権を控除した額で考慮されることになり、目的物の評価額が担保設定額を超えない場合、仮差押えの発令は法的に不能ではないが、現実には強制執行はできないことになる。

この「強制執行をすることができなくなるおそれがあるとき、又は強制執行をするのに著しい困難を生ずるおそれがあるとき」の具体的な事情は、債務者が自己の主たる財産につき消費、棄損、隠匿、譲渡等の処分をすることにより、その財産の価値を減少させ、債務者の残る財産を処分しても債権全額の弁済を受けることができない状況を指す。たとえば、財産の単純な費消に限らず、担保権を設定してしまう、換価しにくい資産に変えてしまう、資産を売却して現金にしてしまい所在をわかりにくくする、等の事情が考えられる。また、債務者の所在不明等も上記事情に含まれるも、仮差押えの必要性の判断は、こうした事情を総合的に考慮してその発令の可否が判断される[13]

12　必要性の評価には、過剰処分の回避という観点もある。たとえば不動産においては、競売等において減価される、いわゆる特定価格をもとに債権者が仮差押えを申し立てても、裁判所は当該不動産の評価は通常の売買価格をその評価基準とする。また、その不動産の評価基準として固定資産税評価額がよく用いられるが、当該評価時点から不動産価格が下落している事情等を合理的に疎明（たとえば、足元での不動産鑑定評価を提出する等）しない限り、固定資産税評価時点以降の価格下落は勘案されない場合が多い。

ことになる。

5 担保の提供

　仮差押命令や仮処分命令は、裁判所が申立人に担保を立てさせて、もしくは一定期間内に担保を立てることを保全執行を実施する場合の条件として、または担保を立てさせないで発することができると定められる（民保法14条1項）。仮差押命令等の保全処分は、前述のとおり債務名義取得前にその権利の執行を確保するための「仮」の処分であり、被保全権利や保全の必要性の立証は疎明で足り、この疎明は、即時に取り調べることができる証拠によってしなければならない、とされる（同法13条2項、民訴法188条）。また、債務者の執行逃れ等を防止する観点から、債務者の審尋を経ずに債権者の主張と疎明のみで命令が発せられる場合が大部分を占めている。

　こうした事情の下、債務者は何ら反論の機会もなく不利益を被ることになり、また、将来的に当該保全処分の適否が争われ、結果として当該処分が違法とされる可能性も否定できない。保全処分が違法とされた場合、債務者が被った損害を迅速・確実にかつ容易に賠償可能とするため、債権者にあらかじめ担保として金銭の供託等を求めるのがこの制度の趣旨である。また、万一債務者に損害が生じても、その損害を回復する後ろ盾となることから保全処分の審理が迅速になされることにもつながり、さらに、債権者による濫用的な申立ての抑制といった機能も果たしている。

　この担保額は、実務上は保全処分の目的物の価額や被保全債権の価額を勘案し、それに一定の比率を事案実態にあわせて修正のうえ乗じて算出される場合が多い。いずれにせよ、請求債権額を超える担保額となることはないが、

13　たとえば、不動産を債務者が債務者の妻に売却し、債務者の所有名義から債務者の配偶者の名義に変更すること等が想定できる。この場合、債権者は当該夫婦間売買が債権回収を免れるためであり、その事情を配偶者も認識しているとの確証を得ていれば、その売買を詐害行為として、詐害行為取消権請求の本訴提起を前提として、配偶者名義からさらなる所有権名義の変更を防止するため、配偶者を債務者として当該不動産の処分禁止の仮処分を提起することが考えられよう。

その額の決定は裁判所の自由裁量により決定されることになる。

6 決　定

　仮差押え等の民事保全の手続に関する裁判は、口頭弁論を経ないですることができるとされている（民保法3条）。すなわち、民事保全は迅速性を第一義とするその性格から、すべて裁判所の決定手続で行うこととされている。したがって、債権者から申立てがあり、被保全権利および保全処分の必要性が疎明され、担保を立てさせる場合にはその担保が立てられたことを確認して、裁判所は保全処分の決定を行うことになる。この決定につき、裁判所は民事保全規則9条に定められる事項を記載した決定書を作成しなくてはならず、その決定書は当事者に送達しなくてはならない（民保法17条）。

　この送達については、保全命令は、緊急性を有することおよび保全執行は債権者に決定書が送達された日から開始され、2週間以内に執行に着手することを要することから（民保法43条2項、東京高決平成4・6・10判時1009号69頁）、まず債権者に送達されることを要する（ただし、債権者は発令直後に裁判所から当該決定書を直接受領することが多い）。次いで、債権仮差押命令における第三債務者への送達が債権者に次いで必要となる。これは、債権仮差押命令の効力が、当該命令が第三債務者に送達された時点から発生することから（民保法50条1項・5項、民執法145条3項・4項）、速やかな送達が要請されることになる。そして、これらの送達や交付が終了した後に債務者に対しての送達がなされるのが実務慣行である。命令は発令後速やかに送達すべきものであるが、保全処分の緊急性と執行に係る実効性を確保し、円滑な執行を図り、債務者の資産隠匿等背信的な行為の余地を排除するためにも、債務者への送達は債権者や第三債務者に劣後することが合目的的であるからである。

7 執　行

　保全執行の発令裁判所が同時に執行機関となる場合、特段別に執行の申立てをすることを要しない。この場合、仮差押命令の申立てが命令発令を停止

条件として執行の申立てもなされているものとみなされるからである（民事保全規則31条ただし書）。したがって、登記や登録を行う方法による仮差押えの執行は、仮差押命令の発令裁判所から仮差押えの登記もしくは登録の嘱託手続を行うことにより（民保法47条3項・48条3項）、また債権やその他の財産権の仮差押えの執行は、発令裁判所が仮差押命令決定書に、第三債務者に対して債務者への弁済を禁止する旨の命令条項を付し、第三債務者および債務者に送達することにより（同法50条2項・5項、民執法145条3項）、当該命令の効果が発生し、執行は終了する。一方、執行官が執行機関となる動産に対する仮差押えの執行の場合（民保法49条）や保全執行の目的物の所在他の地方裁判所が執行機関となる場合等、発令裁判所が執行機関とならない場合（同法47条5項、民執法44条）、仮差押命令の申立てとは別に仮差押執行の申立てが必要となる。この執行申立てには、仮差押命令正本を添付した執行申立書を執行裁判所に提出することにより手続が開始されることになる（民事保全規則31条、民事執行規則21条）。

8　解放金

　保全処分は、債務者の特定財産を強制執行を介して換価し、その対価が確実に債権への弁済に充当されることを目的とする仮の処分であり、少なくとも、保全処分の被担保債権が金銭価値の弁済で充足されるものであれば、すなわち、保全処分で期待される換価価値同等額が債務者の意思により自由に処分等できない形で提供されれば、保全処分を維持しなくてはならない意義は原則的にはなくなる。民事保全法上、上記趣旨で金銭を供託することにより、このような保全処分の執行の停止やすでにした執行の取消しを得ることを可能とする定めを用意している。この金銭を解放金という。

　解放金には、仮差押解放金と仮処分解放金の2種がある。仮差押解放金は、仮差押えが金銭債権の執行保全のためのものであるから、仮差押命令で必ずこれを定めなければならないとされる（民保法22条1項）。また、この仮差押解放金の供託は、発令裁判所または執行裁判所の管轄区域内に供託を要する

ものとされる（同条2項）。

　仮処分についても、保全すべき権利が金銭の支払いを受けることをもってその行使の目的を達することができるものであるときに限り、債権者の意見を聞いて、仮処分の執行の停止を得、またはすでにした仮処分の執行の取消しを得るために、債務者が供託すべき金銭の額を仮処分命令において定めることができるとしている（民保法25条1項）。供託の定めは仮処分と同様である。また、仮処分解放金は、係争物に関する仮処分において認められ、地位に係る仮処分においては、その性質上解放金は認められない。なお、解放金の供託により、仮差押えの場合はその執行の効力は、債務者の当該供託金取戻請求権の上に移行することになる。

9　起訴命令

　保全執行の後、いつまでも本案の訴訟提起がなされない場合、保全処分の目的物について債務者は随意の処分行為に制約を受ける等、債務者は不安定な地位に長期間おかれることになる。こうした状況から債務者を救済する手段として、裁判所は、債務者の申立てにより、債権者に対し、相当の一定期間内に、本案の訴えを提起するとともにその提起を証する書面を提出し、すでに本案の訴えを提起しているときは、その係属を証する書面を提出することを命じなければならないとされ、この相当の期間とは2週間以上でなければならないとされる（通例では1カ月程度のようである）。仮に、この期間内に本案提訴もしくは係属中を証する書面の提出ができない場合、裁判所は債務者の保全処分取消しの申立てがあれば、当該保全命令を取り消さなければならないとされる（民保法37条）。

IV 訴訟・調停

1 意義と特徴

　金融実務において債権の回収は、まず契約に基づく債務者による任意の債務弁済が優先される。債務者の弁済資力が見込まれなくなった段階において、貸金等の債権について期限の利益を喪失し、担保を取得していればその担保処分や保証人へ保証債務の履行請求を行い、あくまでも私人間の契約効果に基づく債権回収を図るように努めるのが通例である。これは、前述した強制執行や訴訟等の法的手続による回収は、相応の時間や人的・物的な回収コストが嵩むという経済的なデメリットもあり、また、訴訟等は私人間の紛争や利害の対立を国家の裁判権により、法律に基づき強制的に解決もしくは調整する手続であり、解決に至る公平性や公正性は明確に担保されるものの、債権者と債務者の権利主張が最も先鋭化する形の解決方法であるからである。また、たとえば、債務弁済条件について緩和を債務者が求める場合、訴訟や調停といった法的な手続によらずとも、債務者の弁済能力が確認できれば回収の確実性が担保される限り、最終的な回収期待額の増加等を目的として弁済条件を緩和することは、私人間の弁済条件の変更契約で十分に対応可能という側面もある。このように、金融取引においては、債権者や債務者が話し合うことにより解決可能な事案も多く、したがって、金融実務において回収を目的とする訴訟や調停は、金融機関の有する貸金等の債権数に比してその件数は僅少といえよう。

　なお、民事訴訟は裁判である以上判決が下されるのが原則であるが、民事という私人間の権利主張である以上、重要なのは真実の発見による正確な事実認定に基づく双方の利益の衡量による実態的な問題の解決という視点が欠かせない。すなわち、自らの権利を強固に主張し、判決で白黒を付けることは裁判では原則となる。しかし、裁判も紛争解決の1つの方法であり、紛争

の最終解決を図るためには、事案の双方の主張につき判決で白黒を付けることが必ずしも解決に資するとは思えない場合もあり、双方の話合いによる譲歩により妥協点を探る和解も、判決取得と同様に解決手法として積極的に採択を検討すべきと考える。

2　訴訟（訴訟の種類、文書提出命令）

　訴訟は、原告の訴えの提起により開始される（民訴法133条・271条・273条）。この訴えは、請求を特定して表示し、裁判における審判の対象を指定する意味をもつが、審判の対象の特定を超えて、訴状に表示される権利を被告に対して行使する行為でもあり、同時に裁判所に対して勝訴判決すなわち請求を裁判所が認容する判決を求める行為である。この被告に対する原告の権利主張が、被告の立場からは防御の対象となり、裁判所は原告の請求と、その請求に対する被告の防御をあわせ、原告主張の当否を判別していくことになる。

　この訴えは、請求の主張や要求の内容の違いにより、給付の訴え、確認の訴え、形成の訴えの3種類に分類される。金融実務上生じる訴訟は、給付の訴えもしくは確認の訴えがほとんどであり、形成の訴えは、金融機関に対する訴訟の前提としてなされる性格を有するものである。したがって、本稿においては、給付および確認の訴えにつき論じる[14]。

　給付の訴えとは、裁判所に対し、原告の被告に対する給付請求権の主張とこれに対応した給付判決の要求を請求する訴えをいう。給付とは、債権または物権いずれに基づくかは問わず、金銭の支払い、物の引渡しおよび作為もしくは不作為も含まれ、この給付の訴えに対する請求認容判決が、被告が原告に対して給付すべきことを宣言する給付判決となる。給付判決は、給付の前提となる給付義務が存在することを確認するものであり、この判決が確定すれば既判力が生じる。この判決が確定すると、原告はその判決を債務名義

14　形成の訴えは、婚姻の取消しや離婚等、判決を得ない限り誰もその法律関係を主張できない問題に対する訴えの提起であり、金融実務上は金融機関との訴訟の先決問題を確定する機能として取り扱われる訴えの形態といえる。

として強制執行の申立てが可能となる（民執法22条1号・2号）。金融実務における訴訟は、顧客との取引が貸金や預金等金銭債権債務を中心とすることから、この給付請求訴訟がほとんどとなる。金融機関が原告の場合、貸金返還請求がほとんどであり、勝訴判決取得により、貸金債権の時効中断やその債務名義により強制執行を行う等、回収のための手段としての位置づけとなる。一方、銀行は預金債務者であり、預金者から預金返還請求を提訴されることもある。このように提訴にまで至る場合は、預金者の預金債権者としての地位に何らかの疑義があり、銀行が支障なくその預金債務の弁済ができない場合が多く、預金者が勝訴判決により債務名義を取得することは、原告が預金者の地位を有することを客観的に確定させ、銀行もその預金者としての権限を認容する確定判決としての機能を有する。いずれにせよ、預金債権者が勝訴判決を得た場合、銀行は控訴して争う等の事情がない場合、預金者の強制執行を待つまでもなく、任意にその支払いに応じる対応をとることになる。[15]

　確認の訴えは、特定の権利関係の存在もしくは不存在の主張とその権利関係の存在もしくは不存在を確定する確認判決を要求する訴えをいう。貸金契約等についてこの訴訟が争われる場合は、金銭消費貸借契約書の作成の真正が争われる場合等、債務者に貸金債務が存在しないことを確認する請求訴訟等がある。すなわち、金融実務において、この確認の訴えは、貸金返還等の給付義務を負うとされるものが、その根拠となる債権債務関係自体の存在を争い、その債務者としての地位を否定する場合が多い。したがって、債権回収の場合に債権者の立場に立つことの多い銀行は、自らの権利の存在確認をするまでもなく、その権利に基づく給付請求の訴えを提起することになる。一方で、預金債務者の立場においては、預金者からの預金返還請求といった

15　仮執行宣言が付与された場合、銀行に対して預金者が執行を行う余地も生じる。銀行は多くの支店を有するため、執行を受けた場合に内容の確認等の手続上の混乱が生じる可能性もある。したがって、預金者に勝訴判決が出る見込みの場合、裁判所に対して判決に従って支払う用意があることを伝え、仮執行宣言の付与は不要であることを主張する、もしくは、原告に対し、任意に支払うことを入念し、執行しないことに合意する等の交渉を行うことになろう。

給付請求訴訟を提起される場合には返還義務の存在を前提とする債務者の位置づけとなるが、場合によっては、預金債務の不存在を確認する請求訴訟を提起することもありうる。

　民事訴訟は、裁判所に訴えが提起されると、裁判所から訴状および第1回目口頭弁論期日呼出状が被告に特別送達されることから始まる（民訴法138条・139条）。この呼出状においては、訴状に対する被告の主張を書面回答する答弁書の提出期限も定められる。訴状が送達された場合、被告は訴状に記載される請求の趣旨および原因を確認し（同法133条）、そこに記載される請求の趣旨に対する意思表示を確定させ（通常は主張が相容れないものとして「棄却を求める」となろう）、原因等の事実に対して、契約書、交渉記録およびその他の書面等を証拠として認否を行い、答弁書提出期限までに答弁書にまとめて提出することになる。なお、第1回目の口頭弁論期日は裁判所が指定することから、訴状送達時点から切迫していたり、期日当日にどうしても出廷できない事情がある場合がある。この場合においても、答弁書を提出していない場合、原告の請求が無条件で認容される可能性があるので、答弁書は必ず提出することが必要となる。最初の弁論期日は訴状または答弁書の提出があれば、当事者は出廷しなくても提出された書面は陳述された扱いとされる擬制陳述として取り扱われる（同法158条）。第2回目以降の口頭弁論期日は、両当事者の都合等を勘案し裁判所が指定する。第2回目以降は、主張に対する抗弁、抗弁に対する再抗弁という形で進み、これと同時に主張する事実の立証も行われる。これらは、準備書面、証拠および証拠説明書の提出と裁判所による証拠調べにより進められる。また、双方の主張・立証を継続しながら、争点等を整理していくため、弁論準備期日に入る場合が多い。この弁論準備手続は裁判所担当部の書記官室等において担当（受命）裁判官、書記官および双方の当事者が出席し、比較的自由におのおの意見を述べながら進められる手続である。法廷で提出書面をもとに審理をしていくよりも、双方当事者の真意をつかみやすく、効率的に争点等の整理が可能となる。請求に対する主張や主に物的な証拠による立証が終息してきた段階で、当該紛

争の事実についての双方当事者による確定的な事実主張として、紛争の実際の当事者の陳述書の提出および証人尋問の申立て（人証の証拠申立て）を行い、証人尋問が行われることが多い（証人尋問を経ずして、判決が下せる程度に裁判所が心証をとれている場合には、証人尋問が採用されない場合もある）。

証人尋問終了後、その証言内容の調書ができあがるまで1カ月程度の期間があるが、その調書を踏まえて両当事者に最終準備書面の提出を求める場合もある。しかし、証人尋問で裁判所が最終的な心証を形成できた場合、口頭弁論を終結し（民訴法243条）、和解を試みることが多い（同法89条）[16]。この和解期日で、相互譲歩が可能となった場合、和解条項を確定のうえ、和解期日にて和解が成立することになる。一方、相互に譲歩が不可能もしくはどちらかの当事者が和解解決を望まない場合、和解は不可能となり、判決の言渡期日が指定され、判決の言渡しとなる[17]。この判決については、判決正本が送達された日から2週間以内に控訴を提起できる（同法285条）。控訴の場合も、基本的には第1審と同様の手続の流れで進められることになるが、第1審の口頭弁論の結果が陳述され、第1審での訴訟行為の効力は維持されることから、基本的には第1審判決の変更を求める限度で口頭弁論はなされる（同法296条・298条）。現実には、第1審の書面および証拠と控訴審で提出された書面をもって、第1審と比較して短期間で控訴審の判決がなされることが多い。

訴訟において金融機関の相手方から、金融機関の保有する顧客との取引履歴、貸出稟議書、社内通達文書もしくは貸出先に対する自己査定文書等を対象として、文書提出命令の申立てがなされ（民訴法221条）、裁判所はこの申立てに理由があると判断した場合、決定で提出を命じる場合がある（同法

---

16 和解を試みさせることを和解勧試ともいうが、これは訴訟の程度にかかわらず行えるものとされ（民訴法89条）、訴訟においては、時期を問わずなされることが多い。また、和解は相互譲歩が前提とされる要素もあり、敗訴心証の側には敗訴可能性が強いことを前提として、また勝訴心証の側にも最終判決では勝訴とはならない可能性を示唆することにより、和解での解決を求めることが多い。特に、勝訴心証の側は勝訴判決への期待で譲歩を躊躇する場合もあり、あえて弁論を終結させず、敗訴心証の側からの攻撃がまだ許容される余地を残し、それを圧力として、勝訴心証の側の譲歩を引き出す手法をとることもある。
17 仮執行宣言付きの判決の場合の銀行の留意点は、注15を参照。

223条)。この命令があれば該当文書を制限なく提出することは、提出義務のない文書まで証拠提出を行うことになりかねず、これは金融機関に著しい負担と不利益を被らせることになる。そこで、こうした文書提出命令に対しては、金融機関等は文書所持者として、当該文書が主に「専ら文書の所持者の利用に供するための文書」(以下、「自己利用文書」という) として提出を拒絶できる文書としての抗弁を抗告して主張することになる (同法220条4号二)。この自己利用文書への該当性については多くの判断が示されているものの、判断は「専ら内部の者の利用に供する目的で作成され、外部の者に開示することが予定されていない文書」、すなわち「内部文書」であることに加え、「開示により所持者の側に看過しがたい不利益が生じると認められる場合」には、「特段の事情がない限り」、自己利用文書にあたるとしている (最決平成11・11・12民集53巻8号1787頁)。この「特段の事情」については、貸出稟議書に対する文書提出命令に関する事案において、当該個別の事案事情を前提として、貸出稟議書の提出により自由な意見の表明に支障を来し、その自由な意思形成が阻害されるおそれがあると認められないときは、特段の事情があるとして文書提出命令を認めている (最決平成13・12・7民集55巻7号1411頁)。また、社内通達文書においては、貸出稟議書における判断要素に加え、個人のプライバシーや営業秘密に関する事項が記載されているものではないことから、開示しても看過し難い不利益が生ずるおそれがないとして「自己利用文書」にあたらないとした (最決平成18・2・17民集60巻2号496頁)。自己査定文書については、当該文書や資料は、金融検査マニュアルに従って作成され、監督官庁の資産査定に対する立入検査において、金融検査を行う金融庁職員に開示されるものであり、専ら銀行の自己利用を目的とはせず、当該銀行以外の者による利用が予定されている文書として「自己利用文書」への該当性を否定した (最決平成19・11・30民集61巻8号3186頁)。結果として、「自己利用文書」への該当性は、まず純粋に内部での使用目的で作成され、かつその利用も内部の者のみで完結する文書であるか、すなわち「内部文書」であるか否かにつき厳格に判別されるとともに、「内部文書」であって

も、「開示により所持者に看過しがたい不利益が生じるおそれがあるか」を判別して判断しているが、これらの条件を充足する場合においても、個別事案内容に基づき特段の事情がある場合はその該当性を否定している。したがって、貸出稟議書は特段の事情がなければ原則自己利用文書に該当すると考えられるが、社内通達文書はその内容によっては自己利用文書への該当性は否定される余地があり、自己査定文書は金融検査時に銀行外の者への開示を前提とすることから、そもそも内部文書性を否定される可能性が大きい結論に至っている。

近時、信用金庫が所持する顧客との取引履歴を記載した文書に対する提出命令に対し、「技術又は職業の秘密に関する事項について尋問を受ける場合」（民訴法197条1項3号）に規定する事項で、黙秘の義務が免除されていないものが記載されている文書として拒絶できるかが争われた。この事案につき、金融機関の顧客に対する守秘義務は、個々の顧客との関係で認められるものにすぎず、本件では当該顧客が訴訟当事者であり開示義務を負う場合であり、金融機関の守秘義務として保護すべき正当な利益はなく、本件において取引履歴を開示しても守秘義務違反に問われることはなく、当該金融機関が職業の秘密として保護すべき独自の利益を有する場合は別として、職業の秘密を理由として文書の提出を拒絶できないとした（最決平成19・12・11民集61巻9号3364頁）。

このように、金融機関内部の文書に対しての文書提出命令で争われる事案は多い。これは、顧客と金融機関の間の情報保有の不均衡が存在する以上、顧客が訴訟で権利主張をする場合に、業務上必然的に多くの文書を有する金融機関から自己に有利となる書証を収集しようとすることで生じるものであり、やむを得ない面も否定できない。ただし、文書提出命令により内部文書を無尽蔵に提出することが本当に訴訟、すなわち真実の解明に資するかは疑問符が付く。結局、文書提出命令も証拠収集の一手法であり、その後ろには立証すべき事実等の目的がある。その観点において、内部文書を提出させることが絶対的に有効である場合ばかりではない。たとえば、顧客が銀行の過

失を証明するために、担当者が銀行の定める内規手続にはずれた顧客説明等を行ったという主張をする場合、よく銀行の内規の提出につき文書提出命令の申立てを行うことがある。顧客は内規に反する手続であるから、その違反が過失であるという立証を試みるが、過失は客観的な事情で判断されるものであり、内規に反する事実が即座に過失ということにはならない。この理屈が通れば、厳しく詳細な内規を定めた場合に過失認定が厳しくなるという不合理を認容することにもなろう。したがって、文書提出命令の申立てがあった場合には、まず、その立証趣旨を明確にしてもらい、任意に提出できる資料であれば極力提出するとともに、たとえば、顧客の説明に係るルールであれば、当該内部文書を提出しなくとも、準備書面等で立証目的となる手続につき、詳細に説明を行い、文書提出命令の必要性で争うことも方法となろう。また、その際に必要であれば、当該文書を裁判所のみに開示するいわゆる「イン・カメラ」審理を求めることも方法となる（民訴法223条6項）。少なくとも、内部文書の開示は、裁判での開示が想定されることによって、意思決定の過程等の記載が歪められることによる支障は多大なものとなる。文書提出命令の申立てがあった場合、上記の方法をもって、代替する説明方法や提出命令対象の範囲の絞り込み等をしっかりと行う必要がある。

3 調 停

　調停は、あらゆる種類の民事紛争を、調停委員会という公正な第三者を間に挟み、両当事者の話合いにより解決を図るために利用できる法的な制度であり、法も「民事に関する紛争につき、当事者の互譲により、条理にかない実情に即した解決を図ることを目的とする」としている（民事調停法1条）。したがって、債務者は訴訟で争う程度の法的な主張がなくても、債権者と調停委員を交えて債務弁済等の話合いの場につかせる手段として利用することができ、一方で債権者も訴訟に比して簡便に債務名義を取得することが可能でもある。

　民事調停の特徴は、まず、民事に関して紛争を生じたときは、当事者は裁

判所に調停の申立てをすることができるとされ（民事調停法2条）、申立てに際しての厳密な要件はなく、申立ては簡易裁判所に本人が出頭し口頭で申し立てることも可能であり、基本的に法的な専門知識も要せず、かつ、弁護士等への委任も不要である点である。また、申立てに際しては、殊に個人の本人申立てについては簡易裁判所の書記官等が丁寧に相談に乗り、裁判所が後見的な指導を行うことが通常である。次に、調停手続は調停委員会の下、当事者のみが参加して行われ、原則非公開の手続である点である。利害関係を有する者は調停委員会の許可を受けて、調停手続に参加でき、同委員会が相当と認めるときは、調停の結果について利害関係を有する者を調停に参加させることができる（同法11条）とされるが、訴訟と異なり傍聴人等のいない調停室で行われるものであり、第三者に公開したくない内容の話合いも可能となる。さらに、当事者が相互譲歩を前提として、調停委員会を仲立ちとして納得するまで話し合い、合意に至れば事案の実情にあった解決が図れる点である。また、調停でまとまった合意事項は、調停条項として調停調書に記載され、この記載内容は、裁判上の和解と同様の効力があり（同法16条）、金銭の支払い等の給付義務を内容とする調停調書は、これを債務名義として強制執行も可能である。

　民事紛争は多様であるが、個人・法人を問わず、支払不能に陥るおそれのある債務者等の経済的再生に資するため、債務者が負っている金銭債務に係る利害関係の調整を促進することを目的として、民事調停法の特例として、特定調停の手続が定められる（特定債務等の調整の促進のための特定調停に関する法律1条。以下、この法律を「特定調停法」という）。金融実務においては、顧客との取引関係は金銭の貸借関係が中心であり、調停事件のほとんどがこの特定調停であり、この特定調停の骨子は民事調停手続による債務弁済協定調停と同じである。

　ただし、この特定調停は主に以下の点で民事調停と異なる取扱いとなる。まず、申立ては、金銭債務を負っている者であって、支払不能に陥るおそれのあるものもしくは事業の継続に支障を来すことなく弁済期にある債務を弁

済することが困難であるものまたは債務超過に陥るおそれのある法人をいう特定債務者のみ申立てができる（特定調停法2条1項）。また、同一申立人に係る複数の特定調停事件の手続はできる限り併合して行われる（同法6条）とともに、土地管轄の規定にかかわらず、事件を他の管轄裁判所に移送したり、場合によっては地方裁判所へ移送ができるものとされている（同法4条・5条）。特定調停の申立てがあり、特定債務者から申立てがあれば、特定調停が終了するまでの間、担保を立てさせず、特定調停の目的となった権利に関する民事執行手続の停止を命じることができるとされる（同法7条）。さらに、当事者双方に債権債務の存否、発生原因および内容（弁済等による変更を含む）、担保関係の変更等に関する事実を明らかにする義務があり（同法10条）、調停委員会は、特定調停を行うにあたり、職権で、事実の調査および必要であると認める証拠調べを行うことができ（同法13条）、特定調停のために特に必要があると認めるときは、当事者または参加人に対し、事件に関係のある文書または物件の提出を求めることができる（同法12条）とされ、正当な理由なく調停委員会の文書提出命令に従わない場合、10万円以下の過料の制裁がある（同法24条）。

　調停手続は、まず、申立人から調停申立てがあると、申立てのあった簡易裁判所から調停申立書および期日呼出状が送付される。特定調停においては、まず特定調停申立書と文書提出催告書とが送付され、提出を求められた該当文書を提出した後、あらためて期日呼出状が送付されることもある。特に特定調停においては、債務者は金銭消費貸借契約書の写しや債権計算書等は保有していない場合が多く、まず債権者にそれらの資料を提出させ、その内容をもとに申立人と裁判所が面談を行い、正式な期日指定となる場合が多い。また、調停前の措置として、民事執行手続等の停止命令をあわせて裁判所が出す場合もある。

　第1回の調停期日は、調停委員会が期日までに提出された資料等に基づき、双方の主張の確認と事情聴取を行う。調停委員会は聴取した事情等をもとに調停を指揮し、実情に即した解決を図るべく当事者の話合いを進めていく。

この話合いは、当事者の意見が折り合わず、合意成立の見込みがない場合は、調停不成立として手続を終結するが、何らかの妥協の余地を見出す可能性がある場合、期日を重ねて話合いを継続させるとともに、当事者もしくは調停委員会が調停案を作成して提示し、その案をもとにして対立点や条件を調整する交渉が重ねられる。その際には、調停委員会から各当事者に対して条件譲歩等の説得が試みられる。両当事者が相互に譲歩し、調停条項として合意内容が確定すれば、その内容が調停調書に記載されて調停が成立する。この調停調書は、裁判上の和解と同様の法的効果を有する。

また、裁判所は、調停の成立する見込みのない場合、調停委員の意見を聴き、当事者双方のために衡平に考慮し、いっさいの事情をみて、職権で、当事者双方の申立ての趣旨に反しない限度で、事件解決のために必要な決定をすることができ、この決定においては、金銭の支払い、物の引渡しその他財産上の給付を命じることができる（民事調停法17条）。極めて例外的な措置ではあるが、この決定がなされた場合、当事者または利害関係人は、決定の告知を受けた日から2週間以内に異議の申立てをしない場合、この決定は裁判上の和解と同一の効果を有することになる（同法18条）。したがって、当該命令が出された場合、異議の申立てを行うか否かにつき、慎重に検討することが必要となる。

4　金融 ADR

金融 ADR（Alternative Dispute Resolution）とは、金融分野における裁判外紛争解決制度を意味し、平成21年6月に「金融商品取引法等の一部を改正する法律」として公布され制定された新しい制度である[18]。金融商品・サービスの多様化・複雑化が進む中、金融商品・サービスに係るトラブルも増加する可能性が高く、こうしたトラブルは民事手続の基本に則り、訴訟等により解決することは可能であるが、訴訟等は利用者に種々の負担が重く、特に

---

[18]　中沢則夫・中島康夫「金融分野における裁判外紛争解決制度（金融 ADR 制度）の概説」金法1873号23頁、「特集・『金融 ADR』解体新書」金法1887号28頁以下参照。

個人にあっては手続的な負担を前にその解決を諦め、泣き寝入りしてしまうことも想定される。この金融ADRは、訴訟等従前から法的に用意された手続に比して、事案の性質や当事者の事情に応じた迅速、簡易、柔軟な紛争解決を図ることを目的とする。また、金融分野は多岐にわたることから銀行・証券といった分野を横断的に取り扱うことは志向せず（将来的にはありうるとしても）、銀行や証券といった業態ごとにこれまで行われて来た苦情処理・紛争解決の取組みをベースとする。

　金融ADR制度は、①申請に基づき行政庁が紛争解決機関を指定し監督する、②金融機関は、指定紛争解決機関との間で手続基本契約を締結する、③金融機関との間で生じたトラブルについて、利用者が指定紛争解決機関に対して紛争解決の申立てを行う、④紛争解決委員が紛争解決手続を実施し、和解案等を提示する、⑤金融機関は和解に基づきトラブルの解決を図る、という流れが概略となる。業法上の枠組みとしては、業態全体の利用者保護の充実の観点から、金融機関に金融ADRの利用や結果尊重などの対応を業法上の義務として求める枠組みとしている。一方、紛争解決の手段は訴訟等の法的な手段に加え、国民生活センターのADRなど多様にあり、この金融ADRもこれらと並ぶ紛争解決の一手段であり、利用者がこの手続を利用するか否かは任意である。ただし、利用者がこの金融ADRの利用を表明した場合、金融機関には手続応諾およびその結果尊重等の一定の措置を求め、苦情や紛争解決の実効性の確保が図られている。また、本来解決の対象とはなり難い苦情についても、苦情は紛争に連続するとの観点で金融ADR制度は苦情処理と紛争解決を対象とする制度とし、利用者保護の拡充が図られている。

　この金融ADR制度は、幅広く金融機関の業務に関する苦情処理・紛争解決を行うものの、その手続での処理が適切でない事案もあり、そのような苦情や紛争についての取扱いを明確にするため、その業務規程において苦情処理や紛争解決の要件や方式を策定することとしている（金商法156条の44第4項7号）。また、紛争解決委員の判断で紛争解決手続を実施しないことも可能としている（同法156条の50第4項ただし書）。なお、紛争解決委員の提示す

る和解案や特別調停案の内容は、法令の特段の制限はなく、金融機関からの金銭の給付を内容とするものや、金融機関からの謝罪を内容とするもの等紛争解決委員の決定によるところとなる。

　金融ADR制度の中心ともなる指定紛争解決機関は、紛争解決業務の実施能力や公正性の確保が重要であることから、紛争解決機関の指定要件は厳格に定められ、業態ごとに申請に基づき、法務大臣との協議を行い、紛争解決機関を指定するものとしている（金商法156条の39第1項・3項）。また、紛争解決委員の構成も定められる（同法156条の50第3項）。また、指定紛争解決機関が業務を円滑に実施するためには、一方の利用当事者である金融機関もその業務規程につき意見を述べる機会があり、内容改善を図らせる必要もある。このため指定要件として、業務規程に異議を述べた金融機関が政令で定める一定割合以下でなければ指定を受けられないことになる。

　また、この制度を利用する利用者のコスト負担が大きい場合、利用者保護の制度として本分を果たせないことから、主として金融機関が費用を負担する枠組みとされている（金商法156条の44第1項4号・5号）。

　この金融ADRにおける具体的な苦情処理・紛争解決の手続は、以下のとおりとなる。苦情処理の場合、利用者は指定紛争解決機関に苦情の解決の申立てを行うことができ、申立てを受けた指定紛争解決機関は、その相談に応じ、必要な助言や調査をするとともに、金融機関に対して苦情の内容を通知して迅速な処理を求めることになる（金商法156条の49）。紛争解決の場合、利用者または金融機関は、指定紛争解決機関に対して紛争解決手続の申立てを行うことができ、紛争解決手続の申立てを受けた場合、紛争解決機関は紛争解決委員を選任し、紛争解決手続に付し、紛争解決委員は、和解案の受諾の勧告、特別調停案の提示を行うことになる（同法156条の50）。金融ADR制度でも、裁判外紛争解決手続の利用の促進に関する法律と同様に、時効中断効の法的効果が用意されている（同法156条の51）。

V　強制執行

　強制執行とは、債務者が債務の任意の弁済に応じない場合、債権者が自力によって当該債務の取立てを行う自力救済は許容されないことから、債権者が裁判所へ申し立て、公正な第三者である裁判所がその申立ての当否や債務者の対応等を的確に判断したうえで、法定の手続に従い国家機関が債権者に代わって債務者に対して義務の履行を強制し、債権者の権利の実現を図るための制度をいう。この手続は、自力救済を禁止する反射として、適法な債権者の権利充足を適正、迅速かつ公平に実現することを趣旨とする制度でもある。

　金融実務においては、金融機関がその権利実現を図る債権は通常金銭債権であり、この債権の満足を目的とする強制執行は、債務者の責任財産の差押えにより弁済に充当すべき財産を確定し、当該差押財産を換価し、この換価した対価を当該債権者に交付するという法定の手続を意味することになる。こうした強制執行をする前提として、金融機関は自己の有する貸金等債権につき、民事執行法22条に定める債務名義を取得し、かつ執行文の付与を受けたうえで、債務者に対してのその送達証明書を確保する必要がある。強制執行の申立ては、民事執行規則にその詳細が定められている。

1　不動産

　不動産に対する強制執行は不動産執行といわれ、強制競売と強制管理の方法により行うとされる（民執法43条1項）。強制競売の申立てがあった場合、執行裁判所は強制競売の開始決定を行い、その開始決定において債権者のために目的物となる不動産の差押えの宣言を行わなければならないとされる（同法45条）。この差押えの効力は、強制競売開始決定が債務者に送達された時に生じるとされるが、差押えの登記がその送達前にされたときは、登記がされた時に生じるとされる（同法46条1項・48条）。この差押命令が債務者に

送達されることの確認よりも、差押登記がなされた事実を確認することが通常の実務では重視される。

　この差押えの効力が生じると、債務者は目的不動産の処分行為が制限される。ただし、この処分行為は競売申立人や競落人に対抗することができない相対的な処分禁止効力があるのみとされ、競売不動産につき適法な処分に係る登記申請があれば、この登記はされることになる（大決大正4・12・14民録21輯2106頁）。

　また、この差押えの効力が生じても、債務者が通常の用法に従って不動産を使用し、または収益することを妨げないとされる（民執法46条2項）。これは、差押命令は目的不動産の売却価値を差し押さえたものであり、その売却までに当該不動産について通常の用法で使用収益をしてもその売却価値は損なわれないものであり、その限りで差押えにより債務者による使用・収益まで制限を加える必要はないからである。

　この差押えの効力が生じた後、配当要求の終期を定めて公告を行い、法定の債権者に対して債権届出の催告を行う（民執法49条）。この債権届出の催告を受けた債権者は、債権届出の義務が生じ、この届出を故意または過失によりその届出をしなかった場合等は、これにより生じた損害の賠償責任を負うことになる（同法50条）。これに加え、配当要求も行われ（同法51条）、これらをもとに配当等を受ける債権者、債権額、優先順位等の概要が構成される。

　この手続とともに、執行裁判所は執行官に対し対象不動産の現況調査を命じ（民執法57条）、評価人を選任のうえ、対象不動産の評価を命じる（同法58条1項）。この評価人の評価は、強制競売手続における売却を実施する場合の評価であることを考慮しなくてはならず（同条2項）、結果として当該不動産の一般的な流通価格より低廉となることが通常となる。執行裁判所は、この評価人の評価に基づいて不動産の売却基準価格を決定し（同法60条）、当該不動産の物件明細書を作成し（同法62条）、当該不動産につき強制競売の申立債権に対する剰余の有無を判断することになる。この段階で剰余があると判断された場合は、入札もしくは競り売りを原則とする売却手続に進む

ことになる（同法64条以下）。売却手続において買受けの申出があった場合、執行裁判所は当該買受けの申出に対して売却許可決定期日を設けて、売却の許可もしくは不許可の言渡しをしなくてはならないとされる（同法69条）。この売却許可決定がなされた後、買受人は代金を納付し、この納付した時に不動産を取得する（同法78条・79条）。

一方で、強制競売の対象不動産は換価可能であることとともに、執行手続費用や担保権者等の優先債権者の債務弁済を控除して剰余が生じない場合、強制競売手続は取り消されることになる（民執法63条）。この点につき、複数の不動産が担保の目的物とされ、かつ、同時に執行の目的とされた場合、複数の目的不動産をあわせて剰余の有無を判断すればよく、とりわけ土地およびその地上建物を一括売却すれば剰余を生じるときは、一括売却を実施するのが相当としており（東京高決平成9・3・14判時1604号72頁）、複数の不動産を対象とする強制競売の場合、対象不動産全体を対象としてその剰余の有無を考慮することが原則と考えられる。

なお、入札や競り売りによる売却を3回実施しても買受けの申出がない場合で、さらに売却を実施しても売却の見込みがない場合、執行裁判所は強制競売手続を停止でき、この旨を差押債権者に通知する。この通知を受けた差押債権者は、通知受領日から3カ月以内に買受けの申出をする者を見つけて執行裁判所に売却実施の申立てを行わざるを得ず、この申立てができない場合もしくは買受けの申出の予定者が申出をしなかった場合、執行裁判所は強制競売手続を取り消すことができるとされる（民執法68条の3）点に留意を要する。

次いで、強制競売手続で買受人から納付された代金は債権者に対して配分される。この手続を配当手続という（民執法84条）。この配当を受領できる債権者の範囲は定められており（同法87条）、執行裁判所は配当期日において、これらの各債権者について、その債権額、執行費用および配当の順位と額を定め（同法85条1項）、これらの事項が定められた場合には、その配当表を作成しなくてはならないとされる（同条5項）。この配当表に基づき各債権者

は代金を受領し、各債権に充当することにより手続は終了することになる。

　強制管理手続は、対象不動産から生じる収益に着目し、不動産の所有権は債務者に帰属させたまま、その不動産から生じる収益を債権の弁済に充当する執行方法をいう。この方法は、担保物件の評価に比して債権額が少額である場合や不動産の担保権者が多く無剰余の可能性が強い場合等に適する方法である。

　この強制管理手続は、執行裁判所が開始決定を行い、債権者のために不動産を差し押さえる旨を宣言し、かつ、債務者に対して収益の処分を禁止し、および債務者が賃貸料の請求権や当該不動産の収益に係る給付を求める権利を有する場合、その権利に対する債務者（給付義務者）に対して、その賃料等の給付の目的物を、開始決定と同時に執行裁判所により選任される管理人に（民執法94条）、交付すべき旨を命じるものとされる（同法93条）。この手続により管理人が収受した収益は、執行裁判所が定める期間ごとに、債権者に対して配当していくことになる（同法107条）。なお、この配当に充てる収益額は、公課や管理人の報酬、必要な費用を控除した額となる（同法106条）。

2　動　産

　動産に対する強制執行は、動産執行といわれ、執行官の目的物に対する差押えをもって開始する。この対象となる動産は、民法上の動産（民法86条2項・3項）のほか、登記ができない土地の定着物、土地から分離する前の天然果実で1カ月以内に収穫することが確実であるものおよび裏書の禁止されている有価証券以外の有価証券を含むとされる（民執法122条1項）。債務者の占有する動産の差押えは、執行官がその動産を占有して行うものとされる（同法123条1項）。この差押えは、債権者または提出を拒まない第三者が占有している動産にも及ぶとされるが（同法124条）、この第三者が提出を拒む場合、債務者が当該第三者に対して有する目的物である動産の引渡請求権を差し押さえることになる。これは、動産執行ではなく債権執行となり、別途の申立て等の手続を要することになる。[19]

動産の執行申立ては、差し押さえるべき動産の所在を記載しなくてはならないが（民事執行規則99条）、個々の動産の特定は不要とされる。差押対象動産については、執行官がその債務者の占有する場所等に立ち入り、その場所において目的物を捜索することができ（民執法123条2項）、執行官が選択できるものとされている（民事執行規則100条）。

　差押えは、申立書に記載される場所で執行官が発見し選択した動産を、執行官が自ら占有して行う（執行官保管。民執法123条1項）ほか、執行官が相当であると認める場合は、差押物について封印その他の方法で差押えの表示をした場合に限り、債務者に当該差押動産を保管させることができ、執行官の判断に基づき、その使用を許諾できる（同条3項・4項）。この動産執行においても、差押債権および執行費用の弁済に必要な限度を超えてはならず（同法128条）、かつ差し押さえるべき動産の売得金の額が手続費用の額を超える見込みがないときは、執行官は差押えをしてはならず、当該売得金の額が手続費用および差押債権者の債権に優先する債権の額の合計額以上になる見込みがないときは、執行官は差押えを取り消さなければならない（同法129条）とされる強制執行の原則が適用される。こうした観点もあり、差押調書には差押動産の評価額の記載を行うこととされている。

　差押物件は、売却により換価される（民執法134条）。この売得金の債権者への交付であるが、債権者が1人である場合、または、売得金や差押金銭等の合計額で各債権者の債権および執行費用の全部弁済ができる場合、執行官が債権者に弁済金を交付し剰余金を債務者に交付する（同法139条1項）。この場合を除き、債権者間で当該売得金等の配当について協議が成立した場合、執行官がその協議に従い配当を実施する（同条2項）。これ以外の場合は、

19　銀行における貸金庫の内容物に対する差押えについては、この考え方によることになる。この点、判例では、貸金庫の内容物については、利用者の銀行に対する貸金庫契約上の内容物引渡請求権を差し押さえる方法により強制執行をすることができ、貸金庫契約上の内容物引渡請求権についての取立訴訟においては、差押債権者は貸金庫を特定して貸金庫契約が締結されていることを立証すれば足り、貸金庫内の個々の動産を特定してその存在を立証する必要はないとしている（最判平成11・11・29民集53巻8号1926頁）。

執行官は当該売得金等を供託し、その後は執行裁判所が配当等の手続を行うことになる（同条3項・同法142条1項）。

3　債　権

　金銭の支払いまたは船舶もしくは動産の引渡しを目的とする債権に対する強制執行（少額訴訟債権執行を除く）を債権執行といい、執行裁判所の差押命令により開始される（民執法143条）。債権執行の申立ては、原則債務者の住所を管轄する地方裁判所が執行裁判所となる（同法144条1項）。申立書には、債務名義の正本を添付のうえ、民事執行規則21条に定める事項に加え、第三債務者の氏名や住所、および差し押さえる債権の種類および額その他債権を特定するに足る事項、並びに債権の一部を差し押さえる場合には、その範囲を記載することを要する（民事執行規則133条）。なお、差押対象債権の範囲については、当然に超過差押えは禁止されるとともに（民執法146条2項）、差押えを禁止される債権も法定される（同法152条）。一方、給料その他継続的な給付に係る債権、すなわち将来的な給付債権も差押えの対象となる（同法151条）。

　債権者から申立てがあれば、執行裁判所は第三債務者に対して、差押命令の送達に際し、差押命令送達日から2週間以内に差押えに係る債権の存否や額等の陳述を催告しなければならない（民執法147条1項）。この第三債務者は、故意または過失で陳述しない、または間違った陳述をした場合、これにより生じた損害を賠償する義務を負うとされる（同条2項）。[20]

　差押命令は、発令前に債務者が当該対象債権の処分等背信的な行為を行い、当該差押命令の実効を阻害することを防ぐため、債務者や第三債務者への審尋をしないで発することができる（民執法145条2項）。差押命令は、債務者

---

[20] この陳述書の誤りの事案として、「この陳述書において、被差押債権の存在を認めて支払いの意思を表明し、将来において相殺する意思のある旨を表明しなかったとしても、その後、これを受働債権として相殺することを妨げない」とするのが判例である（最判昭和55・5・12判時968号105頁）。

に対し、債権の取立てその他の処分行為を禁止し、かつ、第三債務者に対して債務者への弁済を禁止することを内容として、執行裁判所が発する（同条1項）。差押命令は、債務者および第三債務者に送達しなければならないが、その効力は第三債務者に送達された時に生じる（同条3項・4項）。実務上の扱いは、保全処分時と同様第三債務者への送達が先になされ、その後債務者への送達がなされるように実施されている。

　差押命令が債務者（第三債務者ではない点に留意）に送達されてから1週間が経過すると、債権者は第三債務者に対して差押債権の取立てをすることができる。この取立てにより支払いを受けた額を限度として、弁済されたものとみなされる。差押債権者は、この支払いを受けた場合、直ちに執行裁判所に届け出る必要がある（民執法155条）。

　一方、差押命令を送達された第三債務者は、差し押さえられた金銭債権の全額に相当する金銭を履行地の供託所に供託することができる（権利供託といわれる。民執法156条1項）。この供託により、第三債務者は当該債権の弁済供託をしたことになり、当該債権につき免責されることになる。また、1つの差押命令が競合した場合には、その債権の全額に相当する金銭を履行地の供託所に供託しなくてはならない（義務供託といわれる。同条2項）。これらいずれの供託をした場合も、執行裁判所に対して、供託した事情を届け出なくてはならない（同条3項）。義務供託の場合、最終配当手続により当該弁済金は分配されることになる。

VI　担保権の実行

1　不動産担保権の実行

　抵当権等の不動産担保権の実行手続には、担保不動産競売と担保不動産収益執行の2つがある（民執法180条）。担保不動産競売は、文字どおり競売による不動産担保権の実行を意味し、抵当権者等の担保権者が裁判所に対し競

売の申立てを行い、これが裁判所により受理されると、裁判所は競売開始決定を行い、この決定内容を相手方に送付するとともに、直ちにその目的不動産の登記記録にその旨の登記を嘱託する（同法180条1項・181条、民事執行規則170条）。そして、評価人に不動産の評価をさせて売却基準価額を定め、売却方法、日時、場所等を指定して入札や競り売りの方法で売却手続を行う。そこで買受人が決まり買受代金が裁判所に納付されると、裁判所は各債権者に抵当権等の担保権の順位に従って配当する（民執法188条）。なお、他の担保権者の申立てによる競売が開始された場合、および一般債権者の申立てによる強制競売が開始された場合は、担保権者は自ら競売の申立てを行う必要はなく、その手続において債権の届出を行えば足りることになる。

担保不動産収益執行は、不動産から生じる収益（賃料等）を被担保債権の弁済に充てる方法による不動産担保権の実行をいい、平成15年7月に民事執行法が改正された際に新設された。抵当権者等の担保権者の申立てにより手続が開始されると、裁判所が選任した管理人が主として担保不動産の管理と賃料等の収益を取得し、これらの管理によって得た収益から、管理人の報酬等の必要費用を差し引いた残額を申し立てた債権者を含む一定の債権者に配当する。なお、従来から行われていた賃料債権に対する物上代位は、本制度創設後もそのまま存続され、両制度が競合した場合の調整規定が民事執行法に規定された。

金融実務では、不動産担保は担保として最も活用されているものといえよう。しかし、不動産担保を担保権の実行として競売により処分し回収を図る場合、当該担保物件の一般的な市場価格より低廉で売却されることが多く、競売申立て時に見込んだ評価額よりその回収額が著しく低下してしまうことが通常である。このような事情を回避し、極力売却額を高くすることが債務者および金融機関にとっても有利であることから、金融機関は担保不動産の競売を申し立てた場合でも、債務者もしくは担保提供者に対して任意の売却を促し、その売却代金による回収を図ることになる。ただし、この対応は担保設定内容や当該物件の権利関係が比較的単純な場合に限られ、後順位担保

権者が存在する場合等では任意売却代金の配分で紛議となり、結果として任意売却しても後順位担保権者が担保権の抹消を承諾しない等の懸念もあり、やむなく競売による売却となることもある。

2 その他の担保権の実行

(1) 指名債権担保

預金や売掛金などの債権に対する質権は、民事執行法に基づく差押命令や転付命令を取得する方法により実行する法定の方法もあるが、通常は債務者や担保提供者との間において、債権であれば事前に債権譲渡担保契約を締結し、債務者に債務不履行が生じた場合、民法366条の定めにある直接第三債務者に請求して取り立てる権利を契約上担保することが多い。また、自行の預金について質権を取得している場合も同様に債務者に代わって払い戻し、貸金等の債権の弁済に充当することになる。

(2) 動産・有価証券担保

商品・株券などの動産質は、民事執行法に基づく動産競売の方法により売却するのが法定の手続であるが（民執法134条）、この手続による売却は時間やコストがかかり、また商品の場合は不動産と同様競売等においては市場価格に比較して減価が大きくなる可能性も生じる。そこで、債務者もしくは担保提供者との間の担保差入証等の担保契約内容に担保権の実行は法定の手続によらず金融機関が任意に担保物を売却してその代金から回収してもよいという特約を締結しているのが通常である。なお、手形に対する譲渡担保権はそれを取り立てて貸金の回収に充当すればよく、機械など債務者の占有する譲渡担保物件は動産質と同様に通常は任意処分によることになる。

近時、債務者の商品在庫等を集合動産として担保取得をして貸金を行う事案が増えている。従来、銀行等の金融機関は事業の在庫を担保に取得しても担保実行において、当該担保物件を購入可能な他の業者等を手配することができない点等から売却が難しく、在庫等の集合動産担保の扱いは消極的であった。しかし、この担保処分の評価や売却の仲介機能をもつ業者が出てきた

こととも相まって、在庫等を対象とした集合動産担保による貸金取引は拡大している。

ただし、こうした集合動産担保処分による回収は、当初の想定どおりに現実には円滑に進まないケースも生じている。集合動産担保契約をした在庫物については、通常債権者である金融機関が日々自ら管理することは不可能であり、債務者が営業用資産として管理し、担保物の内容は当該債務者が担保契約の約定等に基づいて定期的にその有り高等を債権者に報告することが多い[21]。こうした債務者との信頼関係に基づく在庫管理方法は、債務者の事業や金融機関との取引関係が支障なくなされている間は問題が生じない。しかし、これらに何か支障が生じた場合、債務者は自らの事業を維持するために、在庫内容を正確に金融機関に報告しなかったり、金融機関が担保権を実行するに際して担保物を金融機関に引き渡さない等の問題事象が生じる。こうした場合すでに債務者に正確な報告を求めることは無理であり、担保処分に動くことになるも、担保物の契約に基づく任意の引渡しが求められない以上、債権者は自力で強制的に担保物を回収することはできない。この段階に至り、担保処分のために担保物引渡しの仮処分等民事執行法所定の手続で実質的な担保権の回復手続をすることになる。

Ⅶ 法的整理手続

1 法的整理手続の種類

債務者が多数の債権者に対し多額の債務を負担し、全財産を売却等してもその全額を返済することができないような状態になったとき、各債権者は自己の債権の弁済額を多くするように動き、債務者の担保の設定されていない資産等については、回収の早い債権者が多くの回収を得る結果となってしま

---

21 占有改定により当該担保動産の所有権は債権者に移転し、債権者のために債務者が占有することととなる。

うと債権者間の公平は確保されない事態となる。したがって、債務者がこのような状況に陥った場合、裁判所の関与と監督の下に、債務者の全資産を処分し、債権者に公平に配当する手続が必要となる。一方、事業等の再建の見込みのある債務者については、全資産を処分して債務の弁済に充てるよりは、むしろその資産や能力を活かして再建を図ったほうが、債務者および債権者にとってもよい場合があり、その事業等を再建する目的を達するためには、裁判所の関与と監督の下に法定の手続で行うことが必要になる。これらの債権者の平等を確保すること、および債務者の全資産を売却して債務の弁済に充てるよりは事業等の再建を図らせることが妥当な場合にその再建を公正かつ確実にするという目的のために法律によって定められているのが法的整理手続になる。

　法的整理手続としては、破産、会社更生、民事再生、特別清算の4つが用意される。そのうち破産と特別清算は、債務者の全資産を処分して、公平に全債権者に配当することを目的としているのに対し、会社更生、民事再生は文字どおり主として再建を目的とした法律構成となっている。ただし、現実には会社更生手続や民事再生手続においても、事業再生に必要な資産と不要な資産を分別し、新たなスポンサーに原資の拠出を受けて前者の資産をもとに新設分割を行ったり、同業他社に前者の資産を売却して事業運営の維持を図るとともに、不要な資産を残す会社に従前の借入金等の債務を残し、実質的に負債を中心として清算手続に入ることも行われることがある。その観点においては、会社更生法や民事再生法も実質的に清算型の手続ととらえられる側面がある点に留意を要する。また、それぞれの手続の本来的な目的の違いにより、裁判所や管財人の手続への関与の程度が大きく異なる。各手続の性格により当事者に許容される法的な柔軟性が異なる点にも留意を要する。

2　破　産

　破産手続は、「支払不能又は債務超過にある債務者の財産等の清算に関する手続を定めること等により、債権者その他の利害関係人の利害及び債務者

と債権者との間の権利関係を適正に調整し、もって債務者の財産等の適正かつ公平な清算を図るとともに、債務者について経済生活の再生の機会の確保を図ることを目的とする」法的な清算手続である（破産法1条）。すなわち、法人または自然人である債務者が経済的に行き詰まり、その保有する全財産をもっても全債務を完済する見込みが立たない場合、裁判所の関与の下、強制的に財産を換価してすべての債権者に対して公平にその資金を分配することを目的とする手続を指す。

　債務者が支払不能にあるときは、裁判所は決定で破産手続を開始し、債務者が支払いを停止したときは支払不能にあるものと推定される（破産法15条）。この支払不能とは、債務者が、支払能力を欠くために、その債務のうち弁済期にあるものにつき、一般的かつ継続的に弁済することができない状況をいう（同法2条11項）。支払停止とは、債務者がこの支払能力を欠くため、その債務のうち弁済期にあるものにつき、一般的かつ継続的に弁済することができないことを外部に表明する行為を指す。債務者が法人である場合、債務超過も破産手続開始の原因となるが、債務超過とは、債務者が、その債務につき、その財産をもって完済することができない状況を指す（同法16条）。[22]債務者がこの状況にある場合、債務者もしくは債権者からの破産手続開始の申

---

[22] 支払不能とは、債務者が支払能力を欠くために、その債務のうち弁済期にあるものについて、一般的かつ継続的に弁済することができない状態をいう（破産法2条11項）。信用等による支払能力があれば支払不能とはされないので債務超過とは異なる。支払不能は破産手続の開始原因（同法15条）であり、また偏頗行為否認の危機時期の基準点（同法162条1項1号・2号）、相殺禁止の基準点の1つとなる（同法71条1項2号）。支払不能が具体的にどのような状況を指すのかという点については、債務者の実情にあわせて判断せざるを得ず、あわせて今後の実務や裁判例の蓄積を待つ必要がある。なお、このように債務者の客観的な財産状態を示す支払不能を証明することは難しいので、破産法では「支払停止は支払不能を推定する」という規定をおいている（同法15条1項・162条3項）。支払停止とは、弁済能力の欠乏のために弁済期が到来した債務を一般的かつ継続的に弁済することができない旨を外部に表示する債務者の行為のことである。何が支払停止に該当するかという具体例については、外部に表示する債務者の行為であることから、少なくとも状態を示す支払不能よりは外部からの判断は可能である。そこで破産法では、「支払停止は支払不能を推定する」という規定をおいていると考えられるほか、狭義の詐害行為否認（同法160条1項2号）、無償否認（同条3項）、対抗要件否認（同法164条）の基準点としているし、相殺禁止の基準点の1つともなっている（同法71条1項3号）。

立てにより（同法18条）、裁判所がその申立てを妥当と認め、かつ破産障害事由に該当しない場合、破産手続の開始を決定する（同法30条1項）。この決定は、決定の時から、効力を生じるとされ（同条2項）、破産手続の開始と同時に、破産管財人の氏名、債権の届出期間、届出債権の調査期間などが通知・公告される（同法31条・32条）。なお、破産手続開始により破産者の財産の管理・処分権は、裁判所の監督の下（同法75条）、すべて破産管財人に専属するものとされ（同法78条）、各債権者は、以後この破産手続によるしか債権回収はできなくなる。各債権者は破産債権の届出として自己の債権を破産管財人に届け出なければならず、これを怠ると破産手続に参加できず（同法111条）、破産債権者として取り扱われず、破産財団からの配当を得ることができなくなる。破産管財人は、債権届出のなされた債権について破産債権者表を作成し（同法115条）、その債権につき債権調査を経て（同法117条以下）、破産管財人が認め、かつ破産債権者が異議を述べないときはその破産債権は確定する（同法124条）。破産管財人は破産者の有する債権を取り立て、財産を換価処分し、それを配当の財源として破産債権者に確定した破産債権額を記す配当表に基づいて配当する。

　破産債権者の有する担保権は別除権として、破産手続によらずに行使でき（破産法65条）、破産手続開始の当時破産者に対して債務を負担していれば、一定の場合（同法71条）を除き自由に相殺が可能である（同法67条）。また、破産管財人は、担保権が設定されている財産を担保権が付いたまま任意に売却し、または担保権者の承諾を得て担保権を抹消したうえで売却することができ（同法65条2項・78条2項1号・2号・184条1項）、さらに、破産管財人が任意売却の買手から得た売得金から一定額を差し引いた残額を裁判所に納付することによって担保権を消滅させることができる（同法186条）。

　この破産手続は、最後配当、簡易配当または同意配当が終了した後、その計算報告のための債権者集会が終結したとき、または計算報告書の公告があり定められる期間内に異議が出ない場合、破産手続の終結を決定しなくてはならず、この決定をした場合、直ちに主文および理由を公告するとともに、

破産者に通知しなくてはならない（破産法220条）。これにより、破産手続は終結する。

なお、個人である債務者は、破産手続開始の申立てがあった日から破産手続開始の決定をした日以後1カ月を経過する日までの間に、破産裁判所に対して免責許可の申立てをすることができる（破産法248条1項）。破産裁判所は、当該破産者が免責不許可事由に該当しない場合、免責許可の決定をする（同法252条）。この免責許可決定が確定すると、破産者は破産配当を除き、また、一定の債権を除き破産債権につきその責任を免れる（同法253条）。この免責許可決定が確定すると、法律上復権し（同法255条）、破産者となることによる資格制限（弁護士法7条5号等）の回復が図られることになる。

3 会社更生

会社更生手続は、「窮境にある株式会社について、更生計画の策定及びその遂行に関する手続を定めること等により、債権者、株主その他の利害関係人の利害を適切に調整し、もって当該株式会社の事業の維持更生を図ることを目的とする」、株式会社を対象とする再生型の法的手続である（会更法1条）。すなわち、再建の見込みのある株式会社について、債権者・株主その他の利害関係人の権利を調整しながら再建を図る法的な制度である。

この手続は、株式会社を対象に限定していること、破産手続や民事再生手続と異なり、担保権を有する者も更生担保権者として更生計画によりその担保権の実行に制約を受けること、債権届出をしない場合、当該債権は更生計画認可により失権すること、更生計画は株式および資本の取扱いにつき比較的自由度が高く、100％減資等既存株主の大幅な権利変更が行われるのがほとんどであること、更生手続終結まで、管財人の監督が及ぶことが要点にあげられる。近時、東京地方裁判所においては、監督委員や調査委員の選任を前提として、管財人を選任せず、既存の経営陣に当該事業の遂行や会社財産の管理処分を認める、DIP型の更生手続を採択している。

会社更生手続の概要は、以下のとおりである。更生手続開始の申立てがな

され（会更法17条）ると、実務上は同時に保全処分（同法28条）および保全管理命令の発令（同法30条）がなされ、これにより保全管理人が選任され更生手続開始決定のあるまでの間、当該会社の事業の経営並びに財産の管理および処分の権限は保全管理人に専属することになる（同法32条）。更生手続開始の申立ては、「破産手続開始の原因となる事実が生ずるおそれがある場合」もしくは「弁済期にある債務を弁済することとすれば、その事業の継続に著しい支障を来すおそれがある場合」に債務者法人がすることができるとされる（同法17条1項）。「破産手続開始の原因となる事実が生ずるおそれがある場合」には、会社更生法17条2項に定める要件に該当する債権者や株主も申立てできる。実務上は、更生手続開始の申立てに先立ち、申立権者（当該会社自身が申し立てるのが通例である）と裁判所で事前相談等が実施され、申立てと同時に保全処分や保全管理命令が即日発せられることが多い。

　更生手続開始を申し立てる場合、申立権者は申立ての要件事由（会更法17条1項）について原因となる事実を裁判所に対して疎明しなくてはならず（同法20条）、裁判所は開始決定の可否判断のため、申立原因の有無や更生手続開始決定の当否等を調査する。この調査は、保全管理人による調査報告やその他の書面審理のほか、会社代表者や大口債権者等への審尋等の方法でなされる。これらの調査を踏まえ、更生手続開始の原因となる事実および申立棄却事由の有無を判断のうえ、更生手続開始決定を行うか、申立棄却決定を行う（同法41条）。

　更生手続開始決定がなされた場合、裁判所は管財人を選任し、更生債権等の届出をすべき期間および更生債権等を調査する期間を定め（会更法42条1項）、その旨を公告しなくてはならない（同法43条）。この開始決定が出ると、更生会社の事業の経営並びに財産の管理および処分をする権利は管財人に専属することになり（同法72条1項）、更生債権者は以後更生計画によらなければ弁済を受けられないことになるため（同法47条以下）、更生債権者および更生担保権者は債権届出期間内に権利の届出をなす必要がある（同法138条）。

　開始決定後の更生手続では、会社の財産に対して担保権を有する債権者と

いえども担保権の実行は禁止され（会更法50条）、更生担保権として一般の更生債権と同様、債権の届出をしないと後述する更生計画認可決定と同時に債権・担保権ともに失権することになる（同法204条）。また、相殺も債権の届出期間の満了日前に相殺適状になったときは、債権届出期間内に限り、更生計画の定めによらず相殺をすることができるとしており（同法48条1項）、それ以後は相殺できないことになる。

　管財人は債権届出期間の満了後裁判所の定める期間内に更生計画案を作成し裁判所に提出する義務を負う（会更法184条1項）。また、更生会社、届出をした更生債権者等または株主等も作成の権限を有する（同条2項）。ただし、現実には管財人が作成することがほとんどであり、管財人は、事業の経営並びに財産の管理および処分をしながら、再建の見込み、再建の方法、債権者への返済可能見込額などを確認しながら、法の定める要件を充足する更生計画案を作成することになる（同法167条）。会社更生法は会社の再生を目的とする法であるが、更生会社の事業を当該更生会社が継続し、または当該事業を事業の譲渡、合併、会社分割もしくは株式会社の設立により他の者が継続することを内容とする更生計画案の作成が困難であることが更生手続開始後に明らかになったときは、裁判所は、更生計画案を作成できる者の申立てにより、債権者の一般の利益を害さない限り、更生会社の事業の全部の廃止を内容とする更生計画案の作成を許可することができるとされる（同法185条）。更生計画案が裁判所に提出されると、裁判所は、これを決議に付する旨の決定をする。決議は、①関係人集会の期日において議決権を行使する方法、②書面等投票により裁判所の定める期間内に議決権を行使する方法、③これらのうち議決権者が選択するものにより議決権を行使する方法のいずれかとなる（同法189条2項）。更生計画案可決の要件（同法196条）を充足する場合、更生計画案は可決され、裁判所によって認可（同法199条）されると、以後この再生計画に従って債務の弁済や事業の遂行が行われることになる（同法209条）。更生計画が認可されると、この更生計画が遂行され、更生計画が遂行された場合、更生計画の定めによって認められた金銭債権の総額の

3分の2以上の額が弁済された時において更生計画に不履行が生じていない場合、もしくは更生計画が遂行されることが確実であると認められる場合には、管財人の申立てもしくは職権で、更生手続終結の決定を行い公告する（同法239条）。この決定により、更生手続は終了する（同法234条）。

4 民事再生

民事再生手続は、「経済的に窮境にある債務者について、その債権者の多数の同意を得、かつ、裁判所の認可を受けた再生計画を定めること等により、当該債務者とその債権者との間の民事上の権利関係を適切に調整し、もって当該債務者の事業又は経済生活の再生を図ることを目的とする」、文字どおり再生型の法的手続である（民再法1条）。申立ての要件は、債務者に破産手続開始の原因となる事実の生ずるおそれがあるとき、もしくは債務者が事業の継続に著しい支障を来すことなく弁済期にある債務を弁済することができないときに、申立てをすることができるとされる（同法21条1項）。また、債務者に破産手続開始の原因となる事実の生ずるおそれがあるときに限り、債権者も申立てできるとされる（同条2項）。

ここで、上記各場合がどのような事情をいうかであるが、債務者が支払不能にあるときは、裁判所は決定で破産手続を開始し、債務者が支払いを停止したときは支払不能にあるものと推定される（破産法15条）。この支払不能とは、債務者が、支払能力を欠くために、その債務のうち弁済期にあるものにつき、一般的かつ継続的に弁済することができない状況をいう（同法2条11項）。支払停止とは、債務者がこの支払能力を欠くため、その債務のうち弁済期にあるものにつき、一般的かつ継続的に弁済することができないことを外部に表明する行為を指す。債務者が法人である場合、債務超過も破産手続開始の原因となるが、債務超過とは、債務者が、その債務につき、その財産をもって完済することができない状況を指す（同法16条）。「債務者に破産手続開始の原因となる事実の生ずるおそれがあるとき」とは、こうした事情が発生するおそれがある場合をいう。また、「債務者が事業の継続に著しい支

障を来すことなく弁済期にある債務を弁済することができないとき」とは、少なくとも支払不能状況には陥っていないものの、事業継続に欠かせない重要な財産を処分換価しなくては、債務の弁済原資を確保できないような場合をいう。

　民事再生手続開始の申立てがされると、必要に応じて弁済禁止等の保全処分や強制執行等の中止命令が発せられ（民再法30条・26条・27条）、原則として裁判所は監督委員による監督を命ずる処分（監督命令）をする（同法54条）。

　民事再生手続の開始決定がされると（民再法33条）、再生債権（同法84条）の弁済は禁止され、裁判所の許可を得た場合を除き（同法85条2項）、再生計画に従った弁済しかできなくなる（同条1項）。裁判所は再生手続開始の決定とともに再生債権届出期間および再生債権調査期間を定め（同法34条1項）、決定の主文とあわせ公告する（同法35条）。さらに、再生債務者が法人の場合には、裁判所は再生債務者の財産の管理または処分が失当であるときや再生債務者の再生に特に必要があると認めたときは、利害関係人の申立てまたは職権で、再生手続開始の決定と同時にまたはその決定後に再生債務者の業務および財産に関し、管財人による管理を命じる処分をすることができ（同法64条）、その場合、公告がなされる（同法65条）。これを管理命令といい、管財人が選任されると、再生債務者財産の業務の遂行並びに財産の管理および処分をする権利は管財人に専属することになる（同法66条）。管財人が選任されない場合には、引き続き債務者法人の代表者が財産の管理および処分や事業の執行権を有することになる（同法38条）。この点、再生債務者の再生手続開始後の業務執行の態様につき、再生債務者が引き続き業務の執行および財産の管理処分の権限を失わない型をDIP型、管財人が再生債務者に代わりこれらを行っていく型を管理型といわれる。なお、債務者が個人の場合には管理命令の発令はなく、管財人は選任されない。また、再生手続開始決定の前においても、法人に限るが、再生債務者の財産の管理または処分が失当であるときや再生債務者の再生に特に必要があると認めたときは、利害関係人の申立てまたは職権で、再生手続開始の決定までの間、再生債務者の

業務および財産に関し、保全管理人による管理を命じることができ（同法79条）、公告される（同法80条）。これを保全管理命令といい、この命令が出された後は、再生債務者の業務の遂行並びに財産の管理および処分をする権利は保全管理人に専属する。ただし、再生債務者の常務に属さない行為をするには保全管理人は裁判所の許可を得なければならない（同法81条）。したがって、法人における管理型が徹底される場合、民事再生手続開始の申立てと同時に保全管理命令が発令され保全管理人が選任され、再生債務者の業務の遂行や財産の管理および処分は保全管理人が行い、開始決定および管理命令の発令による管財人の選任がなされた後は、管財人がそれらの行為を行うことになる。

再生手続開始決定後、裁判所は再生債権の届出（民再法94条）および再生債務者等からの当該再生債権に対する認否書（同法101条）をもとに所定の調査を行って再生債権者表の作成（同法99条）等を行い、再生債権等の確定を行うとともに、再生債務者等は再生債務者に属するいっさいの財産につき再生手続の開始時点における価額評定を行い、評定完了後直ちに再生手続開始時の財産目録および貸借対照表を作成して裁判所に提出しなくてはならない（同法124条）。

民事再生手続では、破産手続と同様に再生債務者の民事再生手続開始決定までの弁済等の行為につき、否認権が定められる（民再法127条以下）。この否認は、詐害行為否認（同法127条1項）、無償行為否認（同法127条3項）、偏頗行為否認（同法127条の3）の3類型が定められる。

民事再生手続が開始された場合であっても、特別の先取特権、質権、抵当権（根抵当権を含む）または商事留置権を有する者は、その目的財産について別除権を有し、再生手続によらずに担保権の実行ができるとされる（民再法53条）。したがって、別除権者は再生手続によらずに、別除権の種類および競売等本来の権利行使により、時期的な制約等を受けずに任意に優先的な弁済を受けることができることになる。一方、再生債務者は、再生手続開始申立受理後、当該担保物件を競売等しないことが再生債務者の再生に資する

等再生債権者の一般の利益に適合し、競売申立人に不当な損害を及ぼすおそれがない場合、裁判所に担保権実行手続の中止命令の申立てを行い（同法31条）、また、担保物件が再生債務者の事業の継続に欠くことができないものであるときは、再生債務者は、その価格に相当する金銭を提供して担保権の消滅を裁判所に請求することができる（同法148条）。これらの命令がなされた場合、別除権者の権利は制限されることになる。このほか、再生債務者が担保物件の維持を図るために、別除権者と別除権協定の申込みを行う場合がある。この別除権協定は担保物件に対して一定の弁済をする代わりに別除権を不行使とするものであり、別除権者と債権者との個別交渉で定まる。この別除権協定は、別除権の目的物の受戻しにあたり、監督委員の監督期間中は、監督委員の同意を要することになる。

　民事再生の開始決定があった場合、債権者は再生債権の届出、再生債権の相殺、別除権の行使、保証人に対する保証債務履行請求といった動きをとることになる。民事再生手続開始決定があれば、当然に債権届出期間内に債権届出をする必要があり（民再法94条1項）、これを届け出ないと債務者が認める場合を除き、民事再生手続への参加が認められず、再生計画に従った弁済が受けられない等の不利益が生じ、また、失権となる可能性も生じる（同法181条）。また、再生債権の相殺は、再生債権の届出期間内に相殺適状となり、相殺禁止事項に該当せず、債権届出期間内に相殺の意思表示がなされることにより、相殺が可能となる（同法92条）。

　民事再生手続においても、会社更生手続と同様に、債権届出期間満了後裁判所の定める期間内に再生債務者が再生計画案を作成して裁判所に提出し（民再法163条）、提出があれば、裁判所は不認可事由がある等の場合を除き決議に付する旨の決定を行う（同法169条）。再生計画案は再生債権者の権利の変更を内容とするものであるが（同法154条）、これを債権者集会もしくは書面等の投票により可決され（同法169条2項・172条の3）、裁判所によって認可決定されると（同法174条）、以後この計画に従って、債務者に弁済される。裁判所は、再生計画の認可決定が確定したときは、監督委員または管財人が

選任されている場合を除き、再生手続終結の決定を行わなければならない（同法188条）。

なお、民事再生手続には小規模個人、給与所得者等を対象とした簡易な再生手続と住宅資金貸付債権に関する特則が用意され、さらに国際倒産に関する規定が適用される。

5 特別清算

特別清算とは、清算手続に入った株式会社について、清算の遂行に著しい支障を来すべき事情がある場合（会社法510条1号）と、または債務超過の疑いがある場合（同条2号）に、債権者、清算人、監査役または株主は特別清算開始の申立てをすることができ（同法511条1項）、債務超過の疑いがある場合には、清算人はこの申立てをしなくてはならない（同条2項）。この申立てがなされた場合、申立てによりもしくは職権で、決定があるまでの間、他の法的な手続について裁判所はその中止を命じることができる（同法512条）。また、特別清算開始の命令があった場合、破産手続開始の申立て、強制執行、保全執行または財産開示の申立てをすることはできず、すでになされた強制執行、保全処分、財産開示手続は中止され、その効力を失う（同法514条・515条）。

また、裁判所は担保権の実行としての競売手続の中止を命じることも可能であり、特別清算開始の命令が発せられると、清算会社に対する債権の時効は完成しない（会社法516条）。ただし、この担保権の実行としての競売手続の中止は時限的なものであり、破産手続において別除権者となる債権者は、会社法に定めは用意されていないものの、特別清算手続による制約を受けず、担保権を実行して別除権の対象財産から優先的な弁済を受けられることになる。一方で、会社法においては、清算会社は民事執行法等の法令に従って別除権の目的物を換価でき、別除権者はこれを拒否できないとされ（同法538条）、また、別除権者が法の定めによらず目的物を処分する権利を有する場合、清算会社の申立てにより裁判所はその処分期間を定められるとし、その

期間内に別除権者が処分できない場合、処分権を失うとされる（同法539条）。しかし、別除権の本来効に変動はなく、いずれにおいても別除権による優先弁済権は維持される。

　特別清算開始の決定があった場合、裁判所の監督に属する（会社法519条）ことになるが、清算人は裁判所が選任する場合を除き、清算会社の清算人がそのまま継続することになる（同法524条）。清算人は、債権者、清算会社および株主に対して公平かつ誠実に清算事務を行わねばならず（同法523条）、特別清算も清算手続と同様に、清算人は、会社財産を調査し（同法492条）、現務の結了、債権の取立ておよび債務の弁済、残余財産の分配等の職務を行うことになる（同法481条）。

　特別清算手続に入る場合、債務超過であることがほとんどであり、清算手続の終結を図るためには、この超過する債務につき少なくとも資産と同額まで減額することが必要となる。この方法として債権者と個別に和解していく方法と清算会社が債権届や財産目録に基づき資産による弁済案および残債務の免除等（法上は「協定債権者の権利の変更」と定められる）を内容とする協定案を作成し（会社法563条・564条・565条）、債権者集会において①出席した議決権者の過半数の同意と②議決権者の議決権の総額の3分の2以上の議決権を有する者の同意をもって可決させ、かつ裁判所の認可を受けなければならない。個別和解もしくは協定が成立すれば、清算人はその内容に従って債務を弁済することになり、清算事務を終了したときに裁判所に特別清算終結決定の申立てを行い（同法573条）、その決定をもって終結するが、協定が成立する見込みのない場合や協定の実行見込みのない場合には、裁判所は職権で破産法に従い破産手続開始の決定をしなくてはならないとされる（同法574条）。

6　相　殺

　法的整理手続においても、各債権者の相殺の担保的な効力への期待は保護され、相殺時期の制限等一定の制約は定められるものの、法的な整理手続に

よらずに相殺を行うことは可能とされている。

(1) 破産手続での相殺の取扱い

　破産法上、破産債権者は、破産手続開始の時において破産者に対して債務を負担するときは、破産手続によらないで、相殺をすることができると定められる（同法67条1項）。また、破産債権者の有する債権が破産手続開始の時において期限付きもしくは解除条件付きであるとき、または金銭の支払いを目的としない債権や金額が確定しない債権等の破産手続開始時における評価額をもって破産債権の額とする債権（同法103条2項1号・68条）でも、破産債権者が相殺をすることを妨げず、破産債権者の負担する債務が期限付きもしくは条件付きであるとき、または将来の請求権に関するものであるときも、同様とするとしており（同法67条2項）、比較的広範に相殺対象の債権を認めている。

　一方で、破産債権者の恣意的な相殺は、破産財団の資産内容の確定の阻害要因ともなり、破産債権の内容によっては、実態的な偏頗弁済等につながる懸念等があるため、相殺対象とできる破産債権の種類や相殺可能とする期間に制約が定められている。破産法上、破産債権者は、以下の場合には、相殺をすることができないとされる（同法71条1項）。

① 破産手続開始後に破産財団に対して債務を負担したとき
② 支払不能になった後に契約によって負担する債務を専ら破産債権をもってする相殺に供する目的で破産者の財産の処分を内容とする契約を破産者との間で締結し、または破産者に対して債務を負担する者の債務を引き受けることを内容とする契約を締結することにより破産者に対して債務を負担した場合であって、当該契約の締結の当時、支払不能であったことを知っていたとき
③ 支払いの停止があった後に破産者に対して債務を負担した場合であって、その負担の当時、支払いの停止があったことを知っていたとき。ただし、当該支払いの停止があった時において支払不能でなかったときは除く。

④　破産手続開始の申立てがあった後に破産者に対して債務を負担した場合であって、その負担の当時、破産手続開始の申立てがあったことを知っていたとき

ただし、上記②から④までに定められる破産債権者の破産者に対する債務の負担が、ⓐ法定の原因による場合、ⓑ破産債務者が支払不能であったことまたは支払いの停止もしくは破産手続開始の申立てがあったことを破産債権者が知った時より前に生じた原因による場合、ⓒもしくは破産手続開始の申立てがあった時より1年以上前に生じた原因による場合は、相殺は許容されることになる（破産法71条2項）。これらの場合は、相殺を利用した偏頗弁済等の不公平な破産債権の優先回収を目的としていない、破産者に対する債務負担行為として、相殺の担保的な効力を認めたものと解される。

なお、上記は破産債権者の受働債権の債務負担行為に関するものであるが、破産者に対して債務を負担する者が相殺対象となる自働債権として破産債権を取得する場合についても定めている。すなわち、破産者に対して債務を負担する者は、以下の場合には、相殺をすることができないとされる（破産法72条1項）。

①　破産手続開始後に他人の破産債権を取得したとき
②　支払不能になった後に破産債権を取得した場合であって、その取得の当時、支払不能であったことを知っていたとき
③　支払いの停止があった後に破産債権を取得した場合であって、その取得の当時、支払いの停止があったことを知っていたとき。ただし、当該支払いの停止があった時において支払不能でなかったときは、この限りでない。
④　破産手続開始の申立てがあった後に破産債権を取得した場合であって、その取得の当時、破産手続開始の申立てがあったことを知っていたとき

ただし、上記②から④までに定められる破産債権の取得が、ⓐ法定の原因による場合、ⓑ破産債務者が支払不能であったことまたは支払いの停止もしくは破産手続開始の申立てがあったことを破産者に対して債務を負担する者

が知った時より前に生じた原因による場合、ⓒ破産手続開始の申立てがあった時より1年以上前に生じた原因による場合、ⓓ破産者に対して債務を負担する者と破産者との間の契約による場合、相殺は許容されることになる（破産法72条2項）。

これは、破産債権は額面額の回収は不能であり、その現在価値は額面額を大幅に割り込む。この点を利用し、安く破産債権を取得して、自己の破産者に対して負担する債務と破産債権の額面額で相殺した場合、破産者の有する債権は実態として価値の釣り合わない債権と相殺されてしまうことになり、破産財団を毀損することになる。本条は、これを防止するとともに、そのおそれのない破産債権の取得については、原則どおりの相殺を認める趣旨である。

破産債権に関する相殺禁止の制約は上記のとおりであるが、破産法では、相殺時期につき破産管財人による催告権を定め、催告に対して確答しない場合、破産手続において相殺権の行使ができなくなるものとされている（同法73条）。すなわち、破産管財人は、破産債権の調査期間が経過した後またはこの期日が終了した後は、相殺をすることができる破産債権者に対し、1ヵ月以上の期間を定め、その期間内に当該破産債権をもって相殺をするかどうかを確答すべき旨を催告することができる。ただし、破産債権者の負担する債務が弁済期にあるときに限るとし、破産管財人からこの催告があった場合において、破産債権者が上記により定められた期間内に確答をしないときは、当該破産債権者は、破産手続の関係においては、当該破産債権についての相殺の効力を主張することができないとされる。

(2) **民事再生手続での相殺の取扱い**

民事再生手続における相殺も、民事再生計画とは別に実行することができるが、破産手続と異なり、時期的な制約がある（このため、破産手続にある破産管財人の催告権と同旨の定めは不要となる）。すなわち、再生債権者が再生手続開始当時再生債務者に対して債務を負担する場合において、債権および債務の双方が債権届出期間の満了前に相殺に適するようになったときは、再生

債権者は、当該債権届出期間内に限り、再生計画の定めるところによらないで、相殺をすることができるとされ、債務が期限付きであるときも、同様とされる（民再法92条1項）。

また、相殺を禁止する場合の定めもあるが、この定めは破産手続と基本的に同様であり、相殺という法定手続外での行使を可能とする、強力な債権債務の清算方法の濫用を防止する観点で定められている（民再法93条・93条の2）。

(3) 会社更生手続での相殺の取扱い

会社更生手続における相殺も、会社更生計画とは別に実行することができるが、民事再生手続と同様に、時期的な制約がある。すなわち、更生債権者等が更生手続開始当時更生会社に対して債務を負担する場合において、債権および債務の双方が債権届出期間の満了前に相殺に適するようになったときは、更生債権者等は、当該債権届出期間内に限り、更生計画の定めるところによらないで、相殺をすることができるとされ、債務が期限付きであるときも、同様とされる（会更法48条）。

また、相殺禁止の定めも、破産手続、民事再生手続と同様となっている（会更法49条・49条の2）。

(4) 特別清算手続での相殺の取扱い

特別清算手続においては、破産手続における相殺禁止の定めと同様の定めがある（会社法517条・518条）。特にその行使時期等の要件は定められないが、協定（同法563条以下）の効力がこの相殺権に効力を及ぼすかは見解が分かれており、かつ、相殺自体はさほど事務手続を要するものではなく、清算人に対する相殺の意思表示で足りるわけであるから、相殺権の行使は協定成立前に行うことが債権回収の確実性からは妥当と考えられる。

7 否　認

否認権とは、破産手続開始決定前になされた債権者を害する破産者の行為の効力を、破産財団との関係において失わせ、いったん破産財団から失われ

た財産を破産財団に回復させる権利である。破産手続開始決定前は破産者は自己の財産を自由に処分できることが原則であるが、実際の倒産状態から破産手続開始決定までの間には時間的なずれがあるとされ、この間には破産債権者を害する行為、たとえば財産の廉価処分、隠匿、特定の債権者のための弁済や担保の供与等が行われた場合、これを認めると破産債権者の配当原資となる破産財団を減少させ、また債権者の平等を著しく害することになる。否認権とはこれらの行為の効果を覆して、失われた財産を破産財団に回復せしめ、破産債権者に対する公平な配当を可能にさせるための制度である。なお、否認の考え方は破産法、民事再生法、会社更生法とも同じであり、以下では破産手続を主として記述する。[23]

否認権には大きく分けて詐害行為否認と偏頗行為否認となる。詐害行為否認とは、債務者の総財産の額を減少させ、結果として、すべての債権者に損害を与える行為に対する否認を指し、故意否認（破産法160条1項1号）、危機否認（同項2号）および無償否認（同条3項）および相当の対価処分行為否認（同法161条1項）に類別される。偏頗行為否認とは、特定の債権者のみが債務者の財産から満足を得ることにより、他の債権者への配当を減らす行為の否認を指す（同法162条）。また、否認の対象に関する規定として対抗要件否認（同法164条）および執行行為否認（同法165条）があり、相手方に関する規定として転得者否認（同法170条）がある。

故意否認（破産法160条1項1号）は、破産者が破産債権者を害することを知ってなした行為に対する否認であるが、受益者が、その行為の当時、破産債権者を害することを知らなかったときは否認されない。したがって、受益者が他の破産債権者を害することに悪意であれば、否認権が行使されれば、当該行為の効力は否定されることになり、当該財産は破産財団に戻ることになる。

---

[23] 各法的整理手続では、破産手続開始決定は「民事再生手続開始決定、会社更生手続開始決定」に、破産者は「再生債務者、更生会社」に、破産財団は「再生債務者財産、更生会社財産」に、破産債権者は「再生債権者、更生債権者」にあたることになる。

危機否認（破産法160条1項2号）は、破産者が支払いの停止または破産手続開始の申立ての後にした破産債権者を害する行為に対する否認であるが、受益者がその行為の当時、支払停止や破産手続開始申立てのあったこと、および破産債権者を害することを知らなかったときは否認されない。なお、破産手続開始決定の日から1年前になした行為であれば、支払停止を知っていたことを理由とする否認はできない（同法166条）。

相当対価取得行為否認（破産法161条1項）は、破産者による相当な対価を取得している財産処分行為であっても、①不動産の金銭への換価その他当該処分による財産の種類の変更により、破産者が隠匿・無償の供与その他の破産債権者を害する処分（以下、「隠匿等の処分」という）をするおそれを現に生じさせること、②破産者が当該行為の当時、対価として取得した金銭その他の財産について、隠匿等の処分をする意思を有していたこと、③相手方が当該行為の当時、破産者が隠匿等の処分をする意思を有することを知っていたこと、という条件を満たす場合には否認できるとするものである。

無償行為の否認（破産法160条3項）は、破産者が支払停止等があった後またはその前6カ月内にした無償行為およびこれと同視すべき有償行為に対する否認をいう。[24]この場合、破産者の意思や受益者の認識など主観的な要件は必要とされず、支払不能もしくは支払停止または法的整理申立て後の時期に無償で財産減少行為を行うという（破産者の）有害性の高さと受益者が無償で利益を受けているという点を勘案して、実務上は広く否認を認められている類型である。また、実務上、第三者からの保証や担保の提供、第三者弁済（任意代位弁済）を受け入れるとこれにあたる場合があり、留意を要する。

偏頗行為否認（破産法162条）は、破産者の行った既存の債務についてなされた担保の供与または債務消滅に関する行為に対する否認であり、この否認は、支払不能の場合と破産申立て後の場合とで、それぞれ相手方の主観的要件である債権者の悪意が異なる。すなわち、「支払不能後」においては、支

---

24 民事再生法127条3項、会社更生法86条3項。

払不能であったことまたは支払停止があったことが（同条1項1号イ）、「破産申立て後」においては破産手続開始の申立てがあったこと（同号ロ）が、主観的要件となる。また、否認対象行為が、破産者の義務に属せず、またはその時期が破産者の義務に属しない行為で、支払不能になる前30日以内にされたものも否認の対象となる（同項2号）。ただし、債権者がその行為の当時他の破産債権者を害することを知らなかった場合は、否認されない（同号ただし書）。ここでいう「他の破産債権者を害すること」とは、債務者が近い将来支払不能に陥ることが予測できる客観的な根拠と説明される。[25]

対抗要件の否認（破産法164条）は、支払停止等のあった後、権利の設定、移転または変更をもって第三者に対抗するために必要な行為（仮登記または仮登録を含む）をした場合、その行為が権利の設定、移転または変更があった日から15日を経過した後、支払停止等のあったことを知ってしたものであるときは、破産手続開始後、破産財団のために否認できるとするものである。ただし、登記および登録については、支払停止等の前にすでに仮登記または仮登録がなされていたときで、これらに基づいて本登記または本登録がされたときは、この本登記等については否認できないとされる（同条1項ただし書）。これは、当該財産についてすでに受益者の優先的地位が登記や登録上公示されていたものであり、これが支払停止等の後に本登記に変えられても、他の債権者を害する行為とはいえず、詐害性や偏頗性を有しないと考えられるからである。[26]

執行行為の否認（破産法165条）は、否認しようとする行為が、執行力ある債務名義があるときや、執行行為に基づくものであるときでも、いずれも否認権を行使できるとするものである。また、転得者への否認（同法170条）は、①転得者が転得の当時、それぞれその前者に対する否認の原因のあることを知っていたとき、②転得者が破産者の親族や破産会社の支配株主等（同法161条2項各号）であるとき（ただし、転得の当時、否認原因のあることを知ら

---

[25] 民事再生法127条の3第1項1号・2号、会社更生法86条の3第1項1号・2号。
[26] 民事再生法129条、会社更生法88条。

なかったときは除く)、③転得者が無償行為またはこれと同視すべき有償行為により転得した場合において、それぞれその前者に対し否認の原因があるとき、には否認権を転得者に対しても行使できるとしている。

なお、偏頗行為否認の目的は債権者の平等を事後的に回復することであるが、このとき「どの時点からの債務者の行為が債権者の平等を害するか」について考える必要がある。単なる債務超過の状態であるだけならば、銀行からの信用等を有している限りは資金繰りを付けることは可能であり、弁済期にある債務を支払うことはできているから、かかる状況の債務者が一部の債権者に弁済をしても、債権者平等を害するとは必ずしもいえない。こういう時期のものまで否認されることになれば債務者の日常的な経済活動に支障を来すことになってしまう。しかし、支払不能状態（弁済期にある債務を一般的に支払うことができない状態）にある債務者が一部の債権者に弁済をすることは明らかに債権者の平等を害するといえる。このように考えると支払不能というのは一部の債権者に対する弁済が確実に債権者平等に反するといえる最も早い時点と考えるものであり、偏頗行為否認の時期を支払不能基準で画しているのはそのためであると思われる。いずれにせよ、債務者の実態的な資金繰りや営業の状態を見極めて、支払不能にあるのか否かを個別に判断していくしかないのが実情である。

Ⅷ 事業再生

1 事業再生 ADR

事業再生 ADR とは、裁判外紛争解決手続（Alternative Dispute Resolution、これを略して ADR という。正式には「特定認証裁判外紛争解決手続」である）のことを指し、これは私的事業再生手続の1つの選択肢となる。法的な再生手続として、民事再生手続や会社更生手続が用意されているが、これらは裁判所が再生手続に関与して厳格かつ透明性や公正性を確保して行う手続であ

り、その手続においては、債権者平等の原則が基本テーゼとして存在し、結果として当該債務者の事業における商取引債権者も当然に巻き込まれ、手続の遂行に従い、従前の事業運営の維持が不可能もしくは著しい縮小に落ち込み、結果的に当該債務者の事業価値の著しい棄損を伴うことが生じる。従来、こうした法的整理手続に必然的に派生する損害を回避するため、日本固有の金融慣行ともいえる「メインバンク」が2001年に策定した「私的整理ガイドライン」等に基づき、当該債務者に対して必要となる信用を補完する形で、金融機関を中心とする債権者間の利害を調整して、当該債務者の事業再生を支えてきた。しかし、バブル経済崩壊後、大規模な事業運営を行う債務者も多数行き詰まるといった事情もあり、金融機関自身も債務者が再生する際のリスクをメインバンクとして主導して吸収する余力も薄くなり、結果として法的整理手続にその解決を求めざるを得なくなってきていた。しかし、前述のとおり、法的整理手続には事業継続に対して必然的に障害が生じることから、私的に、かつまずは事業価値の棄損を極小化し、当該事業の運営を立ち直らせることが志向されることになった。そこで平成19年に「産業活力の再生及び産業活動の革新に関する特別措置法」（以下、「産活法」という）を改正し、それを受けた経済産業省令に基づき、この制度が設けられた。

　この事業再生ADRは、私的再建手続であり、「私的整理ガイドライン」の手続を踏襲しているが、手続実施者が法定の要件を満たすADR事業者であり、そのADR事業者が手続の進行や債権者間の調整を行う点と、産活法に基づく有利な特則が存在する点が従来の私的整理手続と異なる。この事業再生ADR手続は、その対象は中小企業に限らず、大企業も対象としている。

　この事業再生ADRのメリットは、①事業価値の棄損が少ないこと、②手続期間が短いこと、③手続のプロセスと事業計画の透明性、公正性、衡平性、実効可能性が比較的確実であること、④手続参加者の債権につき時効中断効が生じること、⑤債務者および債権者双方に税務上の優遇があること、がある。上記①については、この手続が事業運営に係る商取引債権は原則対象とせず、主に金融機関や大口の債権を有する商社やメーカー等を対象として、

当該当事者間限りで手続が進められることから、法的整理手続のように申立てとともに事業継続が事実上困難になるような事態は回避できる。また、事業活動を維持するため、一時的な資金繰りの確保のためのつなぎ融資に対する中小企業基盤整備機構等の債務保証が用意され、仮に法的整理に移行した場合にも当該つなぎ融資に対する優先弁済が設定される（産活法49条ないし54条）。②については、手続は後述するが、手続利用申請の仮受理から終了までの期間は3カ月程度を予定しており、法的整理手続よりも迅速かつ柔軟に解決を図れるとされる。③については、国家認証機関が手続実施者となり、産活法や省令に基づき手続を進めることから、法的整理手続と同様に恣意性や不透明性は排除される。④については、裁判外紛争解決手続の利用の促進に関する法律25条等に定められ、法的整理手続と同様に時効中断効が定められている。⑤については、債務者は期限の切れている欠損金と債務免除益の相殺ができたり、債権者においては債権放棄による損失の無税償却が確実にできること（有税引当てを行わずに無税償却処理が確実に行えること）がある。

2　事業再生機関

　事業再生ADRがうまく機能するためには、ADR事業者の信頼性と力量に負うところが大きい。これらを確保するために、平成19年に「裁判外紛争解決手続の利用の促進に関する法律」（ADR法）が施行され、紛争の範囲、手続実施者の能力、利害関係者の排除など業務の適正さを確保する要件を国が確認、認証する制度設計とされた。このADR事業者の国による資格審査は2段階にわたり実施されることとされた。

　まず、紛争解決を業務とする事業者は、その業務を行うのに必要な知識および能力並びに経済的な基礎を有することが求められ（裁判外紛争解決手続の利用の促進に関する法律6条）、同法7条に定める欠格事由に該当しないことを要件として、法務省が認証を与える。この認証を与えられることにより認証ADRとなるが、事業再生は法的観点のみならず、事業自体の再生可能性等も的確に判断できる能力が求められることから、次に、経済産業省が

審査を行うことになる。経済産業省は事業再生に係る専門的知識および実務経験を有する者として経済産業省令で定める要件に該当する者を手続実施者として選任でき、事業再生に係る紛争についての認証紛争解決手続の実施方法が経済産業省令で定める基準に適合すること（産活法48条）を要件として、適合する場合、事業再生ADR事業者として認定する枠組みとなっている。

3 事業再生手法

事業再生ADRの手続の流れの大枠は、過剰債務を抱える債務者が、法務省に認定され、経済産業省に認定された事業再生に関する紛争を取り扱う事業者へ相談を行い、当該ADR事業者によって事業再生の可否等の審査を行い、事業再生ADR手続実施予定者の選定や予定者による調査や事業計画案策定の後、債務者からの正式な申込みを受けたのち、債務者とADR事業者が連名で金融機関を中心とする債権者に対して、債権回収や担保設定等の停止および民事再生手続や会社更生手続の開始等の申立てをしないことを要請する。金融機関側はこの時点から正式にこの事業再生ADR手続に組み込まれることになる。

この通知と同時に、第1回の債権者集会の招集通知も送付される。この第1回債権者集会では事業再生ADR手続実施者の選任、事業再生計画案の概要説明および債権回収等の一時停止の内容確認等が行われる。また、一時停止の通知の後、つなぎ融資が必要な場合、信用保証制度の特例や中小企業基盤整備機構の債務保証に基づく資金調達を行うとともに、第1回の債権者集会において、つなぎ融資金の優先弁済の合意を図ることになる。その後、手続実施者は、債権者間の意見調整や債務者の資産負債や損益の状況および再建計画案の正確性・相対性・実効可能性等の調査・検証を行い、第2回の債権者集会等において、債権者からの意見を踏まえた修正等を加えた計画案の内容説明と手続実施者の調査内容の報告を行う。最後に、再生計画案に対する同意、不同意の表明を内容とする債権者集会にて、この手続の成否が確定する。本手続は私的整理手続の枠組みにあることから、当該再生計画を承認

する合意は債権者全員の合意により成立する。この成立により、各債権者の債権は計画に従って権利変更が発生し、結果として債務免除が行われることになる。

　一方、最後の債権者集会で一部でも再建計画案に反対があった場合、再建計画案は不承認となり、事業再生 ADR 手続は終了となる。その後は、債務者は法的調整手続である特定調停を申し立てることもできる。特定調停手続に入れば、法定の手続により債務者の債権についての調整が行われることになる。ただし、認証 ADR が関与した事案であれば、裁判官は単独で調停を行うことが可能となる（民事調停法5条1項ただし書）。調停が成立もしくは裁判所から調停に代わる決定（同法17条）がされれば、その内容に従い債務弁済条件や免除が決まることになる。一方、調停不成立もしくは裁判所の決定に異議が生じた場合、民事再生手続や会社更生手続で解決を図ることになる。[27]

---

[27] 全体の理解として、経済産業省産業再生課「『産業活力の再生及び産業活動の革新に関する特別措置法』に基づく事業再生 ADR 制度について〜早期事業再生のために〜」（平成21年7月）。

第8章　内国為替取引

I　為替取引の意義と概要

1　為替取引の意義

　為替とは、隔地者間の金銭債権・債務の決済あるいは資金移動を直接現金の輸送によらず金融機関を介して行う仕組みであると定義されている。たとえば、AがBに金銭の支払いをする場合は、AがBに現金を持参して直接決済することもできるが、現金輸送による紛失や盗難の危険が伴ううえに、時間と多額の費用を要する。また、手形・小切手の所持人が支払場所や支払人に直接支払呈示して決済しなければならないとすると同様に時間と多額の費用を要することになる。これが経済的に極めて非効率であることはいうまでもない。しかし、為替を利用すれば、信用ある銀行を介して当事者間で直接決済する場合に生じる現金の持参や輸送に伴う危険を防止するだけでなく、決済のために要する時間・手数・費用の節約を図ることができる。また、正確・確実・簡易・迅速な決済が行われることにより、利用者は資金を効率的に運用することができるという機能も有している。このように、為替業務のもつ危険防止機能・費用節約機能・正確かつ迅速な資金決済機能は、経済取引社会において重要かつ不可欠な機能を果たしている。

　このように為替業務が重要な機能を果たしていることから、為替業務は法律により業として営む者だけが行うことができることとされている。現在は、信用ある銀行等金融機関の固有の業務として認められている。[1]

　銀行業務の観点から為替業務の機能をみると、為替手数料という収入を得

ることができるし、受取人の預金口座に振り込まれた振込金や、取立依頼人の預金口座に入金した手形・小切手の取立代り金が預金として滞留することにより預金獲得機能も有している。

2 為替の種類──一般的分類

(1) 内国為替と外国為替

この区分は、為替取引が行われる場所的範囲を基準とした分類である。為替取引の当事者が同一国内に存在し、その国内で取引が完了する場合を内国為替、複数国にまたがる場合を外国為替という。外国為替の場合は、「外国為替及び外国貿易法」による規律を受ける。

(2) 本支店為替と他行為替

この区分は、為替取引に関係する銀行の人格が同一か異なるかによる区分である。

同一金融機関の本支店間あるいは支店間の為替取引を本支店為替といい、当該金融機関が定めている行内事務手続により行われる。為替取引の処理に際しては、振込取組店が仕向店として、被振込店が被仕向店としての関係に立つ（名古屋高判昭和51・1・28金法795号44頁）。

異なる金融機関相互間の為替取引を他行為替といい、他行為替の場合は、人格の異なる銀行間の為替取引であることから、両者間で為替取引契約の締結、為替貸借の決済、銀行間手数料の授受等の取決めが必要となる。かつては個別銀行間で為替取引契約等が行われていたが、現在では他行内国為替業務を営むすべての金融機関が全国銀行内国為替制度に加盟し、同制度の運営を行う内国為替運営機構が制定した内国為替取扱規則等に従うことになっている。詳細は、後記Ⅱで説明する。

---

1 銀行法10条1項3号、日本銀行法33条1項6号、信用金庫法54条1項3号、中小企業等協同組合法9条の8第2項1号、株式会社商工組合中央金庫法21条1項3号、農業協同組合法10条6項2号、労働金庫法58条2項1号など。

(3) 送金為替(順為替)と取立為替(逆為替)

為替資金の流れる方向を基準にした区分である。送金為替は、為替取引を依頼する者から金融機関を介して受取人に資金が移動する取引のことで順為替ともいう。送金為替には、送金と振込みがある。取立為替は、為替取引を依頼する者に対して金融機関を介して支払人から金銭債権を取り立てて資金が移動する取引のことで逆為替ともいう。取立為替には、手形・小切手の取立てを行う代金取立てがある。

(4) 信金為替・しんくみ為替・系統為替

この区分は、為替取引の当事者となる金融機関の業態を基準とした区分であり、厳密には為替の種類ではない。信金為替は、全国信用金庫連合会を含めた信用金庫相互間の内国為替取引をいい、それを処理する共同システムとして全信連システムがある。しんくみ為替は、全国信用協同組合連合会を含めた信用組合相互間の内国為替取引をいい、それを処理する共同システムとして全信組システムがある。系統為替は、農林中央金庫、信用農業協同組合連合会、信用漁業協同組合連合会および農業協同組合、漁業協同組合相互間および各連合会、組合間の内国為替取引をいい、それを処理する共同システムとして系統為替オンラインシステムがある。

3 全国銀行内国為替制度における為替種類

全国銀行内国為替制度における為替種類は、「送金」、「振込み」、「代金取立て」、「雑為替」に分類されている。

(1) 送　金

受取人が取引銀行(預金口座)を有しない場合や送金依頼人が受取人の取引銀行を知らない場合に、送金資金の支払手段として送金小切手を利用する送金方法である。振込みが普及した結果、一般の送金は平成15年4月2日から廃止され、現在では依頼人は地方公共団体に限られている。

(2) 振込み

振込みは、依頼人の指定した受取人名義の預金口座に一定金額を入金する

送金手段である。振込みには、一般の振込みのほかに国が債権者に支払う際に債権者の預金口座に入金する国庫金振込みがある。振込みは、受取人が銀行に預金口座を有しており、これを依頼人が知っていることを要するが、依頼人は銀行に振込依頼をするのみで足り、受取人も預金口座に自動的に入金されるという利便性・簡便性から、為替業務の中心となっている。なお、犯罪による収益の移転防止に関する法律（本人確認法の改正）により、平成19年1月から10万円超の現金振込みには本人確認が必要とされているので、ATMによる10万円超の現金振込みはできなくなった。

(3) 代金取立て

代金取立ては、銀行が取引先や自行の本支店あるいは他行から手形・小切手その他の証券類の取立依頼を受けて、その支払いを支払人に請求して取り立てる為替取引である。取立ての対象となる証券類は、手形・小切手、公社債、利札、配当金領収書その他の証券のうち、預金口座へ直ちに受入れができないもの、並びに預金証書もしくは貯金証書、旅館券等などである。取立依頼人が取引先である場合は、取立代り金はその依頼人の預金口座に入金され、金融機関の場合（委託銀行である場合）には、為替通知をもって取立ての結果を通知する。

(4) 雑為替

全国銀行内国為替制度の加盟銀行間の為替取引に関連して生じる資金決済のために利用され、資金を相手銀行に送付する取引である「付替」と、資金を相手銀行に請求する取引である「請求」の2つの為替科目がある。

II 内国為替取引の当事者と法律関係

1 為替取引の当事者

為替取引は、銀行を介して金銭債権・債務の決済等を行う取引であることから、取引当事者は、①依頼人、②仕向銀行（代金取立てのときは委託銀行）、

③被仕向銀行（代金取立てのときは受託銀行）、④受取人（代金取立てのときは支払人）の4者が存在する。

(1) 依頼人

依頼人は、仕向銀行（代金取立てのときは委託銀行）となる銀行に為替取引を依頼する者をいう。送金、振込みの場合は債務者ないし資金移動を行う者であり、代金取立ての場合は、手形・小切手等の証券の所持人である。

(2) 仕向銀行（代金取立てのときは委託銀行）

仕向銀行は依頼人から送金や振込みの依頼を受けた銀行をいう。代金取立てでは、証券類の所持人から取立依頼を受けた銀行を委託銀行という。

(3) 被仕向銀行（代金取立てのときは受託銀行）

被仕向銀行は、送金において支払人に指定された銀行、振込みにおいて受取人の預金口座のある銀行をいう。受託銀行は、代金取立てにおいて委託銀行から証券類の取立依頼を受けて、それを支払場所に呈示して取立てを行い、その結果を為替通知により委託銀行に通知する銀行をいう。

(4) 受取人（代金取立てのときは支払人）

受取人は、依頼人の債権者ないし資金移動の資金を受領する者である。支払人は、代金取立てにおける証券類の支払人をいう。

2 当事者の法律関係

為替取引の当事者の関係は、①依頼人と受取人（支払人）、②仕向銀行（委託銀行）と受取人（支払人）、③依頼人と被仕向銀行（受託銀行）、④依頼人と仕向銀行（委託銀行）、⑤仕向銀行（委託銀行）と被仕向銀行（受託銀行）、⑥被仕向銀行（受託銀行）と受取人（支払人）の6つの関係が存在する。なお、これら当事者の人格がそれぞれ別人格の場合のほか、依頼人と受取人が同一人であったり、依頼人と仕向銀行が同一であったりする場合もある。

このうち、①の依頼人と受取人の間、②の仕向銀行と受取人の間、③依頼人と被仕向銀行の間には、為替取引上の直接の法律関係はない。

(1) 依頼人と仕向銀行(委託銀行)の関係

送金・振込みにおける依頼人と仕向銀行の間の為替取引契約の法律関係は、民法上の委任(同法643条)ないし準委任契約(同法656条)であるとするのが通説・判例である。[2] 依頼人は仕向銀行に対して、送金の場合は受取人へ一定の金額の支払いを、振込みの場合は受取人の預金口座への入金を委託し、これを承諾した仕向銀行は委託内容に従った事務処理を行うという(準)委任関係が成立する。取立委任における依頼人と委託銀行の為替取引契約の法律関係も、民法上の委任(同法643条)ないし準委任契約(同法656条)であるとするのが通説・判例である。依頼人が手形・小切手等の証券類の取立てを委託銀行に委託し、これを承諾した委託銀行は当該証券類の取立事務を行うという(準)委任関係が成立する。

以上の関係から、仕向銀行または委託銀行は、依頼人に対して委任の本旨に従い、善良なる管理者の注意をもって送金や振込みあるいは代金取立ての依頼された事務を処理する義務を負担する(民法644条)。そして依頼人は、送金や振込みの資金、為替手数料を仕向銀行に支払う義務を負うことになる(同法649条、商法512条)。

(2) 仕向銀行(委託銀行)と被仕向銀行(受託銀行)の関係

仕向銀行と被仕向銀行、委託銀行と受託銀行の関係は、為替取引契約に基づく法律関係に拘束される。為替取引契約の法的性質は一般に委任契約を基礎とし、消費貸借契約や事務管理等を含む混合契約である。そこで、被仕向銀行は仕向銀行に対して、受託銀行は委託銀行に対して、為替取引契約の内容に従い、善良なる管理者の注意をもって送金や振込みあるいは代金取立ての事務を処理する義務を負担する(民法644条)。

(3) 被仕向銀行(受託銀行)と受取人(支払人)の関係

被仕向銀行と受取人、受託銀行と支払人の間には、為替取引上は直接の契

---

2 送金について最判昭和32・12・6民集11巻13号2078頁、最判昭和43・12・5民集22巻13号2876頁。振込みについて東京高判昭和50・10・8金法773号32頁、名古屋高判昭和51・1・28金法795号44頁。

約関係は存在しない。したがって、送金の場合には、受取人が送金小切手の所持人、被仕向銀行が送金小切手の支払人という小切手法上の関係があるが、受取人は送金小切手を被仕向銀行に支払呈示して小切手金額の支払いを受ける権限は有するが、被仕向銀行は受取人に対して小切手の支払義務を負わず、仕向銀行からの委託に基づいて受取人に送金小切手の支払いをする権限を有するにすぎない。振込みの場合には、被仕向銀行と受取人との間にあらかじめ締結されている普通預金取引契約や当座勘定取引契約に基づき、預金口座に入金記帳された振込金について預金債権を取得するにすぎない。すなわち、受取人は被仕向銀行に直接支払請求する権限を有してはいない[3]。代金取立ての場合も、証券類の取立権限を有する者とその支払人の関係にすぎない。

3 送　金

送金は、依頼人が銀行を介して受取人に資金を送付する為替取引であり、依頼人が受取人の取引銀行を知らない場合、受取人が取引銀行を有していない場合等に利用される。なお、前述のとおり全国銀行内国為替制度の改正により、一般の送金は平成15年4月2日から廃止され、現在では依頼人は地方公共団体に限られているがその利用は少ない。

(1) 普通送金の仕組み

普通送金は、依頼人である地方公共団体が、一定金額を受取人に送金することを目的として仕向銀行に対して送金資金および送金手数料を交付し、送金小切手の振出しを委託する。依頼人に送金小切手を交付した仕向銀行は、被仕向銀行宛に普通送金取組案内を発信する。被仕向銀行は、送金小切手が支払呈示されたときは、通常の小切手支払い時に要求される小切手要件、裏書の連続等の確認に加えて、送金小切手用紙見本との照合、普通送金取組案内との照合等を行ったうえで支払いに応じる。なお、送金小切手が振出日か

---

[3] 送金、振込みの法的性質を第三者のためにする契約とする説では、受取人が受益の意思表示（民法537条2項）をしたときに、受取人は被仕向銀行に対して直接権利を取得することになるので、受取人は被仕向銀行に対して送金金額や振込金額の支払いを請求する権利を有する。

ら1年経過後に支払呈示された場合は、小切手面に「支払期限経過」の旨を記入して呈示者に返却して支払いを拒絶する。

　(ｱ)　送金小切手

　仕向銀行を振出人、被仕向銀行を支払人、送金金額を小切手金額として振り出す小切手である。通常の小切手であり小切手法の適用を受ける。送金小切手に関する事務負担を軽減するため、内国為替運営機構が一括調整した統一小切手用紙が利用される。

〈図表〉　統一小切手用紙の規格・様式見本

為替手形：オモテ面

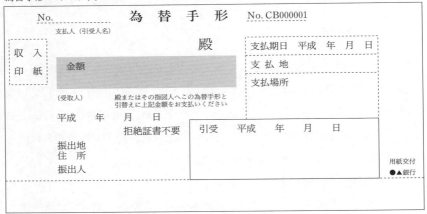

小切手：オモテ面

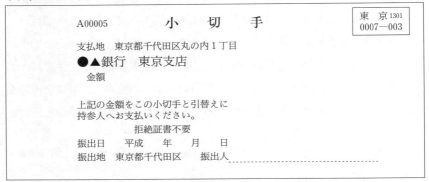

(イ)　普通送金取組案内

　普通送金取組案内は、仕向銀行が普通送金を取り組み、小切手を振り出した旨を被仕向銀行に通知し、小切手の所持人に対する送金額の支払いを委託するものである。

(2)　送金の法律関係

　(ア)　依頼人と仕向銀行の関係

　依頼人と仕向銀行の関係は、民法上の（準）委任契約における委任者と受任者の関係である。委任契約は当事者の申込みと承諾により契約が成立する諾成契約である。送金契約の成立により、依頼人は仕向銀行に委任事務処理費用の前払い（民法649条）たる性格を有する送金資金と、委任事務に対する報酬（同法648条1項、商法512条）たる性格を有する送金手数料を支払う義務を負い、仕向銀行は送金小切手を振り出して交付するとともに、普通送金取組案内を発信する義務を負う。

　(イ)　仕向銀行と被仕向銀行の関係

　仕向銀行と被仕向銀行の関係は、送金小切手の振出人と支払人の関係である。小切手を振り出すときは、小切手契約が存在することが必要であるが（小切手法3条）、普通送金の場合は為替取引契約がこれに該当する。両行は為替取引契約の規律に拘束される。

　(ウ)　被仕向銀行と受取人の関係

　被仕向銀行と受取人との間には普通送金契約上は直接の法律関係はなく、送金小切手の支払人と所持人の関係にすぎない。したがって、被仕向銀行は送金小切手所持人に支払義務を負わず、受取人も送金小切手の所持人として支払いを受ける権限を有するだけで支払いを請求する権利は有していない。

4　振込み

(1)　振込みの特徴と仕組み

　振込みは、依頼人から振込依頼を受けた仕向銀行が、依頼人の指定した受取人の取引銀行（被仕向銀行）に対して受取人の預金口座に一定金額を入金

することを委託し、被仕向銀行が委託内容に従って受取人の預金口座に当該金額を入金する為替取引である。現在では、給与の支払いも多くの場合は振込みが利用されている。[4]

振込みの特徴として、第1に、現金を輸送する危険とそれに伴う経済的負担を負うことなく決済ができることから、極めて事務負担の少ない簡易な決済手段といえる。通常、依頼人は仕向銀行に振込資金と振込手数料を添えて振込依頼をすれば足り、その後は銀行内の手続により目的が達成される。一方、受取人も被仕向銀行に出向くことなく、自動的に受取金額が自己の預金口座に入金され預金となる。第2に、受取人の預金口座への一定金額の入金を目的とする取引であるから、受取人の預金口座が被仕向銀行（被仕向店）に存在し、これを依頼人が知っていることが必要になる。

振込みにおいては、被仕向銀行名、被仕向店名をはじめ、受取人名、その預金種目・口座番号など振込みに必要な事項のすべては依頼人が指定する。このことは法律上重要な意味をもつ。すなわち、仕向銀行は依頼人の指定（振込依頼書への記入等により行われる）どおりに振込通知を発信する義務を負うとともに、指定に従った振込通知を発信すれば、これによって入金不能等のように振込みの目的が達成されなかったとしても、原則としてその責任を負わない。

(2) 振込みの法律関係

振込みの当事者は、依頼人、仕向銀行、被仕向銀行および受取人の4者である。依頼人と受取人との間には、売買取引など振込みによって依頼人が受取人に支払うことになった原因関係上の法律関係が存在するが、この原因関係は銀行との関係では意味をもたない。判例（最判平成8・4・26民集50巻5

---

[4] 給与振込みの内容は賃金の支払いであるが、労働基準法では、賃金は通貨で直接支払われなければならない旨が定められている（労働基準法24条1項）。この通貨とは円の貨幣を指し、給与振込みによる支給はこの要件に該当しないが、労働者の同意を得ることや、当該労働者が指定する銀行等の当該労働者の預金口座に振り込むことといった要件を満たすことにより、賃金の支払方法として認められる（労働基準法施行規則7条の2第1項）。ただし、振り込まれた賃金が、所定の賃金支払日の午前10時頃までに払出可能となっていることなどの要件も課されている（平成10年9月10日労働基準局長名通達第530号）。

号1267頁・金法1455号6頁）も、「振込みは、銀行間及び銀行店舗間の送金手続を通して安全、安価、迅速に資金を移動する手段であって、多数かつ多額の資金移動を円滑に処理するため、その仲介に当たる銀行が各資金移動の原因となる法律関係の存否、内容等を関知することなくこれを遂行する仕組みが採られている」と述べている。

また、依頼人と被仕向銀行との間には、直接の法律関係はなく、また被仕向銀行は他の金融機関への振込みでは仕向銀行とは別個独立の法主体であり、仕向銀行の履行補助者でもない。さらに、受取人と仕向銀行との間には、振込みの当事者として意味がある法律関係はない。したがって、振込みにおける各当事者間の法律関係として重要であるのは、次の各当事者間の関係といえる。

　　(ア)　依頼人と仕向銀行との関係

依頼人が仕向銀行に対し、振込依頼書等に必要事項を記入して振込契約の申込みをし、これを仕向銀行が承諾することにより両者間に振込事務の処理を内容とする民法上の委任契約が成立する[5]。仕向銀行は、依頼人に対して委任の本旨に従い、善良なる管理者の注意をもって振込手続を行う義務を負担する（民法644条）[6]。委任契約は当事者の申込みと承諾により契約が成立する諾成契約である。振込契約の成立により、依頼人は仕向銀行に委任事務処理費用の前払い（同法649条）たる性格を有する振込資金と、委任事務に対する報酬（同法648条1項、商法512条）たる性格を有する振込手数料を支払う義務

---

[5] もっとも、「振込規定ひな型」では、仕向銀行が振込資金等を受領したときに、依頼人との間の振込契約が成立することにしている。「振込規定ひな型」は、平成6年4月に全国銀行協会連合会（現全国銀行協会）で制定され、振込みにおける仕向銀行の取扱いを定めた規定であり、全13カ条によって構成されており、振込依頼の内容、振込契約の成立時期、振込通知の発信時期、取引内容の照会・回答、組戻し・訂正等依頼内容の変更、災害等の銀行の免責、関係預金規定の適用等について定めている。

[6] 担保流れの商品を購入する手付金の振込みが遅れたことにより契約が解除された事案で、仕向銀行の振込遅延の責任は認めたが、契約の解除により生じる特別損害は否定した（東京地判昭和47・6・29金法660号26頁）。毎月外国の船会社に傭船料の支払いをしていた場合に、12回目の送金に銀行が送金人名を誤記したために傭船料の支払遅延を生じ、傭船契約が解除された事案について特別損害の支払いを認めた（東京地判昭和51・1・26金法794号30頁）。

を負い、仕向銀行は振込通知を発信する義務を負う。

　(イ)　仕向銀行と被仕向銀行との関係

　仕向銀行と被仕向銀行との関係は、両者間に成立している為替取引契約（後記参照）に拘束されるが、その基本をなすものは、内国為替取扱規則に基づき、仕向銀行から被仕向銀行に対し受取人の預金口座に振込金額の入金を委託する委任関係である。このため、被仕向銀行は委任契約の受任者として善良なる管理者の注意をもって振込事務を処理する義務を仕向銀行に対して負う。両者の具体的な法律関係は、委任（ないしは準委任）の関係である。

　なお、同一銀行の本支店振込みの場合には仕向銀行と被仕向銀行が同一人格の1銀行であるので、両社間の法律関係は存在しない。基本的には各銀行が定めた内部規定に基づく事務手続により行われるが、振込みを処理するに際しては、振込取扱店が仕向店、被振込店が被仕向店という関係に立つ（前掲・名古屋高判昭和51・1・28）。

　(ウ)　被仕向銀行と受取人との関係

　被仕向銀行と受取人との間には、振込契約上直接の法律関係は存在しない。しかし、被仕向銀行が仕向銀行からの振込通知に基づき、振込金を受取人の預金口座に入金することにより、受取人は振込金額と同額の預金債権を取得することから預金取引上の契約関係はある。この契約関係は具体的には当座勘定取引契約（当座勘定規定）や普通預金契約（普通預金規定）等に定める、振込みによる預金への受入れにあたる。すなわち、これらの規定に基づき、受取人はその預金口座に入金された振込金について預金債権を取得することになる。したがって、この両者間には預金契約（消費寄託契約と（準）委任契約の複合的契約）の当事者の法律関係がある。

［参考］　振込規定ひな型

○振込みの依頼（振込規定2）

　振込先の金融機関・店舗名、預金種目・口座番号、受取人名（フリガナ）、振込金額等が正確に記入または入力されるべきこととともに、仕向銀行は振込依頼書に記入された事項（1項3号）、または振込機に入力された事項（2項

4号）をもって依頼内容とすることが定められている。

　また、依頼人の依頼内容について振込依頼書の記載の不備または振込機への誤入力があったとしても、これによって生じた損害については、仕向銀行は責任を負わない旨も定められている（3項）。

○振込契約の成立（振込規定3）

　振込規定では、仕向銀行が振込みの依頼を承諾し（振込依頼書による場合、1項）、またはコンピュータ・システムにより依頼内容を確認し（振込機による場合、2項）、かつ振込資金、振込手数料の受領を確認したときに振込契約が成立することとされている。振込契約の法律上の性質は委任契約であるが、この委任契約は諾成契約であり要物契約ではない。したがって、申込みと承諾によって成立することになるが、当事者の意思と実務上の便宜を考慮し、依頼人の申込みに対する仕向銀行の承諾に加えて、振込資金等を受領したときに振込契約が成立するものとされている。

　この振込資金は、法律上は依頼人と仕向銀行の関係が委任契約であることから、委任事務処理に要する費用としての性格を有すると解されている（民法649条）。

　振込手数料は、報酬ないしは委任事務処理費用としての性格を有している。

○振込通知の発信（振込規定4）

　仕向銀行には、振込契約が成立したときに依頼内容に基づいて被仕向銀行に振込通知を発信する義務があることを規定している（1項）。この振込通知の発信義務は、仕向銀行の義務の最も中心的なものである。振込規定には、電信扱いによる場合には依頼日当日に振込通知を発信する当日発信の原則が定められ、例外として窓口営業時間終了間際や振込事務の繁忙日等やむを得ない事由がある場合には、依頼日の翌営業日に発信することがあること（1項1号）、文書扱いの場合には依頼日以後、各銀行所定の日数の営業日以内に振込通知を発信すること（同項2号）が規定されている。

　そして、窓口営業時間終了後および銀行休業日に振込機によって振込依頼を受けた場合について、それが電信扱いのときは依頼日の翌営業日に振込通知を発信することと、文書扱いのときには依頼日以後、各銀行所定の日数の営業日以内に振込通知を発信することについても規定されている（2項）。

　したがって、仕向銀行はこの定めによる時限までに振込通知を発信する義務を依頼人に対して負うことになるので、仕向銀行の責に帰さない理由がある場合を除き、この時限を経過した振込通知の発信（発信遅延）によって依頼人に損害を与えるとその賠償責任を負うことになる。

○証券類による振込み（振込規定5）

　他行振込みの場合には、他店払いの当座小切手（他店券）を振込資金とする振込みは受け入れない旨を規定している。

　振込資金は、現金またはこれと同一視できる決済確実な自店払いの当座小切手（自店券）や普通預金からの払戻しないしは引落資金に限られており、直ちに資金化できない他店払いの当座小切手（他店券）は、本支店振込みでその取扱いを認めている場合以外は認められない。これは、事故防止と振込みの円滑な運営を維持するためである。内国為替取扱規則では「他店券受入表示の禁止」として、振込通知への「他店券受入」の表示を行うことはいっさい禁止されている。

○取引内容の照会等（振込規定6）

　取引内容の照会に対する仕向銀行の調査・回答義務を規定している（1項）。

　振込みにおける仕向銀行は、委任契約の受任者として委任者である依頼人から請求があったときは、委任事務処理の状況について報告する義務を負っているが（民法645条）、依頼人からのすべての照会に対して銀行が回答義務を負うのではなく、依頼人から受取人の預金口座に振込金が入金されていない旨の照会を受けたときに限り、その調査・回答義務を負うこととしている。また、振込みの依頼内容について仕向銀行が依頼人に照会したときは、依頼人は速やかに銀行に回答する義務を負うことも定められている（2項）。

○依頼内容の変更・組戻し（振込規定7、8）

　振込依頼後に依頼人が依頼内容を変更する必要が生じた際の取扱手続について規定している（振込規定7）。組戻しについては、振込依頼後に依頼人がその依頼を取り止める場合には組戻しの手続によること、組戻依頼を受けた仕向銀行は被仕向銀行宛に組戻依頼電文を発信すること、および振込資金の返却に関する事項等が定められている（振込規定8）。

　そして、訂正・組戻しいずれの場合も、被仕向銀行が振込通知を受信しているときは、訂正・組戻しができないことがあり、このときは受取人との間で協議し、解決する旨の定めがある。

○災害等における仕向銀行の免責（振込規定11）

　振込金の入金不能や入金遅延等が生じた場合の仕向銀行の免責を規定している。災害や事変をはじめ、基本的には仕向銀行の管理不可能な領域で生じたコンピュータ等の障害等、仕向銀行が責任を負わない具体的な事例が明示されている。

　この規定は、不正アクセスやコンピューターウイルスの侵入による事故も想

定して、その時点において求められる安全対策を講じていたにもかかわらず発生した事故の免責を定めたものである。金融機関の共同システムとは、全銀システム等を指す。

さらに、「当行以外の金融機関の責に帰すべき事由があったとき」（3号）が掲げられ、被仕向銀行の故意・過失による場合には仕向銀行は責任を負わないことが明示されている。これは、振込みにおける仕向銀行の責任の範囲について、①振込通知の発信まで、②振込通知が被仕向銀行に到着するまで、③受取人の預金口座に入金するまで、の3つの考え方があり、通信回線事業者に責任制限がある現行法の下では、銀行取引実務上は①の責任にとどめるべきとの考え方、すなわち発信主義によることを明確にしたものといえる。

(3) 被仕向銀行の義務

(ア) 仕向銀行に対する義務

仕向銀行と被仕向銀行は、取扱規則等を内容とする委任契約の委任者と受任者の関係にあり、被仕向銀行は受任者の立場にある。委任契約の受任者は善管注意義務を負うから、被仕向銀行は仕向銀行に対して善良なる管理者の注意をもって振込事務を処理する義務を負うことになる。このため、振込通知の記載内容に不明確な点があり、振込金の入金処理ができない場合には、仕向銀行に照会するという注意義務も負うことになる。

そして、この受任者として処理する事務の中心は仕向銀行から受信した振込通知等に記載された受取人名義の預金口座に振込金を入金することである。内国為替取扱規則では振込通知等に記載された受取人の預金種目・口座番号あるいは住所、電話番号等に関する被仕向銀行・被仕向店の取扱いについて、参考事項とする旨を定めている。すなわち、振込通知等に記載された受取人名と同一名義の預金口座が複数ある場合に、振込金の入金口座を特定するための情報として、預金種目、口座番号を利用するということである。したがって、振込通知等に記入された受取人名義の口座が1つしかなく、ほかに同一名義や類似名義の口座もなく、受取人名のみをもって入金口座を特定できる場合には、預金種目・口座番号が相違していても、その受取人の口座に入金してもよいとはいえる。しかし、受取人名義の口座が1つしかない場合で

も、振込通知等に記入された預金種目・口座番号が一致する預金口座がほかにある場合は、受取人名の記入相違とも考えられるので、仕向銀行・仕向店に照会する必要がある。なお、受取人名義の預金口座がない場合や同一名義、類似名義の口座がある場合には必ず仕向銀行・仕向店に照会して、その回答を得て処理しなければならない。

　(イ)　受取人に対する義務

　普通預金規定や当座勘定規定等には、為替による振込金の受入れが定められている。この預金規定等は、銀行と預金者の間の預金契約の内容を定めた約款ということになるが、為替による振込金の受入れを約していることから、被仕向銀行と受取人の間には預金契約の当事者としての関係があることになる。そこで、被仕向銀行は受取人に対する振込通知を受信したときは、遅滞なく受取人の預金口座に振込金を入金する義務を負うことになる。なお、受取人は被仕向銀行に振込金の支払いを請求する権限を有していない。

(4)　振込金の預金口座への入金

　被仕向銀行が振込金を入金すべき預金口座は、仕向銀行から受け取った振込通知や振込票に記載された受取人名義の預金口座である。しかも、この預金口座は振込通知等を受け取ったときに被仕向店に現に存在する預金口座であることを要する。したがって、振込通知等受信時に該当口座が存在しない場合には、「入金不能分」として処理することになる。

　(ア)　入金通知

　振込みによる入金があった旨を受取人に通知する入金通知は、被仕向銀行と受取人との間で入金通知を行う旨の特約のない限り、被仕向銀行の義務とはならない。振込みにおける被仕向銀行と受取人との間には預金契約上の関係があるが、当座勘定規定や普通預金規定等においては、振込みによる預金への入金については規定されているが、受取人に対し入金通知をすることは規定されていない。

　また、入金通知は振込みによる入金があったという事実の通知という性格を有するのみで、入金通知によって預金が成立するというような法律効果を

生じるものではない。したがって、被仕向銀行が正当な受取人以外の者に入金通知をするなど、誤った入金通知を行った場合でも、当該入金通知によって被通知者が預金債権を取得することにはならない。

　(イ)　入金不能分の取扱い

　振込通知等に記載された受取人の預金口座が存在せず、振込金を入金できないときは、入金不能分として取り扱われる。

　内国為替取扱規則では、入金不能の振込通知等を受信した被仕向銀行は、仕向銀行（具体的には振込通知等を発信した仕向店）に照会して、仕向銀行からの組戻依頼または電文の取消しあるいは訂正依頼の回答を得て、これにより取り扱うことが原則とされている。例外として、預金の取引解約後や振込入金停止口座宛の振込みについては、仕向銀行や依頼人の振込委任上の誤りということではないので、照会を省略して、返却理由を明記して振込金を仕向銀行に返却できることになっている。なお、仕向店に照会したところ、その回答が照会日の翌々営業日までに来ない場合には、被仕向店は当該振込金を仕向店に返却できることになっている。また、振込通知に入金不能時の仕向店照会不要の記載がある場合には、直ちに資金が仕向店に返送される。

5　誤振込み等

　振込依頼人の申出や仕向銀行の事務過誤などにより、振込手続を完了した取引について撤回したり修正する必要が生じるケースがあるが、自由に許容すると為替取引が不安定となることから、一定のルールにより処理される。

　(1)　組戻し・取消し・訂正

　　(ア)　組戻し

　組戻し（くみもどし）は、依頼人がいったん取り組んだ為替取引を、依頼者の何らかの理由によりその為替取引が必要なくなり、仕向銀行にその取止めを申し出たときに仕向銀行がとる手続をいう。法律的には、依頼人による委任契約の解除である。委任契約の解除は、当事者がいつでも行うことができるが、委任の事務が終了した後は行うことができない。

仕向銀行が振込通知を発信しているときは、被仕向銀行に全銀システムを利用して組戻依頼を行い、その回答により対応する。

仕向銀行からの組戻依頼を受けた被仕向銀行は、当該振込金を受取人の預金口座に入金記帳していないときは組戻依頼に応じる。しかし、すでに受取人の預金口座に入金記帳しているときは、振込みの事務処理が完了しているので組戻依頼に応じることができない。この場合は、受取人に組戻依頼があったことを伝えて、受取人の承諾が得られれば組戻依頼に応じるが、承諾が得られない場合は組戻依頼に応じられない旨を仕向銀行に回答する。[7]

(イ) 取消し

取消しは、振込依頼人から為替取引の申込みを受けた仕向銀行が、仕向銀行の過誤により依頼された内容とは異なる内容の為替通知を被仕向銀行へ発信した場合に、その誤りのある為替通知を撤回する仕向銀行の手続をいう。内国為替取扱規則では「取消とは加盟銀行が事務処理の誤りによって発信した為替通知の全内容を取消すこと」と定義されている。依頼人に瑕疵はなく、銀行の過誤が原因となっていることが特徴である。ただし、取消しが乱発された場合、銀行間の決済取引の安定性を著しく阻害し、為替制度への信用を害するものであることから、取消しを可能とする事由は内国為替取扱規則において、①重複発信（1つの為替取引の依頼につき、同一内容で2回発信したこと）、②受信銀行名・店名相違（被仕向銀行の銀行名や支店名を誤って発信したこと）、③通信種目相違（為替通知の定められた種目の記載を誤って発信したこと）、④金額相違、⑤取扱日相違の5項目に限定されている。

(ウ) 訂 正

訂正は、取消しに該当する事由以外の仕向銀行の過誤や依頼人の過誤により、すでに発信された為替通知の内容の一部を修正する際の仕向銀行の手続をいう。たとえば、振込みの受取人名、預金種別、口座番号の訂正等があげられる。訂正は、依頼された為替取引自体を撤回するものではなく、発生し

---

7 岡山地判平成5・8・27金法1371号83頁、最判平成12・3・9金法1586号96頁。

ている過誤を修正し為替取引を履行するための手続であることが特徴である。

(2) 誤振込み

　振込依頼人の過誤により、本来は受取人Aに振り込むべきところB宛に振込手続を行い、Bの預金口座に入金記帳がされた場合には、その振込金についてBの預金として成立するのであろうか。この場合、振込依頼人は組戻依頼を行い、Bの承諾を得て資金が返還されることになるが、Bの承諾が得られない場合や、すでに預金が引き出されて資金の返還が受けられない場合に問題となる。

　下級審裁判例（東京高判平成3・11・28金法1308号31頁）は、振込金による預金債権が有効に成立するためには、振込みが原因関係を決済するための支払手段であることに鑑みると、基本的には受取人と振込依頼人との間において当該振込金を受け取る正当な原因関係が存在することが必要であると述べて、誤振込みの場合には振込金が受取人の預金口座に入金記帳されても預金の成立を否定し、受取人預金口座に振込金相当額の預金残高がある場合には、被仕向銀行の振込依頼人に対する返還義務を認めた。しかし、上告審（最判平成8・4・26民集50巻5号1267頁・金法1455号6頁）は、被仕向銀行・受取人間の預金取引契約の内容となる普通預金規定には、振込みに係る普通預金契約の成否を振込依頼人と受取人との間の振込みの原因となる法律関係の有無にかからせていることをうかがわせる定めはおかれていないことや、振込みは、安全・安価・迅速に資金を移動する手段であって、多数かつ多額の資金移動を円滑に処理するため、その仲介にあたる銀行が資金移動の原因となる法律関係の存否、内容等を関知することなくこれを遂行する仕組みがとられていることをあげて、「振込みの原因となる法律関係の有無にかかわらず預金契約は成立する」旨判示した。したがって、誤振込みの場合の事後処理は、振込依頼人が誤振込先（受取人）に対して不当利得の返還請求を行うことにより解決されることになる。

　なお、判例（最判平成15・3・12刑集57巻3号322頁・金法1697号49頁）は、誤った振込みがあることを知った受取人が、その情を秘して預金の払戻しを請

求し、その払戻しを受けた場合に銀行に対する詐欺罪の成立を認めている。また、振込依頼人と受取人との間に振込みの原因となる法律関係が存在しない場合における受取人による当該振込みに係る預金の払戻請求が権利の濫用となるかという論点について、判例（最判平成20・10・10金法1857号51頁）は、振込依頼人と受取人との間に振込みの原因となる法律関係が存在しないために受取人が振込依頼人に対して不当利得返還義務を負う場合であっても、受取人が上記振込みにより振込金額相当の普通預金債権を有することになる以上、その行使が不当利得返還義務の履行手段としてのものなどに限定される理由はなく、「受取人の普通預金口座への振込みを依頼した振込依頼人と受取人との間に振込みの原因となる法律関係が存在しない場合において、受取人が当該振込みに係る預金の払戻しを請求することについては、払戻しを受けることが当該振込みに係る金員を不正に取得するための行為であって、詐欺罪等の犯行の一環を成す場合であるなど、これを認めることが著しく正義に反するような特段の事情があるときは、権利の濫用に当たるとしても、受取人が振込依頼人に対して不当利得返還義務を負担しているというだけでは、権利の濫用に当たるということはできない」と判示している。

6 代金取立て

代金取立ては、金融機関が自店または本支店の取引先あるいは他の金融機関から手形、小切手、その他の証券類の取立依頼を受け、これを支払人に請求して代り金を取り立てることをいう。代金取立制度は、手形交換制度と並んで手形・小切手等の証券類の決済制度として重要な機能を有している。手形交換制度は、手形交換地域という一定の地域内における証券類の取立制度であるが、代金取立制度は、遠隔地間の証券取立制度として為替取引の1つに含められている。

(1) 代金取立ての仕組み

代金取立ては、銀行が取引先や自行の本支店あるいは他行から手形・小切手その他の証券類の取立依頼を受けて、その支払いを支払人に請求して取り

立てる為替取引である。自店の取引先から取立依頼を受けた手形・小切手等の証券類の取立代り金は、取立依頼人の預金口座に入金する。取立ての対象となる証券類は、手形・小切手、公社債、利札、配当金領収書その他の証券、預金証書もしくは貯金証書、旅館券等などで、支払地が遠隔地、支払期日が未到来あるいは支払日不確定などの理由で、依頼人の預金口座に直ちに入金できないものである。これらを総称して「取立手形」という。

なお、昭和48年4月に全国銀行協会連合会（現在の全国銀行協会）が制定した「代金取立て規定ひな型」が公表され、各銀行はひな型を参考に代金取立規定を制定している。代金取立規定は、取立依頼人と委託銀行間の代金取立てに関する基本的事項を定めたものである。具体的には、手形・小切手要件の充当等、引受けのない為替手形等の取扱い、取立代り金の入金、不渡証券類の取扱いなどである。

(2) 代金取立ての取立方式

取立方式として、①集中取立て、②期近手形集中取立て、③個別取立ての3つの方式があり、集中取立てを原則として事務の合理化を図っている。

　　(ア)　集中取立て

集中取立ては、手形の取立事務を各銀行の集中部署（集手センター）に集中して、同一期日の手形をまとめて、委託銀行の集手センターから受託銀行の集手センターに送付して取り立てる方式である。委託銀行の集手センターは、原則として支払期日の7営業日前までに受託銀行の集手センターに取立手形が到着するように送付する。受託銀行は、支払期日に取立手形の合計金額で資金を委託銀行集手センターに付け替える。このうち不渡りになった分は、受託支店または受託銀行集手センターから委託支店宛に個別に資金の請求を行う。

　　(イ)　期近手形集中取立て

期近手形集中取立ては、集中取立ての仕組みを、支払期日までの日数に余裕がない手形と小切手の取立てに利用した取立方式である。

(ウ)　個別取立て
　個別取立ては、取立手形を1件ごとに委託店から受託店に直接送付し、受託店も取立手形1件ごとに入金報告または不渡通知を発信する取立方式である。
　(3)　代金取立ての法律関係
　　(ア)　依頼人と委託銀行
　依頼人が委託銀行に証券類の取立依頼を行うことにより、証券類の取立事務に関する委任契約が成立する。したがって委託銀行は、委任の本旨に従い善良なる管理者の注意をもって代金取立事務を処理する義務を負担する（民法644条）。取立の対象が手形・記名式小切手の場合には、依頼人は取立委任裏書をして委託銀行に手形・小切手を交付するので、委託銀行は取立てに必要な権限が授与され（手形法18条・77条、小切手法23条）、委託銀行は依頼人の代理人として代金取立てにあたる。また、代金取立規定により、代金取立完了後に代金取立代り金を依頼人の預金口座に入金する条件付準消費寄託契約が締結されている。なお、振出日白地の手形の取立委任を受けた銀行は、自ら白地を補充し、または依頼人に白地補充を促す義務はない。[8]
　　(イ)　委託銀行と受託銀行
　委託銀行と受託銀行間では、為替取引契約に基づく委任契約が成立している。委託銀行がさらに支払地所在の銀行を受託銀行として取立てを委託する場合は、手形・記名式小切手のときは受託銀行を被裏書人とする取立委任裏書、指名債権等のときは受託銀行を受任者とする委任状などにより行う。しかし、金融機関相互間では、事務処理の合理化を図るために取立委任印を押捺している[9]。法的には、代理人と復代理人の関係となる。

8　最判昭和55・10・14金法956号31頁。代金取立規定は、手形要件・小切手要件に白地がある場合には、白地補充は依頼人が行うこととし、銀行に白地補充義務がないことを規定している。
9　取立委任印の法的性格は、手形法・小切手法上の取立委任裏書ではなく、取立委任裏書と同一の効力を有するものでもない。証券類の取立委任を内容とする民法上の委任契約を表示したものである。この取立委任印の押捺により、委託銀行は受託銀行に対して証券類の取立てを委任し、取立代理権を付与する意思表示をしたことになる。

(ウ) 受託銀行と支払人

受託銀行と支払人間は、代金取立契約上は直接の契約関係は存在しないが、受託銀行は証券類の取立権限に基づき支払人に請求し、支払人はその支払義務者という関係になる。このため、支払人は依頼人に対して有する抗弁をもって受託銀行に対抗することができる。

(4) 委託銀行の義務

委託銀行は、依頼人から取立依頼を受けた証券類を保管し、支払期日に取立手続を行う義務がある。そして、取立てが完了したときは、取立代り金を依頼人の預金口座に入金する義務を負う。また、受託銀行から不渡通知を受信したときは、依頼人に通知するとともに、不渡証券類を速やかに依頼人に返還する義務がある。

(5) 受託銀行の義務

受託銀行は、委託銀行から取立委任を受けた証券類を保管し、支払呈示期間内に支払場所に支払呈示する義務がある。取立依頼人の復代理人として、支払人に対して支払いを請求し、その代り金を受領する権限を有している。代金取立ての結果を正確に発信することが必要である。

III 全国銀行内国為替制度の概要等

1 全国銀行内国為替制度の概要

全国銀行内国為替制度（以下、「全銀内為制度」という）は、法令により内国為替業務を営むことが認められた銀行、ゆうちょ銀行、信用金庫、信用組合、商工組合中央金庫、農林中央金庫、労働金庫等の金融機関を加盟銀行として、これら金融機関相互間の内国為替取引を円滑かつ公正に処理することを目的とした制度である。

(1) 制度の運営

全銀内為制度は、内国為替運営規約、内国為替取扱規則、内国為替決済規

則、全銀システム利用規則により運営、実施されている。全銀内為制度の運営は、社団法人東京銀行協会の定款に基づき設置された内国為替運営機構が行っている。

　他行振込みの場合には人格の異なる銀行間の取引であることから、たとえば、仕向銀行が発信した振込通知に基づき、被仕向銀行に対して受取人の預金口座に振込金を入金記帳する義務を負わせるなどの法律上の効果を生じさせる必要がある。このため、あらかじめ両行間で為替取引契約を締結しておくことが必要になる。

　この為替取引契約は、以前は個別銀行間で個々に締結する方式などがとられていたが、現在では法令により他行内国為替業務を営めるすべての金融機関が全銀内為制度に加盟し、同制度の運営を行う内国為替運営機構の定める「内国為替運営規約」、「内国為替取扱規則」および「全銀システム利用規則」を承認することにより、為替取引契約が包括的に成立する集団契約方式がとられている。全銀内為制度の加盟銀行間の為替取引は、信義誠実、迅速確実の原則に基づいて行われ、事務手続や責任関係のすべてを含めて、相互にこの内国為替取扱規則等を遵守する義務が課せられている。

(2) 内国為替運営規約等

(ア) 内国為替運営規約

　内国為替運営規約は、全銀内為制度の組織、運営を規定したもので、加盟銀行、資格の得喪、制度の運営等を定めている。

　全銀内為制度の加盟銀行は、次の区分のとおりである。

① 会員銀行　　日本銀行の当座勘定により為替決済を行う全国銀行協会の正会員。

② 準会員銀行　　日本銀行の当座勘定により為替決済を行う全国銀行協会の正会員以外の金融機関。例としては、商工組合中央金庫、信金中央金庫、全国信用協同組合連合会、農林中央金庫、外国銀行等の金融機関。

③ 代行決済委託金融機関　　会員銀行または準会員銀行に代行決済を委託する金融機関。例としては、信用金庫、信用組合、労働金庫、農業協

同組合等の金融機関。

　(イ)　**内国為替取扱規則**

　加盟銀行間の内国為替取引に関する具体的な事務取扱手続を規定したもので、加盟銀行間の為替取引契約の内容を定めたものとしての性格を有する。内国為替取扱規則は、総則として共通事項のほか、振込み、送金、代金取立て、雑為替の各為替種類ごとの詳細な事務手続を規定している。

　(ウ)　**内国為替決済規則**

　全銀内為制度では、内国為替取引によって生じる加盟銀行の資金決済は、社団法人東京銀行協会を相手方とする取引に置き換えたうえで、日本銀行の当座勘定を通じて振替決済する仕組みがとられている。内国為替決済規則は、全銀システムを利用した内国為替取引に伴う加盟銀行間の貸借の決済、決済尻不払銀行発生時の取扱い、決済リスク管理に関する事項を定めたものである。

　(エ)　**全銀システム利用規則**

　全銀システムは、全国銀行データ通信システムの略称で、全銀内為制度の加盟銀行相互間の内国為替取引をコンピューターと通信回線を利用してオンライン処理するシステムである。全銀システム利用規則は、全銀システムに関する通信時間やシステムの構成等を規定したものである。

2　全銀システムの概要

(1)　概　説

　全銀システムは、全銀内為制度の加盟銀行相互間の内国為替取引に関する通知（為替通知）の発受信、および同取引によって生じる加盟銀行の為替決済額の算出等を処理するオンラインシステムで、全銀センターに設置されたホストコンピューターと加盟銀行および日本銀行を設置された中継コンピューターおよびこの両者を結ぶ通信回線によって構成されている。

　全銀システムは、振込み等の内国為替取引をオンライン処理するシステムとして、昭和48年4月9日に発足した。その後、取扱いデータ量の増加等に

467

対応するため数次のシステム更改を行っており、現在、平成23年11月14日からは第6次システムが稼動している。

全銀システムは、金融機関間の集中決済システムの先導的役割を果たしており、今ではその取扱量や加盟金融機関数等において世界に例をみないシステムとして、世界各国の関係者の間で「ZENGIN　SYSTEM」の名称で広く知られている。

(2)　全銀システムを利用した為替取引の仕組み

全銀システムを利用した為替取引は、振込みを例にすると次の流れとなる。
① 振込依頼人が仕向銀行の支店（仕向店）に振込依頼を行う。
② 仕向店は自行システムの為替端末機から振込通知を発信する。
③ 振込通知は仕向銀行のセンターに届き、仕向銀行のセンターに設置している全銀システムの端末装置である中継コンピューターを通って、全銀センターを経由して、被仕向銀行の中継コンピューターに届く。
④ 被仕向銀行の自行システムにより、受取人の預金口座に入金される。

振込通知が全銀センターを通過するときに、全銀センターでは、内容を精査・記録し、この振込取引により生じる銀行間の為替貸借の決済額をコンピューターにより集中計算した結果を当日の取引終了後に日本銀行に通知して決済する。

全銀システムにより取り扱うことができる為替取引は、送金、振込み、代金取立て、雑為替である。

3　為替決済

(1)　為替決済の仕組み

為替取引によって生じる加盟銀行相互間の貸借の決済は、全銀センターで掲載のうえ、内国為替決済規則に基づき、社団法人東京銀行協会が日本銀行本店に設けた当座勘定と各加盟銀行が日本銀行本店または支店に設けている当座勘定の間で決済される。なお、信用金庫等共同センターによる接続方式をとっている業態では、信金中央金庫等がその業態に属する金融機関（代行

決済委託金融機関）の貸借を一括して決済する。そして、それぞれの業態内における個別金融機関の貸借は、その業態内の制度により決済される。

　各加盟銀行が発信した為替通知は、全銀センターのホストコンピューターに取引日ごとに記録・集計され、当日の為替決済額の通知はオンライン終了後速やかに加盟銀行および日本銀行へ送信される。為替決済は、これに基づき取引当日の午後4時15分に社団法人東京銀行協会の当座勘定と各加盟銀行の当座勘定の間で決済される。

(2)　**決済リスク**

　全銀システムでは、加盟金融機関が受取額と支払額の差額を一定時刻に決済する仕組みになっているが、金融機関が決済金額を支払うことができないと、内国為替制度の機能が停止する危険性が発生する。これを「決済リスク」という。全銀システムでは、この決済リスク対策の一環として、資金決済の同日決済化（取引当日の午後4時15分）の実施、決済金額の圧縮を図るための「仕向超過額管理制度」の導入、加盟銀行による社団法人東京銀行協会に対する国債等の担保差入れ等の措置を講じている。また、さらなる決済リスク対策として、金融機関が決済金額を支払えなくなった場合に備えて、決済金額の支払いを制度的に保証する仕組みを平成13年1月から導入した。

　資金決済ができなかった場合は、社団法人東京銀行協会があらかじめ契約している流動性供給銀行から決済尻の不足金額に見合う資金の供給を受けて当日の決済を完了させる。流動性供給銀行には、後日、債務不履行銀行が社団法人東京銀行協会に差し入れている担保の処分により回収した資金または保証を供与している加盟銀行から支払われる資金をもって返済される。

(3)　**仕向超過管理制度**

　仕向超過管理制度は、全銀システムを通じて決済する取引の仕向超過額（引落額―入金額）が、各加盟銀行の申告に基づいて設定された限度額を超過しないように全銀センターにおいてシステム的に管理する仕組みである。これは、未決済残高が巨額になることを未然に防止するためである。

　加盟銀行が為替電文を発信すると、当該銀行の仕向超過額が増額する。仕

向超過額が、限度額抵触時には限度抵触通知電文を、接近額超過時には接近額超過通知電文を送信する。限度額を超過したときは、為替電文はエラー電文として発信銀行に戻される。その後、為替電文の受信により仕向超過額が限度額以下に戻れば、また発信することが可能となる。

第9章　付随業務

I　銀行法上の付随業務

1　銀行法

(1)　銀行法の規定

　銀行法10条2項は「銀行は、前項各号に掲げる業務のほか、次に掲げる業務その他の銀行業に付随する業務を営むことができる」と規定し、同条1項の固有業務（預金または定期積金等の受入れ（預金業務）、資金の貸付けまたは手形の割引（貸出業務）、為替取引（為替業務））に加えて、同条2項各号に列挙されている業務その他の銀行業に付随する業務を、銀行は営むことができる。

　この付随業務は、「銀行業に付随する業務」と規定されているように、銀行の本来業務である固有業務との関連性や親近性のある業務と解釈されている。また、同項柱書に「その他の銀行業に付随する業務」とあるように、その外縁が確定されているものではなく、同項各号に列挙されている付随業務以外の付随業務（以下、「その他の付随業務」という）についても、社会・経済情勢の変化に対応して銀行が機動的・弾力的に営むことができるようにするための受け皿規定としての役割も担っている[1]。

(2)　銀行法10条2項各号の業務

　銀行法10条2項各号に列挙されている業務のあらましは以下のとおりであ

1　小山嘉昭『詳解銀行法〔全訂版〕』170頁。

〈図表1〉 銀行法上の銀行の業務範囲のイメージ

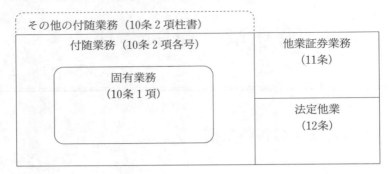

る。

　(ア)　**債務保証または手形の引受け（銀行法10条2項1号）**

　取引先が第三者に対して負担している債務を銀行が連帯して保証する取引で、「支払承諾」といわれている取引である。これにより取引先は、第三者に対する自らの信用を補完することができ、一方銀行は取引先から保証の対価として保証料を受け取ることができる。銀行にとっては、貸出業務と同様のいわゆる「与信取引」であるが、資金を調達することなく金利に相当する保証料を収受することができるメリットがある。

　(イ)　**有価証券等の売買等（銀行法10条2項2号）**

　銀行が自ら投資の目的で行う有価証券の売買や有価証券関連デリバティブ取引並びに取引先から書面による注文を受けて有価証券の売買の取次ぎをする業務である。金商法に基づくいわゆる「銀証分離」の原則から、銀行が取引先からの注文を受けて有価証券等の売買等を行うことは、次章の「有価証券関連業務」の範囲を除き、できない。

　(ウ)　**有価証券の貸付け（銀行法10条2項3号）**

　銀行が保有する国債などの有価証券を取引先に貸し付けるもので、貸付有価証券といわれる取引である。取引先は借り受けた有価証券を、主に一般商取引や関税等の延納のための担保として利用する。銀行はその対価として取引先から貸付料を受け取ることができる。

472

Ⅰ 銀行法上の付随業務

㈎ 国債等の引受け・募集（売出しを除く。銀行法10条2項4号）

「引受シ団方式」といわれる国債等の引受けと募集の取扱業務である。引受シ団方式とは、新規に発行される国債等の安定・円滑な消化のために複数の銀行や証券会社等が引受業者としてのシンジケート団（シ団）を組成し、シ団と発行体との間で募集（新たに発行される有価証券の取得の勧誘）と残額引受け（売れ残った債券を自らが買い取る）契約を締結し、引受業者がそれぞれ一定のシェアに応じて投資家に国債等の募集を行った後、売れ残った国債等を自らが買い取るという仕組みである。なお、国債については公募入札方式への移行によって平成18年（2006年）以降引受シ団方式が廃止されたため、地方債、政府保証債が引受シ団方式の対象となっている。

この引受シ団方式は、募集と引受けが一体となっているため、いわゆる売出し（すでに発行された公共債を均一の条件で販売すること）の取扱いは認められていない。

㈪ 金銭債権の取得または譲渡（銀行法10条2項5号）

取引先が保有する金銭債権を銀行が買い取ったり、その買い取った金銭債権を他の金融機関や投資家等に売却する業務である。この金銭債権には、貸出債権や取引先が有する商取引上の売掛債権といった一般的金銭債権に加え、譲渡性預金（NCD）、コマーシャルペーパー（CP）、貸付債権信託の受益権証書などが含まれる。取引の態様としては、取引先が有する売掛債権を買い取る「ファクタリング業務」や銀行が投資目的で行う譲渡性預金（NCD）やCPなどの金銭債権の売買（いわゆるディーリング業務）がある。

㈻ 特定目的会社発行社債の引受け・募集（銀行法10条2項5号の2）

資産流動化法に基づき設立された特定目的会社（いわゆるSPC）が、資産流動化計画において指名金銭債権もしくは指名金銭債権の信託受益権を取得するために必要な資金を調達するために社債を発行し、その社債を銀行が引き受けたり、投資家等への募集を行う業務である。[2]

この資産流動化法に基づく資産流動化スキームとは、概略、次の〈図表2〉のとおりである。

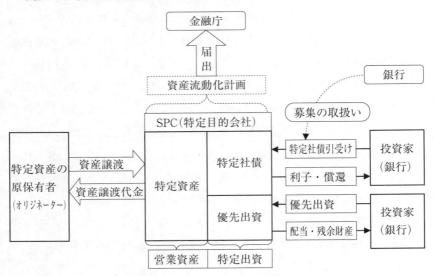

〈図表2〉 資産流動化法に基づく資産流動化のイメージ

(出典：長崎幸太郎編著（額田雄一郎改訂）『逐条解説資産流動化法〔改訂版〕』4頁・10頁（一部加筆・修正））

　企業等の特定資産の原保有者（「オリジネーター」と呼ばれる）からSPCに特定資産を譲渡する。この特定資産は当該企業が保有する売掛債権やクレジット会社のクレジットカード債権などの指定金銭債権であったり、不動産会社が保有する商業用の賃貸用不動産であったりするが、SPCはその資産の購入のために資金の調達が必要となる。その資金調達の手段として購入した当該特定資産を裏づけとする社債（特定社債）を発行したり、当該特定資産を信託してその受益権を販売したり、あるいは直接銀行等の金融機関から特定資産購入のための特定目的借入れを行う。ただし、将来的な特定資産の価

2　この銀行法10条2項5号の2は、旧資産流動化法（平成10年9月施行）に伴う関係法律整備法により追加された（旧資産流動化法ではSPCの資金調達手段を投資家による特定社債等の引受けに限定しており、〈図表2〉もそれを前提として作成）。なお、その後改正された資産流動化法では、適格機関投資家からの借入れ（特定借入れ）による資金調達が認められているが、SPCの銀行からの特定借入れは、銀行の固有業務（資金の貸付業務）として取扱可能なものである。

値減少に伴い、それら社債または貸出しの元本が毀損するリスクがあるため、特定出資を受ける場合には、残余財産の分配権と引換えにそのリスクを引き受ける優先出資部分（いわゆる劣後部分）とその他の特定出資部分に分別して調達する。SPCは、購入した特定資産から生まれる収益を社債や受益権の場合は配当として、借入れの場合は金利としてそれぞれ投資家または金融機関に支払い、最終的に当該特定資産を売却してその売却代金から社債等の償還または特定目的借入金の返済に充当する。優先出資の投資家は、特定資産の価値が減少した場合には、分配される残余財産が目減りするため、出資額が毀損することになるが、一方で特定資産の価値が上昇した場合には、その反対に残余財産の分配により大きい収益が収受できることになる。

(キ) 短期社債等の取得または譲渡（銀行法10条2項5号の3）

短期社債等の売買業務（ディーリング業務）である。ここでいう短期社債等とは、社債、株式等の振替に関する法律（66条）で定義される短期社債やこれと同種の債券をいい、平成13年（2001年）から始まった証券決済システム改革（証券のペーパーレス化）に伴って導入されたもので、電子CPなどがこれに該当する。

(ク) 有価証券の私募の取扱い（銀行法10条2項6号）

有価証券の私募の取扱いとは、金商法2条3項に定義される「有価証券の私募の取扱い」をいい、具体的には、新たに発行される有価証券の取得の勧誘のうち、〈図表3〉において「私募」に区分される取引をいう。

金商法2条1項に定義される株式、社債等のいわゆる「第1項有価証券」については、①勧誘の相手方が50名未満のもので、かつその有価証券が多数の者に譲渡されるおそれがないもの（いわゆる「少人数私募」）および②勧誘の相手方が適格機関投資家のみで、かつその有価証券が適格機関投資家以外の者に譲渡されるおそれがないものが該当し、金商法2条2項に定義される信託の受益権、集団投資スキーム持分等のいわゆる「第2項有価証券（みなし有価証券）」については、500名未満の者が所有することとなる取得勧誘を行う場合が該当する。なお、第1項有価証券の「勧誘の相手方の人数」とは、

<図表3> 私募の範囲[3]

区分	勧誘の相手方	勧誘の相手方の人数	条件（譲渡制限等）	募集・私募の別
第1項有価証券	一般投資家	50名未満	多数の者に譲渡されるおそれがない	私　募（少人数私募）
			多数の者に譲渡されるおそれがある	募　集
		50名以上	問わない	募　集
	適格機関投資家	50名未満	多数の者に譲渡されるおそれがない	私　募（少人数私募）
			多数の者に譲渡されるおそれがある	募　集
		50名以上	適格機関投資家以外に譲渡されるおそれがない	私　募（プロ私募）
			適格機関投資家以外に譲渡されるおそれがある	募　集
第2項有価証券	問わない	問わない	500名未満の者が取得することとなる場合	私　募
			500名以上の者が取得することとなる場合	募　集

勧誘対象者数をいい、勧誘の結果その有価証券を取得することになる人数が50名未満であっても、50名以上に対して勧誘を行えば「募集」に該当する。一方、第2項有価証券については、勧誘の相手方の属性や勧誘対象者数による区分はなく、その有価証券（みなし有価証券）を取得することとなる人数（500名以上／未満）で区分されている。

銀行は、金商法に基づく「銀証分離」の原則から、原則として証券会社（第一種金融商品取引業者）と同等の有価証券の取得の勧誘の取扱いはできないが、この私募の取扱いはその例外として銀行法上の付随業務として認められている。なお、銀行法上の付随業務であると同時に金商法上の登録金融機関業務であることから、別に同法に基づく登録が必要となる。

(ケ) 地方債・社債等の募集・管理の受託業務（銀行法10条2項7号）

地方債や社債等（以下、それらを単に「社債」という）の募集と管理を受託する業務である。募集の受託業務とは、社債の発行事務（①起債に伴う各種

3　小谷融・内山正次編著『金融商品取引法におけるディスクロージャー制度』41頁〜45頁。

契約書、債券申込証、発行要項等の作成、②払込確認、③発行代り金の交付、④社債原簿の作成など。振替債の場合はそれらに加え振替機関（株式会社証券保管振替機構）の業務規程に基づく発行代理人としての各種事務）を発行会社から受託するものである。一方、管理の受託業務とは、会社法（702条）で定められた社債管理者としての社債管理事務を受託するものであり、社債の期中・償還事務（①社債原簿の管理、②元利金の発行会社からの受入れと社債権者への支払い・分配など。振替債の場合は、振替機関の業務規程に基づく支払代理人としての各種事務）のほか、社債権者のための債権保全、社債権者集会決議に基づく訴訟行為など会社法上の社債管理事務を行うものである。

なお、社債管理の受託は、発行会社が銀行の融資先であっても受託することはできるが、会社法704条で社債管理者に公平・誠実義務と善管注意義務が課せられており、社債権者と融資債権者である銀行との利益相反が生じないよう運用することが求められている。

㈡　銀行その他金融業を行う者の業務の代理または媒介（銀行法10条2項8号）

いわゆる「代理業務」といわれる業務である。この業務については、後記Ⅱで説明する。

㈣　外国銀行の業務の代理または媒介（銀行法10条2項8号の2）

いわゆる「外国銀行代理業務」といわれる業務で、平成20年12月施行の金商法等改正に伴う銀行法の改正により新たに付随業務として認められた業務である。これ以前は、銀行（外国銀行の在日支店、外資系邦銀を含む）が、国内の顧客に対して、外国銀行（邦銀の海外現地法人を含む）の海外本支店に預金口座の開設を勧誘するといった海外での勘定取引の勧誘を行うことは認められていなかったが、国際的に事業展開する企業の利便性や外国銀行の国内市場への参入を阻害するおそれがあったことから、この規制が緩和されたものである。ただし、あらゆる外国銀行の代理・媒介を無条件で認めた場合には、マネー・ローンダリングなど不正な取引に利用されるおそれがあり、また、監督行政を効率的に遂行するために、以下の要件が定められている。

① 外国銀行代理業務を行う銀行とその委託元銀行（所属銀行）とが資本関係上の親・子または銀行持株会社傘下の兄弟関係にあること
② あらかじめ内閣総理大臣の認可を受けること（邦銀が行う邦銀の子会社またはその邦銀の銀行持株会社傘下の兄弟会社を委託元銀行（所属銀行）とする外国銀行代理業務の場合は届出で可）
③ 代理・媒介できる業務は、銀行法の固有業務または付随業務であること（すなわち、委託元外国銀行が取り扱える業務であっても本邦銀行法の固有業務または付随業務に含まれない業務の代理・媒介はできない）

(シ) 国、地方公共団体、会社等の金銭出納事務の取扱い（銀行法10条2項9号）

いわゆる金銭収納業務といわれる業務である。この業務については、後記Ⅲで説明する。

(ス) 有価証券、貴金属等の物品の保護預り（銀行法10条2項10号）

いわゆる「保護預り」業務である。この業務は、後記Ⅳで説明する。

(セ) 振替業（銀行法10条2項10号の2）

振替業とは、「社債、株式等の振替に関する法律」に基づき、銀行が「口座管理機関」として行う社債等の振替口座の開設および振替口座における社債等の振替えを行う業務である。

(ソ) 両替（銀行法10条2項11号）

両替とは、通貨と通貨を交換する業務である。本邦通貨の高額紙幣を小額紙幣や硬貨に交換すること（円貨両替）や本邦通貨と外国通貨を交換すること（外貨両替）がこれにあたる。両替の法的性格は、無料で行う円貨両替が交換に類似した無名契約、外貨両替が売買契約であるとされている（外国為替及び外国貿易法では両替業務を「業として外国通貨又は旅行小切手の売買を行うこと」（同法22条の3）と定義されている）。

(タ) デリバティブ取引

デリバティブ取引（銀行法10条2項12号）、デリバティブ取引の媒介、取次ぎまたは代理（同項13号）、金融等デリバティブ取引（同項14号）、金融等デ

リバティブ取引の媒介、取次ぎまたは代理（同項15号）、有価証券関連店頭デリバティブ取引（同項16号）、有価証券関連店頭デリバティブ取引の媒介、取次ぎまたは代理（同項17号）は「デリバティブ取引」といわれる業務である。これら業務については、後記Ⅴで説明する。

(チ) **ファイナンス・リース業務**（銀行法10条2項18号）

リース取引とは、企業等が導入しようとする機械類等の特定の物件を、賃貸人（リース会社）が代わって購入し、リース料を受け取ることを条件に一定期間（リース期間）、当該企業等（賃借人）に当該物件を賃貸する取引をいう。このうち、銀行が賃貸人として取り扱うことが認められているファイナンス・リース[4]とは、次の2つの要件を満たすリース取引をいう[5]。

① リース期間の中途で契約を解除できない契約となっていること（または契約に違反して中途解約をする場合には未経過期間に係るリース料相当額を概ね全額支払う契約となっていること）

② 物件の取得価格とリース期間満了時の残存価格との差額および付随費用（保険料、固定資産税、利子・リース物件の維持・管理費用等）の全額をリース料として支払う契約となっていること

ファイナンス・リースは、法律上は機械類等の物品等の賃貸借契約ではあるが、企業等が銀行から資金を借り受けて事業活動に必要な機械類等を購入する代わりに、銀行が機械類等を購入して企業等に長期にわたって賃貸するものであり、実質的に設備資金融資と同等の経済効果がある。

---

[4] ファイナンス・リースは、従前は、銀行・保険会社等の子会社等に認められていた業務で銀行本体には解禁されていなかったが、銀行窓口におけるワン・ストップサービス提供を図る観点から、平成23年（2011年）5月に公布された「資本市場及び金融業の基盤強化のための金融商品取引法等の一部を改正する法律」による銀行法改正により、平成24年（2012年）4月1日から新たに付随業務に追加された。

[5] リース取引に関する会計基準の適用指針（企業会計基準適用指針第16号）では、ファイナンス・リースに関する具体的判定基準が定められており、リース契約の解約が不能で、かつ次の①または②のいずれかに該当するリースをファイナンス・リースとしている。

　① 解約不能のリース期間中のリース料総額の現在価値が、当該リース物件を借り手が現金で購入するものと仮定した場合の合理的見積金額の概ね90％以上

　② 解約不能のリース期間が、当該リース物件の経済的耐用年数の概ね75％以上

(ツ) ファイナンス・リースの代理または媒介（銀行法10条2項18号）

　銀行が他のリース会社から委託を受けて、当該リース会社と顧客とのファイナンス・リース契約の媒介・取次ぎ・代理を行う業務である。

2　監督指針

　金融庁が公表している主要行向け監督指針および中小・地域向け監督指針（以下、「監督指針」という）[6]においては、銀行法10条2項各号に限定列挙されている業務以外の「その他の付随業務」についての例示がなされているほか、例示されている業務以外の業務が、「その他の付随業務」の範疇にあるかどうかの判断にあたっての当局の考え方が示されている。この「その他の付随業務」については、後記VIにて説明する。

II　代理業務

1　代理業務の種類

　代理業務は、銀行法施行規則（以下、「規則」という）13条で次の種類が定められている。

---

[6] 監督指針は、監督事務に携わる当局内職員向けのハンドブックと位置づけられている。平成10年6月の銀行法改正（旧大蔵省の金融関係通達等の大幅な廃止および省令・告示化）後、行政の統一的な運営を図るための法令解釈、部内手続および業務の健全性に関する着眼点等を記載した当局内職員向けの手引書として「事務ガイドライン」が制定された。その事務ガイドラインの内容を踏まえ、監督事務に関する基本的考え方、監督上の評価項目、事務処理上の留意点について体系的に整理したオールインワン型の手引書（ハンドブック）として制定されたものが監督指針である。従来の事務ガイドラインや金融検査マニュアルと同様、それを公表することにより、各金融機関が監督指針に示された監督当局としての法令解釈、監督事務に関する基本的考え方、監督上の評価項目等を参照して、業務の健全性・適切性の確保に向けた自主的な取組みを図ることを促している。平成16年（2004年）5月に「中小・地域金融機関向けの総合的な監督指針」がまず制定・公表され、その後主要行、保険会社、少額保険短期保険会社、認可特定保険業者、金融商品取引業者、信用格付業者、信託会社等、金融持株会社、貸金業者、信用保証協会、清算・振替機関等、指定紛争解決機関の各業態別に監督指針が制定・公表されている（平成27年（2015年）4月末現在）。

(1) 銀行等の業務の代理・媒介（規則13条1号）

銀行、長期信用銀行、商工組合中央金庫、信用金庫・信用協同組合・労働金庫（これらが組織する連合会を含む）の業務の代理または媒介である。

なお、銀行のために、①預金または定期積金等の受入れを内容とする契約の締結の代理または媒介、②資金の貸付けまたは手形の割引を内容とする契約の締結の代理または媒介、③為替取引を内容とする契約の締結の代理または媒介のいずれかの行為を行う営業は「銀行代理業」と位置づけられ、付随業務の「銀行等の業務の代理または媒介」と別に位置づけられている。

銀行代理業は、銀行以外の一般企業にも銀行の代理店となることを認めた制度で、平成18年（2006年）4月の銀行法改正で導入されている。銀行代理業務を営む場合には内閣総理大臣の許可が必要で（銀行法52条の36）、銀行が他の銀行の銀行代理業を営む場合にも内閣総理大臣の許可が必要となる。

(2) 農協等の信用事業の代理・媒介（規則13条2号）

農業協同組合・農業協同組合連合会・漁業協同組合・漁業協同組合連合会・水産加工業協同組合・水産加工業協同組合連合会（いずれも組合員・所属員の貯金または定期積金の受入業務を行うものに限る）が行う信用事業（信託業務を除く）または農林中央金庫の業務（信託業務を除く）の代理または媒介である。

(3) 資金移動業者が営む資金移動業の代理または媒介（規則13条2号の2）

資金決済法に基づき、銀行以外の者（資金移動業者）が内閣総理大臣の登録を受けて少額（100万円以下）の為替取引が行えることになったが、その資金移動業者が行う資金移動業の代理・媒介業務である。

(4) 信託代理店業務（規則13条3号）

信託会社または信託兼営銀行と取引先との間で締結される信託契約、信託契約代理業の受託契約、信託受益権売買等業務の受託契約、財産管理契約、財産に関する遺言の執行業務の受託契約などの代理・媒介を行う業務である。ただし、兼営法で金融機関が取り扱うことができない土地信託契約や不動産の売買・賃借の代理・媒介などは除かれている。

(5) 投資顧問契約・投資一任契約の代理・媒介（規則13条3号）

　金融商品取引業者や登録金融機関の投資顧問契約（金商法2条8項11号）または投資一任契約（同項12号ロ）の締結の代理または媒介業務である。金商法2条8項13号に規定される業務で「投資助言・代理業」（金商法28条3項）に該当するため、別に金商法33条の2に定める内閣総理大臣宛の登録が必要となる。[7]

(6) 保険会社・外国保険会社等の資金の貸付けの代理または媒介

　保険会社は、保険業法（97条）に基づき保険料として収受した金銭その他の資産の運用手段として、資金の貸付業務が認められている（保険業法施行規則47条1項5号）が、その貸付業務について保険会社からの委託を受けて行う代理・媒介業務である。

(7) 法律の定めるところにより予算について国会の議決を経なければならない法人で金融業を行うものの業務の代理または媒介（規則13条5号）

　いわゆる政府系金融機関の業務の代理・媒介業務である。この「予算について国会の議決を経なければならない法人」とは、「公庫の予算及び決算に関する法律」の対象法人である国民生活金融公庫、農林漁業金融公庫、中小企業金融公庫や日本政策投資銀行法の対象法人である日本政策投資銀行などであったが、いわゆる特殊法人等改革によって廃止・統合・民営化・独立行政法人化が進み、平成20年（2008年）10月に日本政策金融公庫と沖縄振興開[8]

---

[7] 銀行法の付随業務である「投資顧問契約・投資一任契約の代理・媒介」と銀行法11条（他業証券業務等）の「投資助言業務」は、金商法では「投資助言・代理業」（金商法28条3項）と定義され、金商法33条の2柱書きで、内閣総理大臣の登録を受けて金融機関が営むことができる業務（登録金融機関業務）に位置づけられている。ちなみに、金融機関が行う金融商品仲介業を規定した金商法33条2項3号ハには、同法2条11項の「金融商品仲介業」の定義に含まれる「投資顧問契約・投資一任契約の代理・媒介」（同項4号）が除かれているが、これは銀行法の付随業務として取り扱うことができるためと考えられる）。

[8] 「株式会社日本政策金融公庫法」および「株式会社日本政策金融公庫法の施行に伴う関係法律の整備に関する法律」の施行によるもの。これに伴い「公庫の予算及び決算に関する法律」の対象は沖縄振興開発金融公庫のみとなっている（同法の題名も「沖縄振興開発金融公庫の予算及び決算に関する法律」に変更）。

発金融公庫に集約されている。

　具体的には、日本政策金融公庫（中小企業事業、農林水産事業、国民生活事業、国際金融事業）並びに沖縄振興開発金融公庫の各種融資制度・債務保証制度の代理業務である。

　(8) 特別の法律により設立された法人で、特別の法律により銀行に業務の一部を委託しうるものの資金の貸付けその他の金融に関する業務の代理または媒介（規則13条6号）

特別の法律で設立された法人（独立行政法人など）が取り扱う業務で、その特別の法律で銀行等の金融機関に業務の委託ができるとされている金融業務の代理・媒介である。具体的なものとして次のものなどがある。

① 独立行政法人住宅金融支援機構（独立行政法人住宅金融支援機構法）　財形住宅融資などの同機構の個人向け融資の代理店業務。

② 独立行政法人福祉医療機構（独立行政法人福祉医療機構法）

　ⓐ 福祉貸付事業（特別養護老人ホーム等社会福祉事業施設建築資金の貸付制度）の代理店業務

　ⓑ 医療貸付事業（病院等医療関係施設、介護老人保健施設の設置・整備に必要な建築資金の貸付制度）の代理店業務

　ⓒ 年金担保貸付事業・労災年金担保貸付事業（年金・労災年金を担保とした年金受給者向け貸付制度）の代理店業務

③ 独立行政法人中小企業基盤整備機構（独立行政法人中小企業基盤整備機構法）　同機構が運営する共済制度（小規模企業共済・中小企業倒産防止共済）の代理店業務

④ 独立行政法人勤労者退職金共済機構（中小企業退職金共済法）　同機構が運営する中小企業、建設業、清酒製造業、林業の退職金共済制度の代理店業務。

2　代理貸付け

代理貸付けとは、前記1(7)の政府系金融機関（日本政策金融公庫・沖縄振興

開発金融公庫）や(8)独立行政法人等（以下、「機構等」という）の各種融資や債務保証制度に係る代理店業務をいい、取引先が直接機構等に申込みを行い、機構等が直接審査・貸付け・管理・回収を行う「直接貸付け」に対して、取引先が代理店である受託金融機関に申込みを行い、受託金融機関を経由して融資を受けることを「代理貸付け」という。機構等の資金の貸付けや債務保証制度を幅広く国民が利用するには、店舗網の限られた機構等のみでは限界があるため、受託金融機関を受付窓口とした代理貸付けの方法をとるのが一般的となっている。

代理貸付けは、委託元金融機関である機構等と代理店である受託金融機関との間で業務委託契約（委任もしくは準委任）を締結し、業務委託契約に従って機構等の代理人として融資等の取扱いを行っている。

代理貸付けの内容は機構等によって異なるが、貸付けの決定は機構等が行い、受託金融機関は、その他の申込書類・契約書の受入れ・取次ぎ・資金の交付などの事務取扱いを行うものや、業務委託契約に従って受託金融機関に一定の裁量権限が与えられ、受託金融機関が審査・貸付けの決定・貸付実行・管理・回収等貸付業務のいっさいを行う代理貸付けもある。

また、受託金融機関に貸付けの決定に一定の裁量権限が与えられている代理貸付けについては、その大半が受託金融機関に一定割合の保証責任を負担させている。これは、受託金融機関に一定の貸倒損失リスクを負担させることにより、受託金融機関が業務委託契約に違反した不正な取扱いをすることを抑止し、代理貸付けの適正な運営を担保するためのものである。

III 金銭出納業務

1 金銭出納業務の種類

金銭出納業務とは、銀行が国、地方公共団体、企業、学校、団体等から委託を受けて、それらに代わって金銭の出納事務を行う業務である。

銀行は、預金の預入れ・払戻しなど金銭の出納事務の精通した人材と現金保管設備を備えていることや銀行法に基づく免許事業者として当局の監督下で業務を行っていることから、金銭出納事務の受託先として高い信頼性を有している。最近では、多数の店舗網をもつコンビニエンス・ストアでの取扱いが、その利便性から増えているが、施設面での限界から公共料金等の小口の現金収納業務に限られている。

金銭出納事務の受託は、委託企業等との個別の委託契約による取扱いのほか、法律で定められているものがある。代表的なものとして地方自治法の公金出納事務の委託（いわゆる「指定金融機関」制度）と会社法の株式払込事務の委託がある。

銀行が取り扱っている具体的な金銭出納事務の主なものとしては、次のものがある。
① 国税、地方税の収納事務
② 地方公共団体の公金収納事務
③ 日本銀行代理店としての国庫金、国債収納金の出納事務
④ 電気、ガス等の公共料金の収納事務
⑤ 株式払込金の受入れ、株式配当金や社債等の元利金の支払事務
⑥ クレジットカード会社や貸金業者等のいわゆるノンバンクと提携したキャッシング・サービスやローン返済金の収納代行

これらは銀行の窓口での取扱いのほか、自動口座振替や ATM（現金自動預払機）で取扱いができるものもある。

2　公金出納事務

公金出納事務とは、地方自治法に基づき、銀行が地方自治体から指定金融機関の指定を受けて、地方公共団体の現金・有価証券の出納事務を行うことをいう。指定金融機関の指定は、地方自治法235条では、都道府県では義務づけられている（同条1項）が、市町村は任意（同条2項）となっている。しかし、公金出納の安全性・適正性確保の観点から、市町村の約9割[9]が指定

金融機関の指定を行っている。

　指定金融機関の指定は、地方公共団体の議会の議決を経て1つの金融機関しか指定できない（地方自治法施行令168条）が、地方公共団体の長（都道府県知事・市町村長）が必要と認めるときは、地方公共団体の長が指定金融機関に対して、その指定金融機関の収納および支払事務または収納事務の一部を別の金融機関に取り扱わせる（再委託させる）ことができる。この収納および支払事務の一部を取り扱う金融機関を「指定代理金融機関」といい、収納事務の一部を取り扱う金融機関を「収納代理金融機関」という（同条3項・4項・6項）。また、市町村が指定金融機関を指定しない場合でも、市町村長が必要と認めるときは、市町村長が会計責任者に対して、収納の事務の一部を市町村長が指定する金融機関（「収納事務取扱金融機関」という）に取り扱わせることができる（同条5項・6項）。

　指定金融機関は、指定代理金融機関および収納代理金融機関の公金の収納または支払いの事務を総括し、公金の収納または支払いの事務（指定代理金融機関および収納代理金融機関が取り扱う事務を含む）について地方公共団体に対して責任を負い、地方公共団体の長の定めに従って担保提供義務を負う（同令168条の2）。

　指定金融機関、指定代理金融機関および収納代理金融機関が収納した公金は、最終的にすべて指定金融機関の地方自治体の預金口座に入金・振替えされ、公金の支払いは、地方自治体の会計責任者が振り出した小切手もしくは会計責任者の通知に基づかなければ支払いはできない（地方自治法施行令168条の3第3項）。

　指定金融機関、指定代理金融機関、収納代理金融機関および収納事務取扱金融機関については、地方自治体の会計責任者による公金の収納または支払いの事務および公金の預金の状況の検査を受けなければならない（地方自治法施行令168条の4）。

9　小針美和「市町村合併に伴う指定金融機関及び公金貯金の動向」農林金融723号41頁〜269頁。

3　日本銀行代理店業務

　国庫金の受入れ・支払いや政府有価証券の取扱い、国債の元利金の支払いは、会計法34条、日本銀行法35条で日本銀行（以下、「日銀」という）の業務となっている。しかし、中でも国庫金の受入れ（国税、年金保険料、労働保険料、交通反則金）・支払い（年金給付金、失業給付金、国税還付金、国家公務員給与）の事務は、多数の国民や企業、全国各地に所在する国の官庁など多岐にわたり、取引の種類や取扱件数も膨大であることから、限られた日銀の店舗網のみで取り扱うことは困難である。このため、多くの銀行が日銀との間で代理店契約を締結し、日銀の代理店としてそれらの事務の取扱いを行っている。

　代理店の種類には、次のものがある。

① 　一般代理店　　国庫金の受入れ・支払い、政府有価証券の取扱い、国債の元利金の支払いなど日銀支店とほぼ同じ取扱いを行う代理店。
② 　歳入代理店　　国庫金の受入れのみを専門に取り扱う代理店である。
③ 　国債代理店　　国債の元利金の支払いその他国債に関する事務を取り扱う代理店。
④ 　国債元利金支払取扱店　　国債（記名国債等を除く）の元利金の支払いに関する事務を取り扱う代理店で、証券会社、証券金融会社が代理店となっている。

　なお、国庫金の一部についてインターネットバンキング、モバイルバンキング、ATM等での電子納付が可能な代理店もある。

4　株式払込事務

　株式会社の設立には、①発起設立（設立に際して発行する株式の全部を発起人が引き受ける方法）と②募集設立（発起人は設立に際して発行する株式の一部だけを引き受け、残りは他の株主を募集する方法）とがあるが、いずれもこれら発起人や募集に応じる株主による出資に係る金銭の払込みは、発起人が定めた銀行等（以下、「払込取扱機関」という）においてしなければならない

（会社法34条）。

　これら払込みのうち、募集設立に係る払込みについては、募集に応じた株式引受人を保護するために、募集設立の払込取扱機関に株式払込金の保管証明書の発行を義務づけている（会社法64条1項）。この保管証明書を発行した払込取扱機関は、証明書の記載内容が事実と異なっていることまたは払込金の返還に制限があることをもって会社に対抗できない（同条2項）。つまり、払込取扱機関は保管証明書の証明金額の払戻責任を負うため、仮に払込みの仮装（預合いや見せ金など）があったとしても設立する会社の資本充実が図られることになる。

　払込取扱機関にとっては、保管証明書の発行は単なる残高証明の発行とは異なり、会社法上の法的責任を負担する事務の取扱いであり、募集設立の取扱いについては、会社設立の背景の調査を行うなど慎重な取扱いが求められる。[10][11]

　一方、発起設立の払込みについては、保管証明書の発行は必要なく、会社設立の商業登記の必要書類として次の書類のいずれかが求められているのみである。

① 払込金受入証明書

② 設立時代表取締役または設立時代表執行役の作成に係る払込取扱機関に払い込まれた金額を証明する書面に次の書面のいずれかを合綴した（合わせて綴じた）もの

　ⓐ 払込取扱機関における口座の預金通帳の写し

　ⓑ 取引明細表その他の払込取扱機関が作成した書面

10　判例（東京高判昭和48・1・17判時690号21頁）は、払込取扱機関が仮装払込みであることを認識しながら払込保管証明を発行した場合に保管証明責任を負うのが原則であるとしている。

11　旧商法では発起設立の場合にも保管証明書の発行が必要であったが、払込取扱金融機関の保管証明責任が大きく、その払込みが仮装払込みでないかを銀行が調査・判断することが難しいことから、払込取扱自体を拒絶する場合が多かった。このため、特に個人が起業する場合の会社設立においてネックとなっていた。会社法では保管証明の発行を募集設立に限定し、発起設立については、払い込まれた金銭の残高を証明する書類で設立を認めた。

「払込金受入証明書」は、払込取扱機関が発行する残高証明書と同じものであるが、上記②の書類で代替できるため、払込取扱機関に「払込金受入証明書」の発行を依頼しなくてもよい。

IV 保護預り業務

1 保護預り業務の意義と種類

保護預り業務とは、「有価証券、貴金属その他の物品の保護預り」（銀行法10条2項10号）と定義されているように、取引先のために取引先の物品を有償で預かる業務である。この物品を預かる業務としては、倉庫業も同様であるが、倉庫業が容積の大きい資材・原材料などや特別な設備が必要な生鮮食料品・美術品などスペース的あるいは設備的に一般の事務所等では保管することができない物品であるのに対し、銀行の保護預りは、条文に規定されているように有価証券や貴金属などの小型の貴重品を預かる業務である。

保護預り業務の種類としては、以下の種類がある。

① 開封（披封）預り　利用者が銀行に預け入れる目的物の内容を明示して保管を依頼する保護預りである。たとえば「○○株式○千株」と目的物の種類・数量を明示して銀行に引き渡すもので、有償の単純な寄託契約である。目的物の返還に際しては、銀行がその種類・数量が同一であることに責任を有する。

② 封緘預り　利用者が銀行に預け入れる目的物の内容を明示しないで封緘物として保管を依頼する保護預りである。利用者はあらかじめ目的物を封筒に入れて封緘（のり付けして割印押印またはシールを貼付する等）したうえで銀行に引き渡すもので、目的物の返還に際しては、銀行はその封筒の封緘に異常がないかを確認するだけで、封入された目的物についてはいっさい責任を負わない。

③ セーフティ・バック　利用者が銀行所定のセーフティ・バック（セ

ーフティ・ケース）に目的物を入れ、施錠したうえで銀行に引き渡す保護預りである（封緘保護預りの一種である）。施錠する鍵は正鍵と副鍵の2つがあり、正鍵を利用者が保管し、副鍵を銀行が保管する。返還時にはセーフティ・バックをそのまま利用者に引き渡し、利用者が正鍵でバックを開けて目的物を取り出し、空のバックを銀行に返却する。副鍵は利用者の正鍵紛失や店舗の火災等の緊急時などやむを得ない場合において開封するときに使用し、それ以外は使用しない。

④　貸金庫　貸金庫については後述するが、上記①から③の保護預りについては利用件数は少なく、専ら貸金庫の利用が多い。

以上が銀行における一般的な保護預りであるが、そのほかにも、銀行が窓口販売した国債等公共債や投資信託なども顧客との保護預り契約に基づき銀行がそれら証券を保護預りしている。これらは、多数の顧客から同種・同質の目的物の寄託を受けることになることから、保護預り契約で顧客の同意を受けて、顧客単位で分割して保管することなく混合して保管する取扱いを行っている。これを混蔵保管（寄託）という。なお、このような有価証券の保護預りについては、いわゆる証券決済システム改革によってペーパーレス化（電子化）が進み、平成21年1月の上場株式等の電子化に伴って大半の有価証券が証券無発行となったため、この保護預り（混蔵保管）についても振替機関である株式会社証券保管振替機構における電子記録上の取扱いとなっている。

また、海外の金融機関や投資家が日本の有価証券に投資を行った場合、その有価証券を自国に持ち帰って保管・管理することは難しいため、銀行が海外の金融機関・投資家のためにその有価証券を保管する業務を行っている。この業務をカストディ業務といい、その有価証券の保管する金融機関をカストディアンという。この業務も保護預り業務と位置づけられている。

2 貸金庫

(1) 貸金庫業務

　貸金庫は、銀行の建物内に多数の個々に鍵のかかる独立した金庫を設置し、これらの金庫の中から特定の金庫を利用者に有償で貸し渡すものである。

　個々の貸金庫の中には、目的物を格納する保護函が入っており、その保護函に目的物を格納する。

　貸金庫の種類には、大別して手動式貸金庫（利用者が所持する正鍵と銀行が所持するマスターキーの両方で開錠するもの）と最近普及している自動式貸金庫（利用者が所持するカードと暗証番号を入力することにより利用者が所持する正鍵だけで貸金庫を開錠できるもの）がある。

　貸金庫の利用方法は、最も一般的な手動貸金庫の場合は、利用者が所持する正鍵（契約時に銀行から利用者に貸与される）と銀行が所持するマスターキーの両方を使用して金庫を開錠し、利用者が保護函を取り出して目的物を格納あるいは引き出したうえで、保護函を金庫に格納し、正鍵で施錠する。したがって、銀行の職員はマスターキーによる金庫の開錠までは利用者に立ち会うが、その後の保護函からの目的物の出し入れにはいっさい立ち会わないため、銀行は利用者の貸金庫内の目的物については全く関知しない。なお、貸金庫の副鍵は、契約時に銀行職員が立会いの下で鍵袋に入れ、利用者が印章または署名で封印のうえで銀行が保管する。副鍵は、利用者が正鍵を紛失した場合や火災等の緊急時にのみ使用する。

(2) 貸金庫の法的性格と強制執行の可否

　貸金庫の法的性格については、通説では賃貸借と解されている。これは貸金庫の利用実態が、貸金庫という銀行施設内の設備を利用者に貸与して使用させているものであり、また、銀行がその格納物について何ら関与するものではないことから、貸金庫の保護函内の格納物の占有も利用者であると考えられるからである。

　ところで、貸金庫は、現金・有価証券等の利用者の財産を債権者から秘匿

する場所としても適しているため、利用者の債権者が貸金庫の格納物の差押えができるかが問題となっていた。貸金庫契約を賃貸借であって格納物が利用者の単独占有物ということであれば動産執行の対象となり、強制執行は可能と考えられる。しかし、貸金庫を開錠するには銀行の協力（保管する副鍵とマスターキーの使用）が必要であるが、銀行が利用者の承諾なく第三者の求めに応じて貸金庫を開錠することは、貸金庫契約上の債務不履行となるため、銀行が協力することはなかった。

　この貸金庫の格納物に対する強制執行の可否についての問題は、最高裁判決（最判平成11・11・29民集53巻8号1926頁）で、貸金庫の格納物の占有については、利用者は銀行の協力なく貸金庫に格納された内容物を取り出すことができない以上、銀行が貸金庫の内容物を事実上支配しており、銀行が貸金庫の安全保持を通じてその内容物を安全に保管する責任を負っていることからも、銀行も貸金庫の内容物について利用者と共同の占有（ただし、貸金庫の内容物について不知であることから、内容物の個々の物品には及ばず内容物全体に包括的な占有）が成立するとされた。

　そのうえで、銀行が、利用者が貸金庫を開扉できる状態にすれば銀行は内容物に対する事実上の支配を失って占有は全面的に利用者に移転するから、利用者が「内容物を取り出すことのできる状態にするよう銀行に請求する利用者の権利」が「貸金庫の内容物全体を一括して引き渡すことを請求する権利」であり、「差押債権者は、貸金庫を特定し、それについて貸金庫契約が締結されていることを立証すれば足り、貸金庫内の個々の動産を特定してその存在を立証する必要はない」とされた。

　この判決によって、その一括引渡請求権が差押えの対象となることが明らかとなり、銀行は、執行官を利用者とみなして副鍵を交付し、マスターキーで差押命令で特定された貸金庫を開錠することによって内容物全体の引渡しを行うことになった。

Ⅴ　デリバティブ業務

1　デリバティブ業務の意義と種類

　デリバティブとは、金融派生商品と訳されているように、株式、債券、金利（キャッシュフロー）、通貨などの実際に存在する物（以下、「原資産」という）の取引から派生した金融商品である。原資産の取引は、それら原資産の価格・相場・キャッシュフロー（受取利息）などが変動することにより、損失または利益を生じることになるが、その将来的な価格等の変動幅がどの程度かは予測できない。この変動リスクをあらかじめ回避するために開発された取引がデリバティブ取引である。

　デリバティブ取引は、原資産の市場価格や指標の数値およびそれらの過去の変動幅などから数理計算で導き出される将来のある時点または期間における理論上の価格を利用する取引である。この取引によって、将来のある時点の原資産の取引価格や外国為替相場を確定したり、一定期間に受け取る外貨建金利や変動金利を円建金利や固定金利に交換してキャッシュフローを確定させたりすることができる。このような将来的な変動リスクを回避（ヘッジ）する目的で行われる取引をヘッジ取引という。

　一方、デリバティブ取引は、取り決めた期日に反対売買することで、原資産の受渡しをすることなく約定価格と実勢価格との差額のみを決済する取引（差金決済取引）が可能であり、受渡しする原資産が存在しない指標のデリバティブ取引については、すべて約定価格と実勢価格との差金決済取引となっている。この差金決済取引は、その差金（すなわち一定期間内の価格変動幅）を基準とした金額の証拠金を差し入れることにより取引ができるため、少額の資金で大量の原資産取引と同等の経済効果（いわゆるレバレッジ（てこ）効果）が得られるため、デリバティブ取引の価格（理論上の価格）と原資産の現物取引の価格との間に一時的に生じた乖離（歪み）を利用した、いわゆる

「裁定取引」(アービトラージ取引) や先行きの価格変動をにらんで利益確保のみを目的とした投機的取引 (スペキュレーション取引) も行われている。これら裁定取引を行う者 (アービトラージャー) や投機的取引を行う者 (スペキュレーター) の存在は、価格の乖離 (歪み) を正常化させたり、ヘッジ取引を行う者 (ヘッジャー) のリスクを引き受ける役割を果たしており、デリバティブ取引において欠かせない存在となっている。

デリバティブ取引の価格は、理論上の価格が基準となっているものの、その価格算定の前提条件である金融・経済情勢などに重大な変動 (原資産価格の暴落、取引の相手方の破綻 (債務不履行)、取引市場自体の大幅な縮小など) が生じた場合には、原資産現物の取引ではあり得なかったような莫大な損失が発生する危険性をはらんでいる。

デリバティブ取引の銀行法上の位置づけは、銀行が新たに取り扱う業務の受皿規定とされる銀行法10条2項柱書の「その他の銀行業に付随する業務」(その他付随業務) として取り扱われていた。しかし、デリバティブ取引における差金決済取引が、刑法の賭博罪 (偶然の勝敗により財物や財産上の利益の得喪を争う行為) の構成要件に該当するおそれがあるとの指摘があり、銀行がデリバティブ取引を取り扱うことについては法的に不安定な状況にあった。このため、平成10年の金融システム改革のための関係法律の整備等に関する法律 (いわゆる金融システム改革法) による銀行法改正で、銀行法10条2項の各号にデリバティブ取引が追加され、銀行の正当な業務行為 (刑法上の違法性阻却事由) であることが明示された。平成19年 (2007年) 9月の金商法施行に伴う銀行法の改正により金商法上のデリバティブ取引を参照する形でその内容が整理・拡充されている。

2　金商法上のデリバティブ取引の分類

金商法のデリバティブ取引は、金商法2条21項から23項に定義されているが、それらを分類すると概ね次のとおりとなる。

(1) 取引の場所

　(ア) 国内の金融商品市場で行われる取引

　国内の金融商品市場で取引されるデリバティブ取引であり、これを「市場デリバティブ取引」という。

　(イ) 金融商品取引市場以外で行われる取引

　国内または外国の金融取引市場を利用しない（店頭取引）で、取引当事者間の契約で行われるデリバティブ取引を「店頭デリバティブ」[12]という。

　(ウ) 外国の金融商品市場で行われる取引

　外国の金融商品市場で取引されるデリバティブ取引であり、これを「外国市場デリバティブ取引」という。

(2) 取引の対象（参照する原資産・指標等）

　(ア) 「金融商品」

　この「金融商品」とは金商法2条24項で次のとおり定義されている。

① 有価証券
② 預金債権、賃借・入札その他により生じる金銭債権、約束手形、為替手形、小切手、旅行小切手その他の通貨以外の支払手段等
③ 通貨
④ 金融商品取引所が設定した標準物[13]

　(イ) 金融指標

　この「金融指標」とは金商法2条25項で次のとおり定義されている。

① 金融商品の価格・利率等
② 気象庁その他の者が発表する気象の観測の成果に係る数値

12　店頭取引の英文表記（over-the-counter）から、「OTCデリバティブ取引」ともいわれる。
13　取引所が利率・償還期限を標準化した架空の債券を「標準物」という。標準物を取引対象とすることで対象銘柄を変更する必要がなく、価格の継続性が維持されるといったメリットがある。東京証券取引所の国債先物取引では、中期国債標準物（額面100円、利率 年3％、償還期限5年）、長期国債標準物（額面100円、利率 年6％、償還期限10年）、超長期国債標準物（額面100円、利率 年6％、償還期限20年）の3つの標準物が設定・上場されている（平成21年12月末現在）。なお、標準物は架空の債券であるため、現物決済を行う場合には受渡適格銘柄と呼ばれる国債が実際の受渡しに利用される。

③ 気象庁その他の者が発表する地象、地動、地球磁気、地球電気および水象の観測の成果に係る数値
④ 統計法に規定する基幹統計、一般統計調査、地方公共団体・日本銀行による統計調査の結果数値およびこれに相当する外国の統計の結果数値
⑤ 上記①〜④の数値に基づき算出した数値

　(ウ)　その他の事象

その他の事象としては、以下のものがあげられる。

① 法人等の信用状態に係る次の事象
　ⓐ　債務不履行
　ⓑ　倒産（破産、特別清算等）
　ⓒ　再建支援を図るために行われる金利減免利息の支払猶予、元本の返済猶予、債権放棄その他債務者に有利となる取決め
② 当事者がその発生に影響を及ぼすことが不可能または著しく困難な事象で、当事者その他の事業者の事業活動に重大な影響を与える次の事象
　ⓐ　暴風、豪雨、豪雪、洪水、高潮、地震、津波、噴火その他の異常な自然現象
　ⓑ　戦争、革命、内乱、暴動、騒乱
　ⓒ　外国の政府・地方公共団体等による為替取引の制限・禁止、私人債務の支払猶予・免除措置、債務不履行宣言

(3)　取引の種類

　(ア)　金融商品先物取引[14]

金融商品取引市場で行う金融商品の売買取引で、その金融商品と代金の受渡しを将来の一定の時期（以下、「受渡日」という）に行う取引である。金融商品取引市場において、その受渡日到来を待たずに、いつでも金融商品の買主はその購入した金融商品を転売することができ、売主もその売却した金融商品を買い戻すことができる。この転売または買戻し（いわゆる反対売買）

14　市場取引である先物取引は「フューチャーズ」（futures transactions）と呼ばれる。

をした場合は、金融商品現物の受渡しをすることなく、約定した売買価格と転売または買戻価格（時価）の差額（差金）を当事者間で受渡しすることで決済が完了する。つまり、約定に際して資金は不要であり、かつ反対売買を前提とすれば、差金決済で済む取引である。

　(イ)　金融指標先物取引

　あらかじめ約定する金融指標の数値（約定数値）と将来の一定の時期における現実の金融指標の数値（現実数値）の差に基づいて算出される金銭を授受する取引である。金融指標は、受渡しする現物が存在しないため、約定数値と現実数値との差額で決済される。

　(ウ)　金融商品先渡取引[15]

　店頭取引で行う先物取引を「先渡取引」という。先物取引が金融商品取引市場の定めた金融商品の種類・数量・受渡時期等に従って行われるのに対して、先渡取引は商品の種類、数量、受渡時期、条件等を取引当事者が任意に定めることができる。一方、先物取引のように金融取引市場でいつでも反対売買ができないため、受渡日に商品現物の受渡しまたは決済が必要となる。

　(エ)　金融指標先渡取引

　店頭取引で行う指標先物取引で、あらかじめ当事者間で約定した金融指標の数値と将来の一定の時期における現実数値の差に基づいて金銭の授受を行う取引である。

　(オ)　オプション取引

　当事者の一方の意思表示で当事者間の取引を成立させることができる権利を、相手方が当事者の一方に付与し、当事者の一方がこれに対して対価を相手方に支払う取引である。

　たとえば、AとBとの間の通貨（円と米ドル）の売買取引で、ある時点において100円で1米ドルを購入する権利をBがAに付与し、その対価（オプション料）としてAがBに10円を支払う取引である。そのある時点で、100

---

[15]　店頭取引である先渡取引は「フォワード」（forward transactions）と呼ばれる。

円で1米ドルを購入するか否かはAの意思表示で決まり、権利行使しないこともできる。[16]

この相手方に付与する「権利」の対象となる取引には、金融商品の売買取引のほか、本項(ア)～(ク)に記載する各種デリバティブ取引も対象となる。

　(カ)　スワップ取引

当事者が元本として定めた金額（想定元本）について当事者それぞれがその相手方に対して、取り決めた金融商品の利率等[17]または金融指標の約定した期間における変化率に基づいて金銭を相互に支払う取引である。

たとえば、AとBとの間で、想定元本、利率および期間を定め、AはBに想定元本に取り決めた変動金利を乗じた利息相当額を支払い、BはAに想定元本に取り決めた固定金利を乗じた利息相当額を支払う取引である。この場合、Bに想定元本と変動金利と同額・同率の銀行借入れがある場合には、この取引によって、Bは銀行に支払う金利を全額Aから受領する金銭で充当でき、一方固定金利をAに支払うことになるため、実質的にBの銀行からの借入れは固定金利となり、将来的な金利変動リスクをヘッジしたことになる。

　(キ)　事象発生に伴い金銭を支払う取引

当事者の一方(A)が相手方(B)に金銭を支払い、これに対して当事者間であらかじめ定めた次の事象が発生した場合においてBがAに金銭を支払うことを約する取引である。

① 　法人の信用状態に係る事象（上記(2)(ウ)①に該当する事象をいう）。この取引をクレジット・デリバティブ取引という。

② 　当該当事者その他の事業者の事業活動に重大な影響を与える事象（上記(2)(ウ)②に該当する事象をいう）。

16　たとえば、そのある時点の為替相場が1米ドルを80円で購入できる相場であれば、権利を行使しないほうが、支出したオプション料10円を加算しても1米ドル90円で購入することになる。

17　利率等の等には金融商品の配当率・割引率が含まれる（金融商品取引法第二条に規定する定義に関する内閣府令19条）。

498

(ク) 政令で定めるデリバティブ取引

金融技術の進展などにより上記の種類以外の新たなデリバティブ取引が誕生することを想定し、政令で定める取引を金商法の規制の対象としている。[18]

金商法上のデリバティブ取引の代表的な取引には、〈図表4〉のものがある。

銀行が付随業務として取り扱うことができる銀行法10条2項のデリバティブ取引は、以下のとおり規定されている。

---

① 有価証券関連デリバティブ取引（銀行法10条2項2号）
② デリバティブ取引（同項12号）
③ デリバティブ取引の媒介・取次ぎ・代理（同項13号）
④ 金融等デリバティブ取引（同項14号）
⑤ 金融等デリバティブ取引の媒介・取次ぎ・代理（同項15号）
⑥ 有価証券関連店頭デリバティブ取引（同項16号）
⑦ 有価証券関連店頭デリバティブ取引の媒介・取次ぎ・代理（同項17号）

---

①の有価証券関連デリバティブ取引とは、原資産・参照指標が有価証券または株式指数等の有価証券指標とするデリバティブ取引の総称であり、そのうち金融商品市場によらない取引が⑥⑦の有価証券店頭デリバティブ取引である。これらは、金商法の銀行による有価証券関連業の原則禁止（いわゆる銀証分離）の観点から銀行の取扱いには制限があり、金融商品市場における有価証券関連デリバティブ取引は、銀行自らが投資目的で行う取引に限られており、⑥⑦の有価証券店頭デリバティブ取引についても参照する有価証券の範囲や決済方法が限定されている。なお、⑥⑦の有価証券店頭デリバティブ取引は、金商法33条2項の登録金融機関業務として銀行に認められている有価証券関連店頭デリバティブ取引を銀行法の付随業務として重ねて規定し

---

18 平成27年（2015年）4月末現在政令は存在しない。

〈図表 4〉 金融法上の代表的なデリバティブ取引

取引の種類	取引の場所	参照する原資産・指標	取引の例示 （　）内は取引所名
金融商品先物取引	市場	国債（標準物）	国債先物取引（東京証券取引所）
		通貨（為替相場）	通貨先物取引（米国シカゴマーカンタイル取引所）
金融指標先物取引	市場	株価指数	TOPIX 先物取引（大阪取引所） 日経225先物取引（大阪取引所）
		金利	ユーロ円3カ月物金利先物（東京金融取引所）
金融商品先渡取引	店頭	金利	FRA（金利先渡取引）[19]
		通貨（為替相場）	FXA（為替先渡取引）[20]
金融指標先渡取引	店頭	気象庁が発表する降雨量等の観測値	天候デリバティブ
オプション取引	市場	金利先物取引	ユーロ円3カ月物金利先物オプション取引（東京金融取引所）
		国債先物取引	国債先物オプション（東京証券取引所）
		株価指数	TOPIX オプション取引（大阪取引所） 日経225オプション取引（大阪取引所）
スワップ取引	店頭	金利 通貨	金利スワップ 通貨スワップ
その他	店頭	企業の信用状態	クレジットデリバティブ取引
		地震等の自然災害	災害デリバティブ取引

ているものである（詳細は、第10章Ⅰ「有価証券関連業務」参照）。

　④⑤の金融等デリバティブ取引とは、金商法上の第一種金融商品取引業者が届出業務として認められている商品取引所法に基づく商品デリバティブ取引並びに地球温暖化対策の推進に関する法律で定義される法算定割当量（これに類似するものを含む）に係るデリバティブ取引（いわゆる排出権デリバティブ取引）のことをいう。なお、これらデリバティブ取引についても銀行法の付随業務として取扱範囲が制限されており、商品デリバティブ取引については、ⓐ差金決済取引またはⓑ現物決済であっても反対売買により銀行が決

---

[19] FRA（Forward Rate Agreement）は、一定期間後にスタートする特定の通貨・金額・期間の預金金利を予約し、その一定期間後の実際の預金金利との利息差額を決済する取引である。
[20] FXA（Forward Exchange Agreement）は、一定期間後の為替相場とその時点における直物相場と先物相場の差（直先スワップ幅）を予約し、その一定期間後の実際の為替相場と直先スワップ幅との差額を決済する取引である。

済の終了後に商品を保有することにならないものであって、かつその商品売買取引に係る商品の保管・運搬に伴うリスク負担しない取引に限定され、排出権デリバティブ取引についても同様に⒜差金決済取引または⒝現物決済であっても反対売買により銀行が排出権を保有することにならない取引に限定されている。なお、この排出権デリバティブ取引に係る取引の限定については、平成20年（2008年）12月12日の金融商品取引法等の一部を改正する法律による銀行法改正により、銀行法11条（他業証券業等）の業務（同条4号）として銀行が排出権を保有する取引が認められたことから、銀行法の付随業務として行いうる排出権のデリバティブ取引の範囲を画するものと位置づけられている。[21]

上記③⑤⑦における取引の「媒介」「取次ぎ」「代理」であるが、「媒介」とは、取引当事者の間に立って取引の成立に尽力することであり、「取次ぎ」とは、金融商品市場取引においては取引先の注文を取引所に取り次いで取引の相手方を探すこと、店頭取引においては、取引先の注文を受けて取引の相手方との間で自己の名において取引を成立させることであり、代理とは、民法上の代理と同じく取引先から委任を受けて、取引先の代理人として取引の相手方と取引を成立させることである。

銀行法の付随業務として取り扱うことができるデリバティブ取引をまとめると、〈図表5〉のようになる。

3　契約（ISDA）

スワップ取引など取引当事者が相対で行う店頭デリバティブ取引については、取引当事者同士で契約を締結するのが本来の姿であるが、一方でデリバティブ取引が世界中の金融機関・投資家などに取引が拡大するのに伴い、契約事務負担の効率化やリスク管理の面から取引当事者間の権利義務関係の統一化など、契約を標準化することが求められていた。そこで、1985年にニュ

---

[21] 平成20年（2008年）9月19日公表「平成20年金融商品取引法等の一部改正に係る政令案・内閣府令案等」に対する同年12月2日付け金融庁回答64頁 No. 22。

第9章　付随業務

〈図表５〉　銀行法の付随業務として取り扱うことができるデリバティブ取引

デリバティブ取引（金商法2条20項）	市場デリバティブ取引（市場で行われるデリバティブ取引（金商法2条21項））	有価証券関連デリバティブ取引（金商法28条8項3号～5号）（参照する原資産・指標が有価証券・有価証券指標）
	【有価証券関連市場デリバティブ取引】⇒投資目的または書面取次ぎに限る	
	店頭デリバティブ取引（市場外で行われるデリバティブ取引（金商法2条21項））	
	【有価証券関連店頭デリバティブ取引】⇒現物決済は、有価証券に該当するもののうちCP等金銭債権に該当するものおよび短期社債等のみ（それ以外は差金決済のみ）	
	外国市場デリバティブ取引（外国金融市場で行われるデリバティブ取引（金商法2条23項））	
	うち原資産・参照指標が有価証券・有価証券指標⇒投資目的または書面取次ぎに限る	
金融等デリバティブ取引（銀行法10条2項14号）	商品デリバティブ取引⇒差金決済取引または現物決済の場合は反対売買により決済終了後に商品の保管・商品運搬危険負担がないものに限る	
	算定割当量のデリバティブ取引⇒差金決済または現物決済の場合は反対売買により決済終了後に算定割当量を保有しないものに限る	

ーヨークで設立された、店頭デリバティブ取引の取引参加者[22]から構成される業界団体 International Swaps and Derivatives Association, Inc.（国際スワップ・デリバティブ協会。略称「ISDA（イスダ）」）が、スワップ取引など店頭デリバティブ取引に係る標準契約書を作成し、これが業界標準の契約書とな

っている。

　この標準契約書の構成は、基本契約書（ISDAマスター・アグリーメント）とそれに付属する個別契約書（コンファメーション）からなっている。基本契約書が取引を中止・終了する要件（いわゆるデフォルト要件）やそれに伴う取引の清算方法等の基本的な取引条件を規定し、付属する個別契約書が取引の期間・金利・為替相場等個々の取引に係る条件を規定している。

　なお、ISDAマスター・アグリーメントは、英文が正本とされているため、国内における取引先と銀行との間の取引においては、ISDAマスター・アグリーメントに準拠した日本文の契約書も使われている。

4　取引先の倒産

　デリバティブ取引における取引相手方が倒産した場合については、ISDAマスター・アグリーメントおよびそれに準拠した日本文の契約書に基づき、契約上のデフォルト要件に抵触した場合には、個々の取引を期限の到来を待たずに現在価値に割り戻し、合算・相殺したうえで、その差額を債権または債務として認識する一括清算（クローズ・アウト・ネッティング）が行われる。

　かつては、双務契約であるスワップ取引の一括清算が、旧破産法、旧会社更生法における管財人の権限（双務契約の解除権や履行選択権）に優先するか否かについて疑義があったが、平成10年12月に施行された「金融機関等が行う特定金融取引の一括清算に関する法律」（以下、「一括清算法」という）により、銀行と取引先とのデリバティブ取引において、取引先に対して破産手続開始、再生手続開始または更生手続開始の決定がなされた場合、一括清算の約定をした基本契約書に基づくすべてのデリバティブ取引については、それらを約定に基づいて一括清算し、それにより生じた銀行の債権または相手側の債権（銀行の債務）が、1つの債権として破産債権または破産財団に属す

22　各国の主要銀行、証券会社、損害保険会社、商社、政府系機関、取引所、一般事業法人、法律事務所、会計事務所等がメンバーとなっている。

る財産、再生債権または再生債務者に属する財産、更生債権等に帰属することが法定され、一括清算の法的不安定性が除去された。

一方、一括清算法の対象は金融機関等[23]に限定されていたが、平成17年1月施行の改正破産法58条5項において、金融機関等以外の商社、事業会社、外国金融機関、清算機関等同士のデリバティブ取引についても、一括清算が有効であることが確認された。[24]

この破産法58条5項の規定は、民事再生法51条、会社更生法63条において準用されているため、民事再生手続、会社更生手続においてもデリバティブ取引の一括清算の有効性が確認されている。

VI その他の付随業務

1 監督指針

銀行法10条2項柱書の「その他の銀行業に付随する業務」と規定されている趣旨は、先に記したとおり固有業務並びに同項に限定列挙されている業務以外に新たに銀行が取り扱うことになる業務の受皿規定として位置づけられている。

---

[23] 一括清算法の対象である金融機関等とは、銀行、長期信用銀行、第一種金融商品取引業者（証券会社）、保険会社、外国保険会社、信用金庫連合会、農林中央金庫、株式会社商工組合中央金庫、株式会社日本政策投資銀行、証券金融会社、短資会社をいう。

[24] 破産法58条5項は、直接的にデリバティブ取引に係る基本約定書の一括清算条項そのものを有効とは定めておらず、要約「取引所の相場その他の市場の相場がある商品の取引を継続して行うためにその当事者間で締結された基本契約において、その基本契約に基づいて行われるすべての取引に係る契約につき生ずる損害賠償の債権または債務を差引計算して決済する旨の定めをしたときは、請求することができる損害賠償の額の算定については、その定めに従う」と規定している。これは、今後とも新たなデリバティブ取引が開発されることが予想される中で、広く事業会社等を対象とした一般法である破産法が、それらすべてのデリバティブ取引を具体的にカバーする規定をおくことが困難であるため、「取引所の相場その他の市場の相場がある（金融）商品の取引に係る基本契約」を基礎として、一括清算条項の中核となる要素を抽出した規定をおくことにより、間接的に一括清算条項の有効性を支持・確認している（竹内守夫ほか編『大コメンタール破産法』249頁～250頁〔松下淳一〕）。

VI その他の付随業務

　ただし、具体的にどの業務がその他の付随業務の範疇に含まれるかを銀行が自ら画定することは難しいことから、主要行向け監督指針、中小・地域向け監督指針（以下、単に「監督指針」という）において、「その他の付随業務」の範疇に含まれる業務の例示と、それ以外の業務が「その他の付随業務」に位置づけられるかどうかの考え方・留意点が示されている。

(1) **その他付随業務の例示**

　その具体的な業務の例示として次のものが示されている。

---

① 従来は固有業務と一体の業務として認められていた業務であるが、取引先企業に対する経営相談・支援機能の強化の観点から、固有業務と切り離して行う次の業務[25]
　ⓐ　コンサルティング業務
　ⓑ　ビジネス・マッチング業務
　ⓒ　M&Aに関する業務

---

[25] これらⓐ～ⓓの業務は、いわゆる「リレーションシップバンキング」の機能強化の一環として平成15年6月の事務ガイドライン改正で明示された業務である。平成14年（2002年）10月の政府の金融再生プログラム（主要行の不良債権問題解決を通じた経済再生）において、主要行に対してオフバランス化手法（不良債権の売却等）というダイナミックな不良債権処理を求められた。一方、取引先に多数の中小・零細企業を抱える地方銀行等の中小・地域金融機関の不良債権処理については、オフバランス化手法では地域経済に大きな影響を及ぼすことになることから、金融機関が顧客との間で親密な関係を長く維持することで顧客の情報を蓄積し、この情報を基に貸出等の金融サービスの提供等を行うことで事業再生を図り、不良債権を処理していくという手法（リレーションシップバンキング）を検討するとされた。これを受けて金融審議会で検討を行い、平成15年（2003年）3月27日「リレーションシップバンキングの機能強化に向けて」（金融審議会金融分科会第二部会報告）が公表された。この報告書の中で、「中小・地域金融機関に対して、円滑な資金供給とともに、預貸業務を通じて得られる情報を活用したコンサルティング機能や顧客同士のビジネスをつなぐビジネス・マッチングのためのコーディネーターとしての機能の発揮を期待しており、こうしたサービスの提供に対する対価の負担は必ずしもいとわない」との中小企業事業者からの意見があり、これを受けて、平成15年（2003年）3月28日に公表された「リレーションシップバンキングの機能強化に関するアクションプログラム」においてコンサルティング業務、M&A業務等の取引先企業への支援業務が、どのような場合に銀行法等における付随業務に該当するかについての具体的な考え方等を、平成15年6月末までに整理のうえ公表するとされた。このアクションプログラムに基づき平成15年6月の事務ガイドライン改正でこれら業務が明示された。

505

ⓓ　事務受託業務
②　銀行が取引先企業に対し株式公開等に向けたアドバイスを行い、または引受金融商品取引業者に対し株式公開等が可能な取引先企業を紹介する業務[26]
③　勧誘行為をせず単に顧客を金融商品取引業者に対し紹介する業務
④　個人の財産形成に関する相談に応ずる業務
⑤　電子マネー（オフラインデビットにおける電子カードを含む）の発行に係る業務

ただし、これら業務を行うにあたっては、顧客保護や法令等遵守の観点から、以下の点について行内態勢を整備する必要があるとされている。

【これら業務全体】
ⅰ　優越的地位の濫用として独占禁止法上問題となる行為の発生防止等法令等の厳正な遵守に向けた態勢
ⅱ　提供される商品やサービスの内容、対価等の契約内容について書面等で顧客に対して明示する態勢
ⅲ　業務に関連した顧客情報の管理について、顧客情報の目的外使用も含めた具体的な取扱基準が制定され、それが行員等に周知徹底されているかについての検証態勢
【④個人の財産形成に関する相談に応ずる業務】
ⅳ　業務の実施にあたって金商法の投資助言業務に該当しない等の厳正な遵守に向けた態勢[27]

---

[26] ②（いわゆる市場誘導業務）および③の業務は、①の業務と同様、「リレーションシップバンキング」の機能強化策の一環として平成16年5月に制定された「中小・地域金融機関向け総合的な監督指針」の中で明示された業務である。取引先の直接金融ニーズに対する支援の観点から、株式公開に関するアドバイスや証券会社を紹介する業務も、①に例示されたコンサルティング業務等に含まれることが明示された。

[27] 金商法の投資助言業務は、銀行法11条で営むことができる業務であるが、その場合には内閣総理大臣の登録を受けて、いわゆる登録金融機関業務として行う必要がある。

【⑤電子マネー発行業務】
ⓥ 発行見合資金の管理等、利用者保護に十分配慮した対応となっているか銀行自らが十分挙証できる態勢の整備

(2) 例示された業務以外の「その他付随業務」の取扱い

例示された業務以外の業務（銀行の余剰能力を有効活用する目的として行う業務を含む）の取扱いについては、銀行法の他業禁止に十分留意したうえで、以下の①から④のような観点を総合的に考慮した取扱いとなっていることが必要とされている。

① 当該業務が銀行法10条1項各号および2項各号に掲げる業務に準ずるか。
② 当該業務の規模が、その業務が付随する固有業務の規模に比して過大なものとなっていないか。
③ 当該業務について、銀行業務との機能的な親近性やリスクの同質性が認められるか。
④ 銀行が固有業務を遂行する中で正当に生じた余剰能力の活用に資するか。

銀行は、銀行法4条に基づき本業（固有業務）を営むために免許を受けた事業者である。したがって、本来、銀行は本業に専念し、本業を通した社会的・経済的機能を発揮することが求められており、同時に、預金者という一般公衆が債権者である銀行においては、その経営の健全性維持が強く求められている。

この点を踏まえれば、銀行が本業以外の業務を営もうとする場合に、それが量的に本業の遂行を圧迫するような業務であれば、本業による社会的・経済的機能を十分発揮できなくなるとともに、本業のサービスが低下するなど顧客の利益を損なうことにもつながり、一方、質的に本業と異質な業務であれば、銀行がその異質なリスクを抱え込み、経営の健全性に影響を与え、最

終的には預金者の財産を毀損することにもつながりかねない。銀行法の他業禁止規定は、このようなリスクを回避するためのものであり、この趣旨から具体的な要素を抽出して、付随業務の外縁の考え方を示したものが、これら①から④の4つの観点であるといえよう。

なお、これら①から④の観点は、「総合的に考慮した取扱い」と記されているように、必ずしも4つの観点すべてに直接的に合致することが求められているものではなく、その業務を行うことにより銀行が発揮する社会的・経済的機能とその業務により銀行が被るであろうリスクの両面を総合的に判断することが求められているものと考えられる。

(3) 事業用不動産の賃貸等についての取扱い

銀行が、業務の効率化などによって営業店舗等に余剰スペース（フロア）が生じる場合がある。その場合、その余剰部分のみを売却（賃借不動産の場合には賃貸借契約を解除）することができない場合には、銀行としてはコスト削減の観点からその余剰部分の賃貸（転貸）を行わざるを得なくなる場合がある。そのような事業用不動産の賃貸等の取扱いについても「その他の付随業務」とされ、監督指針では以下のような要件が満たされているか銀行自らが十分挙証できるよう態勢整備を図る必要があるとされている。

① 行内的に業務としての積極的な推進態勢がとられていないこと
② 全行的な規模での実施や特定の管理業者との間における組織的な実

---

28 平成19年（2007年）12月18日付け金融審議会金融分科会第二部会報告「銀行・保険会社グループの業務範囲規制のあり方等について」では、①本業に専念することによる効率性の発揮、②利益相反取引の防止、③他業リスクの回避などが他業禁止の趣旨とされている（同報告1頁）。

29 私見であるが、たとえば、後記2「ノーアクションレター制度」で「その他の付随業務」の範疇とされている銀行の自己所有店舗の屋上や壁面の余剰スペースを広告媒体として他者に使用させる業務は、②および④には該当すると考えられる一方、①および③には該当しないと考えられる。もっとも、①および③の観点の趣旨は、他業禁止の趣旨である銀行が本来業務でとりうるリスク（たとえば取引先の信用リスク）とは異なるリスクを抱えることにならないかという点にあり、その点では、店舗余剰部分に他者広告が掲示されたとしても、それが直ちに異質なリスクを銀行が抱え込むことにはならないと考えられる。

施が行われていないこと
③　当該不動産に対する経費支出が修繕程度にとどまること。ただし、公的な再開発事業に伴う建替え等の場合においては、必要最低限の経費支出にとどまっていること
④　賃貸等の規模（賃料収入、経費支出および賃貸面積等）が、当該不動産を利用して行われる固有業務の規模に比較して過大なものとなっていないこと

また、営業店舗を廃止する場合など、銀行がリストラを行うことにより事業用不動産であったものが業務の用に供されなくなる場合には、本来、そのような事業用不動産を売却することが原則であるが、たとえば物件の権利関係や賃貸借契約上の問題などから、短期にその事業用不動産の売却あるいは賃貸借契約解除といった処分などが困難な場合がある。その場合、将来の売却などを想定して一時的に賃貸等を行わざるを得なくなるが、そのような場合にも、上記の要件が準用され、以下の要件を満たしているかを検証する態勢整備が必要となる。

①　行内的に業務としての積極的な推進態勢がとられていないこと
②　全行的な規模での実施や特定の管理業者との間における組織的な実施が行われていないこと
③　当該不動産に対する経費支出が修繕程度にとどまること

不動産の賃貸等は、銀行の本業からみて明らかに他業であり、本来銀行が業務として行うことはできない。したがって、その他の付随業務として認められる範囲も、売却等の処分ができない等やむを得ない場合に限り認められている。

2　ノーアクションレター制度

法令適用事前確認手続のことをノーアクションレター制度といい、事業者

が新しい商品の販売やサービスの提供を行おうとする際に、その新たなビジネスが法令に違反して行政処分の対象とならないか否かを行政機関に対して事前に確認する制度である。金融庁でも平成13年（2001年）7月から導入されている。

なお、金融庁では、ノーアクションレター制度が特定の事業者の新しい商品・サービスなどの個別具体的な事案に関する照会を対象とするのに対して、それ以外の所管法令の適用を受ける事業者に共通する一般的な法令解釈を求める制度として「一般的な法令解釈に係る書面照会手続」もある。

これらの手続により照会した内容・結果については公開されることになっており、監督指針においても「『その他の付随業務』の範疇にあるかどうかを判断する際の参考として、一般的な法令解釈に係る書面照会手続及びノーアクションレター制度における回答を参照すること」とされている。

これら照会手続により「その他の付随業務」の範疇にあるとされたものは、次のとおりである。[30]

項番	「その他の付随業務」と認められた業務の内容	照会者 （金融庁回答日）
1	ATMの画面、ATM取引明細票の余白部分および自己所有店舗の壁面・屋上を広告媒体として他者に有料で使用させる業務	みずほ銀行 （2003年7月1日）
2	銀行が業務上取引先（法人・個人）に送付するダイレクトメールの中に、追加の郵送料がかからない範囲で他者（取引先企業等）の情報提供書面（チラシ広告物等）を同封し、対価を受領する業務	三井住友銀行 （2003年7月1日）
3	銀行の店舗内情報提供機器（プラズマディスプレイパネル・金利ボード）の余剰画面を媒体として、他者（取引先企業等）の情報提供を行い、対価を受領する業務	三井住友銀行 （2003年7月1日）

---

30 平成27年4月30日現在公表分。なお、同日現在、銀行法に関する「一般的法令解釈に係る書面照会手続」での照会・回答事例は公表されていない。

4	銀行が業務上取引先（法人・個人）に交付する通帳、残高証明書等の裏面等余白部分を媒体として、他者（取引先企業等）の情報提供を行い、対価を受領する業務	三井住友銀行（2003年7月1日）
5	銀行がホームページ上の取引先（法人・個人）に提供しているインターネットバンキング取引等の画面余剰部分、銀行が業務上取引先（法人・個人）に連絡する電子メールの余剰部分を媒体として、他者（取引先企業等）の情報提供行い、対価を受領する業務	三井住友銀行（2004年6月1日）
6	不動産インデックスを参照指標とする差金決済型のデリバティブ取引の締結、またはその媒介、取次ぎ、もしくは代理を行う業務	非公開（2010年3月25日）

3　その他

　監督指針やノーアクションレター制度の回答以外にも、政令・内閣府令等改正時に実施される行政手続法に基づく「意見公募手続」（いわゆるパブリックコメント）に対する回答（金融庁の考え方）において、「その他の付随業務」に該当すると考えられる旨回答されている業務もある。

　パブリックコメントで「その他の付随業務」に該当すると回答されたものとしては、「排出権取引のコンサルティング業務[31]」「外国銀行の委託を受けて行う外国為替予約の契約の締結の代理又は媒介[32]」、「ファイナンス・リースの再リース[33]」などがある[34]。

31　平成19年（2007年）4月13日公表「金融商品取引法制に関する政令案・内閣府令案等」に対する平成19年7月31日付け金融庁回答「Ⅲ．銀行法関連」No.1。なお、この金融庁回答において、「排出権取引の媒介・コンサルティング業務」が「その他の銀行業に付随する業務」に該当するものと考えられるとされているが、「排出権取引の媒介」は平成20年（2008年）12月12日の銀行法改正により他業証券業等（銀行法11条4号）として規定されている。

32　平成20年（2008年）9月19日公表「平成20年金融商品取引法等の一部改正に係る政令案・内閣府令案等」に対する平成20年12月2日付け金融庁回答「Ⅲ．銀行法関連」No.34・37。

33　平成23年（2011年）11月4日公表「平成23年金融商品取引法等改正（1年以内施行）に係る政令・内閣府令等」に対する平成24年（2012年）2月10日付け金融庁回答 No.182。

第 9 章　付随業務

34　ちなみに、旧大蔵省の事務連絡で「その他の付随業務」に含まれると解釈されていた業務として、①信用状に関する業務、②旅行者小切手（トラベラーズチェック）の発行、③クレジットカード業務、④金地金の売買の業務がある。
　　この事務連絡は、平成10年（1998年）6月の旧大蔵省金融関係通達等の全面的見直し（通達等の大幅な廃止および省令・告示化）の際に廃止されており、平成27年（2015年）4月末現在の銀行法施行規則、告示、監督指針には、これら業務は明示されていない。しかし、平成10年（1998年）6月の金融関係通達等の全面的見直しは、ルールに基づく透明かつ公正な金融行政への転換の一環として実施されたものであり、これら業務を積極的に廃止する趣旨を含むものとは考えられないことから、これら業務は引き続き「その他の付随業務」に含まれるものと解釈されている（小山・前掲書（注1）170頁）。

第10章　証券・保険業務

I　有価証券関連業務

1　有価証券関連業務の意義

(1) 金融機関の証券業務の原則禁止（銀証分離）

　銀行、協同組織金融機関その他政令で定める金融機関は、例外として許容される場合を除き、有価証券関連業または投資運用業を行ってはならないこととされている（金商法33条1項本文）。これがいわゆる銀・証分離と呼ばれる規定である。

　銀証分離を定める金商法33条（旧証券取引法65条）は、大恐慌の教訓から銀行の証券業が厳しく規制されていたアメリカの1933年銀行法（グラス＝スティーガル法）を参考に、第2次世界大戦後に制定された証券取引法において規定されたものである。このように金融業と証券業の分類が図られているのは大きく2つの目的があるとされている。第1の目的は、預金の受入れを業務とする金融機関が危険の大きい証券業を併営することによって、その財産状態が悪化し、預金者の利益を害することを未然に防止することである。第2の目的は、銀行等の経済への過度の支配を排除することである。より具体的には、金融システムにおける資金仲介の大部分を担っている銀行が証券業を併営することにより、優越的地位の濫用や、利益相反の弊害を生じやすいことから、これを防止するものである。

　なお、現在金商法上金融機関が営むことができる登録金融機関業務は、金融商品取引業の範囲の拡張に伴い証券業務以外にも拡大している。このこと

から、「有価証券」に関連する行為の範囲を明らかにして金融機関が行うことを原則として禁止する業務の範囲を明確に画するため、従前の「証券業」に相当する概念として有価証券関連業の定義が設けられたものである（松尾直彦編『一問一答金融商品取引法〔改訂版〕』227頁）。

(2) 有価証券にかかわる銀行業務（例外的に許される業務）

　銀証分離の例外として、上記のような弊害等のおそれが少ないと考えられる一定の場合についてのみ、金融機関は有価証券にかかわる業務を行うことが認められている。この点、昭和23年に制定された当初の証券取引法では、金融機関に対して投資目的の売買や公共債の取扱い等のみを例外として許容するシンプルな規制がなされていた。その後、昭和63年改正（公共債等に関する証券先物取引）、平成4年改正（証券化商品、私募の取扱い）、平成10年改正（投資信託の販売等）、平成14年改正（有価証券等清算取次ぎ）、平成16年改正（証券仲介業）等による各業務の解禁により徐々にその例外は拡大してきている。以下では、現在銀行が行うことが認められている各業務について解説することとしたい。[1][2]

---

[1] 以下では金商法上の規制を中心に言及するものの、銀行法をはじめとする他の業法上の要請も満たす必要がある点に留意が必要となる。たとえば、登録金融機関による投資助言業務については金商法施行時より金商法上は禁止の対象から除外されていたものの（金商法33条の2柱書）、銀行法上は銀行の業務範囲に含まれていなかったことから、銀行法の改正を待たなければならなかった（現在は銀行法11条1号により認められている）。

[2] なお、金融業者監督指針においては、金商法33条の規定の解釈について次のように規定している。

「Ⅷ―2―5⑴金商法第33条第1項本文の規定の解釈について
①銀行、協同組織金融機関その他金商法施行令第1条の9で定める金融機関（以下Ⅷ―2―4において『銀行等』という。）が行う以下の業務は、金商法第33条第1項により行ってはならないとされている行為には該当しない。
　イ．取引先企業に対し株式公開等に向けたアドバイスを行い、又は引受金融商品取引業者に対し株式公開等が可能な取引先企業を紹介する業務
　ロ．勧誘行為をせず、単に顧客を金融商品取引業者に紹介する業務
②上記①ロの『紹介』には、以下の行為を含む。
　イ．当該銀行等の店舗に、金融商品取引業者が自らを紹介する宣伝媒体を据え置くこと又は掲示すること。
　ロ．当該銀行等と金融商品取引業者の関係又は当該金融商品取引業者の業務内容について説明を行うこと。」

なお、金商法上の登録が求められる業務は、金商法の施行に伴う金融商品取引業（証券業）の拡大とともに有価証券に関連するデリバティブ取引以外のデリバティブ取引等にも拡張されている点に留意が必要である（金商法33条の2）。

(ア) 投資目的（金商法33条1項ただし書）

銀行、協同組織金融機関その他政令で定める金融機関は、他の法律の定めるところにより、投資の目的をもって、有価証券の売買もしくは有価証券関連デリバティブ取引を行うことができる。

金商法33条1項本文は、金融機関が有価証券関連業を行うことを禁止するが、有価証券関連業とは同法28条8項各号に掲げる行為のいずれかを「業として」行うことをいうものであって、「業として」行わないものは含まれない[3]。

ここで「業として」の意義が問題となる。この点、金融庁が公表したパブリックコメントの結果においては、「金商法第2条第8項各号のすべての行為類型について、『業として』行うことが『金融商品取引業』の要件とされており（同項柱書）、一般に、『対公衆性』のある行為で『反復継続性』をもって行うものをいうと解されていると考えられます。具体的な行為が『対公衆性』や『反復継続性』を有するものであるか否かは、個別事例ごとに実態に即して実質的に判断されるべきものと考えられます。なお、『対公衆性』や『反復継続性』については、現実に『対公衆性』のある行為が反復継続して行われている場合のみならず、『対公衆性』や『反復継続性』が想定されている場合等も含まれる点に留意が必要と考えられます」との回答がなされている（金融庁の公表した平成19年7月31日付け「『金融商品取引法制に関する政令案・内閣府令案等』に対するパブリックコメントの結果等について」「コメントの概要及びコメントに対する金融庁の考え方」（以下、「金商法パブコメ」という）35頁以下参照）。

---

[3] 一般に、長期投資の目的で有価証券を取得し、または長期投資の目的で取得した有価証券を処分する行為は、「業として」行うものでないとされている。

この「反復継続性」や「対公衆性」の考え方については、具体的事案に照らして考えると判然としない場合が多いものの、その規模・頻度等が立法趣旨に反して金融機関に過大なリスクを生じさせる蓋然性があるか否か、当該行為の相手方が証券会社または他の登録金融機関であるかその他の者であるか等を総合的に考慮のうえ、判断されることとなるとする見解がある（河本一郎ほか監修『逐条解説証券取引法〔3訂版〕』716頁）。[4]

　一般的に、投資の目的をもってする取引については原則として「業として」行うものには該当せず、したがって、金商法33条1項ただし書の規定は、同項本文の例外を定めるものではなく、本来的に金融機関による有価証券への投資は、金商法の禁止するものではないものの、金融機関の許容業務であることを明確にする注意的な規定にすぎないと考えられている（神崎克郎ほか『金融商品取引法』913頁）。

　(イ)　書面取次行為（金商法33条2項柱書）

　金融機関は顧客の書面による注文を受けて、その計算において有価証券の売買または有価証券関連デリバティブ取引を行うこと（書面取次行為）ができる。もっとも、当該注文に関する顧客に対する勧誘に基づき行われるものおよび当該金融機関が行う投資助言業務に関しその顧客から注文を受けて行われるものは認められていない。

　これは、銀行等の金融機関が顧客から預金として受け入れている資金等で有価証券の買付けまたはその売付けをしたいとの注文を受けた場合、本来の業務に付随するサービスとして、これに応じることを可能とするために認められたものである。[5]

　(ウ)　公共債等に係る証券業務（金商法33条2項1号）

　公共債に係る証券業務は、これらの有価証券は安全性が高く預金者保護に問題が生じにくいこと、公共債の流動性を高め、その円滑な消化を図るべく金融機関の販売網を利用することが有用であること等から早い段階より金融

---

[4]　なお、従前は営利性が業の要件（「営業」）とされていたが（証券取引法2条8項柱書）、金商法では営利性を業の要件としていない。

I 有価証券関連業務

機関にも認められていたが、一連の規制緩和により現在は幅広い債券等についての証券業務が可能となっている。

具体的には、以下の有価証券について、売買、市場デリバティブ取引または外国市場デリバティブ取引（金商法2条8項1号）、これらの媒介、取次ぎまたは代理（PTS業務以外。同項2号）、取引所金融市場における有価証券の売買または市場デリバティブ取引等の委託の媒介、取次ぎまたは代理（同項3号）、有価証券の引受け（同項6号）、有価証券の売出しまたは特定投資家向け売付け勧誘等（同項8号）、有価証券の募集もしくは売出しの取扱いまたは私募もしくは特定投資家向け売付け勧誘等の取扱い（同項9号）が可能とされている。

対象となる有価証券は、①国債証券、②地方債証券、③特別の法律により法人の発行する債券（政府が元本の償還および利息の支払いについて保証しているもの、信用金庫の発行する短期債、農林中央金庫の発行する短期農林債に限る）、④資産流動化法上の特定社債券、⑤社債券（政府が元本の償還および利息の支払いについて保証しているもの並びに短期社債（いわゆる電子CP）およびこれに類するものとして政令で定めるものに限る）、⑥資産流動化法上の優先出資証券または新優先出資引受権を表示する証券、⑦短期投資法人債等、⑧貸

---

5 金商業者監督指針においては、書面による注文に該当する場合について、以下のような具体例が示されている。
  「Ⅷ—2—5(2)金商法第33条第2項に規定する書面取次ぎ行為については、次の点に留意することとする。
  ①銀行等は、当該業務を行う際に、顧客に対し、有価証券の売買その他の取引の勧誘を行ってはならない。ただし、以下の行為は勧誘行為には当たらない。
   イ．当該業務内容の説明を顧客に対し行うこと。
   ロ．当該業務内容について、新聞、雑誌、文書、ダイレクトメール、インターネットのホームページ、放送、映画その他の方法を用いて紹介すること。
   ハ．当該業務に係る注文用紙及びロに規定する文書を当該銀行等の店舗に据え置くこと若しくは顧客に送付すること、又はその文書を店舗に掲示すること。
  ②銀行等が受ける書面による注文は、顧客の個別の取引ごとに、売買の別、銘柄、数及び価格について、顧客の指示を受けるものとする。
  当該書面による注文には、あらかじめ定められた期日における継続的な取引の注文を一括して受けるものも含まれる。」

付信託の受益証券、⑨資産流動化法上の特定目的信託の受益証券、⑩受益証券発行信託の受益証券、⑪いわゆる手形CP（期間が1年未満のもの）、⑫抵当証券、⑬外国または外国の者の発行する証券または証書で金商法上の有価証券の性質を有するもののうち一定のもの、⑭外国または外国の者の発行する一定の証券または証書で政令で定めるもの、⑮その他政令で定めるもの等がある。

(エ) 投資信託等に係る証券業務（金商法33条2項2号）

　投資信託及び投資法人に関する法律に規定する投資信託または外国投資信託の受益証券（金商法2条1項10号）、投資信託及び投資法人に関する法律に規定する投資証券もしくは投資法人債券または外国投資証券（短期投資法人債等を除く）については、売買、市場デリバティブ取引または外国市場デリバティブ取引（同条8項1号）、これらの媒介、取次ぎまたは代理（PTS業務以外。同項2号）、取引所金融市場における有価証券の売買または市場デリバティブ取引等の委託の媒介、取次ぎまたは代理（同項3号）、募集の取扱いまたは私募の取扱い（同項9号）を行うことが認められている。

　投資信託等に係る証券業務に関しては、平成10年の金融システム改革のための関係法律の整備等に関する法律（いわゆる金融システム改革法）により、投資信託の受益証券および投資法人の投資証券の募集の取扱いまたは私募の取扱いが認められ、いわゆる投資信託の窓販が解禁された。

(オ) 外国国債証券に係る取引（金商法33条2項3号）

　外国国債証券については、①市場デリバティブ取引および外国市場デリバティブ取引並びにこれに係る媒介、取次ぎまたは代理（PTS業務以外）、取引所金融市場における委託の媒介、取次ぎまたは代理、②私募の取扱い、③一定の金融商品仲介業を行うことが認められている。

(カ) その他の有価証券に係る業務（金商法33条2項4号）

　①金商法33条2項1号から3号までに掲げる有価証券（上記(ウ)～(オ)に掲げる有価証券）以外の有価証券、および②みなし有価証券のうち同法2条2項3号および4号で掲げる権利であって政令で定めるものについて、ⓐ私募の

取扱い(政令で定める有価証券に係るものを除く)、ⓑ一定の金融商品仲介業を行うことが認められている。

②については、委託をできるのは、証券会社等の第一種金融商品取引業を行う金融商品取引業者のみであり、その他の金融商品取引業者・登録金融機関が委託を行うことは認められておらず、対象業務も一定のものに限られることから、登録金融機関はその意味で「金融商品仲介業」を営むことが全面的に認められているわけではないことに留意する必要がある。

　(キ)　有価証券に係る店頭デリバティブ取引

①国債証券(これに係る二以上の有価証券の価格に基づき当事者間で取り決めた方法により算出される指数を含む)、②金商法33条2項2号から4号までに掲げる有価証券(上記(エ)〜(カ)に掲げる有価証券)の店頭デリバティブ取引またはその媒介、取次ぎもしくは代理(ただし、②の有価証券の場合は、ⓐ決済方法が差金の授受に限られているものに限られ、かつ、ⓑ多数の者を相手方として行う場合として政令で定める場合に該当するものは除かれるとされている)を行うことが認められている。

　(ク)　有価証券清算取次ぎ(金商法33条2項6号)

有価証券の売買および有価証券関連デリバティブ取引その他政令で定める取引について、有価証券等清算取次ぎを行うことが認められている。

(3)　登録金融機関

銀行、協同組織金融機関その他政令で定める金融機関は、次に掲げる行為のいずれかを業として行おうとするときは、内閣総理大臣の登録を受けなければならない(金商法33条の2)。かかる登録を受けた金融機関を登録金融機関といい(同法2条11項)、登録金融機関は金商法上のさまざまな規制を受けることになる。

①書面取次ぎ行為(金商法33条の2第1号)、②金商法33条2項各号に掲げる有価証券または取引についての当該各号に定める行為(投資目的による取引を除く。同条2号)、③デリバティブ取引等のうち、有価証券関連デリバティブ取引等以外のもの(投資目的による取引を除く)または有価証券等清算取

次ぎ（同条3号）、④一定の有価証券の募集または私募（いわゆる自己募集。同条4号）、⑤投資助言・代理業、⑥有価証券等管理業務（以上は登録金融機関業務と定義される（同法33条の5第1項3号））が、これに該当する。

なお、銀行法の業務範囲規制においては、これらの業務は付随業務（銀行法10条2項）、他業証券業務（同法11条）として分類されている。

(4) 金商法（行為規制・弊害防止措置）の適用範囲

金商法の規制対象は「金融商品取引業」（登録金融機関については「登録金融機関業務」）であり、有価証券関連業に限定されていない。したがって、金商法により課せられる行為規制、弊害防止措置等を検討する必要があるのは、必ずしも有価証券関連業務に限定されないことに留意する必要がある。[6]

2　行為規制

(1) 概　要

金融機関が登録金融機関業務を行うにあたっては、金商法上の行為規制（販売や勧誘等に関するルール）が課せられることになる。金商法上の行為規制は、大きく金融商品取引業者等すべてに課せられる規制、特定の種類の金融商品取引業者に課せられる規制に分けられているが、ここでは金融商品取引業者等すべてに課せられる規制のうち主要な規制を取り上げることとする。

(2) 顧客に対する誠実義務（金商法36条1項）

金融商品取引業者等並びにその役員および使用人は、顧客に対して誠実かつ公正に、その業務を遂行しなければならない。これは、証券監督者国際機構（IOSCO）の行為規範原則第一「誠実・公正」を金商法に取り込んだものであり、すべての行為規制の原理・原則となる規定である。

---

[6] このほか、そもそも金融商品取引業（登録金融機関業務）に該当するか否かについては、具体的事案に照らしてみると判断が困難な場合が多い。さらには国際的に活動する金融機関の場合には、どの範囲まで金商法の適用が及ぶのかという、域外適用の問題が生じることになり、判断をより一層複雑なものにしている（域外適用に関する考え方としては金融庁のパブリックコメントや、金商業者監督指針Ⅹ－1－1「外国証券業者に関する法令の基本的考え方」、Ⅹ－1－2「外国証券業者によるインターネット等を利用したクロスボーダー取引」等が参考になる）。

(3) 広告規制（金商法37条）

　金融商品取引業者等は、その行う金融商品取引業の内容について広告その他これに類似するものとして内閣府令で定める行為をするときは、内閣府令で定めるところにより、一定の事項を表示しなければならず（金商法37条1項）、また、金融商品取引行為を行うことによる利益の見込みその他内閣府令で定める事項について、著しく事実に相違する表示をし、または著しく人を誤認させるような表示をしてはならない（金商法37条2項）。

　広告とは、随時または継続してある事項を広く（宣伝の意味も含めて）一般に知らせることをいうとされ、広告の媒体・方法は問わないことから、テレビ・ラジオ等の放送媒体、インターネット、看板・立て看板や屋外広告物等も含まれる。また、「広告類似行為」の具体的な範囲については、郵便、信書便、ファクシミリ装置を用いて送信する方法、電子メールを送信する方法、ビラまたはパンフレットを配布する方法その他の方法により多数の者に対して同様の内容で行う情報の提供をいうものとされている（金融商品取引業等に関する内閣府令72条）。

　広告等の表示事項については、①金融商品取引業者等の商号・名称・氏名、②金融商品取引業者等である旨および登録番号、③顧客が支払うべき手数料等、④顧客が預託すべき委託証拠金等がある場合はその額または計算方法、⑤顧客が行うデリバティブ取引等の額が保証金等の額を上回る可能性がある場合にはその旨および保証金等の額に対する比率、⑥市場リスクにより元本損失が生ずるおそれがある場合にはその旨、その直接原因となる指標およびその理由、⑦市場リスクにより元本超過損が生ずるおそれがある場合にはその旨、その直接原因となる指標およびその理由、⑧店頭デリバティブ取引における売付け価格と買付け価格に差がある場合にはその旨、⑨重要な事項について顧客の不利益となる事実、⑩金融商品取引業協会に加入している場合にはその旨およびその名称を記載しなければならないとされている（金商法37条1項、金商法施行令16条1項、金融商品取引業等に関する内閣府令76条）。

　なお、かかる広告規制の考え方については金融商品取引法に係る政令・内

閣府令に関するパブリックコメントにおいて詳細な考え方が示されており、参考になる。また、実務上は広告方法を考えるに際して、不当景品類及び不当表示防止法（景表法）や銀行法の業務範囲規制等の他の観点からの検討が必要となる場合も多いことに留意が必要である。

(4) 契約締結前の書面交付義務（金商法37条の3）

　金融商品取引業者等は、金融商品取引契約を締結しようとするときは、内閣府令で定めるところにより、あらかじめ、顧客に対し、次に掲げる事項を記載した書面を交付しなければならない。また、これに対応する形で、当該書面の交付に関し、あらかじめ、顧客に対して、書面の記載事項について顧客の知識、経験、財産の状況および金融商品取引契約を締結する目的に照らして、当該顧客に理解されるために必要な方法および程度による説明をすることが義務づけられている（金商法38条7号、金融商品取引業等に関する内閣府令117条1項1号）。さらに、これと並行して民事上の義務として金融商品販売法による説明義務が定められており（同法3条）、説明時においては、いずれの義務も満たす必要があることになる。

　契約締結前書面の記載事項は、一般的な利用者が当該取引を行うかどうかを判断するうえで必要かつ重要な事項が記載される必要があるとの観点から、①当該金融商品取引業者等の商号、名称、氏名および住所、②金融商品取引業者等である旨および登録番号、③当該金融商品取引契約の概要、④顧客が支払うべき手数料等、⑤市場リスクにより元本損失が生ずるおそれがある場合にはその旨、⑥市場リスクにより元本超過損が生ずるおそれがある場合にはその旨、⑦当該契約締結前交付書面の内容を十分に読むべき旨、⑧顧客が預託すべき委託証拠金等がある場合にはその額または計算方法、⑨元本損失が生ずるおそれがある場合には直接原因となる指標およびその理由、⑩元本超過損が生ずるおそれがある場合には直接原因となる指標およびその理由、⑪当該業者等の信用リスクにより元本損失が生ずるおそれがある場合にはその旨、当該者およびその理由、⑫当該業者等の信用リスクにより元本超過損が生ずるおそれがある場合にはその旨、当該者およびその理由、⑬当該契約

に関する租税の概要、⑭契約終了事由がある場合にはその内容、⑮クーリング・オフ規定の適用の有無、⑯クーリング・オフ規定の適用がある場合にはその内容、⑰当該金融商品取引業者等の概要、⑱当該金融商品取引業者等が行う金融商品取引業（または登録金融機関業務）の内容・方法の概要、⑲顧客が当該金融商品取引業者等に連絡する方法、⑳当該金融商品取引業者等が加入している金融商品取引業協会および対象事業者となっている認定投資者保護団体の有無、加入等している場合にはその名称、が共通記載事項として定められている（その他個別契約類型ごとに特に記載すべき事項が法定されている。金商法37条の3第1項、金融商品取引業等に関する内閣府令82条～96条）。

また、記載方法についても文字の大きさ、記載箇所等について詳細な規制が設けられている（金融商品取引業等に関する内閣府令79条）。

(5) 契約成立時等の書面交付義務等（金商法37条の4）

金融商品取引業者等は、金融商品取引契約が成立したときその他内閣府令で定めるときは、遅滞なく、内閣府令で定めるところにより、書面を作成し、これを顧客に交付しなければならない。

具体的には、①顧客が締結した金融商品取引契約の内容を確認するための書面である「契約締結時交付書面」の交付義務、②投資信託、外国投資信託の解約等の際における顧客の内容確認のための書面の交付義務、③顧客に対し、一定期間内に行われた取引の内容および当該一定期間の末日における有価証券・金銭の残高を報告するための「取引残高報告書」の交付義務、および④商品ファンドの運用の状況について説明した報告書の交付義務が定められている（金融商品取引業等に関する内閣府令98条）。なお、取引残高報告書については、顧客の要請がある場合には取引の都度の交付が義務づけられ、それ以外の場合には3カ月ごとに交付する必要があるとされる（当該顧客との間で1年間取引等がない場合には1年ごとの交付が認められており、また、1年間取引等も残高もない場合には交付が不要とされている）。

(6) 虚偽告知の禁止・断定的判断提供の禁止（金商法38条1号・2号）

金融商品取引業者等またはその役員もしくは使用人は、金融商品取引契約

の締結またはその勧誘に関して、顧客に対し虚偽のことを告げる行為、不確実な事項について断定的判断を提供し、または確実であると誤解させるおそれのあることを告げて金融商品取引契約の締結の勧誘をする行為を行ってはならない。

　有価証券の価格等は正確に予測することはできず、それにもかかわらず、金融商品取引業者等が「間違いなく儲かります」等といった断定的な判断を提供して勧誘する場合には、顧客は当該判断を信用して十分にリスクを検討しないまま取引を行い、その結果過大な損失を被ってしまう場合があり、本規定はそのような弊害を防止するために設けられた規定である。

(7) 不招請勧誘・再勧誘の禁止等（金商法38条4号～6号）

　①金融商品取引契約の締結の勧誘を要請していない顧客に対し、訪問しまたは電話をかけて、金融商品取引の締結の勧誘をする行為の禁止（不招請勧誘の禁止）、②金融商品取引契約の締結につき、その勧誘に先立って、顧客に対し、その勧誘を受ける意思の有無を確認することをしないで勧誘をする行為の禁止（勧誘受諾意思確認義務）、③金融商品取引契約の勧誘を受けた顧客が当該金融商品取引契約を締結しない旨の意思（当該勧誘を引き続き受けることを希望しない旨の意思を含む）を表示したにもかかわらず、当該勧誘を継続する行為の禁止（再勧誘の禁止）が定められている。

　もっとも、これらの禁止規定のうち①は、店頭金融先物取引および個人顧客を相手方とするその他の店頭デリバティブ取引に適用され、②および③は、それらに加え、取引所金融先物取引および商品関連市場デリバティブ取引に適用される（金商法施行令16条の4）。

(8) 損失補塡等の禁止（金商法39条）

　金融商品取引業者等は、有価証券の売買その他の取引またはデリバティブ取引につき、当該取引について顧客に損失が生ずることとなり、またはあらかじめ定めた額の利益が生じないこととなった場合には自己または第三者がその全部または一部を補塡し、または補足するため当該顧客または第三者に財産上の利益を提供する旨を、当該顧客またはその指定した者に対し、申し

込み、もしくは約束し、または第三者に申し込ませ、もしくは約束させてはならない（金商法39条1項1号）。また、取引後に損失補塡や利益追加の申込み・約束をする行為、取引後に損失補塡や利益追加を行う行為も禁止されている（同項2号・3号）。

損失補塡は、顧客による投資の自己責任を妨げ、安易な投資決定を促すとともに、その約束のため金融商品取引業者の経営を不健全ならしめる危険があること等から禁止されているものと考えられる（神崎克郎ほか『金融商品取引法』830頁参照）。

なお、上記規定は、事故（金融商品取引業者等またはその役員もしくは使用人の違法または不当な行為であって当該金融商品取引業者等とその顧客との間において争いの原因となるものとして内閣府令で定めるものをいう）による損失の全部または一部を補塡するために行うものである場合については適用しない（金商法39条3項）。もっとも、かかる補塡は無制限になされることを避けるため内閣総理大臣の確認を受けている場合その他内閣府令で定める場合に限るものとされている（同項ただし書）。

このほか、損失補塡や利益追加以外の場合であっても、金融商品取引契約につき、顧客もしくはその指定した者に対し、特別の利益の提供を約し、または顧客もしくは第三者に対し特別の利益を提供する行為が禁止されている（第三者をして行わせる場合を含む。金商法38条7号、金融商品取引業等に関する内閣府令117条1項3号）。ここでの特別の利益とは、一般に金融商品取引業における公正な競争として許容される範囲を超えた利益を意味するものと考えられている。

(9) **適合性の原則（金商法40条1号）**

金融商品取引業者等は、金融商品取引行為について、顧客の知識、経験、財産の状況および金融商品取引契約を締結する目的に照らして不適当と認められる勧誘を行って投資者の保護に欠けることとなったり、または欠けることとなるおそれがあることのないよう、その業務を行わなければならない。これが適合性の原則と呼ばれる規定である。

適合性原則には、ある特定の利用者に対してはいかに説明を尽くしても一定の商品の販売・勧誘を行ってはならないとのルールである狭義の適合性の原則と呼ばれるものと、業者が利用者の知識、経験、財産等に適合した形で販売、勧誘を行わなければならないとのルールである広義の適合性原則があるとされている（平成11年7月6日金融審議会第一部会「中間整理（第一次）」）。

この適合性原則の運用にあたっては金商業者監督指針Ⅲ―2―3―1「適合性原則」においても具体的な実施にあたっての一定の考え方が示されており、これを踏まえて対応する必要がある。なお、適合性原則はあくまでも個別の顧客の属性に応じた多様かつ柔軟な対応を求めるものであり、この趣旨からすると個々の顧客の知識・経験等の程度を度外視して、たとえば、一定年齢を超える顧客への販売・勧誘を一律に行わないこととする対応や、一律に長時間の説明を行うことで知識・経験の豊かな顧客の利便を損なうような対応は、むしろ適合性原則の趣旨に合致しないものと考えられる旨の金融庁の考え方が示されている（平成20年2月21日に金融庁・証券取引等監視委員会が公表した「金融商品取引法の疑問に答えます」質問①および③参照）。

3　弊害防止措置

(1)　弊害防止措置の意義

金融機関自身において取り扱うことができる業務については前述のとおりであるが、平成4年の金融制度改革法（「金融制度及び証券取引制度の改革のための関係法律の整備等に関する法律」）に基づき、まずは子会社方式による銀行と証券会社の相互参入が解禁され、その後平成10年の金融持株会社関連2法（「持株会社の設立等の禁止の解除に伴う金融関係法律の整備等に関する法律」、「銀行持株会社の創設のための銀行等に係る合併手続の特例等に関する法律」）により金融持株会社の解禁が行われた。

このように金融機関が子会社方式または持株会社方式で証券業務への参入を行うにあたっては、従来の分離制度においては生じる余地のなかった弊害

が発生する可能性がある。この弊害の防止措置がいわゆるファイアーウォール規制と呼ばれている一連の規制である。

　金融機関の証券業務の参入にあたっては、金融機関の健全性が阻害される問題がある。また、金融業における自己または顧客の利益と証券業における自己または顧客の利益が対立するという、利益相反の問題が生じることにもなる。さらに、一般的に金融機関は証券会社よりも大きな経営規模を有していることから、当該金融機関による資金提供等により、金融機関の関連証券会社が、他の証券会社に比べて競争上優位に立つ可能性があるという、競争の公正性の観点が問題となる。これらに対応するためにファイアーウォール規制が設けられている（河本ほか監修・前掲書715頁以下）。

　なお、以下では、上記までの金融機関自身が登録金融機関業務を行う場合から場面を変え、特に問題となることが多い金融機関の親法人等または子法人等が証券業務等を行う場合において適用のある弊害防止措置の主な規定を取り上げるが、そのほかにも金融機関自身が登録金融機関業務を行う場合や、同一法人にて利益相反が起こりうる2種以上の金融商品取引業を行う場合にも一定の弊害防止措置の適用があることになる点には留意が必要である（金商法38条・44条～44条の4参照）。

(2) 弊害防止措置の内容

㈦ アームズレングスルール（金商法44条の3第1項1号）

　金融商品取引業者またはその役員もしくは使用人は、通常の取引条件と異なる条件であって取引の公正を害するおそれのある条件で、当該金融商品取引業者の親法人等または子法人等と有価証券の売買その他の取引または店頭デリバティブ取引を行ってはならない。

　これはいわゆるアームズレングスルールを定めた規定であり、その他一般取引に関しても同種の規制が課されている（金融商品取引業等に関する内閣府令153条1項1号）。

㈺ 信用供与等に関する抱き合わせ販売（金商法44条の3第1項2号）

　金融商品取引業者またはその役員もしくは使用人は、当該金融商品取引業

者との間で金融商品取引行為に関する契約を締結することを条件としてその親法人等または子法人等がその顧客に対して信用を供与していることを知りながら、当該顧客との間で当該契約を締結することが禁止されている。

 (ウ) グループ会社の図利を目的とした投資助言、投資運用（金商法44条の3第1項3号）

 金融商品取引業者またはその役員もしくは使用人は、当該金融商品取引業者の親法人等または子法人等の利益を図るため、その行う投資助言業務に関して取引の方針、取引の額もしくは市場の状況に照らして不必要な取引を行うことを内容とした助言を行い、またはその行う投資運用業に関して運用の方針、運用財産の額もしくは市場の状況に照らして不必要な取引を行うことを内容とした運用を行ってはならない。同様の趣旨から投資助言業務、投資運用業に課せられる規制としては、金融商品取引業者の親法人等または子法人等が有価証券の引受けに係る主幹事会社である場合の規制（金融商品取引業等に関する内閣府令153条1項12号）、金融商品取引業者の親法人等または子法人等が有価証券の引受け等を行っている場合の規制（同項13号）が存在する。

 (エ) 利益相反に関する開示規定（金融商品取引業等に関する内閣府令153条1項3号）

 金融商品取引業者またはその役員もしくは使用人は、当該金融商品取引業者の親法人等または子法人等に対して借入金に係る債務を有する者が発行する有価証券の引受人となる場合であって、当該有価証券に係る手取金が当該債務の弁済に充てられることを知っているときにおいて、顧客にかかる旨の説明等の措置をとらなければならないとされている。

 顧客の犠牲の下に親法人等または子法人等の債権回収を図ることを防止する趣旨から設けられた規制である。

 (オ) 親法人等または子法人等の発行する有価証券の引受制限（金融商品取引業等に関する内閣府令153条1項4号）

 金融商品取引業者またはその役員もしくは使用人は、当該金融商品取引業

者の親法人等または子法人等が発行する有価証券の引受けに係る主幹事会社となることが禁止される。

なお、例外として、公正が客観的に担保できる一定の場合には引受けを行うことが認められている。

 ㈎ バックファイナンスの禁止（金融商品取引業等に関する内閣府令153条1項5号）

金融商品取引業者またはその役員もしくは使用人は、有価証券の引受人となった日から6カ月を経過する日までの間において、当該金融商品取引業社の親法人等または子法人等がその顧客に当該有価証券の買入代金につき貸付けその他信用の供与をしていることを知りながら当該金融商品取引業者が当該顧客に有価証券を売却してはならない。

 ㈏ 引受証券会社の親法人等または子法人等への販売制限（金融商品取引業等に関する内閣府令153条1項6号）

金融商品取引業者またはその役員もしくは使用人は、有価証券（国債証券、地方債証券並びに政府が元本の償還および利息の支払いについて保証している社債券その他の債券を除く）の引受人となった日から6カ月を経過する日までの間において、当該金融商品取引業者の親法人等または子法人等に当該有価証券を原則として売却してはならない。

 ㈐ 非公開情報授受の禁止およびその利用の禁止（金融商品取引業等に関する内閣府令153条1項7号・8号）

有価証券関連業を行う金融商品取引業者（第一種金融商品取引業を行う者に限る）またはその役員もしくは使用人は、発行者等に関する非公開情報を当該金融商品取引業者の親法人等もしくは子法人等から受領し、または当該親法人等もしくは子法人等に提供してはならない。また、かかる非公開情報を利用して金融商品取引契約の締結を勧誘することもあわせて禁止されている。[7]

例外として、当該金融商品取引業者またはその親法人等もしくは子法人等による非公開情報の提供についてあらかじめ当該発行者等の書面による同意がある場合等には授受が認められている。また、発行者等（法人に限る）に

対して当該発行者等に関する非公開情報の当該親法人等もしくは子法人等または金融商品取引業者への提供の停止を求める機会を適切に提供している場合には、当該発行者等が当該停止を求めるまでは、当該非公開情報の提供について当該発行者等の書面による同意があるものとみなすとされている（金融商品取引業等に関する内閣府令153条2項。いわゆるオプトアウト通知）。その他、内部の管理および運営に関する業務を行うために必要な情報の授受（一定の要件を満たす場合に限る）を行う場合などの例外が設けられている（金融商品取引業等に関する内閣府令153条1項7号イ〜リ）。

(ケ) **優越的地位の濫用**（金融商品取引業等に関する内閣府令153条1項10号）

有価証券関連業を行う金融商品取引業者（第一種金融商品取引業を行う者に限る）が、その親銀行等または子銀行等の取引上の優越的な地位を不当に利用して金融商品取引契約の締結またはその勧誘を行うことが禁止されている。なお、優越的地位の濫用は独占禁止法によっても規制されている（独占禁止法19条・2条9項5号）。

(コ) **別法人であることの開示義務**（金融商品取引業等に関する内閣府令153条1項11号）

金融商品取引業者は、その親銀行等または子銀行等とともに顧客を訪問する際には、当該金融商品取引業者がその親銀行等または子銀行等と別の法人であることの開示をせず、同一の法人であると顧客を誤認させるような行為を行ってはならない。

(3) **利益相反管理体制**（金商法36条2項）

特定金融商品取引業者等は、当該特定金融商品取引業者等またはその親金

---

7 「非公開情報」とは、発行者である会社の運営、業務もしくは財産に関する公表されていない重要な情報であって顧客の投資判断（金商法2条8項11号ロに規定する投資判断をいう）に影響を及ぼすと認められるものまたは自己もしくはその親法人等もしくは子法人等の役員（役員が法人であるときは、その職務を行うべき社員を含む）もしくは使用人が職務上知り得た顧客の有価証券の売買その他の取引等に係る注文の動向その他の特別の情報をいう（金融商品取引業等に関する内閣府令1条4項12号）。もっとも、具体的にいかなる情報が非公開情報に該当するかについての判断は困難である場合が多い。

融機関等もしくは子金融機関等が行う取引に伴い、当該特定金融商品取引業者等またはその子金融機関等が行う金融商品関連業務（金融商品取引行為に係る業務その他の内閣府令で定める業務をいう）に係る顧客の利益が不当に害されることがないよう、内閣府令で定めるところにより、当該金融商品関連業務に関する情報を適正に管理し、かつ、当該金融商品関連業務の実施状況を適切に監視するための体制の整備その他必要な措置を講じなければならない。

利益相反管理体制については、いかなる対応をとるかについて各金融機関の「高い自己規律に基づいた内部管理体制の整備を求める」ものであり、必ずしも一律の対応が求められるものではないという規制であることから（金融庁が平成21年1月20日付けで公表した「平成20年金融商品取引法等の一部改正のうち、ファイアーウォール規制の見直し及び利益相反管理体制の構築等に係る政令案・内閣府令案等に対するパブリックコメントの結果等について」「コメントの概要及びコメントに対する金融庁の考え方」35頁・37頁）、各金融機関においてもさまざまな取組みがなされている。

4　特定投資家制度

(1)　特定投資家制度とは（金商法45条）

従前の証券取引法等に基づく業者の行為規制は投資家の属性にかかわりなく一律に適用されていたが、適切な利用者保護とリスク・キャピタルの供給の円滑化を両立させる等の観点から投資家を特定投資家（プロ）と一般投資家（金商法上は「特定投資家以外の顧客」と定義され、一般投資家という定義はない。アマ）に区分し、金融商品取引業者等が一般投資家との間で取引を行う場合には、投資者保護の観点から十分な行為規制を適用し、特定投資家との間で取引を行う場合には、投資者の保護を目的とする一定の行為規制については適用しないものとする制度である（松尾編・前掲書262頁）。

(2)　特定投資家の種類

特定投資家とは、①適格機関投資家（金商法2条31項1号）、②国（同項2

号)、③日本銀行（同項3号)、④①～③に掲げる者以外の投資者保護基金その他の内閣府令で定める法人（同項4号）をいう。金商法2条31項4号において定める法人とは、特別の法律により特別の設立行為をもって設立された法人、投資者保護基金、預金保険機構、農水産業協同組合貯金保険機構、保険契約者保護機構、特定目的会社、上場会社、取引の状況その他の事情から合理的に判断して資本金の額が5億円以上であると見込まれる株式会社、金融商品取引業者または特例業務届出者である法人、外国法人がこれに該当する（金融商品取引法第2条に規定する定義に関する内閣府令23条各号)。

このうち、金商法2条31項4号の法人は、金融商品取引業者等への申出により、一般投資家へ移行することができる（同法34条の2。いわゆるアマ成り)。また、一般投資家についても、法人の場合には、金融商品取引業者等への申出により特定投資家に移行することが認められている（同法34条の3。いわゆるプロ成り)。個人については、原則としてすべて一般投資家になるが、知識・経験・財産の状況に照らして特定投資家に相当する者として内閣府令に定める要件に該当する個人については、その申出により、特定投資家に移行することが認められている（同法34条の4、金融商品取引業等に関する内閣府令61条・62条)。

(3) **4号特定投資家のアマ成り告知、承諾義務**

金融商品取引業者等は、当該金融商品取引契約と同じ種類のものを過去に当該特定投資家との間で締結したことがない場合には、当該特定投資家に対し、自己を一般投資家として取り扱うよう申し出ることができることを事前に告知しなければならない（金商法34条)。また、当該特定投資家が当該申出を行った場合には、金融商品取引業者等は原則として当該申出を承諾しなければならない（同法34条の2第2項)。

(4) **一般投資家のプロ成り**

上記(3)に対し、一般投資家のプロ成りについては金商法上、告知義務や申出承諾義務は金融商品取引業者等に課せられていない。これは、投資者保護の観点から、一般投資家として行為規制による保護を全面的に受けることが

原則的な取扱いであり、ふさわしくない者が特定投資家として取り扱われるべきでないとの考え方による。

(5) **特定投資家に適用のある行為規制**

金融商品取引契約またはその勧誘の相手方が特定投資家である場合に適用のない行為規制については、金商法45条に列挙されている。具体的には、①広告等の規制、不招請勧誘の禁止、勧誘受諾意思の確認義務、再勧誘の禁止、適合性の原則（金融商品取引業者等が行う金融商品取引契約の締結の勧誘の相手方、同条1号）、②取引態様の事前説明義務、契約締結前の書面交付義務、契約締結時等の書面交付義務、保証金の受領に係る書面交付義務、書面による解除、最良執行方針等記載書面の事前交付義務、顧客の有価証券を担保に供する行為等の制限（金融商品取引業者等が申込みを受け、または締結した金融商品取引契約の相手方、同条2号）、③金銭・有価証券の預託の受入れ等の禁止、金銭・有価証券の貸付け等の禁止（金融商品取引業者等が締結した投資顧問契約の相手方、同条3号）、④金銭・有価証券の貸付け等の禁止、運用報告書の交付義務（金融商品取引業者等が締結した投資一任契約の相手方、同条4号）が適用がないものとされている。特定投資家に適用があるとされる行為規制は、市場の公正確保を目的とする行為規制や受託者責任に係る基本的な義務に限られている。

5 外務員登録制度

(1) **外務員登録**

金融商品取引業者等は、勧誘員、販売員、外交員その他いかなる名称を有するものであるかを問わず、その役員または使用人のうち、その金融商品取引業者等のために一定の行為を行う者につき、外務員に関する登録を受けなければならない（金商法64条1項）。[8]

この点、金融庁の公表する金商業者監督指針Ⅳ―4―3(1)においては、金融商品取引業者の店内業務（店頭業務を含む）に従事する役員または使用人のうち、金商法64条1項に規定する外務員登録原簿に登録を必要とする者と

して、①勧誘を目的とした金融商品取引等の内容説明、②金融商品取引等の勧誘、③注文の受注、④勧誘を目的とした情報の提供等（バックオフィス業務に関することおよび顧客の依頼に基づく客観的情報の提供を除く）、⑤同項1号または2号に掲げる行為を行う者のいずれかの業務を行う者が該当するとしている。

(2) 外務員の種類

日本証券業協会の規則においては外務員資格について①一種外務員資格、②信用取引外務員資格、③二種外務員資格、④特別会員一種外務員資格、⑤特別会員二種外務員資格、⑥特別会員四種外務員資格の6種類に分類されている（協会員の外務員の資格、登録等に関する規則4条）。金融商品取引業者の役員・従業員が取得できる資格は上記①、③であり、株式をはじめ幅広い有価証券・取引を取り扱うことができる。一方、登録金融機関の役員・従業員が取得できる資格は、上記①、③～⑥であり、これらのうち④～⑥は国債、投資信託など限定された有価証券・取引しか取り扱うことができない。

(3) 登録事務の委任

内閣総理大臣は、認可金融商品取引業協会または認定金融商品取引業協会に外務員登録に関する事務を委任することができる（金商法64条の7）。現在、当該規定に従って、日本証券業協会が外務員の登録事務を行っている。

---

8 外務員登録が必要となる一定の行為とは、①いわゆる「みなし有価証券」以外の有価証券に関するⓐ売買・市場デリバティブ取引・外国市場デリバティブ取引、それらの媒介・取次ぎ・代理、取引所金融商品市場または外国金融商品市場における売買・市場デリバティブ取引・外国市場デリバティブ取引の委託の媒介・取次ぎ・代理、有価証券等清算取次ぎ、有価証券の売出し、有価証券の募集・売出しの取扱いまたは私募の取扱い、ⓑ売買またはその媒介・取次ぎ・代理の申込みの勧誘、市場デリバティブ取引・外国市場デリバティブ取引またはその媒介・取次ぎ・代理の申込みの勧誘、市場デリバティブ取引・外国市場デリバティブ取引の委託の勧誘、②店頭デリバティブ等、有価証券の引受け、PTS（私設取引システム）業務、店頭デリバティブ取引等の申込みの勧誘、③その他政令で定める行為（①に該当しない市場デリバティブ取引・外国市場デリバティブ取引、当該取引の媒介・取次ぎ・代理、当該取引の委託の媒介・取次ぎ・代理、当該取引等の申込みの勧誘、および当該取引の委託の勧誘が定められている（金商法施行令17条の14）。

(4) 外務員の権限と監督

　外務員は、上記外務員登録が必要とされる行為に関し、いっさいの裁判外の行為を行う権限を有するものとみなされる（金商法64条の3第1項）。金融商品取引業者等は外務員が行った取引につき原則として責任を負うものとすることにより、投資者の保護を図ることを目的としている。

　外務員と取引をした相手方が悪意であった場合においては、投資者を保護する必要性がないことから上記規定の適用はなく、当該外務員の行為の効果は金融商品取引業者に帰属しない（金商法64条の3第2項）[9]。

II　銀行における保険業務[10]

1　銀行による保険販売の解禁

　日本においては、銀行、保険、証券の棲み分けが厳格に守られていたこともあり、長年、銀行や証券会社による保険販売は認められなかった。しかし、平成4年の金融制度及び証券取引制度の改革のための関係法律の整備等に関する法律（いわゆる金融制度改革法）や平成7年の保険業法の大改正、さらに平成8年から始まる「日本版ビックバン」により、徐々に銀行、証券、保険の業態間の垣根が取り払われ、まずは、平成10年の証券取引法の改正により、証券会社による保険募集が認められるに至った。

　これに対して、銀行による保険販売については、銀行の強力な販売力を恐れた保険業界からの抵抗が強く、なかなか実現しなかったが、平成9年保険審議会答申[11]において、「2001年を目処に、銀行等がその子会社又は兄弟会社

---

[9]　なお、重過失を悪意に含めるべきか否かについては判例・学説ともに分かれている。

[10]　本節は平成27年5月末時点の法令等に基づき記述したものである。平成26年の保険業法改正（平成26年法律第45号。以下、「平成26年改正法」または「改正法」という。施行日は平成28年5月29日）については、本節の最後（9）に記述する。

[11]　保険審議会報告「保険業の在り方の見直しについて―金融システム改革の一環として―」（平成9年6月13日）。

である保険会社の商品を販売する場合に限定したうえで、利用者利便の向上等のメリットと弊害を比較考量しメリットが大きいと考えられる住宅ローン関連の長期火災保険及び信用生命保険を認めることが適当である」とされたことから、平成13年4月から、住宅ローン関連の信用生命保険・長期火災保険・債務返済支援保険契約（信用生命保険については引受保険会社が子会社または兄弟会社の商品に限る）、および海外旅行傷害保険の販売が認められることとなった（これらを「第一次解禁」という）。

　その後も対象商品の拡大等が議論され、平成14年10月から、貯蓄性が高いことから銀行業務と親近性があり、保障性が限定的であることから弊害が少ないと考えられる個人年金保険、財形保険、年金払積立傷害保険、財形傷害保険の販売が認められることとなった。加えて、第一次解禁で付された住宅ローン関連の信用生命保険に係る引受保険会社の限定が解除されることとなった（これらを「第二次解禁」という）。

　その後もさらなる拡大等について議論が続けられ、最終的に、平成16年3月31日付け金融審議会金融分科会第二部会報告「銀行等による保険販売規制の見直しについて」において、「銀行等による保険販売規制の見直しについては、本報告後例えば1年後から段階的に行うこととし、新たな弊害防止措置の実効性をモニタリングしながら、遅くとも本報告後3年後には、銀行等において原則として全ての保険商品を取り扱えるようにすることが適当である」との決着を得た。同報告を受け、平成17年12月から、一時払終身保険、一時払養老保険、短満期平準払養老保険、貯蓄性生存保険、個人向け賠償保険等、積立火災保険等、積立傷害保険の販売が認められることとなった（これらを「第三次解禁」という）。そして、最終的に、平成19年12月からは、銀行はすべての保険商品を販売することができることとなった（これらを「最終解禁」という）。

　なお、最終解禁後の販売実態のモニタリング結果等を踏まえ、平成24年1月から弊害防止措置の一部が緩和された。

〈図表１〉　銀行等が販売できる保険商品の範囲の変遷

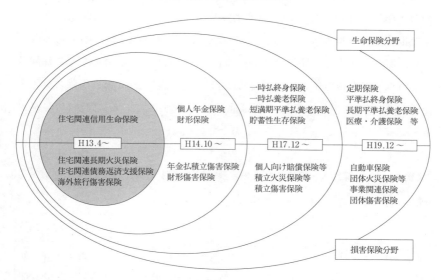

(出典：金融庁作成・平成19年9月18日金融審議会資料)

2　保険募集をするにあたって必要な資格

(1)　保険募集するのに必要な登録・届出

　保険商品は誰でも販売（販売することを、保険業法上は「保険募集」という。保険募集の詳しい定義は後述する）できるわけではなく、一定の資格を有する人のみが保険募集できる（保険業法275条）。保険業法は、保険募集できる資格を、保険商品および保険募集の形態ごとに、生命保険募集人・損害保険募集人・保険仲立人というカテゴリーに分けて規定している。[12]

　生命保険募集人とは、生命保険会社のために保険募集を行う者をいい（保険業法2条19項）、損害保険募集人とは、損害保険会社のために保険募集を行う者をいい（同条20項）、保険仲立人とは、保険契約の締結の媒介であって

12　その他、少額保険募集人が規定されている。本書では紙数の都合上、少額短期保険募集人を含めた少額短期保険業については記述を省略する。

生命保険募集人、損害保険募集人がその所属保険会社等のために行う保険契約の締結の媒介以外のものを行う者をいう（同条25項）。生命保険募集人および損害保険募集人は、「保険会社のために」保険募集を行う者であるのに対し、保険仲立人は「保険会社から独立した立場」で、顧客のために保険募集を行う者である点が大きく異なる。加えて、保険業法では、保険募集人・保険仲立人それぞれに登録または届出義務を課している（同法276条・286条・302条）。詳細は、〈図表 2 〉のとおりである。

〈図表 2 〉　保険募集人・保険仲立人の登録・届出義務

（保険募集人：保険業法276条・302条）

	生命保険		損害保険	
保険会社	・役員[13]	登録	・役員[14]	登録・届出不要
	・使用人	登録	・使用人	登録・届出不要
代理店 （法人形態）	・代表者（店主）	登録	・代表者（店主）	登録
	・役員（代表者は除く）	登録	・役員（代表者は除く）	届出
	・使用人	登録	・使用人	届出
代理店 （個人形態）	・店主	登録	・店主	登録
	・使用人	登録	・使用人	届出

（保険仲立人：保険業法286条・302条）

	生命保険		損害保険	
保険仲立人 （法人形態）	・代表者（店主）	登録	・代表者（店主）	登録
	・役員（代表者は除く）	届出	・役員（代表者は除く）	届出
	・使用人	届出	・使用人	届出

13　代表権を有する役員、監査役および監査委員は除く。
14　前掲（注13）参照。

(2) 保険募集の定義

　保険募集人の資格が必要となる「保険募集」とはいかなる行為をいうのか。保険業法では、「保険募集とは、保険契約の締結の代理又は媒介を行うことをいう」と定義されている（保険業法2条26項）。ちなみに、ここでいう「代理」とは、保険会社の名において保険会社のために保険契約の締結を行うことをいい、「媒介」とは、保険会社と契約者との間の保険契約の締結へ向けて仲介・斡旋を行うことをいうと解されている。

　保険会社監督指針に、保険募集人資格が必要となる行為と「基本的に」必要ない行為の具体例が以下のとおり列挙されている（保険会社監督指針Ⅱ―4―2―1(1)②）。

【保険募集人資格が必要となる行為】
　ア．保険契約の締結の勧誘
　イ．保険契約の締結の勧誘を目的とした保険商品の内容説明
　ウ．保険契約の申込みの受領
　エ．その他の保険契約の締結の代理または媒介

【保険募集人資格が「基本的に」不要とされた行為】
　(ア)　保険募集人の指示を受けて行う、商品案内チラシの単なる配布
　(イ)　コールセンターのオペレーターが行う、事務的な連絡の受付や事務手続等についての説明
　(ウ)　金融商品説明会における、一般的な保険商品の仕組み、活用法等についての説明

　「基本的に」不要であるという意味は、上記(ア)から(ウ)の行為が無条件に保険募集人資格が不要とされたわけではなく、「一連の行為の中で当該行為の位置付けを踏まえた上で総合的に判断する必要がある」、つまり同じ行為を行う場合も、事情によっては、保険募集人資格が必要となる場合があることを表している。たとえば、「(ア)保険募集人の指示を受けて行う、商品案内チラシの単なる配布」とは、保険募集人資格を有する銀行員の指示に基づいて、保険募集人資格を有しない銀行員が商品案内チラシを配布する行為をいうが、

「この商品は元本保証商品ですので安心です」等と言いながら配布する場合は、「単なる配布」の範囲を超え、保険募集人の登録が必要な行為となる。

(3) 保険募集人の権限等の明示

顧客にとっては目の前にいる保険募集人が、「代理」であるか「媒介」であるかで契約締結権等に差異が生じるため、当該募集人の権限を誤信した顧客においては、不測の損害を被るおそれがある。そこで、募集人は、あらかじめ、顧客に対して、自己の権限が「代理」であるか、「媒介」であるかを明示しなければならない（保険業法294条）。

3　銀行等による保険販売における弊害防止措置

(1) 弊害防止措置が必要とされる理由

銀行等[15]による保険販売は、「保険契約者等の保護に欠けるおそれが少ない場合として内閣府令で定める場合」（保険業法275条1項）のみ認められている。では、いかなる場合が「保険契約者等の保護に欠けるおそれが少ない場合」に該当するのか。

この点、銀行等が保険販売することについてはさまざまなデメリット（これを「弊害」という）が指摘されている。たとえば、金融審議会報告「銀行等による保険販売規制の見直しについて」（平成16年3月31日）において指摘された、銀行等による保険販売のメリットとデメリットは〈図表3〉のとおりである。

15　「銀行等」とは、次の者をいう（保険業法275条1項、保険業法施行令39条）。①銀行および長期信用銀行、②信用金庫および信用金庫連合会、③労働金庫および労働金庫連合会、④農林中央金庫、⑤商工組合中央金庫、⑥信用協同組合および信用協同組合連合会、⑦信用事業を行う農業協同組合および農業協同組合連合会、⑧信用事業を行う漁業協同組合、漁業協同組合連合会、水産加工業協同組合および水産加工業協同組合連合会。

〈図表3〉 銀行等による保険販売のメリットとデメリット

主なメリット	主なデメリット（「弊害」）
①　販売チャネルの多様化による消費者アクセスの向上 ②　販売チャネルの適切な競争を通じて販売システムの効率化が進むことによる保険料の低廉化 ③　販売チャネルの特性を反映した商品開発の促進	①　銀行等は強力な販売力を有している。特に融資先に対しては極めて強い影響力を有しており、圧力販売が行われるおそれがある。 ②　銀行等が保障性の高い商品を販売する過程で入手することとなる健康情報が、融資判断に流用されるおそれがある。 ③　銀行等は、保険商品の販売を行うのみで、保険の引受けを行わないため、不当に保険加入しようとする者の第一次選択が疎かになるおそれがある。また、現在の販売チャネルで行われているようなアフターケア等が十分に行われないおそれがある。 ④　銀行等が、その強力な販売力を背景に、引受保険会社のリスク管理能力を超えた保険販売を行うことや、保険会社を実質的に支配したり系列化することにつながるのではないか。 ⑤　既存の販売チャネルに与える影響が大

　これら銀行等による保険販売によって生ずるデメリット（「弊害」）が残っていれば、銀行等による保険販売が「保険契約者等の保護に欠けるおそれが少ない場合」といえない。逆にいえば、それぞれの弊害を防止する措置を講じることができれば、「保険契約者等の保護に欠けるおそれが少ない場合」といえる。そこで、内閣府令において、これらの銀行等による保険販売の弊害を防止する措置を定め（これらの措置を総称して「弊害防止措置[16]」という。）、

---

[16] 他の弊害防止措置と区別し、「銀行窓販に係る弊害防止措置」ということもある。

それらの弊害防止措置を遵守した場合が「保険契約者等の保護に欠けるおそれが少ない場合」に該当するとしている。弊害防止措置の全体像は、〈図表4〉のとおりである。

〈図表4〉 銀行窓販に係る弊害防止措置の全体像

	弊害防止措置の内容
全商品共通の弊害防止措置	① 非公開情報保護措置 ② 保険募集指針の作成、公表 ③ 法令等遵守責任者・統括責任者の配置 ④ 抱き合わせ販売の禁止 ⑤ 保険取引が他の取引に影響を与えない旨の説明 ⑥ 預金等との誤認防止措置
第3次解禁、最終解禁商品（平成17年12月以降解禁）のうち、一時払終身保険等を除いた商品に係る弊害防止措置[17]	① 保険募集制限先規制 ② 担当者分離規制 ③ タイミング規制 ④ 中小金融機関特例・協同組織金融機関特例（小口規制）
その他	① 住宅ローン関連信用生命保険等 　住宅ローン関連信用生命保険に係る相談窓口の説明義務 ② 変額保険等 　変額保険に係る保険料の返済リスクの説明

(2) 全商品共通の弊害防止措置

(ア) 非公開金融情報保護措置・非公開保険情報保護措置の実施

顧客に関する情報の利用について、以下のことを確保するための措置を講じなればならない（保険業法施行規則212条2項1号・212条の2第2項1号）。

---

17 平成24年4月1日から、一時払終身保険、一時払養老保険、積立傷害保険、積立火災保険、および事業関連性保険（銀行等のグループ会社を保険契約者とするものに限る）の募集については、保険募集制限先規制、担当者分離規制、およびタイミング規制の遵守は不要となった（保険業法施行規則212条3項1号、212条の2第3項1号等）。

① 顧客に関する「非公開金融情報」を、顧客から事前に書面等による同意を得ずに、保険募集に係る業務に利用してはならない（非公開金融情報保護措置）。

② 銀行等が保険募集に係る業務において取り扱う顧客に関する「非公開保険情報」を、顧客からの事前に書面等による同意を得ずに、資金の貸付けその他の保険募集に係る業務以外の業務に利用してはならない（非公開保険情報保護措置）。

このような非公開金融情報保護措置が定められた趣旨は、銀行等が保有する融資先・預金者などに関する情報は保険募集をするうえでは極めて有益な情報であり、これらの情報を銀行等が自由に利用できるとすると他の販売チャネルと比べ極めて有利となるほか、それらの情報を使って必ずしも保険に興味のない顧客に対して圧力募集することを防止するためである。

ここに「非公開金融情報」とは、銀行等の役員または使用人が職務上知り得た顧客の預金、為替取引または資金の借入れに関する情報その他の顧客の金融取引または資産に関する公表されていない情報をいう（保険業法施行規則212条2項1号イ）。具体的には、預金金額や住宅ローンの有無などをいう。[18] また、「保険業務に係る業務」とは、保険募集業務はもちろん、専ら保険募集のために行う準備行為（たとえば、保険募集のための顧客リストの作成など）も含まれると解されている。[19]

(イ) 保険募集指針の作成、公表等

銀行等は、保険募集の公正を確保するため、保険募集に関する指針を定め、公表し、その実施のための措置を講じなければならない（保険業法施行規則212条2項2号・212条の2第2項2号）。[20]

---

[18] 顧客の属性に関する情報（氏名、住所、電話番号、性別、生年月日および職業）は非公開金融情報には含まれない（保険会社監督指針II―4―2―6―2(1)④（注）参照）。

[19] 条文上、顧客が保険募集制限先に該当するか否かを確認する業務は除かれている。また、解釈上、申込書を含まない単なる商品パンフレットを送付する行為は、「保険募集に係る業務」に該当しないと解されている。

(ｳ) 法令等遵守責任者・統括責任者の配置

銀行等は、保険募集に係る法令等の遵守を確保する業務に係る責任者を保険募集に係る業務を行う営業所または事務所ごとに、当該責任者を指揮し保険募集に係る法令等の遵守を確保する業務を統括管理する統括責任者を本店または主たる事務所に、それぞれ配置しなければならない（保険業法施行規則212条2項3号・212条の2第2項3号）。

(ｴ) 抱き合わせ販売の禁止

銀行等またはその役員もしくは使用人が、当該銀行等が行う信用供与の条件として保険募集をする行為その他の当該銀行等の取引上の優越的な地位を不当に利用して保険募集をする行為が禁止されている（保険業法施行規則234条1項7号）。

なお、銀行等については、公正取引委員会が定めた「金融機関の業態区分の緩和に伴う不公正な取引方法について」（平成16年12月1日）における「第2部第2.2 銀行等の保険募集業務に係る不公正な取引方法」に十分留意した業務運営を行うことが求められている（保険会社監督指針Ⅱ－4－2－6－10）。そこで公正取引委員会が定めた「不公正な取引方法」とは、たとえば、融資

---

20 保険募集指針には、次の事項を定めなければならない（保険会社監督指針Ⅱ－4－2－6－3）。
① 顧客に対し、募集を行う保険契約の引受保険会社の商号や名称を明示するとともに、保険契約を引き受けるのは保険会社であること、保険金等の支払いは保険会社が行うことその他の保険契約に係るリスクの所在について適切な説明を行うこと。
② 複数の保険契約の中から顧客の自主的な判断による選択を可能とするための情報の提供を行うこと。
③ 銀行等が法令に違反して保険募集につき顧客に損害を与えた場合には、当該銀行等に募集代理店としての販売責任があることを明示すること。
④ 銀行等における苦情・相談の受付先および銀行等と保険会社の間の委託契約等に基づき保険契約締結後に銀行等が行う業務内容を顧客に明示するとともに、募集を行った保険契約に係る顧客からの、たとえば、委託契約等に則して、保険金等の支払手続に関する照会等を含む苦情・相談に適切に対応する等契約締結後においても必要に応じて適切な顧客対応を行うこと。
⑤ 上記①から④までに掲げる顧客に対する保険募集時の説明や苦情・相談に係る顧客対応等について、顧客との面談内容等を記録するなど顧客対応等の適切な履行を管理する体制を整備するとともに、保険募集時の説明に係る記録等については、保険期間が終了するまで保存すること。

業務の相手先である顧客に対する保険契約の申込みの強制等のことをいう。

　　(オ)　保険取引が他の取引に影響を与えない旨の説明

　銀行等またはその役員もしくは使用人が、あらかじめ、顧客に対し、当該保険契約の締結の代理または媒介に係る取引が当該銀行等の当該顧客に関する業務に影響を与えない旨の説明を書面の交付により行わずに保険募集をする行為が禁止されている（保険業法施行規則234条1項8号）。

　　(カ)　預金等との誤認防止措置

　銀行等は、保険業を行う者が保険者となる保険契約を取り扱う場合には、業務の方法に応じ、顧客の知識、経験、財産の状況および取引を行う目的を踏まえ、顧客に対し、書面の交付その他の適切な方法により、預金等との誤認を防止するための説明を行わなければならない（銀行法施行規則13条の5第1項等）。そして、かかる説明を行う場合には、①預金等ではないこと、②預金保険法53条に規定する保険金の支払いの対象とはならないこと、③元本の返済が保証されていないこと、④契約の主体、⑤その他預金等との誤認防止に関し参考となると認められる事項を説明する必要がある（同条2項等）。また、銀行等は、その営業所において、特定の窓口において保険契約を取り扱うとともに、上記①から③を顧客の目につきやすいように当該窓口に掲示しなければならない（同条3項）。

(3)　第3次解禁および最終解禁商品（平成17年12月以降解禁）のうち一時払終身保険等を除いた商品に係る弊害防止措置[21]

　　(ア)　保険募集制限先規制

　銀行等は、次に掲げる者（「保険募集制限先」という）を保険契約者または被保険者とする保険契約の締結の代理または媒介を手数料その他の報酬を得て行わないことを確保するための措置を講じなければならない（保険業法施行規則212条3項1号・212条の2第3項1号）

21　一時払終身保険、一時払養老保険、積立傷害保険、積立火災保険等、および事業関連性保険（銀行等のグループ会社を保険契約者とするものに限る）が規制対象から除かれた（平成24年1月改正）。

① 当該銀行等が法人またはその代表者に対し当該法人の事業に必要な資金の貸付けを行っている場合における当該法人およびその代表者
② 当該銀行等が事業を行う個人に対し当該事業に必要な資金の貸付けを行っている場合における当該個人
③ 当該銀行等が小規模事業者（常時使用する従業員の数が50人以下の事業者をいう）である個人または法人もしくはその代表者に対し、当該小規模事業者の事業に必要な資金の貸付けを行っている場合における当該小規模事業者が常時使用する従業員および当該法人の役員（代表者を除く）

第3次解禁前までの商品については、銀行等の保険販売において懸念される融資先への圧力販売について、「優越的地位の濫用・抱き合わせ販売の禁止」（保険業法施行規則234条1項7号）により対応していたが、保障性商品については、より厳格に融資先への保険販売により銀行等が手数料を稼ぐこと自体を禁止するものである。ここに「事業に必要な資金の貸付け」とは、通常の貸付けのほか手形割引のみを指し、ユーザランス・為替取引等の貿易金融、事業保証、社債の引受け、コミットメントラインの設定などは含まない。なお、単なる契約の更新や保険の目的物の価格の増加等の顧客の事情による変更を伴った更改については、上記規制の適用はない。

また、銀行等は、上記保険募集制限先規制の実効性を確保するための措置を講じなければならない（保険業法施行規則234条3項2号・212条の2第3項2号）。具体的には、ⓐ保険募集に際して、書面による保険募集制限先規制の説明と顧客申告により制限先に該当するか否かを確認し（保険業法施行規則234条1項9号参照）、ⓑ申込書等を保険会社に送付する時までに、顧客申告により得た勤務先・従業員数情報と銀行等の貸付先に関する情報を照合、ⓒ顧客が保険募集制限先であることが確認された場合は募集手数料を受領しない、または事後的に返還する態勢を整備しなければならない（保険会社監督指針Ⅱ―4―2―6―4(1)）。

　(イ)　担当者分離規制

銀行等は、その使用人のうち事業に必要な資金の貸付けに関して顧客と応

接する業務を行う者が、保険募集を行わないことを確保するための措置を講じなければならない（保険業法施行規則212条3項3号・212条の2第3項3号）。

これは融資担当者が保険の勧誘をすると、中小企業ではその経営状況によっては本意でない保険契約の締結に応じるおそれもあることから、融資担当者と保険募集担当者を人的に分離させることとしたものである。なお、ここにいう「顧客と応接する業務を行う者」とは、フロントラインで常態として事業性融資に係る応接業務を行う融資担当者や渉外担当者をいう。

　(ｳ)　**タイミング規制**

銀行等またはその役員もしくは使用人は、顧客が当該銀行等に対し事業に必要な資金の貸付けの申込みを行っていることを知りながら、当該顧客またはその密接関係者（当該顧客が法人である場合の当該法人の代表者、または当該顧客が法人の代表者であり、当該資金の貸付けが当該法人の事業に必要な資金の貸付けである場合の当該法人）に対し、保険契約の締結の代理または媒介を行うことはできない（保険業法施行規則234条1項10号）。

ここに「密接関係者」とは、当該顧客が法人である場合の当該法人の代表者、または当該顧客が法人の代表者であり、当該資金の貸付けが当該法人の事業に必要な資金の貸付けである場合の当該法人をいう。なお、非事業性融資については、タイミング規制は適用されない。

　(ｴ)　**中小金融機関に関する特例・協同組織金融機関に関する特例（小口規制）**

地域密着型の金融を志向する中小金融機関（具体的には、地方銀行、第二地方銀行、信用金庫、信用組合など）については、大手銀行等に比べ、中小企業等に対する優越的な地位が弱いと考えられることから、保険募集制限先規制および担当者分離規制を、一定の制約の下で、緩和している（保険業法施行規則212条3項1号ハ・3号等）。具体的には、保険募集制限先規制について小口（契約者1人あたり保険金額：人の生存または死亡に関する保険1000万円以内、診断給付金100万円以内、入院給付金1万円（がん）または5000円（がん以外）等[22]）については、保険募集制限先の範囲を狭め従業員数20人超50人以下の融

547

資先の従業員に対して募集することが認められる。また、担当者分離規制についても人的分離に代わる措置（たとえば、募集の適正を確認する担当者を配置する）を講ずれば足りるとされる。

加えて、協同組織金融機関（信用金庫、信用組合など）については、小口に限る場合は、融資先である会員または組合員に対する保険募集が可能となっている（保険業法施行規則212条5項等）。

(4) その他規制

(ア) 住宅ローン関連信用生命保険に係る相談窓口の説明義務

保険契約者が当該保険契約に係る保険金が充てられるべき債務の返済に困窮した場合の当該銀行等における相談窓口およびその他の相談窓口の説明を保険契約者に対し書面交付により行わずに当該保険契約の申込みをさせる行為が禁止されている（保険業法施行規則234条1項11号）。

(イ) 変額保険に係る保険料の返済リスクの説明

保険契約者が信用供与を受けて当該保険契約の保険料の支払いに充てる場合（いわゆる保険料ローン）、将来における保険金の額および解約返戻金の額が、資産の運用実績に基づいて変動することにより、信用供与を受けた額および利子の合計額を下回り、信用供与を受けた額の返済に困窮するおそれがある旨、書面の交付により説明したうえ、当該書面を受領した旨の確認印を得なければならない（保険業法施行規則234条の27第1項2号）。

4　銀行等の特定関係者、銀行代理業者に対する規制

(1) 銀行等の特定関係者に対する規制（「知りながら規制」）

銀行等の特定関係者[23]に対しては、以下の行為が禁止されている。

① 銀行等の特定関係者またはその役員もしくは使用人が、自己との間で

22　平成19年金融庁告示第128号。

23　「特定関係者」とは、当該銀行等の子会社、子法人等、関連法人等、銀行主要株主、当該銀行を子会社とする銀行持株会社、当該銀行持株会社の子会社、その他の当該銀行と特殊の関係のある者をいう（銀行法13条の2、銀行法施行令4条の2）。

保険契約の締結の代理または媒介を行うことを条件として、当該銀行等が当該保険契約に係る保険契約者または被保険者に対して信用を供与し、または信用の供与を約していることその他の取引上の優越的地位を不当に利用していることを知りながら保険募集をする行為（保険業法施行規則234条1項13号）

② 銀行等の特定関係者またはその役員もしくは使用人が、その保険契約者または被保険者が当該銀行等に係る保険募集制限先に該当することを知りながら、一部の保険契約の締結の代理または媒介を行う行為（保険業法施行規則234条1項14号）

③ 銀行等の特定関係者またはその役員もしくは使用人が、顧客が当該銀行等に対し資金の貸付けの申込みをしていることを知りながら、当該顧客またはその密接関係者に対し、一部の保険契約の締結の代理または媒介を行う行為（保険業法施行規則234条1項15号）

これらの規制はいずれも、特定関係者等が、銀行等による取引上の優越的な地位の不当利用等の事実を「知りながら」保険募集を行う場合が規制対象とされていることから、「知りながら規制」と呼ばれる。

(2) 銀行代理業者等に対する規制

銀行代理業者等に対しては、以下の行為が禁止されている。

① 銀行代理業者が、次に掲げる措置を怠ること（保険業法施行規則234条1項18号）

ⓐ その銀行代理業等において取り扱う顧客に関する非公開金融情報を、事前に書面その他の適切な方法により当該顧客の同意を得ることなく保険募集に係る業務に利用しないことを確保するための措置

ⓑ その保険募集に係る業務において取り扱う顧客に関する非公開金融情報を、事前に書面その他の適切な方法により当該顧客の同意を得ることなく銀行代理業等および銀行代理業に付随する業務に利用しないことを確保するための措置

② 銀行代理業者が、保険募集に係る法令等の遵守を確保する業務に係る

責任者を保険募集に係る業務を行う営業所または事業所ごとに、当該責任者を指揮し保険募集に係る法令等の遵守を確保する業務を統括する責任者を本店または主たる事業所に、それぞれ配置するために必要かつ適切な措置を怠ること（保険業法施行規則234条1項19号）

5 保険募集規制

(1) 保険募集規制が必要な理由

保険商品は目に見えない商品であり、その内容も極めて難解である。これらの内容を一般の消費者に理解してもらうためには、必要な情報を正しく伝えるなど、適正かつ公正な保険募集を確保することが重要となる。そこで、保険業法では、保険募集におけるさまざまなルールが定められている。

(2) 保険募集における禁止行為

保険会社または保険募集人が、保険契約の締結または保険募集に関して、次の行為を行うことが禁止されている（保険業法300条1項）。

(ｱ) 虚偽のことを告げる行為

保険契約者等に対して、虚偽のことを告げる行為が禁じられている（保険業法300条1項1号前段）。虚偽説明には、保険契約の内容について嘘を言うことはもちろんのこと（たとえば「必ず保険金が支払われます」など）、自己に融資の権限がないにもかかわらず保険に加入すると保険会社から融資を受けられる等の甘言を弄するもの（融資話法という）も本号に該当する。

(ｲ) 重要な事項を告げない行為

保険契約者等に対して、契約条項のうち重要な事項を告げない行為が禁じられている[24]（保険業法300条1項1号後段）。「契約条項のうち重要な事項」（重要事項）とは、保険契約者が保険契約の締結の際に合理的な判断をするために必要な事項をいう。[25]具体的にいかなる事項をいうかは、当該保険契約の種類および性質等に応じて判断されるべきものであるが、一般的には、保障内

---

24 重要事項説明義務とも呼ばれる。

容、保険料、保険金額などがこれに該当する。もっとも、保険会社がまちまちに重要事項を設定すると顧客に無用な混乱が生じることになることから、保険会社監督指針Ⅱ―4―2―2(3)②において、説明事項の大枠が定められている。[26]

また、監督指針において、重要事項の書面への記載方法（保険会社監督指針Ⅱ―4―2―2(5)①イ）、重要事項の説明時期（同指針Ⅱ―4―2―2(5)①エ）、説明方法（同指針Ⅱ―4―2―2(5)①ウ・オ）についても規定されている。

なお、特定保険契約（変額保険、外貨建保険等）[27]については、保険業法300条1項1号は適用されず、保険業法300条の2が適用される。具体的には、保険業法300条の2が準用する金商法37条の3により、特定保険契約を締結しようとするときは、あらかじめ、顧客に対して、契約締結前書面を交付しなければならないとされている。

(ウ) 告知義務違反を勧める行為

保険契約者等に対して、重要な事項について虚偽の告知を勧める行為（保険業法300条1項2号）、重要な事実の告知を妨げる行為（同項3号前段：「告知妨害」という）、告知しないことを勧める行為（同項3号後段：「不告知教唆」という）が禁じられている。

このような行為が禁じられているのは、告知義務が履行されないことは、不良契約が混入することにより保険団体に損害をもたらすにとどまらず、契

---

25 平成26年改正法においては、「契約条項のうち保険契約者又は被保険者の判断に影響を及ぼすこととなる重要な事項を告げない行為」として、「判断に影響を及ぼす」情報に限定される（改正法300条1項1号後段）。

26 「契約概要」（顧客が保険商品の内容を理解するために必要な情報）と「注意喚起情報」（顧客に対して注意喚起すべき情報）と命名し、これら各情報の項目を保険会社向けの総合的な監督指針に定めることで、重要事項の明確化が図られている。

27 特定保険契約とは、金利、通貨の価格、金融商品市場における相場その他の指標に係る変動により損失が生ずるおそれ（当該保険契約が締結されることにより顧客の支払うこととなる保険料の合計額が、当該保険契約が締結されることにより当該顧客の取得することとなる保険金、返戻金その他の給付金の合計額を上回ることとなるおそれをいう）がある保険契約として内閣府令で定めるものをいう。

具体的には、変額保険・変額年金保険、外貨建保険、市場価格調整（マーケット・バリュー・アジャストメント（MVA））機能付保険などをいう（保険業法施行規則234条の2）。

約成立後告知義務違反を理由に保険会社が契約を解除すると当該保険契約者自身も損害を被る結果となるおそれがあるからである[28]。

(エ) 不利益事実を説明しない乗換募集行為

保険契約者等に対して、不利益となるべき事実を告げずに、すでに成立している保険契約を消滅させて新たな保険契約の申込みをさせ、または新たな保険契約の申込みをさせてすでに成立している保険契約を消滅させる行為が禁じられている（保険業法300条1項4号）。

継続している保険契約を中途で解約させ新しい保険に加入させることを「乗換募集」という。乗換募集は、保険契約者にとって生活の変化等に応じて保障内容を見直すことができるというメリットがある半面、予定利率の低下のおそれ（保険料の上昇）や被保険者の健康状態によっては新しい保険へ加入できないおそれ等のデメリットも存在する。そこで、本号において、不利益となる事実を告げないで行う乗換募集、すなわち保険契約者が乗換えの経済的損失等を正しく認識しないままに行われる乗換募集が禁止されている。

「不利益となる事実」は、個々の保険契約に即して判断されるべきものであるが、監督指針に例示がなされている（保険会社監督指針II―4―2―2(6)）。

(オ) 特別の利益の提供行為

保険契約の締結または保険募集に関して、保険契約者または被保険者に対して、保険料の割引、割戻しその他特別の利益の提供を約し、または提供する行為が禁じられている（保険業法300条1項5号）。

このような行為が禁じられているのは、保険契約者の平等取扱いという保険の理念に反するほか、不公正な競争を誘発し保険業の健全な発展が阻害されるおそれがあるためである。

保険料の割引、割戻し（払い込まれた保険料を返すこと）などの金銭的な利益の提供については、たとえ1円であっても禁止されている。これに対して、

---

28 鴻常夫監修『「保険募集の取締に関する法律」コンメンタール』225頁。

サービスや物品の提供（たとえば、野球の観戦チケットの配布や低利での融資の約束など）については、「特別利益の提供」に該当するか否かを個別・具体的に判断することになる。「特別利益の提供」に該当するか否かは、①当該サービス等の経済的価値が社会相当性を超えるものか、②当該サービス等が、換金性の程度と使途の範囲等に照らして、実質的に保険料の割引・割戻しに該当するものか、③保険契約者間の公平性を著しく阻害するものか、の観点から判断されることとなる（保険会社監督指針Ⅱ―4―2―2(7)①）。

(カ) 誤解のおそれのある比較説明・表示行為

他の保険契約と比較表示を行う際に、誤解させるおそれのある表示が禁じられている（保険業法300条1項6号）。誤解させるおそれのある行為については、監督指針に具体的な行為が例示されている（長所のみをことさら強調したり、長所を示す際にそれと不離一体の関係にあるものをあわせて示さないことにより、あたかも全体が優良であるかのように表示すること、など（保険会社監督指針Ⅱ―4―2―2(8)②））。特に、保険料に関する比較を行う場合については、顧客が保険料に過度に注目するように誘導したり、保障内容等の他の重要な要素を看過させるような表示を行うことがないようにすることが求められている（同指針Ⅱ―4―2―2(8)④）。

(キ) 断定的判断の提供

将来における契約者配当または社員に対する剰余金の分配その他将来における金額が不確実な事項について、断定的判断を示し、または確実であると誤解させるおそれのあることを告げ、もしくは表示する行為が禁じられている（保険業法300条1項7号）。たとえば、運用実績などによって保険金額が変動する商品について、必ず値上がりするかのような説明をしたり、パンフレットを作成したりする行為がこれに該当する。なお、監督指針において、予想配当表示、変額保険および外貨建保険の募集について、留意事項が示されている（保険会社監督指針Ⅱ―4―2―2(9)）。

(ク) 特定関係者による特別の利益提供を知りながら保険申込みをさせる行為

保険会社の特定関係者が、保険契約者または被保険者に対して、特別の利

益の提供を約し、または提供していることを知りながら、保険契約を申し込ませる行為が禁じられている（保険業法300条1項8号）。これは保険業法300条1項5号の特別の利益の提供の禁止を、グループ会社等を使って潜脱することを防止するための規定である。ここで、保険会社の「特定関係者」とは、保険会社の子会社や関連会社などを指す（保険業法100条の3）。具体的には、保険会社の子会社が保険契約者に低利で融資をする見返りとして、保険契約に申し込ませる行為などが、本号に該当する。

　　(ケ)　**保険契約者等の保護に欠けるおそれがあるものとして内閣府令で定める行為**

上記の行為のほか、保険契約者等の保護に欠けるおそれのあるものとして、内閣府令において、以下の行為が禁止されている（保険業法300条1項9号、保険業法施行規則234条各号）。

① 特別の利益提供の禁止を潜脱する行為（保険業法施行規則234条1号）
② 法人である生命保険募集人が、その役員または使用人その他当該生命保険募集人と密接な関係を有する者として金融庁長官が定める者に対して、金融庁長官が定める保険（がん保険や医療保険などの第三分野商品）以外の保険について、保険契約の申込みをさせる行為（保険業法施行規則234条2号前段、平成10年大蔵省告示第238号）[29]

　　これはいわゆる「構成員契約規制」と呼ばれるものである。たとえば、生命保険の法人代理店である会社において、当該会社の人事部などが従業員に対して生命保険の加入を勧めた場合、職務上の上下関係などから圧力に屈し、従業員として本意でない契約が結ばされるおそれがある。そこで、同号では、法人代理店の従業員等への生命保険の募集をいっさい禁じている。

　　この構成員契約規制については、従業員等に圧力募集を行う場合のみ

---

[29] 密接な関係を有する者とは、資本関係、人事交流関係（出向、転籍など）、その他設立経緯や取引関係からみて法人募集代理店と密接な関係を有するとみられる法人をいう（平成10年大蔵省告示第238号1条）。

を禁止すれば足り、従業員等への募集を一律禁止する構成員契約規制は、過度な規制ではないかとの批判が強い。

③　威迫または業務上の地位等を不当に利用して保険契約の申込みをさせ、またはすでに成立している保険契約を消滅させる行為（保険業法施行規則234条1項2号後段）

④　保険会社との間で保険契約を締結することを条件として当該保険会社の特定関係者が当該保険契約に係る保険契約者または被保険者に対して信用を供与し、または信用の供与を約していることを知りながら、当該保険契約者に対して当該保険契約の申込みをさせる行為（保険業法施行規則234条1項3号）

⑤　保険契約等に関する事項であってその判断に影響を及ぼすこととなる重要なものにつき、誤解させるおそれのあることを告げ、または表示する行為（保険業法施行規則234条1項4号）

⑥　保険契約者に対して、保険契約に係る保険の種類または保険会社の商号もしくは名称を他のものと誤解させるおそれのあることを告げる行為（保険業法施行規則234条1項5号）

⑦　保険料が一時払保険契約の締結の代理または媒介を行う際に、クーリング・オフができない場合において、その旨の説明を書面の交付により行わず、または当該顧客から当該書面を受領した旨の確認を署名もしくは押印を得ることにより行わずに当該保険契約の申込みをさせる行為（保険業法施行規則234条6号）

(3)　自己契約・特定契約規制

自己契約とは、代理店が自己または自己の雇用している者を保険契約者または被保険者とする保険契約をいう。これに対して、特定契約とは、代理店が自らと人的または資本的に密接な関係を有する者[30]を保険契約者または被保険者とする保険である。

---

[30]　保険会社監督指針II―4―2―2(7)③ウ。

自己契約・特定契約について取扱代理店に募集手数料の名目で金銭を支払うことは、実質的に保険料の割引や割戻し（保険業法300条1項5号参照）となるおそれがあることから、一定の規制が課されている。損害保険と生命保険とで、〈図表5〉のとおりその規制内容が大きく異なる。

〈図表5〉　自己契約・特定契約規制

	生命保険代理店	損害保険代理店
自己契約	募集手数料不払い（募集不可） （保険会社監督指針Ⅱ―4―2―2(7)③）	取扱保険料に占める自己契約の割合5割まで可[31] （保険業法295条、保険業法施行規則229条1項）[32] ＊3割を超えた場合は、代理店に指導
特定契約	募集手数料不払い（募集不可）（保険会社監督指針Ⅱ―4―2―2(7)③）	取扱保険料に占める特定契約の割合が5割まで可 （保険会社監督指針Ⅱ―4―2―2(2)②） ＊3割を超えた場合は、代理店に指導

(4)　意向確認書面

　保険募集人は、契約の申込みを行おうとする保険商品が顧客のニーズに合致しているものかどうかを、顧客が契約締結前に最終的に確認する機会を確保するために、顧客のニーズに関して情報を収集し、保険商品の顧客のニーズに合致することを確認する書面（これを「意向確認書面」という）[33]を作成し、顧客に交付するとともに、保険会社等において保存しなければならない（保険会社監督指針Ⅱ―3―5―1―2(17)①）。

31　自己契約のうち一定の保険については、自己契約の保険料の計算から除外されている（保険業法施行現則229条1項・2項、保険会社監督指針Ⅱ―3―3―6(1)①）。
32　前掲（注31）参照（保険業法施行現則229条1項・2項、保険会社監督指針Ⅱ―3―3―6―(1)②）。

6　金融商品取引法準用による行為規制（保険業法300条の２）

　金商法の制定時の基本的な考え方として、同じ経済的性質を有する金融商品には同じルールを適用することにより、利用者保護の徹底を図るということがあった。そこで、投資性の強い保険（「特定保険契約」という）については、金商法の規制が適用されることとなった（保険業法300条の２）。

　特定保険契約とは、具体的には、変額保険・変額年金保険、外貨建保険・年金保険、市場価格調整（マーケット・バリュー・アジャストメント（MVA））機能付保険・年金保険をいう（保険業法施行規則234条の２）。これら特定保険契約に適用される金商法の規制としては、広告等規制（金商法37条）、契約締結前の書面交付義務（同法37条の３）、契約締結時等の書面交付義務（同法37条の４）、損失補塡の禁止[35]（同法39条）、適合性原則（同法40条）が規定されている（規制の内容については本章Ⅰ２参照）。

　なお、これら特定保険契約については、上記金商法の規制に加え、保険業

33　顧客のニーズに関する情報として次の情報が例示されている（保険会社監督指針Ⅱ－４－４－２(5)②）。
　a．どのような分野の保障（補償）を望んでいるのか（死亡した場合の遺族保障、医療保障、医療保障のうちガンや三大病に備えるための保障、傷害に備えるための保障、介護保障、老後生活資金の準備、資産運用など）。
　b．貯蓄部分を必要としているか。
　c．保障（補償）期間、保険料、保険金額に関する範囲の希望、優先する事項がある場合はその旨。
　（注）変額保険、変額年金保険、外貨建保険等の投資性商品については、たとえば、収益獲得を目的に投資する資金の用意があるか、預金とは異なる中長期の投資商品を購入する意思があるか、資産価額が運用成果に応じて変動することを承知しているか、市場リスクを許容しているか、最低保証を求めるか等の投資の意向に関する情報を含む。なお、市場リスクとは、金利、通貨の価格、金融商品市場における相場その他の指標に係る変動により損失が生ずるおそれをいう。
34　市場価格調整（MVA）機能とは、市場金利に応じた運用資産の価格変動を解約返戻金に反映させる機能をいう。
35　金融商品取引業者が同項により損失補塡を行う場合（いわゆる証券事故による損失補塡）については、事故確認手続が法定されているが（金商法39条３項ただし書・５項）、特定保険契約についてはそれらの規定は準用されていない（保険業法300条の２）。したがって、保険会社においては、一定の手続を経なくても、自らがリーガルチェックを行うことにより、損失を補塡することが可能である。

法300条で定められた保険募集の禁止行為も原則として適用されるが、規制の重複を避けるために、同条1項1号後段「重要な事項を告げない行為」と同項9号「保険契約者等の保護に欠けるおそれがあるものとして内閣府令で定める行為」は適用されない（保険業法300条1項本文）。

7　クーリング・オフ、特定早期解約

クーリング・オフとは、訪問販売等の契約について、購入から一定期間内（8日以内）は、無効・取消しの事由がなくても、無条件に保険契約の申込みの撤回または解除ができる制度をいう（保険業法309条1項）。保険においては、保険募集人が訪問販売するケースも多く、顧客の契約意思が不確定のままに保険契約の申込みや契約締結が行われ、事後にトラブルとなることもあることから、契約法上の特則として法定化されたものである。

クーリング・オフの目的が、販売が不意打ち的であったりする場合における申込者の保護にあることから、申込者等の契約意思が確定している等の場合（保険業法309条1項各号、保険業法施行令45条、保険業法施行規則241条にクーリング・オフできない場合が規定されている）は、クーリング・オフの対象とならない。

もっとも、変額保険契約、外貨建保険契約等については、クーリング・オフの対象とならなかった場合のうち一定の場合は「特定早期解約」という制度により、契約者保護が図られている（保険業法施行規則11条3号の2）。特定早期解約とは、保険契約の解約のうち、当該保険契約の成立の日またはこれに近接する日から起算して10日以上の一定の日数を経過するまでの間に限り、解約により保険契約者に払い戻される返戻金の計算に際して、契約者価額から控除する金額をゼロとし、および当該保険契約にかかる費用として保険料から控除した金額を契約者価額に加算するものをいう。

8　保険募集に関する賠償責任

所属保険会社は、保険募集人が保険募集につき保険契約者に加えた損害の

賠償責任を負うことが保険業法に規定されている（保険業法283条1項）。保険会社と保険募集人の中には、保険会社の使用人など民法715条の使用者責任が適用される者も存在するが、保険代理店のように単なる委託関係にすぎず、所属保険会社に使用者責任を問えない場合がある。このような場合、保険会社に比べて賠償資力に乏しい保険代理店に対する賠償請求しかできないとすると、保険契約者等の保護に欠けるおそれがある。そこで、すべての保険募集人の行為について所属保険会社の賠償責任を定めたのが本条である。この点で民法715条（使用者責任）の特則と解されている。所属保険会社の免責可能性、求償関係および時効については、使用者責任と同様の趣旨の規定がおかれている（同条2項から4項）。

9　平成26年保険業法改正により追加されるルール

(1)　改正の目的

　近時、保険商品が複雑化してきており、また、乗合代理店（複数保険会社の商品を販売する代理店）や大規模代理店の出現・販売形態の多様化など、環境に大きな変化が生じていた。そこで、新たな環境の変化に対応するため、募集規制の再構築が行われることとなった。主な改正点は、①保険募集の際の意向把握義務・情報提供義務などの保険募集に係る基本的ルールの創設と、②保険募集人に対する体制整備義務の導入である。この改正法の施行日は、平成28年5月29日である。

(2)　保険募集の基本的ルールの創設

(ア)　意向把握義務の導入（改正法294条の2）

　保険会社または保険募集人は、保険募集または団体保険の加入勧奨に関し、顧客の意向を把握し、これに沿った保険契約の締結等の提案を行わなければならない。具体的には、保険を募集する際に顧客意向（当初意向）の把握、意向等に沿った保険プランの提案、意向とプランの対応関係についての説明、当初意向と最終的な顧客の意向との相違点の確認を行わなければならない。

　意向把握の具体的方法については、取り扱う商品や募集形態に応じて創意

559

工夫して行えばよいが、典型的なものとして、アンケート等を用いて事前に意向を把握する方法や年齢等の顧客の属性から顧客の意向を推定する方法などが想定されている。

　　(イ)　情報提供義務の導入（改正法294条）

　保険会社または保険募集人は、保険募集または団体保険の加入勧奨に関し、保険契約その他保険契約者等に参考となるべき情報の提供を行わなければならない。具体的には、契約概要および注意喚起情報に加えて、保険契約者に参考となるべき情報（例：自動車保険のロードサービス等の主要な付帯サービス）を提供しなければならない。

　新設された保険業法294条（情報提供義務）と前述の保険業法300条1項1号（重要事項の不告知等）との関係は、一般則と特則の関係になる。

　(3)　保険募集人に対する規制の整備

　　(ア)　保険募集人の体制整備義務（改正法294条の3）

　従来、法令上の体制整備義務は主に保険会社に対して課されており、代理店等の体制整備は保険会社の教育・管理・指導の下で行われていたが、いわゆる独立系の乗合代理店の増加等を踏まえ、保険募集人に対しても、業務の規模・特性に応じた体制整備を義務づけることとされた。具体的には、保険募集人は、業務の規模・特性に応じて、①重要事項説明など保険募集の業務の適切な運営、②顧客情報の適正な取扱い、③保険募集の業務を委託する場合の委託先管理、④乗合代理店における比較推奨販売、⑤保険募集人指導事業（フランチャイズ）における適切な指導、⑥その他の健全かつ適切な運営を確保するための体制を自ら整備しなければならない。

　　(イ)　特定保険募集人の帳簿作成・保存義務、事業報告書提出義務

　一部の大規模乗合代理店（改正法303条にいう「特定保険募集人」[36]）は、その業務に関する帳簿書類を作成、保存するとともに、また、毎事業年度経過後

---

[36] 事業年度末において、①所属保険会社のうち生命保険会社または損害保険会社の数が15以上あるもの、または、②当該事業年度において2以上の所属保険会社から受けた手数料、報酬その他の対価の額の総額が10億円以上であるものをいう（改正保険業法施行規則236条の2）。

3カ月以内に事業報告書を作成し、財務局に提出しなければならない（改正法303条および304条）。

(4) **紹介行為（募集関連行為）の規制化**

近時、比較サイトや成功報酬型広告など、保険募集との境目が曖昧な紹介行為が出現していた。紹介行為など保険募集の前段階において誤った商品説明がなされ、いったん顧客に誤った印象が与えられた場合には、保険募集人が事後的に適切な商品説明を行っても顧客の誤解を解くことは困難となるおそれがあるため、平成26年改正法に伴う保険会社監督指針の改正において、募集関連行為（契約見込客の発掘から契約成立に至るまでの広い意味での保険募集のプロセスのうち、保険募集に該当しない行為）という概念を創設し、保険会社や保険募集人において、募集関連行為を第三者に委託した場合、委託先が不適切な行為を行わないよう、募集関連行為の受託者（募集関連行為従事者という）を管理・指導することが義務づけられた（改正保険会社監督指針II—4—2—1(2)）。

第11章　信託業務

I　はじめに

　信託は、信託行為により、特定の者（受託者）が一定の信託目的に従い、信託財産の管理または処分およびその他の当該目的の達成のために必要な行為をすべきものとすることをいう。受益者は信託財産から、信託の利益を受ける権利（受益権）を有し、受託者に対しその履行を求めることができる。
　信託の受託者となることが、信託の引受けであり、また、受託者の信託財産の管理・処分行為は、信託事務と呼ばれる。

〈図表〉　信託の概念図

```
              信託行為                      受益権
┌──────┐─────────→┌──────────┐←─────────┌──────┐
│ 委託者 │ (信託目的)        │   受託者          │ 信託財産による │ 受益者 │
└──────┘  信託財産         │ 信託財産の帰属    │   信託の利益   └──────┘
                            │ 信託事務の遂行    │
                            │(信託目的達成に必要な行為)│
                            │ 信託財産の管理・処分│
                            │ 受託者の義務      │
                            └──────────┘
```

1　信託の意義

　「信託」は、米法に直接の起源をもつ法制度であるが、大陸法（フランス法、ドイツ法）を継受したわが国において信託とは、信託契約の締結、信託の遺言または自己信託書面等の作成のいずれかの方法により、「特定の者が一定の目的（専らその者の利益を図る目的を除く）に従い財産の管理又は処分及びその他の当該目的の達成のために必要な行為をすべきものとすることを

いう」とされている（信託法2条1項）。

　信託契約とは、信託をする者と特定の第三者との間で締結される、①当該特定の者に対し財産の譲渡、担保権の設定その他の財産の処分をする旨、並びに②当該特定の者が一定の目的に従い財産の管理または処分およびその他の当該目的の達成のために必要な行為をすべき旨の契約であり、信託の遺言とは、信託をする者が作成する、①特定の者に対し財産の譲渡、担保権の設定その他の財産の処分をする旨、並びに②当該特定の者が一定の目的に従い財産の管理または処分およびその他の当該目的の達成のために必要な行為をすべき旨の遺言である。

　また、自己信託書面等とは、信託をする者が作成する、自らが一定の目的に従い自己の有する一定の財産の管理または処分およびその他の当該目的の達成のために必要な行為をすべき旨の意思表示について、当該目的、当該財産の特定に必要な事項その他の法務省令で定める事項を記載した公正証書その他の書面（または記録した電磁的記録）である。

　すなわち、信託契約および信託の遺言においては、信託をする者（委託者）が、他の特定の者（受託者）に対して財産の譲渡その他の処分をし、受託者は、委託者の定めた信託目的に従い信託財産の管理または処分をし、信託目的を達成することである。

　これに対し、自己信託書面等においては、委託者が、自己の有する一定の財産について自ら受託者として、信託目的に従い信託財産の管理または処分をし、信託目的を達成することである。

2　信託の特徴

(1)　信託財産

　信託は、委託者と受託者との契約（信託契約）で設定されるのが通常である。

　信託契約は、委託者と受託者の合意で成立し、受託者はそのときから受託者としての義務を負担する。しかし、信託財産が受託者に移転されて初めて、信託財産の管理・処分に係る信託事務の遂行や、受益者による信託の利益の

享受など、信託財産に係る信託の主たる効果が生じる。このように、信託は要物的な性格があるとされている。

同様に、受益者が信託の利益を享受することができるのは、信託財産を限度としてである（信託法100条）。したがって、信託財産がすべて信託目的のために費消されれば、信託は終了することになる。

(2) 信託財産の物上代位性

受託者が信託事務として、信託財産を処分したときは、処分された財産は信託財産ではなくなるが、処分の代金など代わりに得た財産はすべて当然に信託財産となる。また、信託財産から産出する収穫物や、信託財産を賃貸し、あるいは預金や貸付けを行って得られた賃料、利息などもすべて当然に信託財産となる。

(3) 信託財産の独立

信託財産は、信託事務によって生じた費用を支払うことや、借入れ等の債務を弁済するための引当てにはなるが、受託者の個人的な債務の引当財産にはならない。たとえば、受託者の個人的な債権者が信託財産を差し押さえて強制執行することはできず、受託者に破産手続が開始しても信託財産は破産財団に帰属しない。受託者の個人的な債権者は信託財産に対して負担している債務を受働債権として相殺することはできないとされている。

なお、受託者が複数の信託を引き受けている場合は、それぞれの信託財産も独立しているため、他の信託の信託事務について生じた債務については、その信託以外の信託の信託財産が当該債務の引当財産にはならない。

(4) 受託者の権限

受託者は、信託財産に属する財産の管理または処分およびその他の信託の目的の達成のために必要な行為をする権限を有する。ただし、信託行為によりその権限に制限を加えることは妨げられない。

また、受託者は、①信託行為に信託事務の処理を第三者に委託する旨または委託することができる旨の定めがあるとき、②信託行為に定めはないが、信託事務の処理を第三者に委託することが信託の目的に照らして相当である

とき、並びに③信託行為に信託事務処理の第三者委託を禁止する旨の定めがあっても、信託の目的に照らしてやむを得ない事由があるときには、信託事務の処理を第三者に委託することができる。

(5) 受託者の義務

受託者は、①受益者のために忠実に信託事務を遂行すること（忠実義務）、②信託事務の遂行にあたっては善良なる管理者の注意義務を尽くすこと（善管注意義務）、並びに③信託財産を受託者の個人的な財産（固有財産）から分別して管理すること（複数の信託の受託者となっているときは、他の信託の信託財産からも分別して管理すること（分別管理義務））が求められている。

受託者は義務違反など任務の違背により信託財産に損失や変更が生じたときは、損失を塡補するか変更を原状に回復する責任を負担する。

(6) 信託事務によって生じる債務

信託財産の管理、処分にかかる費用や必要な資金の借入れ等、信託事務によって生じ受託者が第三者（信託債権者）に対して負担する債務（信託債務）については、信託財産が引当てとなる。同時に受託者が債務を負担しているので、受託者の固有財産も引当てとなる。したがって、信託債権者は、信託財産に対してもまた固有財産に対しても差し押さえて強制執行できる。信託財産に信託事務の費用を支払うためや信託債務を弁済するための資金がない場合に、受託者が固有財産で信託債務を弁済したときは、受託者は信託財産から補償を受けることができる。

3 信託業

信託業とは、「信託」の引受けを業として営むことであり、信託業並びにこれに付随する業務が、信託業務である。

【信託業法】
　信託の引受けを行うこと、すなわち信託を受託者として受託することを営業とすることを信託業という。原則として、内閣総理大臣の免許を

受けた株式会社でなければ、信託業を営むことができない。これは、信託が多様な形で活用され、信託業務の内容や規模も多岐にわたることを踏まえると、信託を引き受けようとする者が、財産的基礎および業務遂行能力を有し、受託者責任が果たせる体制が備わっているかどうかについて、監督当局において、行われる信託業務の内容に即した審査が行われる必要があると考えられているからである。

【営業信託の内容】

営業として引き受けられる信託は、信託財産、目的、運用方法などにより、種類・内容はさまざまである。

(1) 信託を設定するときの財産（当初信託財産）による分類
① 金銭の信託
② 金銭債権の信託
③ 有価証券の信託
④ 動産の信託
⑤ 不動産の信託
⑥ 知的財産権の信託
⑦ 包括信託（さまざまな財産を同時に受託する）

(2) 信託財産の運用方法等による分類

(ア) 受益者に信託財産を交付する方法
① 金銭信託　　金銭を受託するが、受益者に交付するときは信託財産を処分して金銭で交付する信託
② 金銭信託以外の金銭の信託（金外信託）　　金銭を受託するが、受益者に交付するときは信託財産をそのままの状態（現状有姿）で交付する信託

(イ) 信託財産の運用の裁量権のありか
① 指定運用信託　　信託財産の運用の方法については、運用すべき財産について、信託契約によりその種類等が定められるが、その範囲内で、銘柄、数量、時期等においては受託者が裁量権を行使して

運用が行われる信託（受託者の財産運用能力について、期待するものである）

② 特定運用信託　運用すべき財産が信託契約で特定されている信託、または委託者が運用を特定する権限を信託契約で留保し、受託者に都度指図して特定することとされている信託（受託者の財産管理能力について、期待するものである）

(ウ)　運用する信託財産の範囲

① 単独運用信託　信託ごとに信託財産を運用する信託
② 合同運用信託　運用方法が同じ複数の信託と、信託財産を合同して運用する信託（そのままでは取引単位とならない規模の小さい資金を、集めて大きな資金として、規模の利益を享受することを期待するものである）

【具体的な信託】

具体的な信託としては、①金銭などを受託し、信託財産を増加させるための適切な投資を行い、定められた方法により金銭を受益者に交付するもの（運用型）、②土地等を受託し、事業資金の借入れ、建物等の建築などにより、信託財産についての事業の運営を行ってその収益を配当し、終了時に土地建物ともに交付するもの（事業型）、③有価証券などを受託し、信託財産を保管し委託者（またはその委任を受けた者）からの指図により管理・処分を行うもの（管理型）、④金銭債権、不動産、動産などを受託し、信託財産の管理・処分から生じるキャッシュフローを定められた順序・方法により分配することを内容とする新たな権利を創出するもの（転換型）などがある。

運用型の1つとして、定型的で銀行預金類似の機能を果たすことを目的とする「預金型」の指定合同運用金銭信託がある。

また、転換型は、資産の流動化・証券化における対象資産の管理に応用され、広く使われている。

II　銀行の営む信託業務

1　金融機関の信託業務兼営

　銀行その他の政令で定められる金融機関は、信託業法によらず、内閣総理大臣の認可を受けて信託業およびこれに関連する業務（信託業務）を営むことができる（金融機関の信託業務の兼営等に関する法律（兼営法）1条）とされている。兼営金融機関については、兼営法2条が信託業法の規定を準用している。

　なお、信託銀行は、信託業務兼営の認可を受けた銀行のうち信託業務を専業としている銀行である。

　金融機関は、信託業務の兼営の認可を申請するときは、その営もうとする信託業務の種類および方法等を記載した書面（業務方法書）を提出し、内閣総理大臣は、申請した金融機関が信託業務を健全に遂行しうる財産的基礎を有しかつ信託業務を的確に遂行しうること、および当該金融機関による信託業務の遂行が金融秩序を乱すおそれがないことを基準に適合するか否かを審査する。

　なお、内閣総理大臣の権限は、認可およびその取消しを除き、金融庁長官（さらに一部は金融庁長官から財務局長・財務支局長）に委任されている。

2　信託の引受け（信託契約の締結）に係る行為準則

(1)　禁止行為

　兼営金融機関は、信託の引受けに関して、次に掲げる行為をしてはならない。

① 委託者に対し虚偽のことを告げる行為
② 委託者に対し、不確実な事項について断定的判断を提供し、または確実であると誤解させるおそれのあることを告げる行為

③ 委託者もしくは受益者または第三者に対し、特別の利益の提供を約し、またはこれを提供する行為

④ 委託者もしくは受益者または第三者に対し、信託の受益権について損失を生じた場合にこれを補塡し、もしくはあらかじめ一定額の利益を得なかった場合にこれを補足することを約し、または信託の受益権について損失を生じた場合にこれを補てんし、もしくはあらかじめ一定額の利益を得なかった場合にこれを補足する行為

⑤ 委託者に対し、信託契約に関する事項であってその判断に影響を及ぼすこととなる重要なものにつき、誤解させるおそれのあることを告げ、または表示する行為

⑥ 自己との間で信託契約を締結することを条件として自己の利害関係人が委託者に対して信用を供与し、または信用の供与を約していることを知りながら、当該委託者との間で当該信託契約を締結する行為（委託者の保護に欠けるおそれのないものを除く）

⑦ その他法令に違反する行為

(2) 適合性の原則

兼営金融機関は、委託者の知識、経験および財産の状況に照らして適切な信託の引受けを行い、委託者の保護に欠けることのないように業務を営まなければならない（適合性の原則）。

(3) 説明義務

兼営金融機関は、信託契約による信託の引受けを行うときは、あらかじめ、委託者に対し次の事項を説明しなければならない。

① 信託の目的
② 信託財産に関する事項
③ 信託契約の期間に関する事項
④ 信託財産の管理または処分の方法に関する事項（信託財産の管理または処分の方針を含む）
⑤ 信託業務を委託する場合には、委託する信託業務の内容並びにその業

務の委託先の氏名または名称および住所または所在地（委託先が確定していない場合は、委託先の選定に係る基準および手続）

⑥　自己または政令で定められる利害関係人と信託財産との間における取引あるいは一の信託財産とそれ以外の信託財産との間の取引を行う場合には、その旨および当該取引の概要

⑦　受益者に関する事項

⑧　信託財産の交付に関する事項

⑨　信託報酬に関する事項

⑩　信託財産に関する租税その他の費用に関する事項

⑪　信託財産の計算期間に関する事項

⑫　信託財産の管理または処分の状況の報告に関する事項

⑬　信託契約の解除に関する事項

⑭　損失の危険に関する事項

⑮　当該信託に係る受益権の譲渡手続に関する事項

⑯　当該信託に係る受益権の譲渡に制限がある場合は、その旨および当該制限の内容

⑰　次に掲げる事項について特別の定めをする場合は、当該定めに関する事項

　　ⓐ　受託者が複数である場合における信託業務の処理

　　ⓑ　受託者の辞任

　　ⓒ　受託者の任務終了の場合の新受託者の選任

　　ⓓ　信託終了の事由

(4)　信託契約締結時の書面交付義務

兼営金融機関は、信託契約による信託の引受けを行ったときは、遅滞なく、委託者に対し上記(3)に掲げた事項および次に掲げる事項を明らかにした書面を交付しなければならない。

①　信託契約の締結年月日

②　委託者の氏名または名称および受託者の商号

なお、信託契約に係る ADR に係る特定紛争処理機関に関する事項については、信託契約締結時書面に記載することとなっている。

(5) 特定信託契約に関する金商法の準用

金利、通貨の価格、金融商品市場における相場その他の指標に係る変動により、信託元本について損失が生じるおそれがある信託契約の締結については、前記(1)から(4)に加えて、金商法の規定が準用される。準用される規定の主なものは次のとおりである。

① 特定投資家に関する規定および規制の緩和
② 表示すべき事項など広告等の規制
③ 契約締結前の書面の交付義務
④ 書面による解除（クーリング・オフ）
⑤ 行為規制

3 信託事務に係る行為準則

(1) 信託事務遂行上の義務

兼営金融機関は、信託事務の遂行について、次に掲げる義務を負う。

① 法令および信託の本旨に従い信託財産に係る受益者のため忠実に信託業務を行うこと
② 信託の本旨に従い善良な管理者の注意をもって信託業務を行うこと
③ 信託財産を自己の固有財産および他の信託財産と分別して管理するための体制を整備すること
④ 信託財産に損害を生じさせ、または信託業の信用を失墜させることのない体制を整備すること

(2) 禁止行為

兼営金融機関は、次に掲げる行為をしてはならないものとされている。

① 通常の取引の条件と異なる条件で、かつ、当該条件での取引が信託財産に損害を与えることとなる条件での取引を行うこと
② 信託の目的、信託財産の状況または信託財産の管理もしくは処分の方

針に照らして不必要な取引を行うこと
③　信託財産に関する情報を利用して自己または当該信託財産に係る受益者以外の者の利益を図る目的をもって取引を行うこと
④　信託財産に損害を与え、または信託業の信用を失墜させるおそれがある行為を行うこと
⑤　自己またはその利害関係人と信託財産との間における取引、または一の信託財産とそれ以外の信託財産との間の取引を行うこと（信託契約に取引を行うことおよび当該取引の概要について定めがあり、かつ、信託財産に損害を与えるおそれがない場合を除く）

(3)　信託業務の一部の第三者への委託

兼営金融機関は、次に掲げるすべての要件を満たす場合に限り、その受託する信託財産について、信託業務の一部を第三者に委託することができる。

①　信託業務の一部を委託することおよびその信託業務の委託先（委託先が確定していない場合は、委託先の選定に係る基準および手続）が信託契約において明らかにされていること
②　委託先が委託された信託業務を的確に遂行することができる者であること　　この場合、信託業務の委託を受けた者にも前記(1)および(2)が適用される。

ただし、信託財産の保存行為に係る業務、信託財産の性質を変えない範囲内において、その利用または改良を目的とする業務および受益者の保護に支障を生ずることがないと認められるものとして内閣府令で定めるものについては、上記によらず、第三者に信託業務を委託することができる。この場合も、委託先は委託された信託業務を的確に遂行することができる者であることが必要である。

兼営金融機関は、信託業務の委託先が委託を受けて行う業務につき受益者に加えた損害を賠償する責めに任ずる。ただし、兼営金融機関が委託先の選任につき相当の注意をし、かつ、委託先が委託を受けて行う業務につき受益者に加えた損害の発生の防止に努めたときは、この限りでない。

4 報告義務

兼営金融機関は、信託財産状況報告書等を計算期間ごとに受益者に交付しなければならない。
① 信託財産状況を報告する書面（信託財産状況報告書）
② 兼営金融機関が、信託契約に取引を行うことおよび当該取引の概要について定めがあり、かつ、信託財産に損害を与えるおそれがないとして行った、自己またはその利害関係人と信託財産との間における取引、または一の信託財産とそれ以外の信託財産との間の取引の状況を記載した書面

III 信託受益権の「有価証券」性

1 金商法の適用

金商法においては、それぞれ法令により有価証券とされている信託の受益権（投資信託受益証券、貸付信託受益証券、資産の流動化に関する法律に基づく特定目的信託受益証券、信託法に基づく受益証券発行信託受益証券など）について同法が適用されているが、それ以外の信託の受益権についても有価証券とみなされて、同法が適用されることになっている。

信託の受益権については、委託者が当初の受益者である場合は、委託者が当該権利を譲渡する時に、それ以外の場合には、信託の効力が生ずる時に、発行されたものとして、金商法が適用される。ただし、1個の信託約款に基づく多数の信託の信託財産が合同運用される信託については、委託者が当初の受益者である場合であっても、信託の効力が生ずる時に、発行されたものとされる。

このため、信託受益権の販売、販売の代理、媒介は、第二種金融商品取引業として、内閣総理大臣の登録を受けなければ行うことができない。なお、

金融機関は、登録金融機関業務として、行うことができる。

信託受益権の販売等を行うに関しては、金商法の行為準則（禁止行為、適合性の原則）が準用されている。

2　信託受益権の内容の説明

信託受益権の販売等を行うときは、金商法に基づく書面交付、説明などのほか、あらかじめ、顧客に対し兼営金融機関が信託契約締結の際に説明すべき事項を説明しなければならない。

① 受託者の氏名または名称
② 信託財産の管理または処分の権限を有する者および権限の内容に関する事項
③ 受益者に信託の費用等を請求することができるとされているか否か
④ 信託の設定時における第三者による信託財産の評価の有無その他信託財産の評価に関する事項
⑤ 宅地または建物を信託財産とする信託受益権の販売等の場合、重要事項

3　信託受益権の内容を記載した書面の交付

信託受益権販売業者は、信託受益権の売買契約が成立したときは、遅滞なく、顧客に対し信託受益権の内容その他の内閣府令で定める事項を記載した書面を交付する。

Ⅳ　併営業務

信託兼営金融機関は、内閣総理大臣の許可を得て、以下の業務をあわせて営むことができる。

① 受託する信託財産と同じ種類の財産について信託財産の管理の方法と同じ方法による管理およびその代理事務

② 遺言の執行
③ 会計の検査
④ 財産の取得、処分または貸借に関する代理または媒介
⑤ 財産の整理または清算、債権の取立て、並びに債務の履行に関する代理事務

V 信託契約代理業

1 意 義

　信託契約代理業は、信託契約の締結についての、信託会社または兼営金融機関の代理または媒介を行う営業をいう。

　ただし、信託の受益権は、金商法2条1項の有価証券とされるか、それ以外の受益権も同条2項の有価証券とされているため、信託の受託者が当該信託の受益権の発行者とされ、かつ、発行の時が、信託の効力が発生する時（信託契約締結の時）とされる場合は、信託契約の締結の代理または媒介は、金商法の取引となり、信託契約代理業ではない。

　信託代理業の対象となるのは、委託者または委託者から指図の権限の委託を受けた者のみの指図により信託財産の管理または処分が行われる信託、金銭の自益信託以外の信託、または元本補塡契約の付された指定合同運用金銭信託の、信託契約の締結の代理または媒介である。信託契約代理業は、内閣総理大臣の登録を受けた者または内閣総理大臣の認可を受けた金融機関しか営めない。「信託契約代理店」は、内閣総理大臣の登録または認可を受けて、信託契約代理業を営む者をいう。信託契約代理店は、自己の名義をもって、他人に信託契約代理業を営ませてはならない。

2 業 務

　信託契約代理業は、代理店契約を締結した信託会社または兼営金融機関

（所属信託会社）のために信託契約代理業を営むものである。

信託契約代理店は、信託契約代理業を営む営業所または事務所ごとに、公衆の見やすい場所に、所属信託会社の代理店であることを示す標識を掲示しなければならない。

また、信託契約代理店は、信託契約の締結の代理（信託会社または外国信託会社を代理する場合に限る。以下この章において同じ）または媒介を行うときは、あらかじめ、顧客に対し、①所属信託会社の商号、②信託契約の締結を代理するか媒介するかの別、③所属信託会社が2以上ある場合において、顧客が締結しようとする信託契約につき顧客が支払うべき信託報酬と、当該契約と同種の信託契約につき他の所属信託会社に支払うべき信託報酬が異なるときは、その旨、④顧客から信託契約に係る財産の預託を受けるときは、当該預託を受けることについての所属信託会社からの権限の付与の有無を示さなければならない。

なお、信託契約代理店は、信託契約の締結の代理または媒介に関して顧客から財産の預託を受けた場合には、当該財産を自己の固有財産および他の信託契約の締結に関して預託を受けた財産と分別して管理しなければならない。

3　信託契約代理業の行為準則等

信託契約の締結の代理、媒介を行うときは、所属する兼営金融機関や信託会社と同じ行為準則や説明義務が課されている（前記Ⅱ参照）。

信託契約代理店が行った信託契約の締結の代理または媒介に基づいて顧客に損害が生じたときは、所属信託会社は顧客に対して損害賠償責任を負う。信託契約代理店への委託につき相当の注意をし、かつ、信託契約代理店が行う信託契約の締結の代理または媒介につき顧客に加えた損害の発生の防止に努めたときは除かれるが、使用者の不法行為責任と同様の義務と解されている。

VI 自己信託会社

　金融機関が、その固有財産である貸付金を流動化するために、金銭債権を信託財産とする信託を行う場合に、信託業務を営む他の金融機関と信託契約を締結する方法だけでなく、自己信託書面等を作成する方法により信託をすることがある。このような場合に、自己信託の受益者の数または当該受益権に関係する匿名組合契約を締結しあるいは有価証券を取得するなどの関係者の数が、総数で50名を超えるときは、信託業法に基づき登録を行わなければ、自己信託を行うことができない。
　この登録については、信託業務を行う金融機関とほぼ同様の内容の手続が定められている。

第12章　証券化

I　証券化の概要

1　証券化の定義

　資産の「流動化」あるいは「証券化」という言葉を最近耳にしたことがある人は多いのではないだろうか。

　「流動化」についても、「証券化」についても、いろいろな説明の仕方がありうる。たとえば、「流動化」の説明方法として、「企業や銀行が、保有資産に対する対外的コントロールを維持しながら、資産に対する、法的・会計的・税務的支配権の全部又は一部を第三者に移転することによって、法的・会計的・税務的オフバランス化の全部又は一部を実現すると同時に、当該資産の保有にかかる資金調達を行うこと」というものがある。また、「証券化」の説明方法として、「一定のキャッシュ・フローを生み出す資産を資本市場につなぐ仕掛けであり、そのままの形では取得する買受人を見いだしにくい資産が生み出すキャッシュ・フローや、資産を集合化することによって生み出されるキャッシュ・フローを、資本市場の参加者である投資家の需要に応じて組み直し、投資するにふさわしい投資商品を作り出すテクニック」というものもある。

　流動化・証券化という手法は近年著しく多様化しているが、ごく単純化していえば、①対象資産を取得・保有し、対象資産が生み出すキャッシュ・フローを投資家のために保全するための「器」ないし法主体の利用、②対象資

1　大垣尚司『ストラクチャード・ファイナンス入門』124頁（平成9年）。
2　西村総合法律事務所編『ファイナンス法大全(下)』6頁（平成15年）。

産を裏づけとした資金調達、③対象資産へのオリジネーターあるいはスポンサーの何らかの関与、という3つの要素からなるのが「流動化」であり、これらに、④資金調達の方法としての証券発行、という要素が加わったものが「証券化」ということができるだろう。

しかし、「流動化」といっても、「証券化」といっても、厳密な定義があるわけではないし、また、「流動化」と「証券化」とのボーダーラインは、何をもって「証券」ととらえるかによって左右されるから、実のところは大変あいまいである。そこで、本稿では、特に断らない限り、証券発行の有無にかかわらず「証券化」という言葉を使うこととする。

そして、証券化において、対象資産が生み出すキャッシュ・フローを投資家のために保全するために不可欠な「器」ないし法主体は、SPV（Special Purpose Vehicle）ないしヴィークルと呼ばれている。SPE（Special Purpose Entity）という言葉が使われることもある。

〈*Point 1*〉

証券化の特徴をごく単純化すれば、

① 対象資産が生み出すキャッシュ・フローを保全するため SPV の利用

② 対象資産を裏づけとした資金調達

③ 対象資産へのオリジネーターあるいはスポンサーの何らかの関与

④ 資金調達の方法としての証券発行

2　証券化のプロセス

以上の説明だけでは、証券化がどういうプロセスで行われるかを理解するのは、容易ではないかもしれない。

そこで、証券化取引が一般的にはどのように実行されるか、その具体的な手順ないしその背景にあるコンセプトを概説したい（〈図表1〉参照）。

Ⅰ 証券化の概要

〈図表１〉 証券化スキームのイメージ

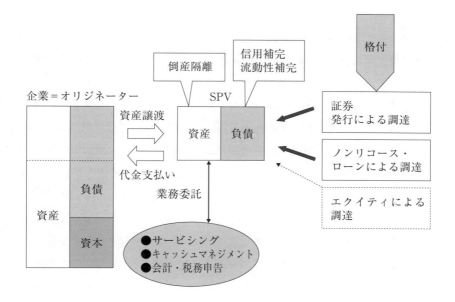

① 証券化は、特定の対象資産から生じるキャッシュ・フローを捕捉し、定款や契約等に定めるところに従って投資家や債権者に分配する取引である。この対象資産から生み出されるキャッシュ・フローが投資家以外の証券化の当事者またはその債権者により予定されないタイミングにおいて掴取されてしまうことがあるとすれば、証券化の前提が崩れてしまうことになる。したがって、対象資産の譲渡人（一般に「オリジネーター」と呼ばれる）、あるいは、対象資産の管理・運用・処分に何らかの形で関与し、証券化のスキーム全体をマネージする者（一般に「スポンサー」と呼ばれる）から、対象資産から生み出されるキャッシュ・フローを分離・確保することが、何よりも肝要であるということになる。

② オリジネーターあるいはスポンサー（以下、あわせて「オリジネーター等」という）は、対象資産を保有させるSPVをセットアップする。このような役割を強調するため、本書では「資産保有SPV」と表記する

ことにする。資産保有SPVは証券化の対象資産を帰属させるためだけに存在し、それ自体が従業員を雇用することはないし、物的施設を保有することもない。

③　資産保有SPVが法人である場合、オリジネーター等がその議決権を行使することなどを通じて資産保有SPVをコントロールすることができるとすると、対象資産が生み出すキャッシュ・フローを投資家のために保全できなくなる可能性がある。このため、かつては、米国デラウェア州や英領ケイマン諸島の慈善信託が資産保有SPVの議決権を保有するのが一般的であった。しかし、現在では、一般社団法人が資産保有SPVの議決権を保有するのが一般化している。この点については、後述する。

④　金融機関や投資家は、資産保有SPVが取得・保有する対象資産の生み出すキャッシュ・フローに着目して、資産保有SPVに対して融資し、または資産保有SPVが発行する証券を取得する。この資産保有SPVに対するローンは、通常はオリジネーター等に遡求できない（つまり、金融機関や投資家はオリジネーター等に弁済を求めることができないということ）ものであり、「ノンリコース・ローン」と呼ばれる。また、資産保有SPVが発行する証券は、一般に、長期のものはABS（Asset Backed Securities）と、短期のものはABCP（Asset Backed Commercial Paper）と呼ばれる。

⑤　①で説明したように、証券化は、特定の対象資産から生じるキャッシュ・フローを捕捉し、定款や契約等に定めるところに従って投資家や債権者に分配する取引であるから、特に優先的な弁済を受ける地位にある債権者のために、対象資産について担保権の設定を行うことが多い。しかし、社債については、これを担保付きとすると、担保付社債信託法の規律に従う必要がある。担保付社債信託法は、社債権者保護のために、担保権設定者と信託会社が信託契約を締結し、信託会社が法令および信託契約に基づいて厳格に担保の管理・実行等を行うことを求めるもので

あり、社債の発行および管理コスト等が増大するおそれがある。このため、ABSについては、担保付社債信託法の適用を避けるために、無担保債として発行されるのが一般的である。

⑥　証券化においては、投資家の選好にあわせて、キャッシュ・フローの分配内容や優先順位などからみてリスクや条件の異なるクラスの証券を設定することが多い。このようにクラス分けすることを「トランチング」といい、クラス分けされた各部分を「トランシェ」という。そして、各トランシェについて元利金が支払われる確実性の程度を、利害関係のない第三者の立場から評価するのが格付機関である。証券化による資金調達を容易にするためには、格付機関から格付を取得し、その評価を投資家に提供することが多い。

⑦　資産保有SPVは融資代わり金または証券発行代わり金をもって、オリジネーターに対して対象資産の譲渡代金を支払う。これにより、実質的にはオリジネーター等が資金を調達したことになる。

⑧　証券化取引の期間中、資産保有SPVは、対象資産から生み出されるキャッシュ・フローをもって、定款や契約等に定めるところに従って、融資もしくは証券に係る元利金を支払い、または証券に係る利益を配当する。資産保有SPVはいわば「空箱」であるため、対象資産から生じるキャッシュ・フローを捕捉するサービシング業務、受け取ったキャッシュを保管し、金融機関や投資家にこれを配分するキャッシュマネジメント業務、会計帳簿を整備し、税務申告を行う業務などを外部の専門家に委託する。このうち、サービシング業務を行う者を「サービサー」と呼ぶ。金銭債権の証券化などでは、オリジネーターの信用が低下するまでの間は、オリジネーター等にサービシングを委ねることが多い。

⑨　証券化取引の終了時には、資産保有SPVは、融資もしくは証券に係る残元金および利息を支払い、または証券に係る残余財産を分配しなければならない。その原資が必要である場合、資産保有SPVは、対象資産に着目した新たな証券化取引（一般に「リファイナンス」と呼ばれる）

を行うか、または対象資産を証券化取引とは無関係の第三者（場合によっては、オリジネーター）に売却する。その際における売買価格は適正な時価を基準とする。

⑩　なお、資産保有SPVがキャッシュを受け取る時期と支払時期に一時的なずれが生じた場合に備えて、「流動性補完措置」が講じられることがある。また、対象資産の毀損や価格下落に備えて、「信用補完措置」が講じられることもある。

⑪　証券化は、このようなコンセプトに基づいて、対象資産の精査（「デューディリジェンス」と呼ばれる）、対象資産にあわせたストラクチャリング、取引関係者の利害関係を調整し、その調整の結果を契約書に落とし込むドキュメンテーションを経て、実行されるものである。この全体のプロセスをコーディネイトする者が「アレンジャー」である。アレンジャーは、証券化のためのストラクチャーを提案・構築し、オリジネーターと金融機関ないし投資家間の利害を調整し、弁護士・会計士・税理士等の専門家の選定や支援を行う。

3　証券化の目的

　金融機関が企業に対して融資する場合や、投資家が株式や社債を取得する場合、企業が展開する事業全体についての経営成績と財産状況に着目し、企業の信用リスクを評価する。このようなファイナンス手法を、コーポレート・ファイナンスと呼ぶ。これに対し、特定のアセットから生じるキャッシュ・フローに着目して行われるファイナンスをアセット・ファイナンスという。

　証券化は、企業の事業全体についての経営成績と財産状況に着目するのではなく、特定の対象資産から取引の期間中に生み出される収益や、対象資産の処分により生み出されるキャッシュ・フローに着目し、定款や契約等に定めるところに従って投資家や債権者に分配するファイナンス手法であるから、アセット・ファイナンスの1つということができる。

> ⟨**Point 2**⟩
> ▶コーポレート・ファイナンス
>   ＝企業が展開する事業全体についての経営成績と財産状況に着目
>   （例）銀行融資、社債、株式
> ▶アセット・ファイナンス
>   ＝特定の資産から生じるキャッシュ・フローに着目
>   （例）証券化（ABS、ABCP、ノンリコース・ローン）

　証券化は、特定の対象資産から生じるキャッシュ・フローを捕捉し、定款や契約等に定めるところに従って、債権者に対して債務を履行し、または証券の所持人に対して利益の分配等を行う取引である。債務の履行や利益の分配等を確実ならしめるためには、上述のような複雑なプロセスを経て実行する必要があることから、証券化は、コーポレート・ファイナンスに比べれば、一般的には時間がかかることが多い。また、資産保有SPV（およびその議決権保有主体）のセットアップ費用、資産の移転および対抗要件の具備にかかわる費用、サービシング業務・キャッシュマネジメント業務等の外部専門家への業務委託にかかわる費用、ドキュメンテーション費用、そしてアレンジャーに対するフィーなど、証券化にはさまざまなコストが発生する。

　にもかかわらず、証券化が資金調達の手法として定着してきた理由は、①資金調達手段の多様化、②資金調達コストの削減、③資産の有効活用、④経営指標等の改善、⑤資産への関与の維持、などに求められる。

①　まず、企業にとっては、事業の全体についての自社の信用力に依拠したコーポレート・ファイナンス以外に、キャッシュ・フローを生み出す資産に依拠したアセット・ファイナンスを選択肢としてもつことができ、資金調達手段の多様化を図ることができる。

②　また、企業全体の信用リスクよりも、キャッシュ・フローを生み出す資産のリスクのほうが低い、と評価できるのであれば、コストを含めた

オールインの調達金利を相対的に低くすることができる。
③　企業にとっては、資産の譲渡代金を得ることによって、資産から生じる将来キャッシュ・フローを早期に現実化し、その資金を再投資したり、有利子負債の返済に充てたりすることができる。
④　資産の譲渡（オフバランス）および有利子負債の返済により、バランスシートをスリム化することができ、経営指標の改善やALM（Asset Liability Management）に寄与する。
⑤　資産を第三者に売り切ってしまえば、企業としてはその資産を何らコントロールできないが、証券化であれば、資産保有SPVから資産の管理・運用・処分に関する業務を受託することなどにより、融資や社債の弁済期まで何らかの関与を維持することができる場合がある。

⟨**Point 3**⟩
証券化が資金調達手法として定着してきた理由
①　資金調達手段の多様化
②　資金調達コストの削減
③　資産の有効活用
④　経営指標等の改善
⑤　資産への関与の維持の可能性

4　証券化を支えるコンセプト

上述のように、証券化は、①対象資産を取得・保有するための資産保有SPVの利用、②対象資産を裏づけとした資金調達、③対象資産へのオリジネーターあるいはスポンサーの何らかの関与、④資金調達の方法としての証券発行、という要素からなる、ということができる。つまり、証券化においては、オリジネーター等のみならず、投資家も、対象資産を直接保有しているわけではない。しかし、対象資産とそれが生み出すキャッシュ・フローを

投資家が掴取できることについて、法的・会計的・税務的な安定性が保たれなければ、それを「証券化」と呼ぶことはできない。

かかる安定性は、①倒産隔離（bankruptcy remoteness）、②オフバランス、③連結の回避、④課税透明性（tax transparency）といったコンセプトによって支えられている。

①倒産隔離とは、証券化の対象資産がオリジネーター等や資産保有SPVの倒産リスクから隔離されていることをいう。②オフバランスとは、オリジネーターから資産保有SPVに対象資産が譲渡されることによって、オリジネーターの貸借対照表に計上されていた対象資産がその貸借対照表から取り除かれるという会計上の処理をいう。③連結の回避とは、会計上、資産保有SPVがオリジネーター等の連結子会社として取り扱われないことをいう。④課税透明性とは、対象資産から生じたキャッシュ・フローについて、資産保有SPV段階では課税関係が発生せず、ファイナンスをした投資家段階でのみ課税関係が発生することをいう。

これらのコンセプトの中でも、倒産隔離が最も重要である。なぜならば、証券化とは、オリジネーターから切り離された対象資産が生み出すキャッシュ・フローを、オリジネーターの経営状態の如何にかかわらず（オリジネーターが倒産した場合であっても）、投資家のために保全し、その保全された対象資産が生み出すキャッシュ・フローを裏づけとして投資家から資金を調達する手法だからである。

〈*Point 4*〉
証券化を支えるコンセプト
① 倒産隔離
② オフバランス
③ 連結の回避
④ 課税透明性

II　資産保有SPVの種類と選択

1　流動化型取引と運用型取引

　証券化取引において、資産保有SPVは、投資者から拠出された金銭等（いわゆるエクイティ）をもって、さらには、金融機関などからの借入れや債券発行により調達した資金（いわゆるデット）をもって、証券化取引の対象資産を取得する。そして、資産保有SPVは、対象資産から生じたキャッシュ・フローを捕捉し、デットの元利金を弁済し、利益をエクイティの投資者に分配する。

　証券化取引といっても、資金調達の目的ないし手法によって、流動化型取引と運用型取引に分けることができる。

　流動化型取引とは、ある特定の対象資産をSPVに譲渡して、その対象資産が生み出すキャッシュ・フローを裏づけとして投資家から資金調達を行う方法である。

　これに対して、運用型取引とは、複数の投資家から集めた資金をプールして、不動産や有価証券など特定の対象資産に投資して運用し、その収益を投資家に分配する方法である。いわば、「モノ」を先に探すのか、「カネ」を先に探すか、の違いということができる。

2　資産保有SPVの選択

　流動化型取引の資産保有SPVとしては、資産流動化法に基づく「特定目的会社」や「特定目的信託」がある。特定目的会社も特定目的信託も、その目的は「資産の流動化」、すなわち、一連の行為として、特定目的会社が資産対応証券の発行もしくは特定目的借入れにより得られる金銭をもって資産を取得し、または信託会社等が資産の信託を受けて受益証券を発行し、これらの資産の管理および処分により得られる金銭をもって、資産対応証券、特

定目的借入れおよび受益証券に係る債務の履行、または出資について利益の配当および消却のための取得または残余財産の分配を行うこと（資産流動化法2条2項）に限られている。

運用型取引の資産保有SPVとしては、投信法に基づく「投資法人」や「投資信託」がある。投資法人も投資信託も、主として有価証券、不動産その他の資産に対する投資として運用することを目的とする（投信法2条1項・2項・12項）。

資産流動化法や投信法においては、限定された組織目的に即して、法人や信託に係る規律の合理化が図られている[3]。また、幅広い投資家から資金を調達することができるようにするために、資産流動化法や投信法に基づいて発行される証券は、私法上の有価証券とされ、流通性が付与されている。その反面、資産流動化法や投信法は、投資者保護という観点から、法定の計画作成、当局への業務開始届出、当局への約款届出などの規制を講じている。

このような規制があること等を踏まえ、投資家の数、顔ぶれがある程度限られ、投資家が自ら自己の権利・利益を保護することができるような場合には、特別法である資産流動化法や投信法に基づく法人や信託ではなく、会社法、信託法などの一般法に基づく法人や信託が資産保有SPVとして用いられることが多い。

実際のところ、不動産の証券化においては、流動化型取引の資産保有SPVとしても、運用型取引の資産保有SPVとしても、合同会社＋匿名組合を利用する形式（いわゆるGK－TKスキーム）が、最も多いのではないかと思われる。また、金銭債権の証券化においては、後述するように信託を資産保有SPVとする形式が多いのではないかと思われる。

---

[3] 株式会社と特定目的会社および投資法人との比較、信託と特定目的信託および投資信託との比較については、今泉邦子「法人と信託」信託219号100頁（平成16年）参照。

3 資産保有SPVの種類

(1) 特定目的会社

㋐ 概　説

　特定目的会社は、資産の流動化に係る業務を行うことを目的として、資産流動化法に基づき設立された社団をいい（資産流動化法2条3項）、法人格を有する（同法13条1項）。実務上、特定目的会社の頭文字をとって、TMKと呼ばれる（〈図表2〉参照）。

　資産の流動化とは、特定目的会社との関係では、一連の行為として、特定目的会社が証券の発行もしくは借入れにより得られる金銭をもって、資産を取得し、これらの資産の管理および処分により得られる金銭をもって、債務の履行または利益の配当等を行うことをいう（資産流動化法2条2項）。つまり、特定目的会社は、ある特定の資産を取得し、その資産から生じるキャッシュ・フローを分配することを約して、投資家から資金を集める法人である。投資家から資金を調達して資金プールをつくったうえで、スキームの運営者の裁量により資産を取得することは、特定目的会社においては不適当であるとされている。[4]

　なお、特定目的会社が取得することができる資産は、一部の例外はあるものの、基本的には制限されていない。そして、特定目的会社が取得した資産を、特定資産という（資産流動化法2条1項）。特定目的会社が取得しようとする特定資産の内容は、資産流動化計画に細かく記載する必要がある。

> **〈*Point 5*〉**
> 　特定目的会社は、ある特定の資産を取得し、その資産から生じるキャッシュ・フローを分配することを約して、投資家から資金を集める法人である。

---

[4] 長崎幸太郎編著『逐条解説資産流動化法〔改訂版〕』82頁（平成21年）。

〈図表2〉 特定目的会社のイメージ

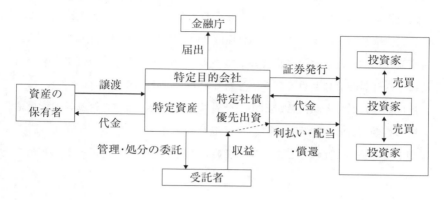

(イ) 設　立

特定目的会社の設立に関しても、基本的には、準則主義がとられている。

すなわち、①発起人が定款を作成し（資産流動化法16条1項）、②定款に公証人の認証を受け（同条6項、会社法30条1項）、③発起人が引き受けた特定出資の全額を履行し（資産流動化法19条1項）、④設立の登記がなされることにより、特定目的会社は成立する（同法23条）。なお、特定出資は、株式会社の設立に際して発行される株式に相当するものであり（同法2条6項）、特定出資を有する者を特定社員という（同条5項）。

(ウ) 社員の権利義務

特定目的会社という「器」を設立するために発行されるのが特定出資であるが、資金調達のために発行されるのが優先出資である（資産流動化法2条5項）。そして、優先出資を有する者を優先出資社員といい、特定社員および優先出資社員が特定目的会社の社員である（同法26条）。社員の責任は、その有する特定出資または優先出資の引受価額を限度とする（同法27条1項）。したがって、特定目的会社を資産保有SPVとする場合、投資家の有限責任を確保することができる。

一方、社員は、①利益の配当を受ける権利、②残余財産の分配を受ける権利を有する（資産流動化法27条2項）。配当・分配は、優先出資社員が特定社

員に先立って受ける権利を有する（同法2条5項）。

　議決権については、特定社員は、その有する特定出資につき社員総会における議決権を有するのに対して（資産流動化法27条3項）、優先出資社員は、資産流動化法または定款に別段の定めがある場合を除き、その有する優先出資につき社員総会における議決権を有しない（同条4項）。

　社員総会における議決権のほか、社員は、取締役の目的外行為等の差止請求権の行使（資産流動化法83条）、責任追及の訴え（同法97条）や解任の訴え（同法74条3項）の提起などにより、役員等の行為を監督・是正することができる。

　　(エ)　機　関

　特定目的会社は、社員総会のほか、1名以上の取締役、1名以上の監査役を置かなければならない（資産流動化法67条1項1号・2号）。また、資産対応証券（優先出資、特定社債および特定約束手形をいう。同法2条11項）のうち特定社債のみを発行する特定目的会社であって、資産流動化計画に定められた特定社債の発行総額と特定目的借入れの総額との合計額が200億円に満たないものを除き、会計監査人も置かなければならない（同法67条1項3号、同法施行令24条）。会計監査人を置く特定目的会社または資産流動化法の規定により会計監査人を置かなければならない特定目的会社を、「会計監査人設置会社」という（資産流動化法21条2項2号）。

　なお、定款の定めによって、会計参与を置くこともできる（資産流動化法67条2項）。会計参与を置く特定目的会社を、「会計参与設置会社」という（同法4条2項4号）。

　取締役は、特定目的会社の業務を決定・執行し（資産流動化法78条1項）、特定目的会社を代表する（同法79条1項本文）。監査役は、取締役の職務の執行を監督する（同法87条1項）。取締役についても、監査役についても、任期は限定されていない。

　なお、特定目的会社とその機関である取締役は別個の法主体であるから、取締役は特定目的会社が負担する債務について責任を負わない。したがって、

特定目的会社を資産保有SPVとする場合は、ファンド管理者の有限責任を確保することができるといえる。もっとも、取締役がその職務を行うについて悪意・重過失があったときは、これによって第三者に生じた損害を賠償する責任を負う（資産流動化法95条1項）。

　(オ)　業　務

　特定目的会社は、あらかじめすべての特定社員の承認を受けたうえで（資産流動化法6条）、内閣総理大臣に業務開始届出をしなければ、資産の流動化に係る業務を行うことができない（資産流動化法4条1項）。

　業務開始届出書には、所定の書類を添付しなければならない（資産流動化法4条3項）。業務開始届出書の添付資料のうち、最も重要なのは、資産流動化計画である。資産流動化計画には、特定目的会社がどのような対象資産を取得し、その取得のための資金を資産対応証券・特定目的借入れによりどのように調達し、対象資産をどのように管理・処分して債務を履行しまたは出資を償還するかを詳細に定めた事項を記載しなければならない（同法5条1項）。

　特定目的会社制度は、資産流動化計画に従って財産が管理・処分されることを前提に投資を募る制度であることから、社員総会の決議の内容が資産流動化計画に違反するときは、社員、取締役、監査役または清算人のほか、その投資判断の前提として資産流動化計画の内容に重大な利害関係を有する特定社債権者、特定約束手形の所持人または特定目的借入れに係る債権者も、社員総会の決議の日から3カ月以内に、訴えをもって当該決議の取消しを請求することができる（資産流動化法64条1項）。また、取締役が法令または資産流動化計画に違反する行為をし、またはこれらの行為をするおそれがある場合には、社員のほか、特定社債権者、特定約束手形の所持人または特定目的借入れに係る債権者も、当該取締役に対し、当該行為をやめることを請求することができる（同法82条）。

　特定目的会社は、投資のための「器」であることから、原則として、特定資産の管理および処分に係る業務を信託会社等（信託会社および信託業務を営

む銀行その他の金融機関をいう。資産流動化法33条1項参照）に信託しなければならない（同法200条1項）。

特定目的会社は、資産流動化計画に従って営む資産の流動化に係る業務およびその附帯業務（対価を得て、当該資産流動化計画に記載され、または記録された特定資産以外の資産の譲渡もしくは貸付けまたは役務の提供を行うことを除く）のほか、他の業務を営むことができない（資産流動化法195条1項）。

(2) 合同会社

合同会社は、会社法に基づき設立された法人であって、組合的規律が適用される持分会社（会社法575条1項）のうち、有限責任を負う社員のみを構成員とするものである。

(ア) 設 立

合同会社の設立に関しても、準則主義がとられている。すなわち、①社員になろうとする者が定款を作成し（会社法575条1項）、②社員となろうとする者が出資の全額を履行し（同法578条）、③設立の登記がなされることにより、合同会社は成立する（同法579条）。なお、株式会社と異なり、定款に公証人の認証を受ける必要はない。社員になるために定款に署名する人数について制限はないので、1人でも差し支えない。

(イ) 社員の権利義務

合同会社においては、社員の全部が有限責任社員である（会社法576条4項）。有限責任社員は、出資の未履行価額を限度として会社の債務の弁済する責任を負うものの（同法580条2項）、出資の全額を払い込まないと合同会社の社員になることはできない（同法578条・604条3項）。したがって、合同会社を資産保有SPVとする場合も、投資家の有限責任を確保することができる。

(ウ) 機 関

合同会社は、組合的規律が適用される持分会社の1つであるため、全社員が業務執行権を有し、所有と経営が一致するのが原則である（会社法590条1項・2項）。しかし、定款に別段の定めをおくことにより、業務執行社員を定

めることができる（同法591条1項）。

業務執行社員は、業務を決定・執行し、会社を代表する（会社法599条1項本文）。そして、業務執行社員が法人である場合は、業務執行社員の職務を行うべき者を選任しなければならない（同法598条2項）。実質的には、業務執行社員の職務を行うべき者は、株式会社における取締役と同様の役割を担っているということができるだろう。[5]

一方、業務執行社員ではない社員が業務の決定にどの程度関与するかは定款の定めるところによるが、その他に責任追及の訴え（会社法602条）や業務執行権または代表権の消滅の訴え（同法860条）の提起などにより、業務執行社員の行為を監督・是正することができる。

なお、合同会社と業務執行社員およびその職務執行者は別個の法主体であるから、業務執行社員およびその職務執行者は合同会社が負担する債務について責任を負わない。したがって、合同会社を資産保有SPVとする場合は、ファンド管理者の有限責任を確保することができるといえる。もっとも、業務執行社員がその職務を行うについて悪意・重過失があったときは、これによって第三者に生じた損害を賠償する責任を負う（会社法597条・598条2項）。

(3) 特例有限会社

会社法の施行に伴って旧有限会社法が廃止される前は、資産保有SPVとして有限会社が使われることが多かった。これは、①有限会社は会社更生法の適用対象外であったこと、②株式会社の最低資本金が1000万円であったのに対して（旧商法168条ノ4）、有限会社の最低資本金は300万円であるなど（旧有限会社法9条）、設立にかかわるコストが廉価であったこと、③取締役は1人でもよく（同法25条）、任期の制限もないうえ、監査役も任意的な機関であるなど（同法33条1項）、維持にかかわるコストも安くて済むことによ

---

[5] 株式会社と同様に、合同会社の業務執行社員の職務を行うべき者も、善管注意義務および忠実義務を負っており、その任務を懈怠したことにより会社に生じた損害を賠償する責任を負う（会社法598条2項・593条・596条）。

るものと思われる。

　旧有限会社法は廃止された以上、新たに有限会社を設立することはできない。しかし、旧有限会社法の規定による有限会社であって、会社法施行の際現に存するものは、会社法の規定による株式会社として存続している（会社法の施行に伴う関係法律の整備等に関する法律（以下、「会社法整備法」という）2条1項）。かかる株式会社は、引き続き「有限会社」の商号を用いなければならず（同法3条1項）、「特例有限会社」と呼ばれる（同法3条2項）。

　特例有限会社は、一部の会社法の規定が適用されないことなどにより、実質的に旧有限会社法に近い規律の下にとどまっているということができる。特例有限会社の機関等については、次のような規律が適用される。

① 株主総会以外の機関として、取締役1人または2人以上の取締役を置かなければならないが、それ以外に置くことができる機関は、監査役に限られる（会社法整備法17条1項）。

② 特例有限会社が大会社（会社法2条6号）であったとしても、会計監査人の設置は義務づけられず（会社法整備法17条2項）、したがって、監査役の設置も義務づけられない（会社法327条3項）。

③ 取締役および監査役の任期は、制限されない（会社法整備法18条）。

④ 特例有限会社が大会社であったとしても、内部統制システムを整備する必要はない（会社法整備法21条）

⑤ 計算書類の公告は、不要である（会社法整備法28条）。

　なお、特例有限会社は、定款を変更してその商号中に株式会社という文字を用いる商号の変更をすることができる（会社法整備法45条1項）。定款の変更は、登記によって効力を生じ（同条2項）、その後は、「特例有限会社」ではなくなるので、通常の株式会社と同様に会社法の規定が適用される。

〈*Point 6*〉
▶有限会社法の廃止により、有限会社を新たに設立することはできなくなった。

▶既存の有限会社は、法的には株式会社として存続しているが、引き続き「有限会社」の商号を用いなければならず、「特例有限会社」と呼ばれる。

4　株式会社と合同会社

　会社法上の会社で資産保有SPVとして利用することができるものとしては、株式会社と合同会社がある。しかし、初期の証券化取引を除けば、前述のとおり合同会社を資産保有SPVとして利用しているストラクチャーが圧倒的に多いように見受けられる。その理由は、次の3点に求めることができるのではないかと思われる（〈図表3〉参照）。

　まず、第1に、株式会社は会社更生法の適用対象になるが、合同会社は適用対象ではない、ということである。

　会社更生法は、「窮境にある株式会社について、更生計画の策定及びその遂行に関する手続を定めること等により、債権者、株主その他の利害関係人の利害を適切に調整し、もって当該株式会社の事業の維持更生を図ることを目的とする」ものであり（同法1条）、適用対象となるのは株式会社に限られる。それでは、会社更生法の適用対象になると、どのような不都合があるかといえば、会社更生手続では、対象会社の財産上に担保権を有していた者は、破産手続や民事再生手続のように、手続外で担保権を行使することができず（同法50条1項）、更生計画に従って弁済を受けることしかできないからである（同法47条1項）。

　もちろん、資産保有SPVについて、「利害関係人の利害を適切に調整し、もって当該株式会社の事業の維持更生を図る」という会社更生の目的を実現するために会社更生手続が開始することは想定しにくいが、できるだけリスクをミニマイズするのが、実務的には望ましい。

　第2に、株式会社には計算書類の公告の義務があるが（会社法440条1項）、合同会社にはこのような義務がないということである。

株式会社は、各事業年度に係る計算書類（貸借対照表、損益計算書、株主資本等変動計算書、個別注記表）および事業報告並びにこれらの附属明細書を作成し（会社法435条2項、会社計算規則91条1項）、計算書類につき定時株主総会の承認を受けたうえ（会社法438条2項）、定時株主総会の終結後遅滞なく貸借対照表（大会社にあっては、貸借対照表および損益計算書）を公告しなければならない（同法440条1項）。他方、合同会社も、各事業年度に係る計算書類（貸借対照表、損益計算書、株主資本等変動計算書、個別注記表）を作成しなければならないが（同法617条2項、会社計算規則103条1項2号）、社員が原則としていつでも営業時間内に計算書類の閲覧または謄写の請求をすることができるだけであり（会社法618条）、計算書類を公告する義務はない。

公告の方法には、官報に公告する方法、時事に関する事項を掲載する日刊新聞紙に掲載する方法、電子公告があるが（同法939条1項）、廉価と思われる官報に公告する方法や電子公告でも相応のコストはかかるであろうし、株式会社の取締役が公告を怠ったときは100万円以下の過料に処せられる（同法976条2号）。これらの点を考えると、公告をしないで済ませられるほうが、実務的には望ましい。

第3に、株式会社には大会社に係る規制があるが、合同会社にはそのような規制がないことである。

大会社とは、最終事業年度に係る貸借対照表に資本金として計上した額が5億円以上である場合または最終事業年度に係る貸借対照表の負債の部に計上した額の合計額が200億円以上である株式会社をいう（会社法2条6号）。したがって、合同会社が会社法上の大会社とされることはない。

株式会社が大会社に該当する場合、まず、機関の設置の要否が異なってくる。株式会社が資産保有SPVとして利用される場合、公開会社や委員会設置会社でない大会社でも、会計監査人を置かなければならない（会社法328条2項）。そして、会計監査人設置会社（同法2条11号参照）は、監査役を置かなければならない（同法327条3項）。したがって、大会社については、公開会社や委員会設置会社でなくても、監査役、会計監査人の設置が強制される

ことになる。また、大会社においては、いわゆる内部統制システム、すなわち、「取締役の職務の執行が法令及び定款に適合することを確保するための体制その他株式会社の業務の適正を確保するために必要なものとして法務省令で定める体制」の整備が求められる（同法348条3項4号・4項）。[6]

大会社といっても資産保有SPVとして利用されていることからすれば、このような大会社に係る規制はさして大きな問題ではないかもしれないが、できる限り事務的な負担が軽いほうが実務的には望ましい。

以上の点からすると、一般的な法人類型の資産保有SPVとしては、株式会社ではなく、合同会社が利用される。

⟨*Point 7*⟩

一般的な法人類型の資産保有SPVとしては、株式会社ではなく、合同会社が利用される。

⟨図表3⟩　資産保有SPVとしての株式会社と合同会社との差異

	株式会社	合同会社
設立	①準則主義 ②一人会社の許容 ③最低資本金制度なし	①準則主義 ②一人会社の許容 ③最低資本金制度なし
社員の権利義務	有限責任	有限責任

---

[6] 法務省令で定める体制とは、①取締役の職務の執行に係る情報の保存および管理に関する体制、②損失の危険の管理に関する規程その他の体制、③取締役の職務の執行が効率的に行われることを確保するための体制、④使用人の職務の執行が法令および定款に適合することを確保するための体制、⑤当該株式会社並びにその親会社および子会社からなる企業集団における業務の適正を確保するための体制、⑥監査役がその職務を補助すべき使用人をおくことを求めた場合における当該使用人に関する事項、⑦前号の使用人の取締役からの独立性に関する事項、⑧取締役および使用人が監査役に報告をするための体制その他の監査役への報告に関する体制、⑨その他監査役の監査が実効的に行われることを確保するための体制をいう（会社法施行規則98条1項・4項）。

機関	①株主総会が基本的意思決定 ②取締役が業務を決定・執行、会社を代表	①全社員が業務執行権を有するが、業務執行社員を定めることが可能 ②業務執行社員が法人である場合は、職務を行うべき者を選任 ③業務執行社員が業務を決定・執行、会社を代表
業務	制限なし	制限なし
税制	①二段階課税 ②これを回避するため、匿名組合契約を利用	①二段階課税 ②これを回避するため、匿名組合契約を利用
会社更生法の適用	適用対象 →担保権行使の制限	適用対象外
計算書類の公告	義務あり →コスト →懈怠には過料の制裁	義務なし
大会社に係る規制	適用対象 →監査役等の設置強制 →内部統制システム	適用対象外

III　倒産隔離

1　倒産隔離とは

　倒産隔離とは、法文上明確な定義があるわけではないが、証券化の対象資産が、資産保有SPVを含む証券化取引の関係者の倒産リスクから隔離されていることをいうと一般に理解されている。

　「倒産」とは、破産手続、特別清算手続、民事再生手続、会社更生手続その他の法的倒産手続をいう。清算型倒産手続である破産手続や特別清算手続においては、全財産の処分・換価による総債権者に対する平等な配当が行わ

れる。再生型倒産手続である民事再生手続や会社更生手続では、事業の維持更生を図るために権利義務関係の変更等が行われる可能性がある。しかし、それでは、対象資産が生み出すキャッシュ・フローをもとに、投資家に対して予定した時期に予定した額の元利金の弁済をできなくなるおそれがある。このため、証券化の対象資産を、「倒産」から「隔離」する必要があるのである。

倒産隔離は、倒産リスクの所在に応じて、①対象資産の倒産隔離と②資産保有SPVの倒産隔離に分解することができる。そして、その2つの意味での倒産隔離は、それぞれいくつかの要素に分解して説明されることが多いが、それらの諸要素が全部揃っていなければ倒産隔離が実現していないわけではない。倒産隔離をどのように、どのくらい厳格に行うかは、格付を取得するうえで、あるいは金融機関なり投資家なりに納得してもらううえで、問題になるのであって、絶対的な基準があるわけではない。

〈*Point 8*〉

倒産隔離とは、

▶対象資産の倒産隔離

　　オリジネーター等が倒産した場合に、資産保有SPVが譲り受けた対象資産がその倒産の影響から遮断されること

▶資産保有SPVの倒産隔離

　　資産保有SPV自体が倒産する可能性から遮断されること

2　対象資産の倒産隔離

対象資産の倒産隔離とは、オリジネーター等が倒産した場合、資産保有SPVが譲り受けた対象資産がその倒産の影響から遮断されることを意味する。

証券化は、特定の対象資産が生み出すキャッシュ・フローに着目したアセ

ット・ファイナンスである。対象資産から生じるキャッシュ・フロー自体が減少した場合は別として、これらのキャッシュ・フローは潤沢であるのに、オリジネーター等の倒産を理由として債務の履行または利益の分配等が滞ってしまうのでは、資産保有SPVに対してローンを供与する金融機関や資産保有SPVの発行する証券を取得する投資家など存在しない。したがって、対象資産の倒産隔離は、証券化にとって不可欠である。

対象資産の倒産隔離は、①真正売買性の確保、②否認リスクの排除、③コミングリング・リスクの回避、という点から考察されることが多い。

(1) 真正売買性の確保

真正売買性の確保とは、オリジネーターから資産保有SPVへの対象資産の譲渡が真正売買（true sale）であること、換言すれば、「金融取引に伴う対象資産への担保権設定とみなされないこと」を意味する。

もし、証券化にかかわる対象資産の移転が担保権の設定とみなされると、オリジネーターが倒産した場合に、対象資産は倒産財団に組み込まれてしまい、資産保有SPVが保有するのは、対象資産の所有権ではなく、担保権ということになる。その結果、対象資産が生み出すキャッシュ・フローをもとに、投資家に対して予定した時期に予定した額の元利金の弁済をできなくなるほか、倒産手続において権利関係が意図しない内容において変更されることもある。そこで、真正売買性の確保は、証券化に不可欠な要素ということになる。

とはいえ、何をもって「真正売買性の確保」といえるかについては、明確な基準があるわけではない。実務上、①当事者の契約意思、②資産価値と譲渡代金との均衡、③対抗要件の具備、④買戻特約の有無、⑤信用補完比率などのファクターを考慮して、真正売買か担保取引かを判断する、などといわれることがある。[7]

---

[7] 詳細については、後藤出「資産流動化取引における『真正売買』(上)・(下)」NBL739号62頁以下・740号76頁以下（平成14年）参照。

(2) 否認リスクの排除

　否認リスクの排除とは、オリジネーター等から資産保有SPVへの対象資産の譲渡について、倒産したオリジネーター等の管財人等から否認権を行使されないことを意味する。

　破産手続の破産管財人、民事再生手続の否認権限を有する監督委員または管財人、会社更生手続の管財人らは、倒産財団の増殖のために否認権を行使することができる（破産法173条1項、民再法135条1項、会更法95条1項）。否認権が行使されると、対象資産は倒産手続上オリジネーター等に復帰するものとされ（破産法167条1項、民再法132条1項、会更法91条1項）、資産保有SPVはオリジネーター等に対して倒産手続の中で反対給付として支払った代金を回収するほかなくなる。これでは、金融機関や投資家への債務の履行または利益の分配等に大きな影響が及ぶため、否認リスクの排除も、証券化に不可欠な要素ということになる。

　まず、対象資産の譲渡の対価が適正でなければ、つまり、オリジネーター等から資産保有SPVに不当に廉価で売却されたとしたら、その売買が詐害行為否認（破産法160条1項、民再法127条1項、会更法86条1項）の対象となる。

　譲渡の対価が適正な場合については、旧破産法下の判例・通説によれば、実質的な危機時期にある者が資産（特に不動産）を適正な譲渡価額で売却したときであっても、費消・隠匿されやすい金銭に変わることにより譲渡人の責任財産の実質的な減少を招くとして、否認の対象となるとされてきた。[8] しかし、現行法上、適正価額での財産の処分は、原則として否認の対象とならず、当該行為が、不動産の金銭への換価その他の当該処分による財産の種類の変更により、破産者において隠匿、無償の供与その他破産債権者を害する処分をするおそれを現に生じさせるものであり、かつ、破産者も相手方もかかる隠匿等の処分の意思を保持・認識していた場合に限り、否認の対象となる（破産法161条）。この点は、民事再生手続においても、会社更生手続にお

8　大判昭和8・4・15民集12巻637頁。

いても、同じである（民再法127条の2、会更法86条の2）。

なお、「隠匿等の処分」という例外的な処分がどのような事実を指すのかは必ずしも明らかではないものの、通常の証券化スキームにおいてオリジネーター等が適正価額で資産保有SPVに対象資産を譲渡する行為は、基本的には否認の対象とならないと考えてよいだろう。

(3) **コミングリング・リスクの回避**

コミングリング・リスクとは、対象資産から生じるキャッシュ・フローの回収を業務とするサービサーが、回収した資金を業務の委託者に引き渡す前に倒産した場合に、その回収した資金がサービサーの固有財産と混蔵されてサービサーの倒産財団に組み入れられてしまうリスクをいう。かかるリスクが現実化すると、対象資産からキャッシュ・フローが生み出されていても、定款や契約等に定めるところに従って元利金の弁済や利益の分配等を受けることができないおそれがある。これは、流動性が極めて高く、かつ、特定が困難であるという現金の性質に起因するリスクである。そこで、対象資産そのものの倒産隔離だけでなく、対象資産から生じるキャッシュ・フローについてのコミングリング・リスクの回避も、証券化のために不可欠であるということができる。

コミングリング・リスク回避の方法としては、サービサーが回収した資金を専用口座で分別管理させる、サービサーが回収した資金を資産保有SPVに回金する期間をできるだけ短くする、という方法がとられる。ただし、サービサーが倒産したときに、専用口座で分別管理された預金債権がどのように取り扱われるかについて、明確に定める規定はない。そこで、サービサーとのサービシング契約の中に、サービサーの信用が低下した場合には、契約が自動的に終了する、あるいは資産保有SPVが契約を解除することができる旨を定めておき、他方サービサーに代わってサービシング業務を行う者（「バックアップ・サービサー」と呼ばれる）との間でバックアップ・サービシング契約をあらかじめ締結しておくことも多い。サービサーが銀行に対して有する普通預金について、資産保有SPVのために質権が設定されることも

ある。また、自己信託（信託法3条3号）を利用することによりコミングリング・リスクを回避する方法についても、検討が進められている。[9]

3 資産保有SPVの倒産隔離

(1) 必要性

　資産保有SPVの倒産隔離とは、資産保有SPV自体が倒産する可能性から遮断されることを意味する。

　証券化は、特定の対象資産から生み出されるキャッシュ・フローに着目したアセット・ファイナンスである。対象資産から生み出されるキャッシュ・フローをもって、定款や契約等に定めるところに従って元利金の弁済や利益の分配等を受けることが見込まれるからこそ、資産保有SPVに対してローンを供与する金融機関や資産保有SPVの発行する証券を取得する投資家がいるのである。

　ところが、関係者の申立てによって、資産保有SPV自体が倒産する可能性がないではない。

　万一、資産保有SPVについて法的倒産手続が開始した場合、資産保有SPVに対してローンを供与した金融機関やSPVの発行した証券を取得した投資家は、資産保有SPVが保有する対象資産から生み出されるキャッシュ・フローについて、定款や契約等に定めるところに従って元利金や利益の分配等を受けることができない可能性がある。

　まず、資産保有SPVについて清算型倒産手続（破産・特別清算）が開始した場合は、一般債権者は個別に権利を行使することができず、手続に基づいて対象資産が換価された後に、配当を受けることになる。資産保有SPVについて再生型倒産手続（会社更生・民事再生）が開始した場合も、一般債権者は更生計画等に基づかなければ弁済を受けることができない。

　対象資産に対する担保権は、特別清算手続においては、原則として自由に

9　金融法委員会「サービサー・リスクの回避策としての自己信託活用の可能性」金法1843号24頁（平成20年）。

行使することができるし（会社法516条参照）[10]、破産手続または民事再生手続においても、別除権として手続外で行使することができる（破産法65条1項、民再法53条2項）。しかし、当初アレンジの時点で想定されていた時期に当初規定されていた価格で担保を処分できるとは限らない。また、破産管財人の介入（破産法185条等）や、中止命令（民再法31条1項、会社法516条、資産流動化法180条4項）や担保権消滅許可（破産法186条以下、民再法148条以下）が下される可能性もある。

また、会社更生手続においては、担保権の実行の申立てをすることができず、すでにされている担保権の実行手続は中止する（会更法50条1項）。そして、当該担保権の被担保債権は、更生担保権（会更法2条10項）として会社更生手続に取り込まれ、更生担保権者（会更法2条11項）も、更生計画に基づかなければ弁済を受けることができない。

したがって、証券化においては、できるだけ法的倒産手続が開始しにくい資産保有SPVを選択したうえで、倒産状態が発生しないように倒産予防措置を講じる必要がある。そして、さらに、仮に倒産状態が発生したとしても、倒産手続の開始を防止する措置を講じる必要がある。

そして、資産保有SPVの倒産隔離の成否は、①倒産予防措置と②倒産手続防止措置に分けて検討される[11]。

(2) 倒産予防措置

　(ア) 概　要

倒産予防措置とは、資産保有SPVについて倒産状態が発生しないようにする措置をいう。

倒産手続は、債務超過もしくは支払不能またはこれらのおそれなどの倒産原因が生じたときに開始するものであるから、倒産予防措置としては、①定款による資産保有SPVの業務内容の限定、②ローン契約等による資金運用

10　伊藤眞『破産法・民事再生法〔第2版〕』26頁（平成21年）。
11　山本和彦「証券化のスキームにおけるSPVの倒産手続防止措置」徳岡卓樹＝野田博編『企業金融手法の多様化と法（ビジネス法務大系3）』36頁（平成20年）。

の制限、③ローン契約等による追加の借入れ・債券発行の禁止、④資産保有SPVとオリジネーター等との人的関係の切断、⑤資産保有SPVとオリジネーター等との資本関係の切断、などがあげられる。

　(イ)　人的関係の切断

　証券化は、特定の対象資産から生じるキャッシュ・フローを捕捉し、定款や契約等に定めるところに従って投資家や債権者に分配する取引であるから、債務の履行や利益の分配等を確実ならしめるための仕組みを構築するのが、肝要である。そのためには、必ずしも投資家や債権者と同一の利害を有していないオリジネーター等が、投資家や債権者を害する目的・態様において資産保有SPVをコントロールすることができないようになっていなければならない。

　そこで、誰が資産保有SPVをコントロールすることができるかを考えてみると、法人型の資産保有SPVでは、業務執行権および代表権を有する機関、信託型の資産保有SPVでは受託者、組合型の資産保有SPVでは業務執行権を有する組合員ということになる。

　現実の証券化取引では、会社法に基づく合同会社または資産流動化法に基づく特定目的会社を資産保有SPVとして利用することが多い。[12]資産保有SPVが特定目的会社である場合、業務執行権および代表権を行使することができるのは、取締役である（資産流動化法78条1項・79条1項本文）。また、資産保有SPVが合同会社である場合、業務執行権および代表権を行使することができるのは、業務執行社員である。[13]そして、業務執行社員が法人である場合は、職務を行うべき者を選任しなければならない（会社法598条1項）。つまり、業務執行社員の職務を行うべきものは、実質的には、特定目的会社の取締役に相当するということができる。

---

[12] 特例有限会社を資産保有SPVとして利用することも多いが、その場合、業務執行権および代表権を行使することができるのは取締役である（会社法348条1項・349条1項本文）。

[13] 合同会社においては、出資をした全社員が業務執行権を有するのが原則であるが（会社法590条1項・2項）、定款で業務執行社員を定めることができる（同法591条1項参照）。別段の定めがない限り、業務執行社員が会社を代表する（同法599条1項本文）。

そこで、人的関係の切断のために、法人型の資産保有SPVの取締役や業務執行役員の職務を行うべき者（以下、「取締役等」という）がオリジネーター等の役職員またはその子会社もしくは関連会社の役職員ではないことが求められる。このため、資産保有SPVの取締役等は、オリジネーター等から独立・公正な立場にある公認会計士等が就任するのが、実務上一般的である。

これらの取締役の報酬体系は資産保有SPVの業績に連動していないうえ、業務の範囲も極めて限定されているため、公認会計士等であれば、特段の問題が生じることはないものと考えられるからである。換言すれば、証券化スキームの関係者は、資産保有SPVの取締役等である公認会計士等が、企図された証券化スキームに反して、対象資産を運用・処分することや資産保有SPVについて倒産状態を招来することはないと考えて、そのパフォーマンス・リスクを受容しているといえる。

(ウ) 資本関係の切断

人的関係の切断のために、オリジネーター等から独立・公正な立場にある公認会計士等が資産保有SPVの取締役等に就任したとしても、オリジネーター等が自由に資産保有SPVの取締役等を交代させることができるのであれば、結局のところ、人的関係の切断は実現していないことになる。

この点、資産保有SPVが特定目的会社である場合、定款の定めにより優先出資社員に議決権が付与されていない限り、特定社員のみからなる社員総会の決議によって、既存の取締役を解任し、新たな取締役を選任することができる（資産流動化法68条1項・74条1項）。また、資産保有SPVが合同会社である場合、業務執行社員の職務を行うべき者は、当該業務執行社員が自由に解任・選任することができる[14]。このため、資産保有SPVとオリジネーター等との間の資本関係の切断、すなわち、オリジネーターまたはその子会社もしくは関連会社が資産保有SPVに対して出資していないこと、より本質

---

[14] 資産保有SPVが特例有限会社である場合、社員総会の決議によって、既存の取締役を解任し、新たな取締役を選任することができる（会社法329条1項・339条1項）。

的には、オリジネーター等が資産保有SPVの社員総会の議決権等を行使できないようにすることが求められる。

　もっとも、証券化取引を行うために資産保有SPVを設立する費用は、一般的にはオリジネーター等が実質的に負担せざるを得ないことが多い。その一方、オリジネーター等が資産保有SPVに対して直接出資するのでは、オリジネーター等が資産保有SPVの社員総会の議決権等を有することになってしまう。

　そこで、オリジネーター等が資産保有SPVについて「出資はするが議決権はない」という相矛盾した命題を解決する必要が生じてくる。この相矛盾した命題を解決するために、種々の法技術が模索されてきた。この点については、後述する。

(3) 倒産手続防止措置

　倒産手続防止措置とは、たとえ資産保有SPVについて倒産状態が発生しても倒産手続の開始を防止する措置をいう。

　倒産手続は、倒産原因があるときに、申立権者が申し立てることによって開始される。手続の種類によって、倒産手続開始の申立権を有する者は異なるが、おおまかにいえば、債務者である資産保有SPV自体とその取締役等、社員や債権者である。破産手続開始の申立権は、債務者または債権者（破産法18条1項）、取締役等が有する（同法19条1項3号・4項）。民事再生手続開始の申立権は、債務者または債権者が有する（民再法21条）。また、会社更生手続開始の申立権は、債務者、資本の額の10分の1以上の債権を有する債権者、総株主の議決権の10分の1以上の議決権を有する株主が有する（会更法17条）。

　そこで、倒産手続防止措置としては、資産保有SPVの自己申立てまたは取締役等の申立権放棄の誓約、資産保有SPVと債権者との間の申立禁止契

15　特別清算手続は、清算中の株式会社や特定目的会社が対象になるが（会社法510条、資産流動化法180条1項）、その開始の申立権は、債権者、清算人、監査役または株主（社員）が有する（会社法511条1項、資産流動化法180条2項）。

約の締結といった措置が講じられることが多い。

　しかし、資産保有SPVの自己申立てまたは取締役等の申立権放棄の誓約の法的効力については、疑問がないわけではない。つまり、誓約に反して行われた倒産手続開始の申立てを裁判所が却下するかどうかは不明確であるということである。ただ、かかる誓約は、実務的には広く用いられている。換言すれば、証券化スキームの関係者は、資産保有SPVの取締役等である公認会計士等が、企図された証券化スキームに反して、倒産手続開始の申立てをすることはないと考えて、そのパフォーマンス・リスクを受容しているともいえる。

　また、資産保有SPVの社員等による申立権放棄の誓約の法的効力についても、同様に疑問がないわけではないが、実務的には広く用いられている。これは、資産保有SPVの社員等が倒産手続開始の申立てをしない、というだけでなく、証券化スキームの関係者の企図に反して資産保有SPVの取締役等を更迭しない、ということも含意されているというべきだろう。したがって、この点からも、資産保有SPVとオリジネーター等との間の資本関係の切断が要請されることになる。

　資産保有SPVと債権者との間の申立禁止契約は、ローンを供与した金融機関など弁済の安全性がより確保されるべき債権者（「シニア・デット・プロバイダー」と呼ばれる）の利益が、劣後する投資家の倒産手続開始の申立てによって阻害されることを防止するため、資産保有SPVと劣後する投資家との間で締結される。「投資家に対するすべての弁済が終了してから1年を超えた期間についても申立権を放棄するような合意は合理的な理由のないものとして、公序に反すると解される余地があろう」との指摘があることから、[16]「シニア・デット・プロバイダーへの弁済終了後1年と1日を経過するまで」というような形で申立権放棄の期間制限が規定されていることが多い。かかる債権者の申立権放棄条項は法的に有効であり、裁判所は同条項に反した倒

---

[16] 山本・前掲論文（注11）50頁。なお、ここでいう「投資家」には、シニア・デット・プロバイダーも含まれていることに留意する必要がある。

産手続開始の申立てを却下する、と一般に考えられている。[17]

⟨**Point 9**⟩
資産保有SPVの倒産隔離
▶倒産予防措置
　資産保有SPVについて倒産状態が発生しないようにする措置
　（例）①　定款による資産保有SPVの業務内容の限定
　　　　②　ローン契約等による資金運用の制限
　　　　③　ローン契約等による追加の借入れ等の禁止
　　　　④　オリジネーター等との間の人的関係の切断
　　　　⑤　オリジネーター等との間の資本関係の切断
▶倒産手続防止措置
　資産保有SPV自体が倒産する可能性から遮断されること
　（例）①　資産保有SPVの自己申立てまたは取締役等の申立権放棄の誓約
　　　　②　資産保有SPVと債権者との間の申立禁止契約の締結

Ⅳ　信用補完と流動性補完

1　信用補完

　対象資産が毀損・滅失した場合や、対象資産の価額が下落した場合などには、投資家に対する元利金の返済ないし償還が困難になるおそれがある。そこで、かかる事態に備えて、投資家が許容するリスク水準に応じて、対象資産の信用力を部分的に補完し、もって投資家に対して当初の契約どおりに元

17　伊藤・前掲書（注10）87頁。

利金が返済ないし償還される可能性を高める措置を講じておくことがある。このような措置を、信用補完措置という。

　信用補完措置には、優先劣後構造、超過担保、スプレッド・アカウント、キャッシュ・コラテラル、第三者の保証・保険などがある。

① 優先劣後構造とは、対象資産から生じるキャッシュ・フローを優先的に受け取ることができる部分と劣後して受け取る部分とに分けて、優先順位を設けることをいう。予測どおりにキャッシュ・フローが生じなかった場合のリスクを劣後部分が吸収することによって、優先部分の元利払いの確実性が高まることになる。

② 超過担保とは、資産保有SPVが調達する資金の額を超える額の資産を、オリジネーターから資産保有SPVに譲渡することをいう。超過部分については、オリジネーターが資産保有SPVに対して延払債権を計上することになる。予測どおりにキャッシュ・フローが生じなかった場合のリスクを延払債権相当額にて吸収することになるから、投資家から調達した資金の元利払いの確実性が高まることになる。なお、資産保有SPVが対象資産の譲渡代金の一部を延払いすることを、実務上「支払留保」と呼んでいるが、支払留保も、超過担保の一種ということができるだろう。

③ スプレッド・アカウントとは、対象資産から生じるキャッシュ・フローから投資家に弁済する元利金その他の経費を控除した残額を、資産保有SPVの預金として積み立てておくことという。また、キャッシュ・コラテラルとは、資産保有SPVが調達した資金の全部を対象資産の代金としてオリジネーターに支払うのでなく、その一部を資産保有SPVの預金とするなどにより、現金を資産保有SPVに留保することをいう。

④ 第三者の保証・保険としては、銀行による保証や損害保険会社による保険などがある。

　信用補完措置を強めれば、高い格付の取得も可能になるが、その一方、コストがかかったり、資金効率が悪化したりするため、オールインの調達コス

トは増加することになる。したがって、信用補完措置を講じるかどうか、講じるとしてその方法と程度をどうするかは、費用対効果を考えながら、決定する必要がある。

2 流動性補完

対象資産からのキャッシュ・フローが遅延した場合に投資家に対する利払資金が一時的に不足する事態に備えて講じておく措置を、流動性補完措置という。信用補完措置が、将来的に回収を見込むことができない対象資産の毀損・滅失や著しい価額の下落による資金不足を補塡するものであるのに対して、流動性補完措置は、あくまで一時的な資金不足を立て替えるものである。

典型的な流動性補完措置としては、銀行のバックアップ・ラインがある。また、スプレッド・アカウントによるキャッシュ・リザーブは、流動性補完措置としても機能する。

バックアップ・ラインは、融資契約の一種である。これは、債務者に倒産など一定の信用悪化事由が生じた場合を除き、一定の期間および融資の極度額の範囲内において、一方的な意思表示により借入金を引き出すことができる代わりに、銀行に一定の手数料を支払う必要がある契約であって、いわゆるコミットメントライン契約の一種である。

特定融資枠契約に関する法律2条は、このようなコミットメントライン契約を「特定融資枠契約」と定義し、銀行がこの契約を締結することができる相手方を〈図表4〉記載のとおり限定している。証券化の資産保有SPVたる株式会社や合同会社も、特定融資枠契約の相手方とすることができる。[18]

〈図表4〉 特定融資枠契約の相手方になることができる者（抜粋）

① 会社法2条6号に規定する大会社
② 資本金の額が3億円を超える株式会社
③ 純資産の額が10億円を超える株式会社
④ 特定目的会社

⑤ 登録投資法人
⑥ 一連の行為として、次のイからホまでに掲げる資金調達の方法により得られる金銭をもって資産を取得し、当該資産の管理および処分により得られる金銭をもって、それぞれ当該イからホまでに定める行為をもっぱら行うことを目的とする株式会社または合同会社

イ　社債券または外国法人が発行する証券のうち社債券の性質を有する有価証券の発行　　その債務の履行

ロ　CPまたは外国法人が発行する証券のうちCPの性質を有する有価証券の発行　　その債務の履行

ハ　資金の借入れ　　その債務の履行

ニ　株券等または外国法人が発行する証券のうち株券等の性質を有する有価証券の発行　　利益の配当および消却のための取得または残余財産の分配

ホ　商法535条に規定する匿名組合契約に基づく出資の受入れ　　利益の分配または出資の価額もしくは残額の返還

V　証券化に係る会計と税務のポイント

1　会計のポイント

(1)　オフバランス

オフバランスとは、一般に貸借対照表に計上された資産や負債が貸借対照表から取り除かれることを意味するものとされている。そして、各種の会計基準等における「消滅の認識」ないし「売却の認識」と同義であると考えられる。

(ア)　対象資産が不動産の場合

対象資産が不動産ないし不動産信託受益権である場合の「売却の認識」は、会計制度委員会報告第15号「特別目的会社を活用した不動産の流動化に係る

18　特例有限会社は、会社法上の株式会社であるので、特定融資枠契約の相手方とすることができる。

譲渡人の会計処理に関する実務指針」（平成12年7月31日、日本公認会計士協会）の定めるところによる。同実務指針によれば、「特別目的会社」とは、「資産流動化法第2条第3項に規定する特定目的会社及び事業内容の変更が制限されているこれと同様の事業を営む事業体」をいい、特に資産保有SPVの種類に制限はない。

　そして、「不動産の売却の認識は、不動産が法的に譲渡されていること及び資金が譲渡人に流入していることを前提に、譲渡不動産のリスクと経済価値のほとんどすべてが他の者に移転した場合に当該不動産の消滅を認識する方法、すなわち、リスク・経済価値アプローチによって判断することが妥当である」とされている。リスクと経済価値の移転についての判断のフローは〈図表5〉記載のとおりである。

　このうち、実務上特に重要なのは、「リスクと経済価値の移転についての判断に当たっては、（中略）流動化する不動産の譲渡時の適正な価額（時価）に対するリスク負担の金額の割合がおおむね5％の範囲内であれば、リスクと経済価値のほとんどすべてが他の者に移転しているものとして取り扱う」とされていることである。そのため、不動産の流動化を行う場合には、オリジネーターのリスク負担額がおおむね5％の範囲内と認められるような形で、資金調達やその他の業務委託の契約関係を構築する必要がある。

　(イ)　**対象資産が金融資産の場合**

　対象資産が売掛債権等の金融資産である場合には、「消滅の認識」、すなわち、「契約上の権利に対する支配が他に移転したとき」は、「金融商品に係る会計基準」（最終改正平成20年3月10日、企業会計基準委員会。以下、「金融商品会計基準」という）により判断される。そして、実務的な取扱いの詳細は、会計制度委員会報告第14号「金融商品会計に関する実務指針」（最終改正平成23年3月29日、日本公認会計士協会。以下、「金融商品実務指針」という）の定めるところによる。

　金融商品会計基準は、「証券・金融市場の発達により金融資産の流動化・証券化が進展すると、例えば、譲渡人が自己の所有する金融資産を譲渡した

〈図表5〉 特別目的会社を活用した不動産の流動化に係る譲渡人の会計処理のフローチャート

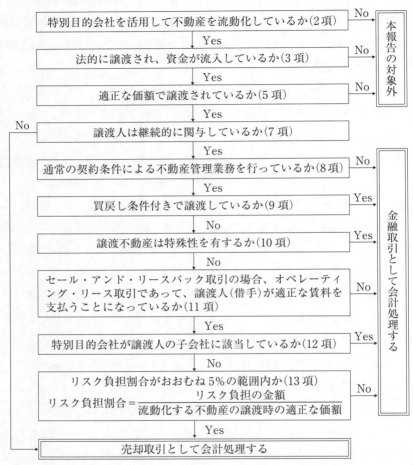

出典：公認会計士協会「特別目的会社を活用した不動産の流動化に係る譲渡人の会計処理に関する実務指針」参考資料

後も回収サービス業務を引き受ける等、金融資産を財務構成要素に分解して取引することが多くなるものと考えられる。このような場合、リスク・経済価値アプローチでは金融資産を財務構成要素に分解して支配の移転を認識す

ることができないため、取引の実質的な経済効果が譲渡人の財務諸表に反映されないこととなる」（57項）として、金融資産の譲渡に係る消滅の認識は、財務構成要素アプローチ、すなわち、金融資産を構成する財務的要素（以下、「財務構成要素」という）に対する支配が他に移転した場合に当該移転した財務構成要素の消滅を認識し、留保される財務構成要素の存続を認識する方法によることとしている（58項）。ここでいう財務構成要素には、「将来のキャッシュの流入、回収サービス権、信用リスク及びその他の要素がある」とされる（金融商品実務指針30項）。

そして、金融商品会計基準は、財務構成要素アプローチを前提として、金融資産の消滅を認識するのは、金融資産の契約上の権利を行使したとき、権利を喪失したときまたは権利に対する支配が他に移転したときであるとし（8項）、そして、金融資産の契約上の権利に対する支配が他に移転するのは、①譲渡された金融資産に対する譲受人の契約上の権利が譲渡人およびその債権者から法的に保全されていること、②譲受人が譲渡された金融資産の契約上の権利を直接または間接に通常の方法で享受できること、③譲渡人が譲渡した金融資産を当該金融資産の満期日前に買い戻す権利および義務を実質的に有していないことの要件がすべて満たされた場合とする（9項）。

このうち、①の要件に関しては、ⓐ契約または状況により譲渡人は譲渡を取り消すことができるか否か、ⓑ譲渡人が破産、会社更生法、民事再生法等の下におかれた場合、管財人が当該譲渡金融資産に対し返還請求権を行使できるか否か、次の点を考慮して判定するものとされる。そして、ⓑに関して現行法制の下においては、第三者対抗要件を満たす場合に譲渡金融資産は「法的に保全」されているものとして取り扱うとされる（金融商品実務指針31項）。このため、金銭債権の証券化においては、オフバランスという観点からも、動産・債権譲渡特例法4条1項による債権譲渡登記ファイルへの登記を行うことによって、第三者対抗要件のみを具備することが多い。

また、②の要件に関しては、金融資産の譲受人が、会社、信託または組合等の特別目的会社で、ⓐ特別目的会社が、適正な価額で譲り受けた金融資産

から生じる収益を当該特別目的会社が発行する証券の保有者に享受させることを目的として設立されていること、ⓑ特別目的会社の事業が、ⓐの目的に従って適正に遂行されていると認められることという要件を満たす場合には、当該特別目的会社が発行する証券の保有者を当該金融資産の譲受人とみなして②の要件を適用するとされている（9項の（注4））。

なお、金融商品会計基準および金融商品実務指針においては、譲受人たる資産保有SPVの法人格の種類および資産保有SPVへの出資の形態は、問われていない。つまり、資産保有SPVの種類の如何によって、金融資産の「消滅の認識」が左右されるわけではない。

(2) 連　結

(ア) 原則――支配力基準

資産の証券化について、オリジネーター側でのオフバランス処理が実現したとしても、譲受人たる資産保有SPVがオリジネーターの連結対象となるのであれば、連結ベースではオフバランス処理が実現したとはいえない。そこで、資産の証券化においては、資産保有SPVがオリジネーターと連結されないようにストラクチャーを組み立てるのが望ましい。

子会社は、原則として連結の範囲に含めなければならない（連結財務諸表の用語、様式及び作成方法に関する規則（以下、「連結財務諸表規則」という）5条1項本文）[19]。子会社の範囲は、支配力基準によって判定される。「親会社」とは、他の会社等の財務および営業または事業の方針を決定する意思決定機関（株主総会その他これに準ずる機関をいう）を支配している会社等をいい、「子会社」とは、親会社から意思決定機関を支配されている当該他の会社等をいう（財務諸表等の用語、様式及び作成方法に関する規則（以下、「財務諸表等規則」という）8条3項）。ここでいう「他の会社等の意思決定機関を支配し

---

[19] 財務および営業または事業の方針を決定する機関（株主総会その他これに準ずる機関をいう）に対する支配が一時的であると認められる子会社、連結の範囲に含めることにより連結財務諸表提出会社の利害関係人の判断を著しく誤らせるおそれがあると認められる子会社は、連結の範囲に含めない（連結財務諸表規則5条1項ただし書）。

ている」とは、〈図表6〉のような関係にあることを意味する（同条4項）。

〈図表6〉 親子関係の判定基準

① 他の会社等の議決権の過半数を自己の計算において所有していること
② 他の会社等の議決権の40％以上、50％以下を自己の計算において所有し、かつ、次に掲げるいずれかの要件に該当すること
　イ　自己の計算において所有している議決権と「緊密な者」および「同意している者」が所有している議決権とを合わせて、他の会社等の議決権の過半数を占めていること。
　ロ　役員もしくは使用人である者、またはこれらであった者で自己が他の会社等の財務および営業または事業の方針の決定に関して影響を与えることができる者が、当該他の会社等の取締役会その他これに準ずる機関の構成員の過半数を占めていること。
　ハ　他の会社等の重要な財務および営業または事業の方針の決定を支配する契約等が存在すること。
　ニ　他の会社等の資金調達額（貸借対照表の負債の部に計上されているものに限る）の総額の過半について融資等（債務の保証および担保の提供を含む）を行っていること（「緊密な者」が行う融資の額を合わせて資金調達額の総額の過半となる場合を含む）。
　ホ　その他他の会社等の意思決定機関を支配していることが推測される事実が存在すること。
③ 自己の計算において所有している議決権と「緊密な者」および「同意している者」が所有している議決権とを合わせた場合（自己の計算において議決権を所有していない場合を含む）に他の会社等の議決権の過半数を占め、かつ、②ロからホまでに掲げるいずれかの要件に該当する会社等

　ここで、「緊密な者」とは、自己と出資、人事、資金、技術、取引等において緊密な関係があることにより自己の意思と同一の内容の議決権を行使すると認められる者をいう。また、「同意している者」とは、自己の意思と同一の内容の議決権を行使することに同意している者をいう。[20]

　(イ)　特別目的会社の特例

　以上の原則に対し、特別目的会社、すなわち、資産流動化法2条3項に規

定する特定目的会社および事業内容の変更が制限されているこれと同様の事業を営む事業体については、連結に関する特例がある。

　特別目的会社については、①適正な価額で譲り受けた資産から生ずる収益を当該特別目的会社が発行する証券の所有者（特定目的借入れに係る債権者を含む）に享受させることを目的として設立されており、②当該特別目的会社の事業がその目的に従って適切に遂行されているときは、当該特別目的会社に対する出資者およびオリジネーターから独立しているものと認め、出資者等の子会社に該当しないものと推定される（財務諸表等規則8条7項）。

　以上のとおり、連結の対象外である特別目的会社かどうかは、①適正な価額で資産を譲り受けたこと、②譲り受けた資産から生ずる収益をその資金調達に係る債権者や出資者に享受させることを目的として設立されていること、③当該特別目的会社の事業が上記目的に従って適切に遂行されていること、という基準によって判断される。資産保有SPVの法人格の種類もしくは資産保有SPVへの出資の形態によって、特別目的会社かどうかの判断が左右されるわけではない。

　金融機関・弁護士等が特別目的会社に出資の大部分を行っており、オリジネーターが出資を行っていないか、または出資を行っていても15％未満である状況において、当該特別目的会社の重要な財務および営業または事業の方針の決定を支配する契約等で、権利義務並びに損益等が実質的にオリジネーターに帰属すると認められる場合には、通常、特定資産の譲渡人が自己の計算において当該特別目的会社の議決権を所有しているものと判断され、当該特別目的会社はオリジネーターの子会社に該当することとなる。しかし、このような場合であっても、特別目的会社が財務諸表等規則8条7項に示されている譲渡人から独立しているものと認められる要件を満たしている場合には、当該特別目的会社は譲渡人の子会社には該当しないものと推定される

---

20 「緊密な者」および「同意している者」の具体的な考え方については、企業会計基準適用指針第22号「連結財務諸表における子会社及び関連会社の範囲の決定に関する適用指針」（改正平成23年3月25日、企業会計基準委員会）8項ないし10項参照。

(「連結財務諸表における子会社及び関連会社の範囲の決定に関する監査上の留意点についてのＱ＆Ａ」（最終改正平成24年3月22日、日本公認会計士協会）Ｑ＆Ａ13(1))。[21]

(ｳ) 匿名組合の取扱い

「子会社」となる、親会社から意思決定機関を支配されている当該他の会社等には、会社、組合その他これらに準ずる事業体（外国におけるこれらに相当するもの）が含まれる（財務諸表等規則1条3項5号参照）。これには、資産流動化法に基づく特定目的会社や投信法に基づく投資法人、投資事業組合、海外における同様の事業を営む事業体、パートナーシップその他これらに準ずる事業体で営利を目的とする事業体が該当するものと考えられる（企業会計基準適用指針第22号「連結財務諸表における子会社及び関連会社の範囲の決定に関する適用指針」（改正平成23年3月25日、企業会計基準委員会）28項）。

これを踏まえて、実務対応報告第20号「投資事業組合に対する支配力基準及び影響力基準の適用に関する実務上の取扱い」（改正平成23年3月25日、企業会計基準委員会。以下、「投資事業組合実務指針」という）は、「投資事業組合」が、投資事業有限責任組合契約に関する法律に基づく投資事業有限責任組合や、民法上の任意組合、商法上の匿名組合として組成されていることを前提として、「投資事業組合に対しても、会社と同様に、支配力基準及び影響力基準を適用するが、投資事業組合の場合には、株式会社のように出資者が業務執行者を選任するのではなく、意思決定を行う出資者が業務執行の決定も直接行うことなどから、株式会社における議決権を想定している連結会計基準等を投資事業組合に対して適用する場合には、基本的には業務執行の権限を用いることによって、当該投資事業組合に対する支配力又は影響力を判断することが適当である」としている（Ｑ１のＡの２およびＱ６のＡの２

---

[21] 特別目的会社が譲渡人の子会社に該当しないものと推定された特別目的会社（開示対象特別目的会社）については、企業会計基準適用指針第15号「一定の特別目的会社に係る開示に関する適用指針」（改正平成23年3月25日、企業会計基準委員会）による注記が必要となることに留意する必要がある。

参照)。

　証券化においては、後述するように、商法上の匿名組合が利用されることが多い。そこで、「商法上の匿名組合として組成される場合、通常、営業者が当該投資事業組合の財務及び営業又は事業の方針を決定しているため、基本的には、匿名組合員が当該匿名組合を連結することはない。しかし、当該匿名組合に関して、営業者が匿名組合員の緊密な者と認められ、かつ、匿名組合員が当該匿名組合を支配している一定の事実が認められる場合には、匿名組合事業が営業者の個別財務諸表に反映されているが、匿名組合は当該匿名組合員の子会社に該当し連結の範囲に含まれることとなる」とされている（投資事業組合実務指針Ｑ１のＡの３の注５）。

2　税務のポイント

(1)　法人課税と構成員課税

　投資家が事業体を通じてある事業を営む場合、その課税の方法については、「法人課税」と「構成員課税」とがある。

　法人課税とは、事業体自体をいったん課税の対象にしたうえで、支払配当について構成員に再度課税する方式である。これに対し、構成員課税とは、事業体段階では課税せず、構成員にそのまま損益を帰属させ、構成員に対してのみ課税する方式をいい、パス・スルー方式とも呼ばれる。また、実質的な構成員課税として、事業体自体を課税の対象とするものの、投資家に支払った配当を損金に算入することにより、実質的に法人課税を排除する方式（ペイ・スルー方式）もある。

　課税透明性とは、対象資産から生じたキャッシュ・フローについて、資産保有SPV段階では課税関係が発生せず、ファイナンスをした投資家段階でのみ課税関係が発生することをいうから、パス・スルー方式、ペイ・スルー方式が認められるのならば、課税透明性が実現するといえる。また、このような課税透明性を実現することができる資産保有SPVを導管体（Conduit）という。

⟨**Point 10**⟩
▶法人課税
　事業体（資産保有SPV）自体をいったん課税の対象にしたうえで、支払配当について構成員（投資家）に再度課税する方式
▶構成員課税
　事業体（資産保有SPV）段階では課税せず、構成員（投資家）にそのまま損益を帰属させ、構成員（投資家）に対してのみ課税する方式（パス・スルー方式）
▶実質的な構成員課税
　投資家に支払った配当を資産保有SPVの損金に算入することにより、実質的に法人課税を排除する方式（ペイ・スルー方式）

(2) 資産保有SPVと課税

　資産保有SPVが法人である場合は、普通法人（法人税法2条9号）として法人課税がなされるのが原則である。そして、投資家レベルで再度法人税あるいは所得税が課される。法人投資家については受取配当の益金不参入の制度があり（同法23条1項）、個人投資家については配当控除の制度があるが（所得税法92条）、二重課税を完全に排除するものではない。

　もっとも、特定目的会社については、ペイ・スルー課税の特則がある（租税特別措置法67条の14、同法施行令39条の32の2）。

　また、合同会社を資産保有SPVとして利用する場合には、実質的にパス・スルー課税を実現するために、資産保有SPVを営業者、投資家を匿名組合員とする匿名組合契約（商法535条）を締結するのが、現時点では一般的である（法人税法基本通達14-1-3）。

⟨**Point 11**⟩
▶法人型の資産保有SPV

> （原則）法人課税
> （例外）特定目的会社：ペイ・スルー課税可能
> 　　　　合同会社等：匿名組合を通じた実質的パス・スルー課税可能

VI　資産保有SPVと議決権

1　人的関係・資本関係の切断

　倒産隔離の一要素として、オリジネーター等と会社型の資産保有SPVの間の人的関係および資本関係の切断が求められることについては、すでに前記III 3(2)で触れた。

　人的関係の切断とは、法人型の資産保有SPVの取締役や業務執行役員の職務を行うべき者（以下、「取締役等」という）がオリジネーター等の役職員またはその子会社もしくは関連会社の役職員ではないことをいう。このため、資産保有SPVの取締役等は、オリジネーターから独立・公正な公認会計士等が就任するのが、実務上一般的である。

　そして、資本関係の切断とは、本質的には、オリジネーター等が資産保有SPVの社員総会の議決権等を行使できないようにすることを意味する。資産保有SPVを設立するために出資するのは、一般的にはオリジネーター等である。しかし、オリジネーター等が資産保有SPVに対して出資すれば、資産保有SPVの社員総会の議決権等を有することになってしまう。

　そこで、オリジネーター等が資産保有SPVについて「出資はするが議決権はない」という相矛盾した命題を解決する必要が生じてくる。この相矛盾した命題を解決するために、種々の法技術が模索されてきた。

2 慈善信託

(1) 慈善信託の仕組み

「出資はするが議決権はない」という相矛盾した命題を解決するための法技術として、わが国の証券化において、かつては慈善信託（Charitable Trust）による倒産隔離が一般的であった。慈善信託による倒産隔離とは、英領ケイマン諸島法に基づきケイマン諸島に設立され、慈善信託によりその議決権を保有されたケイマンSPCが、国内にある資産保有SPVの議決権を保有するという仕組みである。

慈善信託による倒産隔離の一般的な組成方法ないしコンセプトは、次のとおりである（〈図表7〉参照）。

① ケイマンの現地弁護士等がケイマンにSPCを設立する。

〈図表7〉 慈善信託を利用した倒産隔離

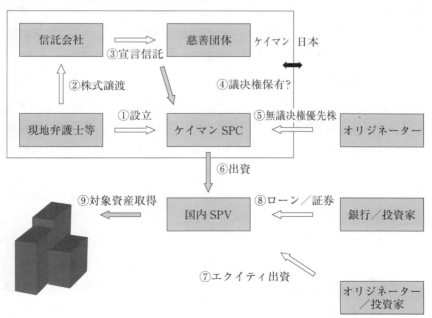

② オリジネーター等は、無議決権優先株式による出資等の形でケイマンSPCに資金を拠出する。
③ ケイマンSPCは、その資金をもって、本邦内に資産保有SPVとして有限会社または特定目的会社を設立し、その議決権を保有する。結果的に、オリジネーター等は本邦内に資産保有SPVを設立するための費用を負担するが、資産保有SPVに対する議決権を有しないことになる。
④ 現地弁護士等はケイマンSPCの議決権株式を信託会社に譲渡し、信託会社は自ら信託の設定を宣言する「信託宣言」により、慈善団体を受益者とする慈善信託を設定する。
⑤ 受益者たる慈善団体はケイマンSPCの議決権行使について指図権を有しないため、ケイマンSPCにおいて実質的に株主がいない状態となる。

以上の仕組みにより、オリジネーター等はケイマンSPCに対しても資産保有SPVに対しても、議決権を行使できないため、証券化取引の関係者の企図に反して取締役等を更迭したり、資産保有SPVについて倒産手続開始の申立てをしたりすることはないと考えられてきたのである。

(2) 慈善信託の問題点

証券化ビジネスの黎明期には、オリジネーター等が議決権・業務執行権を行使するなどの行為を通じて資産保有SPVをコントロールすることを防止し、倒産隔離を実現するための仕組みとして、慈善信託が最も簡便であると考えられていた。

しかし、慈善信託を利用することについて、オリジネーター等は、次のような不満ないし不安をもつようになってきた。

① ケイマンの現地弁護士等は、証券化ストラクチャーの構築、対象資産の評価、キャッシュ・フローの分析、貸出人ないし投資家とオリジネーターとの利害調整およびドキュメンテーションなどの実質的な証券化取引とは全く無関係であるにもかかわらず、ケイマンSPCおよび慈善信

託の設立時に、本邦内の資産保有SPVの設立費用とは別に、現地および国内の弁護士事務所等に対して、アップフロントで高額の報酬・費用を支払うよう要求される。

② ケイマンSPCおよび慈善信託を維持するために現地弁護士等が行う作業は、必ずしもあらかじめ明示されているわけではなく、一定の作業を行ったことを理由に高額の報酬・費用等の支払いを要求される。さらに、その報酬・費用の額は固定されておらず、突如として作業量の増加等を理由に値上げを要求されることも少なくない。

③ ケイマンSPCが本邦内の資産保有SPVの議決権を行使することはないと考えられるものの、実際にケイマンSPCがどのように運営されるかをモニターするのは困難である。実際に、ケイマンSPCの取締役は、現地弁護士の事情で頻繁に交代し、アレンジャーには事後報告があるだけである。仮に、証券化取引の関係者の企図に反してケイマンSPCの取締役が行動したときに、どの国の法律を準拠法とし、どの国の法廷において、誰が誰に対しどのような請求を定立できるのかが不明確である。

④ ケイマンSPCを設立するにあたって現地法制上必要とされるデューディリジェンスのためや、決算時における当局宛届出のために、現地弁護士等から英文資料の作成等を求められ、アレンジャーやオリジネーターは相当の労力を割くことを余儀なくされる。また、本邦と場所的に離れており、時差もあるため、書類の授受、その他のコミュニケーションの齟齬が起きやすいという問題もある。

⑤ ケイマンSPCおよび資産保有SPVの規模によっては、外為関連法令に定められた諸届をなす必要がある。また、ケイマン諸島はマネー・ローンダリング規制に非協力的な国としてOECDのリストにあげられたことがあるため、同国におけるマネー・ローンダリング規制の動向に注意する必要がある。

⑥ 証券化取引の対象資産が外部の第三者に売却されたり、オリジネータ

一等が買い取ったりすることによって、証券化取引の目的が達成されたときは、資産保有SPVのみならず、ケイマンSPCも存続させておく必要はないので、解散し、清算する。本邦内の資産保有SPVを解散・清算する場合にかかる時間や費用は予測可能であるのに対して、ケイマンSPCを解散・清算するのは現地任せにせざるを得ず、その場合にかかる時間や費用を証券化取引の取組時点で予測するのは、極めて困難である。

このような問題点があるため、証券化取引において、慈善信託を倒産隔離のための仕組みとして使うことは、必ずしも合理的とはいえなくなってきたのである。

3 特定出資信託

倒産隔離を実現するために慈善信託が利用されるのは、オリジネーター等が本邦内に資産保有SPVを設立するために必要な費用を負担しつつ、かつ、オリジネーター等が当該資産保有SPVの議決権を有しないようにするためである。とすれば、資産保有SPVへの出資と議決権の帰属との分離を国内で完結させることができるのであれば、慈善信託を利用しなくとも、何ら問題ないはずである。

国内において慈善信託とほぼ同等の機能を有し、出資と議決権の帰属を分離することができる制度としては、特定出資信託がある。特定出資信託とは、資産流動化法に基づく特定目的会社の特定出資を信託会社等（信託会社および信託業務を営む銀行その他の金融機関をいう）に信託することである（資産流動化法33条1項参照）。

特定目的会社についての議決権は、資産流動化法または定款に別段の定めがある場合を除き、特定出資（資産流動化法2条6項）を有する特定社員のみが有する（同法27条3項・4項）。したがって、オリジネーター等が特定出資をして特定目的会社を設立し、そのまま特定出資を保有するのであれば、当該特定目的会社について倒産隔離は実現できていないことになる。そこで、

〈図表8〉 特定出資信託を利用した倒産隔離

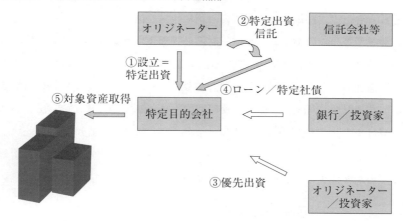

慈善信託と同様に、特定出資を受動的に信託会社等に管理させる手法として、特定出資信託の制度が設けられた（〈図表8〉参照）。[22]

ただし、特定出資信託には、実務上いくつかの問題点がある。

まず、特定出資信託は、特定目的会社の特定出資のみを対象とするのであって、資産保有SPVが合同会社等である場合には、その持分について特定出資信託を利用することはできない。

しかも、特定出資信託は、ノミナルな金額（10万円程度）の特定出資の信託を引き受けるだけで、それ以外には何も行うことがなく、相応の報酬を期待することができないため、特定出資信託だけを単独で引き受けている信託会社等は、ほとんどないようである。

つまり、特定出資信託は、実務上使える場合が限られるし、使おうとしてもこれを引き受けてくれる信託会社等はほとんどない、という状況にあるの

---

22 特定出資信託に係る契約には、①信託の目的が、特定目的会社の資産流動化計画に基づく資産の流動化に係る業務が円滑に行われるよう特定出資を管理するものであること、②資産流動化計画の計画期間を信託期間とすること、③信託財産の管理について受託者に対して指図を行うことができないこと、④委託者または受益者が、信託期間中に信託の合意による終了を行わないこと、⑤委託者または受益者が、信託期間中に法令に定める場合を除き、信託財産の管理方法を変更しないこと、という条件を付さなければならない（資産流動化法33条2項）。

ではないかと思われる。

　もっとも、平成16年の信託業法の改正に伴い、信託業の類型として、もっぱら委託者等のみの指図により信託財産の管理または処分が行われる信託のみの引受けを行う「管理型信託業」が設けられた（信託業法2条3項）。この管理型信託業は、内閣総理大臣の免許がなくとも、登録さえ受ければ営むことができるため（同法7条1項）、管理型信託業に新規参入し、特定出資信託の引受けをなす管理型信託会社（同法2条4項）が出てくるかもしれない。ただし、かかる管理型信託会社が、特定目的会社の特定出資を保有する者として適当かどうかは、個別の証券化スキームごとに検討する必要がある。

4　一般社団法人の利用

(1)　有限責任中間法人の利用

　倒産隔離を実現するために慈善信託が利用されるのは、オリジネーター等が本邦内に資産保有SPVを設立するために必要な費用を負担しつつ、かつ、オリジネーター等が当該資産保有SPVの議決権を有しないようにするためである。したがって、資産保有SPVへの出資と議決権の帰属との分離を国内で完結させる方法があれば、慈善信託に固執する必要はない。

　しかし、かつては、特定出資信託以外に、資産保有SPVへの出資と議決権の帰属との分離を国内で完結させる方法はないと考えられてきた。なぜならば、株式会社の株主などがそうであるように、一般に、法人の出資者は議決権等の経営参与権を保有することを前提に、法人制度は整備されているからである。

　ところが、平成13年に制定された中間法人法に基づく有限責任中間法人においては、意思決定機関である社員総会の議決権等は社員のみが有するが(旧中間法人法33条)、社員は会社の資本金にあたる基金を拠出する義務を負わない。逆に、基金を拠出した者であっても、議決権を有しない。これは、「出資はするが議決権を有しない者」を制度的につくり出すことができること、すなわち、出資と議決権の帰属が制度的に分離されていることを意味する。

そこで、筆者は、出資と議決権の帰属の制度的分離という有限責任中間法人の特性に着目し、慈善信託に代えて、有限責任中間法人に資産保有SPVの議決権を保有させて倒産隔離を実現することができるのではないかと提唱した[23]。この有限責任中間法人を利用した倒産隔離手法は、「顔の見える」国内の関係者だけで組成することができる国内完結型の仕組みであって、慈善信託に比べてコスト・時間・手間を大幅に節減できる、という認識が、オリジネーター、投資家、格付機関、アレンジャー等の取引関係者に浸透し、一般化するに至った。

(2) 中間法人法の廃止

平成20年12月1日に一般社団・財団法人法が施行され、これに伴い、中間法人法は廃止された（一般社団法人及び一般財団法人に関する法律及び公益社団法人及び公益財団法人の認定等に関する法律の施行に伴う関係法律の整備等に関する法律1条）。したがって、有限責任中間法人を新たに設立することはできない。また、一般社団・財団法人法施行の際現に存する有限責任中間法人も、その法的根拠を失うことになるが、一般社団・財団法人法の規定による一般社団法人として存続するものとされている（同法2条1項）。

そこで、一般社団法人においても議決権と出資が制度的に分離されていることから、資産保有SPVの議決権を保有する者として、これまでの有限責任中間法人に代わって、一般社団法人が利用されるようになった。

(3) 一般社団法人

(ア) 設 立

一般社団法人は、①社員になろうとするものが共同して定款を作成し（一般社団・財団法人法10条1項）、②定款に公証人の認証を受け（同法13条）、③設立の登記がなされることにより、成立する（同法22条）。

社員になるために定款に署名する人数について規定はないが、「共同して」定款を作成するとされていることから、2人以上の者が社員になる必要があ

---

[23] 藤瀬裕司「資産の流動化における中間法人の活用」金法1651号6頁（平成14年）。

る。

　　(イ)　社員の権利義務

　社員は、一般社団法人の構成員である。したがって、社員は、定款に別段の定めがない限り、各１個の社員総会の議決権を有する（一般社団・財団法人法48条１項本文）。そのほか、社員は、理事等の行為を監督是正する権利を有する。具体的には、理事等の責任追及の訴えの提訴権（同法278条）、理事等の解任の訴えの提訴権（同法284条）、理事の目的の範囲外の行為その他法令もしくは定款に違反する行為の差止請求権（同法88条）などである。

　しかし、一般社団法人は営利を目的としない法人であり、社員は法人の資産に対する持分を有しない。[24]

　一方、社員は、定款の定めるところにより、一般社団法人に対して、経費を支払う義務を負う（一般社団・財団法人法27条）。経費とは、一般社団法人の事業活動において経常的に生ずる費用をいう。[25]しかし、経費の支払義務を定款で定めるかどうかは、個々の法人が必要に応じて判断すべき事項であり、一般社団法人の社員は常に経費の支払義務を負わなければならないわけではない。[26]このほか、社員は、基金を拠出する義務を負わないし、一般社団法人の債権者に対して責任を負わない。[27]

　　(ウ)　機　関

　一般社団法人の運営・管理を行う機関には、社員総会、理事、理事会、監事、会計監査人がある。それぞれ、株式会社の株主総会、取締役、取締役会、監査役、会計監査人に相当する。

　一般社団法人は、法人の運営・管理を行う機関として、社員総会と１名以上の理事を置かなければならない（一般社団・財団法人法35条・60条１項）。

　社員総会は、法人の構成員である社員が直接に参加し、決議により法人の

24　神作裕之「一般社団法人と会社」ジュリスト1328号41頁（平成19年）。
25　新公益法人制度研究会編著『一問一答公益法人関連三法』37頁（平成18年）。
26　新公益法人制度研究会編著・前掲書（注25）37頁。
27　新公益法人制度研究会編著・前掲書（注25）241頁。

基本的意思決定を行うための機関である（一般社団・財団法人法35条）。

　理事は、社員総会による基本的意思決定を踏まえて、業務を決定・執行する機関であり（一般社団・財団法人法76条1項）、法人を代表する（同法77条1項本文）。

　それ以外の機関、すなわち、理事会、監事または会計監査人を置くかどうかは、任意である（一般社団・財団法人法60条2項）。

　したがって、一般社団法人が資産保有SPVとして利用される場合、その機関は、株主総会と1名の理事だけで構成されるのが一般的であろう。

　なお、一般社団法人とその機関である理事は別個の法主体であるから、理事は一般社団法人が負担する債務について責任を負わない。したがって、一般社団法人を資産保有SPVとする場合は、ファンド管理者の有限責任を確保することができるといえる。もっとも、理事がその職務を行うについて悪意・重過失があったときは、これによって第三者に生じた損害を賠償する責任を負う（一般社団・財団法人法117条1項）。

　　(エ)　業　　務

　法人は、法令の規定に従い、定款で定められた目的の範囲内において、権利を有し義務を負う。一般社団法人については、権利能力は基本的に制限されていない。

　もっとも、一般社団法人が剰余金または残余財産を社員に分配することは、許されない（一般社団・財団法人法11条2項・35条3項）。ここでいう「剰余金または残余財産を社員に分配すること」とは、一般社団法人が対外的活動により得た利益を社員に分配することを目的としないことを意味するだけである。つまり、一般社団法人自体が収益事業を行うのは、何ら差し支えない。[28]

　　(オ)　基　　金

　一般社団法人は、定款で定めることにより、その資金調達および財産的基礎の維持を図るための制度として、基金制度を採用することができる。「基

28　新公益法人制度研究会編著・前掲書（注25）17頁・29頁。

金」とは、一般社団・財団法人法の規定により一般社団法人に拠出された金銭その他の財産であって、当該一般社団法人が拠出者に対して同法および当該一般社団法人と当該拠出者との合意の定めるところに従い返還義務を負うものである（一般社団・財団法人法131条柱書参照）。基金制度を採用するかどうかは任意であるので、基金がなくても、一般社団法人を設立・存続させることができる。[29]

基金の拠出者の地位は、一般社団法人の社員の地位とは結びついていない。[30]つまり、社員は基金の拠出を義務づけられるわけではないし、逆に基金を拠出したからといって、社員の地位を取得するわけでもない。

その意味では、基金は一種の外部負債であるが、基金の返還に係る債権については、次の規律が設けられている。

① 基金の返還に係る債権には、利息を付することができない（一般社団・財団法人法143条）。

② 基金の返還は、純資産額が基金の総額等を超える場合に限り、定時社員総会の決議によって行うことができる（一般社団・財団法人法141条1項・2項）。基金の返還をする場合には、返還をする基金に相当する金額を代替基金として計上しなければならない（一般社団・財団法人法144条1項）。[31]

③ 一般社団法人は、自己を債務者とする基金の返還に係る債権を、原則として取得することができず（一般社団・財団法人法142条1項）、例外的に取得したときは、相当の時期に他に譲渡しなければならない（同条2項後段）。

④ 基金の返還に係る債務の弁済は、その余の債務の弁済がされた後でな

---

29 もっとも、基金制度が採用されないと、公証人の定款認証に係る手数料や設立登記に係る登録免許税を、どのように捻出するかという問題がある。

30 新公益法人制度研究会編著・前掲書（注25）91頁。

31 代替基金を計上することにより、返還前の基金の総額＝基金の総額＋代替基金の額という式が成り立つ。しかも、代替基金を取り崩すことはできない（一般社団・財団法人法144条2項）。したがって、当初拠出された基金の総額は、計数上は、実質的に減少しないことになる。

ければ、することができない（一般社団・財団法人法236条）。
⑤　一般社団法人が破産手続開始の決定を受けた場合においては、基金の返還に係る債権は、劣後的破産債権（破産法99条1項）および約定劣後破産債権（同条2項）に後れる（一般社団・財団法人法145条）。
⑥　一般社団法人が合併する際、基金の返還に係る債権者は、催告を受けず、また、異議を申述することができない（一般社団・財団法人法248条6項・252条6項）

　以上に鑑みると、基金制度は、株式会社の資本制度に類似するものであり、基金の返還に係る債権は、最劣後の債権であるといえる。したがって、貸借対照表上も、基金の総額および代替基金は、純資産の部に計上しなければならず（一般社団・財団法人法施行規則31条1項）、基金の返還に係る債務の額は、負債の部に計上することができない（同条2項）。[32]

(4)　一般社団法人スキームの仕組み

　一般社団法人を利用した倒産隔離は、具体的には、次のような方法によって行われる（〈図表9〉参照）。

①　オリジネーター等から独立した2名以上の公正中立な公認会計士等が設立時社員となって定款を作成し（一般社団・財団法人法10条1項）、公証人の認証を受ける（同法13条）。有限責任中間法人スキームと異なり、社員の数が「2名以上」となっているのは、「社員が欠けたこと」が一般社団法人の解散事由となっているからである。

②　一般社団法人には、最低限の機関として、理事1名を置かなければならないが（一般社団・財団法人法60条1項）、設立時理事は設立時社員の中から定款で定めておく。監事は、不要である。

③　設立の登記をすることによって、一般社団法人は成立する（一般社

---

[32] 法人の破産原因として債務超過があるが（破産法16条1項）、有限責任中間法人においては、資本類似の機能を営む基金の性質上、基金の返還に係る債務は、債務超過の判断における「債務」には算入されないと解されている（相澤哲＝杉浦正典編著『一問一答中間法人法』（平成14年）134頁）。一般社団法人についても、同様に解することになろう。

<図表9> 一般社団法人を利用した倒産隔離

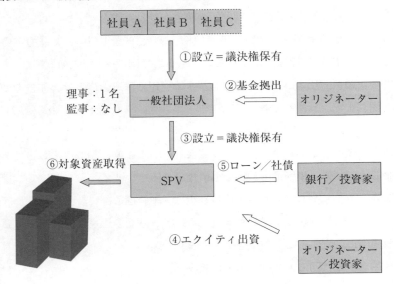

団・財団法人法22条)。

④ 基金制度を利用するのであれば、設立時社員は、設立手続と並行的に、基金を引き受ける者の募集を行う。オリジネーター等が基金を引き受け、拠出を履行する。基金の額は、定款認証や設立登記に係る費用や期中の法人住民税等を勘案して定める。

⑤ 一般社団法人は、拠出された金銭等をもって、資産保有SPVを設立し、その議決権を保有する。

⑥ オリジネーター等は資産保有SPVを設立するための費用を負担するが、一般社団法人に対する議決権を有しない。その結果、オリジネーター等は、一般社団法人を通じて間接的に資産保有SPVの議決権を行使することはできない。

⑦ したがって、オリジネーター等が、企図された証券化取引に反して、対象資産を運用・処分したり、取締役等を更迭したり、資産保有SPVについて倒産手続開始の申立てをしたりすることはできない。

上述の一般社団法人を利用した倒産隔離手法は、「ケイマンSPC」を「一般社団法人」に、「チャリタブル・トラスト」を「一般社団法人の社員」に置き換えたものといえる。そして、一般社団法人の社員および理事は、資産保有SPVの取締役等と同様に、オリジネーター等から独立・公正な立場にある公認会計士等である。公認会計士等は資産保有SPVの取締役等として、企図された証券化取引に反して、対象資産を運用・処分することや資産保有SPVについて倒産状態を招来すること、さらに、倒産手続開始の申立てをすることはないと考えられているのだから、資産保有SPVの議決権を保有する一般社団法人の理事および社員という立場でも同様に、企図された証券化取引に反して行動することはないと考えてよいはずである。

結局のところ、一般社団法人を利用した倒産隔離手法は、「資産保有SPVへの出資と議決権の帰属の分離」と「資産保有SPVの取締役等のパフォーマンス・リスクの受容」という基本的なコンセプトにおいて、慈善信託を利用した倒産隔離手法と何ら変わるところはないのである。

(5) 基金拠出者の倒産申立権

オリジネーター等が一般社団法人に対して基金を拠出した場合、オリジネーター等は一般社団法人について、破産手続開始の申立て（破産法18条1項）および民事再生手続開始の申立て（民事再生法21条2項）をすることができるのが原則である。なぜならば、基金の返還に係る債権は、性質上他の債権に劣後するとはいえ、債権であることに変わりはないからである。

とはいえ、基金の返還に係る債権を有する者の申立てにより、一般社団法人について破産手続や再生手続が開始するというのは、証券化取引にとって好ましくない。なぜならば、一般社団法人の管財人等が倒産財団の極大化をめざして、資産保有SPVについて議決権を行使して不適切な者を取締役等に選任したうえ、企図された証券化取引に反して、対象資産を処分させたり、資産保有SPVを解散させたりするおそれがないとはいえないからである。

オリジネーター等自身が、一般社団法人について倒産手続開始の申立てをなし、自ら証券化取引を破壊する可能性は低いかもしれないが、不幸にして

オリジネーター等について法的倒産手続が開始した場合は、その管財人等が倒産財団の極大化をめざして、そのような行動に出る危険性があることには留意する必要がある。また、オリジネーター等が基金の返還に係る債権を第三者に譲渡した場合も、その譲受人が一般社団法人について倒産手続開始の申立てをなす可能性がないとはいえない。そこで、基金の返還に係る債権の債権者が一般社団法人について倒産手続開始の申立てをすることができないようにするなどの手当てを必要がある。これも、倒産隔離の一要素といえる。

　思うに、一般社団法人においては、「基金の拠出者の権利に関する規定」や「基金の返還の手続」が定款の相対的記載事項とされている（一般社団・財団法人法133条）。つまり、基金の返還に係る債権については、他の一般の債権と異なり、その権利の内容等を定款に書き込むことができる。そこで、基金の返還に係る債権を有する者の倒産手続開始の申立てを封じるために、定款に一定の条項を規定することが考えられる。具体的には、予想外の利害関係人が生じることを防止するために「基金の返還に係る債権は、譲渡又は質入することができない」との条項や「基金は、解散の時まで返還されない」との条項を、また、倒産手続開始のリスクを根本的に回避するために、「基金の返還に係る債権の債権者は、倒産申立権を有しない」とする条項を定款に規定することが考えられる。このような定款規定があれば、仮に基金の返還に係る債権の債権者が破産手続または民事再生手続開始の申立てをなしたとしても、裁判所に申立ての却下を求めうると思われる。

　もっとも、一般の債権者の倒産申立権放棄特約に関しては、「シニア・デット・プロバイダーへの弁済終了後1年と1日を経過するまで」というような形で申立権放棄の期間制限が規定されていることが多いことから、基金の返還に係る債権の債権者が倒産申立権をいっさい有しないなどと定める定款規定の有効性については、議論がありうるところであろう。しかし、基金制度は、株式会社の資本制度に類似するものであり、基金の返還に係る債権は、最劣後の債権である。[33]このような法的性質からすれば、基金の返還に係る債権を有する者が証券化取引を破壊することを防止するための措置として、定

款に倒産申立権不所持条項等を設けることは合理的であり、公序に反しないと考えられる。

Ⅶ　証券化の対象資産と資産保有 SPV

1　不動産

　不動産の証券化は、資産保有 SPV が投資または融資により調達した資金をもって、不動産または不動産信託受益権を取得・保有し、不動産の賃貸および処分またはリファイナンスによって得られたキャッシュにより、元金・利息の弁済、利益の配当、残余財産の分配等を行うものである。不動産の証券化は、次のような手順ないしコンセプトに基づいて行われることが多い。

① 　資産保有 SPV としては、特定目的会社または合同会社が利用される。ただし、社債の発行により資金を調達する場合は、特定目的会社を資産保有 SPV とする。もっとも、かつての有限会社は社債を発行できなかったのに対し、現行法の下では合同会社も社債を発行できることから、今後は合同会社を資産保有 SPV とし、社債の発行により資金を調達するケースも出てくる可能性がある。

② 　資産保有 SPV が合同会社である場合は、対象資産は不動産そのものではなく、不動産信託受益権に限られていた。その理由は、次の点に求められてきた。

　　ⓐ　不動産信託受益権の譲渡であれば、不動産取得税（地方税法73条以下）がかからない。また、登録免許税も軽減される。

　　ⓑ　エクイティ投資の方法としては、匿名組合出資が利用されることが多いが、不動産そのものを取得するときに、匿名組合契約を締結し、これに基づき利益を分配することは、「不動産特定共同事業」に該当

33　相澤＝杉浦編著・前掲書（注32）36頁参照。

する（不動産特定共同事業法2条4項1号・3項2号）。不動産特定共同事業は、主務大臣または都道府県知事の許可を受けなければ、これを行うことができない（同法3条1項）。しかし、不動産を信託受益権に形式転換すると、信託受益権からの収益分配になるため、不動産特定共同事業に該当しないと考えられる。

ⓒ　後述するように、対象不動産の管理・運営・処分はアセット・マネージャーが主導的に行うことが一般的である。とはいえ、資産保有SPVが不動産信託受益権を保有する場合には、何らかの事情でアセット・マネージャーが機能しないときでも、受託者である信託会社等が不動産を管理・処分することを期待することができる。

③　もっとも、不動産特定共同事業法の改正により、資産保有SPVが合同会社である場合に、対象資産が不動産現物であるケースも、今後増えてくるものと思われる。

改正後の不動産特定共同事業法は、不動産取引から生ずる収益等の分配を行う事業で、ⓐ当該行為をもっぱら行うことを目的とする法人が行うものであること、ⓑ不動産の売買、交換または賃貸借という不動産取引に係る業務（第3号事業。同法2条4項3号参照）を他の不動産特定共同事業者に委託するものであること、ⓒ不動産特定共同事業契約の締結の勧誘の業務（第4号事業。同法2条4項4号参照）を他の不動産特定共同事業者に委託するものであること、ⓓ不動産投資に係る専門的知識および経験を有すると認められる者として主務省令で定める者または資本金の額が主務省令で定める金額以上の株式会社（「特例投資家」と総称される）を相手方とするものであること、ⓔその他事業参加者の利益の保護を図るために必要なものとして主務省令で定める要件に適合するものであること、という要件をすべて満たすものを「特例事業」と定めた（同法2条6項）。特例事業については、主務大臣または都道府県知事の許可は不要であり（同法40条の2第1項）、その代わりに主務大臣への届出が必要である（同条2項）。そして、この届出をした者は、「特例事業

者」と定義される（同法2条7項）。

　したがって、資産保有 SPV である合同会社が所定の届出をして特例事業者となり、第4号事業を他の不動産特定共同事業者に委託して特例投資家と匿名組合契約を締結しつつ、第3号事業を他の不動産特定共同事業者に委託して現物不動産の売買等を行うこともできるようになった。

　なお、特例事業者が不動産特定共同事業契約により不動産を取得した場合については、登録免許税や不動産取得税の軽減措置がある（租税特別措置法83条の3、地方税法附則11条14項）。

④　資産保有 SPV が特定目的会社である場合、これが取得・保有する対象財産は不動産信託受益権だけでなく、不動産現物であることもある。特定目的会社が資産流動化計画に基づいて不動産を取得した場合についても、登録免許税や不動産取得税の軽減措置がある（租税特別措置法83条の2第1項、地方税法附則11条3項）。ただし、対象資産が不動産現物である場合は、管理および処分に係る業務を行わせるため、これを信託会社等に信託するか（資産流動化法200条1項）、当該不動産のオリジネーターまたは不動産の管理および処分を適正に遂行するに足りる財産的基礎および人的構成を有する者にその管理および処分に係る業務を委託しなければならない（同条3項1号）。

⑤　資産保有 SPV が合同会社である場合は、ノンリコース・ローンによってデットを調達し、匿名組合契約に基づく出資によってエクイティを調達する。ノンリコース・ローンは、シニアとメザニンに分けられることも多い。

　これに対して、資産保有 SPV が特定目的会社である場合は、特定社債または特定目的借入れによってデットを調達し、優先出資によってエクイティを調達する。

　このように、不動産の証券化においては、調達サイドで優先劣後構造が構築されているのが一般的である。

⑥　優先劣後構造は、調達サイドではなく、資産サイドで構築することも

一応考えられる。すなわち、不動産信託設定の段階で質的に異なる優先受益権と劣後受益権とに分割し、資産保有SPVが優先受益権だけを取得・保有するのである。

しかし、受益権レベルで優先劣後構造を設けると、税法上信託の導管性を維持することができるかどうか、各受益者がどのように減価償却費を認識できるか必ずしも明確ではない。また、それゆえに、各受益権の時価をどう算定するのかも明確ではなく、売買するのも容易ではないように思われる。したがって、不動産信託受益権について優先劣後構造を設けることは、現在は行われていないのではないかと思われる。

⑦ 対象資産が不動産現物である場合、資産保有SPVはいわば「空箱」であるため、資産保有SPVはアセット・マネージャーと業務委託契約を締結し、対象不動産の管理・運営・処分に係る業務（リーシング戦略、売却戦略、大規模修繕、バリュー・アップ施策なども含まれる）を委託するのが一般的である。そして、アセット・マネージャーは、清掃等の日常業務をプロパティ・マネージャーに委託することが多い。

対象資産が不動産信託受益権である場合、不動産の所有者は信託銀行であり、当該信託銀行は、信託契約の定めるところに従って不動産の管理・処分する権限を有するが、実際には、アセット・マネージャー、プロパティ・マネージャーに管理業務を委託することが一般的である。

⑧ 証券化取引の期中、対象資産が不動産現物である場合、賃料は資産保有SPVがテナントから直接受領する。また、対象資産が不動産信託受益権である場合、賃料は受託者たる信託銀行がテナントから受領し、これから対象資産の維持管理に必要な費用などを控除したのちの残額を信託配当として資産保有SPVに引き渡す。もっとも、資産保有SPVまたは信託銀行とマスター・リース契約を締結したマスター・レッシーがいる場合には、マスター・レッシーがテナントから賃料を受領し、これを資産保有SPVまたは信託銀行に引き渡す。

資産保有SPVは、テナントより受領した賃料または信託銀行より支

払いを受けた信託配当をもって、金融機関等へ元利金の弁済、投資家への配当・元本償還、アセット・マネージャーへの報酬等の支払いに充当するが、キャッシュ・マネジメントは、資産保有SPVから委託を受けた会計事務所等が行う。

⑨　最終の弁済期が到来したときは、ⓐリファイナンスにより資産保有SPVが新たに資金を調達する、ⓑオリジネーター等が資産保有SPVから受益権を買い取り、その代金を資産保有SPVに支払う、ⓒ信託銀行が対象不動産を第三者に売却し、その代金から各種の費用を控除した残りを受益者たる資産保有SPVに引き渡す、といういずれかの方法がとられる。その結果、生じたキャッシュ・フローをもって、金融機関等へ元利金の弁済、投資家への配当・元本償還に充当する。

⑩　ノンリコース・ローンやABSはアセット・リスクに依拠したファイナンスであり、オリジネーターに遡求することはできないため、異常値を早期に発見し、回収の確実性を高めるために、融資契約や社債契約には、SPVとしての誓約条項が盛り込まれる。かかる誓約条項は、コベナンツ（Covenants）と呼ばれる。コベナンツには、多種多様なものがありうるが、代表的なものには、ⓐ報告・情報提供義務条項、ⓑ財務制限条項、ⓒ担保制限条項（ネガティブ・プレッジ条項）などがある。どのようなコベナンツ違反が生じた場合にどのような効果を生じさせるかも契約に定められる。期限の利益喪失や期限前償還という究極的な効果を生じさせることもあるし、契約に定められた元利金を支払った後の余剰金を劣後投資家に配当せず、SPV内部に留保するといった予防的な措置にとどめることもありうる。

2　金銭債権

(1)　売掛債権等

売掛債権などサイトの短い金銭債権については、次のような手順ないしコンセプトに基づいて、流動化が行われることが多い（〈図表10〉参照）。

<図表10> 売掛債権流動化の例

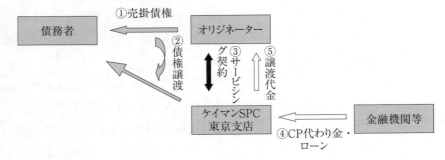

① セラー（金銭債権の証券化においては、オリジネーターは「セラー」とも呼ばれる）は、金銭債権を資産保有SPVに譲渡する。特に、売掛債権は、不動産に比べると管理が容易であり、かつ、比較的短期にすべてのキャッシュ・フローを捕捉できることから、必ずしもセラーごとに資産保有SPVを設立・維持する必要はない。そこで、金融機関がスポンサーとなって設立・維持する資産保有SPVが複数のセラーから金銭債権を譲り受けるのが一般的である。このような資産保有SPVは、マルチセラー型SPVと呼ばれている。

② 金銭債権の譲渡にあたっては、倒産隔離やオフバランスのために、対抗要件を具備する必要があるが、前述のように、動産・債権譲渡特例法4条1項による債権譲渡登記ファイルへの登記を行うことによって、第三者対抗要件のみを具備することが多い。

③ 資産保有SPVはいわば「空箱」であるため、セラーがサービサーとして債務者から債権を回収する。また、セラーから資産保有SPVに引き渡されたキャッシュのマネジメントは、スポンサー等の外部の第三者に委託する。

④ 売掛債権等は短期間に回収されるから、資産保有SPVの資金調達方法は、ABCPまたはABL（Asset Backed Loan）になる。したがって、合同会社を資産保有SPVとしても差し支えない。しかし、後述するように対象資産が売掛債権等の場合には、国内源泉所得に係る源泉徴収の

〈図表11〉 リース債権流動化の例

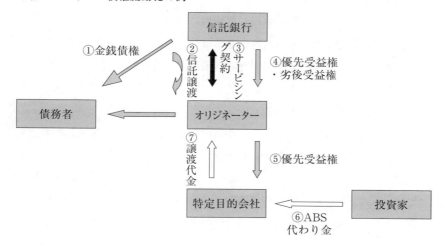

問題がないため、ケイマンSPC東京支店をマルチセラー型SPVとするプログラムがかなり前から構築されている。

⑤ 信用補完措置としては、支払留保によるのが一般的である。

(2) リース債権等

リース債権などサイトの長い金銭債権については、次のような手順ないしコンセプトに基づいて、流動化が行われることが多い（〈図表11〉参照）。

① オリジネーターは、金銭債権を信託銀行に信託譲渡する。オリジネーターは、受益権を取得するが、受益権は優先受益権と劣後受益権とに分かれている。なお、対抗要件の具備については、上述のように、動産・債権譲渡特例法4条1項による債権譲渡登記ファイルへの登記を行うことによって、第三者対抗要件のみを具備することが多い。

② オリジネーターは、優先受益権のみを資産保有SPVに譲渡する。受益権の譲渡および対抗要件の具備は、指名債権譲渡に準じた手続で行われている。つまり、オリジネーターと資産保有SPVとの間で譲渡契約を締結し、受託者が譲渡につき承諾し、その承諾について確定日付を徴求することによって、受託者に対する対抗要件および第三者対抗要件を

具備する（信託法94条）。

③　オリジネーターが信託譲渡した債権について、債務者対抗要件が具備されていないこともあるため、通常は信託銀行の委託を受けてオリジネーターがサービサーとして引き続き債務者から債権を回収する。ただし、コミングリング・リスクに備えて、バックアップ・サービサーをあらかじめ定めておくこともある。

④　信託銀行は、オリジネーターから受領した回収金を優先受益権者である資産保有SPVに優先的に引き渡す。SPVはいわば「空箱」であるため、資産保有SPV自体のキャッシュのマネジメントは、外部の第三者に委託する。

⑤　リース債権の回収にはある程度長期間を要するから、資産保有SPVの資金調達方法は、ABSになる。したがって、資産保有SPVとしては特定目的会社が一般的であった。もっとも、合同会社を資産保有SPVとするケースもある。

⑥　しかし、最近では、オリジネーターが取得した優先受益権をそのまま分割して投資家に取得させることが多くなっており、格付機関も信託受益権についても格付を付与している。また、優先受益権を引当てに受託者あてに金融機関が融資する方法もある。このように信託自体を資産保有SPVとして資金を調達する方法が増えてきたのは、それにより法人型SPVを設立・維持するコストを節約することができるからである。

(3)　貸付債権等

金融機関の貸付債権についても、リース債権などサイトの長い金銭債権と同様の手順ないしコンセプトに基づいて、流動化が行われることが多い。

不動産担保付貸付債権の流動化によって組成される証券は、MBS（Mortgage Backed Securities）と呼ばれるが、対象資産が住宅ローンの場合はRMBS (Residential Mortgage Backed Securities) と、商業用不動産担保ローンの場合はCMBS（Commercial Mortgage Backed Securities）と区別される。

複数の貸付債権を束ねて流動化したものは、CLO (Collateralized　Loan

〈図表12〉 シンセティックCDOのストラクチャー例

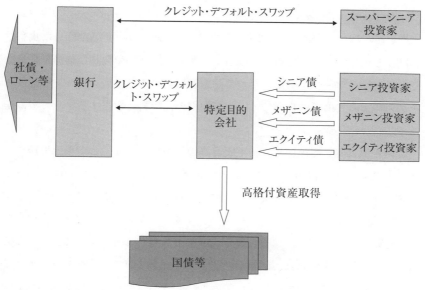

Obligation）とも呼ばれる。また、貸付債権の代わりに、金融機関が保有する社債を束ねて流動化したものは、CBO（Collateralized Bond Obligation）と呼ばれる。そして、より広くいえば、貸付債権や社債のほか、CDS、ABSなど、さまざまな金銭債権のプールを対象資産とする証券は、CDO（Collateralized Debt Obligation）と呼ばれる。CDOには、ローンや社債などの対象資産を資産保有SPVに移転するのではなく、資産保有SPVが証券を発行して投資家から資金を集め、SPVはその資金を国債等の高格付資産で運用しつつ、ローンや社債などのプールを有する金融機関が資産保有SPVとの間でCDS（Credit Default Swap）を締結するものもある。

後者の方法により発行される証券は、対象資産の譲渡による資金調達を伴わないため、シンセティックCDOとも呼ばれる（〈図表12〉参照）。シンセティックCDOにおいては、資産保有SPVへの対象資産の譲渡がないため、オリジネーターたる金融機関としては従来の債権債務関係を維持できるうえ、ローンや社債などの対象資産の債務者の信用リスクをヘッジできる。

なお、ここでCDSについて触れておくと、CDSとは、プロテクション・バイヤー（リスクヘッジをしたい者）とプロテクション・セラー（リスクテイクをしたい者）との間で、参照組織としてあらかじめ両者が合意した企業等に関する信用リスクを売買する取引で、保険や保証に類似した経済効果をもたらす。バイヤーは、セラーから参照組織に対するプロテクションを購入し、その対価としてセラーに対して、保証取引の保証料に相当するプレミアムを払う。

参照組織に関して破産や支払不履行等の信用事由が発生した場合の決済方式としては、現物決済と現金決済とがある。現物決済とは、プロテクション・セラーはプロテクション・バイヤーに対して想定元本相当分のキャッシュを支払い、プロテクション・バイヤーはプロテクション・セラーに対して参照組織の債務現物またはその処分代金を引き渡すことによって決済する方式である。現金決済とは、プロテクション・セラーがプロテクション・バイヤーに対して、参照組織の債務の額面と時価との差額あるいはあらかじめ約定した一定額を現金で引き渡すことによって決済する方式である。市場では、現物決済が一般的である。

(4) 信託の利用

流動化型取引において、法人型の資産保有SPVを設立して、ローンや証券発行により資金を調達するのではなく、信託そのものを資金調達のための資産保有SPVとして利用するケースがある。

たとえば、金融機関等が不動産担保ローンなど金銭債権を信託し、取得した受益権を分割して投資家に販売することによって、資金を調達するのである（〈図表13〉参照）。

また、受託者は、信託財産のために借入れをすることができる。そこで、借入れ等を伴う資産保有SPVとして信託を使うストラクチャーとしては、オリジネーターが資産を受託者に信託譲渡するとともに受託者をして信託財産を引当てとする借入れを行わせ、当該借入資金を原資として、オリジネーターが保有する受益権の価額の大半を償還することにより、オリジネーター

648

VII 証券化の対象資産と資産保有SPV

〈図表13〉 信託受益権の販売による資金調達の例

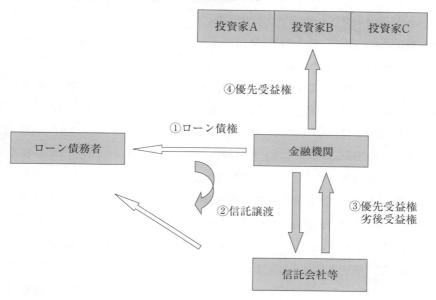

〈図表14〉 信託財産を引当てにした借入れによる資金調達

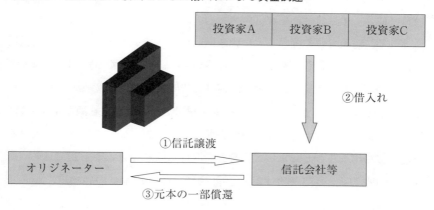

が資金調達を行う仕組み（いわゆる ABL スキーム）もある（〈図表14〉参照）。[34]

---

34 小野傑＝深山雅也編『新しい信託法解説』132頁（平成19年）参照。

(5) 海外 SPC にかかわる法的問題点

　不動産の証券化と異なり、売掛債権の証券化においてケイマン SPC が資産保有 SPV として利用されてきた理由は、税制に求めることができるように思われる。

　ケイマン SPC の日本支店は、外国法人の日本における恒久的施設であるから、発生した国内源泉所得金額について、わが国の法人税が課される（法人税法141条1号、法人税法施行令185条1項1号）。

　ケイマン SPC についても、対象資産の運用・処分等から生じた収益は、そのまま投資家に分配され、課税所得が発生することはないように仕組まれている。しかし、ケイマン SPC が得る所得について源泉徴収がある場合、キャッシュ・フローに歪みが生じるおそれがある。つまり、課税所得がない場合には、確定申告をした後に還付を受けることになるが、還付の時期・金額が当初の想定と異なってしまい、ローンや社債の利払いや元本返済・償還を契約に定めたとおりに行えないおそれがある。また、還付の時期・金額が当初の想定どおりであるとしても、元本返済・償還が後ろ倒しになる分だけ、投資家にとっては資金効率が低下する。

　そこで、対象資産の種類ごとに源泉徴収について考えてみると、不動産現物については、賃貸収入や売却代金については、支払者たる賃借人や購入者が源泉徴収義務を負う（所得税法161条1号の3・同条3号・212条1項）。もっとも、ケイマン SPC が一定の要件（所得税法施行令304条）を満たすときは、賃料収入については、源泉徴収免除証明書の交付を受け、これを支払人たる賃借人に提出することによって、源泉徴収の免除を受けることができる（所得税法180条1項1号）。しかし、不動産現物の売却代金については、かかる源泉徴収免除の規定はない。

　これに対して、売掛債権については、売買価格と返済金額との差額である償還益は「国内にある資産の運用、保有により生ずる所得」であって、源泉徴収義務はない（所得税法161条1号・212条1項）。ただし、発生の日から債務を履行すべき日までの期間が6カ月を超える債権については、利息相当額

は貸付金の利子として取り扱われ（所得税法施行令283条1項）、源泉徴収の対象とされる可能性があるため（所得税法161条6号・212条1項）、源泉徴収免除証明書の交付を受け、原債務者ではなく、原債権者たる債権譲渡人にこれを提出するのが、実務上の通例である。

　このため、売掛債権の証券化においては、ケイマンSPCが資産保有SPVとして利用されているのに対して、不動産の証券化においては、資産保有SPVとしてケイマンSPCが利用されてこなかったものと思われる。

　資産保有SPVとして海外SPCを利用する場合、擬似外国会社規制に抵触しないかどうかを考えておく必要がある。

　擬似外国会社とは、「日本に本店を置き、又は日本において事業を行うことを主たる目的とする外国会社」をいう。擬似外国会社は、日本において取引を継続してすることができない（会社法821条1項）。これに反して取引をした者は、相手方に対し、外国会社と連帯して、当該取引によって生じた債務を弁済する責任を負うとともに（同条2項）、会社の設立の登録免許税の額に相当する過料に処せられる（同法979条2項）。

　海外SPCを資産保有SPVとして証券化取引を行う場合、擬似外国会社規制との関係では、①当該海外SPCは「日本において事業を行うことを主たる目的とする」という要件を満たし、擬似外国会社に該当するか否か、②仮に、擬似外国会社に該当するとなると、当該海外SPCは「取引」を「継続して」行ったことになるか否かが問題となりうる。

　立法担当者は、①の点について、「外国会社が、①海外で資産を購入する場合、②海外で証券を発行する場合、③海外に所在する資産を日本の支店を通じて購入する場合等のいずれかに該当する場合は、その他に日本国内で資産購入および証券の発行を行うことがあっても、通常、『日本において事業を行うことを主たる目的とする』場合には該当せず、擬似外国会社には当たらない」としている。[35]

---

[35] 相澤哲編著『一問一答新・会社法』243頁（平成17年）。

また、立法担当者は、②の点について、「オリジネーターから資産を購入する取引が1回の取引である場合は、『取引を継続』していることにならず」、「プログラム形式の証券化においては、特定の当事者間（中略）において、（中略）基本的な契約を締結し、その後の資産の取得やコマーシャルペーパーの発行等は、その基本的契約の履行の一環として行われるものであるから、実質的に1個の契約しか締結されない場合が多く、そのようなプログラムについては『継続して取引』したものとは認められない」、「資産流動化は、オリジネーター等が多数存在する場合が通常であるが、外国会社が、同時に複数のオリジネーター等と契約を締結する場合には、1個の集団的な契約が締結されたものと評価できるから、このような場合も『継続して取引』をしたものとは認められない」、「複数回の取引を行った場合でも、それが継続性のないものであるならば、会社法821条には違反しない」としており、相当程度緩やかな解釈を示しているように見受けられる。[36]

とはいえ、擬似外国会社規制に抵触すると、取引をした者が外国会社の債務につき連帯責任を負うことや（会社法821条2項）、過料の制裁がある（同法979条2項）。したがって、これから新たに海外SPCを資産保有SPVとして利用しようとする際には、擬似外国会社規制に抵触するかどうかも検討する必要があるものと思われる。

3　知的財産権

不動産、金銭債権のほかに、証券化の対象資産として考えられるものには、知的財産権がある。知的財産権には、特許権、商標権、著作権、意匠権、実用新案権などがある。知的財産権については、登録が権利移転の効力要件や対抗要件になっていることからすれば（特許法98条1項1号、商標法35条、著作権法77条1号など）、知的財産権は証券化の対象資産に向いているといえるかもしれない。

---

[36] 相澤編著・前掲書（注35）244頁。

しかし、実際には、いずれの知的財産権についても、証券化取引が行われた事案はごく少ない。

まず、知的財産権を売買するマーケットがあるとは、いいがたい。したがって、理論上知的財産権の評価額の算定が可能であったとしても、資金供給者としては、不動産の証券化のように、いざというときに知的財産権を処分することにより投下資本を回収することは期待しがたい。このため、特にデット性資金の供給者としては、ライセンスの付与によってオリジネーターが取得するロイヤルティ債権等から生じる期中キャッシュ・フローによって、利息のみならず元金も弁済されるかどうかを検討することになる。しかし、それほどに潤沢な期中キャッシュ・フローを生み出すだけのライセンス契約の裏づけがある知的財産権は多くないであろう。もちろん、不動産のセール・アンド・リースバックと同様に、オリジネーターが資産保有SPVに知的財産権を移転しつつ、資産保有SPVからオリジネーターに対してライセンスを付与することによって、資産保有SPVがオリジネーターから期中キャッシュ・フローを受け取るようにすることは可能である。しかし、相応の相場がある不動産の賃借料に比べると、個別性の強い知的財産権に関してロイヤルティの適正な相場水準があるとはいえないであろうから、オリジネーターも資金供給者も納得でき、かつ、会計・税務的に十分説明がつくロイヤルティの額を設定することは、かなり難しい作業である。

さらに、安定的なキャッシュ・フローを確保するためには、ライセンス契約に基づいてライセンシーを管理するほか、無効審判の申立てがあったとき（特許法123条、商標法46条など）や、知的財産権を侵害する者がいることを発見した場合の差止請求（特許法100条、商標法36条、著作権法112条など）や損害賠償請求（民法709条）[37]などに対応する必要がある。資産保有SPVはいわば「空箱」であるため、資産保有SPVのためにかかる業務を適切に受託できる者がおり、かつ、受託者が不適任であることが判明した場合には資金供

---

[37] なお、知的財産権の侵害があった場合の損害額の推定規定がある（特許法102条、商標法38条、著作権法114条）。

給者が後任の受託者を選任できる仕組みが整っていなければ、安定的なキャッシュ・フローを維持することができない。その意味では、知的財産権の証券化は、単なるアセット・ファイナンスとしてとらえるのではなく、その知的財産権を使ったビジネス全体から生じる将来キャッシュ・フローをもとに事業価値を評価する WBS（Whole Business Securitization）としてとらえる必要があろう。

このように知的財産権の証券化をめぐっては、いまだ整理できていない法的・実務的論点が多々存在するため、不動産や売掛債権の証券化のようには浸透していない。

4 動　産

動産も対象資産として考えられなくはないが、証券化が実行された事案は、ごく少ないものと思われる。

知的財産権とは異なり、動産の種類によっては、マーケットでの処分価額や期中に生み出されるキャッシュ・フローは、ある程度合理的に見積もることはできるかもしれない。しかし、対象資産たる動産の種類にあわせて、保管・売買に係るノウハウが発揮されてこそ、かかるキャッシュ・フローの蓋然性を高めることができ、対象資産の価値に一義的に依拠したファイナンスである証券化を実行することができる。

また、動産は不動産と異なり、権利の帰属が占有によって公示され、さらに、占有を信頼して無権限者と取引した者は即時取得（民法192条）によって動産の所有権を原始取得することができる。したがって、何らかの事情で対象資産たる動産を占有している者が、資産保有SPVないし証券化の取引関係者の企図に反して、当該動産を処分し、即時取得が成立した場合、資産保有SPVは当該動産の所有権を失うことになる。また、前述のとおり、動産譲渡登記があるからといって、即時取得を完全には阻止することができるわけではない。つまり、不動産や金銭債権と比べると、動産については、所有者の静的安全よりも取引の安全が重視されている。これでは、資産保有

SPVに権利を確保させつつ、キャッシュ・フローを捕捉し、これを金融機関ないし投資家に分配するという証券化の目的を達成できない危険性が高いことは否めない。この点からも、動産を対象資産とする証券化の事案は、ごく少ないのである。

　もっとも、動産の中でも、登記・登録された船舶・自動車・航空機については、即時取得の規定は適用されないというのが通説・判例である[38]。したがって、かかる動産については、マーケットでの処分価額や期中に生み出されるキャッシュ・フローの蓋然性を合理的に見積もることができるのであれば、証券化取引の実行も可能であろう。

　これらの点を考えると、いわば「空箱」である資産保有SPVに代わって、対象資産たる動産を占有・管理し、かつ適正な価額で売却する業務を受託できる者がおり、かつ、受託者が不適任であることが判明した場合には資金供給者が後任の受託者を選任できる仕組みが整っており、さらに登記・登録その他即時取得の発生を阻止するための手立てが整っていなければ、安定的なキャッシュ・フローを維持し、対象資産の権利を保全することができない。その意味では、動産の証券化も、単なるアセット・ファイナンスとしてとらえるのではなく、その動産を使ったビジネス全体から生じる将来キャッシュ・フローをもとに事業価値を評価するWBSとしてとらえる必要があろう。

　このように動産の証券化についても、いまだ整理できていない法的・実務的論点が多々存在するため、不動産や売掛債権の証券化のようには浸透していない。

38　自動車について、最判昭和62・4・24判時1243号24頁。

Ⅷ　証券化と金商法

1　金商法上の有価証券

　私法上の有価証券とは、一般に、財産権を表章する証券であって、その権利の移転および行使に証券が必要とされるものをいう。手形、小切手、株券、社債券、船荷証券等が、私法上の有価証券の例である。

　私法上の有価証券は、投資家間を転々流通する可能性があることから、「有価証券の発行及び金融商品等の取引等を公正にし、有価証券の流通を円滑にする」ことを目的とする金商法は、私法上の有価証券を金商法上の有価証券としても幅広く指定している（金商法2条1項）。もっとも、私法上の有価証券でも、手形や小切手など投資性のないもの、すなわち、①金銭の出資、金銭等の償還の可能性をもち、②資産や指標などに関連して、③より高いリターン（経済的効用）を期待してリスクをとる、とはいえないものについては、投資家保護という金商法の目的に照らして規制の対象とされていない。

　逆に、私法上の有価証券でなくても、投資性のある金融商品に該当するものがある。そのような金融商品についても、投資家保護の必要があることに変わりはないから、かかる金融商品は、「みなし有価証券」として、金商法上の有価証券に指定されている（金商法2条2項各号）。

　資産保有SPVが特定目的会社である場合、発行される有価証券は優先出資と特定社債であるが、いずれも金商法上の有価証券である（金商法2条1項8号・4号）。

　資産保有SPVが合同会社である場合、当該合同会社を営業者とし、投資家を匿名組合員とする匿名組合契約に基づく権利を投資家に取得させることが多い。匿名組合契約に基づく権利は、私法上の有価証券ではないが、いわゆる集団投資スキーム持分の1つであり、金商法上の有価証券である（金商法2条2項5号）。

2　金商法上の有価証券であることの意味

　ある金融商品が金商法上の有価証券に該当するということは、実務的には、次の3つの意味を有する。

① 　まず、有価証券については、金商法の業規制および行為規制が適用される。すなわち、有価証券の売買等の行為を業として行うには、内閣総理大臣の登録を受けなければならないし（金商法29条）、また、一定の行為規制を遵守しなければならない（同法35条ないし45条）。

② 　次に、有価証券については、原則として開示規制が適用される。すなわち、発行開示として、有価証券の募集・売出しについて、有価証券届出書の提出を通じた公衆縦覧および投資家に対する目論見書の交付による情報の直接提供が義務づけられる。また、継続開示として、上場された有価証券について、有価証券報告書等を通じた公衆縦覧が義務づけられる。

　　もっとも、証券化に係る有価証券については、募集・売出しではなく、私募によって投資家に取得させることがほとんどであり、開示規制は基本的には問題にならない。

③ 　また、有価証券については、不正行為の禁止（金商法157条）、風説の流布・偽計・暴行・脅迫の禁止（同法158条）等の不公正取引禁止に係る規定が適用される。

3　金融商品取引業

　金商法は、有価証券等に係る一定の行為を業として行うことを「有価証券取引業」と定義し（金商法2条8項）、内閣総理大臣の登録を受けなければ、金融商品取引業を行ってはならないとした（同法29条）。

　証券化との関係では、有価証券の売買（金商法2条8項1号）、有価証券の売買の媒介、取次ぎまたは代理（同項2号）、有価証券の引受け（同項6号）、有価証券の募集または私募（同項7号）、有価証券の売出し（同項8号）、有

価証券の募集もしくは売出しまたは募集の取扱い（同項9号）、金融商品の価値等の分析に基づく投資判断に基づいて主として有価証券またはデリバティブ取引に係る権利に対する投資として、信託の受益権または集団投資スキーム持分等を有する者から出資または拠出を受けた金銭その他の財産の運用またはその指図を行うこと（同項15号。自己運用）が、金融商品取引業に該当する可能性がある。

　ここで、金商法上の用語について付言しておくと、新たに発行される有価証券の取得の申込みの勧誘を「取得勧誘」と定め、取得勧誘のうち不特定多数人に有価証券を取得させる可能性のある一定の範囲のものを「募集」といい、取得勧誘のうち募集にあたらないものを「私募」という（金商法2条3項）。これに対し、すでに発行された有価証券の売付けの申込みまたは買付けの申込みを「売付け勧誘等」と定め、そのうち不特定多数人に有価証券を取得させる可能性のある一定の範囲のものを「売出し」という（金商法2条4項）。

⟨**Point 12**⟩

新たに発行される有価証券の取得の申込みの勧誘
＝取得勧誘　{ 募集
　　　　　　　私募
すでに発行された有価証券の売付けの申込みまたは買付けの申込みの勧誘
＝売付け勧誘等　→　このうち一定の要件を満たすもの＝売出し

　また、有価証券の募集もしくは売出しまたは私募等に際し、①当該有価証券を取得させることを目的として当該有価証券の全部または一部を取得すること、または②当該有価証券の全部または一部につき他にこれを取得する者がない場合にその残部を取得することを内容とする契約をすることを「引受け」という（金商法2条6項1号・2号）。[39]

---

[39] 証券化とは無関係であるが、「引受け」の類型には未行使の新株予約権証券を取得して自己または第三者が当該新株予約権を行使することを内容とする契約をすることもある（金商法2条6項3号）。

4 取得勧誘等

(1) 資産保有 SPV が特定目的会社である場合

資産保有 SPV が特定目的会社である場合、優先出資や特定社債の発行によって資金を調達する。優先出資も特定社債も、金商法2条1項に定める有価証券であるから、金融商品取引業の登録を受けた者でなければ、売買の媒介や私募の取扱い等を行うことができない。

もっとも、資産流動化計画に定められた特定資産の譲渡人（法文上は「特定譲渡人」と呼ばれるが、要するにオリジネーター）は、金融商品取引業の登録がなくても、あらかじめ内閣総理大臣に届け出て、優先出資や特定社債の募集・私募の取扱いを行うことができる。届出をした特定資産の譲渡人が行う優先出資等の募集等の取扱いは、有価証券の募集・私募の取扱いには該当しないものとみなされる（資産流動化法208条）。

また、優先出資についても、特定社債についても、自己募集・私募は金融商品取引業の対象になっていない。そこで、特定目的会社の取締役または使用人は、特定譲渡人が優先出資等の募集・私募の取扱いを行う旨の届出を行っていないときは、優先出資等の募集・私募に係る事務を行うことができる（資産流動化法207条）。

(2) 資産保有 SPV が合同会社である場合

資産保有 SPV が合同会社である場合、匿名組合契約に基づく出資によって資金の一部を調達する。匿名組合契約に基づく権利は、金商法2条2項5号に定める有価証券であるから、金融商品取引業の登録を受けた者でなければ、売買の媒介や私募の取扱い等を行うことができない。

さらに、匿名組合契約に基づく権利の募集・私募も、金融商品取引業の対象になっている（金商法2条8項7号ホ）。つまり、匿名組合契約を締結しようとする営業者が自ら投資家を募って当該契約を締結する行為は募集・私募であり、これを業として行うには、第二種金融商品取引業の登録を受けなければならない（同法28条2項1号）。しかし、ここでいう営業者にあたるのは、

人的・物的施設を有しない資産保有SPVであるから、第二種金融商品取引業の登録を受けることができるのかという問題を生ずる。

(3) 信託の受益権を取得させる場合

信託の受益権は金商法上の有価証券であることから（金商法2条2項1号）、信託の委託者兼当初受益者であるオリジネーターが信託の受益権を投資家に取得させる行為は、有価証券の募集・私募に該当する（金商法2条3項、金融商品取引法第二条に規定する定義に関する内閣府令9条4号）。

オリジネーターが自ら信託の受益権を投資家に取得させる行為、すなわち、有価証券の自己募集・自己私募は、金融商品取引業ではないため（金商法2条8項7号参照）、内閣総理大臣の登録を受けなくても行うことができる。これに対して、オリジネーターのために「有価証券の募集・私募の取扱い」をすることは、金融商品取引業にあたるから（同項9号）、内閣総理大臣の登録（第二種金融商品取引業）を受けなければ行うことができない（同法29条・28条2項2号）。

5 自己運用

金商法は、集団投資スキーム持分や信託の受益権を有する者から出資または拠出を受けた金銭等を主として有価証券またはデリバティブ取引に係る権利に対する投資として運用する業務（自己運用）も、金融商品取引業と位置づけた（金商法2条8項15号）。

そして、自己運用を行うには、金融商品取引業の中でも投資運用業の登録を受ける必要がある（金商法28条4項3号）。

(1) 資産保有SPVが特定目的会社である場合

業規制の対象になる自己運用は、信託の受益権または集団投資スキーム持分を有する者が拠出した金銭を主として有価証券等に運用する行為に限られている。しかるに、特定目的会社が発行する優先出資は、信託の受益権にも集団投資スキーム持分にも該当しない。よって、特定目的会社が、主として有価証券またはデリバティブ取引に係る権利に投資していたとしても、自己

運用には該当しないから、特定目的会社は投資運用業の登録を受ける必要はない。

元々、特定目的会社制度は、特定の資産が生み出すキャッシュ・フローを裏づけとして投資家から資金を調達する制度であり、特定目的会社の取締役等の裁量的判断に基づく資産の入れ替えによる運用は、基本的には想定されていない。特定目的会社は、資産の流動化に係る業務を行うときは、あらかじめ内閣総理大臣に届け出なければならず（資産流動化法3条1項）、その届出書には、資産の流動化に関する基本的な事項を定めた資産流動化計画（同法2条4項）を添付しなければならない（同法4条3項2号）。このような届出制を通じた監督的規制によって、投資家保護が図られており、重ねて金商法制による業規制を及ぼす必要がないと考えられたからであろう。

(2) 資産保有SPVが合同会社である場合

業規制の対象になる自己運用は、信託の受益権または集団投資スキーム持分を有する者が拠出した金銭を主として有価証券等に運用する行為である。そして、ここでいう有価証券には、信託の受益権や集団投資スキーム持分も含まれる（金商法2条2項1号・5号）。

したがって、いわゆるGK（合同会社）＋TK（匿名組合）スキームにより、わずかな資本金の額で合同会社を設立し、匿名組合契約に基づく権利に基づき出資を受けて、有価証券（信託の受益権、匿名組合契約に基づく権利も当然含まれる）に投資する証券化取引を組成しようとする場合、資産保有SPV自体が投資運用業の登録を受けなければならないことになる。

しかし、投資運用業の登録を受けることができる法人は、株式会社に限定されているため、合同会社は投資運用業の登録を受けることができない。しかも、取締役会および監査役または委員会を置くものでなければならない（金商法29条の4第1項5号イ）。また、投資運用業の登録を受けるためには、資本金の額は5000万円以上でなければならないし（同項4号、金商法施行令15条の7第1項3号）、最低純資産額も5000万円以上でなければならない（金商法29条の4第1項5号ロ、金商法施行令15条の9第1項）。

6　投資一任・投資助言

　資産保有SPVたる特定目的会社や合同会社は、いわば「空箱」であるから、当該法人が取得・保有・処分する財産が有価証券（信託の受益権や集団投資スキーム持分も当然含まれる）である場合に、当該法人に対して、当該有価証券の価値や投資判断に関し、助言をする者についても、金商法上の業規制が問題になりうる。

　金商法は、当事者の一方が相手方に対して、有価証券の価値等に関し、口頭、文書その他の方法により助言を行うことを約し、相手方がそれに対し報酬を支払うことを約する投資顧問契約を締結し、当該投資顧問契約に基づき、助言を行うことを「投資助言業務」と定義し（金商法2条8項11号・28条3項1号・28条6項）、当事者の一方が、相手方から、金融商品の価値等の分析に基づく投資判断の全部または一部を一任されるとともに、当該投資判断に基づき当該相手方のため投資を行うのに必要な権限を委任されることを内容とする投資一任契約を締結し、当該契約に基づき、金融商品の価値等の分析に基づく投資判断に基づいて有価証券またはデリバティブ取引に係る権利に対する投資として、金銭その他の財産の運用（その指図を含む）を行うことを「投資一任業務」と定義する（同法2条8項12号ロ・28条4項1号）。したがって、信託の受益権などを取得・保有・処分しようとする資産保有SPVに対して助言をする行為は、投資助言業務と投資一任業務のいずれかに該当するおそれがある。

　この点、投資一任業務は投資運用業に含まれるところ、投資運用業の登録拒否要件には、前述のとおり株式会社要件や最低資本金要件などがあるし（金商法29条の4第1項）、対象資産に関する自己取引や利益相反取引の禁止などの行為規制が厳格である（同法42条の2）。したがって、助言する者の行為は、投資一任業務ではなく投資助言業務に該当すると説明したいところであろう。

　しかし、投資助言業務であると説明するためには、助言を受けた者が自ら

投資を決定したといえることが前提となる。これまで、資産保有SPVたる会社において、社員持分を有する者も、業務執行権をもつ者も、名目的な存在にすぎないとされてきたため、会社内部における意思決定のあり方は、明確には意識されてこなかったおそれがないわけではない。

7 適格機関投資家等特例業務

上述のとおり、資産保有SPVが合同会社である場合、当該合同会社自体が営業者として匿名組合契約を締結して同契約に基づく権利を投資家に取得させるには、第二種金融商品取引業の登録を受ける必要がある。また、当該合同会社が不動産等の信託の受益権を取得して運用するには、投資運用業の登録を受ける必要があるが、現実には不可能である。

そうすると、GK―TK（匿名組合）スキームにより証券化をすることはできなくなるが、それでは、これまでの実務を全面的に否定することになるし、過剰な規制によって金融イノベーションが阻害されるおそれがある。

そこで、金商法は、①適格機関投資家等を相手方として行う集団投資スキーム持分の私募、②集団投資スキーム持分を有する者から拠出された金銭等の自己運用について、「適格機関投資家等特例業務」という特例を設けた。

適格機関投資家等特例業務については、金商法29条の規定の適用が排除されているから、内閣総理大臣の登録は不要である（金商法63条1項柱書）。その代わりに、適格機関投資家等特例業務を行う者は、あらかじめ、内閣総理大臣へ届出をしなければならない（同条2項柱書）。この届出をした者は、「特例業務届出者」と呼ばれる（同条3項）。

⟨*Point 13*⟩
適格機関投資家等特例業務とは、
①集団投資スキーム持分の自己私募
　→届出のみで可能（＝第二種金融商品取引業の登録不要）
②集団投資スキーム持分を有する者から拠出された金銭等の自己運用

663

> →届出のみで可能（＝投資運用業の登録不要）

「適格機関投資家等」とは、①適格機関投資家以外の者で政令で定めるもの（その数が政令で定める数以下の場合に限る）および②適格機関投資家をいう（金商法63条1項1号参照）。そして、①の「政令で定めるもの」は「適格機関投資家以外の者」とされ（金商法施行令17条の12第1項）、「政令で定める数」は49とされる（同条2項）。

これらの法文を一読して理解するのは容易ではないが、要するに、「適格機関投資家等」とは、「1名以上の適格機関投資家」＋「49名以下の非適格機関投資家（＝適格機関投資家以外の者）」を意味することになる。

〈*Point 14*〉

適格機関投資家等とは、
＝1名以上の適格機関投資家　＋　49名以下の非適格機関投資家

もっとも、知識・経験が乏しく十分な投資判断能力を有しない非適格機関投資家が詐欺的なファンドに投資して損害を被っているとの指摘があるため、①の「政令で定めるもの」の範囲を限定すべきであるとの動きもある。[40]

なお、適格機関投資家とは、有価証券に対する投資に係る専門的知識および経験を有する者をいい、具体的には、金融商品取引法第二条に規定する定義に関する内閣府令10条1項に列挙されている。

---

[40] 金融庁「適格機関投資家等特例業務の見直しに係る政令・内閣府令案等の公表について」参照。

第13章　外国為替取引

I　外国為替の概念と仕組み

1　外国為替とは

　商品購入代金の決済などの金銭債務の支払いを行う際に、現金での支払いではなく、金融機関を通じて送金等の手段で行う仕組みを「為替」というが、受取人と支払人の両当事者がともに同じ国内で為替を利用して資金決済を行うのが「内国為替」であるのに対し、当事者の一方が外国に所在しており、外国との間で行うのが「外国為替」である。そこには、異なる通貨（たとえば、日本円と米ドル）の交換が発生するのが内国為替との大きな相違点であり、交換レートが一定の基準の下に定められ、外国為替相場が形成される。また、金融機関と外国為替取引を行う当事者の代表的な存在は輸出入業者であるが、輸出代金の早期回収のため輸出業者が振り出した荷為替手形を金融機関が買い取ったり、輸入貨物を国内で販売して代金回収するまでの間、輸入代金の決済の猶予を金融機関が輸入業者に与える等の、金融機関にとって与信取引を伴うことが多いのも内国為替との相違点である。

　金融機関における外国為替取引の種類としては、送金、荷為替手形と付属書類による輸出入取引（信用状付き、信用状なし）が代表的存在であるが、このほかには外国通貨の両替（現金、旅行小切手）、外貨預金取引、インパクトローン（外貨建融資）取引も外国為替取引の範疇に含まれる。

2　外国為替相場

　種類の異なる通貨間の交換比率を外国為替相場（Foreign Exchange Rate）というが、相場を運用する当事者の関係により、市場相場（Market Rate）と対顧客相場（Customer's Rate）に分けられる。前者はインターバンク相場（Interbank Rate）ともいわれ、為替ブローカーや銀行等の間で行われる外国為替売買取引によって形成されるもので、新聞等で指標が発表されている東京外国為替市場の実勢相場はその一例である。一方、後者は顧客と銀行の外国為替取引に適用される一種の小売相場である。米ドルの対顧客相場を例示したものが〈図表1〉であるが、顧客と金融機関の外国為替取引の種類によって、異なる為替相場が適用される。為替相場の建て方は、市場相場を基本（仲値）として、金融機関の得る利ざや、リスク負担料、メール期間金利、保険料等を含んだものによって形成されている。

〈図表1〉　対顧客相場の例

売相場	外国通貨売相場	108.38円（TTS＋リスク料、保険料等）
	信用状付一覧払い輸入手形決済相場（ACC）	106.59円（TTS＋メール期間金利）
	電信売相場（TTS）	106.38円（仲値＋1円）
	仲値（TTM）	105.38円
買相場	電信買相場（TTB）	104.38円（仲値－1円）
	信用状付一覧払い輸出手形買相場	104.17円（TTB－メール期間金利）
	信用状なし一覧払い輸出手形買相場	103.87円（TTB－メール期間金利－30銭）
	外国通貨買相場	102.38円

（注）　上記は直物相場であり、買相場にはこのほかに期限付輸出手形買相場がある。また、直物相場とは別に先物相場がある。

3　資金決済方法

　内国為替取引では、取引に参加する銀行がそれぞれ日本銀行に預け金口座を開設し、その口座を利用して為替取引の資金尻を振替決済することで、銀行間の資金の決済、精算が行われる。しかし、外国為替取引では、日本銀行のような資金を集中決済する存在がないため、それぞれの銀行間で個別に契約を締結し、両者間の資金決済方法を取り決める。これをコルレス契約（Correspondence Agreement）という。

　外国為替取引の資金決済は、コルレス契約関係にある銀行の双方または片方に開設した預け金口座を通じて行っている。

II　外国為替取引の主な関連法規、統一規則

　外国為替取引は数多くの関連する法律や政省令、統一規則等の定めるところにより運営されているが、その中でも基本法の位置づけにある「外国為替及び外国貿易法」と、統一規則のうちの代表的存在である「信用状統一規則」、「取立統一規則」についての概観を以下論述する。

1　外国為替及び外国貿易法

　外国為替及び外国貿易法（外為法）は、外国為替取引上の基本法との位置づけにあるが、その前身は1949年に施行された「外国為替及び外国貿易管理法」に遡る。同法の基本理念は外国との経済取引を原則禁止とし、許認可を得た場合のみを認めるもので、戦後の混乱で疲弊した日本経済を復興させるための保護手段でもあった。そこでは、すべての外国為替取引を大蔵大臣（当時）の認可事項とし、外国為替公認銀行を通じて行う必要があった。ほぼ同時期の1950年に制定された「外資に関する法律」も同趣旨の目的の下に制定されたものである。

　その後、わが国の経済が復興を遂げ、著しく発展することとなり、諸外国

と競争していくにはこれらの法律はかえって妨げになることが多くなったため、外為法は1979年に、従来の原則禁止のものを原則自由に改定し、1980年12月1日から施行された。このとき、「外資に関する法律」は廃止され、外為法に吸収された。

さらに、国際金融の一層のグローバル化が進み、欧米諸外国の外国為替管理制度の自由化が進展し、かえって東京外国為替市場の空洞化が懸念される事態を迎えた結果、1997年5月15日に「外国為替及び外国貿易管理法の一部を改正する法律」が成立し、1998年4月1日から施行された。この改正により、法律の名称から「管理」が削除され、資本取引等については事前の許可、届出制度を原則廃止のうえ事後報告制度とし、従前の外国為替公認銀行制度、両替商制度等を廃止して外国為替業務への自由な参入、退出が可能となった。

現在の外為法は、わが国経済と海外経済の間で発生する対外取引の総合的な調整を行う目的があり、法律の解釈・運用にあたっては単に国内法規との関連のみならず諸外国の法規や慣習を考慮したうえでなさねばならないものである。そして、政府が所要の規制を発動する際に機動的に行うことができるよう、権限が与えられており、外為法の下に多くの政省令がおかれている。

1998年の改正前は、外国為替公認銀行に対外取引に伴う決済を集中させることによってすべての外国為替取引内容についての適法性の点検がなされてきたが、この制度が廃止された後にも銀行には種々の確認、報告義務が課せられている。たとえば、外為法17条では、銀行等はその顧客の支払い等が許可を受ける義務が課せられたものであるときには、当該許可を受けていることを確認した後でなければその支払い等に関する為替取引を行ってはならないとされている。また、外為法では、銀行等の本人確認義務について多くの定めがなされているが、これは2001年9月11日に発生した米国での同時多発テロを契機として、マネー・ローンダリング防止、テロ資金供与防止が世界的規模で取り組まれるようになり、わが国でも銀行等の国内業務における本人確認法（その後、2008年3月に全面施行された「犯罪による収益の移転防止に関する法律」に本人確認法の定めはすべて移行し、同法は廃止された）が施行さ

れたことに伴い、外為法においても銀行等の本人確認義務に関する改正が行われ、2003年1月6日から施行されたものである。その主な内容は、まず同法18条で、銀行等が外国への送金または非居住者への支払いを顧客に依頼された場合に、その金額が10万円を超える場合は顧客の本人確認（法人については取引を行う自然人を含む）すべきことを義務づけており、具体的には、運転免許証の提示等を受ける方法その他財務省令で定める方法により、自然人については氏名、住所または居所および生年月日を、法人については名称および主たる事務所の所在地を、さらに代理人や代表者の本人確認に加え取引の任にあたる者の本人確認が必要である。また、顧客が国、地方公共団体、人格のない社団または財団等の場合は、取引の任にあたる自然人を顧客とみなして本人確認を行うこととしている。

　次に、外為法22条の2では、銀行等が「居住者と非居住者間の預金契約」を典型例（同法20条）とする資本取引に係る契約を締結する際にも顧客の本人確認をすべきことを義務づけており、さらに同法22条の3では、200万円を超える両替（外国通貨または旅行小切手の売買）についても顧客の本人確認を求めている。

　そして、顧客が本人確認に応じない場合の当該取引や契約締結の義務の履行を拒めることや、本人確認記録の作成と保存義務は国内業務における関係法令の定めと同様である。

　なお、2011年4月に改正された「犯罪による収益の移転防止に関する法律」（犯罪収益移転防止法）では、従前の「本人確認」の呼称を「取引時確認」に変更している。

　犯罪収益移転防止法では、金融機関ほか同法で規定されている特定事業者に対して「疑わしい取引の届出」を義務づけている（同法8条）。

　疑わしい取引の届出制度は、犯罪による収益等の隠匿や仮想等の、いわゆるマネー・ローンダリング行為が金融機関等との取引を通じて行われ、犯罪による収益の移転に利用されやすいことから、金融機関等に対して疑わしい取引の届出を求め、その情報を集約することで犯罪捜査に役立てることを目

的としている。この制度は、海外では一般的にSAP（Suspicious Activity Report）と呼ばれているが、わが国では金融機関等から届け出られた情報は警察庁刑事局組織犯罪対策部組織犯罪対策企画課犯罪収益移転防止対策室で集約し、マネー・ローンダリングや各種犯罪の捜査等に活用されている。

　金融機関での取引で、具体的にどのような取引が疑わしい取引の届出対象となるのかについては、金融庁から「疑わしい取引の参考事例（預金取扱い金融機関）」が公表されており、その構成は「全般的な注意」と「第1から第8までの各分類と47項目の取引形態の例示」となっており、その中には以下の「第6　外国との取引に着目した事例」も含まれている。

第6　外国との取引に着目した事例
(1)　他国（本邦内非居住者を含む。以下同じ。）への送金にあたり、虚偽の疑いがある情報又は不明瞭な情報を提供する顧客に係る取引。特に、送金先、送金目的、送金原資等について合理的な理由があると認められない情報を提供する顧客に係る取引。
(2)　短期間のうちに頻繁に行われる他国への送金で、送金総額が多額にわたる取引。
(3)　経済合理性のない目的のために他国へ多額の送金を行う取引。
(4)　経済合理性のない多額の送金を他国から受ける取引。
(5)　多額の旅行小切手又は送金小切手（外貨建てを含む。）を頻繁に作成又は使用する取引。
(6)　多額の信用状の発行に係る取引。特に、輸出（生産）国、輸入数量、輸入価格等について合理的な理由があると認められない情報を提供する顧客に係る取引。
(7)　資金洗浄対策に非協力的な国・地域又は不正薬物の仕出国・地域に拠点を置く顧客が行う取引。特に、金融庁が監視を強化すべき国・地域として指定した国・地域に係る場合（第6(8)・(9)において同じ。）。
(8)　資金洗浄対策に非協力的な国・地域又は不正薬物の仕出国・地域に

拠点を置く者（法人を含む。）との間で顧客が行う取引。
(9) 資金洗浄対策に非協力的な国・地域又は不正薬物の仕出国・地域に拠点を置く者（法人を含む。）から紹介された顧客に係る取引。

また、これとは別に外国為替業務の一分野である外貨両替業務では、財務省が以下の「外国通貨又は旅行小切手の売買に係る疑わしい取引の参考事例」を公表しており、金融機関を含む両替業者は、これらの例示された取引を行った際には「疑わしい取引の届出」が義務づけられている。

外国通貨又は旅行小切手の売買に係る疑わしい取引の参考事例

1．全般的な注意

　以下の事例は、両替業者が「犯罪による収益の移転防止に関する法律」第8条に規定する疑わしい取引の届出義務を履行するに当たり、疑わしい取引に該当する可能性のある取引として特に注意を払うべき取引の類型を例示したものであり、個別具体的な取引が疑わしい取引に該当するか否かについては、顧客の属性、取引時の状況その他両替業者の保有している当該取引に係る具体的な情報を総合的に勘案して両替業者において判断する必要がある。

　したがって、これらの事例は、両替業者が日常の取引の過程で疑わしい取引を発見又は抽出する際の参考となるものであるが、これらの事例に形式的に合致するものがすべて疑わしい取引に該当するものではない一方、これに該当しない取引であっても、両替業者が疑わしい取引に該当すると判断したものは届出の対象となることに注意を要する。

2．取引金額
(1) 多額の現金（外貨を含む。）又は旅行小切手による両替取引。
(2) 多量の小額通貨（外貨を含む。）による両替取引。

3．取引頻度

短期間のうちに頻繁に外国通貨又は旅行小切手の売買を行う場合。
4．真の取引者の隠匿
 (1) 架空名義又は借名で両替取引を行っている疑いがある場合。
 (2) 両替取引を行う法人の実態がないとの疑いがある場合。
5．取引時確認への対応
 (1) 取引時確認を意図的に回避していると思料される以下のような場合。
  ① 複数人で同時に来店し、一人当たりの両替金額が取引時確認の対象となる金額（法定又は自社ルール）をわずかに下回るように分散して行う場合。
  ② 同一顧客が同一日又は近接する日に数回に分けて同一店舗又は近隣の店舗に来店し、取引時確認の対象となる金額（法定又は自社ルール）をわずかに下回るように分散して行う場合。
  ③ 取引時確認書類の提示を求めた際に、取引時確認書類の提示を拒む場合又は両替金額や取引目的を急に変更する場合。
 (2) 顧客が自己のために両替取引をしているか否かにつき疑いがあるため、実質的支配者その他の真の受益者の確認を求めたにもかかわらず、その説明や資料の提出を拒む顧客に係る取引。代理人によって行われる取引であって、本人以外の者が利益を受けている疑いが生じた場合も同様とする。
 (3) 法人である顧客の実質的支配者その他の真の受益者が犯罪収益に関係している可能性がある取引。例えば、実質的支配者と考えられた法人に実体がないとの疑いが生じた場合。
6．偽造通貨等
 偽造通貨等、盗難通貨等、又はこれらと疑われる通貨等を収受した場合。
7．その他
 (1) 当該店舗で両替取引を行うことについて明らかな理由がない顧客

に係る取引。

（合理的な理由のない遠隔地の空港、港等を利用する両替取引）

(2) 公務員や会社員がその収入に見合わない高額な両替取引を行う場合。

（年齢に見合わない高額な両替取引）

(3) 取引の秘密を不自然に強調する顧客及び届出を行わないように依頼、強要、買収等を図った顧客に係る取引。

(4) 暴力団員、暴力団関係者等に係る取引。

(5) 職員の知識、経験等から見て、不自然な態様の取引又は不自然な態度、動向等が認められる顧客に係る取引。

(6) 犯罪収益移転防止管理官（※）その他の公的機関など外部から、犯罪収益に関係している可能性があるとして照会や通報があった人物等に係る取引。

(※) 警察庁刑事局組織犯罪対策部犯罪収益移転防止管理官（JAFIC）

●外為法違反行為の事例研究

(1) 設問

韓国法人Xは、韓国の鉱山から鉛および亜鉛鉱石を採掘して販売する会社であるが、日本に支店のある韓国のY銀行との間の銀行取引約定に基づき訴外日本法人AがYに対して負担する債務の履行につき連帯保証し、同保証契約は昭和57年6月9日付けで成立した。その後AのYに対する債務不履行が生じたため連帯保証契約に基づきYがXに対し保証債務履行請求をしたところ、Xは同保証契約は当時の外国為替及び外国貿易管理法30条、外国為替管理令13条1項1号・2項による大蔵大臣等の許可を得ていないのであるから無効であると主張し、Yを相手に保証債務の存在しないことの確認を求めた。

(2) 判決要旨

本事件は、最高裁判所での上告審まで争われたが、控訴審、上告審ともに1審の判決を支持し、Xの上告棄却で確定した。すなわち、外国為替及び外国貿易管理法30条、外国為替管理令13条1項1号・2項の各規定は、外国為替政策上の見地から、本来自由であるべき対外取引を過渡期的に制限する取締法規にすぎないから、右の趣旨に違反してもそれがためにその行為の私法上の効力に影響を及ぼすものではなく、その行為は私法上有効であるとしてXの請求を棄却した（最二小判昭和62・10・16金法1200号51頁）。

(3)　解　説

　外為法令違反行為の私法上の効力については、外為法は強行法規であるから無効と解する説（福岡高判昭和35・1・28民集19巻9号2324頁）や、許可を得ない行為は絶対的無効ではなく、浮動的状態にあって、事後の承認があれば遡って有効となり、または事後の不承認により遡って無効とする説（最判昭和40・12・23民集19巻9号2306頁での松田二郎裁判官反対意見）などが存在したが、外為法は取締法規であっても、この法令に違反する行為も私法上は有効であるという絶対的有効説を最高裁判所が相次いで採用し、定着している。すなわち、非居住者がハワイ旅行中の居住者に対し米ドル建で金銭を貸し付け、その貸付金債権を別の居住者に譲渡した行為は、いずれも外為法30条等による要許可事項であるところ、許可を得ていない点につき、外為法は本来自由であるべき対外取引を国民経済の復興と発展に寄与する見地から過渡的に制限している取締法規と解し、これに違反する行為は刑事法上違反ではあるが、私法上の効力には何ら影響がないとした判例（最判昭和40・12・23民集19巻9号2306頁）、非居住者の銀行と居住者の日本法人との間で締結した保証契約は外国為替管理令13条の許可を受けることを必要とするが、許可を受けないで契約しても、その行為の私法上の効力には影響がないとした判例（最判昭和50・7・15金法765号32頁）等があり、本事件についても従来の最高裁判

例を踏襲する判断を示したものといえる。

2 信用状統一規則

信用状統一規則は、民間の国際的な総合経済団体の国際商業会議所（International Chamber of Commerce: ICC）によって制定されたものであり、国際条約でも法律でもない。しかし、国際間の貿易は、言語、法律、社会規範等が異なる国と国との間で行うもので、さまざまな困難を伴う商取引となる。特に、輸出者が商品を輸出したにもかかわらず輸入者から商品代金を円滑に回収できない事態は深刻であり、そのような事態の発生を回避し、信用状についても当事者間で紛争の原因となる誤解等が生じないよう、明確な統一的基準を定め、それに準拠することとする信用状統一規則が制定されるに至った。

通常、輸出入信用状には、本文あるいは欄外に下記のような信用状統一規則採択文言が表示されている。

"Subject to Uniform Customs and Practice for Documentary Credit 1993 Revision, International Chamber of Commerce, Publication No. 500"（荷為替信用状に関する統一規則および慣例、1993年改訂版、国際商業会議所パブリケーション No. 500に準拠する）

信用状取引で発生した紛争の裁判では、信用状統一規則の条文や規定が判断の基準となることも多く、今日、国際的統一ルールとしてその権威が認められている。

信用状統一規則は、第一次大戦後の信用状に関する紛争多発の事態を受け、米国を中心に信用状統一運動が起こり、国際商業会議所がこれを取り上げて1933年に国際的な統一ルールである「荷為替信用状に関する統一規則および慣例」（The Uniform Customs and Practice for Documentary Credit: UCP）と

して生まれたもので、その後何度かの改訂が重ねられ現在に至っている。

信用状統一規則の主な内容は下記のとおりである。

① 信用状取引は書類取引であり、売買契約に基づくものであっても別個の取引であること、貨物や役務の取引とは異なる特有の書類取引であることが定義されている。

② 信用状の形式や通知に関し、信用状の通知を依頼する、コルレス契約のある銀行の選定や、通知方法に関する規定がなされている。

③ 信用状発行銀行や通知銀行の責任、義務についての範囲が規定されている。

④ 商業送り状、保険証券、船荷証券などの船積書類や、その他の書類についての記載や取扱いについての規定がおかれている。

⑤ 商品の数量、金額、船積みの分割、期限内の呈示および用語や日付の解釈の統一が規定されている。

3 取立統一規則

銀行が輸入者に手形を呈示し、手形が支払われて回収された代金を輸出者が受け取る方法を一般に「取立」というが、信用状に基づかない取立手形の取扱いについても信用状に基づく取引以上に統一規則の必要性が認識され、生まれたのが取立統一規則である。この規則は、信用状統一規則を制定した団体である国際商業会議所によって同じく制定されたもので、1956年に「商業手形類の取立に関する統一規則」(Uniform Rules for Collection of Commercial Paper) として初めて制定され、その後の改訂を経て現在の取立統一規則 (Uniform Rules for Collection, International Chamber of Commerce, Publication No. 522: URC522) となっている。

取立統一規則の主な内容は、取立手形の関係当事者（本人、仕向銀行、取立銀行、呈示銀行の4者。なお、取立統一規則の目的は取立事務に係る委任について関係当事者間の法律関係を明らかにすることにあるので、手形の支払人は取立統一規則に拘束される関係当事者にならない)、銀行の責任、書類の取扱いを

明確にし、呈示、支払い、引受け、引渡しに関する規定や、取立てによって生ずる利息、手数料の受払いについての権利関係も規定されている。

III 外国送金

1 外国送金の定義と仕組み

外国送金は、外国への送金と外国からの送金の総称であり、輸出入代金の決済や、貿易外取引・資本取引に利用される。もっとも、前者は信用状や荷為替手形によって決済されるのが一般的であり、外国送金が利用される主流は後者である。

外国送金取引により送金為替が発生するが、銀行にとって送金為替は与信取引が発生せず（ただし、送金小切手の買取りや取立取引では与信リスクが発生する余地がある）、貿易に伴う輸出入為替に比べ銀行の得る収益は少ないものの、近時、貿易外取引や資本取引にウエイトが高まりつつあり、重要な取引の1つである。

外国送金の種類は送金手段によって分けられ、電信送金、普通送金、送金小切手の3種類がある。以下、簡潔にそれらの概要を説明する。

(1) **電信送金**（Telegraphic Transfer; T/T）

送金依頼人の委託を受けた送金銀行が、海外の銀行に、代金を受取人に支払うよう指図するもので、その仕組みは〈図表2〉に示したとおりである。表中の支払指図書はスイフト[1]またはテレックス、ファクシミリ等により発信される。

---

[1] スイフト（Society for Worldwide Interbank Financial Telecommunication s. c.; SWIFT）は、信用状や送金の内容を標準化された様式により送信するシステムで、正確で速い通知が可能なため、広く利用されている。

〈図表2〉 電信送金の仕組み

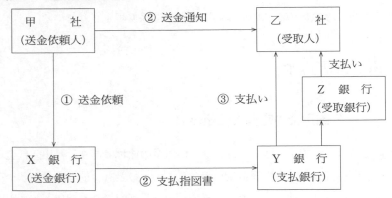

支払指図は、支払銀行の受取人に対する支払方法の違いにより、次の3つに分かれる。

① 要求払い（Pay on Application） 受取人から支払いの請求があったときに支払銀行が支払う方法。
② 通知払い（Advice and Pay） 支払銀行が支払指図を受領すれば、直ちに受取人に連絡して支払う方法。
③ 入金払い（Advice and Credit） 支払銀行に受取人の口座があるときに利用される方法で、支払銀行は支払指図を受領次第、受取人に通知するとともに送金金額を受取人口座に入金する方法。

(2) **普通送金**（Mail Transfer; M/T）

電信送金が支払指図書の送付をスイフト、テレックス等を利用して行うのに対し、普通送金は航空郵便によって行うもので、支払指図の種類を含め、その他の仕組みは電信送金と同じである。送金の時間的余裕の差や、送金手数料負担の差によって、電信送金と普通送金が使い分けられている。

(3) **送金小切手**（Demand Draft; D/D または Remittance Check; R/C）

送金依頼人の委託に基づき、送金銀行が外国にある金融機関を支払人とし、受取人を指定した送金小切手を交付する方法で、小切手を受け取った受取人

はそれを支払銀行に呈示して代金の支払いを受ける。その仕組みは〈図表3〉に示したとおりである。

〈図表3〉 送金小切手の仕組み

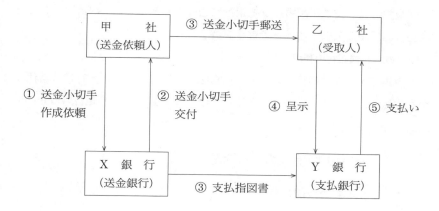

以上に述べた3種類の方法により外国への送金が行われるが、外国からの送金はすべてこれらの逆の動きとなり、送金銀行と支払銀行、送金依頼人と受取人は、いずれも裏表の関係にある。

また、外国送金に際しては異なった通貨（たとえば、日本円と米ドル）の間の両替が発生することが多い。その際に適用する外国為替相場は、送金する外貨に代わって円貨を銀行に支払う際には電信売相場（TTS）（〈図表1〉参照）により、外国から送金された外貨を受取人が円貨で受け取る際は電信買相場（TTB）（〈図表1〉参照）が適用される。

(4) 外国送金に伴う銀行間の資金決済方法

外国送金に伴う銀行間の資金決済は、いずれも送金銀行が支払銀行に対して資金を支払う必要があるが、これはコルレス契約関係にある銀行間で個々の送金ごとに行われ、その方法には次の3種類のものがある。

(ア) 預金口座を開設している銀行への送金

　送金銀行は、支払指図書を支払銀行に送付する際に、あわせて送金銀行名義の勘定の引落しを指図することで資金決済を行う。

(イ) 預金口座の開設を受けている銀行への送金

　送金銀行は、支払指図書を支払銀行に送付するとともに、決済代り金を支払銀行の口座に入金することで資金決済を行う。

(ウ) 補償銀行の利用

　送金銀行が第3の銀行に対して支払指図書を送付し、支払銀行に決済代り金を支払うよう依頼する方式である。この第3の銀行を補償銀行（Reimbursing Bank）という。

2　送金小切手に関する問題

(1) 支払委託の取消し

　送金銀行が発行した送金小切手を、送金依頼人や受取人が紛失した場合、送金銀行は送金依頼人から紛失届の提出を受け、支払委託の取消しの指示（Stop Payment Order）を行う。送金小切手の振出人は送金銀行で、支払人は支払銀行であるから、支払委託の取消指示は送金銀行から支払銀行あてに行うことになる。ここで留意すべきことは、小切手の渉外的法律関係の国際私法として、わが国の小切手法80条では、小切手の呈示期間、支払委託の取消し、小切手の喪失または盗難時の手続等を支払地の属する国の法律による旨の、いわゆる支払地法主義の立場をとっていることである。現実に最も小切手発行の頻度が高い米国の場合は、口頭でなされた支払委託の取消しの効力は14暦日間であり、書面によるときも6カ月間効力をもつとのことである。

(2) 裏書の偽造等

　送金小切手を含め米国が支払場所となっている小切手の買取りや取立てを受託すると、銀行は一種の与信リスクを負うことになる。すなわち、一見して支払確実と思われる米国銀行が支払人の小切手といえども裏書が偽造されている場合、わが国では小切手の善意取得や支払人の免責が認められている

のに対し、米国ではそのいずれもが認められないため、買取りや取り立てた小切手の代り金の入金通知を受けた場合でも、後日偽造裏書等が発見された場合は入金が取り消されることになるので（入金取消しが可能な期間は、小切手の振出署名偽造・変造については1年以内、裏書署名の場合は3年以内である）、小切手の買取りや取立ては一種の与信行為と位置づけて行う必要がある。

3　外国送金に関する銀行の確認義務

銀行は顧客から外国送金の依頼を受けたときには、送金の原因となる対外取引が外為法16条、21条等で定める許可、承認、事前届出を必要とするものであるかどうかの確認義務を課されている（外為法17条）。具体的には、500万円相当額を超える送金の場合、支払等報告書の提出を求め、その適法性を確認のうえ当局に提出する。この支払等報告書は、輸出入代金については対象外である。

また、200万円相当額を超える外国送金を扱う場合は、顧客の法人登記簿謄本、運転免許証、パスポート等の公的証明書による本人確認と、本人確認記録の作成、保管義務が銀行には課せられている（外為法18条、18条の3）。

●外国送金に関する事例研究

(1)　設　問

米国での特許出願手続を現地の弁護士Aに依頼したXは、Aから請求を受けた出願手続に要する手数料等の送金をY銀行に委託し、Yはこの委託に基づきAが口座を有すると思われる米国のAの居住地の銀行数行をXに示したところ、Xはその中からB銀行を選定した。XはYとの送金委託契約にあたり、BからAに対し送金の入金通知をすることを依頼し、Yはこれを承諾してBに委託したが、Bは送金を受領しながらAへの入金通知をしなかったため、Aは送金がないものと思って特許出願手続を解約した。Xは本件での信用毀損を理由にYに慰謝料請求をした。

(2) 判決要旨

外国への送金委託契約がされた場合、送金依頼人と被仕向銀行（支払銀行）の間には直接の契約関係はなく、復委任の関係にあり、民法105条の規定を類推適用すべきである。

外国への送金依頼人が送金の委託を受けた仕向銀行（送金銀行）の指定した数行中から被仕向銀行を選定した場合においては、仕向銀行が送金依頼人との約束に基づき被仕向銀行に対し、受取人に入金通知することを委託したにもかかわらず、被仕向銀行が受取人に対し入金通知をしなかったため、送金依頼人が損害を被ったとしても、仕向銀行は送金依頼人に対し上記損害の賠償責任は負わないとして、Xの請求を棄却した（東京高判昭和59・2・14金法1066号36頁）。

(3) 解　説

受任者がさらに第三者に委任することを復委任というが、受任者に代理権がある場合はもとより（民法104条）、代理権のない場合も復代理と同一の要件と責任の下で復委任を認めるべきとするのが通説・判例の立場である。この立場に従えば、本件の事実関係の下では民法105条2項の規定の類推適用を肯定すべきであり、YにおいてB銀行が被仕向銀行として不適任または不誠実であることを知りながら、これをXに通知しまたはこれを解任することを怠ったと認めるべき証拠はないから、Yの責任を問うことはできないとするものであった。

Ⅳ　貿易取引

貿易取引は、異なる国の輸出者と輸入者の間での商品売買取引であるが、輸出者側では商品の船積みから商品代金の回収まで、輸入者側では商品の受領から始まり、商品の売却、輸入代金の支払いに至るまで、それぞれ銀行との間でさまざまな取引が発生し、その多くは銀行の立場からは与信取引とな

る。以下、現実に多く発生している取引形態について、輸出取引と輸入取引に分けて解説する。

1 輸出取引

輸出者は輸入者との間で交わした商品売買契約に基づき、輸出貨物の手配や運送手段（船便、航空便）、損害保険付保等の手配を行う。このとき、輸出する商品や輸出の相手国によっては必要とされる当局の許可、承認を得なければならない。また、輸出代金の回収手段は、大別すると、①輸入者からの送金、②信用状により振り出した荷為替手形の銀行による買取り、③信用状の裏づけなしに振り出した荷為替手形の銀行による買取り、または代金取立て、の3種類がある。このうち①の送金については、その仕組みを前記Ⅲで解説済みであり、ここでは②と③について解説する。

(1) 信用状取引

(ア) 信用状の特徴

信用状（Letter of Credit; L/C）には、古くは旅行者が旅行先で必要な現金を調達するために発行された旅行信用状があるが、現在はほとんど利用されておらず、代わって貿易取引に利用される荷為替信用状（Documentary Credit）が主流となっている。荷為替信用状は手形の買取りや支払いの際に船積書類の添付が要求されるが、このほかに船積書類の添付を要求しないクリーン信用状（Clean Credit）がある。たとえば、わが国企業の現地法人などが海外で外国銀行から融資等の与信を受ける際に、その債務の弁済をわが国の銀行が保証するために当該外国銀行に差し入れる信用状（スタンドバイ・クレジット　Stand-by Credit）はクリーン信用状の一種である。ここでは、荷為替信用状（以下、単に「信用状」という）取引について解説する。

貿易取引に利用される信用状は、輸入者が輸入代金の支払いを信用状発行銀行に確約してもらうものであり、輸出者との間の商取引に信用供与を受けるものである。一方、輸出者にとっても有力な銀行が発行する信用状によって輸出代金の回収が確実視されるとともに、自己の取引銀行で荷為替手形を

買い取ってもらうことで、代金の早期回収が可能となるなど、輸出者、輸入者双方ともに利点の多い制度のため、信用状付きの輸出入は今日盛んに行われている。

　信用状は、信用状統一規則（Ⅱ2で解説済み）に基づいて発行・運用されており、その性質、利用目的等によっていくつかの種類に分かれているが、最も広く利用されているのが取消不能信用状（Irrevocable Credit）で、これは信用状発行銀行による支払い等の確約条項について、関係者全員の同意がなければ取消しまたは変更ができない性質のものである。このほかに稀ではあるが、支払確約条項を受益者（多くの場合輸出者と同一）等に予告なしにいつでも取消しないし変更が可能な性質の、取消可能信用状（Revocable Credit）が存在するが、これでは信用状に期待される本来の機能を果たすことはできない。また、信用状の特徴はすでに述べたように、商品売買等の原因契約から独立したものとの独立抽象性を有し、かつ売買の目的物とは関係のない書類取引性を有しているのが大きな特徴であり、信用状取引にあたってはこれらの特徴に留意して行う必要がある。

　　（イ）　**信用状による輸出入取引**

　信用状による輸出入取引の仕組みは〈図表4〉に示したとおりである。以下、同表を参照しながら輸出入取引の主要な順序を説明する。

　①輸出者と輸入者の間で商品の売買契約を締結する。売買契約では、商品の品質、数量、価格、船積時期・方法等の諸条件が決められるが、この中でも最も重要な売買価格については、国や地域による商慣習の違いから価格の建て方についてのトラブルが懸念されるところから、国際商業会議所では価格の建て方の統一規則を制定している。これは、インコタームズ（Incoterms; International Rules for the Interpretation of Trade Terms）と呼ばれる国際的な統一規則である。そこで定められている代表的な建値の種類は次の3つである。

　　　ⓐ　FOB（Free on Board）「本船渡し条件」　　輸出者は商品を自己の
　　　　　費用負担と責任で、輸入者が指定した船舶に積み込む売買条件で、保

〈図表4〉 信用状による輸出入取引の仕組み

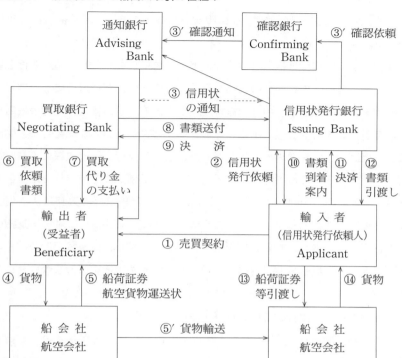

険や運賃は輸入者が負担する。よって輸出者は商品が船舶に搬入されたところで売買契約上の義務を果たしたことになり、これ以降の商品の滅失や損傷の危険負担は輸入者に移る。

ⓑ CFR（Cost and Freight）「運賃込み条件」　FOB価格に加え、仕向地までの運賃を含む価格の決め方である。船積後の危険負担はFOBと同じく輸入者側にある。

ⓒ CIF（Cost, Insurance and Freight）「運賃保険料込み条件」　CFRに加え、輸出者が支払った保険料を加えた価格の決め方である。輸出者はCFRでの義務に加え、運送中の商品の損失、損傷に関する輸入者の危険をカバーするための海上保険契約を締結し、保険料を支払わ

ねばならない。

②輸入者は自己の取引銀行（信用状発行銀行）に対し、信用状の発行を依頼する。

③信用状発行銀行は輸入者の依頼に応じて信用状を発行し、通知銀行を経由して輸出者に信用状発行の通知を行う。この場合、確認銀行による信用状の確認を経由して信用状の通知を行うことがある。信用状発行銀行の信用や知名度が低い場合や、輸入国のカントリーリスクが高いような場合に、輸出者側が確認信用状を要求することがあり、信用状発行銀行の依頼により同行とコルレス関係のある国際的に信用の高い銀行が確認した信用状を確認信用状（Confirmed Credit）という。この確認を行う確認銀行の義務は、信用状発行銀行の支払確約とは別個に独立した、受益者（輸出者）に対する支払確約を行うことであり、たとえ信用状発行銀行が破綻し、荷為替手形の支払いが不能となった場合でも、自己の負担において支払義務を履行しなければならない。

④輸出者は、輸出貨物を船会社（航空会社）に渡す。

⑤この際、船会社（航空会社）から輸出者に対して発行されるのが船荷証券（Bill of Lading）または航空貨物運送状（Air waybill）である。船荷証券は運送会社が託送貨物を化体した有価証券で、かつ運送会社と荷主間の運送条件を規定した運送契約書と貨物の受取証の性質をもつ。これは物権的有価証券であり、裏書によって譲渡・流通する。一方、航空貨物運送状は貨物の受取証の性質をもつもので、船荷証券とは異なり有価証券ではない。このため、通常は航空貨物の荷受人（Consignee）を信用状発行銀行として、貨物に対する銀行の担保権を保護している。

⑥輸出者は船積書類を作成し、それを添付して自身が振り出した荷為替手形を買取銀行に買取依頼する。添付する船積書類は信用状に記載の条件として細かく指定されているが、代表的な書類は、商業送り状（Invoice）、船荷証券（Bill of Lading）、保険証券（Insurance Policy）、梱包明細書（Packing List）等であり、このほかに通関用送り状（Custom Invoice）、領事送り状

(Consular Invoice)、原産地証明書（Certificate of Origin）、検査証明書（Inspection Certificate）等の添付が要求されることもある。

⑦買取銀行は、買取代り金を輸出者に支払う。この際、外貨建代金を円貨で支払う場合に適用される外国為替相場は、信条状付一覧払い輸出手形買相場（〈図表１〉「対顧客相場」の例）となる。

⑧輸出者から荷為替手形を買い取った買取銀行は、船積書類とともに信用状発行銀行に送付し、信用状に基づく代金決済を請求する。

⑨信用状発行銀行は、送付を受けた船積書類が信用状で指定した条件と一致していることを確認のうえ、買取銀行に対し代金決済する。

⑩信用状発行銀行は輸入者に船積書類の到着案内を行う。

⑪輸入者は荷為替手形代金を決済する。

⑫信用状発行銀行は船積書類を輸入者に交付する。航空貨物での輸入の場合は、銀行は貨物引渡指図書を作成して交付する。

⑬輸入者は船会社（航空会社）に船荷証券（貨物引渡指図書）を提出し、⑭輸入貨物の引渡しを受ける。

なお、⑪〜⑭の間には、輸入者による荷為替手形代金の決済に先行して船積書類の引渡しがなされ、信用状発行銀行は⑨の買取銀行に対する代金決済を先行させることで輸入者に対する種々の与信取引が発生するが、これは後に輸入取引で解説する。

(ウ) **信用状条件に合致しない場合の取引**

信用状は商品の売買の目的物とは関係のない書類取引性を有していることから、買取銀行が信用状発行銀行や確認銀行から代り金の決済を履行してもらうには、信用状条件に合致した書類の交付が必須条件となる。そこで、輸出者から交付を受けた船積書類に信用状条件との不一致や、書類相互間に矛盾がある場合はディスクレ（Discrepancy）があると称し、信用状発行銀行は条件違反として支払いを拒絶することになる。そこで買取銀行としては、買取り前に発見したディスクレを信用条件どおりに修正するよう輸出者に求めるが、ディスクレの内容のうち輸出者側での修正が不可能で信用状条件の

変更が必要なもの（たとえば、信用状で指定された船積期限を経過して船積みされ、船荷証券の発行日付が船積期限経過後であるような場合をいう）が発生した際には、買取銀行は信用状の条件変更（Amendment）を信用状発行銀行に求めたり、同行に電信で買取りの可否を照会し、承諾を得たうえで買取りを行うケーブルネゴ（Cable Negotiation）の処置をとる。また、ディスクレの内容が軽微で、輸出者の信用が十分であると判断される場合には、輸出者に保証書（Letter of Guarantee; L/G）の差入れを求め買取りを行うことがある。しかし、このディスクレを事由として信用状発行銀行が決済を拒絶してきた場合、買取銀行はそれに対抗することはできない。

また、信用状発行銀行が書類上のディスクレを事由に支払いを拒絶する場合は、書類受取日の翌 7 銀行営業日の終了時までに買取銀行に通告する必要があり、それを怠ったときには支払拒絶ができない旨が信用状統一規則に定められている。信用状に関する紛争で最も多く紹介されているのが、ディスクレを事由とする支払拒絶に関するものである。

(2) **信用状なしの輸出取引**

信用状の裏づけがない売買契約に基づき輸出者が振り出した荷為替手形を買取銀行が買い取る取引は、信用状による支払確約の保証がない点を除き、貨物の流れと船積書類と資金決裁ルートは略同一である。当然ながら買取銀行にとっては信用状付きの場合と比較してリスクの高い与信取引となる一方、取立銀行（輸入者の取引銀行で、船積書類と代り金の受渡しを行う立場の銀行）にとっては、ほとんど与信リスクは発生しない。

信用状なしの荷為替手形取引には D/P 取引と D/A 取引の 2 種類がある。

① D/P 取引（Documents against Payment）「手形支払条件書類渡し」
荷為替手形の送付を受けた取立銀行が、輸入者に対し船積書類を手形支払いと引替えに渡す方式である。

② D/A 取引（Documents against Acceptance）「手形引受条件書類渡し」
期限付荷為替手形の送付を受けた取立銀行が輸入者に対し手形引受けと引替えに船積書類を渡す方式である。

買取銀行では、信用状による支払確約の裏づけがないD/P、D/A取引の保全措置として、輸出手形保険制度を利用することが多い。輸出手形保険の保険者は政府（一部地方公共団体が追加補償することがある）で、保険契約者および被保険者は買取銀行となり、荷為替手形の額面を保険価格とし、発生した損失の一定割合が保険金額として支払われる制度である。

2 輸入取引

輸入取引は、信用状付きの貿易においては信用状発行銀行と輸入者との間で発生する取引が中心となり、その概念は〈図表4〉に示したとおりである。同表上では、輸入貨物が船会社に到着する前に買取銀行から船積書類が送られ、輸入者は輸入代金を信用状発行銀行に支払ったうえで船積書類を受領し、船会社から輸入貨物の引渡しを受けて販売するとの基本型をイメージしているが、現実には船積書類が送られてくる以前に輸入貨物が到着し、輸入者が早期に貨物の引渡しを受けたいニーズが発生したり、輸入貨物を国内で販売し、その販売代金をもって輸入代金の決済をするまでの間、輸入者が金融を受ける等の取引が発生するのが一般的である。そこで、現実に多く発生する輸入取引をモデル化した〈図表5〉に沿って以下に解説する。

(1) 輸入担保荷物引取保証状取引（〈図表5〉中の①～⑤および⑩）

輸出者が作成した船積書類が買取銀行から信用状発行銀行に送付されるよりも先に輸入貨物が船会社に到着した場合、輸入者としては船積書類の送付されるのを待つことなく貨物の引渡しを受け、国内で販売したいニーズが発生する。しかし、船会社から貨物の引渡しを受けるには船積書類として送られてくる船荷証券（B/L）を船会社に呈示する必要があるため、輸入者は信用状発行銀行に輸入担保荷物引取保証状（Letter of Guarantee; L/G）の発行を依頼する。この保証状の内容は、船荷証券の提出なしに貨物の引渡しを受け、後日船荷証券が到着したら船会社に引き渡すことと、本件手続で何らかの問題が生じて船会社に損害が生じた場合は、銀行がその損害を補償するとするものである。なお、後日送られてきた船荷証券を船会社に引き渡すこと

〈図表5〉 輸入取引の仕組み

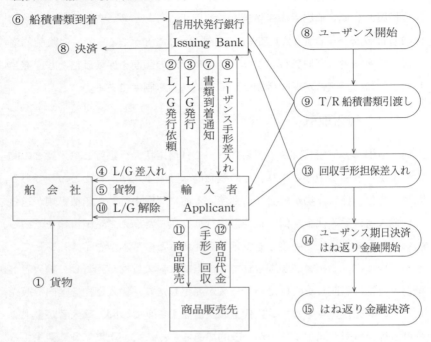

でL/Gは解除されることになる。

(2) 輸入担保荷物貸渡取引（〈図表5〉の⑨⑩）

　信用状に基づく取引では、輸入貨物は譲渡担保として信用状発行銀行に所有権がある。輸入貨物を化体した有価証券である船荷証券はすべて信用状発行銀行へ送られてくる仕組みとなっており、航空貨物で送られる場合は荷受人（Consignee）を信用状発行銀行とするのは、輸入貨物に対する銀行の担保権を保護するための措置である。しかし、輸入者としては輸入貨物の引渡しを受け、国内で販売して回収した代金をもって輸入代金を決済する必要があるため、銀行から、担保である輸入貨物の貸渡しを受ける必要がある。この目的を実現するための取引を輸入担保荷物貸渡しといい、その際輸入者から銀行に差し入れるのが輸入担保荷物保管証であり、これらの取引を総称してT/R（Trust Receipt）という。

T/R取引は、銀行が譲渡担保として所有権を有する輸入貨物を輸入者に寄託して、輸入者は銀行の代理人として貨物の売却を行うとの見解と、銀行が輸入者に貨物の売却を委託し、輸入者は自己の名義で貨物を売却するとの見解がある。いずれの見解によっても、輸入貨物がまだ輸入者の手許に存在する場合は、銀行は取戻権により貨物の取戻しが可能であるが、善意の第三者に売却された後は民法192条の即時取得が適用されるため取戻しは不可能である。

(3) **輸入ユーザンス取引**（〈図表5〉の⑧、⑫～⑭）

信用状発行銀行は信用状条件に基づき買取銀行に対し輸入代金の決済を行うが、輸入者は輸入貨物の売却代金の回収金で決済を行うまでの一定期間について、支払猶予の形で金融を受ける必要が生ずる。この金融を輸入ユーザンス（Usance）という。実務上は、信用状発行銀行が輸入者の振り出したユーザンス手形（輸入契約上の通貨建の約束手形で、手形期間は通常90日間）の差入れを受け、銀行は輸出者振出しの荷為替手形の対外決済を輸入者に代わって行うことで輸入者に対する与信取引が生じる。ユーザンス期間中に輸入者が貨物を国内で販売し、販売代金として回収した手形は、担保として銀行に差し入れる。

この方式によるユーザンスは、もっぱら信用状発行銀行である日本の銀行の資金負担による信用供与のため「為銀ユーザンス」や「本邦ユーザンス」と称されるが、このほかに外国銀行による「外銀ユーザンス」や輸出者による「シッパーズユーザンス」が制度として存在する。

(4) **はね返り金融取引**（〈図表5〉の⑭⑮）

ユーザンス期間中に、輸入貨物の販売による資金回収ができればユーザンス期日に決済することが可能であるが、販売代金として回収した手形の期日がユーザンス期日には未到来の場合は当該手形を割り引くことで新たな与信を発生させ、ユーザンスを決済することになる。この新規与信の手形割引を「はね商手」と称する。また、貨物の販売に手形回収が実現せず、長期間の売掛債権となる場合は、商手割引ではなく輸入者が振り出した単名手形を銀

行に差し入れることで新たな与信を発生させるが、これを「はね信手」と称している。

● **信用状取引に関する事例研究①**

(1) 設 問

　輸出者Xは、台湾の輸入者Aとの間で布地を輸出する契約を結び、Aを発行依頼人とする取消不能信用状が台湾のB銀行から電信によって発行・発信され、これを受信したY銀行東京支店から同行大阪支店を通じて受益者Xに通知された。その後、XとAとの間で、両者間の売買契約による商品の船積みに加え、追加船積みと、船積期限を平成10年1月31日まで延長する旨の契約が成立し、AはB銀行に対し金額の増額、船積期限と有効期限の延長を内容とする信用状の条件変更（アメンドメント）を依頼し、アメンドメントは1月22日にB銀行から発信された。しかし、B銀行が電信の名宛受取人をY銀行東京支店としたため、これを受信したY銀行東京支店は同行大阪支店へ転送せず、その後B銀行から大阪支店への転送依頼を受けた際にも、同行担当者が未処理ファイルに入れて保管し、同行大阪支店へ直ちに転送しなかったため、アメンドメントがXに通知されたのは2月4日であった。

　このためXは商品の船積みをせず、その後XはAと実体的にはほとんど同一とみられる台湾のCから、商品の納入が遅れ顧客から苦情を受けている旨の抗議を受け、商品を航空便で発送するとともに値引要求に応じることを余儀なくされたとし、Y銀行に対し、同行が適切にアメンドメントの通知を行わなかった不法行為により被った航空運送費と値引額相当額の損害賠償請求を行った。

(2) 判 決

　1審判決（大阪地判平成12・9・25金法1603号47頁）は、Y銀行が迅速に通知事務を処理すべき注意義務を負っており、同行がアメンドメントの通知を遅延させたことは違法であることと、通知の遅延とXが主張

(事例研究①の関係図)

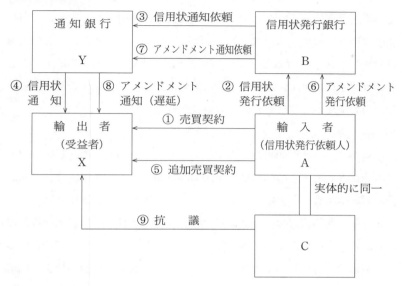

する損害の間には相当因果関係があることを認め、Xの請求額のうち563万円を認容した。

2審判決（大阪高判平成13・6・12金商1123号25頁）も1審判決と同じ立場をとり、Y銀行の控訴を棄却した。

最高裁判決（最判平成15・3・27金法1677号54頁）は、2審判決を破棄して次のように自判している。すなわち、原審の判断のうちY銀行によるアメンドメントの通知遅延とXの損害の間に相当因果関係が認められるとした点を、以下の理由により是認できないとして、Xの請求を一部認容した原判決を破棄し、Xの請求を棄却した。

まず、売主と買主の間で売買代金の決済方法として信用状を用いることが合意された場合は、売主は特約がない限り信用状の通知を受けるまでは自己の債務の履行を拒むことができるし、また信用状の条件変更がされたときは、条件変更の通知を受け、これを承諾するまでは条件変更に係る債務の履行を拒むことができる。本件条件変更が船積期限までに

通知銀行から売主あてに通知されなかったのであるから、売主が買主に債務不履行責任を負うことはなく、売買代金の値引き等をすべき相当な理由は存在しない。よって、Y銀行がXに対しアメンドメントを迅速に通知しなかった行為と、Xが被った損害の間に相当因果関係があるということはできず、原審の判断には判決に影響を及ぼすことが明らかな法令の違反があり、原判決は破棄を免れないとした。

(3) 解　説

　最高裁判決は、通知銀行によるアメンドメントの通知の遅延と、信用状の受益者の損害との間には相当因果関係がないことを理由に、通知銀行の損害賠償責任を否定したが、この点は正当な判断と評価される。

　しかし、通知銀行の受益者に対する義務の内容は、信用状統一規則の定めからすれば、①信用状が外観上正規に発行されたものかどうかについて相応の注意をもって点検することと、②故意または過失によって信用状条件を不正確に通知した結果、受益者が損害を被った場合にその賠償責任を負うとされている。しかし、そもそも通知銀行は受益者との間には何の契約関係もなく、通知銀行は信用状を通知することを拒絶することも可能であり、通知義務を負っていないから不法行為責任を負うことがないとするのが通説である。よって最高裁判決のうち、通知銀行の受益者に対する適時のアメンドメント通知義務が存在し、一般的な不法行為責任の存在を前提としている点を問題視する説がある（平野英則「通知銀行が信用状の条件変更を適時に売主に通知しなかったことと売主が被った損害との間には相当因果関係がないとされた事例」金法1716号19頁）。

　信用状統一規則は国際的な統一規則であるが、国際条約でも法律でもなく、本事件のように訴訟当事者双方が居住者で、日本法に基づく判断による場合、多少のギャップが生じる事例といえよう。

●信用状取引に関する事例研究②

(1) 設 問

　輸入者Aの依頼により発行した取消不能信用状に基づき、信用状発行銀行Bは輸入代金の対外決済を行うとともに、Aから輸入代金相当額の約束手形の振出しを受けAに対しユーザンス与信を行った。かつ、同与信の担保として輸入商品に譲渡担保権の設定を受けたうえで同商品の貸渡しを行い（T/R）、その処分権をAに与えた。その後、Aがユーザンスを決済する前に破産の申立て（破産手続開始の申立て）を行ったため、AがB銀行に差し入れた約束手形金債務につき、Aは期限の利益を喪失した。このような状況下で、B銀行がAに対する債権回収としてとりうる手段は、下記の各場合にどのようなものがあるか。

　① 輸入商品が第三者に売却されずにAの手許にある場合。
　② 輸入商品がすでにAによって第三者に売却済みであるが、売却代金はいまだAに支払われていない場合。

(2) 解 説

　トラストレシート（T/R）の制度は、輸入者が信用状発行銀行に差し入れた「信用状取引約定書」による「信用状取引によって負担する債務の担保として信用状発行銀行が譲渡担保権の設定を受け、所有している輸入貨物」を銀行が輸入者に貸し渡し、貨物を販売する処分権限を与えるものである。

　よって①の場合は、信用状発行銀行は輸入者に与えたT/Rを解除することにより、輸入貨物を取り戻し、破産手続上は別除権者として取り扱われるところから貨物を売却した代金で自己の債権に充当することが可能である。

　一方②の場合は、信用状発行銀行は第三者に売却済みの輸入貨物に対する譲渡担保権に基づく物上代位権の行使として、同貨物の売買代金債権を差し押さえることができる。動産譲渡担保権に基づく物上代位権の

> 行使は、同譲渡担保権の設定者が破産宣告（破産手続開始決定）を受けた後においても妨げられないとするのが判例の立場である（最二小決平成11・5・17金法1555号48頁）。

V　外貨預金、インパクトローン取引

　外貨預金、インパクトローン（居住者外貨貸付け）はともに外為法20条に定める資本取引の一形態である。外為法の改正により、両業務ともに平時は原則自由に取引できるため、銀行業務区分上、外貨預金は預金業務に、インパクトローンは融資業務に加え、現実の業務運営もそのようにしている銀行が多いが、外国為替相場の利用や、異なる種類の通貨間の転換などの外国為替業務に固有の要素を含むため、ここでは外国為替取引の中で解説する。

1　外貨預金取引

(1)　外貨預金取引の特徴

　外貨預金には、居住者または非居住者からわが国の銀行が受け入れる外国通貨建の預金と、居住者が外国の金融機関に預け入れる外貨預金の2種類があるが、本稿では前者の国内外貨預金について解説する。

　外貨預金の預入は、平成10年4月施行の改正外為法により外国為替公認銀行制度が廃止されたことから、その金額、期間、預入目的等は完全に自由化された。しかし、有事の際には、外貨預金を含むすべての資本取引については許可を受ける義務が課せられている（外為法21条）点は国内円預金と相違する。

　この結果、外貨預金は下記のように種々の預入目的で広く利用されている。
　① 高金利や、為替相場変動による為替差益を得る目的での預入
　② 輸出者が輸出代金として受領した外貨を利用して、商品仕入代金を外貨で支払うべくプールしておくための預入

③ 商品販売代金を外貨で受領したメーカー等が、原材料費の支払いに外貨をあてるべくプールしておくための預入

(2) **外貨預金の種類、金利等**

　外貨預金には、当座預金、普通預金、通知預金、定期預金の4種類の預金があるが、このうち最も多く利用されているのは定期預金で、次いで普通預金となっている。当座預金については預入者側の事情で金利が発生しないような目的のある資金の預入等で稀に利用されることがあるが、通知預金とともにほとんど利用されていない。

　外貨預金の金利は、外国為替市場で形成される利率から、預入を受ける金融機関の利ざやを減じたものとなっており、超低金利が続く国内預金に比べ総じて外貨預金の金利のほうが高い傾向が続いている。

　しかし、外貨預金の預入原資に円資金を充当し、払出しを受けた外貨預金を円に転換することを想定している場合は、預入期間中の高い金利のメリットをそのまま払出し時に受け取る円資金に反映できるとは限らない。すなわち、外貨預金の預入時と払出し時には、それぞれの時点での為替相場により円と外貨の間での転換が行われるので、為替相場次第で円預金の利率との差以上のメリット（為替差益）を得ることもあれば、結果としてマイナス金利となること（為替差損）もありうるのである。そのうえ、預入時の転換には電信売相場（TTS）が、払出し時の転換には電信買相場（TTB）が換算レートとして適用され、TTSとTTBの間には差がある（米ドルの場合、両者の差は1ドルあたり2円）ので、仮に預入時と払出し時の為替相場で仲値が同一であったとしても、預金者はTTSとTTBの差だけハンディがあることになる。この結果、最終的な預入利回りは、下記の算式で求められることになる。

$$\begin{aligned}
\frac{\text{投入した円元本の}}{\text{実質利回り}} &= \frac{\text{外貨預金払出し時の受取円貨額}}{\text{投入した円元本}} \times \frac{365日}{\text{預入期間}} \times \frac{1}{100} \\
\frac{\text{外貨預金払出し時}}{\text{の受取円貨額}} &= \frac{\text{預入}}{\text{外貨額}} \times \frac{\text{払出し時}}{\text{TTB}} + \frac{\text{外貨}}{\text{利息額}} \times \frac{\text{払出し時}}{\text{TTB}} \times (1-\text{源泉税率}) \\
\text{外貨利息額} &= \frac{\text{投入した円元本}}{\text{預入時 TTS}} \times \frac{\text{外貨建利率}}{100} \times \frac{\text{預入期間}}{365日}
\end{aligned}$$

このような為替相場変動リスクを回避するには、預入時にあらかじめ払出し時の金額を確定させるために先物為替予約を結んでおく方法があり、この方式を「スワップ方式」、予約しないでおく方式を「オープン方式」という。各国の通貨の金利と、その通貨の先物相場の間には金利裁定が働くことから、理論上はスワップ方式による外貨預金の実質利回りは円預金のそれとほとんど変わらないことになるはずである。

なお、外貨預金利息は、預入者が個人の場合、円預金と同様に20％の源泉分離課税が適用されるが、為替差益については雑所得として確定申告による総合課税となる。この場合、2000万円以下の給与所得者で雑所得が年間20万円以下の場合は申告不要であり、為替差損が発生している場合は黒字の雑所得から控除が可能である。

(3) 外貨預金取引と関連法規等

口座開設時には金融機関に対し預金者の本人確認義務が課せられているのは円預金の場合と同様である。また、金融商品の販売等に関する法律（以下、「金融商品販売法」という）、消費者契約法（契約の対象は消費者に限る）、銀行法13条の4で準用される金融商品取引法等の法令の定めにより、銀行は商品内容の重要事項についての説明義務等が課されている。外貨預金取引についての重要事項で共通するものは下記のとおりである。

(ア) 預金保険の対象外商品

金融機関が破綻した場合、預け入れている預金の払出しについて預金保険が一定限度を保護（2005年4月以降は、決済用預金を除くその他の預金について一金融機関一預金者あたり元本1000万円までとその利息を払出保護、決済用預金

は上限なしに保護）しているが、外貨預金は保護の対象外である。

　(イ)　**為替変動リスク（メリット）**

　前述したように、オープン方式の外貨預金は預入時に投入した円資金と払出し時に受け取る円資金の金額比較において利回り等が確定しておらず、為替相場の影響を受け、為替差損益が発生する。複雑なデリバティブとの組合せでない単純なオープン方式の外貨預金の場合、預入時の為替相場よりも払出し時のそれが「円安」であれば為替差益が、「円高」であれば為替差損が発生する。

　また、将来の為替相場見通しについて、あたかも確定的であるかのごとく説明する行為は「断定的判断の提供」として禁止行為とされている。

　(ウ)　**外貨定期預金の預入中の中途解約の禁止**

　外貨定期預金の預入を受けた銀行では、外国為替市場等で預入期間に応じた運用をしており、金利動向次第では中途解約により逆ざや現象が生じるので、原則として中途解約は認めず、例外的にペナルティーを課して応じることがある。

　銀行法12条の2では、銀行は預金等の受入れに関し、預金者等の保護に資するため、預金等に係る契約の内容その他預金者等に参考となるべき情報の提供を行わねばならないと定めている。金融商品販売法では、金融商品の販売業者に対して重要事項に関する説明義務を課し（同法3条1項）、義務違反があった場合、販売業者は元本欠損部分について損害賠償責任を負うとしている（同法4条）。消費者契約法では、事業者が消費者契約の条項を定めるにあたっては、契約内容が明確かつ平易であるよう配慮し、契約締結の勧誘をする際には消費者契約の内容について必要な情報提供をする努力義務を課し（同法3条1項）、事業者の一定の行為により消費者が誤認し、または困惑した場合、消費者は契約の申込みまたはその承諾の意思表示を取り消すことができる（同法4条）としている。

　外貨預金取引は、これらの法規制の適用対象となる典型的なものであり、預金者側からの損害賠償請求や契約取消請求が従前の民法等の枠組みによる

よりも容易になっている点に十分留意する必要がある。

2 インパクトローン取引

(1) インパクトローンとは

インパクトローンは、わが国の銀行が居住者に対して行う資金使途に制限のない外貨建貸付けと一般的に定義されている。歴史的には、わが国の外貨準備が貧弱で、金融引締め期にあった昭和30年代に、わが国の銀行が債務保証をして外国の銀行から外貨建で借入れを行う形態がその発祥である。当時の外国為替管理法の下では、個々の借入案件ごとに大蔵省（当時）の許可を必要としたが、借入れの資金使途が特定の目的（ある特定の設備投資に充当すること等）に限定される「タイド・ローン」に対し、資金使途を制限せずに企業体力にインパクトを与え、それがひいては輸出振興、外貨獲得に寄与することを期待して「インパクトローン」と呼ばれたのが語源といわれている。

インパクトローン（以下、「外貨貸付け」も同義として使用する）は、外為法20条4号の資本取引に該当するが、外為法改正により今日では平時には自由に行うことができる。

(2) インパクトローンの貸付条件

インパクトローンの資金は、主としてロンドン・インターバンク市場で調達したものを原資とするため、市場特有の慣行に従った貸付条件が存在する。以下、その主要な点を解説する。

融資期間1年以内を短期外貨貸付け、1年超を中長期外貨貸付けと区分するが、中長期貸付けの期間は3年から5年までのものが一般的である。

外貨貸付けの幣種は特に制限はないが、多く利用されるのは資金調達の比較的容易な幣種である米ドル、ユーロが多い。

対顧客金利は市場での調達金利に銀行のマージンを加えたもので、「ロンドン・インターバンク市場での調達コスト（LIBOR）＋マージン」％で設定するのが一般的である。また、金利期間は1カ月、3カ月、6カ月、12カ月の金利期間などから顧客の希望するものを選択させ、銀行はそれに応じた資

金調達を行う。利息計算は国内円貸付けと異なり、1年を360日（国内円貸付けは365日）で計算し、貸付期間の日数は片端入れ（同、両端入れ）、利息は後取りが一般的（同、先取りが一般的）である。

また、「マルチカレンシー・クローズ（多種通貨選択条項）」の利用が可能である。これは、中長期外貨貸付けについて、借入期間中に当初の借入通貨から他の通過への変更を金利期間の終了日に認めるものである。この条項の活用により、借入通貨の動向が不測の方向に変化した際に、借入通貨を変更することで為替変動リスクのヘッジ機能を利用することが可能となる。

外貨貸付けは国内円貸付けのように主として預金を原資とせず、市場で調達した当該通貨建の資金が原資となるため、債務者が期限前返済を行うと銀行は当該期限前返済となった資金を金利期間の終期まで再運用をせねばならず、金利動向によっては損害を被る可能性がある。このため、外貨貸付けでは原則として期限前返済を認めず、例外的に認める場合はそれによって被る損失を債務者に補償してもらうことになる。

(3) 為替変動リスク

外貨貸付けは、企業の資金調達手段の多様化や国内円資金調達の補完としての機能があり、また輸出者が将来の一定時期に外貨建債権を取得予定の場合にその為替変動リスクを回避するために利用することもある。また、時期によっては円貨での借入れよりも低金利での借入れが可能であるなど（現にスイスフラン建の借入れが、円借入れよりも低金利の時代が存在した）、債務者にとって種々の機能が利用できる制度である。しかし、このような機能の利用を目的とせず、借り入れた外貨を円貨に転換して消費し、返済時には円貨で外貨を購入しての返済を予定している場合は、借入れ時と返済時の為替相場の変動により為替差損（益）が発生する。たとえば、100万米ドルを借り、円に転換した際の為替相場（TTB）が1米ドルあたり110円であった場合、返済時に円資金で米ドルを購入して返済する際の為替相場（TTS）が1米ドルあたり100円であれば、1000万円の為替差益を得るが、120円であれば逆に1000万円の為替差損を被ることになる。

この為替変動リスクを回避するには、借入れ時にあらかじめ返済時の先物為替予約を締結し、円貨換算した返済額を確定させる方式（これを「スワップ・インパクトローン」といい、先物為替予約を伴わないものを「オープン・インパクトローン」という）がある。この方式によれば、借入人は実態的に国内円借入れと同じ借入れを利用することになる（ただし、勘定処理上は「支払利息」と「為替差損益」に分けて計上する必要がある）。インパクトローン取引で、顧客と銀行の間で紛争原因となる最大のものは、この為替変動リスクに関するものであり、紹介されている裁判例もこれを原因とするものが多い。

(4) ユーロ円インパクトローン

　ユーロ円インパクトローンは、海外の金融機関がユーロ円を原資に居住者に融資するものである。主として邦銀の海外支店（香港、シンガポール、ロンドン等）が、アジアやヨーロッパの市場で売買される円を原資として融資するもので、勘定（ブッキング）はそれらの支店で発生させるが、債務者との融資契約手続や与信管理は債務者の国内取引支店で行うのが一般的な扱いである。

　ユーロ円インパクトローンを利用するメリットは、為替変動リスクを伴わないことと、比較的低利の資金調達が可能なこと等である。利息計算方法や期限前返済の制限等は外貨貸付けと同様である。

(5) デリバティブ

　デリバティブは、債券、預金、借入れ等の原資産の将来の価格の取引や、キャッシュフローの交換、さらにはそれらの取引の実行に選択権を付ける仕組みのことをいい、デリバティブの価格が原資産の価格変化の影響を受けることから「派生商品」と呼ばれている。これらの金融派生商品は各種のリスク・ヘッジ手段として利用されるほか、今日ではインパクトローン取引と組み合わせて借入金利の引下げを狙った商品が数多く開発されているが、たとえば金利が予想した方向とは反対の方向へ向かうと、かえって負担増となることがある。以下、デリバティブのうち、代表的なオプション取引とスワップ取引の仕組みについて簡単に解説する。

(ア) オプション取引

オプションは、将来特定の商品を買ったり売ったりする権利のことをいい、買う権利（コール・オプション）や、売る権利（プット・オプション）を、買い手の「権利行使価格」を決め、買い手が売り手にオプション料を支払って売買することである。買い手は買った権利を行使することも放棄することもできるため、買い手のリスクはオプション料に限定されるが、売り手はリスクが無限大となるため、通常一般企業はオプションの買い手の立場となる。

〈図表7〉は、円・ドル取引のオプションについて例示したものである。この事例では、輸出者、輸入者がそれぞれ将来発生するドル建の債権・債務について採算を確定させてリスクヘッジをするとともに、うまくいけば差益を得ることが可能な仕組みであり、先物為替予約に似た効果を期待できるものである。インパクトローンや外貨預金取引についても、オプション取引を

〈図表6〉 円・ドル取引オプションの事例

○6カ月後に米ドル代金を回収する輸出者が下記オプションを購入。	○6カ月後に米ドル代金の支払予定がある輸入者が下記オプションを購入。
ドル売りオプション 　行使価格　1ドル110円 　行使期間　6カ月後まで 　オプション料　1ドルあたり2円	ドル買いオプション 　行使価格　1ドル120円 　行使期間　6カ月後まで 　オプション料　1ドルあたり2円
○6カ月後の為替相場が、 ・110円よりも円高の場合……110円の権利行使。採算は108円（110円－2円）で確定。 ・110円の場合……権利行使も放棄も同じで、108円となる。 ・110円より円安の場合……権利行使を放棄。112円（110円＋2円）を損益分岐点として、円安メリットを得る。	○6カ月後の為替相場が、 ・120円よりも円安の場合……120円の権利行使。採算は122円（120円＋2円）で確定。 ・120円の場合……権利行使も放棄も同じで122円となる。 ・120円よりも円高の場合……権利行使を放棄。118円（120円－2円）を損益分岐点として円高メリットを得る。

組み合わせることで、利回りを確定させたり、より高利回りの期待できる商品の供給が可能となる。

　(イ)　スワップ取引

　スワップ取引には、通貨スワップ、金利スワップ、エクイティスワップ、クレジット・スワップ等の種類があるが、最も基本的な取引で、かつ広く利用されているのが通貨スワップと金利スワップである。

　通貨スワップは、異なる通貨のキャッシュ・フローの交換であり、最初に元本の交換、期間中に金利の交換、最後に再度元本の交換をするのが典型例である。一方、金利スワップは同一通貨のキャッシュ・フローの交換であり、同一通貨のため元本の交換は意味がなく、期間中の金利の交換のみが行われる。これを図示すると、〈図表8〉のようになる。

　スワップ取引で交換されるキャッシュ・フローの現在価値は、取引成立時には等しい状態にあり、取引成立後時間の経過とともにマーケットの変化によってキャッシュ・フローの現在価値を異にすることとなり、この変化を利用して収益を上げたり、採算を確定させてリスクヘッジとすることに利用するものである。

　金利スワップについて、もう少し詳しく例示してみよう。

〈図表7〉　通貨スワップと金利スワップ

（通貨スワップ）

最　初　　X社　→¥元本→　Y銀行
　　　　　　　　←$元本←

期間中　　X社　→¥金利→　Y銀行
　　　　　　　　←$金利←

最　後　　X社　→¥元本→　Y銀行
　　　　　　　　←$元本←

（金利スワップ）

X社　→¥固定金利→　Y銀行
　　　←¥変動金利←

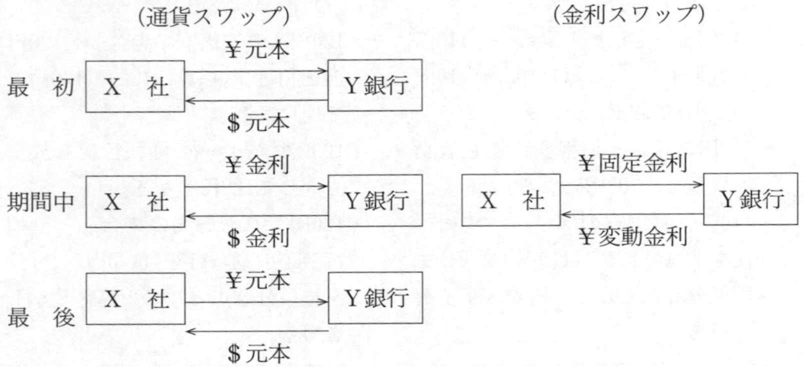

〈図表8〉 金利スワップ取引の例

（金利スワップ取引）	（既存借入取引）
想定元本　10億円	X社のZ銀行からの借入れ
期　　間　3年	元　　金　10億円
金　　利　3.50％（半年後払い）	残存期間　3年
6カ月変動金利	金　　利　6カ月変動金利
（半年後払い、現在2.00％）	（半年後払い）
固定金利支払人　X社	
変動金利支払人　Y銀行	

　X社が2年前にZ銀行から期間5年で借入れをした際には、当時の固定金利よりもかなり低い変動金利で契約した。しかし、現在の金利水準はかなり低く、残存期間の3年のうちに金利が高騰する危険があるため、それを回避すべくY銀行との間で金利スワップ契約を締結し、3年間は固定金利をY銀行に支払い、Y銀行から受け取る変動金利をZ銀行への支払いに充当することで、X社は実質的に固定金利の借入れとして残存期間をヘッジすることが可能となる。

　このように、想定元本から発生する金利を交換することで、固定金利は安定を望む者が選択し、将来の金利変動によって収益を得ようとする者は変動金利を選択するが、銀行は市場を通じてそれらのニーズをマッチさせ、手数料を得る仕組みとなっている。

●インパクトローン取引の事例研究

(1)　裁判例①（事件①）

　染色機械販売業X社は、国内の機械メーカーに発注するためY銀行に3000万円の融資を申し込んだところ、ほぼ最終的な融資条件の詰めに入った段階で突然Y銀行融資課長から「ドルで借りましょう」と勧められ、10数分程度の説明を受けて17万ドルのインパクトローンを借り入れた。その後、為替相場は急激な円安となり、本件インパクトローンに

は返済時の先物為替予約が付されていなかったため、返済時には為替差損が生じ損害を被ったとしてX社はY銀行に対し損害賠償を請求した。

判決は、外国為替に関する知識が乏しい中小企業に対し、インパクトローンを利用する必然性が全くないにもかかわらずその利用を勧誘する銀行は、その仕組み、市場金利、相場性、為替相場の変動による危険性、その対処策として先物予約を利用する方法のあること等を十分に説明し、その理解を得るべき信義則上の義務を負担すべきであるとし、それを怠ったY銀行に対し、X社の請求をほぼ全面的に認容した（大阪地判昭和62・1・29金法1149号44頁）。

なお、本事件は控訴された後、裁判上の和解にて終結した。

(2) 裁判例②（事件②）

不動産業X社はY銀行から20億円の融資を受けていたが、金利が上昇したためYに低利での資金調達が可能な金融商品の紹介を求めた。そこでYは、米ドル建インパクトローンと、ドル先物売り予約を組み合わせた商品を紹介した。このドル先物売り予約にはオプションが付いており、①行使期日のドル円相場が契約価格よりドル安円高になっていた場合はXはドル売渡しをできないこと、②反対にドル高円安になっていた場合はXは契約価格でドル売渡義務を負うこと、③行使期日までにドル円相場が一度でも超えるドル安円高となった場合はこの先物売り予約は消滅すること、とされていた。つまり、インパクトローン予約付きにおいては円の実質調達金利が低く確定されている代わりにドル先物売り予約においては契約価格および目標価格より円高になった場合は借主はそのメリットを受けることができず、反対に円安になった場合にはそのデメリットを負担しなければならないリスクを負う商品であった。

本件は、行使期日に円安相場となった結果、Xはドル売渡義務を負い為替差損を被ったが、Y銀行の商品説明が不十分であったとして損害賠償を請求した。

判決は、本件商品を紹介するにあたり、Y銀行支店長および担当者

が商品の仕組みとリスク内容について書面および口頭で十分に説明していることが認められる以上、同契約の紹介、説明行為は社会通念上何ら違法性を有しないとしてXの請求を棄却した（東京地判平成4・6・26金法1333号43頁）。

なお、本事件は控訴されたが、控訴棄却の判決にて確定した。

(3) 2事件の検討

2件の事件はいずれも米ドル建インパクトローン取引について銀行の商品説明義務違反が問われた損害賠償請求事件であったが、判決内容は正反対のものとなった。判決が導き出された最大のポイントは、銀行がインパクトローン取引内容について顧客に対し十分な説明義務を果たしたかどうかの事実認定に基づいたものであり、首肯しうるものである。

しかし、2つの判決を詳細に検討することにより気づいた点がある。

その第1は、各取引が行われた当時の外貨建債務についての世間一般の理解度の差である。①事件は、昭和55年に施行された外為法改正により、インパクトローンが大蔵省の許可なしに自由に行えるようになった直後の昭和56年10月に契約された取引であったのに対し、②事件はそれよりもかなり時間が経過した平成元年12月に契約されたものであった。この両者の時間差の間に、世間一般の外貨建債務についての基本的な理解や、為替相場に影響を受ける為替差損・益についての理解が一段と進んだことがある。ことに、2つの事件の原告を比較すると、①事件の原告は、小規模とはいえ機械卸売商社であり、本件インパクトローン取引をする以前に台湾向け外貨建輸出の経験があり、本件融資の資金需要原因も染色機械の輸出を大手商社経由で行うための生産金融であった。これらの事情からして、外貨建債権・債務に関する知識は世間一般の平均レベルと比較すれば、はるかに高いものであったはずである。一方、②事件の原告は、およそ外貨建債権・債務とは縁の薄い不動産業者であり、外貨建債務を負う当事者としての適合性の点からすれば②事件原告のほうが劣っていたはずである。ところが、①事件の契約成立当時は、外貨

建の融資契約書のもつ意味等が一般的には十分な理解を得られていなかった時代背景が判決に影響を及ぼした可能性は否定しきれないものがある。

　第2の点は、銀行による商品内容説明の事実とその立証度合いの差である。紛争対象となった商品は、①事件は返済時の先物為替予約が付されていないオープンインパクトローンであり、商品内容としてはそれほど複雑なものではないが、②事件はインパクトローンとオプション付きドル先物売り予約を組み合わせたもので、かなり複雑な商品であった。しかし、商品説明については、①事件はすべて口頭で、かつわずか10数分程度の短時間であったと認定されたのに対し、②事件では原告代表者作成の自筆による「リスクに関する念書」の存在と、被告銀行支店長によって、「社長、この商品はリスクがありますよ。円高狙いの商品ですよ。もし1円ぶれても700万円ぶっとびますよ」と警告し、商品内容を説明したと認定されている。このように、書面によるリスク認識の立証と、具体的内容でのリスク説明をした点が事実認定されたことによって、①事件では銀行が敗訴し、②事件ではより複雑な内容の商品を、より適合性の面で劣ると懸念される原告に販売した銀行が勝訴した結果となったのである。

　さらに②事件の控訴審において、控訴人（1審原告）はオプション付きドル先物売り予約について銀行から詳細な説明を受けていない旨抗弁したが、判決では、リスクの内容を構造的に示すには高度な数学理論を展開しないと説明できず、そこまでの説明義務はないことと、具体的な指標（金利、為替相場など）がどうなったらこれだけ損（得）をするとの説明があれば十分であると判示した。これは、デリバティブ取引での説明義務の程度について一種のメルクマールとなるものと評価される。

VI　むすび

　わが国は元々貿易立国であったうえに、近時あらゆる面での国際化の進展により、物やサービスの移動で外国とのかかわりが多くなり、そこには必ず通貨が異なる国との金銭の受渡しが発生することから、外国為替取引は避けては通れない業務である。

　しかし、使用言語に外国語が多く登場したり、カタカナ表示の専門用語の氾濫や、やたらと書類の多いこと等から、銀行業務の中でも外国為替については馴染みがたい一種の特殊業務視されてきたのが実態である。そこで本章では、読者が外国為替を理解するうえでの基本事項を、極力理解しやすく表現することに重点をおいた結果、論理的思考力を養成するための分野が貧弱となった点はご容赦願いたい。

　また、外国為替取引固有の訴訟事件は、総じて他の金融取引分野に比べその数は少ない。その原因の１つには、外国為替取引の中核をなす貿易取引では、取引の相手方が外国に居住しているため、わが国の裁判所での訴訟に馴染まないことと、仮に勝訴判決を得ても執行面での実効性が期待できない点にあるものと思われ、わずかに居住者間の紛争が裁判例として紹介されるにとどまっている。筆者が営業店現場で外国為替業務に従事していた頃でも、わずかな船積書類のディスクレを理由に信用状発行銀行が支払拒絶したり、D/A取引で輸出した商品を輸入者が受領した後に荷為替手形を決済しない事件を経験したが、輸出者はいずれのケースについても訴訟による解決の道を選ばず、輸入者との直接交渉によって問題解決を図ったようである。

　このように、紛争事件を通しての論理的思考力を養成するのは難しい分野ではあるが、外国為替は現実の経済活動では避けて通れない分野であり、読者がその仕組み、構造を理解することの一助となれば幸いである。

　なお、執筆内容は筆者自身の外国為替業務経験と金融法務の業務経験から得たものをベースとしているほか、下記各図書を参考とさせていただき多く

の示唆を得た。

- 弓場勉『入門外国為替の実務事典』（日本実業出版社）
- 谷村健ほか『外国為替基礎講座』（銀行研修社）
- 四宮至ほか『外為取引100のポイント』（金融財政事情研究会）
- 日本長期信用銀行金融商品開発部編著『スワップ取引のすべて』（金融財政事情研究会）
- 福島良治『デリバティブ取引の法務とリスク管理』（金融財政事情研究会）

〈監修者略歴〉

峯　崎　二　郎（みねさき　じろう）

1942年3月6日	鹿児島県鹿屋市生
1960年3月	ラ・サール高等学校卒
1960年4月	鹿児島大学入学
1963年	国家公務員上級法律職合格
1963年	司法試験第2次短答式試験合格
1964年3月	鹿児島大学卒
1964年4月	三菱銀行入社（1975年6月以降退職まで　法務部勤務）
2004年3月6日	三菱銀行退職
2004年4月1日	中京大学法科大学院教授就任
2010年3月31日	中京大学法科大学院退職
2015年現在	篠崎・進士法律事務所顧問

〈執筆者一覧〉

[序章〜第10章]

山本啓太	西村あさひ法律事務所
堀　弘	丸の内国際法律事務所
中原利明	株式会社三菱東京UFJ銀行
髙田裕之	元株式会社三菱東京UFJ銀行
佐伯　聡	元株式会社三菱東京UFJ銀行
入江泰至	株式会社三菱東京UFJ銀行
松丸徹雄	株式会社三菱東京UFJ銀行
井上博史	株式会社三菱東京UFJ銀行
中村弘明	株式会社三菱東京UFJ銀行
井川正行	株式会社三菱東京UFJ銀行
水口大弥	株式会社三菱東京UFJ銀行
中根大輔	株式会社三菱東京UFJ銀行
八田　剛	株式会社三菱東京UFJ銀行
村田　慧	株式会社三菱東京UFJ銀行

[第11章]

堂園昇平	同志社大学法学部教授（元三井住友信託銀行株式会社）

[第12章]

藤瀬裕司	SMBC日興証券株式会社

[第13章]

両部美勝	株式会社静岡中央銀行顧問（元株式会社UFJ銀行）

金融取引法実務大系

平成28年1月27日　第1刷発行

定価　本体7,200円＋税

編　者	現代金融取引研究会
監修者	峯崎二郎
発　行	株式会社　民事法研究会
印　刷	株式会社　太平印刷社

発 行 所　株式会社　民事法研究会
〒150-0013　東京都渋谷区恵比寿3-7-16
〔営業〕TEL 03(5798)7257　FAX 03(5798)7258
〔編集〕TEL 03(5798)7277　FAX 03(5798)7278
http://www.minjiho.com/　info@minjiho.com

落丁・乱丁はおとりかえします。ISBN978-4-86556-067-1　C3032　¥7200E
カバーデザイン　袴田峯男

▶実務で問題となる論点について、労働法全体をカバーしつつ判例・通説を基本に1冊にまとめた実務のバイブル！

労働法実務大系

弁護士　岩出　誠著

A5判・970頁・定価　本体9,200円＋税

本書の特色と狙い

▶激しく変貌する現代労働法を、実務家のために、実務的かつ理論的に詳説！

▶平成27年改正派遣法、さらに平成27年労働基準法改正案まで解説するとともに、最新の法令・裁判例・労働委員会命令や通達等さまざまな動向を踏まえ、法曹・企業の担当者等実務家の利用を想定して、1冊で実務と理論の最新情報を提供！　2000件を超える判例等も収録し、実務の現場で即対応できる！

▶急増する労働関係紛争に適切に対応するためのあらゆる論点と、関係する法・判例・命令等を明示した解説を凝縮して収録した実務家のための体系書！

本書の主要内容

第1章　労働法総論
第2章　労契法による法規整
第3章　労基法上の基本原則と就業規則等
第4章　採用・就職（労働関係の成立）
第5章　非正規労働者
第6章　賃金・退職金
第7章　労働時間
第8章　人事異動（配転・出向等）
第9章　情報・知財管理等
第10章　雇用での男女平等、育児介護休業
第11章　労働安全衛生と労災の補償・労災民事賠償（労災民訴）
第12章　企業秩序維持と懲戒
第13章　退職・解雇等の雇用関係終了
第14章　労働組合
第15章　企業再編
第16章　国際化と雇用
第17章　労働関係紛争の解決システム

発行　民事法研究会

〒150-0013　東京都渋谷区恵比寿3-7-16
（営業）TEL. 03-5798-7257　FAX. 03-5798-7258
http://www.minjiho.com/　info@minjiho.com